행복의 역사

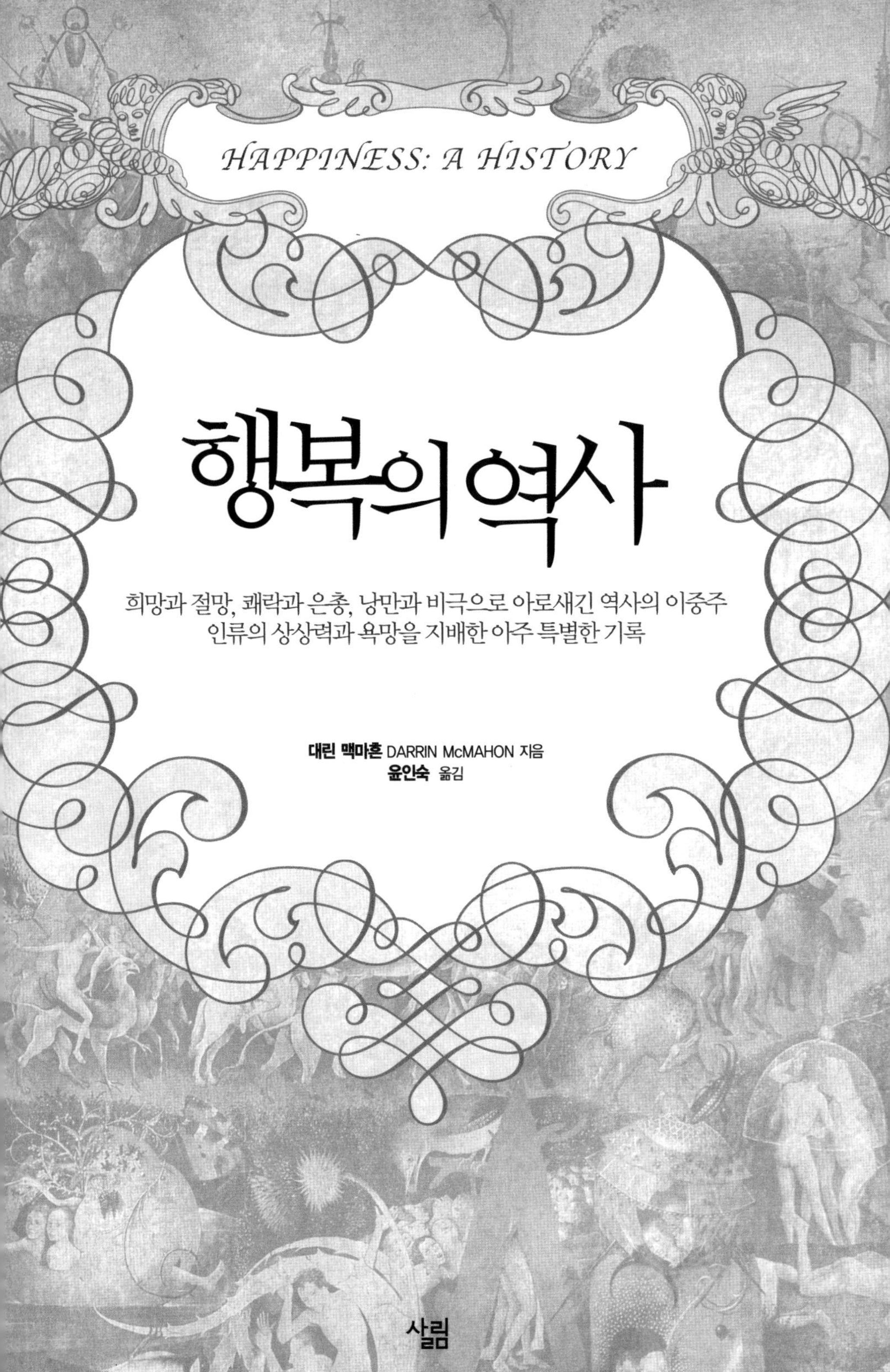

HAPPINESS: A HISTORY

행복의 역사

희망과 절망, 쾌락과 은총, 낭만과 비극으로 아로새긴 역사의 이중주
인류의 상상력과 욕망을 지배한 아주 특별한 기록

대린 맥마흔 DARRIN McMAHON 지음
윤인숙 옮김

살림

행복에 관한 책을 집필하는 데 따르는
그 모든 생각과 감정들을 잘 견디어준
나의 동반자 커트니를 위해

행복의 계보를 찾아

독일의 철학자 게오르그 빌헬름 프리드리히 헤겔Georg Wilhelm Friedrich Hegel은 "역사를 행복이라는 관점에서 고찰해볼 수도 있을 것이다. 그러나 역사는 행복이 자랄 수 있는 토양이 아니다. 역사 속에서 행복한 기간이란 결국 백지로 남은 빈 면들일 뿐이다"라고 말한 바 있다.[1)]

나는 이 책을 집필하는 동안—힘든 시간들이 낳는 것이라고는 겨우 빈 종이들과 형편없이 빈약한 초고뿐이었다—행복에 관한 책을 쓰면서 오히려 내 자신이 비참해지는 모순에 빠지는 건 아닌가 하는 생각에 종종 맞닥뜨리곤 했다. 물론 대개는 그저 스스로를 비웃듯 가벼운 미소로 넘기곤 했지만 한편으로는 간혹 헤겔의 말에 기대고 싶은 마음이 들기도 했다. 그럴 때면 행복에 관한 역사를 서술한다는 내 계획은 백지 상태가 되고 말 것 같았다.

사물이 아닌 '이것', 이 희망, 이 동경, 이 꿈, 결코 손에 잡히지 않는 무형의 그 무엇에 대한 역사를 어떻게 써나간다는 말인가? 또 다른 독일의 철학자 이마누엘 칸트Immanuel Kant는 "행복의 개념은 아주 불명확한 것이어서, 모두들 행복을 얻고자 하면서도 정작 자신이 진정 원하고 의도하는 게 무엇인지 그 누구도 명확하고 일관되게 말할 수 없다"라고 행복의 실체를 명확히 보았다.[2] 자신이 탐구하는 주제를 정의하는 것에서부터 어려움—아마도 불가능—을 감내해야 한다는 것은 어느 저자라도 당혹스러울 수밖에 없는 일이다. 더구나 수없이 많은 사람들이 평생을 바쳐가며 이에 대해 천착하고 연구했지만, 결코 누구의 손에도 잡히지 않고 빠져나가버렸다는 사실에 더더욱 주눅 들게 된다. 행복이란, 우리가 보려는 찰나에 우리의 팔에서 빠져나가고, 어렴풋이나마 그 모습을 보자마자 우리의 시야에서 사라져버리는 그리스 신화 속의 에우리디케와 같은 존재는 아닐까?

이런 생각들 때문에 나는 이 주제의 특별한 본질에 대해 다시 돌아보게 되었다. 거의 한 세기 전에, 지그문트 프로이트Sigmund Freud는 "행복이란 (…) 본질적으로 주관적인 그 무엇이다"라며 "어떤 상황—고대 갤리선의 노예, 30년 전쟁 중의 농부, 종교재판의 희생자, 대학살을 대면하고 있는 유대인들—에서 야기되는 공포가 우리를 얼마나 두려움에 떨게 하든" 그들이 겪는 기쁨과 고통을 알기 위해, "우리가 그들과 같은 상황이 되어 느낀다는 것은 불가능하다"라고 주장했다. 만약 이렇게 슬픈 경우들에서도 행복하다는 생각을 가질 수 있다면, 어떻게 행복의 역사에 대해 쓸 수 있길 바라겠는가? 프로이트는 "이 문제를 더 이상 연구하는 것은 별로 쓸모가 없어 보인다"라고 결론지었다.[3]

그렇지만 21세기의 서구사회에 살고 있는 나로서는 이 문제를 그렇게 접어놓을 수가 없었다. 그 이유는 행복—그 약속, 그 기대, 그 매력—이 내 주위의 도처에 산재해 있었기 때문이다. 1990년대의 활황기에 내가 정착하기 시작한 뉴욕 시에서는, 당시 상황을 반영이라도 하듯 사람들이 '행복Happy' 이라는 이름의 오데코롱을 잔뜩 뿌리고 향기를 풍기며 거리를 활보했다. 런던에서는 불법적으로 쾌락을 찾는 사람들에게 미소 짓는 얼굴이 찍힌 유명한 마약—엑스터시—이 손을 내밀었다. 비엔나에 있던 나는 아침마다 "행복한 하루 되세요" 라는 라벨이 붙은 오렌지주스를 마셨고, 텔레비전에서는 바바리아 지역에 있는 자동차회사의 "행복은 바로 커브입니다"라는 광고를 봤다. 파리의 서점에 가보면 다른 도시들과 마찬가지로 현대인들을 사로잡고 있는 것이 무엇인지 즉시 알 수 있었다. 인기 있는 심리학과 뉴에이지 종교 서가의 대부분이 '영원한 만족' 이라는 분야의 서적들로 채워져 있었다. 아직도 이런 상황은 변하지 않고 있다. 「걱정하지 말고 행복하게 지내요Don't worry, be happy」라는 인기 있는 노래도 있지 않던가. 현대의 대표적 아이콘인, 미소 짓는 '스마일리' 의 둥글고 노란 얼굴을 가만히 바라보고 있으면, 약간은 서글프게도, 위 노래의 후렴구가 권유가 아니라 마치 명령조로 다가오기도 한다.

우리는 행복할 수 있고, 행복할 것이며, 행복해야 한다. 우리는 행복할 권리를 갖는다. 물론 이는 현대의 신념이다. 그러나 인류가 언제나 이렇게 생각해온 것일까? 프로이트와 동시대인인 미국의 철학자 윌리엄 제임스William James가 "어떻게 하면 행복을 얻고, 보존하고, 회복하느냐 하는 것이야말로 실은 모든 시대를 망라하여 대부분의 사람들에게 그들이 행하는 모든 것, 그리고 그들이 기꺼이 감내하고자 하는 모든 것들의 이면에 있는 숨은 동기이다"라고 했을 때, 과연 이것은 옳은 얘기인가?[4] 행복은 영원한가—보편적인가—또는 시공을 아우르는 특별한 기록이라는 역사를 갖는가?

헤겔과 프로이트의 견해에도 불구하고, 이 책의 제목만으로도 알 수 있듯 나는 행복도 역사에 기반을 두고 다루어질 수 있다고 믿는다. 그러나 우선 분명히 해두자. 이 책의 제목에는 정관사(the)가 아닌 부정관사(a)를 썼다. 즉 이 책은 행복의 내력에 대한 한 고찰이지, 장대하고 총체적인 행복의 역사는 아니다. 오히려 이 책을 집필하면서 나는 얼마나 많은 것들을 생략해야 하는지를 뼈저리게 깨닫게 됐다. 앞으로도 수없이 많은 행복의 역사들이 누군가에 의해 쓰여지길 기다리고 있다. 프로이트가 언급했듯 단지 농부, 노예 그리고 배교자들의 행복 추구와 투쟁의 역사뿐만 아니라 근대 초기의 여성, 근대 후기의 귀족, 19세기의 부르주아, 20세기의 근로자, 보수주의자와 급진주의자, 소비자와 개혁운동가, 이민자와 원주민, 이교도와 유대인들의 행복에 대한 역사들이 있다. 또 이러한 행복의 역사에는 각 나라와 지역마다 그야말로 놀랄 만큼 다양한 편차들이 존재한다. 따라서 최근에 사회과학자들은 여러 민족들의 '주관적 행복' 또는 상대적인 행복을 측정하기 위해 상당한 노력을 들이며, 예의 편차들에 대한 연구를 시작하고 있다. 스웨덴인은 덴마크인보다 행복한가? 미국인이 일본인보다 행복하며 러시아인이 터키인보다 더 행복할까? 과연 다른 문화보다 더 행복한 문화가 존재하는 걸까?[5)]

비록 개인적인 관심과 직업적인 전문성에서 내 연구는 '서구' (이것은 더 나은 표현을 찾지 못해서 그저 넓은 의미로 사용하는 불완전한 용어이며, 제의적 의미나 뚜렷한 지리적 의미를 가지는 것은 아니다)의 경험에 주로 집중하고 있지만, 위와 같은 다양한 질문들은 바로 행복이야말로 여러 다양한 문화적, 역사적 견지에서 조망되고 연구되어야 할 사례라는 것을 이론의 여지 없이 반증한다고 볼 수 있다.[6)] 최근에 국제적으로 각광받고 있는 『달라이 라마의 행복론 *The Art of Happiness: A Handbook for*

Living』이 분명하게 보여주듯, 각양각색의 다양한 문화적, 종교적 전통에 뿌리를 둔 행복에 대한 탐구는 이제 그 깊이를 막론하고 전 세계적 관심사가 되고 있다. 결국 윌리엄 제임스가 옳았을지도 모른다. 아마 행복이란 모든 시대, 모든 곳에서 인간의 궁극적인 목적이고, 목적이었으며, 또한 앞으로도 목적이 될 것이리라.

그럼에도 행복—행복을 꾀하기 위해 어떤 제안들을 하고, 또 과연 행복이란 기대할 수 있는 것인지 등—에 대한 사람들의 이해 방식은 문화와 시대에 따라 극적으로 다르다는 것 또한 매우 뚜렷하게 나타난다. 나는 이 책을 통해 행복이 서구 문화와 사고의 여러 양상에 영향력을 발휘했으며, 특히 서구의 지적 전통에서 중요한 위치를 차지해왔다는 것을 보여주고 싶다. 하버드의 역사학자였던 하워드 멈포드 존스Howard Mumford Jones는 이러한 시도에 따르는 도전과 오만의 양 측면에 대해 고찰하면서, 행복에 대한 역사는 "단지 인류의 역사만이 아니라 윤리학, 철학 그리고 종교 사상의 역사가" 되리라고 지적한 바 있다.[7)]

나는 비록 '인류의 역사'와 같은 엄청난 주제에 달려드는 누를 범할 생각은 없지만, 우선 행복의 역사는 적어도 지적인 면에서의 역사여야 한다고 생각한다. 즉 행복이라는 이 영원한 인간의 목적과 그 목적을 성취하고자 고안되는 전략의 개념에 대한 역사 말이다. 이런 개념들은 다양한 윤리적, 철학적, 종교적, 그리고 하나 더 추가한다면 정치적 맥락에서까지 전개되어왔기 때문이다. 그 외에 무엇이 더 있든 간에(확실히 많은 것들이 있다), 무엇보다도 서구에서 행복은 하나의 사상으로 작용해왔다. 행복은 특별한 이유들로 인해 서구의 상상력에 매우 강한 위력을 발휘해온 개념이자 열망이었다. 프로이트가 인지했듯이, 타인의 행복한 상태를 정확히 판단해낸다는 것은 대단히 어려운 일이므로, 아니 (자신의 행복한 상태를 판단하는 것 역시) 거의 불가능하기 때문에, 대신 나는 개념과 용어의 표상에 초점을 두기로 했다. 왜냐하면 이런 것들은 모두 세월과 더불어 변화해왔기 때문이다. 곧 보게 되겠지만 그 변화는 아주 극적이어서 어제의 '행복'과 오늘의 '행복' 사이에는 유사점이 거의 없을 정도이다. 그렇지만 나는 이러한 변화의 역사를 그려내고, 그 계보를 추적하면서 과거와 현재 사이에 중요한 연관이 있다는 것을 보여주고자 한다.

고전주의 그리스라는 고대에 탄생해 유대-기독교 전통의 심대한 영향 아래 형성되고, 뒤이어 계몽주의 시대에 급진적인 새로운 세력으로 부상한 행복과 행복에 대한 추구는 이후 현대의 기대와 경험에 근본적인 영향력을 발휘하며 우리를 매료시켜왔다. 이러한 과거, 즉 우리가 곧 보게 될 결코 행복하지만은 않았던 과거에 대한 반추 없이는 행복을 성취하기 위한 오늘날의 어떤 노력도 제대로 이해되지 못할 것이다. 행복에의 추구는 고투와 실망, 환멸과 절망으로 가득한 나름의 어두운 면을 내포하고 있다. 19세기의 비평가 토마스 칼라일Thomas Carlyle은 이를 두고 "우리 자신의 그림자"라고 말한 바 있다.[8)]

이러한 그림자의 명암을 따라 윤곽을 그려나가면서, 나는 수많은 자료에 의지했다. 이 자료에는 예술, 건축, 시, 경전, 음악, 신학, 문학, 신화 그리고 평범한 갑남을녀의 증언이 포함되었다. 그러나 대체로 이 작업의 기반이 된 것은 한때 서구 문명의 위대한 작품으로 기려졌던 서적들이었다. 지난 3~4년 동안 유럽과 아메리카에서 이러한 작품들에 대해 가르치면서 내가 경험한 바로는, 그 작품들을 손에 들고 읽어나가자마자 지속적인 연관성에 대한 논의가 곧 스르르 수그러들었다. 내 경험에 의한 이런 견해는 이 책에도 분명히 반영되고 있다.

그러나 지적인 역사에 대한 작업이 실제로는 전통적인 형식으로 재귀된다는 시각을 옹호한다고 해서, 행복에 대한 역사가 (또는 어떤 주제에 대한 역사라도) 꼭 그와 같은 방식으로만 접근되어야 한다고 주장하는 것은 아니다. 학자로서의 지난 이력에서 나는 사회, 문화 역사가들의 폭넓고 다양한 작업들의 덕을 톡톡히 입어왔다. 그리고 앞으로의 연구에도 그들의 노고에 크게 (그리고 감사히) 의지하게 될 것이라고 확신한다. 더구나 주석 여러 곳에서 밝혔듯 이 책에서 다뤄진 많은 자료들은 좀 더 심도 있게 연구되고 다양한 방식으로 다루어질 수 있다고 본다. 예를 들어 케임브리지의 텍스트 분석파들이 개발한 풍부하고 구조화된 접근, 감성의 역사로 알려진 점차 부상하고 있는 학문에 의한 조망, 또 젊은 학자들이 바로 지금 하고 있는 문예 비평의 관점 등에서 말이다.[9] 대부분의 연구에서와 마찬가지로 행복에 대한 연구에도 다양한 방법론들이 적용되는 것은 고무할 만한 일이다.

그런 관점에서 나는 이 책에서 채택하는 접근방식이 꼭 필요한 시작이며 새로운 것을 예시할 수 있다고 믿는다. 이러한 접근이 아니고서는 간과될지도 모르는 변화와 연속성을 따라가며 긴 안목을 갖게 해줄 방법인 것이다. 나는 이 책을 통해 행복이라는 주제가 서구의 전통에서뿐만 아니라 현대의 관심사에 있어서도 중추적인 전통과 유산이라는 것을 분명하게 보여주게 되기를 바란다. 우리가 사실이라고 인정하든 그렇지 않든 간에, 오늘날 행복에 대한 우리의 편향은 고전시대와 유대-기독교 경험의 지대한 영향에 바탕을 두고 형성되었다. 우리 현대인—과거로부터의 문화적 해방에 기꺼이 너그러움을 발휘하고, 테크놀로지의 위업과 전 지구적 정교함을 갖춘 채 지나간 것들에 대해서는 주저 없이 오만한 시선을 던지는 사람—들은 이런 경험을 무시한 대가를 치른다. 이런 사실에 통탄하는 사람들도 있겠지만,

그 경험은 우리의 행동과 욕망에 영향을 미치고, 우리와 함께하면서 우리의 정체성을 만들어가고 있다.

한 가지 덧붙이자. 3대 샤프츠베리Shaftesbury 백작이자 18세기의 주요 도덕철학자였던 앤서니 애슐리 쿠퍼Anthony Ashley Cooper는 "만약 우리가 생각하듯이 철학이 행복에 관한 연구라면, 숙련 여부를 떠나 어떤 방법으로든, 우리는 모두 각자 철학적으로 사색해야만 하는 게 아닌가?"라고 반문한 적이 있다.[10] 내 경험에 따르면 그 대답은 "그렇다"이다. 따라서 나는 아마도 이제는 신화적인 존재이며 확실히 멸종 위기라 할 만한 '일반 독자들'에 다가가기 위해 분석과 설명을 전개하는 동시에 흥미롭게 쓰고자 의식적으로 노력했다. 심지어는 (그런 일이 있으면 안 되는데) 옥스퍼드 학감이자 영국성공회의 더블린 대주교였던 19세기의 인물 리처드 와틀리Richard Whately가 행복이란 결코 웃을 만한 일이 아니라고 했던 경고를 무모하리 만큼 무시하면서까지 재미있게 쓰려고 시도했다. 오직 진지하고 근엄한 얼굴을 한 학문적 관점에만 맡겨놓기에는 인문과학은 너무도 중요한 분야이기 때문이다. 그리고 우리 인문주의자들은 우리가 연구하는 주제—인문과학—의 진정한 주인은 바로 우리 자신이 그 작은 부분을 차지할 뿐인, 인간성 자체라는 점을 좀 더 자주 상기해야 할 것이다.

물론 이 목적들은 이루기가 만만치 않은 것들이다. 그러나 행복을 추구하는 것에서와 마찬가지로, 결국 이 목적들을 성취하지는 못한다 하더라도, 그에 도달하려는 노력은 가치 있는 것이기를 바라 마지 않는다.

차례

계명의 길을 저는 꿋꿋이 걷고
당신 길에서 제 발걸음 비틀거리지 않았습니다.

–「시편」17:5

고지를 향한 고투 그 자체만으로도 인간의 마음을 채우기에 충분하다.
우리는 시시포스가 행복하다고 생각해야 한다.

– 카뮈, 『시시포스의 신화』

행복의 비극

THE TRAGEDY OF HAPPINESS

누군가 행복에 대한 탐구는 역사만큼이나 오래된 것이라고 과감하게 말한다면, 이는 일면 맞는 주장일 것이다. 서구에서 최초의 역사서로 여겨지며, 인간사의 '위대하고 경이로운 업적'에 대한 최초의 기록인 헤로도토스Herodotus의 『역사*The History*』의 앞부분은 행복에 대한 탐구에 흠뻑 빠져 있다.

믿어지지 않을 만큼 부자였던 리디아의 왕 크로이소스Croesus는 아테네의 입법자이자 지식의 탐구를 위해 세계를 돌아다니는 현자 솔론Solon을 자기 앞으로 불러들였다. 이 리디아의 왕은 부족한 게 없었고, 적어도 그렇다고 믿고 있었다. 왕은 그 사실을 솔론에게 확인시키고자 신하를 시켜 아테네의 현자에게 자신의 보물창고를 둘러보게 했다. 그러면 반드시 그 현자가 '부의 장대함'에 놀라워하고, 왕은 자신의 부를 확인할 수 있으리라고 생각했다. 크로이소스는 부족한 게 없었지만, 그럼에도 자신에게도 절실한 게 있노라고 솔론에게 넌지시 밝혔다. 그러니까, 이 세상에서 가장 행복한 사람이 누구인지 알고 싶은 '열망'에서 벗어날 수가 없노라고 말이다. 어리석게도 그는 가장 행복한 사람이 바로 자신이라고 생각하고 있었다.[1]

그러나 솔론의 대답은 이런 왕의 망상을 떨쳐버리게 했다. 솔론은 이 세상에서 가장 행복한 사람은 크로이소스가 아니라 한창 나이에 전장에서 전사한 아테네의 어느 가장인 텔루스Tellus라고 답했다. 그 다음으로 행복한 사람—클레오비스Cleobis와 비톤Biton이라는 두 형제—도 역시 사망한 이들이었다. 이 형제는 마치 한 쌍의 황소처럼 자신들을 마차에 매고 달려 어머니를 마을 축제에 모셔다 드리고 나서, 쉬려고 곤히 잠든 사이에 세상을 떠나고 말았다.

이러한 대답에 당연히 크로이소스는 당혹스러워했고 분노를 터뜨렸으며, 마침내는 "정말이지 어리석은 자라고 생각하며" 솔론을 멀리 쫓아내버렸다.[2] 솔론의 말에 담긴 지혜를 경청하지 않았던 그 오만함은 결국 크로이소스와 그의 왕국을 무너뜨리는 여러 사건들을 불러오고, 거의 100년간이나 그리스와 페르시아 국민들을 전쟁의 소용돌이 속에 들끓게 한다. 이 거대한 문명의 충돌은 기원전 480~479년 사이 테르모필레Thermopylae, 살라미스Salamis 그리고 플라테이아Plataea에서 그리스가 승전함으로써 막을 내린다. 행복을 탐구한다는 면에서 보면 이는 가공할 만큼 끔찍한 결과이다.

물론 사실을 들여다보면 솔론과 크로이소스는 둘 다 역사상의 인물로서, 그들이 실제로 만났음 직하지는 않다. 다만 행복이라는 주제에 대해 솔론이 언급했다는 것은 있을 법하다.[3] 헤로도토스의 『역사』에 서술된 이 에피소드의 핵심은, 인간 갈등의 연대기는 또한 인간의 고군분투의 연대기이도 하다는 것이다. 작품의 첫 단락에서 헤로도토스는 웅대한 필치로 "인간이 이루어놓은 것이 시간에 의해 퇴색하지 않도록" 그 모든 것을 지켜내겠노라는 유명한 다짐을 토해낸다. 이렇듯 인간의 행복 추구는 애초부터 우리와 함께해왔던 것 같다.

그런데 앞서 보았던 솔론의 답을 어떻게 이해해야 할까? 건장한 형제가 휴식을 취하다 곤히 단잠에 빠진 뒤 다시는 눈을 뜨지 못하게 된 것, 그리고 인생의 한창때 아내와 자식들을 남기고 생을 마감한 젊은 가장. 대체 어떤 면에서 이 사람들이 '행복' 하다고 간주할 수 있단 말인가? 그의 얘기를 듣고자 5세기 지중해 세계의 시장인 아고라에 몰려들었던 군중에게 헤로도토스가 하려던 얘기는 무엇이었으며, 또한 군중들은 그의 얘기를 어떻게 이해하고 받아들였을까? 이를 알기 위해서는 크로이소스가 솔론에게 보였던 태도로는 어림도 없을 만큼 헤로도토스의 말을 경청해야 한다. 그리고 행복이란 무엇인지, 또는 무엇이어야 하는지에 대한 우리 자신의 생각도 잠시 거두어야 한다. 왜냐하면 행복이라는 용어에 대한 오늘날의 개념들은 초기 그리스 시대의 이상과는 한참이나 거리가 멀기 때문이다.

헤로도토스는 우선 크로이소스의 욕망의 대상, 즉 행복을 묘사하는 데 어느 한 단어를 사용하지 않는다. 그는 기원전 8, 9세기 호메로스와 헤시오도스의 위대한 서사시대부터 자신의 시대까지 전해 내려온 여러 용어들을 사용한다.[4] 한 예로, 그는 '올비오스olbios' 라는 말을 쓰는데, 이 단어는 그 사촌격인 '마카리오스makarios' 라는 단어와 함께, 불완전하게나마 '행복한' 이라는 의미로 이해된다. 호메로스의 찬가와 헤시오도스의 시에서는 이러한 복합적인 용어들이 영웅, 신, 그리고 그들의 총애를 받는 인간들과 관련하여 자주 사용된다. 즉 물질적, 도덕적 양면에서 보편적으로 유복하고 고통도 겪지 않으며, 신성한 보호 아래에서 구가되는 삶을 예시할 때 종종 쓰이는 용어들이다.

크레타의 위대한 시인 호메로스는 「아폴론 찬가」에서 평범한 인간으로 위장한 신을 혼란스럽게 그려내고 있다. "그대, 낯선 자여—그 외양이 전혀 인간 같지 않으며 오히려 불사의 신 같지만—, 반갑구려. 행복이 그대와 함께하기를"이라는 구절에서는 '올비오스'의 변형형을 쓰고 있다.[5] 그러나 「헤르메스 찬가」에서는, 헤르메스와 그의 어머니가 사는 동굴을 묘사하는 데 '마카리오스'를 쓰고, 그 동굴은 '금은보화'와 '맛있는 음식과 꿀'이 넘쳐흐르며, 좋은 옷과 '축복받은 이들의 성스러운 집에 있는 것'과 같은 모든 것들이 있노라고 적고 있다. 마치 고통도 겪지 않으며 아름다운 옷을 휘감고 진수성찬을 즐기며 아무 부족함 없이 지내는 올림포스의 신들처럼, '올비오스' 또는 '마카리오스' 한 사람들도 역시 비슷하다.[6] 그들은 '행운아들'이라고 불릴 법하다. 즉 헤로도토스를 통해 솔론이 말했듯 크로이소스가 '유티키아eutychia' 또는 행운을 가졌다고 했던 바로 그것에 대해 얘기하고 있는 것을 알 수 있다. 신들의 총애를 받고 축복받는다는 것은 곧 행운과 함께 산다는 이야기이다.

마지막으로 헤로도토스는 이런 미묘한 차이를 포괄하는 한 형용사—유다이몬(eudaimon, 명사는 eudaimonia)—를 사용하는데, 이는 풍족하고 행복한 삶을 나타내는 의미로 쓰였다. 현존하는 그리스 문학에서 이 단어가 처음으로 쓰인 것은 헤시오도스의 작품이다. 그는 "행복한 행운아eudaimôn te kai olbios"는 성축일聖祝日을 잘 지키고 전조前兆를 잘 이해하며, 죄를 범하지 않고 "불멸의 신들을 노엽게 하지 않으면서 일을 해나가는 사람"이라고 『일과 나날들 *Work and Days*』에 적시하고 있다.[7]

그러나 크로이소스가 갈망했던, 손에 잡히지 않는 '그것'을 명명하는 데 선호될—절대적으로 중추적인—단어가 헤로도토스의 당대에 부상하고 있었다. 그리스어의 유(eu: 좋은)와 다이몬(daimon: 신, 영혼, 악마)의 합성어인 '유다이모니아eudaimonia'는 이렇게 해서 행운이라는 뜻—좋은 신, 안내해주는 영혼을 옆에 가진다는 것은 행운이므로—을 내포하게 된다. 이 말은 또한 신성의 개념도 띠는데, 이는 다이몬이 올림포스의 신들을 대신해서 보이지 않게 인간을 지켜보는, 신들의 사절이기 때문이다.

한 고전학자는 "다이몬은 불가사의한 힘이다. 어떤 동인動因으로도 명명될 수 없는, 인간을 밀어붙이는 힘이다"라고 말했다. 바로 이러한 면이 모든 인간과 마찬가지로 크로이소스가 무엇인지도 모르는 그것을 추구하도록 밀어붙였던, 그 예기치 못했던 힘을 이해하는 데 도움이 될 수 있다.[8] 만약 좋은 다이몬을 가진다면 이는 신성을 향해 나아가게 되는 것인 반면 나쁜 다이몬, 즉 디스다이몬dysdaimon 또는 카카다이몬kakadaimon을 가진다면 이는 곧 옆길로 빠져, 타락한 길로 접어드는 형국이 되기 때문이다.

아, 그러나 셰익스피어의 「오셀로Othello」에서 그의 불행한 아내인 데스데모나Desdemona는 신들도 인간과 마찬가지로 변덕을 부린다는 것에 놀라고 만다. 셰익스피어도 확실히 알고 있었듯, 그녀의 이름은 그리스어로 불행을 뜻하는 '디스다이몬'을 약간만 변형시킨 것이다. 셰익스피어는 아마도 다이몬이 악귀 또는 악령, 즉 오늘날의 '악마demon'라는 단어의 어원이라는 것도 알고 있었을 것이다. 그 모호하게 불길한 어떤 의미가 '유다이몬' 자체에 녹아들어 있는 것이다. 따라서 크로이소스가 텔루스, 클레오비스 그리고 비톤이 축복받은 자들이라는 얘기를 듣고 "당신은 나의 행복이란 것을 그리도 무시하고, 나를 일개 평민들과 같은 반열에서 놓아주지 않았는데, 행복이란 그런 것이던가?"라고 물었을 때, 솔론은 운이라는 것은 아무도 확신할 수 없다는 것을 분명하게 말하고 있다.

크로이소스, 신이 질투도 하고 인간을 괴롭히기도 한다는 것을 알고 있는 당신이 내게 인간사에 대해 물었소. 인생을 보자면, 원치 않지만 봐야 할 것도 많고 또한 겪고 싶지 않은 고통도 많이 겪게 되는 것이외다. 인간의 수명을 70년으로 봅시다. 70년은 윤년을 빼면 25,200일로 환산되므로 대략 한 인간 앞에 놓이는 것은 26,250일이오. 이 수많은 날 중 어느 하루도 똑같은 날이 없소. 그러니 크로이소스, 인간이란 자신 앞에 닥치는 것에 전적으로 달려 있을 뿐이라오. 당신이 아주 대단한 부자이고 또한 많은 사람을 거느린 왕이라는 건 의심의 여지 없이 분명한 것이오. 허나, 당신이 내게 물은 그것은 당신이 생을 마감했다는 소식을 듣기 전까지는 내가 대답할 수 없는 문제라오.[9]

이것이 바로 인간이 추구하는 목적을 부단하게 뒤틀어버리려 드는 불가해한 세계, 만연한 고통과 불확실성이 일상에 촘촘히 배어든, 신들이나 운명이 지배하는 세상에서 나온 지혜의 답이다. 오늘날 우리는 초기 그리스인들의 삶을 마치 신화처럼 여기는 습관을 답습하기 쉽다. 즉, 불굴의 의지를 가진 아티카Attica 사공과 함께 꿀같이 달콤하고 대리석같이 미끈하게 흐르는 밝고 쾌락적인 일을 즐거이 상상하는 식으로 말이다.

그러나 이런 몽상의 이면에는 엄연한 사실이 있는 법이다. 공포를 자아내는 천둥이나 일식, 월식, 공동체 전체를 휩쓸어버리는 주기적인 역병이나 기아飢餓의 도래, 어느 부락이든 어김없이 존재하는 끔찍하게 뒤틀린 외양을 가진 남녀들, 기껏 5년도 넘기지 못하고 사망하는 유아들, 존재의 취약함을 부단히 상기시키는 피비린내 나는 전쟁들. 이러한 세상에서, 삶이란 뭔가 추구해나가는 것이라기보다는 오히려 견디어내는 것이었다. 성공적으로 잘 견디어낸 자들만이 운 좋고 축복받은, 행복한 사람들로 간주될 수 있었다. 솔론이 텔루스, 클레오비스 그리고 비톤을 '행복한' 이라는 형용구로 칭할 수 있다고 판단한 것도 일면 이러한 이유에서였다. 세 사람 모두 살아 있는 동안 대면한 삶의 위기를 성공적으로 잘 조정했으며, 또한 생의 가장 영광스러운 순간에 그 생을 명예롭게 마감했던 것이다. 텔루스에 관한 얘기를 들어보자.

> 우선 그가 건강하고 잘생긴 아들들을 데리고 살던 곳은 좋은 도시 국가였다. 그의 자식들 모두 건강한 자손을 보았으며 그 자손들 중 어느 하나도 잃지 않았다. 둘째로 그는 한창 인생의 절정기—우리의 시각에서 볼 때—에 도달했을 때, 그것도 가장 영광스러운 대의를 위해 생을 마감했다. 그는 아테네와 그 이웃 엘레우시스 사이의 전투에 출전해, 적에게 승리를 거두고 나서 장렬하게 전사했다. 아테네 시민들은 그가 숨을 거둔 장소에서 공식 장례식을 거행하는 영예를 안겨주며 그의 죽음을 애도했다.[10]

역병이나 약탈군에 의해 파괴되지 않은 도시에 살면서, 출산 중에 자손을 하나도 잃지 않은 아버지이자 할아버지이기도 했던 그는 건강과 유복함을 누리며 죽음에서와 마찬가지로 명예로운 삶을 살았다. 텔루스는 삶의 도처에 도사린 공격에 굴하지 않고 그것들을 극복해내며 명예와 은총을 남기고 떠났다.

클레오비스와 비톤도 위험천만하기 그지없는 위업을 이루었다. "넉넉하게 영위할 수 있는 생활, 게다가 타고난 건강한 신체"라는 축복을 받은 형제, 경기대회에서 수상한 적도 있는 아르고스의 이 형제는 헤라 여신의 축제장인 신전에 어머니를 모셔다드려야 했는데, 시간이 좀 늦어진 상황이었다. 그래서 형제는 마차에서 황소를 떼어내고는 대신 자신들이 황소처럼 마차를 끌었다. 건장한 형제는 황소보다도 더 빨리 마차를 몰았고, 모든 사람들이 지켜보는 와중에 드디어 축제 장소에 도착했다.

> 아르고스의 남자들이 모두 몰려와 그들의 강건한 체력을 칭찬했고, 여인네들은 그런 훌륭한 아들들을 둔 어머니에게 축하인사를 건넸다. 어머니는 커다란 기쁨에 겨워, 여신상 앞에 서서 두 아들 클레오비스와 비톤을 위해 기원했다. 여신께서 그녀에게 이렇게 크나큰 영예를 안겨준 두 아들에게 인간으로서 누릴 수 있는 최고의 것을 선사해 주십사고. 기도가 끝난 뒤, 두 젊은이는 제물을 바치고 향연을 즐긴 뒤에 휴식을 취하러 신전에서 잠을 청하고 누웠다. 그리고 그들은 더 이상 잠에서 깨어나지 않았다. 그것이 그들에게 주어진 마지막이었다.[11]

이 마지막 줄이 바로 이 이야기들을 우리 시대 식으로 만들고 싶은 충동을 자제하도록 하는 구절이다. 즉 우리는 텔루스, 클레오비스 그리고 비톤의 '행복'을 단지 그들의 건강, 상대적인 유복함, 가족의 융화, 고귀한 위업, 그리고 그들에 대한 공적인 존경이라는 기능적인 면에서만 이해하는 우리의 시각을 접어야 한다. 물론 이러한 요인들은 솔론도 모두 인정하는 바이다. 그러나 진정 그들에게 의미 있는 것은 그 마지막, 바로 죽음이다. 인간의 행운, 축복이 이제는 더 이상 빼앗길 수 없는 것이 됐음을 마지막에 확신하게 된 것이다. 여신이 '인간에게 최선'의 것으로 여긴 것은 바로 좋은 죽음이며, 죽음이야말로 여신이 그들에게 부여한 보상인 것이다. 인생은 불확실성으로 좌우되는 것이므로 한 인간이 생을 마감하기 전까지는 그 누구도 행복하다고 볼 수 없다. 솔론이 경고했듯이 "많은 이들에게 신들은 축복이라는 것을 어렴풋이 보여만 주고는 결국 그들의 생을 마감하게 한다."[12)]

이것은 크로이소스 왕의 운명과도 정확히 맞아떨어지는 것이다. 스스로의 운명을 통제할 수 없는 세상에서, 자신이 행복하다고 여겼던 인간의 불손과 자만심에 대한 경고는 그의 파국으로 나타났다. 솔론은 남녀 모두 그들에게 '들이닥치는' 것에 의해 삶을 살게 되는데, 이는 빈부의 구별 없이 모두에게 똑같이 적용되는 확실한 것이라고 말하고 있다. 비록 부가 우리의 욕구를 충족시켜주며, 또 어떤 고통은 막아줄 수도 있겠지만, 궁극적으로 불운이나 신들의 노여움에 대해서는 속수무책이다. 왜냐하면 "인간은 그 누구도 자족적인 존재가 아니기 때문이다."

솔론이 떠난 후 얼마 되지 않아 크로이소스는 '악마의 엄청난 방문'에 맞닥뜨리며, 비로소 솔론이 남긴 말의 경악할 만한 진실을 깨닫는다. 아들이 갑자기 이상한 죽음을 맞이하고, 크로이소스 자신은 델피의 신탁을 잘못 이해하는 바람에 결국 전쟁의 재앙에 휩쓸리며, 그의 왕국은 페르시아 군대의 침략으로 파괴되고 만다. 결국 포로가 되어 불길이 혀를 날름거리는 장작더미 위에서 죽음에 직면하고서야, 크로이소스는 솔론의 지혜로운 말과 자신의 오만함을 깨닫는다. 그는 "살아 있는 자는 그 누구도 행복하지 않도다"라고 외치며 아테네의 그 현자의 이름을 세 번이나 부른다. 그리고 "자신이 스스로 행복하다고 생각하는" 모든 이들을 위해 다시 한 번 자신의 운명을 돌아본다.[13)] 마침내 크로이소스가 완전히 참회했을 때에야 비로소 신이 움직인다. "맑은 하늘에, 갑자기 바람도 없이 구름이 끼기 시작하고 폭풍이 일며 폭우가 쏟아진다. 그리고 화형의 불꽃은 꺼져버린다."

이렇듯 마지막 순간에 크로이소스는 구원된다. 그러나 그 구원은 그가 생전에 행복해질 수 있고, 또 행복했다는 믿음을 포기한 후에야 가능한 것이었다.

헤로도토스와 그의 동시대인들에게 행복이란 어떤 느낌도 아니고, 또 어떠한 주관적인 상태를 의미하는 것도 아니다. 즉 이것은 원래 자신은 행복하다고 생각했던 크로이소스가 정작 그 반대였다는 모순이 강조하는 바이기도 하다. 오히려 행복이란 오로지 죽음에 이르러서야 알 수 있는 삶 전체에 대한 성격 부여라고 볼 수 있다. 그 중간 과정에서 자신이 행복하다고 믿는 것은 섣부른 시기상조이며 또한 착각일 수도 있다. 세상이란 잔인하고 예기치 못한 것이며, 우리의 통제 밖에 있는 힘에 의해 지배되기 때문이다. 신들의 변덕, 행운의 선물, 운명의 결단. 이렇듯 서구 역사의 여명기에 행복이란 대체로 운수의 문제로 여겨졌던 것이다.

고질적인 풍토병처럼 고통이 항상 존재하며 행복은 우리의 통제 밖에 있는 이 세상이란 개념에 대해 우리는 '비극적' 이라고 생각하기 쉽다. 헤로도토스가 알던 아테네 시대의 맥락에서는 비극이란 단어가 전혀 틀린 말이 아니다. 정확히 그 시기, 그곳에서는 기원전 5세기에 비극tragoidia이 새로운 예술형식이자 새로운 단어로 무대에 등장하기 시작했다.

비극이라는 용어는 처음에는 매년 디오니소스 신을 기리기 위해 개최되는 디오니시아Dionysia 춘계 축제에서 펼쳐진 일반적인 무대 공연과 관련하여 사용하던 말이었다. 대략 오늘날의 연극이라는 용어와 같다고 볼 수 있으며, 공연의 내용이나 감성적인 색조와는 별로 연관이 없는 표현이었다. 그러나 그 '비극' 이 오늘날 우리가 비극이라고 생각하는 내용과 관련을 가지게 되는 것이 그리 놀랄 만한 일은 아니다.

아이스킬로스Aeschylos, 소포클레스Sophocles 그리고 에우리피데스Euripides 등이 쓴 당시의 위대한 희곡을 읽어본 독자라면 누구라도 기원전 5세기 아테네의 '비극'에는 행복한 결말이 거의 없다는 것을 알 것이다. 그 비극들에서는 오히려 아무런 죄도 없어 보이는 선량한 사람들이 자신이 통제할 수 없는 상황에 압도되는 국면으로 거듭 빠져든다. 결코 양립할 수 없는 양자 간의 택일이라는 불가능한 선택을 해야만 하는 그들, 즉 아가멤논과 안티고네, 오레스테스와 오이디푸스, 엘렉트라와 메데아처럼 신들에 의해 쫓겨나고, 가문에 내려진 저주를 받고, 운명의 덫을 뒤집어쓰고 필연적으로 패배한 그들. 비록 그들이 자신의 오만과 광기 때문에 스스로를 파국으로 몰고 간 면도 없지는 않지만, 비극적 딜레마의 요체는 갈등의 해결이 쉽지 않고, 심대한 대가를 치르지 않고서는 어떠한 결정도 없으며, 단순히 행복한 결말이란 없다는 것이다.

이런 점에서 아이스킬로스의 「오레스테이아Oresteia」에 나오는 아가멤논은 대표적인 인물이다. 그는 신들의 명령에 따라 자기 딸을 희생시키거나, 아니면 트로이와의 전쟁을 멈추고 자신의 명예를 단념해야만 했다. 그가 가진 비극의 딜레마는 그가 양쪽 모두를 취할 수 없다는 것이다. 의무와 사랑, 정의와 자기희생, 가족과 국가 그리고 양립할 수 없는 그 밖의 목적들 사이에서 괴로워하며, 그리스 비극 무대의 주인공은 홀로 덫에 걸린 상황에 매몰되어 있다. 갈등이 불가피하고 고군분투가 이미 운명으로 예정된 세상에 사는 그들은 행복할 수 없는 것이다. 에우리피데스의 「메데아Medea」에서 메신저가 암울하게 선언하듯이 이 비극적인 세상에서 인간은 "아무도 행복하지 않기" 때문이다. 소포클레스의 「필로크테테스Philoctetes」에서 합창대는 더욱 참담하게 '불행한 종족'에 대해 한탄한다.

> 끊임없는 슬픔과 헤아릴 길 없는 고뇌의
> 운명을 짊어진 인간들이여!

이 장르의 수많은 다른 작품들과 마찬가지로, 이 작품도 주인공 필로크테테스가 구원받을 수 있는 유일한 길은 결코 있을 법하지 않은 신의 개입뿐이다. 불붙은 장작더미에 놓인 크로이소스에게 비가 쏟아졌던 것처럼, 소포클레스 희곡의 주인공 필로크테테스를 고통에서 구출하기 위해 마지막 순간에 헤라클레스가 등장한다. 헤라클레스는 갑자기 나타나 문제를 해결해주는 신—문자 그대로 기계장치에서 등장한 신(데우스 엑스 마키나theos ek mēchanēs)—이다. 이 표현은 보통 극을 끝내기 위한 한 방법으로, 비극에서 신으로 분장한 배우를 무대로 내려보내기 위해 크레인이나 이와 유사한 기계를 사용했던 그리스 연극의 관례에서 비롯된 것이다. 아리스토텔레스가 『시학』에서 논했듯이 이런 식으로 극을 끝낸다는 것은 어설픈 방법이라는 논쟁이 있을 수 있다. 그러나 신의 갑작스런 출현은 극에서 훨씬 더 중요한 점을 극적으로 완벽하게 표현하는 역할을 하고 있다. 비극의 전통에 따르면 행복이란 거의 언제나 기적이며, 신의 직접적인 개입을 필요로 하는 것이기 때문이다.

소포클레스와 동시대인이었던 헤로도토스는 아마도 그를 개인적으로 알았을 것이고, 또 거의 확신하건대 그의 작품들도 알고 있었을 것이다. 당연히 크로이소스 이야기는 소포클레스의 비극과 유사한 점들이 많다. 크로이소스 역시 자신이 어쩔 수 없는 상황에 말려들고, 먼 조상이 자신의 주인을 살해해 신들의 분노를 사게 된 저주받은 가문의 자손이며 희생자라고 헤로도토스는 얘기하고 있다. 그리고 비록 크로이소스가 신탁을 잘못 이해하고 사건을 잘못 판단했으며, 또 주제넘게도 자신이 세상에서 가장 행복한 사람이라는 확신을 가진 점 등이 모두 자신의 운명을 좌우한 면도 있지만, 아들의 죽음과 왕국의 멸망은 그가 실제로 범한 실수에 대한 대가로는 터무니없이 지나친 것임은 분명하다.

결국 크로이소스는 자신이 행한 것보다는 자신이 살고 있던 세상 때문에 더 고통을 겪어야 했다는 결론을 내릴 수밖에 없다. 그 세상이란 "한번 정해진 운명은 그 누구도 피할 수 없는" 세상이며, "아무도 결코 행복하지 않은" 세상인 것이다.[14] 인간의 능력이 좌절되고, 선택은 모순되며, 또 고통이 불가피한 그런 곳에서 행여나 행복이라는 것이 온다면, 아마도 그것은 십중팔구 우리 앞에 그저 닥치는 것이리라. 이러니, 바로 비극적 곤경이 아니고 무엇이겠는가.

이러한 비극적 견해는 헤로도토스나 기원전 5세기의 아테네 무대에 올랐던 정형화된 고전 비극에서만 볼 수 있는 독창적인 것은 아니었다. 의문의 여지 없이, 이 새로운 장르—역사와 비극—들은 유례가 없을 정도의 예리함과 명쾌한 자의식으로 앞서의 견해를 펼쳤다. 그러나 그들이 의존하고 있던 행복에 대한 일반적인 이해는 훨씬 더 오래된 것이었다.

에게 해의 시클라데스 제도에 있는 자그마한 섬 아모르고스의 시인 세모니데스Semónides는 기원전 7세기에 이렇게 말하고 있다. "우리 인간에게 정신이란 없노니, 마치 짐승들처럼, 신이 우리 개개인에게 어떤 일을 행할지 알지도 못하면서 그저 하루하루를 살아가고 있노라." 그가 이렇게 말할 때, 그는 조상들로부터 내려온 유구한 지혜를 단지 명료하게 표현했던 것에 불과하다. 그러나 전해지는 또 다른 그의 말 중에 하나인 "발목 주위가 두툼한 여자는 쓸모가 없어"라는 구절을 생각해보면, 그의 말을 과연 그대로 수긍해야 할지 잠시 주춤하게 될지도 모르겠다.[15] 그러나 인간 조건에 대한 그의 판단에 대해서는 적어도 그의 견해가 널리 통용되었다는 것을 확신할 수 있다. 신들의 유희가 난무하는 우주와 신화를 통해 시간의 리듬이 이해되던 선사시대의 불변의 세계관으로 돌아가보면, 이런 숙명적인 정신에 의해 호메로스의 서사시는 활력을 얻는다. 호메로스에게는 오로지 신들만이 "축복받은 자들"이며 "지상에서 움직이며 숨 쉬는 모든 피조물 중에서" 인간이야말로 가장 고통스럽고 가장 비참한 존재이다.[16] 고대 그리스 신화, 고대 이집트 신화, 그리고 수많은 전통 문화 속의 이야기들에서도 이와 유사한 견해들이 중심을 이루고 있다.

이러한 사실은 오랫동안 행복을 운이나 운명과 연결시키는 생각에 일조했다.* 이런 연계는 기원전 5세기 이후 급속히 퍼졌으며, 어떤 면에서는 오늘날까지도 지속되고 있다. 실제로 모든 인도-유럽계 언어에서는 오늘날의 행복이라는 단어가 운, 행운, 운명이라는 말들과 어원이 같다. 예를 들면 '행복'의 어원은 올드 잉글리시와 미들 잉글리시의 '해프happ'로, 세상에서 일어나는 기회와 행운을 의미한다. 여기서 파생되는 단어들이 '우연한 일' '우연' '불운한' 그리고 '아마도' 등이다. 프랑스어의 행복bonheur이라는 단어도 이와 비슷하게 좋은bon이라는 단어와 옛 프랑스어의 행운 또는 운heur이라는 단어에서 기원한다. 이는 중세 고지독일어高地獨逸語의 '글뤽Glück'의

* 엄밀히 말하자면 운과 운명은 서로 상반된다. 왜냐하면 하나는 임의적·무작위적인 것을, 그리고 다른 하나는 이미 예정된 질서를 암시하기 때문이다. 그러나 인간의 행복이라는 관점에서 보면 이 두 단어는 긴밀히 연계되어 있다. 즉 양자 모두 인간사 전반의 진행을 결정하는 데 있어 인력(人力)의 역할을 부정하기 때문이다. 우주가 예정된 것이든 아니면 무질서하게 전개되는 것이든 간에, 우리에게 일어나는 일-우리의 행복-은 우리의 손을 벗어나 있다.

어원 설명과도 완벽하게 일치하는 것으로, 행복과 운을 뜻하는 독일어이다. 이태리어, 스페인어 그리고 포르투갈어의 '펠리시타felicità' '펠리시다드felicidad' 그리고 '펠리시다데felicidade'는 모두 라틴어의 '펠릭스(felix: 운 그리고 가끔은 운명)'에서 기원한다. 그리스어의 '유다이모니아'는 행운과 좋은 신이라는 뜻을 모두 내포하고 있다. 이러한 예는 여러 곳에서 찾아볼 수 있지만 요점은 모두 같다. 인도-유럽어 계통에서는 행복은 기회라는 토양에 깊이 뿌리내리고 있다는 것이다.

운명의 여신Fortuna의 수레바퀴가 돌아가고 있는 한편, 행복을 뜻하는 이렇게 많은 현대적 단어들이 단지 중세와 르네상스 초기에 출현했다는 것 자체는 바로 위에서 말한 연관의 강력함을 증명해준다고 볼 수 있다. 뒤에서 보겠지만 이 시기에 이르면 행복에 대한 비극적 이해는 몇몇 경쟁적 개념의 도전을 받게 되는데, 특히 소크라테스 이후의 철학과 기독교로부터 그러하다. 14세기의 초서Geoffrey Chaucer는 『캔터베리 이야기*The Canterbury Tales*』에서 수도사를 통해 다음과 같이 말한다.

> 그리하여 운명의 바퀴는 배반하고
> 인간을 행복에서 슬픔으로 던지는구나.

수세기 후 셰익스피어의 르네상스 인문주의도 우연의 우연을 떨쳐버리지는 못했다. 사람들은 '행복한 우연'을 바라겠지만, '우연은 우연'일 수밖에 없는 것이었다.[17] 오늘날에 이르기까지, 역사가 잭슨 리어스Jackson Lears가 말한 '우연의 문화'는 우리의 행운을 배치하는 데 중요한 역할을 해왔다.[18]

오늘날에도 여전히 신문 일면을 차지하고 있는 별자리 점, 거리 모퉁이에서 손금을 봐주는 점쟁이, 카지노 오락장 등이 존재하는데도 서구인들은 아인슈타인과 마찬가지로 인생 또는 우주가 주사위 노름꾼의 게임이라는 생각을 무시하기 쉽다. 우리는 행복이 임의적인 폭력 행위, 테러리스트의 공격 또는 갑작스런 사고 등으로 저지당할 수 있다는 것을 인정하기도 한다. 그리고 아마도 그런 일들에 대해서 우리들 대부분은 요즘 말로 "재수없다"라고 치부해버릴 것이다. 그러나 우리의 인생 궤도에 관해 얘기할 때는 행복을 우연에 맡기려고 하지는 않을 것이다. 사람들은 행복하고자 하는 것은 권리라고, 당연히 인간에게 부여된 권리라고 믿으며, 더 나아가 최근 베스트셀러 서적의 제목처럼 '도덕적 의무' 라고까지 여길 것이다.[19] 논쟁의 여지가 있겠지만, 행복을 찾는 것이 우리의 능력이라는 것보다 더 대단한 가정은 아마 없을 것이다. 역시 논쟁의 여지가 있겠지만, 우리가 행복을 찾을 수 없을 때 실패했다고 느끼게 되는 것보다 그런 가정을 더 잘 증명해주는 것도 없을 것이다.

이 책은 서양인들이 어떻게 그런 생각을 갖게 됐는지에 대한 이야기이며, 그 역사이다. 그것은 아주 긴 이야기이고, 그 이야기를 풀어나가면서 나는 오늘날 검증되지 않은 한 가정이, 우주 같은 확실성에서라기보다 신념의 한 종개념으로서, 생소하게 보이기를 바란다. 곧 보게 되겠지만 그리스와 로마 철학의 산물, 그리고 수세기에 걸친 유대-기독교가 반영된 산물인 현대의 행복 개념은 오늘날 우리가 계몽 시대라고 부르는 17세기와 18세기에 탄생했다. 상당수의 남녀들에게 그들이 현세의 삶에서 행복해질 수 있다는—또는 행복해야만 한다는—새로운 기대를 처음으로 갖게 했던 것도 바로 이 시기였다.

그렇다 해도 그런 생각이 전혀 전례 없던 것은 아니다. 어떤 사람들이 행복이란 낙원의 들판, 또는 축복의 섬, 히페르보레오이Hyper-boreoi인들이 살던 곳, 천국, 낙원 또는 사라진 황금시대처럼 아주 아득한 다른 세상에나 있는 것이라고 오랫동안 상상해왔던 것처럼, 또 다른 사람들은 이 지상의 행복에 대한 기대를 품어왔다. 그러나 고전적인 철학과 기독교적 실천 양자 모두에서, 우주와 그 모든 것에 내재하는 다양한 행복이란 아주 드문 것이었다. 즉 빼어난 미덕이나 예외적인 은혜로 평범한 사람들을 뛰어넘는 '소수의 행복한 사람들' 에게만 주어지는 것이었다. 아리스토텔레스가 말했듯이 행복한 삶이란, 신성에 준하는 것이며 "인간의 수준을 뛰어넘는 것이다."[20] 그가 말하는 행복한 소수는 '신 같은' 소수로, 소크라테스 식 현인, 플라톤적 철학자, 스토아적인 고행자 또는 에피큐리언epicurean적인 현명한 인간, 가톨릭적 성인, 또는 칼뱅 식의 선택이 예정된 사람들에게 적용되는 것이었다. 이런 모든 구체화된 모습에서 볼 때, 행복한 남자—드물게는 행복한 여자—란 신들에 근접한 사람, 단지 인간에 불과한 영역을 넘은 사람, 초월적인 모습을 성취한 사람으로 여겨졌다. 서구 역사에서 오랜 기간 동안 행복은 인간 완성의 징표였고 더 이상의 결여나 욕구, 필요가 없는 완전한 피조물의 이상형으로 여겨졌다.

계몽사조는 오랫동안 지속되어온 이 개념을 근본적으로 바꾸어, 행복을 이 지상의 삶에서 모든 인간이 열망할 수 있는 무언가로 여기게 만들었다. 인간성에서 기본적으로 빠진 행복이란 신의 선물도 아니고 운명의 술수도 아니며, 예외적인 행위에 대한 보상도 아니고, 남녀노소 모두 원칙적으로 획득할 수 있는, 인간에게 부여된 당연한 것이었다. 계몽주의자들은 실로 인간이 불행한 곳에서는 뭔가 잘못된 것이 있다고 주장했다. 즉 신념이나 정부 형태, 삶의 조건, 관습이나 또는 다른 어디에서든 잘못된 게 있고, 이러한 것들을 바꾸면—우리 자신을 바꾸면—당연히 의도하는 대로 실제로 행복을 이룰 수 있다는 것이다. 계몽주의적 시각에서 보면 행복이란 신과 같은 완전성에 대한 이상향이라기보다는 지금 여기, 현세에서 추구하고 달성할 수 있는 자명한 진실이었다.

인간 기대의 본질에 대한 이러한 극적인 변화는 하룻밤에 이루어진 것이 아니었다. 초기에는 사회적, 지적 엘리트들의 영역이었던 지상에서의 인간 행복에 대한 계몽사조의 약속은 점차 넓게 퍼져나갔다. 18세기 말에 이르면 행복은 미국과 프랑스에서 일어난 혁명과 더불어 동기를 부여하는 궁극적 목적으로서 널리 인정되고 있었다. 토마스 제퍼슨Thomas Jefferson이 독립 선언서를 기초하면서 행복추구권은 '자명한 진실'이라고 했을 때, 그는 세계의 문명화된 시민들이라면 이에 동의할 것임을 당연시했다. 1789년 인간과 시민의 인권선언을 하던 프랑스인들도, 선언문의 서문 마지막 줄에 '모든 이의 행복'이라는 고귀한 목적을 명시한 것에 아무도 이의를 달지 않으리라 생각했다. 드디어 인간은 엄청난 추구를 시작했고, 그것은 아직도 계속되고 있다.

이 책의 전반부는 고전적이고 기독교적인 개념이 세속적인 목표로 변질된 방법들을 검토해본다. 그리고 후반부는 이 세속화의 모호성에 대한 연구이다. 여전히 불완전한 세상에서 행복한 인생을 요구하고 기대하는 것은 진정 무엇을 의미하는 것일까? 영원한 기쁨? 무한한 행복감? 단순히 물질적인 성취? 그리고 만약 인간이 행복할 권리를 가졌다면, 다른 피조물들은 그것을 제공해야 할 의무가 없었을까? 행복과 자유는 어느 정도의 균형을 이루어야 할까? 또는 행복과 미덕, 행복과 이성, 행복과 진실은? 행복은 단지 기분, 즉 기쁨과 고통의 미적분학微積分學이었을까? 아니면 때론 고통스런 희생을 감내하고 얻게 되는 값진 상이자 대가였을까?

이런 질문들은 호기심 어린 계몽사조에서 제기됐던 수많은 당혹스런 질문 중 단지 몇 가지에 불과할 뿐이다. 18세기가 한참 지나고 나서도 이러한 질문들이 끈질기게 이어진다는 것은 계몽사조가 행복을 종교적이고 형이상학적인 과거로부터 분리해내는 데 전적으로 성공하지는 못했다는 사실을 말해준다. 행복은 아직도 마법에 빠진 채 초월성의 매력과 신성을 넌지시 품고 있었다. 그리고 대체로 바로 이런 이유 때문에 행복은 강력한 힘을 발휘했다. 인간은 자연을 지배하고 운명을 통제하면 신과 같이 될 수 있다는 유혹에 빠져 행복이라는 이름 아래 고대 신들의 능력을 찾아 헤맸다. 즉 소수의 행복한 신들을 행복한 다수의 인간이 대체할 수도 있다는 유혹에 빠졌던 것이다.

그러나 비록 어느 영민한 관찰자의 눈이 포스트 계몽주의 시대의 행복에서 여전히 초월성의 잔재를 찾을 수 있다 해도, 행복 추구의 본질은 의심할 나위 없이 변하고 있었다. 서서히 그 목적은 인간에게 '더'를 요구—한계를 뛰어 넘으라고 요구—하기보다는 그의 몫으로 천상에서 가져온 음식을 인간에게 먹이는 것이라고 생각하게 되었다.

그리고 시간이 지나면서 이러한 생각은 위험을 내포한 권리를 부여하고 기대감을 배태胚胎했다. 포스트 계몽주의 시대에도 인간이 움푹 팬 땅 위를 걷는 것은—신들같이 되기 위해서건 신들을 추방하기 위해서건—위험한 일이었다. 그리스인들은 이를 신에 대한 불손, 오만, 인간과 신을 갈라놓는 당연한 경계선을 수용하지 않는 거부로 보았다. 따라서 감히 그 경계선을 넘고자 했던 이들에게는 신의 응보라는 공포가 주어졌다. 오직 신들에게만 허여된 것에 지나치게 가까이 다가갔던 비극적 영웅들이 겪어야 했던 고통과 슬픔이라는 응보 말이다. "수많은 악령들이여, 원치 않던 수많은 것들이여. 이 모두 신들이 보내는 것이구나." 이것이 에우리피데스 비극의 전형적인 결말이었다.[21] 악령에는 좋은 악령과 나쁜 악령이 있었는데, 둘 중 어느 것에라도 악령에 씐다는 것은 괴롭힘을 당하거나 사로잡히고 홀리게 되는 것과 다름없었다.

이런 의미에서 행복의 탐구를 사로잡힘이나 홀림－크로이소스를 파멸로 이끌었던 힘과 마찬가지로 우리를 관통해 움직이는 그 낯선 힘에 사로잡히는 것－의 형태로 생각해보는 것은, 그리스인들보다 훨씬 후에 주석자들이 여러 가지로 묘사했던 현상을 신화적 용어로 설명하는 데 도움이 될 수 있을 것 같다. 즉 인간을 수렁으로 빠뜨리는 행복 추구의 절망적인 경향 말이다. 아이스킬로스가 "그 어느 인간이 피할 수 있으랴?"라며 신들의 '거짓 기만'에 대해 불평했던 것도 바로 이 절망적 경향을 말했던 것이다.

처음에는 다정하고 달콤한 그것이
어떤 인간도 결코 빠져나올 수 없는
그물망으로 우리를 이끌어 옭아맨다네.
그 파멸의 구렁텅이에서
우리는 영영 벗어날 수가 없다네.[22]

이후 많은 사람들이 비슷한 생각을 가지며, 이것은 포스트 계몽주의 시대를 사는 모든 이들에게 불안한 전망을 안겨준다. 행복의 추구는 행복 자체의 몰락을 일으키게 되지는 않을까? 행복해야 한다는 현대의 지상과제는 그 자체로 불만의 형태를 낳지는 않을까?

생명으로 이끄는 문은 얼마나 좁고 또 그 길은 얼마나 비좁은지, 그리로 찾아드는 이들이 적다.
–「마태복음」 7:14

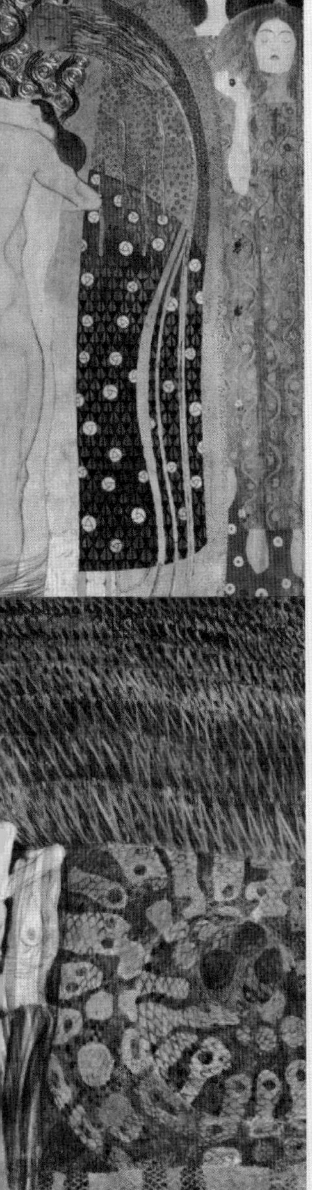

현대의 신념을 만들기까지

THE MAKING OF A MODERN FAITH

그저 실제적 획득이 아닌, 좀 더 높은 행복의 순수한 탐구야말로
모든 인간의 부나 명예, 또는 육체의 쾌락을 뛰어넘는
더할 나위 없는 것이다.

– 키케로, 유실된 『호르텐시우스』 필사본의 단편에서

Happiness Part 1

지고선

The Highest Good

행복이란 우리에게 일어나는 것이고, 우리는 그것에 대해서 아무런 통제력도 없다. 이는 고대 그리스인들과 대부분의 고대 세계에 수용된 생각이었다. 지중해 연안에서부터 헤로도토스가 여행했던 깊은 내륙 지방, 그리고 그 너머에까지 이 유서 깊은 지혜는 광범위하게 퍼졌다. 그것은 메소포타미아, 페르시아, 레반트, 이집트, 소아시아 지역의 고대 문명에서 나타나는 공통 특징이기도 했다. 파라오 밑에서 벌벌 떠는 군대이건 또는 페르시아 왕들의 땅에서 겨우 연명해나가는 군중들이건 그들에게 세상이란 저 높은 곳에서 이미 결정되어 있고 자신들보다 사회적으로 강한 자들이 좌지우지하는, 그래서 불안정한 곳이었다. 대부분의 사람들은 자신 앞에 닥친 것을 받아들일 수밖에 없었다. 살아가며 일어나는 수많은 일들에 중대한 영향을 끼친다거나 자신들이 처한 상황을 바꿀 수 있을 것이라고 생각하는 사람들은 거의 없었다. 행복은 그저 신들의 수중에 맡긴 채, 최악을 가정하고 최선을 희망으로 품으며 사는 게 더 쉽고 또한 신중한 것이었다.

이런 운명론적인 생각은 태고부터 지배해왔던 것으로, 수많은 사람들이 존재의 수수께끼를 이해하는 데 힘을 주었으며, 이는 현대 세계에서도 여전하다. 기원전 5세기에 헤로도토스와 아테네의 비극 작가들에 의해 벼려지고 정제된 이 생각은 그들의 작품에서 완성된 표현으로 나타났다. 그런데 역설적이게도 바로 당시 그곳에서 행복에 대한 새로운 시각이 꿈틀거리기 시작했다. 인간이 자신의 행동을 통해 자신의 운명에 영향력을 발휘하고 싶어할 수도 있다는 생각이 우선 그 단초였다.

이런 우연의 일치는 아마도 별로 놀랄 일은 아닐 것이다. 헤로도토스의 인물인 크로이소스의 고투 혹은 비극 무대 주인공들의 영웅적 노력에서, 우리는 이미 운명의 심술에 도전하고 신들의 최후 심판에 대항하는, 즉 운명적인 세상의 한계를 타파하려는 열망을 볼 수 있지 않은가? "한번 정해진 운명은 그 누구도 피할 수 없노라"는 말이 바로 헤로도토스의 판단에서 중심이 되는 것이었다. 그러나 소포클레스, 아이스킬로스 그리고 에우리피데스의 주인공들처럼 크로이소스의 죄 또한 변치 않는 우주의 법칙에 감연히 도전했다는 것이다. 그들은 실패했고, 그 실패에서 우리는 뭔가 배워야 한다는 얘기를 듣는다. 그러나 우리는 또한 그들의 시도에 대해 동정하는 마음을 가질 수밖에 없다.

헤로도토스의 책을 읽었거나 아테네의 디오니시아에서 개최되는 트라고이디아tragoidia 축제에 갔던 사람들에게는 인간의 한계에 동정적일 수밖에 없었던 충분한 이유가 있다. 헤로도토스의 『역사』는 기원전 5세기에 프러시아 제국을 상대로 그리스가 거둔 승리를 다룬 역사상의 유명한 이야기인데, 그 승리는 그들의 용기와 지력, 의지가 아니었다면 이룰 수 없었던 것이었다. 바로 그 점을 강조하고자 헤로도토스는 그리스인들의 자유에 대한 사랑을 격찬하는 데 심혈을 기울였다. 그리고 만약 자신들을 속박하려 위협해오는 적들을 물리친 것으로 집단적인 힘을 충분히 입증하지 않았다면, 아마도 기원전 5세기 아테네의 생활이 그것을 입증했을 것이다. 새로운 형태의 정부, 즉 데모크라티아demokratia가 창안된 곳이 바로 이곳, 아테네의 도시국가 폴리스였던 것이다. 데모크라티아는 데모스(demos: 사람)와 크라토스(kratos: 권력)에서 기원한 단어이다.

데모크라시democracy(이후 민주주의로 표기함—옮긴이)는 고대 그리스의 수백 개 도시국가에서 실행되고 있던 다양한 권력 형태 중 하나에 불과했다. 당시의 권력 형태는 세습적 왕정에서부터 귀족정치, 과두정치 그리고 아주 강력한 한 사람 또는 우두머리에 의한 일인지배에 이르기까지 여러 가지가 있었다. 특히 강력한 일인자 또는 우두머리에 대해 그리스인들은 의미심장하게도 그리스어가 아닌 '티라노스tyrannos'라는 단어를 썼다. 그러나 일인지배체제를 제외한 나머지 체제들은 서로 뚜렷한 차이점들이 거의 없다. 한 예로, 기원전 7세기에 입법자 리쿠르고스Lycurgus가 구상한 스파르타의 법을 보면 세습왕정(군주제), 주요 원로들의 귀족평의회(과두정치), 그리고 30세 이상의 남성 시민들로 구성된 총회(민주주의) 등이 모두 하나로 섞여 있다. 다른 도시국가들은 이와는 다른, 혁신적인 방식으로 중요 문제를 해결했다. 그러나 그들 중 거의 대부분은 폴리스의 제반사에 시민들이 직접 참여할 수 있는 조항을 만들었다. 즉 군부 지도자들의 결정에 대한 승인, 법정 참여, 중요한 공공 조치나 또는 제도화된 토론에 대한 투표 등을 통해 시민들이 직접 참여할 수 있는 길을 만들어놓았다. 한 뛰어난 역사학자는 "토론을 거쳐 이성적인 선택을 하는 데 직접 참여"한다는 의미에서의 "정치"는 "모든 그리스 도시에 있어 중심적"이었다고 말했다.[1] 기원전 5세기 초에 이르면, 그리스 정치에서 어느 정도의 자치성은 뚜렷한 특색이 되었다.

이전과 비교해볼 때 이것은 매우 급진적인 변화라는 점에 주목해야 한다. 또 다른 저명한 학자는 "그리스인들의 경험을 이해하려면, 그 이전과 이후의 역사를 망라한 무수한 인간 및 사회들과 비교해볼 때 그리스가 얼마나 기이할 정도로 예외적인가를 인정해야 한다"라고 매우 적절하게 지적하고 있다.[2] 고대 문명—이집트, 메소포타미아, 인디아, 중국 같은 문명—들이 계급 제도에 의해 통치되었던 데 반해, 그리스인들은 스스로 통치하는 경향이 있었다. 다른 고대 문명에서는 거대한 관료층, 상비군 그리고 유력한 성직자 계급이 행정을 담당하고 강력한 군주들이 광범위한 제국을 지배했다. 그러나 시민들이 군대와 병역을 담당하고 공공자금을 모금하는 그리스의 작은 자치 도시들에서는 자립과 자제가 바로 포상이었다.

이 점은 고전시대 그리스 문화의 공통된 특색이었다. 그러나 그 어느 도시보다도 자치와 자율의 과정이 가장 발전했던 곳은 바로 아테네였다. 기원전 6세기 초에 원수 솔론이 처음 정해놓은 법제는 뒤이은 기원전 508년에 개혁자 클레이스테네스Cleisthenes의 손을 거쳐 상당히 확장되었고, 아테네 시민들은 자신들의 통치 기반을 확장하기 위해 점차 폭군과 과두정치 집정자들의 횡포를 극복해나갔다. 기원전 5세기 말경에 이르면 아테네 시민들은 통치 기반을 상당히 확장하기에 이른다. 최고시민회의에서 직접 토론하고 투표에 참여할 수 있는 성인 남자 시민들만 해도 4만여 명에 이르렀다. 결정적인 일을 투표할 때는 참석 정족수가 6천여 명까지도 가능했던 이 특별 기구인 최고시민회의는 여러 측면에서 볼 때 전 세계적으로 직접 민주주의에 가장 근접한 형태였다. 업무를 검토하고 상부기구에 회부하기도 하는 훨씬 작은 500인 평의회에서와 마찬가지로, 최고시민회의에서도 상류층과 재산가들은 불가피하게 상당한 영향력을 행사했다. 그러나 대체적으로 아테네 시민들은 놀랄 만큼 평등하게 자치를 해나갔다.[3)]

그렇기에 기원전 5세기 아테네의 위대한 정치가이자 민주적 개혁가였던 페리클레스Pericles 장군은 자신의 모국에 대해 대단한 자부심을 가질 만했다. 그는 아테네가 스파르타와의 길고 긴 펠로폰네소스 전쟁의 수렁에 빠져 있을 때인 기원전 431년에 유명한 웅변을 통해 그의 동료 시민들에게 이렇게 자랑했다.

> 우리의 헌법은 이웃 국가들 것을 본보기로 삼지 않는다. 우리는 남들을 모방하기보다는 오히려 그들의 모범이 된다. 우리는 소수 대신 다수에 의한 법치를 선호한다. 민주주의라고 불리는 이유가 바로 여기에 있다. 국법은 제각기 다른 모든 국민들에게 똑같이 정의를 실현한다. 사회적 지위를 본다면 공직생활에서의 승진은 능력에 따르며, 그 공과를 가늠하는 데 결코 사회적 계급이나 신분이 끼어들 여지가 없다. 가난 또한 그 길을 막을 수 없다. 만약 국가에 봉사할 능력이 있는 자라면 가난한 환경을 가졌다고 해서 그것이 결코 장애가 될 수 없다. 정부 내에서 만끽하는 이러한 자유는 일상생활에도 마찬가지로 배어 있다. 서로에게 질시 어린 눈초리를 보내기는커녕, 자기가 좋아서 하고 싶은 것을 하는 이웃에게는 화는 물론, 심지어 기분이 나쁘다는 것을 얼굴에 역력히 드러내거나 내색조차 하지 않으려 한다…….[4)]

페리클레스는 아테네의 자유와 관용을 찬양하며 물질적, 문화적 풍요와 부를 기린다. 지중해에 걸쳐 산재한 식민지와 무역 거류지들의 막대한 네트워크를 확보한 상업국가 아테네에는 부가 축적되었고, 또한 그 부를 아주 잘 활용했다. 그렇게 해서 파르테논 신전을 비롯해 오늘날까지 전해 내려오고 있는 보물과도 같은 걸출한 건축물이 많이 탄생했다. 페리클레스는 "다망한 업무로부터 정신을 재충전하기 위해 우리는 여러 수단들을 제고했다"면서 "일 년 내내 놀이와 희생제를 즐기고 개인 소유의 우아한 주택에서 일상적 즐거움을 만끽하며 우울함은 멀리 쫓아버린다. 또한 광대한 우리 도시에는 세계 도처에서 농산물이 유입되며, 아테네 시민들은 외국의 과일들을 자기 집에 있는 사치품만큼이나 친숙하게 즐기고 있다"라고 전했다.[5)] 부유한 코스모폴리탄이며 즐거움을 만끽할 줄 아는 아테네인들은 정신적인 삶 또한 만족시킬 줄 알았다. 위대한 비극, 역사뿐만 아니라 시, 예술 그리고 철학까지 창출해냈던 것이다. 실로 페리클레스의 아테네야말로 황금시대였다.

물론 페리클레스가 아테네를 공정하게 그려냈다고만은 볼 수 없다. 자화자찬에다 선택적인 그의 얘기에는 많은 것이 빠져 있다. 장군이기도 한 그는 그렇게 부유한 바로 그 아테네 제국이 식민지에는 철권을 휘두르며 다른 도시들을 지배할 수도 있었다는 것은 언급하지 않았다. 그의 '자유' 도시가 기원전 4세기에는 10만 명에 달하는 노예들의 노동으로 건설되었다는 사실에 대해서도 설명하지 않았다. 또한 여성과 외국인 거주자들은 아테네 남성 시민권자들이 누렸던 혜택을 전혀 누리지 못했다는 사실 역시 빠뜨렸다.[6)] 그렇지만 당시의 기준에서 보자면 아테네가 이룬 업적은 누구도 부인할 수 없을 만큼 대단한 것이었다. 아마 아무리 투덜대는 관찰자라 해도 페리클레스의 과장을 관대히 봐줄 것이고, 또 그가 웅변의 끝부분을 다음과 같이 맺은 것도 충분히 타당하다고 인정할 것이다. "간단히 말하면 아테네야말로 그리스의 학교라고 볼 수 있다. 기댈 곳이라고는 오직 자신밖에 없는 사람이 여러 가지 상황에서 그렇게 공평하게 대우받고, 또 다재다능한 능력으로 그리도 우아하게 빛날 수 있는 곳이 과연 아테네 말고 또 어디에 있을까 싶다."[7)]

이로써 우리는 다시 행복이라는 주제로 돌아오게 됐다. 새롭고, 한편으로는 실현할 수 있는 목적으로서의 행복을 출현시킨 원인 중 하나가 아테네의 민주주의라고 보는 것이 다소 소극적이라고 말할 수도 있겠다. 그렇지만 각 개인들이 이 유혹적이고도 대단한 목표, 자신을 위한 행복을 추구할 수 있고, 또한 쟁취할 수 있다고 감히 꿈꾸기 시작한 것은 바로 아테네, 민주주의의 아테네에서였다. 물론 정황과 개념 사이의 연관성을 인정해야 한다. 즉 자유인으로서의 인간이 이성적 탐구와 개방적인 토의를 통해 자신의 일을 결정하는 데 익숙해진 사회와 더 나아가 독립적이고자 하는 노력, 오랫동안 신들의 영역이었던 곳까지 자유를 확장하고자 하는 노력 사이의 연관성 말이다. 아테네의 풍요 덕택에, 오로지 생존 자체만을 위한 삶을 추구할 수밖에 없는 상황에서 해방된 소수의 행운아들은 이제 삶에서 다른 것을 추구할 수 있게 되었다.

많은 사람들이 페리클레스가 그렇게나 찬양했던 재능과 독립성에 대해 접근했다. 그러나 행복에 관한 혁신적인 개념을 제시한 걸출한 시조라 부를 만한 이는 단 한 사람이다. 행복에 대한 또 다른 위대한 연구자였던 성 아우구스티누스St. Augustine가 후에 증언하듯이, 소크라테스야말로 그의 뒤를 잇는 후대 철학자들을 "잠 못 이루며 고심하게" 만들었던 개념에 대해 최초로 상세하게 사고했던 사람이었다. 그것은 바로 "행복에 필요한 조건에 대한 문제"이다.[8] 스스로도 인정했듯 소크라테스는 민주주의자라고는 볼 수 없다. 그는 영혼의 문제를 위해 정치에 대해서는 내놓아버렸던 사람이다. 그러나 그는 당시 민주적 에토스ethos의 핵심에 있던 신념에 전적으로 공감했다. 즉 인간은 스스로의 이성적 행동을 통해 자신의 삶에 대한 통제력을 발휘할 수 있다는 신념 말이다. 바로 이러한 정신을 행복을 추구하는 데에도 적용했다는 것이 소크라테스의 업적이다. 그의 사고는 고전 시대의 수백 년 동안 사람들을 매료시켰을 뿐만 아니라, 그 이후 오늘날까지 인간을 사로잡고 있는 한 갈망을 탄생시켰던 것이다.

궁극적 소망의 탄생

철학의 역사에서와 마찬가지로, 행복의 역사에 있어서도 소크라테스는 매우 중추적인 인물이다. 그러나 그가 탐구했던 대상과 마찬가지로 그라는 인물의 실체도 쉽게 손에 잡히지는 않는다. 그의 사고의 일관된 실체나 가르침에 대해서는 어떤 기록상의 증거도 남겨진 게 없다. 우리가 아는 바와 같이, 기원전 470년에서 399년까지 살다 간 그는 아테네 도시의 신들을 부정하고 젊은이들을 타락시킨 혐의로 민주적인 아테네의 통치자들에 의해 사형을 당했다. 시민으로서 그는 용감하게 군복무에 임했고 결혼을 하여 아내도 있었지만, 자신을 스승이자 안내자로 여기며 주위에 몰려들던 젊은이들과 지내는 것을 더 선호했던 사람이다. 부자도 아니었고 외모 면에서는 아주 못생겼던 것 같지만, 무척 카리스마가 강했고 나름대로 매력적이었다. 그리고 그는 완벽에 가까울 정도의 기술로 문답법—까다로운 질문들—을 계발했다.

이렇게 미미한 사항을 제외하고 나면, 그에 대한 우리의 지식이란 그저 어렴풋할 뿐이다. 우리가 알고 있는 사실에 조금 더해지는 것은 간접적으로 나오는 지식으로, 주로 그의 가장 뛰어난 제자였던 플라톤을 통해서 알게 되는 것들이다. 24개로 이루어진 대화편에서, 플라톤은 스승의 가르침의 내용과 형식을 지키기 위해 그를 한 인물로 등장시키고 있다.[9] 플라톤은 기원전 427년에서 347년까지 살다 간 사람으로, 소크라테스보다는 연배가 한참 아래이다. 불가피하게, 그는 스승의 가르침과 자신의 가르침을 분간할 수 없을 정도로 소크라테스의 고찰을 자신의 것과 융합시키면서 크게 변화시켜나갔다. 그러나 이렇게 유려하게 섞였음에도 소크라테스-플라톤의 가르침에서는 소크라테스가 이전의 모든 그리스적 사고로부터 급진적인 결별을 했다는 점이 읽힌다. 이전의 철학자들은 주로 자연과학, 논리학 그리고 지식의 기반(인식론) 등의 문제에 천착하며, 세상은 어떻게 만들어졌고 우리는 어떻게 세상을 아는가라고 물었다. 그러나 소크라테스는 인간 행위(윤리학)의 중요성에 대해 극적으로 주장하며 어떻게 하면 우리의 삶을 가장 잘 살 수 있을까에 대해 질문을 던졌다. 서사시인들과 비극작가들은 인간의 행복—운, 운명, 또는 신들에 의해 지배되는—이란 인간의 권한 밖이라는 것을 받아들였지만, 소크라테스는 행복이란 인간의 장악력 안에 있다는 명제를 출발점으로 삼았다. 플라톤의 초기 대화록인 『에우티데모스*Euthydemus*』에서 소크라테스는 "행복을 바라지 않는 사람이 있을까?"라고 동료에게 묻는다. 그러고는 "자, 그러면 우리 모두가 행복을 원하는데, 그렇다면 우리는 어떻게 해야 행복해질까? 그게 바로 다음 질문이지"라고 답한다.[10] 크로이소스의 추구를 오만하고 성난 행동에서 최상의 탐구 형태로 탈바

꿈시키면서, 소크라테스는 행복 추구가 자연스런 인간의 갈망이라고 본다. "왜 인간은 행복을 추구하느냐는 질문은 할 필요도 없다"라며 그는 이렇게 되풀이한다. "그에 대한 대답은 이미 끝났다."[11] 소크라테스는 그 소망은 자명한 것이라고 말한다.

플라톤의 다른 대화록에서 여러 번 반복되는 이 주장은 얼핏 보기에 매우 단도직입적이며 솔직해 보인다. 사실, 그 말이 맞을 수도 있다.[12] 확실히 즐거움에 대한 소망은 동물에게나 인간에게나 보편적인 특성으로 여겨진다. 그러나 '행복'이란 말을 사용할 때, 소크라테스는 마음속으로 뭔가 다른—좀 더 고상하고 중요한—것, 즉 단순히 감각의 즐거움이나 만족감을 넘어선 고귀한 목표라는 생각을 가진다. 인간이 본능적으로 그것을 소망하는지는 분명치 않다. 행복을 새롭고 실현 가능한 소망의 형태로 발명해낸 바로 그 순간에 소크라테스는 행복을 자연스런 인간의 갈망이라고 선언한다. 그리고 그 사실을 깨닫는 순간, 우리는 바로 우리가 자연스럽게 동경하는 잡히지 않는 무엇이, 적어도 우리가 원래 생각했던 것보다는 훨씬 더 인간에게 고유한 것이 아니라는 의구심을 갖게 된다.

이러한 의구심의 증거는 플라톤의 저작 도처에서 발견되지만, 특히 그의 중기 대화록인 『심포지엄*Symposium*』에서 가장 확연하게 드러난다. 기원전 385년경에 쓰인 이 작품의 무대가 되는 시기는 헤로도토스가 죽은 지 채 10년도 되지 않은 기원전 416년경이다. 이 작품은 디오니소스 극장에서 멀지 않은 아테네 시인 아가톤Agathon의 집에서 실제로 있었던 향연을 상상 속에서 재구성한 것이다. 소포클레스의 비극이 아직도 상연되고 있는 그곳에서, 초대받은 손님들은 또 다른 희곡작가—바로 아가톤—에게 경의를 표하기 위해 모였다. 그 희곡작가는 디오니시아의 트라고이디아 상을 수상했다. 초대객들은 소크라테스를 비롯하여 희곡작가 아리스토파네스Aristophanes와 몇몇 아테네 명사 등 유명 인사들이었고, 즐거운 축제 분위기는 파티와 아주 잘 어우러졌다.

⚜ 그리스인의 미소, 아티카의 쿠로스, 아나피소스. 기원전 525년경, 국립 고고학 박물관, 아테네.

우선 비극과 축하연이 한곳에 나란히 있었다는 게 놀라울 수 있다. 그러나 고대 그리스인들의 삶에서는 이 두 가지가 종종 연결되곤 했다. 그들에게 행복을 만나기란 어려운 일이었지만 한순간의 기쁨을 찾는 것은 그보다는 쉬웠다. 고통에 대한 그 모든 이야기에도 불구하고, 그리스인들은 즐길 줄 아는 사람들이었다. 초기 그리스 조각 작품—그 유명한 쿠로이kouroi, 즉 한창 피어나는 사춘기 청소년의 커다란 조각상—에서는 종종 인물들이 미소를 짓고 있는 게 눈에 띄는데, 이는 마치 인생이 아무리 비극적인 모습을 띠더라도 용기 있고 즐거운 얼굴을 막을 수는 없다는 점을 얘기하고 있는 것 같다. 신의 분노는 언제라도 터질 수 있다. 그러나 바로 그렇기에 가능한 한 주어진 기회를 최대한 만끽하려 했던 것이다.

디오니시아야말로 바로 그런 경우다. 봄 축제의 절정은 트라고이디아의 상연이었지만, 그 본질은 역시 주신인 디오니소스에게 바치는 소란한 축제였다. 그리스어로 디오니소스는 '폴리게테스poligethes', 즉 많은 기쁨을 가져다주는 자라는 뜻으로, 잠시 세상사에서 벗어나게 해주고 잠과 망각 그리고 달콤한 방종에도 빠지게 해준다.[13] 그리스인들은 아테네뿐만 아니라 디오니소스를 기리기 위해 그의 이름을 걸고 다른 지역에서도 개최되는 모든 축제에서 만취가 될 정도로 술을 마셨다. 음주—엄청난 양의 포도주 소비—는 이런 축제의 주된 특징이었고 어느 저명한 학자의 말을 빌리면, 음주라는 "마치 면허라도 받은 것 같은 도취의 시간이 축제들의 공통점이었던 것 같다."[14] 술 마시고, 춤추고, 염소를 제물로 바치고, 분위기를 고양시키기 위해 종종 거대한 남근상을 들고 동네를 행진하는 등의 모든 행위들은 쾌활함과 기쁨 그리고 '엑스터시(ecstasy : 황홀경)'로 유도되는데, 엑스터시는 평소의 자신 밖ec에 있기stasy, 즉 평소의 자신으로부터 벗어난다는 의미를 갖고 있다.[15] 심지어 불행한 결말의 불행조차도 시끌벅적하게 웃는 소동으로 바뀐다. 아테네에서는 세 편의 연극으로 이루어지는 완성된 트라고이디아의 마지막 편이 끝나면 어김없이 '사티로스Satyr 연극'이 뒤를 잇는데, 여기에는 사티로스 코러스가 나와 즐겁게 날뛰며 놀곤 한다. 사티로스란 신화 속의 존재로, 인간처럼 생각하면서 짐승처럼 발정하는 반인반수(염소)를 말한다.

안타깝게도 오늘날 우리에게는 단 한 편의 사티로스 완본만이 남아 있는데, 바로 에우리피데스의 「키클롭스Cyclops」이다. 그러나 다른 여러 작품의 단편적 조각들과 함께 이것만으로도 우리는 사티로스 연극들에 대해 웬만큼은 알 수 있다. 한마디로 그것은 재미있는 것이었다. 연극은 음담패설, 유머, 도덕 불감증 등을 포함하며, 장난치고 게걸스럽게 먹어대는 작중 주인공들의 거침없는 정신을 그대로 반영하고 있다. 주인공들은 한편으로는 그들의 스승 디오니소스를 즐겁게 하기 위한 활동에 부단히 전념하는데, 그것은 바로 코가 비뚤어질 정도로 마시는 일이다. 정석적인 의미에서 트라고이디아의 결말이 예외 없이 맑은 정신으로 진지하게 이루어진다면, 사티로스 연극은 마치 극 전체가 온통 술로 범벅이 된 것 같다.

「키클롭스」의 중심인물이자 사티로스의 아버지인 실레노스Silenus는 "음주를 즐기지 않는 사람은 미친 사람이다"라고 선언한다. 그는 또 부연하길, "술이 들어가면 이 물건(자신의 성기)이 꼿꼿이 서고, 여인네의 가슴도 내 손 안에 들어올 수 있고, (여성의) 그 덤불숲도 쓰다듬으리라 기대할 수 있지"라고 떠벌렸다.[16] 이런 조야함은 사티로스 연극에선 그다지 보기 드문 것이 아니다. 사티로스들은 종종 거대하고 과장되게 발기된 모습으로 무대에 등장하곤 했는데, 이러한 장치들에는 필연적으로 음탕한 방백들이 튀어나오게 마련이었다. 아이스킬로스의 「어부들Net-Fishers」이라는 작품의 현존하는 일부를 보면, 한 소년이 부가된 장치물로 거대하게 표현된 물건의 크기에 경탄을 금치 못하자, 사티로스는 "거참, 그 꼬마친구, 남근 애호가로구먼"이라고 반응했다.[17] 아마도 그 말은 웃음을 자아냈을 것이다. 비극의 카타르시스가 코믹한 기분 전환에 자리를 내준 것이다.

이러한 전이는 외견상 충분히 자연스러우며, 비극적 정신이란 단지 비운과 우울함만은 아니라는 점을 상기시킨다. 스파르타의 알크만Alcman이라는 시인은 "신들의 복수가 있다. 그러나 자신의 일생을 눈물없이 유쾌하게 떠나보내는 이야말로 축복받은 자이다"라고 말했다.[18] 만약 비극이 궁극적으로 우리의 권한 밖에 있는 것이라면, 우리가 즐길 수 있을 때 즐긴다는 것도 타당한 얘기다. 「키클롭스」의 코러스도 이 점에 대해 분명히 전하고 있다. 바커스 신같이 소리치고, 술잔치에 나가 흥청대고, 달콤한 포도주의 술기운에 실려 흥겨운 사람, 그는 행복한 사람이어라. 믿음직한 친구의 어깨에 팔을 두르고, 육감적인 애인의 젊고 싱싱한 육신이 침대에서 그를 기다리고 있고, 머리카락은 몰약沒藥을 발라 온통 윤기가 흐르는 그는 "자, 누가 날 위해 이 문을 열어주겠소?"라고 말한다.[19] 우정, 사랑, 넘쳐나는 포도주, 이 모두가 존재의 고통에서 독가시를 뽑아내기 위해 도처에 대기하고 있었다. 그리스인들은 할 수 있을 때면 언제라도 이러한 완화제를 충분히 활용했다.

기회는 풍부했다. 디오니시아에서뿐만 아니라 다른 곳에서도 수없이 많은 종교 축제와 행진이 넘쳐났다. 아테네에서 엘레우시스까지의 순례, 렘노스 섬의 델로스에서 행해진 횃불 봉송이 그 예이다. 그곳에서는 단식과 금욕에 이어 대중의 환호, 제전의 친교, 음주, 가무 등이 진행됐다. 훌륭한 운동선수들의 경기도 있었는데, 이는 그리스 전체가 참여하는 것으로서 올림픽에서 그 절정을 이루었다. 그러나 델피, 코린트, 네메아 그리고 다른 곳에서도 체육 경기가 열렸다. 참가자들은 철저하게 경쟁적으로 경기에 임했지만, 관객들은 경기와 선수들을 즐기며 관람했다. 음악과 후한 선심이 넘쳐나는 공개적인 축하연과 시민들의 잔치도 있었다. 또 사티로스 연극처럼 즐거운 어조로 끝을 맺는 희곡들도 있었는데, 이들은 주로 축하로써 마지막을 장식했다. 파티도 있었고, 공개적 향연 또는 아테네의 수많은 술집 중 어느 한 곳에서 즉흥적으로 술을 마시며 밤을 지새우기도 했다. 그리고 좀 더 여유 있는 부유층은 심포지아symposia라 불리는 연회를 자신의 집에서 사적으로 열기도 했다.

플라톤이 자신이 쓴 대화록의 제목으로 썼던 단어도 바로 이 경우를 가리키는 것이었다. '심포지아'라는 단어는 오늘날에도 친숙하게 들린다. 비록 오늘날 이 단어가 풍기는 이미지는 그 당시의 음주와 방탕함이 주가 되는 시끌벅적한 저녁과는 달리, 플라스틱 명찰을 단 심각한 사람들이 한적한 곳에 모여 하루 종일 앉아 있는 모습이겠지만 말이다. 그렇지만 시끌벅적하다는 것은 여전히 심포지아에서 쉽게 나타나는 모습이기도 하다. 특권층 남자들이 모인 저녁 파티는 연회로 시작해 떠들썩한 술잔치가 되며, 때로는 난잡한 싸움판이 되어 엉망진창으로 끝나기도 한다.[20] 희곡작가 에우불루스Eubulus는 심포지엄의 변질을 끝 모르고 커져가는 잔에 포도주를 부어대는 것에 비유했다. 그는 그 국면을 단계적으로 설명했는데, 소리 지르기에서 왁자지껄 흥청대기로 이어지고, 또 시커멓게 멍든 눈으로, 그리고 재판정으로, 마침내 화를 내며 가구를 집어 던지는 상황으로까지 이른다고 했다.[21] 그들은 이 중에서 시간을 보내는 방법으로 분명히 마지막 단계를 특히 선호했던 것 같다. 그리고 심포지엄이 열렸던 바로 그 장소에서 특별히 고안된 남자 화장실 안드론andrōn에서 소변을 갈기고 뭔가를 깨부수는 등 시내에서 파괴적인 행위를 자행하는 것으로 축제를 마감하는 일도 흔했다. 이러한 행태를 일컫는 특별한 그리스어—코모스komos—까지 있었는데, 그것은 '의식화된 음주 난동'이라는 뜻이었다.

폭력이 없는 곳에서는 또 다른 양상의 열정이 발동하기도 했다. 수많은 심포지아의 떠들썩한 소동은 '헤타이라hetaera', 즉 일종의 그리스 판 게이샤 또는 콜걸의 존재로 더욱 흥이 올랐다. 그들의 여러 서비스 중에는 (이것에 국한된 것은 아니었지만) 음악 연주와 재기 넘치는 대화가 포함되어 있었다. 술시중을 드는 예쁘장한 사람이나 플루트를 부는 소년들은 취향에 따라 유혹의 대상이 되기도 했고, 그렇지 않다 해도 바라보는 완미의 대상이었다. 또한 디오니소스의 음탕한 욕구가 꿈틀거리는 사람은 누구라도 그 기회를 놓치지 않도록, 요금별로 수없이 많은 상대—남녀를 불문한 매춘부—가 언제라도 호출에 응답할 준비를 하고 있었다.[22]

사실, 좀 더 세련된 만족거리도 쉽게 즐길 수 있었다. 즉 과도함이 항상 기준이 되는 것은 아니었다. 최근에 어느 학자가 논했듯이, 항상 균형을 염두에 두었던 그리스인들은 자신들이 가장 열심히 빠져드는 즐거움 속에서조차 그 즐거움 때문에 자신이 소진되어버리지나 않을까 우려하며 주의했다.[23] 콜로폰Cólophon의 크세노파네스Xenóphanes는「잘 조정된 심포지엄The Well-Tempered Symposium」이라는 시에서 상대적으로 고상한 모습을 그리고 있다. 흩어진 빵부스러기와 조개껍질과 뼈다귀가 말끔히 치워진 바닥, 물을 섞은 포도주, 친밀한 우정을 노래하는 수금lyre의 리듬. 이쯤이면 식사를 마치고 소파에 기대어 고상한 대화와 노래에 합류하는 고귀한 그리스인의 모습을 쉽게 연상할 수 있다.

> 이제 바닥은 깨끗이 청소되었고, 참석한 이들은 모두 손을 씻었으며, 잔들도 청결하다. 누군가는 머리에 화관을 얹고 또 누군가는 향기로운 몰약을 접시 위로 넘긴다. 주발이 식탁에 자리를 잡고, 즐거움이 가득하며, 결코 실망시키지 않을 포도주가 잔뜩 준비되어 있다. 도자기병에 담긴 달콤한 포도주는 향기를 간직하고 있다. 가운데 놓인 유향乳香은 성스런 향기를 발산하며, 수정같이 맑고 달콤한 차가운 물도 준비되어 있다. 유쾌함과 노래가 집안 곳곳을 가득 채우고 있다.[24]

넘쳐나는 포도주—대체로 물과 섞은 뒤 크레이터라는 커다란 주발에 담아서 내오는—에 우리는 잠시 망설이게 된다. 그러나 신에게 이미 술을 바친 이상, 그리고 "필요하다면 신사답게 행동할 수 있도록 해주십사 기원했다면" "혼자 힘으로 집에 돌아갈 수 있을 정도로 술을 마시는 것을 취해서 엉망인 상태"라고 볼 수는 없는 것이라고 크세노파네스조차 용인한다.[25] 술이 취하지 않은 상태를 판단하는 정확한 기준이 혼자 걸을 수 있는지의 여부만은 아니었던 것 같다. 많은 경우, 집에 돌아가기 위해 다른 사람의 한쪽 어깨를 빌리는 경우가 대부분이었다고 보는 편이 맞을 것이다.

이런 '의식화된 홍청대기'는 어쩌면 콜걸과 구토 그리고 때려 부수기가 난무하는 남자들의 전용 파티나 동인들의 파티 이미지를 연상시킬 수 있다. 이것은 심포지엄이 주는 매우 세련되고 정교한 이미지나 의미와는 상충된다. 이러한 괴리감의 이유 중 일부는 아마도 우리의 상상력 결여—그리스인을 실제의 모습보다 좀 더 고상하고 이상적으로 보는 우리의 경향—에서 비롯되는 것이겠지만, 또 한편으로는 심포지엄 자체에서 전해지는 유산에 의한 것일 수도 있다. 왜냐하면 플라톤이 그리스의 중추적 제도인 이 음주 연회를 바라보는 시선은 이와는 매우 다른 인상을 주기 때문이다.

우선, 플라톤이 우리에게 전하는 바에 따르면 아가톤의 초대객들은 식사가 끝난 직후에 여타의 음주를 강요하거나 폭주하는 일을 삼가기로 약속한다. 몇몇 사람들은 지난밤의 과음 후 숙취를 토로하기도 하지만, 허약한 체질 핑계를 대는 것만큼이나 미리 파티의 분위기를 규정하려는 노력은 불길한 전조나 다름없다. 다음으로는 초대객들이 자진해서 플루트를 부는 소녀를 내보내는데, 이는 그녀의 유혹하는 몸짓에 시선을 빼앗기지 않기 위해서이다. 따라서 이 모임에서 음악은 단지 가사로만 연주된다. 그리고 마침내 소크라테스가 참석하는데, 플라톤에 따르면 그는 심포지아를 저급한 놀이라고 여겨서 대체로 잘 참석하지 않는 편이다.[26] 소크라테스는 느지막이(그것도 재차 초청을 받은 뒤에야 겨우) 샌들을 신고 나타난다. 그가 샌들을 신은 것은 흔치 않은 일인데, 소크라테스는 평소에 신발을 신지 않고 다니는 것에 자부심을 갖고 있었기 때문이다.

이렇게 플라톤의 심포지엄은 그 시작부터 특별한 모임으로서, 일

✤ 날개 달린 에로스와 의인화된 행복이 앉아 있는 모습.
올리브유 도자기병, 기원전 5세기 후반, 영국 박물관.

종의 세련된 파티로 준비됐다. 이런 심포지엄은 플라톤의 초기 대화록인 『프로타고라스*Protagoras*』에서 이미 그가 제안했던 모델이다. 『프로타고라스』에서 소크라테스는 진정한 심포지엄이란 좀 더 맑은 정신으로 임해야 하는 일이라면서, 감각적인 오락과 혀 꼬부라진 발음으로 이루어지는 음주 파티 등을 비난한다. "적절한 교육을 받은 엄격한 신사들로 이루어진 파티에서는 음주가무의 연예란 없는 것이며, 오직 참석자들 사이에서 이루어지는 대화만으로도 족하다. 어리석은 행동이나 장난이란 눈을 씻고도 찾아볼 수 없으며, 각자 차례대로 점잖게 발언하고 경청하는 모임인 것이다."[27] 소크라테스에게 적절한 교육이란 물론 욕망에 대한 교육을 말하는 것이었다. 따라서 음주 파티의 일상적 쾌락을 접어둔 심포지엄의 초대객들은 오직 대화에만 전념하기로 맹세한다. 그리고 그들은 욕망의 위대한 신, 에로스의 본질을 토론의 주제로 정한다.

참석자들은 에로스에 대해 연설하고, 그 연설을 통해 에로스야말로 인간의 행복에 대한 갈망과 밀접한 관련이 있는 엄청나게 강력한 신이라는 관점을 도출한다. 그날 저녁, 첫 번째 연설자인 파에드로스Phaedrus는 에로스가 "신 중에서 가장 오래된 신이자 인간이 가장 존경해야 하며, 또한 선과 행복을 얻고자 하는 사람에게는 가장 필요한 신"이라고 설파했다.[28] 잠시 후 의사 에릭시마코스Eryximachus는 "경이로움을 자아내는 위대한 " 에로스의 영향력은 '무한'하며 '절대적' 이어서 우리에게 '완전한 행복' 을 가져다준다고 덧붙인다. 한편, 한바탕 딸꾹질을 하고 난 아리스토파네스는 "에로스는 우리 인간에게는 가장 친절한 도우미로, 우리 안의 악을 치료해주는 것으로써 인류에게 지대한 행복을 가져다준다"고 언급한다.[29] 또 아가톤은 시인답게 장대한 수사를 동원해가며, 모든 신들은 다 행복하지만 에로스가 "가장 행복하다. 왜냐하면, 그는 가장 아름답고 최상이기 때문이다"라고 결론짓는다.[30]

아직 침묵을 지키고 있는 소크라테스를 제외한 참가자들은 여기까지는 모두가 동의한다. 그러나 행복에 관한 에로스의 힘과 근접성 외에는 그들이 정립해낼 만한 공통적인 근거가 별로 없다. 발언자 중의 한 사람인 파우사니아스Pausanias는 에로스를 하나의 존재로만 볼 수는 없다며 통속적 에로스와 신성한 에로스로 구분해야 한다고 주장한다. 통속적 에로스는 성적 욕구에 이끌리는 저급한 피조물로, 여자와 잠자리를 같이할 정도로 타락하다. 반면에 신성한 에로스는 좀 더 초월적인 존재로, 외양의 미美뿐만 아니라 정신에도 매료되며, 소년과 연장자들 사이의 한층 고매한 사랑에서 완벽과 순수를 경험한다. 한편 에릭시마코스는 에로스를 신과 인간의 마음속에서만 찾을 수 있는 존재가 아니라 "자연, 즉 동물의 삶과 땅에서 자라나는 식물, 그리고 사실상 살아 있는 모든 유기체에서" 볼 수 있는 범신적인 힘이라고 본다.[31] 마지막으로 아리스토파네스는 인간이란 완벽한 하나의 통일체가 되기 위해 본래 두 개체가 합쳐진 것이라는 유명한 우화를 내세운다. 이 우화에 따르면 지나치게 강한 힘을 가진 네 발 달린 피조물이 신들의 의혹을 샀고, 신들은 그들을 나누어 힘을 약하게 하였다. 그리고 이제 둘로 나뉜 그들은 각자의 나머지 반쪽을 찾아 지구를 헤매고 있다는 것이다. 이 우화는 인간의 성적 귀소본능을 설명한다. 본래 남자와 한몸이었던 남자는 자신의 반쪽을 동성에게서 찾으려 하고, 본래 여성과 하나였던 남자는 그의 반쪽을 이성에게서 구할 것이다. 이는 우리 인간의 갈망과 상실감도 설명해준다. 우리는 우리 자신을 완전한 존재로 만들어줄 상대를 찾아 세상을 떠돌고 있기 때문이다. 아리스토파네스는 "성공적인 사랑의 추구 속에" 바로 "인류의 행복이 있는 것"이라고 결론짓는다.[32]

세상에 활기를 불어넣는 범신적 힘, 귀족이며 평민이기도 한 정신분열적 신, 우리들을 오직 우리들에게만 이끄는 안내자. 에로스는 분명 단순한 신은 아니다. 한편 소크라테스는 에로스는 전혀 신이 아니라고 주장한다. 소크라테스는 여러 견해들을 모아 정리하면서, 에로스는 차라리 "신적인 것과 인간적인 것의 중간쯤"에 있는 '정령'에 더 가깝다는 견해를 고수한다. 에로스의 이러한 애매한 본질은 그가 수태됐던 기이한 상황에서 비롯된다.[33] 미와 사랑의 여신인 아프로디테의 생일파티에서 수태된 에로스는, 그 파티에 초대받지도 못한 채 거지꼴로 나타났던 가난의 여신과 파티에 초대받아 환영을 받으며 참석해 그만 술에 취해 쓰러지고 만 충만의 신 사이에서 태어났다. 어떻게 그런 상태에서 잉태가 가능했는지에 대해서는 전해지는 바가 없지만 (아마도 신들은 그만한 능력은 가지고 있었을 것이므로), 여하튼 그는 "불사신도 아니고 그렇다고 필사의 피조물도 아닌" 아들을 태어나게 했다. 장성한 에로스는 그의 어머니를 닮아 언제나 결핍의 상태에 머물며, "거칠고, 지저분하고, 맨발에 집도 없었다." 그러나 그의 아버지처럼 그는 "용감하고, 모험심이 많으며, 의지가 굳세었다." "미와 선에 대한 안목"을 물려받은 그는 사랑과 미의 여신 아프로디테의 눈앞에서 수태된 것에 걸맞게 사랑을 통해 이 두 가지를 부단하게 추구했다.[34]

인간과 신 양쪽에 다리를 걸친 에로스는 양자 사이에서 "자나 깨나, 모든 의사 전달과 교제"를 도맡아 하는 사절이다.[35] 이런 이중성은 그의 확연한 특색인 욕망 자체를 잘 설명해 준다. 욕망이란 결국 인간이 자기에게 필요한 것, 결핍된 것을 인지하는 것이 아니고 무엇이겠는가? 소크라테스가 설명하듯 "무언가를 갈망하는 사람은 자신에게 유효하지 않은 무엇, 이미 자신이 소유하고 있지 않은 그 무엇을 갈망하는 것이다."[36]

⚜ 아테네의 시중을 받고 있는 행복. 올리브유용 도자기병, 기원전 410~400년, 영국 박물관.

그렇다면 에로스에게 결핍된 것은 무엇일까? 그것은 바로 그가 수태되던 순간에 그를 에워싸고 있던 것들, 자족적인 신들이 보유하고 있던 것들, 즉 선과 미, 또는 다른 말로 하면 행복이다. 왜냐하면 "행복하다는 것은 바로 선하고 아름다운 것을 의미"하기 때문이다.[37] 한편으로는 인간적이고 한편으로는 신적인 불완전한 존재이기에 에로스는 신과 같은 것, 바로 행복을 갈망하는 것이다.

그러나 불행히도 그의 능력을 아는 다른 존재들처럼, 에로스는 변질되고 그릇되기 쉬운 곳, 결코 행복을 찾을 수 없는 곳에서 행복을 구하려 한다. 예를 들어 돈 혹은 순전히 육욕적인 성이나 명성을 추구하거나, 우리에게 해를 끼치는 사람들에게서 행복을 구하고자 한다. 신과 인간의 중간에 위치한 에로스는 욕망에 걷잡을 수 없는 힘을 불어넣으며 또한 '지혜와 어리석음'의 중간에 선다. 그의 가장 위대한 대화록인 『국가*Republic*』에서 플라톤은 이 걷잡을 수 없는 힘의 잠재적 위험성에 대해 소크라테스의 입을 빌려 강조한다. 소크라테스는

"모든 사람에게는 위험하고, 거칠고, 무법적인 형태의 욕망이 자리하고 있다"고 말한다. 외면상으로는 전적으로 침착하고 온화해 보이는 사람들도 꿈속에서는 에로스의 어두운 잠재성을 보게 된다. 그 꿈속에서는 살인이나 "모친 (…) 또는 인간, 신, 짐승 혹은 그 외의 모든 것과의 성교 시도"를 포함한 억압되지 않은 욕망들이 활개를 칠 것이다.[38] 이것은 후세에 지그문트 프로이트가 "신성 플라톤의 에로스"에서 자신의 작품에 중요한 전례를 찾았던 이유를 어렵지 않게 읽을 수 있는 대목이다.[39]

플라톤의 생각에, 에로스에게는 잠재적 사악함과 우매함이 있으므로 욕망은 아주 신중하게 규율의 통제를 받아야 한다. 에로스를 억제하길 바랄 수는 없지만(또한 우리는 그러길 원치도 않는다), 올바른 방식으로 올바른 것들을 사랑하는 법을 배우며, 에로스의 힘이 진정한 선과 진정한 미로 향하도록 방향을 잡을 수는 있다. 소크라테스는 『심포지엄』에서 욕망에 대한 이러한 교육의 개요를 그리면서, 행복으로 올라가는 것은 아주 길고 험준한 과정임을 시사한다. 장차 선의 옹호자가 될 사람을 보자면, 청년기에는 개인의 육체적 아름다움에 대한 사랑에서부터 시작해 점차 일반적인 육체의 아름다움에 눈을 뜨게 된다. 바로 거기에서부터 그는 정신의 아름다움에 좀 더 높은 가치를 둘 수 있도록 훈련받는다. 그리고 지혜를 사랑하는 자, 즉 철학자로서, 한때 그가 욕망했던 것을 넘어 서서히 그 이상의 것을 배우게 된다. "자주적이지 않고 그저 따라서 하는 식으로 어느 소년, 어느 남자, 또는 인간의 어떤 행동의 아름다움, 즉 개개의 경우에만 관심을 쏟던 그가 아름다움의 무한한 대해를 응시하며 이제는 일반적인 아름다움으로 시야를 돌린다." 이렇게 계속 정진해나가며 지혜를 사랑하는 자는 아름다움의 순수 형태, 즉 아름다움 그 자체를 추구하는 길에 오른다.

> 이러한 것이 바로 올바른 방식으로서의 사랑으로 안내되거나 또는 거기에 접근하며 겪는 경험이다. 처음에는 개별적인 아름다움의 여러 가지 예에서 출발할지라도 언제나 총체적인 아름다움의 탐구로 돌아오게 된다. 그는 그 예들을 마치 사다리처럼 이용한다. 한 사람에 대한 사랑이 두 사람으로, 두 사람에 대한 사랑이 모든 육체적인 아름다움에 대한 사랑으로, 육체적 아름다움에서 인간의 행동에 대한 아름다움으로, 그리고 연구 주제의 아름다움으로. 거기에서부터 그는 마침내 오직 궁극적인 아름다움만을 탐구하는 분야에 도달한다. 그리고 최종적으로, 진정한 아름다움이 무엇인가를 이해하게 된다.[40]

이러한 최종 성취—『파에드로스*Phaedrus*』와 『국가』에 나오는 대화들에서는 좀 더 에로틱한 표현으로, 즉 지혜를 사랑하는 사람과 진실 사이의 '성교'에 비유되었다—는 욕망이 충족되고 행복이 흘러넘치는 지적 오르가슴의 일종으로 묘사될 수 있다. 『심포지엄』에서 소크라테스는 "만약 그렇게 된다면, 그때야말로 (…) 삶이 살 가치가 있는 (…) 순간이다"라고 얘기한다.[41]

아름다움에 대한 이러한 열광적 상상은 서구의 신비주의적 전통에 엄청난 영향을 발휘한다. 그러나 플라톤에게는 아름다움과의 본질적인 조우로 인해 유발되는 행복이 덧없이 지나가는 한순간일 필요는 없음을 아는 것이 매우 중요하다. 만약 황홀한 오르가슴과 같은 순간 자체가 덧없는 것일 수밖에 없다 해도 욕망의 자제, 그리고 욕망의 자제를 이끄는 영혼의 적절한 지시는 그렇게 덧없는 것이 아니다. 지혜를 사랑하는 자는 자제력을 통해 "정신의 더 나은 요소들"의 승리를

확신할 수 있다. 즉 여기, 이 세상에서, "행복과 조화 속에서" 생을 보냈다고.[42)]

크로이소스가 추구했던—자신의 의사대로 행복을 성취하려 했던—것은 실현 가능성이 있는 꿈이라고 소크라테스는 확언한다. 비록 그것은 리디아의 왕인 그가 상상했던 것과는 아주 다르게 실현되는 것이지만 말이다. 소크라테스의 사고는 행복이라고 생각되는 기존의 모든 개념들을 철저히 폐기해야만 비로소 이해할 수 있을 것이다. 『심포지엄』에서 술과 여인과 노래를 일소해버렸던 것처럼, 소크라테스는 오랫동안 이 슬픈 세상에서 그리스인들을 위로해왔던 감각적인 쾌락을 걷어냈다. 행복은 헤도니즘hedonism, 즉 쾌락주의가 아니다. 행복은 또한 오랫동안 수많은 남녀를 기만해온 오도된 욕망, 즉 행운, 쾌락, 권력, 부, 명예, 또는 건강이나 가족애에 대한 욕망을 추구하는 과정에서 구할 수 있는 것도 아니다. 소크라테스는 이 모든 것 대신에, 영혼의 올바른 지시와 에로스의 숭고함만이 우리가 가장 갈망하는 것을 보장할 수 있다는 철학을 설파한다. 욕망의 절정인 이 단계에 도달하기 위해서는 그 밖의 모든 것들을 통제하고, 때로는 포기해야 한다. 소크라테스는 지혜를 사랑하는 자는 우연한 기회와 마찬가지로 신체적 고통에도 쉽사리 꺾이거나 좌우되지 말아야 한다고늘 강조하여 주장했다. 소크라테스의 궤적을 따라간다는 것은, 행복이 혼란스레 얽힌 운이나 또는 예정된 운명에 달려 있다는 이 세상을 뒤로 멀찌감치 떨쳐버려야 한다는 뜻이기도 하다.

이러한 소크라테스의 사고는 일반적인 사회의 기준들에 대해 급진적인 재평가를 요구하기 때문에, 필연적으로 파괴적이며 혁명적이기까지 한데, 이 점은 『심포지엄』의 끝부분에서 플라톤이 특히 강조했던 것이다. 소크라테스가 에로스에 대한 찬가를 막 끝냈을 때 고함 소리와 음악, 그리고 앞문을 두드리는 소리에 파티가 주춤했다. 문 밖에는 만취해서 흥청거리고 있는 한 무리의 사람들이 서 있었는데, 한때 소크라테스의 친구였으며 그가 사랑했음직한, 아름다운 신체를 가진 젊은이 알키비아데스Alcibiades가 그들을 이끌고 있었다. 무척이나 떠들썩한 그 주정꾼들은 좀 더 관습적인 심포지엄의 모습을 통해 아가톤을 축하하러 왔던 것이다. 이미 한껏 취한 데다가 한쪽 팔에는 플루트 부는 소녀를 끼고 온 알키비아데스는 아가톤에게 월계수 화관을 씌워주었다. 그러고 나서 그는 소크라테스가 거기에 있는 것을 보았고, 거절당한 연인으로서 질투에 불타는 분노를 터뜨렸다. 그는 포도주가 가득 담긴 커다란 주발을 쿵 소리를 내며 내려놓더니 다른 사람들도 그렇게 따라하도록 명했다. 그러고는 한때 소크라테스가 설파하는 '철학에 대한 열렬한 열정' 에 자신이 얼마나 '매료되었던가' 에 대해 설명을 늘어놓았다. 소크라테스의 말은 알키비아데스가 이제껏 알고 믿어왔던 모든 믿음을 송두리째 뒤엎는 것이었고, 자신이 그저 가장 저급한 열정에 사로잡혀 노예 같은 삶을 영위하고 있었다는 것을 실감케 했다. 그러나 지혜를 사랑하는 자답게 에로스를 지향할 수 없었던 알키비아데스는 소크라테스를 (육체적) 연인으로 삼으려 했고, 소크라테스로부터 거절과 책망을 받았던 것이다. 그는 이제 소크라테스를 실레노스와 사티로스에 비유하는데, 그 대상들 사이의 유일한 차이라곤 단지 이 매력적인 철학자 소크라테스는 플루트가 아닌 말로 사람을 현혹시킨다는 점이다. 그러나 그런 비교는 물론이고, 그 밖의 행동으로 보아서도 오히려 알키비아데스 자신이 더 사티로스에 가까운 것이 틀림없다. 광폭한 열정에 사로잡히기 쉽고 '정신병 같은' 성적 광란에 의해 지배당하는 알키비아데스라는 인물은 그릇된 욕망의 위험을 보여준다.[43)]

많은 재능과 카리스마를 가졌으며 젊은 시절에는 소크라테스와 함께 수학하기도 했지만, 후에 그를 떠나 소원해졌던 알키비아데스는 역사상 실존하는 아주 복잡한 인물이다. 술책에 매우 능한 정치가이자 뛰어난 군인이었던 그는 민중의 지도자이기도 했고, 다른 사람들의 아내를 유혹하는 일도 저질렀으며, 펠로폰네소스 전쟁 중에는 아테네를 배반한 모사가로서, 결국 암살되어 생을 마감했다. 소크라테스처럼 플라톤도 그에게 매료되어서, 그의 이름을 그대로 제목으로 한 『알키비아데스』를 포함하여 여러 대화록에서 자신이 강력히 반대하는 것을 대표하는 인물로 그를 등장시킨다. 『심포지엄』에서도 알키비아데스는 이와 유사한 역할을 한다. 그는 이성에 의해서가 아니라 가장 저급한 감정에 의해 지배되는 무법을 대표하는 존재로서, 플라톤이 애통해 마지않던 구습의 심포지엄 문화에 딱 맞는 유형이었다. 그는 아가톤의 파티를 망치면서, 행복에 관한 세련된 토론조차 땅바닥에 곤두박질치게 만들어버린다. 그리고 곤드레만드레 취한 손님들이 바닥에 나자빠진 채로 파티는 끝이 난다. 오직 소크라테스만이 새벽이 될 때까지 바른 자세로 앉아 여전히 비극과 희극 사이의 적절한 관계에 대해 논하고 있었다. 어떤 의미에서는, 희극과 비극 모두가 그의 발아래 모여 있다. 자신을 초대한 접대자들에게 이불을 덮어주고 나서 소크라테스는 목욕을 하러 그곳을 떠난다.

알키비아데스가 그렇게 쉽게 이 특별한 축하 잔치를 뒤엎을 수 있었다는 것—고매한 행복에서 저급한 영역의 쾌락으로 욕망의 길을 바꿔버린 것—은 매우 시사적이다. 플라톤은 심포지엄다운 생활양식을 민주적 아테네의 천박한 쾌락주의와 연관해 생각하려던 것과 마찬가지로, 심포지아를 정치와 관련시켰다.[44] 소크라테스—적어도 플라톤의 대화록에 나오는 소크라테스—는 양쪽 모두를 용의주도하게 회피하는 경향이 있었다. 따라서 알키비아데스의 방해는 이중적 상징성을 띤다. 즉 소크라테스가 말하는 새로운 형태의 행복이 덧없고 부박하다는 것을 나타낼 뿐 아니라, 동시에 플라톤이 생각했던 민주주의의 허약함과 결점도 보여주는 것이다. 알키비아데스가 초대객들 앞에서 소크라테스가 설파하는 철학의 위험성에 대해 호소하고 있을 때, 그의 그런 행동은 이 축제로부터 17년이 지난 뒤 민주적인 아테네의 통치자들이 소크라테스에게 실제로 내렸던 판결을 예견하는 것이기도 했다. 오래된 전통적인 신들에게 경배하지 않고 아테네의 젊은 이들을 타락의 길로 이끈 죄로 고발된 소크라테스는, 변론에서 '행복의 실재' 라고 묘사했던 것을 아테네인들에게 제시한 죄로 사형을 언도받았다.[45] 알키비아데스가 전형적인 유다 같은—소크라테스가 "과거, 현재를 망라해" 그 누구보다도 고매하고 훌륭하다는 것을 알아볼 수는 있지만 그의 부름에는 따를 수 없는—인물이라면, 또한 그는 우리 영혼의 야수성에 호소하는 불온한 민주적 인간의 상징인 집행관이기도 하다.[46]

민주주의에 대한 플라톤의 증오는 매우 악명 높다. 자신도 귀족 출신으로서, 그는 이 세상에서 가장 의로운 이라고 여겼던 사람을 처단한 아테네를 결코 용서하지 않았다. 따라서 어찌 보면 그의 작품 도처에 민주주의 제도에 대한 경멸이 드러나는 것은 당연하다. 그는 『국가』 제8권에서 민주적 인간을 '쓸모없고 불필요한 쾌락' 에 이끌리는 불필요한 욕망의 노예로 악명 높게 묘사했다. 또한 민주적 지도자들은 국민의 갈증을 방종과 실체 없는 자유로 해소시키는 사악한 술을 따르는 자들에 비유했다.[47] 거칠고 불안정한 민주적 인간의 영혼은 가장 저급한 욕구 때문에 마치 무절제한 심포지엄처럼 혼돈 상태에 빠지기 쉽다. 플라톤은 민주적 인간은 자유로운 게 아니라 단지 폭정에서 한 발을 옮긴 것뿐이라고 결론짓는다. 다양한 쾌락과 자치를 추구하며 소크라테스를 탄생시킨 바로 그 문화가, 소크라테스가 감히 꿈꾸었던 인간의 행복에 대한 가능성을 방해하는 것이다.

이러한 판단이 역설적이고 비꼬였으며 잘못 표현된 것이라고 볼 수도 있다. 물론 그것은 두말할 나위 없이 매서운 판단이다. 알키비아데스가 너무나 쉽게 소크라테스의 세련된 심포지엄을 망쳤던 것에서 볼 수 있듯, 플라톤은 인간의 욕망도 역시 아주 빠르게 선회하는 것이라 믿었다. 인간의 무절제한 욕구는 오직 특별한 상황에서만 진실을 추구하도록 절제될 수 있다. 또한 오직 특별한 상황에서만 우리는 인간의 욕망을 교화시키고, 그럼으로써 욕망이 바라는 대로 선을 성공적으로 추구할 수 있다. 『국가』에서 플라톤은 이러한 목적을 폭넓게 성취하기 위한 한 가지 방법으로, 철학자가 왕으로서 다스리며 왕이 철학자로서 다스리는 국가—정치적인 의미의 국가—에서 이들 지배자들은 그 도시국가와 시민들에게 모두 진정한 정의, 진정한 지혜 그리고 진정한 행복을 가르치는 데 전념해야 한다고까지 말했다. 플라톤은 그 당시까지는 오직 소크라테스만이 자신의 철학적 지향점이며, 그 포착하기 어려운 행복이라는 완벽을 주장했던 사람이라고 생각했다. 소크라테스만이 "신과 같이 되는 것", 진정으로 행복하기라는 목표에 접근한 것이다.[48)]

소크라테스가 실제로 젊은이들을 타락시켰는지의 여부는 아마도 의견이 분분한 문제로 남을 것 같다. 하지만 그보다 더욱 확실한 것은, 행복에 대한 소크라테스의 새로운 관점이 이전의 모든 규범에 대한 급진적인 거부를 불러왔다는 점이다. 이런 점에서 볼 때, 그를 고발한 사람들이 그를 두려워했던 것은 당연했다. 그리고 이 장의 앞부분에서 눈길을 끌었던 소크라테스의 기만술을 강조하면서 그를 고발하고자 했던 것은 교훈적이다. 우리는 이쯤에서 다시 물어야만 한다. 행복에 대한 우리의 욕망이 싹트는 바로 그 순간에 어떻게 그것을 자연스러운 것으로 생각할 수 있을까? 분명 우리 인간은 모두 욕망을 느낀다. 그러나 소크라테스와 플라톤 두 사람 모두 강조했듯이 대부분의 사람들은 에로스를 따르게 된다. 그러나 그들이 향하는 곳은 에로스를 낳았다는 선과 미의 그 손에 잡히지 않는 영역이 아니라, 에로스가 그렇게도 자주 빠지고 혼미해지는, 감각의 쾌락이 만연한 세속의 물질적 세계이다. 초월적 상태와는 멀어도 한참 먼 그곳—이 세상—에서는 진정한 행복을 꿈꿀 수 없다. 우리가 결코 알았던 적이 없는 것, 전혀 알지 못하는 것에 대해 어떻게 자연스럽게 갈망한다고 말할 수 있을까?[49]

플라톤도 이런 모순을 수긍했던 것 같다. 그래서 인간의 욕망을 새로운 방향으로 재설정하는 급진적인 방안을 처방하는 것으로 자연스런 인간 본성을 바꾼다. 우리가 인정해야만 할 것은 플라톤이 심오한 그 무언가를 생각해냈다는 사실이다. 원하는 것을 얻는 데 자신이 누리는 자유와 스쳐 지나가는 만족감만으로도 충분하다고 느끼는 사람이 우리들 중에 과연 얼마나 있겠는가? 플라톤의 민주주의에서 한참 더 발전해 이제는 사치스러울 정도인 오늘날의 민주주의에서조차도, 우리는 스스로 우리의 부와 값진 자유가 가져다주는 것 이상의 무언가를 갈망한다는 것을 거의 본능에 가까울 만큼 느끼고 있다. 우리가 지금 인지하고 있는 쾌락들은 우리의 갈망을 잠재우기에 충분한가? 아니면 우리를 자극하고 더 대담하게 만들어서 좀 더 많은 것을 갈망하게 하는가?

인간의 욕망은 도처에 존재하며 모든 곳에서 흘러나와 모든 것으로 흘러들어간다. 소크라테스와 플라톤은 인간의 욕망에 포괄적인 새로운 목표를 부여하고, 욕망은 인간이 포착할 수 있는 것이라고 주장함으로써 엄청난 힘에 대한 갈망을 야기한다. 그들이 말하는 행복이란 모든 욕망의 절정이며, 에로스의 마지막 안식처이자 지고선至高善이다. 소크라테스는 그러므로 행복이란 "강력하고도 예측할 수 없는 힘"이라고 말한다.[50] 그 이후 행복은 소크라테스도 놀랄 정도로 기이한 방향으로 이어져갔다. 그것이 너무나 멀리, 그리고 다르게 이어진 까닭에, 소크라테스와 마찬가지로 우리들도 행복에 대한 우리의 자연스런 욕구는 전적으로 당연한 것이며, 이러한 초기의 사고들에서 비롯된 것이 아니라고까지 가정하게 됐다.

존재의 종말

금으로 장식된 바티칸의 복도를 걸어보았거나 유럽 예술사 과정을 이수한 사람이라면 르네상스의 헌신적인 아들 라파엘로가 그 사조의 선조들에게 경의를 표하고 있는 프레스코 벽화 「아테네 학당」을 알고 있을 것이다. 그리스 사고의 지구력에 대한 웅장한 상징이며 교회의 중심에 위치하고 있는—글자 그대로 벽 속에 끼여 있는—그 작품은 또한 두 주인공 플라톤과 아리스토텔레스의 대조적인 모습으로 눈길을 끈다. 천국으로 이끄는 통로 위의 아치로 구성된 틀, 고전시대의 위대한 인물들에 둘러싸인 두 사람은 조화로운 긴장감을 환기시키며 한가운데에서 작품을 압도한다. 긴 수염을 기른 플라톤은 주위의 널찍한 공간 너머로 위를 향해 팔을 올리고 있는 반면, 아리스토텔레스는 땅을 향해 굳건히 편 손을 수평으로 들어 플라톤을 제지하는 모습이다. 아리스토텔레스가 팔에 든 책은 지면을 향해 아래로

「아테네 학당」, 라파엘로, 1510~1511, 세그나투라실, 바티칸 궁, 바티칸 공국.

들려 있지만, 플라톤은 그의 위대한 흑서黑書를 옆에 단단히 끼고서 수직적 동작을 강조한다. 또한 플라톤은 지구를 떠나려는 것처럼 발걸음을 옮기면서 중심을 잡고 있는 반면, 아리스토텔레스는 지상에 두 발을 확고하게 딛고 있다. 라파엘로의 걸작은 이처럼 대비적인 고찰을 통해 이 위대한 두 거인들을 철학적으로, 그리고 기질적으로 정반대의 인물로 그리고 있다. 즉 한 사람은 이 세상 너머 저곳에서 지혜를 찾으려 하고, 다른 한 사람은 이곳, 낮은 세상에서 그것을 찾고자 하는 모습인 것이다.

이 단순한 대비에는 상당한 진실이 담겨 있으며, 이는 자주 반복되어 인용되기도 한다. 19세기의 영국 시인 사무엘 테일러 콜리지Samuel Taylor Coleridge가 요약한 것이 특히 유명한데, 그는 플라톤과 아리스

✿「아테네 학당」, 세부.

토텔레스는 "이 세상의 정신세계에 (…) 정반대의 두 가지 체계를" 내놓았다고 말한다. 즉 "모든 사람은 아리스토텔레스적이거나 또는 플라톤적으로 사고하는 사람으로 태어난다"라며 "모름지기 사람들이란 이 두 범주로 나누어질 뿐이며, 그 외에 제3의 범주를 생각한다는 것은 거의 불가능하다"고 부언했다.[51)]

이러한 외견상의 구분은 두 철학자의 행복에 대한 개념에도 똑같이 적용된다. 아리스토텔레스는 행복이라는 주제를 새로우면서도 매우 압도적인 내재적 시각에서 접근한다. 주어진 세상에 대해 회의적이었던 소크라테스와 플라톤이 높은 곳을 향해 눈길을 던졌다면, 아리스토텔레스는 훨씬 관대하게 현세의 것에 눈을 돌리면서, 경험적 한계를 좌시하지 않고 그 한도 내에서 임했다.

그러나 아리스토텔레스는 소크라테스 숭배자이기도 했으며—그는 강의실에 순교한 철학자인 소크라테스의 흉상을 놓고 학생들을 가르쳤다고 전해진다—플라톤의 아테네 아카데미에서 기원전 367년에서 347년까지 20여 년간을 지냈던, 플라톤의 오랜 제자이기도 하다. 아리스토텔레스는 마케도니아에서 젊은 알렉산더 대왕의 개인 교사로 지낸 뒤 제자가 이끄는 군대의 뒤를 따라 아테네로 돌아와 리케이온Lyceum이라는 학교를 설립했다. 당시 아테네의 민주주의는 기울고 있었으며, 도시국가의 허약한 독립에서 그나마 남아 있던 것들도 머지않아 완전히 파괴되고 만다. 기원전 323년에 알렉산더 대왕이 죽고, 이어 아테네는 강제로 마케도니아 제국에 편입되어 통치권까지 넘겨준다. 그러나 이전 세기에 태동한 행복에 대한 꿈은 아리스토텔레스의 학당에서 유지되었다. 비록 행복에 대한 접근 방식은 달랐지만, 아리스토텔레스는 소크라테스와 플라톤의 원대한 포부 중 많은 것을 공유했다. 그의 저술은 모든 인간 행위의 목적을 행복에 둔다는 두 철학자의 중추적인 목적을 더욱 강화시키면서, 그 자신에게 넘겨졌던 것만큼이나 위압적인 모순들을 이 궁극적인 목적에게로 떠넘겼다.

아리스토텔레스가 남긴 기록 도처에서 행복에 대한 그의 생각을 볼 수 있지만, 행복이라는 주제가 가장 엄밀하게 다루어지는 것은 『니코마코스 윤리학*Nicbomacean Ethics*』(이하 『윤리학』—옮긴이)이라고 불리는 저서이다. 이 제목은 아버지 사후에 원고를 정리한 아리스토텔레스의 아들 이름에서 따온 것이다. 아리스토텔레스의 작품 대부분이 그렇듯 『윤리학』도 결코 완결된 프로젝트로 의도된 것은 아니었다. 아마도 리케이온에서 강의했던 노트들을 모아놓은 것이라는 쪽이 맞을 것이다. 따라서 내용이 당연히 단편적일 수밖에 없지만, 그럼에도 우리에게 행복에 대한 아리스토텔레스의 개념을 가장 완벽하게 전달해준다.

『윤리학』은 "모든 행위와 결정과 마찬가지로, 모든 일과 모든 연구는 (…) 어떤 선善을 목적으로 하고 있는 것 같다"라는 유명한 문구로 시작한다.[52] 이 문구는 윤리학의 주된 의도와 아리스토텔레스 사고의 지배적인 가정, 양자를 모두 나타내고 있다. 즉 자연은 헛되이 작용하지 않는다는 것이다. 아리스토텔레스적 우주에서는 자연적이건, 창조되었건, 인공이건 또는 신성하건 간에, 만물은 모두 어떤 목적을 수행하도록 예정되어 있다. 도토리는 참나무가 되기 위한 것이고, 칼은 물건을 자르기 위한 것이며, 선장은 배를 조종하기 위해 있는 존재이다. 이와 마찬가지로 인간은 (앞으로 보겠지만 이때의 인간은 아리스토텔레스가 감정이입한, 남성을 의미한다) 어떤 목적, 어떤 의도, 어떤 목표를 위해 존재한다고 아리스토텔레스는 믿는다. 그의 연구 목표는 이 최종 종착지의 본질을 확실히 아는 것이다.

아리스토텔레스는 유추를 통해 연구를 진행시켜나간다. 플루트 연주자의 직분은 플루트를 연주하는 것이고, 조각가의 직분은 조각을 하는 것이다. 삶의 모든 방법, 모든 직업—그리스인들은 '기술 technē' 이라고 불렀다—은 각각 그 나름의 분명한 목적을 가진 것처럼 보인다. 일반적으로 삶이란 것, 삶의 기술이란 것에 확연한 목적이 있다고 말할 수 있을까? 아리스토텔레스는 그렇게 말할 수 있다고 믿는다. 그리고 가장 뚜렷이 구별되는 인간의 활동을 파악함으로써 그 목적을 찾아내려고 애쓴다. 식물과 같은 어떤 피조물들은 자라나서 우거지고 생존한다. 동물 등의 피조물들은 자신들의 감각에 따라 움직인다. 오직 인간만이 이성적인 능력을 갖는다. 따라서 독특한 인간의 활동이란 이성에 따라 살고 행동하는 것이다.

그러나 단순한 삶과 유덕한 삶 사이, 그리고 이성적으로 잘 판단하는 사람과 전혀 이성적이지 못한 사람 사이에는 분명 엄청난 차이가 있다. 이러한 차이들을 설명하기 위해서 아리스토텔레스는 노련한 솜씨로 유추를 진전시킨다.

> 우리가 구하고자 하는 선이라는 주제로 다시 돌아가봅시다. 어떠한 행위나 기술에는 그 어떤 것(목적)이 있고 다른 행위나 기술에는 또 다른

어떤 것(목적)이 있는 것 같아 보이므로, 대체 그게 무엇인지 생각해봅시다. 약에는 그 나름의 목적이 있고, 장군직에는 또 그 나름의 것, 그리고 모든 나머지 것들도 각각 마찬가지로 나름의 목적이 있습니다.

그러면 이들 각자의 경우에 무엇이 선일까요? 물론 그것을 위해 다른 것들이 수행되는 바로 그것입니다. 약에서는 건강이고, 장군직에서는 승리이며, 건축에서는 집이고, 다른 경우에는 또 다른 무엇이 될 것입니다. 모든 행위와 결정이 의도하는 각자의 목적이 바로 선입니다. 왜냐하면 모든 사람들은 바로 그 목적을 위해서 그런 일들을 하기 때문입니다. 따라서 만약 모든 행위를 통해 추구되는 공통된 목적이 있다면, 그것이야말로 바로 지고선인 것입니다.[53)]

그러면 삶의 기술에서 지고선은 무엇인가? 다른 모든 것들은 단지 그것을 위한 수단일 뿐인 선, 본질적이며 자연스럽고 완전한 목적, 그것은 무엇인가? 아리스토텔레스의 견해에 따르면 이 최종의 궁극적 목적은 바로 행복이다. 훌륭한 의사가 약으로 건강을 구하듯, 훌륭한 장군은 전쟁을 통해 승리를 얻고, 훌륭한 인간은 삶을 통해 행복을 얻는다. 행복은 인간의 자연스런 목적—만약 우리가 삶을 잘 영위하면 도달하게 될 목적—이고, 인간이 다른 피조물과 구분되는 인간만의 능력을 계발하여 그 능력에 따라 행동함으로써 얻게 되는 최고의 성취이다. 아리스토텔레스는 훌륭한 인간이 되는 것이란 우리의 특별한 인간적 미덕, 이성에 의하여 사는 것이라고 단언한다. 그는 행복이란 "미덕을 표현하는 영혼의 활동"이라고 결론짓는다.[54)]

명확한 일관성과 표면상의 단순함이라는 측면에서, 이와 같은 아리스토텔레스의 공식은 가히 기념비적이다. 실상 그에 앞선 소크라테스와 플라톤이 주장했던 중심적이고 혁명적이었던 논점을 차용한 아리스토텔레스는, 인간의 행복이란 미덕의 작용이라는 앞선 두 사람의 주장을 취하면서 그것을 훨씬 더 직접적으로 명시한다. 세상 만물과 마찬가지로 인간도 어떤 목적을 수행하기 위해 의도된 것이라는 그의 출발점은 중요한 목적론적 가정을 포함한다. 그 가정의 진실 여부는 서구 역사에서 오랫동안 확고하게 여겨졌던 것과는 달리 오늘날에는 그리 확실치 않다. 그러나 고대 그리스인들은 인간과 인간들이 살고 있는 이 세상이 모두 그들에게 의미를 부여하는 더 큰 질서에 참여하고 있다고 믿었다. 소크라테스와 플라톤처럼 아리스토텔레스도 그렇게 가정한다. 그리고 그들과 마찬가지로, 아리스토텔레스는 인간의 이성은 우리에게 인간 특유의 능력에 대한 통찰을 부여할 수 있다고 확신한다. 그러나 한편으로는 소크라테스와 플라톤과는 달리, 이러한 문제들에 대한 우리의 판단을 형성하는 안내자로서 우리 주위의 세상—현상 세계—을 바라보아야 한다고 믿는다.

따라서 아리스토텔레스가 순수한 선의 형태를 모호하고 입증되지 않으며 실행 불가능한 것으로 본 플라톤의 유사신비론적 개념—플라톤은 "지금 우리의 연구에서 우리가 찾고자 하는 것은 인간이 소유하거나 행동으로 추구할 수 있는 종류의 선은 분명 아니다"라고 했으므로—을 떨쳐버렸을 뿐만 아니라, 행복이란 목적이 실제로 무엇을 수반하게 될 것인가에 대한 연구를 시작하기 위해 행복에 대한 대중적 개념으로 돌아섰다는 것은 특히 흥미로운 일이다. 아리스토텔레스는 대부분의 사람들이 비록 그들의 능력으로 성취할 수 있는 게 아니라는 것을 잘 알면서도 유다이모니아의 본질에 대해 나름의 개념을 갖고 있다는 사실을 기꺼이 인정한다. 따라서 그는 그런 점에 대해서도 고려해야 한다고 생각한다. 실제로 아리스토텔레스는 종종 자세를 낮추기도 하는데, 예를 들어 '다수의 가장 천박한 부류'—행복은 쾌락에 있다고 생각하는—를 인간이라기보다는 '풀을 뜯는 동물들'의 삶에나 걸맞은 '완전한 노예' 같다고 보는 견해에서 때때로 물러난다. 그러나 그는 다른 연구와 함께 여전히 행복에 대한 생각을 놓지 않는데, 이는 고대 시기인 당시에 행복의 올바른 의미에 대한 논의가 이미 조성되고 있다는 사실에 주목하는 모습이기도 하다. 아리스토텔레스는 그 논의를 아주 중요하게 여기면서, 자신이 들은 바에 대해 많은 생각을 한다. 그는 이러한 견해를 자신의 저서 『수사학*Rhetoric*』에서 이렇게 요약하고 있다.

> 행복은 미덕과 결합된 번영이라고 정의할 수 있다. 또는 독립적 삶이나 최대치의 쾌락을 안전하게 향유하는 것, 자신의 자산과 신체를 지키고 이를 활용할 만한 권력을 지닌 양호한 조건 등으로 정의할 수도 있다. 행복이란 이런 것들 중 한두 가지라는 점에 모든 사람들이 대부분 동의한다.
> 이러한 정의에 따라 행복을 본다면 그 구성 요소들은 좋은 출신, 많은 친구, 좋은 친구, 부, 착한 자식들, 자손의 번창, 행복한 노년, 그리고 건강, 아름다움, 체력, 건장한 체구, 운동능력 등과 같은 신체적 우수성, 또한 명성, 명예, 행운, 미덕 등이다. 이렇게 내외적으로 모든 것을 잘 갖춘 사람은 완전히 자족적일 수 있다. 왜냐하면 이 외에 더 가질 것이 없을 정도로 모두 가졌기 때문이다. (신체와 영혼의 재산은 내적인 것이고 좋은 출신, 친구, 돈, 명예는 외적인 것이다.) 거기에 더해, 삶이 진정으로 안정되기 위해서는 재원과 운 또한 따라야 한다고 생각한다.[55]

아리스토텔레스에게는 이것이 바로 "일반적인 행복"으로, 그가 『윤리학』에서 말했듯 사람들이 "행복에서 찾고자 하는 모든 요점"을 일상적 표현으로 기록한 것이다.[56] 소크라테스와 플라톤의 행복에 대한 견해와는 매우 대조되는 행복에 대한 이런 일반적인 이해는, 솔론이 크로이소스에게 판시했던 견해와 일맥상통하는 것으로, 건강, 안전, 쾌락, 번영, 명예, 미덕, 좋은 친구들 그리고 행운을 인생의 마지막까지 수반하는 것이다. 이러한 유사성은 우연이 아닌데, 왜냐하면 아리스토텔레스는 행복에 대한 이론적 설명은 '사실'과 '조화'를 이루어야 한다고—적어도 '일반적 믿음'과 부분적이라도 일치되어야 한다고—생각하기 때문이다. '다수에 의해 공감되는 전통적' 견해와 좀 더 생각이 깊은 소수, 즉 '몇몇 명사名士'들이 견지하는 바를 고려하면서, 아리스토텔레스는 이론적 비의秘儀에 빠지지 않으려 노력한다.[57] 또한 그는 현상現狀에 대한 편호偏好라는, 철학자로서는 매우 보기 드문 편견을 드러내기도 한다.

그래서 그는 곧바로, 쾌락이 행복에 꼭 필요한 유일한 구성 요소는 아니지만 하나의 요소임에는 분명하다고 말한다. 마찬가지로 그는 외적 재산—돈, 친구, 자녀, 좋은 출신과 신체의 아름다움 등—도 행복에 필요한 요소라고 솔직히 인정한다. 그것은 "만약 자원이 결핍된다면 우리는 좋은 행위를 할 수 없거나 쉽게 하지 못하기" 때문이며, 또한 "만약 우리가 아주 혐오스런 외모를 가졌거나, 좋지 않은 출신이거나, 외롭거나, 자녀가 없다면, 행복의 특성을 갖추지 못한 것이기 때문이다."[58] 마찬가지로 아리스토텔레스는 "가장 성공적인 사람이라도 노년에는 끔찍한 재앙에 빠질 수도 있기 때문에" 행복이란 인생 전체의 관점에서 판단되어야 한다는, 그리스인들 사이에 널리 퍼져 있는 믿음에 동의한다. 아리스토텔레스는 또 미덕을 행복 성취의 중심에 두면서도 미덕은 그 자체만으로도 우리의 최고 목적이 될 수 있다는 소크라테스와 플라톤의 생각은 거부한다. 그는 "어떤 사람은 미덕을 소유했을지라도" 여전히 "최악의 재난과 불행으로 고통받는

다"라고 반박한다. 이런 사람을 행복하다고 말하는 것은 "철학자의 역설"이 될 것이다.[59]

행운이란 언제까지나 변덕스러운 것이라는 말은 아리스토텔레스로서도 부정할 수 없는 명제이다. 우리가 전혀, 또는 상대적으로 거의 통제할 수 없는 요소들(출생, 아름다움, 운)이 행복을 결정짓는 데 일정한 역할을 한다는 것은 분명하다. 그러나 아리스토텔레스는 어떻게 하면 이성에 따른 덕행을 통해 행복을 얻게 되는지도 보여주려 한다. 이는 그가 줄곧 강조했던 것으로, "(자신의 능력 내에서) 미덕에 대해 뒤틀린 사람이 아니라면 누구라도 어떤 배움을 통해 행복을 성취할 수 있다"는 것을 보고, 그 실현 가능성에 대해 처음에는 아주 낙관적이었던 것 같다. 외견상으로, 행복은 "널리 공유될 것이다."[60]

그러나 아리스토텔레스가 (비록 다는 아니지만) 당대의 대다수 일반인들과 마찬가지로 여자나 그가 '천생 노예들'로 간주한 사람들은 그런 면에서 선천적으로 뒤틀렸다고—이성이 결여되고, 그래서 미덕에 대한 능력 또한 결핍되었다고—생각한 것을 보면, 그가 의도하여 상정한 범위는 상당히 협소해진다. 어린이들은 아직 신중한 이성적 능력이 충분히 계발되지 않았기 때문에 여기에서 제외된다. 그리고 여가, 교육, 자립 등을 구가할 자원이 충분치 않은 이들도 모두 제외된다. 이처럼 결국 애초부터 자유인 남성과 재산가로 대상이 국한되었기 때문에, 아리스토텔레스의 설명을 따라가다 보면 행복할 수 있는 후보자 집단은 자꾸 작아질 뿐이다.

그렇다면 기본적인 것을 충족한 사람들, 즉 잠정적으로 행복에 적합한 사람들은 어떻게 해야 하는 것일까? 아리스토텔레스는 행복을 좌우하는 데 가장 안정적이고 통제력이 있는 요소인 미덕을 일생 동안 습관화하라는 처방을 내놓는다. 그는 미덕에 대한 연구는 결코 하늘에서 떨어진 것처럼 확고한 규칙이 있는 정확한 과학이 아니라고 생각한다. 따라서 그는 연습을 통해 미덕을 길러 미덕이 점차 제2의 천성이 되도록 해야 하며, 각자는 올바르게 대응하는 선천적인 감각을 계발하여 인생의 수많은 변화에 임해야 한다고 주장한다. 주요한 대략적 법칙은 아리스토텔레스의 그 유명한 중용의 도인데, 그것은 우리에게 극단에 치우치지 말고 중도에 맞추어 행동하라고 충고한다. 덕을 지닌 사람은 이성과 관행 그리고 실례를 통해 비겁과 겸손, 인색과 낭비, 자랑과 자기 비하 사이의 적절한 중도를 알게 될 것이다. 그는 용기, 관대함, 자존 등 적절한 미덕의 특색을 함양하고 그에 따라 자신의 행동을 판단할 것이다. 아리스토텔레스는 이러한 여러 덕목들—장엄, 온건, 고상, 겸허, 친절, 의분義憤 등—을 자세히 논하면서, 이성적인 자제를 통해 욕망을 완화하고 최상의 인간 능력을 유지하는 삶을 이루는, 조화와 균형의 이상을 제시한다.

아리스토텔레스가 권고한 미덕의 습관화는 이렇듯 삶의 기술에 실질적인 가르침이 된다. 즉 어려서부터 그에 따르고, 덕스런 사회를 지키는 틀 내에서 이상적으로 수행해나가는 데 유효한 교육인 것이다. 그것은 당대의 여러 그리스 도시국가들을 통치했던 사람들 같은 인재를 길러내기 위해 구상된, 엘리트를 위한 교육이다. 실제로 『윤리학』은 아리스토텔레스가 쓴 『정치학』의 서곡이라고 볼 수 있는데, 이 책의 목적은 도시국가 시민들의 덕행—행복—을 촉진하기 위한 최상의 정치 체제를 찾아내는 것이었다. 이러한 최적의 환경에서는 시민들이 도시국가 내에서 책임감과 권위라는 지위를 채택하는 한편, 의도하는 대로 자신을 발전시켜가면서, 최대 다수의 사람들이 자신의 잠재력을 충분히 발현할 수 있을 것이다. '행복 정치' 라고 불릴 수 있을 이런 체제 안에서는, 행복한 자들이 다른 이들을 이끌어나가게 될 것이다.[61)]

그러나 이렇게 이상적인 상황이라 해도 우리가 과연 『윤리학』에 기술된 것처럼 행복을 얻을 수 있을지는 의심스럽다. 아리스토텔레스는 이 책의 끝부분에서, 자신이 그렇게나 온 힘을 기울여 설명했던 미덕이 기껏해야 단지 '부차적인' 행복만을 가져다줄 뿐이라는 것을 시인한다.[62] 그 위에는 인간의 최고 능력에 대한 최상의 표현, 즉 이성의 순수한 작용이 자리 잡고 있다. 아리스토텔레스의 표현을 빌리면 '숙고' 또는 '깊은 생각'이 바로 그것이다. 다른 활동들이 단지 '인간적'인 데 반해, 숙고는 신성한 것이다. 그는 전통적으로 다른 존재들보다 더 '축복받고 행복한' 것으로 여겨지는 신들이 순수한 숙고로 시간을 보내는 것에 대해, 일반적으로 추측되는 바를 장황하게 설명한다. 아리스토텔레스는 "그러므로 훨씬 더 축복받는 '신들'의 활동은 숙고가 될 것이다. 따라서 신들의 활동에 가장 근접한 인간의 활동은 그 무엇보다도 행복이라는 성격을 지닌다"고 결론을 맺는다. 결국, 순수한 숙고의 삶이란 신과 가장 유사한 삶이다. 그것은 "인간의 수준보다 우월한 것이다."[63]

이 놀라운 반전을 어떻게 받아들여야 할까? 지상에서 인간의 행복을 실현하기 위한 철학을 옹호했던, 외견상 세속적인 아리스토텔레스가 마치 플라톤을 연상시키듯 저 높은 곳을 향해 시선을 돌리고 있다. 신들과 연계시키지 않고는 완전한 행복을 생각할 수 없었기에, 그는 부지중에 자신이 『윤리학』에서 권고했던 삶에 어두운 그림자를 던지고 만다. 현대의 철학자 조나단 리어Jonathan Lear가 주지했던 대로, 아리스토텔레스는 "인간의 삶에 대해 가장 잘 아는 자들이야말로, 비록 뛰어난 조건이라 하더라도 그 일상의 조건에서 탈출하기 위한 삶을 조성하고 있는 최상의 것을 안다. 인간으로서 최상은 바로 인간임을 깨뜨리고 나올 기회이다"라고 제안한다.[64] 그리고 그 결과 우울하게도 지상에서의 행복에 대한 가망성은 줄어들고 만다. 대부분의 남녀들에게는 태생적 조건과 주변 상황 등의 이유 때문에 애초부터 진정한 행복이 거부되며, 상대적으로 윤리적 미덕을 유지하며 삶을 영위할 수 있는 엘리트들조차도 그러한 기준에는 미처 도달할 수 없게 되는 것이다. 그들의 행복이란 신적인 활동인 숙고 앞에서는 빛을 잃고 창백해지는, 그저 '부차적 행복' 에 지나지 않을 뿐이다. 극소수에게만 열려 있는 이 최상의 행복은 상대적으로 짧은 순간 경험될 뿐인데, 인생의 모든 시간을 숙고에 보낼 수는 없기 때문이다.

따라서 인간의 자연스런 목적은, 부자연스럽게도, 이행하기 어렵다는 결론에 이르게 된다. 아리스토텔레스의 세계에는 '극소수의 행복한 자들' 이 있을 수 있겠지만, 더욱 분명하게 드러나는 것은 그의 이상은 행복하지 않은 다수를 낳는다는 점이다. 아리스토텔레스가 말하는 행복이란 대다수의 인류에게는 성취할 수 없는 것일 뿐만 아니라, 불완전하다고 정의된 인생의 나머지, 즉 여생에 암운을 드리우는 것이기도 하다.

그러한 불가해성에도 불구하고, 행복에 관한 아리스토텔레스의 가르침은 수수께끼와도 같은 이 목적의 매력을 더욱 고양시킬 뿐이었다. 고대 그리스 세계 전역에 걸쳐 추종자들을 이끌었던—그의 명성은 일찍이 알렉산더와의 관련성에 힘입었다—아리스토텔레스는 고전 윤리학과 사유에서 유다이모니아의 중추적 역할을 확인시켜주었다. 이제, 행복은 주요한 철학적 사건이자 존재의 궁극적 목적으로 간주된다. 이 새롭고 포착하기 어려운 목적에 더욱 많은 사람들이 매달리게 되자, 자신의 방식으로 다른 사람들을 이끌려는 안내자들이 등장하기 시작했다.

영혼의 수술

라파엘로의 걸작 「아테네 학당」의 화폭 왼쪽 아래 4분의 1 지점에는, 두 인물이 마치 작품의 제목을 조용히 비난이라도 하듯 앉아 있다. 화관을 쓴 인물은 친구가 한 팔로 받쳐 들고 있는 책에 무언가를 열심히 적고 있다. 그는 자신의 뒤에서 그를 응시하는 제2의 인물—고독하고, 차갑고, 위엄 있는 수염을 기른 인물—과 모호한 합일에 빠져 있는 듯 보이기도 한다. 이 그림의 지속적인 영향력으로 미루어볼 때, 이 두 인물은 두 주인공에 버금가는 중요한 인물로 간주되어야 마땅하다. 화관을 쓴 에피쿠로스Epicurus는 19세기까지 강력하게 지속되는 사조를 형성한 학파를 창시하였고, 수염을 기른 또 다른 인물은 스토아학파의 시조로, 역시 동등한 영향력을 발휘했다.

고대 세계라는 맥락에서 볼 때, 이 두 인물의 중요성은 각자 나름대로 잘 알려져 있었다. 아리스토텔레스 사후 수십여 년 동안, 아테네를 찾는 박식한 여행자들은 디필론Dipylon 성문에서 겨우 수분 내의 거리에 있으며, 또 그의 추종자들이 일상적으로 모였던 장소인 에피쿠로스의 '가든Garden'에 꼭 들르곤 했다. 또, 제논Zeno의 공개 강의와 토론이 벌어졌던 스토아 포이킬레Stoa Poikile를 찾는 것도 잊지 않았다. 그곳은 아테네 중심부 인근에 있는 열주 회당인데, 바로 그 장소의 이름에서 이 학파의 명칭이 유래되었다. 아리스토텔레스의 교육기관이었던 리케이온과 그의 스승 플라톤이 설립한 아카데미아와 더불어 에피쿠로스와 제논의 학당 그리고 그 밖의 여러 철학 학당들은 지상에서의 행복 가능성을 설파하며 공개적으로 학생 모집 경쟁을 했다. 그리고 기원전 4세기 말에 이르면, 행복—유다이모니아—은 그들 모두에게 이론의 여지가 없는 목적이 되었다.[65]

이러한 합치점은 소크라테스, 플라톤 그리고 아리스토텔레스라는 철학자 삼인방의 위력을 증명한다. 그들의 작품은 이후 수세기 동안 서구의 윤리학적 토론에 사용된 용어들을 계속 정의해왔다. 완전한 행복이 고전 그리스 철학의 유산이듯, 궁극적 욕망이자 최종 목적으로서의 행복은 이들의 유산이기도 하다. 그러나 그 목적에 도달하기 위해 여러 가지 다른 방법을 제시했던 학파들도 있었으며, 또한 기원전 4세기 말에 이르러 그들의 유산에 대한 논란, 좀 더 정확하게 말하면 그 유산이 불완전하다고 여기는 논쟁이 이루어졌던 것도 사실이다. 삼인방 모두 그들이 완전히 수행할 수 없는 기대를 제시했던 것이다. 그들이 얘기한 지상의 행복이란 목표는 많은 이들의 마음을 끌어당겼지만, 신들 같은 소수에게만 가능한 행복은 너무도 가혹하여 수용하기 힘든 것이었다. 이렇게 끊임없이 보채는 욕망을 만족시킬 만한 다른 방법은 정말 없는 걸까?

제논과 에피쿠로스는 인간의 고통을 완화하려 했던 그들의 선배들보다 훨씬 더 솔직한 처방을 목적으로 이러한 질문에 명확하게 답한다. 에피쿠로스는 "인간의 그 어떤 고통도 치유할 수 없는 철학자들의 논쟁이란 공허하다"면서 "신체의 질병을 치료할 수 없는 의학이 아무 소용없듯, 인간의 영혼이 겪는 고통을 추방할 수 없는 철학 또한 아무짝에도 쓸모가 없는 것이다"라고 설파한다.[66] 로마의 스토아 철학자 키케로Marcus Tullius Cicero도 제논의 전통에 대해 설명하면서, "확신하건대 영혼을 위한 의학술이 있는데, 그것은 바로 철학이다"라며 이와 비슷한 견해를 피력했다.[67] 소크라테스, 플라톤 그리고 아리스토텔레스가 인간 건강의 궁극적 상태로서 행복의 정체성을 밝히는 데 중요한 기여를 했다면, 그 후계자들의 임무는 인간의 질병을 진단하고 관리하는 것이었다. 에피쿠로스와 제논은 욕망 자체를 관리

「아테네 학당」, 세부.

함으로써 이를 실행했다.

그러나 불행히도 그들에 관해서는 상대적으로 별로 알려진 바가 없다. 제논에 대해 알려진 것은 대략 기원전 335년에 태어났다는 것이며, 3세기의 역사가 디오게네스 라에르티우스Diogenes Laertius의 책 『저명한 철학자들의 삶*Lives of the Eminent Philosopher*』에 따르면 "까다롭고, 찡그린 표정"에 굵은 다리를 가졌고, 야무지지 못하며 녹색 무화과를 좋아했다.[68] 그는 사이프러스 섬의 시티움 출신으로, 아마도 분명히 소크라테스의 가르침에 관심이 끌려, 20대 중반에 아테네로 왔을 것이다. 여러 스승들과 몇 해에 걸쳐 공부한 뒤에, 그는 자신의 활동을 넓혀 스토아 주변에서 학생들을 모아 정기적으로 집회를 열었다. 그 모임은 일종의 종교적 숭배의 성격을 띠었다. 그는 기원전 263년경에 사망했고, 다작을 했지만 작품은 하나도 전해지지 않기 때문에 주로 디오게네스가 전하는 내용이나 그리스어를 사용한 에픽테토스Epictetus 같은 후기 스토아학파 또는 로마의 세네카Lucius Annaeus Seneca, 키케로, 그리고 마르쿠스 아우렐리우스Marcus Aurelius 같은 인물들의 기록에 의지해서 만나볼 수밖에 없다. 완벽하지는 않지만, 이러한 출처들이 우리가 접할 수 있는 전부이다.

에피쿠로스에 대해서도 단지 제논보다 조금 더 알려진 정도이다. 기원전 341년에 사모스에서 출생한 에피쿠로스는 아테네 시민으로서 군인, 학생, 교사 등 다양한 경력을 거쳐 기원전 306년에 아테네에 정착한다. 그는 '가든'으로 알려진 저택을 구입했고 추종자들을 모아 철학 학당을 개설했다. 기원전 270년에 사망할 때까지, 그는 아마도 파피루스 300두루마리 정도에 이르는 다작을 했는데, 이는 이전의 어느 그리스 철학자보다도 많은 양의 저술이었다. 그러나 이런 엄청난 작품 중 오직 소수의 단편적 기록들만이 남아 있을 뿐이다. 제논의 경우와 마찬가지로, 후에 그의 추종자들—특히 로마 시대 에피쿠로스학파의 루크레티우스Lucretius—이 전하는 것이 그의 사고와 영향력을 이해하는 주된 자료들이다.

출처에 대해서는 이렇게 공백이 많지만, 제논과 에피쿠로스의 일반적 가르침과 그들이 창건한 학당들에 대해서는 확신을 가질 수 있다. 두 인물 모두 플라톤과 아리스토텔레스가 주장했던 점, 즉 행복에 대한 인간의 책무를 똑같이 강조한다. 징벌을 받은 크로이소스나 비극 무대의 비극적 영웅들과는 달리, 제논과 에피쿠로스는 운명과 비운은 인간이 조정할 수 있다고 생각했다. 에피쿠로스는 "운명의 여신이여, 나는 그대를 고대해왔소"라며 "그대가 입장하는 것을 나는 막아왔나니, 그대나 또는 그 어떤 상황에서라도 우리는 포로가 되지는 않을지어다"라고 확신한다.[69] 스토아학파 역시 운명의 지휘봉에 내맡겨지기를 거부한다. 그들은 그 외에 아무것도 없다 해도 행복만은 우리의 수중에 있노라고 주장한다.

기원전 4세기 말과 3세기 초의 변화하는 정치·사회적 맥락에서, 이 메시지는 반향을 일으키며 울려 퍼진다. 알렉산더 대왕이 이끄는 제국의 융성과 그의 사후 급속히 일어난 분열은 그리스 도시국가들의 질서와 응집력을 뒤흔들었다. 이어지는 헬레니즘 시기는 대략 알렉산더의 사망에서 로마의 통합 시기까지를 일컫는데, 친숙했던 자치 도시국가가 쇠락하고 그 대신 서서히 뻗어나가는 다문화 제국과 거대하고 익명성을 띤 도시 중심부들이 자리 잡는다. 이러한 분열과 혼란의 장에서 학자들이 지루한 논쟁을 거듭하고 일반인들은 무기력과 문화적 무질서를 절감하게 되는 것은 자명하다. 이러한 상황에서는 스토아학파와 에피쿠로스학파 모두가 설파했던 힘과 통제가 사람들에게 특히 쉽게 받아들여졌다. 점점 더 복잡해지고 비개인화되어 가는 세상에서 이들 학파는 그들의 추종자들에게 자신의 삶에 대한 지배력을 가질 수 있다는 위안을 안겨주었다. 비록 민주주의는 더 이상 존재하지 않게 됐지만—이후 2천 년 동안 세상에서 추방되었다—, 일찍이 인간은 스스로의 행복을 구현할 수 있다는 희망으로 강조됐던 자만自慢은 계속 살아 있었다.

이런 점에서 볼 때 에피쿠로스학파와 스토아학파는, 행복은 운에 달린 게 아니라는 소크라테스적인 주장에 충실했을 뿐만 아니라 이를 강조하기까지 했다. 그러나 또한 두 학파는 고전 시대의 선배들과는 분명히 결별했다. 에피쿠로스의 경우 이러한 결별은 "쾌락은 행복한 삶의 시작이자, 목표다"라는 단호한 주장에서 가장 확연히 드러난다.[70] 그는 우리가 당연히 고통과 불안으로부터 도망치는 것과 마찬가지로, 당연히 쾌락에 이끌린다고 믿었다. 우리는 저 드높은 곳에 있는 행복을 찾고자 자연과 대척해 싸우기보다는 자연의 힘에 따라야 한다. 자연은 우리를 우리의 목적지로 안내해줄 것이기 때문이다.

쾌락의 중추성에 대한 에피쿠로스의 주장—소크라테스파, 플라톤파 그리고 아리스토텔레스파의 선례들과는 상치하지만, 또 다른 그리스 전통에 뿌리를 둔 주장—은 물리학에 대한 극단적으로 유물론적인 이해에 기반하고 있다. 에피쿠로스의 견해에 따르면 우주 전체는 물질과 공간, 원자와 공허의 조합으로 구성되어 있다. 그는 비록 불멸하는 축복받은 신들의 존재를 인정하긴 했지만, 그 신들이 이 세상의 작동이나 세상 속에 사는 생명들에 대해 전혀 관여하지 않는다고 믿었다. 따라서 무형의 영혼, 신의 의도, 플라톤의 형상들, 신의 조화에 대해 얘기하는 것은 전혀 이치에 맞지 않는다. 우주에 존재하는 수많은 다른 것들과 마찬가지로 인간은 단지 물질의 조합에 지나지 않으며, 의식 역시 단지 복잡한 원자들의 운동일 뿐이다. 이러한 관점은 에피쿠로스에게는 감각이 모든 경험의 원천일 뿐만 아니라, 모든 선과 악의 원천이기도 하다는 생각으로 직결된다. 쾌락을 불러오는 것은 좋은 것이고, 고통을 일으키는 것은 나쁜 것이다. 그것이 바로 자연의 방식이다.

제논 또한 "자연과 합치되는 삶"을 만들라고 추종자들에게 촉구하지만, 그는 이 잡힐 듯 잡히지 않는 개념을 다르게 생각한다.[71] 그에게 우주란 움직이는 물질의 무작위적 혼돈이 아니라, 신에 의해 정해지고 스토아학파가 로고스라고 지칭하는, 본질적 이성을 통해 충만해지고 잘 조합된 조화로운 통일체이다. 세상은 이와는 정반대의 모습을 가졌지만 우주에 의미를 부여하는 의도적인 창조자가 이끄는 대로, 우리가 그 의미를 직접 식별할 수 없을 때조차도 그래야 할 당위적인 모습으로 언제까지나 존재한다. 우주는 합리적이고, 인간은 이

질서의 일부이므로, 제논은 추종자들에게 그들의 개인적 자질을 통일체인 자연과 조화시키라고 명한다.

이 목적에 이르는 길은 바로 미덕이다. 덕성스런 삶을 영위함으로써 우리는 세상의 질서와 우리의 삶을 조화시키며, 행복은 바로 이 합리적 일치에서 탄생하는 것이다. 이 점에서 소크라테스의 덕을 톡톡히 입고 있는 제논은 미덕을 행복의 유일한 구성 요소로 보기 위해, 아리스토텔레스를 넘어 더 멀리 나아간다. 모든 '부차적' 항목들—부, 명예, 출신, 아름다움—은 지고선과 무관하며, 중요하지도 않다. 에피쿠로스학파와는 정반대로 스토아학파는 쾌락과 고통의 중요성마저 거부한다. 세네카는 "행복한 자는 자신의 현재 운이 뭐든 간에 그것에 만족한다"라고 주장한다.[72] 키케로는 한 발 더 나아가, 완전한 미덕을 갖춘 자는 고문 아래에서도, 고문의 형틀에서조차도 행복할 것이라고 말할 정도이다.[73] 행복한 자의 안녕은 운명의 가장 잔인한 조롱에도 결코 흔들리지 않는다.

표면적으로 보아 두 학파는 더 이상 다를 수가 없을 만큼 서로 상반된다. 마치 오늘날 우리가 '금욕주의자'와 '쾌락주의자'를 각각 '쾌락이나 고통에 전혀 관심 없는 사람'과 '감각적 쾌락을 탐닉하는 사람'을 의미하는 용어로 사용하는 것을 정당화하기라도 하듯 말이다.[74] 그러나 이러한 현대적 정의는 두 학파의 본질적인 유사성을 덮어버리고 그 본의를 오도하고 있는 것이다. 표면을 넘어 깊이 바라보면 두 학파 간의 아주 중요한 수렴점을 알게 된다.

가장 중요한 것은 쾌락주의와 극기주의 양 학파 모두 욕망에 대해 엄격한 규율을 요구하는 금욕주의 교의教義들이라는 점이다. 오늘날 우리는 다른 의미로 이 용어들을 사용하고 있지만, 현재 남아 있는 단편적 기록들 중 하나에서 그가 극명하게 밝히고 있듯 에피쿠로스는 절대 헤도니즘(쾌락주의)을 가르치지 않았다.

> 쾌락이 목표라고 말할 때 우리가 뜻하는 것은, 몇몇 무지한 사람들이 생각하듯 방탕자의 쾌락이나 관능에서 비롯되는 쾌락이 아니다. (…) 더 정확히 말하면, 우리가 뜻하는 것은 육신의 고통과 정신의 고뇌로부터의 자유이다.
>
> 쾌락의 삶을 만드는 것은 계속되는 폭음이나 흥청거림도 아니며, 여자나 소년과의 향락도 아니고, 사치스런 식탁 위에 올리는 생선과 고기에 대한 탐닉도 아니다. 그것은 모든 선택과 절제의 동기를 검토하고, 영혼에 막대한 혼란을 불러오는 것으로 귀착되는 견해들을 쫓아버리는, 올바른 정신의 논리적 사고이다.[75]

쾌락이란, 다른 말로 하자면 에피쿠로스가 아포니아aponia 상태라고 부른 육체적 고통의 부재, 그리고 아타락시아ataraxia 상태라 할 수 있는 정신적 고뇌 또는 불안이 없는 상태라고 소극적으로 정의할 수 있다. 그는 이런 것들이 진정한 목표이며 그 목표에 도달하기 위해서는 '올바른 정신의 논리적 사고' 또는 다른 곳에서는 '분별' 이라고 했던, 세상과 자신에 대한 인식을 배양하라고 조언한다. 예를 들면 잘못된 믿음 때문에 생기는 불필요한 두려움을 우리가 스스로에게서 떨쳐내기 위해서는 우주의 자연과학적 법칙을 이해해야 한다. 잘못된 믿음이란 단지 우리의 마음속에서만 존재하는 신들의 복수, 저승의 공포, 그리고 그 밖의 실제와 유사한 생각 같은 것들이다. 후에 18세기 사상가들이 '미신' 은 행복의 정반대라는 자신들의 견해를 정당화하고자 이러한 에피쿠로스학파의 주제—특히 루크레티우스에 의해 크게 강조되었다—를 포착한 것은 지극히 당연한 일이다.

에피쿠로스의 시각에서 보자면 분별은 자신에 대한, 더 정확히 말해 욕망에 대한 인식을 포함한다. 우리는 왜 이것 또는 저것을 갈망하는가? 왜 단기적인 만족감이 장기적인 고통으로 상쇄될까? 우리가 어떨 때는 주춤거리고 또 어떤 기회에는 따르는 것은 대체 어떻게 된 일일까? 대체 무엇이 우리를 끌어당기며, 왜 그렇게 되는 것일까? 만약 이러한 질문에 완벽할 만큼 철저히, 스스로에게 정직하게 대답할 수 있다면 우리 욕망의 대부분은 행복한 삶의 궁극적 목표인 신체상의 건강이나 마음의 평화와는 무관한, 아무 근거도 가치도 없는 것들임을 알게 될 것이다. 에피쿠로스 추종자들의 유일한 임무란 우리를 오도하는 욕망과 필요한 욕망을 잘 구별해 걸러내는 법을 배우는 것이다. 세상에 대한 인식과 마찬가지로, 자아를 인식하는 것은 고통의 원천으로부터 우리 자신을 해방시킬 수 있다.

비록 복잡한 과정이긴 하지만, 에피쿠로스가 생각하는 핵심은 꼭 필요한 욕망들을 극단적으로 제한하라는 것이다. 행복을 충족시키는 것은 아주 극소수의 것들이다. 에피쿠로스는 "육성肉聲은 '내게서 기아, 갈증, 추위를 없애줘!' 라고 외친다"고 쓰고 있다. "이러한 확신과 기대가 있는 자는 행복을 두고 제우스와도 겨룰 수 있을 것이다."[76] 적절한 욕망을 가진 사람이라면 누구라도 음료—검소한 음식과 마실 것, "간소한 음식은 사치스런 식탁과 똑같은 쾌락을 주므로"—, 거처 그리고 약간의 안전 정도에 만족할 것이다. 반대로 "작은 것에 만족하지 않는 자는 그 어느 것에도 만족하지 않는다."[77] 에피쿠로스는 놀라울 정도로, 도처에서 스토아적인 시각을 보여준다. 한 가지 예를 들면, 그는 "모든 육체적 고통은 사소한 것이다. 극심한 고통은 단지 짧게 지속될 뿐이고, 만성적인 신체의 불변은 결코 극심하지 않다"라고까지 단언하고 있다.[78] 후에 세네카가 "면밀히 잘 살펴보면 에피쿠로스의 가르침은 아주 고결하고 성스러우며 금욕적이다"라고 말한 것도 다 그럴 만한 합당한 이유가 있었던 것이다. 그가 말한 '쾌락'이란 전적으로 미덕과 조화를 이루는, 진정 '올바른 정신'과 '절제'였다.[79)]

스스로도 인정하듯 세네카는 좀 제멋대로인 스토아학파의 일원이었다. 그는 자신의 부와 사치스런 삶의 양식을 옹호하기 위해 「아름다운 삶에 대하여」라는 수필에서 행복에 많은 지면을 할애했다. 에피쿠로스의 고결함과 제논의 전통과의 유사성에 관한 그의 반추는 깊이 음미해볼 만한 견해이다. 왜냐하면 두 학파에 관하여 원래 가장 혁신적이었던 주장의 정곡을 꿰뚫고 있기 때문이다. 에피쿠로스는 스토아학파의 대표와 마찬가지로, 행복이란 충족된 욕망의 비율과 밀접한 관계가 있다고 가르쳤다. 욕망의 총량을 근본적으로 한정시키고, 우리 한계 이상의 욕망에 대한 기대를 최대한 축소시키면, 그 한정된 최소의 욕망을 모두 충족시킬 수 있다는 확신이 생긴다. 제논이 '비합리적이고 부자연스런 작동' 또는 '과잉 충동'이라고 간주한 우리의 열정과 감정을 제한하라는 스토아학파의 권유 이면에도, 바로 에피쿠로스가 주장한 것과 같은 극기의 묘가 시사되고 있다.[80)] 명성을 획득하지 못해 화를 내고, 질병을 예상하여 두려워하고, 성욕을 충족하지 못해 좌절하며, 타인의 행동 때문에 괴로워한다면 이는 필시 우리가 우리의 확신을 두어야 할 곳에 제대로 두지 못했기 때문일 것이다. 이런 경우 우리가 할 수 있는 것은 양자택일이다. 즉 우리의 욕망을 성취하기 위해 수단을 늘리든가, 아니면 우리의 수단에 맞도록 욕망을 줄이는 것이다. 에픽테토스는 "행복하다는 것은 욕망하는 바를 충분히 가져야 하고, 충만함을 성취해 기아나 갈증이 근처에 얼씬도 할 수 없는 사람과 유사해야 한다"라고 단언했다.[81] 그와 에피쿠로스가 강조했듯이, 기아로부터 자신을 해방시키기 위한 가장 확실한 방법은 모든 욕구를 억제하는 것, 자신의 식욕을 단념하는 것이다.

무엇보다도 이런 노력—외부로부터 완전히 독립적인 행복을 이루기 위한 시도—이야말로 바로 왜 이 철학 계파가 착상되었고, 또 왜 이 철학들이 자신의 대응력을 넘어 완벽하게 통제하거나 기댈 것이 거의 없는 복잡한 사회적, 정치적 환경에서 융성하게 됐는지에 대해 통찰해보게 한다. 이러한 관점에서 볼 때 제논과 에피쿠로스의 가르침은 높아만 가는 불확실성, 익명성, 그리고 도시국가에 이어 형성된 헬레니즘 시대에 확장 일로로 치닫는 제국의 복잡성에 대한 적절한 반응이었다. 그러나 이것이 선배들의 가르침으로 제기된 불가능한 요구에 대한 이 두 철학자들의 반응이라는 점 또한 중요하다. 소크라테스, 플라톤, 아리스토텔레스도 행복은 더 이상 신들이 좌지우지하는, 신들만의 것이 아니라고 설파했을지도 모른다. 그러나 실제로는 그들은 신 같은 극소수를 제외한 모든 인간의 행복이라는 목적의 성취에 대해 매우 비관적이었다. 그들은 인간의 가슴에 애매모호한 욕망을 심어놓고는 그걸 충족시키는 데는 실패했고, 그럼으로써 욕망, 동경, 미완이라는 멍에를 우리에게 영원히 남겨놓고 말았다.

실현되지 않은 동경을 치유하기 위해 에피쿠로스와 제논은 이 새로운 형태의 인간적 질병에 강력한 처방제로 대응했다. 에피쿠로스는, 만약 "한 철학자의 학당이 외과 수술이라면" 그들의 수술은 행복이라는 궁극적 목적에 부합하도록, 곪아가는 우리의 욕구를 제거하고 덜어내는 절차가 될 것이라고 말한다.[82] 이것은 아주 극단적인 치료법인데, 본질적으로 욕망 자체를 근절함으로써 행복에 대한 욕망을 구현하려는 것이기 때문이다. 우리에게서 거의 모든 욕망을 벗겨버리고, 심지어 고문에도 꿋꿋하게 견디게 하여 행복하도록 만든다는 이 처방은 대체 무엇이냐고 묻지 않을 수 없다. 이제 질병과 치료 중 어느 것이 더 가혹한 것인지에 대한 결정이 우리에게 넘겨진다. 이러한 치료법은 과도한 것인가, 아니면 사소한 것인가?

이렇게 극단적인 포기를 성공적으로 이루어낸 사람이 과연 몇이나 될까 의아해 할 수도 있다. 실제로 에피쿠로스학파의 경우를 보면 시조인 에피쿠로스의 의도와는 달리 구성원들은 종종 조야한 헤도니즘에 빠지곤 했는데, 만약 에피쿠로스가 이를 알았다면 무척 혐오스러워했을 것이다. 스토아주의는 수행의 측면에서 한층 더 큰 문제가 대두되었다. 키케로는 "하늘이 뜻하는바, 그 법에 복종하는 자는 항상 행복한 자가 되리라는 것을 철학이 보장한다"라고 말했다. 그러나 곧바로 "실제로 철학이 어느 정도까지 이 약속을 지킬 수 있는가"는 또 다른 문제라고 부언했다. 그의 견해로는 "그런 약속이 주어졌다는 사실 자체가 이미 가장 중요한 일이다."[83]

고대 사람들 대부분은 일말의 의심도 없이 이러한 생각에 동의했는데, 이는 아마도 두 학파의 가장 의미 있고 중요한 기여를 강조하는 사실이기도 하다. 처음부터 에피쿠로스학파와 스토아학파는, 원하는 사람은 누구라도 그 '처방'의 대상으로 생각했다. 플라톤과 아리스토텔레스가 행복을 극소수의 특권층에게만 가능한 것으로 국한시켰던 반면, 에피쿠로스와 제논은 다수의 사람들을 신처럼 만들고자 했다. 에피쿠로스는 여자와 노예를 자신의 '가든'에 받아들였고, 제논은 모든 인류의 선천적인 친족성을 설파했다. 움직이는 물질이든 로고스의 방사放射든 모두가 행복이라는 구원을 위한 후보였고, 많은 사람들이 지원자를 자처하고 나섰다. 예수 그리스도의 활동 시기에 이르면 에피쿠로스 공동체들은 지중해 세계 전체에 걸쳐 산재했고,

에피쿠로스 사후 450년이 흐른 시점에서도 그의 '가든'은 여전히 작동하고 있었다. 스토아주의 역시 농부, 수공인, 키케로와 세네카 같은 정치가, 마르쿠스 아우렐리우스 같은 황제, 그리고 에픽테토스 같은 노예들에게까지도 널리 전파되어, 마치 로마의 실질적 종교처럼 보일 정도였다. 플라톤과 아리스토텔레스를 제외했을 때, 에피쿠로스와 제논이 아테네의 위대한 두 창시자로 간주되는 데에는 이처럼 그에 합당한 이유가 있었던 것이다.

결별

기원전 5세기 후반경, 프로디코스Prodicus는 이야기를 하나 썼다. 소크라테스와 동시대인으로, 아마도 그의 초기 스승이자 후에는 경쟁자였을 프로디코스는 소피스트Sophist라고 알려진 철학자들의 느슨한 학당에 속해 있었다. 그들을 중상하는 자들의 견해에 따르면 소피스트들은 진실을 위해 논쟁하기보다 논쟁의 대가로 받는 사례금에 더 관심이 많았다고 하는데, 소크라테스는 이 점에 대해 치를 떨었다. 플라톤의 여러 대화편에도 프로디코스가 등장하지만, 대체로 다소 경시조로 묘사되고 있다.

『심포지엄』에서도 예외가 아니다. 대화의 시작 부분에서 에릭시마코스는 모든 손님들에게 에로스를 찬양하는 연설을 하자고 제안하면서, 이는 한때 전설적인 영웅과 신들에게 보냈던 찬사와 같은 것이라고 설명했다. 그러면서 그는 "프로디코스가 그런 것을 아주 유려하게 잘한다"고 덧붙였다. 이는 프로디코스가 썼다고 알려진 유형의 이야기를 말하는 것으로, 그중 가장 유명한 것이 「헤라클레스의 선택The

Choice of Hercules」이라는 문제의 작품이다.[84] 이 칭찬에 가까운 언급에는 다소 가시가 섞여 있다. 에릭시마코스는 소금과 기타 '사소한 것들' 에 대한 찬사 또한 읽었다면서, 프로디코스가 선택한 주제 대상—신화적 영웅들과 옛날 옛적의 신들—이 시대에 뒤떨어진 구태의연한 것일 뿐만 아니라, 근본적으로 대상을 잘못 짚었다는 것을 암시하고 있었기 때문이다. 그는 소크라테스와 플라톤이 생각한 것처럼 당대의 중대사는 사소한 물질의 본질에 대한 것도, 또 신화적 인물들에 관한 것도 아니며 우리를 행복으로 이끌면서 우리의 삶을 형성하는 진정한 힘이라고 생각했다.

플라톤이 프로디코스를 싫어했던 것은 단지 그가 찬양 대상을 잘못 선택했기 때문만은 아니다. 그의 궤변론에서부터 소크라테스와의 경쟁관계에 이르는 여러 가지 이유들이 있을 것이다. 『심포지엄』에서 보이는 가시 섞인 인유가 프로디코스의 등장인물과 찬양 대상을 넘어 「헤라클레스의 선택」까지 연장된다는 가정이 완전히 허황된 것은 아니다. 「헤라클레스의 선택」에 나오는 결정적인 일화는 플라톤과 소크라테스가 타파하려 했던 것에 대한 반대를 담고 있기 때문이다.

그 이야기의 본질에 대해 생각해보자. 젊은 헤라클레스는 자신의 삶에서 아주 중요한 순간에 극단적으로 상반되는 두 여인을 갈림길에서 마주친다. 하나는 순백의 의상을 걸친 순결하고 순수한 '미덕'이고 다른 하나는 창녀 같은 차림에 육감적인 모습이다. 헤라클레스가 다가가자 육감적인 여자가 그에게 달려와 "삶에서 어느 길을 택할지 고민하고 있는 것 같군요. 내 친구가 되세요. 나를 따르면 가장 즐겁고 가장 쉬운 길로 당신을 인도하겠어요. 당신은 인생의 모든 달콤함을 맛볼 것이고, 어떤 역경도 당신을 피해 갈 거예요"라고 말한다. 그가 이름을 묻자, 그녀는 "내 친구들은 나를 행복eudaimonia이라고

⚜「갈림길의 헤라클레스」, 알브레히트 뒤러, 1498~1499년경, 샌프란시스코 미술박물관.

불러요. 하지만 나를 미워하는 사람들 사이에서는 악kakia이라는 별명으로 불리기도 하지요"라고 대답한다.[85] 그녀의 간청을 듣고 난 헤라클레스는 더 험한 길, 피할 수 없는 고난과 고통으로 이끄는 닳아빠진 비극적 길을 향해 돌아선다. 실로 이는 영웅의 과업이다. 미덕은 헤라클레스의 선택에 대한 보상이 될 것이다. 그러나 비극적 전통이라는 고대의 지혜를 지킴으로써, 이 영웅은 행복을 얻지는 못할 것이다. 그것은 스스로 할 수는 없는 것이다.

그가 택한 길은 오늘날에는 별로 찾는 사람이 없는 길이다. 그리고 헤라클레스의 선택이 모든 것을 바꾸었다고 말하고 싶지만, 실제로는 전혀 그렇지 않은 것 같다. 하지만 이 신화적 이야기는 첫 번째 결별을 예시한다는 점에서 주목할 만하다. 즉 향후 수세기 동안 사람들이 따르고 신봉하게 될 주도로에서의 마지막 선회를 예시했던 것이다. 18세기 말, 철학자 이마누엘 칸트가 다시 행복에 근본적으로 반대하며 미덕을 택하기까지, 그 길은 거의 아무도 밟지 않은 길이 되었다. 이미 프로디코스의 시대에 소크라테스와 그 추종자들이 두 길을 하나로 묶어 합치려고 시도했다. 그러나 이후, 행복을 감히 창녀라고 부르는 사람은 거의 없었다. 그리고 행복을 추구하는 것이 자신을 구렁텅이로 빠뜨릴 것이라고 믿는 사람은 더더욱 없었다.

그가 선택한 길의 특색들은 이보다 좀 뒤에 나오는 「피낙스Pinax」 혹은 「타뷸라Tabula」라는 이야기에 더 많이 나온다. 이것은 플라톤의 대화편들에도 등장하며, 종종 소크라테스와 동시대인인 테베의 케베스Cebes라는 사람의 작품으로 간주되지만, 실은 수세기 후에 스토아학파의 영향을 받은 이름 모를 작가가 쓴 것이다. 그 이야기는 순례자들이 새턴 사원에 도착해서 그곳의 벽에 있는 그림의 의미에 대해 지혜로운 늙은 사원지기와 대화하는 순간을 기록하고 있다. 그들은 그 거대한 그림이 잘 사는 삶을 열망하는 사람들의 도정을 묘사한 것임을 알게 된다. 잘못된 길, 감시받는 구역 등으로 꽉 찬 그림은 벽으로 둘러쳐진 동심원들로 이루어졌는데, 각 동심원 안에는 인생의 여러 일탈—재산이나 탐욕, 사치나 비탄, 무지나 방종, 잘못된 교육이나 견해—중의 하나로 인해 그 행로에서 벗어나게 된 남녀들이 기거하고 있다. 가장 안쪽의 동심원이자 모든 덕목의 최고 자리에는 "침착하고 용모가 고운 여인이 틀에 매이지 않으면서도 단순하고 수수한 의상을 차려입고, 성대한 왕관을 쓴 아름다운 모양새로 높은 의자에 앉아 있다."[86] 그녀는 바로 미덕의 여왕인 행복으로, 주위에는 꿋꿋한 불굴의 정신, 정의, 성실, 겸양, 품위, 자유, 절제, 그리고 그녀의 통치를 기꺼이 선택한 용감한 여행자들이 둘러싸고 있다. 프로디코스의 작품과는 더 이상 다를 수가 없을 만큼 확연히 대조적이다. 이 그림에서 행복은 곧 미덕이다. 그녀를 섬기는 데 성공하지 못한 사람들이야말로, 말 그대로 창녀들이다.

「헤라클레스의 선택」이 패배했다는 것은 일면 적절해 보이며, 그것은 적어도 서구의 주요 역사와도 부합하는 듯 보인다. 그 작품은 제목과 단편적 부분들만이 남아 있다. 그러나 「피낙스」는 이와는 대조적이다. 비록 고대의 혼란기에 사방으로 흩어지긴 했지만 적어도 13개의 그리스어 원고가 세월의 풍파를 견디어냈고, 르네상스 시대에 이루어진 고대 원본 연구를 통해 다시 부상했다. 15~16세기의 학자들은 이 작품의 저자가 소크라테스에게서 직접 행복과 미덕을 배웠다고 확신하며 그 이야기를 수없이 많은 유럽어들로 번역했고, 그 과정에서 내용을 가다듬고 기독교적 색채를 덧입혔다. 그 이후 이 작품은 정교한 조각품의 모델로, 그리고 형상과 언어 간의 일치를 보여주는 삽화로 자주 사용되면서 18세기까지 인기를 누렸다.[87]

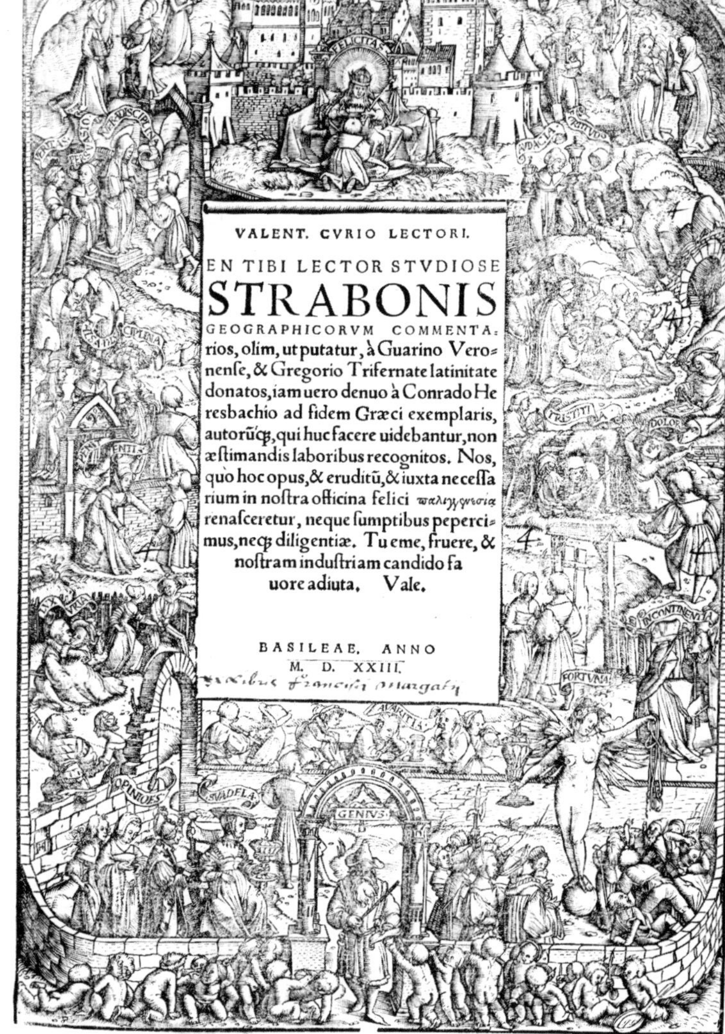

VALENT. CVRIO LECTORI.

EN TIBI LECTOR STVDIOSE

STRABONIS

GEOGRAPHICORVM COMMENTA=
rios, olim, ut putatur, à Guarino Vero=
nense, & Gregorio Trifernate latinitate
donatos, iam uero denuo à Conrado He
resbachio ad fidem Græci exemplaris,
autorũq́ꝫ, qui huc facere uidebantur, non
æstimandis laboribus recognitos. Nos,
quò hoc opus, & eruditũ, & iuxta necessa
rium in nostra officina felici παλιγγενεσίᾳ
renasceretur, neque sumptibus peperci=
mus, neqꝫ diligentiæ. Tu eme, fruere, &
nostram industriam candido fa
uore adiuta. Vale.

BASILEAE. ANNO
M. D. XXIII.

⚜ 1세기의 그리스 지리학자 스트라보의 작품 1523년판 표제지.
테두리는 케베스Cebes의 서자판Tablet을 만든 아들 한스 홀바인 조각.
행복(펠리키타스)이 위에 앉아 군림하고 있음.
바이네케 희귀본 도서관, 예일 대학교.

작자 미상인 이 기록의 승리와 인내는, 전통적 이상의 승리와 인내를 완벽하게 상징하고 있다. 그 출처가 밝혀질 때까지, 그리고 그 이후로도 수세기 동안, 사람들은 당연히 행복에의 길을 택했다. 그들이 그렇게 된 것—즉 자신의 결단으로 행복이라는 목적에 도달할 수 있다는 신념을 갖게 된 것—은 고전 시대가 이루어놓은 최대 업적 중의 하나다. 도로의 분기점은 폐지되었다. 미덕을 갖춘 자, 즉 영웅의 과업은 "살아 있는 자는 아무도 행복하지 않다"라며 자신의 패배를 비극적으로 인정했던 크로이소스처럼, 이제는 더 이상 옆길로 비켜나지 않았다. 영웅의 과업이란 자의로 축복받고 행복을 얻어 신처럼 되어가는 것이었다. 행복은 미덕과 대치되지 않았다. 행복은 미덕의 보상이었다.

이러한 결별과 방향 전환은 의미심장한 것이다. 그러나 그 중요성이 아무리 크다 해도, 그것은 조건부로서이다. 고대 세계에서 행복eudaimonia이라는 단어의 악daimon을 전적으로 무시할 수 있는 인물은 거의 없다. 우리가 아무리 치밀하게 잘 계산하고 준비한다 해도, 이를 무시해버리는 인간사에 있어서의 우연한 또는 신성한 요소, 그 옛날의 비극적 정서는 고통 속의 남녀를 위로할 만큼 충분히 남아 있었다. 이제 비로소 행복이 가능한 것이 되었다 해도, 그 성취는 아직도 흔치 않은 힘든 것이었다.

뒤에서 보겠지만, 인간은 18세기에 이르러서야 비로소 행복에 대한 전적인 책임을 스스로에게 부과하기 시작했다. 즉 신과 운명 모두를 옆으로 밀쳐내고, 우리가 오랫동안 불가항력의 힘에 행복을 묶어놨던 끈들을 잘라버린 것이다. 아마도 고대인들이 스스로 자랑스러워한 불굴의 정신을 지탱하고, 특히 현대적인 걱정으로부터 자신을 보호할 수 있었던 것은 바로 행복의 총체적 짐을 지는 것을 거부(아마

할 수 없었던 것이겠지만)한 덕분이었을 것이다. 즉 고대인들은 원래의 고통뿐만 아니라 행복하지 못하다는 것 때문에 고통받는 자들에게 우리가 지우는 짐, 별나게도 현대적인 그 의무로부터 자신들을 해방시켰던 것이다. 예수 사후 몇 세기 동안 초기의 선교사들이 발견하게 되듯, 다소 일반적인 형태로서의 죄책감이란 고대인들도 결코 면역되지 않았던 유혹이었다. 그렇지만 고대인들이 이런 형태의 죄책감을 함양했는지는 의문스럽다.

대략 200년이라는 시간—기원전 5세기 중반에서 기원전 3세기 중반까지—을 두고 고대 그리스의 철학자들은 인간의 행복에 대한 생각을 목적의 위계 속 특별한 지위에 올려놓았다. 이는 다시 로마인들에게 수용되었고, 서구에서는 실제로 어떤 도전도 받지 않으며 예수의 시대까지 그 자리를 계속 고수해왔다. 물론 그리스인이나 로마인 모두 행복에 이르는 수단에 대해서는 논란이 분분했다. 그러나 우리가 보았듯이 고대의 사고에서 가장 강력한 조류—아테네의 그 위대한 학당 네 곳—는 모두 본질적인 가정을 공유했다. 즉 행복은 주관적 상태라기보다는 객관적 상태이며, 순간에 평가되는 것이 아니라 인생 전반을 두고 평가된다는 것이다. 행복은 느낌의 작용이라기보다는 이성적 전개로서, 미덕의 보상이자 균형 잡힌 정신의 조화이다. 물론 거기에는 쾌락이 동반될 수도 있지만, 전체적으로 관능적 향락에 대해서는 에피쿠로스조차 회의적이어서 노골적인 경멸의 시각을 드러냈다. 부단한 노력의 산물인 행복은 항상 이성적으로 수행되는 고된 작업과 원칙을 요구했다. 따라서 고대인들에게 행복의 성취란 엄청나게 어려운 일이었지만, 또 한편으로는 인간 삶의 당연한 목적인目的因으로 간주되었다.

2천 년이란 시간을 뛰어넘은 시점에서 이러한 고전 시대의 개념들을 돌아보면서 우리는 어느 정도의 가정假定을 피할 수 없으며, 따라서 그것들을 제대로 보지는 못한다. 어쩌면 쾌락에 대한 아테네 학파들의 의구심—부질없는 감정보다 더 높은 목적을 추구하고자 열정을 다스리려 했던 그들의 노력—은 많은 사람들에게 기이하게 보일 것이다. 행복을 좋은 실존으로 보기보다는 그저 기분 좋은 상태로 여기는 현대인들은, 조금의 미소조차 띠지 않는 이 이성적인 행복에 대해 무언가 거리감이 있고, 잡히지 않으며 쌀쌀맞기까지 하다고 생각하기 쉽다.

분명하게 볼 수 없다는 것은 우리가 지니고 있는 가정의 한계를 반영하는 거울일지도 모른다. 그러나 이러한 명증성의 결여가 단지 시대의 변화에서 오는 결과인지에 대해 의문을 가져볼 필요도 있다. 고대인들은 자신들의 지고의 목적을 위해 고군분투하지 않았을까? 물론 그들은 인간의 행복에 대해 강조한다. 그러나 고대인들은 행복한 상태를 초월자에 비유하면서 거듭 신들에 대한 유추에 기대곤 했다. 에피쿠로스는 행복한 사람이란 "사멸하는 존재와는 다르다"고 확언하면서 "그대는 인간 사이에서 신으로 살게 될 것이다"라고 약속한다.[88] 소크라테스나 플라톤과 마찬가지로 아리스토텔레스에게도 행복한 삶은 "신 같은 삶"이고 "인간의 수준보다 월등한" 것이다. 따라서 단지 사멸해버리는 존재에 불과한 인간은 행복한 삶을 성취하는 것은 고사하고 그것에 대해 생각한다는 것조차 매우 어렵다.

시계視界 너머, 수평선 위에는 흐릿하게 가물거리는 행복이 언제나 유혹의 손길을 멈추지 않고 있었다. 그러나 고전 시대 학당의 세련된 분위기 안에서 많은 사람들이 자신의 시야에서 그것을 놓치거나 길을 잃었고, 한편 그 밖의 수많은 사람들에게는 전혀 허용조차 되지 않았다. 이렇게 폐쇄적인 성소 너머, 인생의 굽이진 길 위에 남겨져 방황하면서, 그들은 할 수 있는 한 어디에서든 행복을 탐구하기 시작했으며, 마침내 신의 면전에서 그것을 되찾았다.

영원한 지복

Perpetual Felicity

Hic Habitat Felicitas. 이곳에 행복이 거주하도다. 이를 풀이하는 형상과 마찬가지로, 이 문장도 잘 보존되어 있다. 붉은색 석회화石灰華에 새겨져 폼페이의 빵가게 벽에 걸려 있는 이 표지판은, 서기 79년에 도시를 삼켜버린 베수비오 화산의 폭발로 수세기 동안 잿더미 속에 묻혀 있었다.[1] 이 표지판은 비록 고결한 행복이란 손에 잘 잡히지 않는 것이지만 여러 시대의 많은 사람들은 지복을 좀 더 가까운 실체에서 찾으려 했다는 사실을 나타낸다.

로마. 그 이름은 바로 권력과 번영, 영광과 장엄, 세속적 통치권과 힘을 반영한다. 물론 강력한 국경 수비나 희생정신과 같은 규율에 대해서도 강한 함축성을 내포한다. 기원전 6세기 말에는 이탈리아 중심부에 위치한 작은 공화국에 불과했던 로마의 국경은 예수 시대에는 전 세계로 뻗어나갔다. 물론 한편으로는 퇴폐적인 의미를 암시하기도 한다. 자신이 통치하는 로마가 불타는 와중에 현악기 줄을 튕기

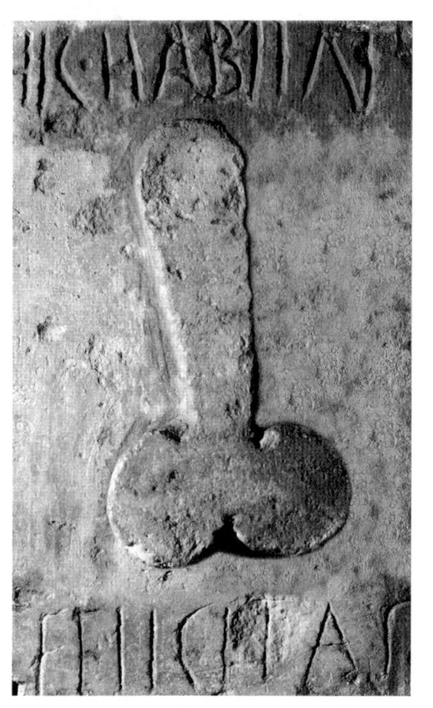

⚜ '여기 행복이 거하나니', 국립 고고학 박물관, 나폴리.

고 있었다는 우화로 유명한 네로, 원형경기장에서 넘쳐나는 야유, 칼리굴라의 분노, 음식을 즐기기 위해 식사와 구토를 반복했다는 귀족층의 일화. 그러나 이 두 극단 사이의 어딘가에, 그 사이를 관통하는 단순한 만족이라는 중도가 있다. 즉 로마인들이 누렸던 삶의 안락에서 오는 기쁨과 존재의 기본적 쾌락은, 그렇게나 직설적으로, 또 그리도 태연자약하게 페니스를 그려냈던 것이다.

로마인들이 남근상이라 말하는 파시눔fascinum은 번영, 풍요, 권력, 행운의 상징이었다. 후에 말발굽이 그랬던 것처럼, 남근상도 적어도 기원전 2세기경부터는 상당수의 로마 건축물 입구를 장식하면서 선사, 초대 그리고 액운을 쫓아내는 역할을 했다. 또 한편으로는 단순하지만 기본적인 존재의 결실들—안전, 울타리, 다산多産—을 부르는 역할도 했다. 파시눔은 '펠리키타스felicitas' 라는 단어와 직접적인 연관이 있는데, 이 단어는 펠릭스felix—행운, 운 좋은, 또는 성공적임을 의미함—에서 곧바로 파생하지만, 그 말의 본질적인 의미는 '풍요' 였다.[2] 풍작과 긴밀히 연관되어 있는 펠리키타스는 생명을 부여하는 힘의 현존을 암시한다. 즉 밖으로 뻗어나가고, 타자에 의해 흡수되기도 하며, 또 빨아들여질 수도 있는 식물, 사람 혹은 물체 특유의

디나미스dynamis이다. 아르보레스 펠리케스(Arbores felices: '행복한 나무들', 즉 행운의 나무들)는 풍요와 성장을 촉진하기 위해 대개 다산의 의식에 녹아들어갔다. 그리고 로마인들의 결혼식에서 하객들은 결혼 당사자들에게 행운과 다산, 행복과 성공을 뜻하는 '펠리키테르Feliciter' 또는 '펠리키아Felicia'를 외치며 축하했다.

이와 유사한 이야기로, 플루타르크Plutarch는 아름다운 요부 발레리아Valeria에 관한 이야기를 자세히 설명하고 있다. 그녀는 극장에서 로마 장군 실라 펠릭스Sylla Felix를 지나치면서 그에게 손을 얹고 "나도 그대의 지복에 함께하길 바라나이다"라고 말했다.[3] 마치 동물적 자성磁性처럼, 실라의 펠리키타스—그의 성욕, 행운, 전장에서의 무용—는 활력과 소통력으로 나타났다. 발레리아는 후에 그 유명한 장군과 동침하여 지복의 원천에 가까이 다가가려 했는데, 이는 마치 베르나르도 베르톨루치Bernardo Bertolucci의 영화 「파리에서의 마지막 탱고The Last Tango in Paris」에서 말론 브랜도가 한 유명한 말, "당신의 행복happiness은 내 페니스의 요행happenis이다"를 떠올리게 한다. 아마 실라도 이 말을 했음직하다. 그런 연관이 모순되는 것은 아니었을 것이다.

지복과 다산 간의 직접적 연관을 즐기며, 폼페이의 페니스는 이렇게 서기 1세기에 이 빵가게에 완벽하게 자리를 잡고서 빵과 그 밖의 모든 살아 있는 것들에게, 일어나 삶을 충만하게 하라고 말하고 있었다. 현대인들의 눈에는 좀 충격적으로 보일 수도 있겠지만, 파시눔과 행복의 연계—풍요, 행운, 출산 그리고 권력—는 고대 세계에서는 흔한 것이었다. 서사 시대의 그리스인들은 올비오스 또는 마카리오스한 사람들을 유타키아(eutychia: 행운, 라틴어 펠리키타스의 그리스어 직역)에 있어서뿐만 아니라, 이 세상 모든 것에서도 풍족한 모습으로 묘사하고 있다. 이런 전례들 때문에 아리스토텔레스는 사람들이 일상적인 표현으로 생각하는 '행복에서 얻고자 하는 요점들'의 목록에 부, 안전, 자손의 융성, 행운과 같은 여러 표상들을 포함시켰다. 상대적으로 이상향을 지향하던 플라톤조차도 에로스와 유다이모니아, 즉 행복과의 강력한 유대성을 이해했고 그 외의 많은 종교적, 철학적 전통에서도 이러한 연관은 흔한 것이었다.

그렇지만 펠리키타스에 대한 로마인들의 개념은 세속적 쾌락과 권력이 신들의 은총을 보여주는 징표라는 솔직한 공언, 즉 특별하리만큼 직설적 표현이라는 점에서 주목할 만하다. 공화제 후기와 제국의 초기—로마가 한창 번성하고 그 지배권이 최고조에 달하고 있던 시기—에는 이런 표현이 한층 더 대담해졌다. 펠리키타스는 여신으로서 직접적인 숭배의 대상이 되었다.[4] 기원전 151년에서 기원전 150년에 걸쳐, 부유한 관리였던 C. 리키니우스 루쿨루스C. Licinius Lucullus는 캐피톨린과 팔라틴 언덕 사이에 있는 벨라브룸 계곡에 펠리키타스 여신을 위한 신전을 지었다. 그의 손자인 로마 집정관 L. 리키니우스 루쿨루스L. Licinius Lucullus는 그 사원을 상당히 확장했고, 기원전 44년에는 율리우스 카이사르Julius Caesar가 로마 원로원의 회의장인 쿠리아 호스틸리아 부근에 또 하나의 신전 건축을 허가하여 펠리키타스가 권력에 가까이 있다는 것을 부각시켰다.[5] 여신을 기리기 위해 펠리키타스 페스티벌이라는 공식적인 축일과 희생제도 정기적으로 개최되었다.[6] 그리고 서기 1세기 갈바Galba의 통치기간에는 펠리키타스가 펠리키타스 템포룸(Felicitas Temporum : '시대의 지복') 또는 펠리키타스 푸블리카(Felicitas Publica : '공공 번영')로서, 로마 주화의 뒷면에 등장해 앞면의 황제상과 쌍을 이루었다. 뱀이 휘감고 있는 지팡이는 그녀의 징표로서 평화를 상징하고, 수확한 과일로 넘쳐

⚜ 한 면에 베스파시아누스 황제(재위 69~79)의 얼굴을 실은 동전의 이면에 있는 펠리키타스 템포룸, 영국 박물관.

나는 원추형으로 된 풍요의 뿔은 자비를 상징한다. 여신은 이러한 이미지로 곳곳에 유포되었다. 부와 행운, 평화와 안전, 자궁의 다산, 그리고 평원의 풍작을 발산하며 펠리키타스는 로마제국의 비호 아래 공공 권력과 사적인 번영을 하나로 통합시켰다.

펠리키타스에 대한 이러한 숭배가 세속적인 도시에서의 로마인들의 편안함—세속적인 것들에 대한 거침없는 만족—을 시사한다고 해서, 그 안락이 전혀 도전도 없고 평탄하기만 하다고 생각해서는 안 될 것이다. 기원전 2세기, 로마가 그리스를 정복하기 이전부터 로마인들은 플라톤, 아리스토텔레스, 에피쿠로스, 스토아 등 여러 학파들의 가르침을 수용했고 그들의 고전 시대 형제인 그리스인들을 매우 존경했다. 로마가톨릭의 복사服事들과 키케로, 세네카 그리고 루크레티우스 같은 혁신적인 계승자들이 이 가르침을 심어준 후에, 지고한 행복에 관한 그리스인들의 생각은 쾌락이 주는 만족감과 일상의 즐거움이 목표를 이루게 하는 효과에 대해 끊임없이 의문을 제기했다. 소크라테스가 진정한 행복이란 심포지엄에서와 같은 천박한 쾌락주의 너머에 있다고 생각하게 된 것과 같은 의문이 로마인들을 자극하면서, 그들은 로마가 갖고 있는 모든 것이 자신들이 욕망하는 것을 주기

⚜ 한 면에 하드리아누스 황제(재위 117~138)의 얼굴을 실은 동전의 이면에 있는 앉은 모습의 펠리키타스 푸블리카, 영국 박물관.

에 충분한지 질문하게 된다.

이러한 관점에서 그리스의 유산은 의심의 여지 없이 중요하다. 그것은 이미 가지고 있는 것에 편안히 만족하며 안주하기를 거부하는 인간의 욕망을 키운다. 그러나 과도한 소유로 인한 과잉의 광경 또한 중요한 의미를 가지는데 기원전 1세기에 이미 그러한 상황이 확연히 나타나면서 로마의 번영에는 불길한 예감이 감돈다.

호라티우스Horace는 "재화가 쌓이면 쌓일수록 그 탐욕도 커져가고, 탐욕의 걱정거리 또한 늘어만 가나니"라고 고찰했다.[7] 그는 베르길리우스Virgil와 함께 로마의 시인들 중 가장 위대한 인물이었다. 예수 이전의 그 주목할 만한 기원전 1세기, 좀 더 단순했던 시절에 대한 동경과 회한이 시대의 분위기였던 당시에 그가 명성을 떨치게 된 것도 우연만은 아니었다. 전례가 없던 물질적 풍요, 공화정의 몰락, 그리고 기원전 44년 카이사르 사후에 발발한 내란의 와중에, 그는 아우구스투스 치세의 당대에서 한때 로마인들을 강인하게 만들었다고 믿었던 평범한 특질, 즉 자신이 '소박한 삶의 미덕' 이라고 불렀던 시대를 되돌아보게 되었다.[8] 그것들은 지금이라도, 대도시와 그 속의 퇴폐적 향락에서도 키워낼 수 있을 것이다.

걱정 근심 없이,
예전 사람들처럼 자신이 만든 도끼로
여전히 아버지의 들판에서 경작하며,
아무런 부채도 없는 사람은 행복할지어다.[9]

정직하고, 근면하고, 자립적이고, 강인한 것은 행복한 농부이며 그가 바로 호라티우스가 말한 복된 자였다. 이는 평온한 존엄성과 명예를 유지하며 농토를 일구고 정원을 가꾸는 외로운 은둔자 농부를 일컫는다. 그는 소박하고 정직한 것에서 소박하고 정직한 기쁨을 이끌어낸다. 긴밀한 우정과 온화한 대화, 건강에 좋은 노동과 땀, 자연이 안겨주는 위로의 기쁨, 포도주 한 방울 등이 그러한 기쁨이다. 그는 자신의 삶이 절대로 그냥 주어진 게 아니라고 여기며, 오늘 여기 있는 것이 내일이면 사라질 수도 있다고 생각한다. "항상 반전을 생각하라. 어려울 때는 희망을 품고, 만사형통일 때는 경계심을 가져라."[10] 또한 그는 과도함을 삼간다. "중도의 선택이 최상이다."[11] 그리고 항상 자신이 가진 것에 만족한다. "세상에 가득 쌓인 보물에 전혀 동요하지 않고 바라볼 수 있는 자만이 행복하며, 그의 왕관 또한 가장 굳건히 씌워져 있다."[12] 무엇보다도 그는 자신의 매일 매일을 마치 삶의 마지막 날처럼 충만하게 산다. "그러니 나의 친애하는 이여, 아직 시간이 있을 때 삶의 좋은 것들을 즐기고, 그대가 살아갈 날들이 얼마 남지 않았음을 결코 잊지 말지어다."[13] 그 유명한 존 드라이든John Dryden의 번역을 보자.

오늘을 자신의 날이라고 할 수 있는
자만이 오로지 행복한 자이리.

내적으로 확신에 찬 자는 말할 수 있으리.

내일은 최악이리라, 왜냐하면 오늘을 살았으니.[14)]

현재를 즐기라Carpe diem. 오늘을 잡아라. 삶의 과실에서 주스를 짜내라.

스토아적 미덕과 자족을 공화적 순결, 에피쿠로스적 분별, 그리고 아리스토텔레스의 중용에 대한 보편적 선호와 혼합한 호라티우스의 조언들은 고전 시대에서 전수傳受된 이상을 느슨하게 끌어들이고 있다. 이는 고대 제학파의 가르침을 취사선택하는 로마인들의 거리낌 없는 모습과 그들의 절충주의를 보여주는 것이기도 하다. 그러나 이는 또한 로마인들의 특성이라는 근본적 가치가 상실되어간다는 우려를 반영한다. 이렇게, 호라티우스는 로마 교외에 있는 사빈Sabine 농장이라는 자신의 오아시스로 다시 돌아간다. 그는 이를 자연으로의 필연적 회귀이자 로마인의 본질적 회귀라고 생각하면서 극적으로 표현한다.

내가 기원하는 바는 이렇다. 그리 크지 않은 대지에 정원이 있고, 근처에는 결코 마르지 않는 샘이, 그리고 이를 둘러 아우르는 작은 수풀이 있는 것이다. 이 모든 것 그리고 그 이상도 모두 신들이 부여한 것일진대, 그뿐이다. 오, 마이아Maia의 아들이시여, 단지 그대가 이 축복이 지속되게 해주기를 바랄 뿐 그 외에는 아무것도 요구하지 않소이다.[15)]

여기에서 행복한 사람은 자신의 뜻대로 할 수 있는 처지이다. 그는 기분이 좋고 요구사항도 거의 없으며, 완전한 고결함을 지녔다. 그는 자신이 자연에 의해 형성된 것처럼 자연을 형성해가며, 순수와 참다운 삶, 그리고 겸허한 인간성을 발산한다.

나로 말하자면, 정원에서 거둔
치커리와 당아욱 그리고 작은 올리브 나무에서 따온
올리브로 간결한 식사를 한다.

아폴로는 내가 필히 가져야 할 것으로서
내가 가진 것에 만족하도록,

그리고 내 일을 하면서 심신의 건강과 더불어 보내는
명예로운 노년을 내게 하사하네.[16)]

리비우스Livy에 의해 영원히 이름을 남기게 된, 도랑을 파서 일구는 고결한 킨키나투스Cincinnatus처럼, 호라티우스의 행복한 농부는 로마 시대에 널리 공유된 이상향을 구현하고 있다. 즉 전원의 명상적인 삶이 주는 평화로움, 독립, 순수 등의 목가적 즐거움과 시골에 은둔하고 싶은 욕망을 불러일으키는 곳이다. 이러한 이상향은 키케로가 지방 거주지 투스쿨룸Tusculum에서 했던 명상에서도 얼핏 엿보이며, 또 마르쿠스 카토Marcus Cato나 마르쿠스 바로Marcus Varro가 각각 『농경*Agri Cultura*』 혹은 『시골 일*Rerum Rusticarum*』에서 전원생활에 대해 반추하는 모습에서도 어른거린다. 그것은 아주 매혹적인 이상향이었으므로 수세기 동안 서구 전원시가의 배경이 되었다. 제퍼슨 같은 식민자, 영국 시골 신사, 그리고 이루 헤아릴 수 없이 많은 그 밖의 세속적인 만족의 구현에서도 그 배경이 되었다.

그러나 바로 이 전원시적인 풍경은 또한 도피주의적인 환상이나 사라진 (또는 기대되는) 황금시대의 나태한 꿈속으로 급속히 뒷걸음질 칠 수도 있다. 호라티우스도 어떤 순간에는 그 경계선을 넘을 수 있다.

> 자, 이제 축복의 들판과 풍요의 섬을 찾아 나서자.
> 그곳에서는 해마다 경작하지 않은 대지에서 곡물이 나고,
> 손질하지 않은 넝쿨에서 결코 꽃이 끊이지 않고 피어나며,
> 올리브의 모든 싹이 잘 자라 과실을 맺고,
> 접목하지 않은 거무스름한 무화과는 스스로 아름다움을 발산한다.[17]

베르길리우스는 한 발 더 나아가, 「농경시Georgics」를 비롯한 다른 작품들에서 시골에서 은둔하는 생활의 목가적인 환상과 무한한 풍요에 빠져든다.

> 오, 가늠할 수 없을 정도로 행복한 농부여, 그들에게는 오직 축복만이 있구나! 권력을 다투지 않는 그들을 위해, 정의의 대지는 그들이 요구하지 않아도 쉬이 살아갈 수 있도록 땅의 결실을 발산해주는구나……. 널찍한 토지의 평화로움, 동굴, 그리고 자연이 만들어낸 호수와 시원한 골짜기, 소의 울음 소리, 나무 아래에서의 쾌적한 단잠, 이 모든 풍요로움이 그들의 것이도다. 숲 속의 빈터와 늘 뛰노는 장소도 이들의 것이니, 이들은 고생에 익숙하고 근면하게 노력하는 젊음, 신들에 대한 경배와 노인에 대한 존경을 소유한 자들이라. 정의의 여신은 지구를 떠날 때 마지막 발자취를 그들에게 남겼나니……. 자연의 섭리를 잘 배운 자, 그자야말로 바로 행복한 자로다.[18]

상상 속의 황금시대를 이렇게 낭만화한 시각은 그 자체로서 순진무구하기도 하지만, 또한 금박이 입혀지긴 했으나 분명 황금은 아니었던 현실에 대한 심각한 불만을 나타내는 것이기도 하다. 호라티우스와 베르길리우스는 부유한 후원자 마에케나스Maecenas의 후의라는 혜택과 아우구스투스 황제의 표창에 흠뻑 젖었을 것이다. 그러나 그들이 시골의 은둔에서 세속의 도시로 눈을 돌렸을 때는 비탄할 만한 것들이 도처에 산재해 있었다. 호라티우스는 "질시 어린 탐욕으로 인해, 행복한 삶을 살았노라고 말할 수 있는 사람은 거의 없다"고 말한다.[19] 폭음, 폭식, 방탕, 욕정 그리고 시기. "따라서 행복한 삶을 살았다고 얘기하며, 자신의 종말이 다가왔을 때 마치 양껏 즐긴 초대객처럼 만족스럽게 세상을 떠날 수 있을 만한 사람은 거의 찾아보기 힘들다."[20]

자제 없는 열정에 의해 통치된 시대의 이미지는 목가적 상상력의 극치인 전원생활의 정경과는 정반대이다. 시골이 오아시스였다면 도시는 타락한 곳이었다. 어쨌든 이런 것은 전통적인 공화주의자들로부터 18세기까지 이어져 내려온 그들의 모방자들, 현대의 기독교인들, 그리고 무신앙인들의 곡해에 대한 기록자들에 이르기까지 수많은 사람들이 계승하게 될 이미지였다. 그들은 모두 로마의 도덕적 퇴락의 기록에서, 인간의 도시가 스스로를 고발하고 있다는 것을 읽었다.

그러나 만약 로마인들이 행복한 중용에서의 일탈을 스스로 깨달았다고 본다면, 진정한 행복을 향한 도정에서 결별한 무신앙인들을 가장 혹독하게 비난했던 것은 바로 기독교 논객들이었다. 호라티우스가 소박한 시골의 즐거움이란 이미지와 로마인의 진정한 펠리키타스가 무엇일까라는 문제로 자신의 시대와 대면했던 반면, 기독교인들은 세속적인 만족과 흡족함이라는 우상을 맹렬히 공격했다. 후에 아우구스투스는 고전 시대의 행복에의 권리와 로마 시대의 펠리키타스 숭배를 비웃으며 "만약 이교도의 서적과 의식이 진실한 것이고 펠리시티가 여신이라면, 그 여신이 모든 축복을 내릴 수 있고, 또 경제적인 방법으로 인간에게 행복을 가져다줄 수 있을 텐데, 왜 그 여신만을 숭배하도록 확립되지 못했을까?"라며 의문을 제기한다.[21)]

이 수사적인 미사여구는 시사하는 바가 있다. 곧 보겠지만 기독교 논객들은 목적을 양보해버리고 오직 방법에 대해서만 논쟁했다. 로마인들이 자신들의 잘못된 가짜 신들을 포기하지 않으려는 것에서 기독교 논객들은 로마인들의 고집 센 무지를 읽었을 뿐만 아니라, 모든 사람들과 마찬가지로 그들이 진정 바라는 것을 주기에는 펠리키타스가 확실히 부족하다는 것 또한 간파했다. "만약 신으로서 펠리시티를 경배하면서, 그 지복(펠리시티)의 부여자인 유일신을 멀리한다면 어떻게 불행을 피할 수가 있단 말인가?"라는 것이 아우구스투스의 주장이었다. "진짜 빵을 가지고 그걸 주려는 사람에게 빵을 구걸하는 대신, 그림 속의 빵을 핥으며 기아에서 벗어날 수 있을까?"[22)] 가짜 빵은 바로 이교도가 권하는 것이다. 그 빵은 폼페이에 내걸린 자랑스러운 페니스의 약속에도 불구하고 결코 삶으로 충만하여 꼿꼿이 일어나지 못한다. 그것은 죽음의 위력과 함께 가라앉으며 영혼을 기아로 내몬다. 인간은 단지 빵만으로 살 수는 없다는 깨우침 속에서, 오직 기독교만이 인간의 진정한 허기를 충족시킬 수 있는 것이다. 덧없는 일시적 행복 대신 영원한 지복을 추구하고자 하는 사람들에게, 예수의 몸은 신들 같은 삶을 영위하고픈 이들의 오직 하나뿐인 진정한 만나manna, 즉 마음의 양식이었다.

주의 길을 따라서

서기 203년에 현재의 튀니지에 해당하는 카르타고에서 젊은 북아프리카 여인이 로마 병사들에 의해 구속되었다. 좋은 집안에서 태어나 훌륭한 교육을 받고 결혼해서 한 아이를 낳아 기르던 22살의 비비아 페르페투아Vibia Perpetua는, 바로 그 전해에 로마 황제 셉티무스 세베루스Septimus Severus가 공포한 기독교 개종 금지법을 위반한 죄로 고발되었다. 아직 세례도 받지 않은 예비 신자였던 그녀와 그녀의 하녀 펠리키타스Felicitas를 포함한 소그룹 동지들은, 구속 중에 완전한 신자가 되었고 종교적인 의식을 통해 서둘러 스스로를 정화하고는 곧바로 들이닥친 비명非命의 최후를 맞이했다. 현재까지 알려진 바로는 그들은 3월 7일, 당시 세베루스의 아들 게타Geta의 생일 축제일에 야유하는 군중들 앞에서 맹수에게 물어뜯기고, 맞고, 칼에 찔려 살해되었다. 신비로운 경험의 상징인 예수의 육신 속으로 받아들여진 바로 그 순간에, 그들의 육신은 그렇게 이교도의 쾌감을 위한 먹이가 되었다.[23)]

유대인에게 그랬던 것처럼 기독교인들에 대한 박해도 3세기 초의 로마제국에서는 전혀 새로운 것이 아니었다. 서기 30년경 예수가 사망한 이래, 그의 이름을 딴 새로운 신앙의 엄청난 출현은 로마제국 전역에서 의혹을 유발했고, 리옹, 로마 그리고 소아시아에서까지 박해에 박차를 가하게 만들었다. 그러나 세베루스가 시작한 박해는 제국 전체의 차원에서 가해진 최초의 사례들 중 하나이자, 이제 막 평화롭게 태동하는 기독교 공동체가 북아프리카에서 맞닥뜨린 첫 타격의 하나였다.[24)] 이런 점에서, 카르타고의 축제에서 벌어진 학살은 일종의 불길한 선례처럼 되어버렸다. 그 사건은 다음 세기까지 산발적으로 이어지는 조율된 폭력의 물결을 일으키며, 마침내 303년 디오클레티아누스Diocletianus 황제의 대학살에서 절정에 이른다.

동시에 그들은 혁신적인 신앙의 놀라운 강인함을 이교도들에게 직접 보여주었다. 3월의 그 특별한 날 그곳에 모인 군중 대다수는 의심의 여지 없이 예의 그 피 흘리는 스포츠를 관전했지만, 누구도 게타의 생일 축제일에 벌어질 법한 광경을 본 것은 아닐 것이다. 직접 목격했던 증언자에 의하면, 페르페투아와 그녀의 동지들은 "마치 천국에라도 들어가는 것처럼 침착한 표정으로, 혹시라도 떨었다면 두려워서가 아니라 오히려 환희에 넘쳐 떨며" 감옥에서 원형극장으로 즐겁게 걸어 나왔다. 채찍질과 조소가 쏟아졌지만 "그들은 주님의 고통에 참여했다는 것에 기뻐하고 있었다."[25] 그리고 박해당하고 욕설을 들을 때도 분명히 즐거워했다. 그들은 고통 속에서 기뻐하는 것처럼 보일 정도로 성심껏 자신들의 시련을 감내하며 두 팔을 벌려 죽음을 맞아들였다. 모든 이들의 말에 따르면, 관중들은 그 광경을 이해할 수 없었다. 그런 것을 전혀 보지 못했던 그들의 반응으로서는 당연한 것이었다. 아프리카의 어느 봄날 먼지와 피비린내 속에서 그들이 지켜보고 있던 것은, 바로 인간의 행복에 대한 본질적으로 새로운 비전이었기 때문이다.

고통에 대한 초기의 말씀에 몰두했기 때문에, 기독교는 곧바로 행복에 관심을 쏟으라고는 할 수 없었다. 결국 그것은 '슬픔의 숭배' 로 묘사되어왔던 전통으로서, 그 최초의 상징은 고문 도구였다.[26] 이런 사실에도 불구하고 신앙의 전개와 수용에서 행복에의 약속은 절대적으로 중심에 놓여 있다. 서기 50년 초쯤에 사도 바울은 코린트에 있는 동지에게 "우리는 사기꾼 취급을 받고 있다. 그러나 우리는 진실하다. (…) 비탄에 잠긴 것처럼 보이지만 항상 즐거워하고 있다"라고 쓰고 있다.[27] 실제로 이는 초기 기독교인들의 경험에서 중심적인 역설이었다. 예수의 메시지인 '복음'은 분명 고통을 통한 속죄, 즉 고통을 통해 여태껏 알려진 그 어떤 것과도 다른 영원한 지복에 이른다는 약속이었다. 예수가 자주했던 "기뻐하라, 그러면 즐거우리니"라는 말을 떠올린다면, 이 새로운 종교 신앙의 호소력이 그 창시자의 희생에 동참하는 것만은 아님을 쉽게 이해할 수 있다.

복음서에 기록된 예수의 약속에 나타난 본질에 대해 생각해보자. 특히 「마태복음」과 「누가복음」에 수록된 산상수훈과 평야수훈에 나타난 것을 보기로 하자. 많은 학자들의 논쟁이 있기는 하지만, 대략 서기 80~90년에 정립된 각 수훈들은 '지복'이나 축복 같은 말들의 연속으로 시작되고 있다. 이런 형식은 아주 고색창연한 것으로, 그런 말들로 시작되는 그리스어의 불가타역譯 성서에서 유래했다. 라틴어 베아티beati, 그리스어 마카리오스makarios 같은 용어는 종종 '축복받은'이라는 뜻으로 이해된다. 그러나 이것들은 '행복한'이라는 의미에도 잘 부합하며, 실제로 프랑스어 번역에서는 고대 프랑스어 'heur'(운: 주로 문어적 표현—옮긴이)에서 나온 'heureux(행복한)'가 경전에 사용되고 있다. 더 의미심장한 것은 원래 그리스어 용어 자체가, 우리가 본 것처럼 플라톤과 아리스토텔레스 등 고전 시대 작가들이 '행복한' 또는 '축복받은'이라는 뜻으로 사용했던 단어라는 것이다. 사실상 '유다이몬'과 서로 맞바꾸어 사용할 수 있는 '마카리오스'는, 점차 조금 더 고상한 의미가 덧붙여지긴 했지만 서로 거의 동의어로 사용되었다.[28] 어떤 경우에서든 1세기에 고전 교육을 받았던 독자들은 그 단어와 그리스 철학의 전통을 자연스럽게 연관시켰다.

그러나 그보다 더 직접적으로 관련된 예는, 기원전 2세기에 구약성서의 그리스어 번역본인 『70인역 성서』에서, 고대 헤브라이어인

'애셔asher' 또는 '애쉬레ashrê'를 대신할 적합한 용어를 찾을 때, 그리스화된 유대인들이 택한 단어 역시 '마카리오스'였다는 점이다. '행복한' 또는 '축복받은'이라는 뜻의 애셔는 헤브라이어에서 지복이라는 뜻인 '애쉬렐Ashrel'에서 사용된 용어로, 구약 성서의 여러 편에 산재해 있다.* 그중에 몇 가지를 보기로 하자. "행복하여라! 악인들의 뜻에 따라 걷지 않고" "죄인들의 길에 들지 않으며…… 오히려 주님의 가르침을 좋아하고"(「시편」 1:1–2), 또 "행복하여라, 그 길이 온전한 이들, 주님의 가르침을 따라 걷는 이들!"(「시편」 119:1)

이 예들을 보면 행복으로의 첫 걸음은 걸음 그 자체이다. 그 연관성은 단지 우연 또는 말장난 이상으로 보인다. 많은 사전 편찬자들은 '애셔'는 'sr이라는 어근에서 비롯된 것으로 (우가리트어와 아랍어의 'tr에 해당), '가다' '곧게 가다' '전진하다' 등의 의미를 지니고 있다고 본다. 혹자들은 '똑바르다'라는 의미로 ysr이라는, 약간 다른 어근을 갖고 있다고 보기도 한다.[29] 셈어족의 역사와 진화로 미루어볼 때, 이런 식의 어원학이 불가피하게 위험하다 해도, asher와 그 변형어들이 구조가 아니라 의미에서 볼 때에도, 점차적으로 이 두 어근에 가장 가까운 의미들을 갖게 되었다는 점은 분명하다. 이 용어의 변형들이 구약 성서에서는 명사 '스텝(걸음)'과 똑같은 의미로 사용된다. 즉 시편의 작자는 "계명의 길을 저는 꿋꿋이 걷고, 당신 길에서 제 발걸음 비틀거리지 않았습니다"(「시편」 17:5)라고 쓰면서, "행복하여라 (…) 주님의 가르침을 따라 걷는 이들"이라며 지복에 특별한 관심을 나타내고 있다.[30] 여기서 걷는 자—전진하는 자—는 하나님의 계명을 추구

* 'Asher(행복한)'는 이스라엘 12부족 중 한 부족의 시조 이름이기도 하다. 그는 야곱과 하녀 질파(Zilpah) 사이에서 낳은 아들로, 그가 태어날 때 그의 어머니는 "나는 행복하도다"라고 외쳤다(「창세기」 30: 12–13). 이는 아세라(Asherah)가 가나안의 풍요의 여신이라는 점에서도 더욱 연관성이 있어 보인다.

하는 데 있어서도 역시 똑바르고 꿋꿋하다.

그러나 다리를 절거나 장애가 있는 사람을 제외하면 다른 사람보다 한 발 앞섰다는 것이 행복과는 본질적으로 별 상관이 없는 일일 것이다. 그렇다면 왜 이런 밀접한 관계가 보이는 것일까? 그 답은 추측할 수밖에 없지만, 혹자는 동사 'sr과의 연계는 신자들이 행복을 찾아서 가는 행위를 나타내는 것이라고 보기도 한다. 어느 학자는 "아마도 그것은 신전으로의 순례일지도 모른다"라고 쓰고 있다. 문자 그대로 "이 행위는 신자들을 '행복' 하게 만든다."[31] 이런 식으로 통곡의 벽 아래에 닿기까지, 행복한 자들의 발자국을 따라가든 그렇지 않든, 이스라엘의 유목 부족들은 이동에 특별한 의미를 부여했다. 시간과 공간을 거치는 이동, 인간성을 펼쳐내는 예로서의 이동, 이는 엑소더스(출애굽기)의 중심적 은유로서, 그 이야기 속에서는 모세와 여호와의 계율에 의해 표시된 길을 따라 집단적 해방을 향해 행진하면서 한 민족이 형성되었다. 이집트의 굴레를 뒤로한 그들의 지평에는 젖과 꿀이 흐르는 평화와 휴식, 풍요의 장소, 약속의 땅인 행복이 있었다.

물론 이스라엘 자손들은 결코 진정으로 그곳에 도달하지는 못한다. 그들은 여정을 시작하자마자 길을 잃고, 하나님의 길로 직행하지 못한 채 사막에서 헤맸다. 가나안에 발을 들여놓자, 그들은 "주님의 눈에 거슬리는 악한 짓"을 저지르기를 반복하고, 나그네에게 쌀쌀맞게 대하고, 우상을 숭배하는 등 죄를 범했다.(「사사기」 3:7) 따라서 젖과 꿀은 흐르지 않는다. 하나님의 선택을 받은 민족이 공간적으로는 약속의 땅에 도착했지만, 그들의 목적지는 도덕적으로 그리고 시간적으로 아직도 먼 지평선에 있을 수밖에 없다. 이집트에서의 탈출을 기리기 위한 유대 축제인 유월절의 첫날밤 잔치를 끝맺는 인사가 오늘날까지도 "내년에 예루살렘에서"라는 것도 이런 이유에서 비롯된 것 같다. 이미 그곳에 있는 사람들에게조차 해방은 미래의 시간, 다른 곳에 있는 것이며, 따라서 그 방향에 맞추어 길을 걸으라고 말하는 것이다.

이렇게 애셔라는 단어는 여러 가지 다른 의미들을 나타낸다. 여정과 도착을 의미하며, 하나님의 은혜를 쌓고 그의 길을 따르며 계율에 맞춘 삶의 축복을 뜻한다. 그리고 최종 도착지의 선물, 영원한 정의와 평화의 시대를 재촉하며 여호와가 다시 한 번 그 선택된 민족을 약속의 땅에 모아 영원한 정의와 평화의 시대를 열게 되는 시간을 뜻하기도 한다. 궁극적으로는 예루살렘에 도착하여 출애굽기에 예언된 대로 총체적인 구원과 해방을 얻게 될 것이다. 그러나 한편으로는 이스라엘의 자손들은 하나님의 창조에 깃든 선함에 기뻐하고 계율을 충실히 준수하면서, 그 여정에 감사해야 한다.

> 행복하여라, 주님을 경외하는 이 모두, 그분의 길을 걷는 이 모두!
> 네 손으로 벌어들인 것을 네가 먹으리니 너는 행복하여라, 너는 복이 있어라.
> 네 집 안방에는 풍성한 포도나무 같은 아내가 있고, 네 식탁 둘레에는 올리브나무 햇순 같은 자식들이 있구나.
> 보라, 주님을 경외하는 사람은 이렇듯 복을 받으리라.
> 주님께서는 시온에서 너에게 복을 내리시어, 네 평생 모든 날에 예루살렘의 번영을 보리라.
> 네 자식의 자식들을 보게 하시리라. 이스라엘에 평화가 있기를!(「시편」128)

이것이 유목민, 목동 그리고 농부들의 행복이며, 또한 오랫동안 노예로 살아오며 적들 그리고 험한 지형과 끊임없이 싸워야 했던 한 민족의 축복이었다. 그러므로 이스라엘의 초기 부족들은 세상이 단지 마지못해 바치는 것들을 당연히 높이 받들었다. 오랫동안 사막을 헤매면서 지치고 목마른 민족에게 젖과 꿀이 흐르는 푸르른 오아시스와 풍부한 강수량은 더없이 적절한 보상이었다. 초기 그리스인들, 그리고 고대 이스라엘 민족들도 사실상 모든 전통 문화와 마찬가지로 어느 정도는 행복을 물질적인 측면에서 바라보았다. 행복해지거나 축복받는다는 것은 단지 하나님의 은혜를 아는 것뿐 아니라 번영, 가족, 풍요, 평화, 안전, 장수, 호평 등과 같이 이 불확실한 세상에서 빼앗기기 쉬운 것들을 안전하게 즐기는 방법이기도 하다. 이런 점에서 볼 때, 지복을 묘사하는 헤브라이의 형용어구는 그리스어의 마카리오스에 가까운 의미를 가지고 있고, 좀 더 세속적인 로마인들의 펠리키타스와도 비교할 만하다.

그러나 많은 면에서 더 중요한 차이점들도 있다. 해방—하나님에게 선택된 민족의 집단적 해방—에 대한 유대인들의 강조는 인간의 행복에 관한 개념의 본질적인 혁신을 예시하는 것이었다. 하나님이 그 자녀들을 구출하기 위해 인간의 역사에 결정적으로 관여했을 때, 세상은 영원히 바뀌고 모든 인지는 변형되며 영구히 개조될 것이다. 이러한 과정에서 인간은 중요한 역할을 하는데, 왜냐하면 그들이 도착했을 때에라야 비로소 해방될 것이기 때문이다. 하나님의 계율의 길에 '발걸음' 을 내딛는 능력은 아주 중요하다. 그러나 그들을 앞으로 나아가게 하는 것은 하나님의 자비로운 보살핌의 손길이며, 신의 결정적인 관여가 그들의 삶을 근본적으로 바꾸게 된다. 미래의 보상을 상상해보는 것은 그 본질과 성격에서 모두 유례가 없는 일이다. 그러나 예언자 이사야는 여호와의 목소리를 빌어 다음과 같이 그 미래를 그린다.

보라, 나 이제 새 하늘과 새 땅을 창조하리라. 예전의 것들은 이제 기억나지도 않고 마음에 떠오르지도 않으리라. 그러니 너희는 내가 창조하는 것을 대대로 기뻐하고 즐거워하라. 보라, 내가 예루살렘을 '즐거움'으로, 그 백성을 '기쁨'으로 창조하리라. 나는 예루살렘으로 말미암아 즐거워하고 나의 백성으로 말미암아 기뻐하리라. 그 안에서 다시는 우는 소리가, 울부짖는 소리가 들리지 않으리라.(「이사야」 65:17-19)

새로운 예루살렘의 거주자들은 이전에 알려진 상태로 그저 돌아가기보다는 또 다른 형이상학적인 행복을 경험하게 될 것이다. 사실 많은 사람들이 이 새로운 행복을 이미 현존하고 있는 목가적 행복, 즉 잃어버린 황금시대의 환희나 아담과 이브의 낙원에 있던 완전한 만족과 비교해보자고 주장했다. 그 외에 달리 어떻게 해볼 도리가 없었다. 그러나 신 예루살렘이 뚜렷이 구별되는 특색은 바로 새로움이라는 그것이었다. 시간의 지평 위에서 항상 몇 발자국 앞서 있는 그 행복은, 알 수 있을 때까지는 오직 상상으로 그릴 수밖에 없는 것이다.

이러한 상황에서는 기이한 조망의 법칙이 작동한다. 어느 학자는 "약속이 지연되었기에 그 약속은 더 정교하게 다듬어지고, 더 강화되며, 궁극적으로는 변형된다. 즉 그 약속의 정확한 역사적, 지리적 차원이 실종되고, 대신 정신적 영역에서 한층 더 밝은 빛을 발하게 된다. 그 약속은 비현실적이 되어간다"라고 고찰했다.[32] 시간상 신 예루살렘의 실현 가망이 희미해지자, 그 중요성은 더욱더 커져만 갔다. 이사야가 집필하고 있던 당시는 이미 대중 시대-아마 기원전 6세기에 있었던 바빌론 유수보다 대략 2세기 전으로, 패배한 유대인들은 그 약속의 땅에서 사방으로 흩어져나갔다-로, 예언자적 목소리들이 새로운 지도자, 새로운 구원자, 하나님의 왕국으로 다시 돌아갈 길을 안내해줄 메시아를 외치며 그 출현을 예언했다. 그 이후 몇 세기 동안 다른 목소리들이 이사야, 예레미야Jeremiah, 에제키엘Ezekiel, 스가랴Zechariah, 요엘Joel, 다니엘Daniel의 목소리에 합류하면서, 유대인 여정의 종결뿐만 아니라 역사 그 자체의 종결로 나아가길 바랐다. 이러한 묵시적 예언에 주의했던 사람들에게 도착의 정점은 바로 시간의 정점으로, 즉 고통이 영구히 사라지고 젖과 꿀이 도래할 뿐만 아니라, 유려히 흐르는 영원한 낙원이 도래할 것이다. 서기 1세기에 이런 목소리가 있었다.

> 그리고 치유가 이슬처럼 내려오면
> 질병은 사라지고,
> 근심과 고통과 탄식은 스쳐 지나가고
> 온 세상에 기쁨이 퍼지고,
> 다시는 때 이르게 죽는 자도 없을 것이며,
> 갑자기 닥쳐오는 불행도 없을지어다.[33)]

나사렛 예수는 바로 연기된 사치스런 기대라는 이 맥락 속으로 발을 들여놓았다. 그리고 이것은 여러 맥락 중의 하나일 뿐이지만, 그 영향력은 아주 강력하고 또 의미심장한 것이었다. 한참 후에 「요한복음」 14장 6절에 기록된 "나는 길이요"가 실제로 예수가 직접 했던 말인지의 여부와 상관없이, 그의 초기 사도들 다수가 그를 반겼다는 것은 거의 확실하다. '기름 부음을 받은 자' 라는 의미의 그리스도는, 사람들이 오랫동안 고대해왔던 구세주로 보였다. 그가 안내하는 길은 잘 알려진 방향이지만, 그 목적지는 미지의 곳이었다. 그렇게 함으로써 그는 새로운 진실, 새로운 왕국 그리고 새로운 행복을 계시했다.

형식, 내용 그리고 수많은 말을 통해 드러나는 지복에 대한 약속 또한 새로웠다. 다음은 「마태복음」에 기록된 지복들이다.

> 행복하여라, 마음이 가난한 사람들! 하늘나라가 그들의 것이다.
> 행복하여라, 슬퍼하는 사람들! 그들은 위로를 받을 것이다.
> 행복하여라, 온유한 사람들! 그들은 땅을 차지할 것이다.
> 행복하여라, 의로움에 주리고 목마른 사람들! 그들은 흡족해질 것이다.
> 행복하여라, 자비로운 사람들! 그들은 자비를 받을 것이다.
> 행복하여라, 마음이 깨끗한 사람들! 그들은 하나님을 볼 것이다.
> 행복하여라, 평화를 이루는 사람들! 그들은 하나님의 자녀라 불릴 것이다.
> 행복하여라, 의로움 때문에 박해를 받는 사람들! 하늘나라가 그들의 것이다.
> 사람들이 나 때문에 너희를 모욕하고 박해하며, 너희를 거슬러 거짓으로 온갖 사악한 말을 하면, 너희는 행복하다.(「마태복음」 5:3—11)

그리고 「누가복음」에는 이렇게 기록되어 있다.

> 행복하여라, 가난한 사람들! 하나님의 나라가 너희 것이다.
> 행복하여라, 지금 굶주리는 사람들! 너희는 배부르게 될 것이다.
> 행복하여라, 지금 우는 사람들! 너희는 웃게 될 것이다.
> 사람들이 너희를 미워하면, 그리고 사람의 아들 때문에 너희를 쫓아내고 모욕하고 중상하면, 너희는 행복하도다!
> 그날에 기뻐하고 뛰놀아라. 보라, 너희가 하늘에서 받을 상이 크다.(「누가복음」 6:20—23)

천국에의 접근, 지구의 지배권, 정의, 자비, 하나님과의 직접적인 접촉의 경험, 웃음, 환희, 만복滿腹의 충만감……. 어떤 척도로 보아도 이것은 화려한 약속이었지만, 성스런 지평 위에 놓인 약속의 땅을 찾아 나섰던 사람들에게는 부분적으로만 알아볼 수 있는 약속이었다. 정의와 여호와의 길을 추구하는 사람들에게는 응분의 대가인 여호와 가족의 자비와 친분이 주어지고, 여호와 왕국의 풍요로운 유산이 나누어질 것이다. 가난한 자는 배부르게 되고, 비탄에 잠긴 자는 웃게 될 것이니, 그들은 크나큰 선물을 받게 된다.

이 정도—마지막 부분, 즉 보상—는 유대 경전을 읽은 사람에게는 웬만큼 익숙한 것이다. 그러나 예수가 인도하는 길로 행복하게 나아가고자 하는 이들과 함께했던 그의 궤적, 발걸음, 수단을 예수의 추종자들은 어떻게 해야 할까? 이스라엘이건 그리스이건, 초기의 현자들이 행복의 조건으로서 고통을 피하라—도망가거나, 경시하거나 아니면 욥처럼 그냥 참아내거나—고 권했던 반면 예수는 적극적으로 고통을 감싸 안으라고 말한다. 그리고 미래의 보상에 대한 약속을 강조한다. 지금 고통을 참는 자에게는 다가올 시간에 기쁨이 있을지어다.

그러나 예수의 목회가 전반적으로 그렇듯이, 지복에 대해서도 당황스러운 면이 드러난다. 즉 그것은 가난과 기아, 눈물 속에서 직접 행복을 찾으라는 게 아닌가? 증오와 비방을 받으면서도 의기양양하게 말이다. 그리고 고통 자체—죽음이라는 끔찍한 정점마저도—는 바로 수난의 최정상으로 여겨야 하는 게 아닌가? 예수를 위해 고통받는다는 것을 특권이라고 생각한 사도 바울은 "나는 죽음을 겪으시는 그분을 닮아, 그분과 그분 부활의 힘을 알고, 그분 고난에 동참하는 법을 알고 싶습니다"(「빌립보서」 3:10)라고 갈망한다. 비탄 속에서 행복을 찾고, 고통 속에서 기쁨을, 슬픔 속에서 환희를, 죽음 속에서 황홀경을 구하는 것, 이것은 정말 기이한 도정이었다.

이는 분명히 유대 신앙의 주도로에서 벗어난, 중대한 진로 이탈이었다. 아브라함의 자손들이 널리 퍼져 있는 고통에 항상 신경을 써왔다고 해도, 그들은 이런 식으로 권유하지는 않았다. 그와는 정반대로, 삶의 좋은 것들에서 순수한 즐거움을 얻으라는 것—가족, 음식, 사랑, 포도주, 공동체, 음악, 춤 등에서 기쁨을 찾는 것—이 오늘날까지도 여호와와 그의 창조를 숭배하는 유대의 전통으로 남아 있다. 기원전 3세기에 쓰인 것으로 추정되는 전도서의 핵심 메시지도 마찬가지다. 저자는 지식, 쾌락, 노동, 땀 속에서 만족을 얻고자 하면서, 잘 알려진 후렴 "허무하도다, 허무! 모든 것이 허무로다"라고 절망하며, 인간의 모든 고군분투는 무의미하다고 결론을 맺는다. "그래서 나는 삶을 싫어하게 되었다"며 저자는 우선 "태양 아래에서 벌어지는 일이 좋지 않기 때문이며, 이 모든 것이 허무요 바람을 뒤쫓는 일이기 때문이다"(「전도서」 2:17)라고 쓰고 있다. 그러나 이런 깨달음 덕분에 그들은 인간의 한계와 하나님의 의지를 더 수용하게 되는 지혜로 나아가게 된다. 울고, 웃고, 애도하고 춤추고, 사랑하고 미워하는 등 모든 것에는 때가 있는 법. 하나님은 이 모든 것에 참여한다.

> 나는 인간의 아들들이 고생하도록 하나님께서 마련하신 일을 보았다. 그분께서는 모든 것을 제때에 아름답도록 만드셨다. 또한 그들 마음속에 시간의식도 심어주셨다. 그러나 하나님께서 시작에서 종말까지 하시는 일을 인간은 깨닫지 못한다.
>
> 인간에게는 살아 있는 동안 즐기며 행복을 마련하는 것밖에는 좋은 것이 없음을 나는 알았다. 모든 인간이 자기의 온갖 노고로 먹고 마시며 행복을 누리는 것, 그것이 하나님의 선물이다.

나는 하나님께서 하시는 모든 일이 영원히 지속됨을 알았다. 거기에 더 보탤 것도 없고, 거기에서 더 뺄 것도 없다.(「전도서」 3:10–14)

오직 하나님만이 영원하다. 그러기에 우리는 그를 경외하고 그의 계명을 지켜야만 한다. "이야말로 모든 인간에게 지당한 것이다."(「전도서」 12:13) 그러나 그렇다고 해서 존재의 건전한 쾌락의 음미를 막지는 않는다.

그러니 너는 기뻐하며 빵을 먹고 기분 좋게 술을 마셔라. 하나님께서는 이미 네가 하는 일을 좋아하신다.
네 옷은 항상 깨끗하고 네 머리에는 향유가 모자라지 않게 하라.
태양 아래에서 너의 허무한 모든 날에, 하나님께서 베푸신 네 허무한 인생의 모든 날에 사랑하는 여인과 함께 인생을 즐겨라.
이것이 네 인생과 태양 아래에서 애쓰는 너의 노고에 대한 몫이다.(「전도서」 9:7–9)

전도서는 이처럼 할 수 있는 한 우리가 갖고 있는 것, 우리가 하고 있는 것에 감사하라고 이르고 있다.

그러나 예수가 말하는 길은 얼마나 다른가. 만약 불만스런 자, '마음이 가난한 자'들이 정말 마카리오스(행복)하고, 비통해 하는 자가 정말 축복받은 자라면, 상식적으로 볼 때 '슬픈' 사람들이 실제로 행복하고, '행복한' 것으로 여겨지는 사람들이 실제로는 슬프다는 말이 아닌가? 기독교 초기에 예수의 부름을 진심으로 받아들이고, 순교로 지복을 구하고, 고문과 슬픔에서 행복을 구하는 그 다른 길을 기꺼이 선택한 사람들을 현대인이 이해하기란 쉽지 않다.

성녀 페르페투아와 펠리키타스, 6세기, 대주교궁, 라벤나.

그렇기 때문에 페르페투아와 펠리키타스의 이야기가 그렇게도 진한 감동으로 다가오는 것이다. 이는 페르페투아가 감옥에서 쓴 일기에 기초를 둔 이야기로, 개인적 수난이라는 장르의 전형이다. 이는 감옥으로 그녀를 찾아가보고, 아마도 경기장의 참극을 직접 보았던, 이름이 알려지지 않은 사람에 의해 보존되고 순서대로 정리되며 윤색된 이야기이다. 그 이전의 어떤 순교자들에 대해서도 이와 같은 증거는 없었다. 이 기록은 예수의 고난을 따라 실현하려는 의지의 연대기로서, 막 태동하는 신앙이 가지고 있는 신도를 변화시키는 힘과 능력을 이해하려는 사람들에게는 아주 귀중한 자료이다.

이 문서의 일부분을 통해 페르페투아의 세계를 엿보면 곧 하나님의 현존, 근접성을 발견하게 된다. 성명 미상의 화자는 처음부터 이 점에 주의를 환기시킨다. 즉 독자들에게 "초자연적인 은총은 오직 옛 시대의 사람들에게나 있는 것"이라는 생각을 금하게 한다. 그와는 반대로 하나님은 항상 세상에 역사하면서 그의 "가장 특별한 은총"을 "역사의 마지막 단계"를 위해 간직해두고 있다. 묵시적 예언자 요엘의 말이 「사도행전」에 수록되고, 그 말을 인용하는 화자는 이제 종말의 시작을 불러내고 있다. "하나님께서 선언하시길 최후의 날에, 나는 모든 인간들에게 내 영혼을 부어줄 것이니, 그들의 자녀들이 예언을 하게 되리라. 그리고 내 하인과 하녀에게도 내 영혼을 부어줄 것이며, 젊은이들은 선견지명을 얻고, 노인들은 꿈을 꾸게 되리라."[34] 화자는 페르페투아와 그 동지들의 순교를 둘러싼 특이한 일이 바로 하나님이 그의 영혼을 넘치도록 부어주고 있다는 징조라며, 이제 최후의 시간이 다가왔다는 것을 암시한다.

페르페투아 자신이 이러한 것을 믿었는지는 분명치 않다. 예수 사후의 첫 세대에서 그 제자들 상당수가 종말이 임박해온다는 것을 의문의 여지 없이 믿었다. 예수는 하나님의 약속을 새롭게 하며 인간의 죄를 대신해 죽었지만, 분명 경이로운 상황 속에서 곧 다시 올 것이다. 「마가복음」(13:3-37)의 소위 소小계시록-서기 65~75년 사이에 쓰였고, 네 복음서 중 가장 일찍 나온 것으로 간주됨-에서 예수는 엄청난 전쟁과 기근을 신호로 하는 임박한 대혼란에 대해, 그리고 선택받을 자들을 모으기 위해 "사람의 아들이 큰 권능과 영광을 떨치며 구름을 타고 오는 것"(「마가복음」 13:26-27)에 대해 이야기하고 있다. 서기 69년이나 95년경에 파트모스 섬에서 쓰인 것으로 추정되는 「요한계시록」도 이와 유사하게 파루지아parousia, 즉 예수 재림에 대한 집합적 초상을 그리기 위해 초기 기독교 공동체에서 유포되던 계시록의 주제들을 엮어내고 있다. 그 주제들은 다음과 같다. 하나님의 권능과 짐승의 힘이 맞붙어 싸우게 될 아마겟돈 대전투가 끝나고 나면, 사탄과의 마지막 결판에서 사탄을 격파하기 전 천 년(밀레니엄) 동안 지구를 다스리기 위해 예수가 강림할 것이다. 그 단계가 되면 이제 종말이 오고, 천국이 지구를 다스린다. 하나님의 선택을 받은 자들은 신예루살렘에서 하나님과 함께할 것이고, 에덴동산의 생명나무에는 다시 과일이 열리게 될 것이다.

헤브라이 예언자들의 비유적 표현을 광범위하게 끌어들인 이런 종류의 문서들은 유대의 메시아적 그리고 묵시적 대기待期의 시대들 속에서, 「마태복음」에 기록된 "하늘나라가 가까이 왔다"(「마태복음」

4:17)라는 약속을 문자 그대로 여기면서, 예수의 목회가 구축될 수 있는 기반을 세웠다. 사실 예수는 자신의 최후 귀환 '날짜나 시간'을 아는 자는 아무도 없노라고 경고했다. 이는 세월이 지나면서 파루지아, 즉 예수 재림이 곧 일어날 것이라는 믿음을 부정하는 듯한 경고이기도 하다. 그러나 그 믿음은 열성적 신앙인들 사이에서 5세기까지 잘 살아남았고, 그 이후로도 정기적으로 되살아난다.

페르페투아의 기독교 공동체도 같은 생각이었던 것 같다. 그들은 요한계시록이나 성 바울의 묵시와 같이 2세기에 쓰인 비정전非正典적 문서들처럼 다양한 묵시적 문서들에 익숙해 있을 뿐만 아니라, 대략 서기 165년부터 소아시아에서 번창했던 지복천년파, 즉 몬타니스트montanist들의 영향도 받았을 듯하다.[35] 최후의 심판에 대비하기 위해서 고행할 것을 설파하는 몬타니스트들은 임박한 종말을 믿는다. 그들은 또 예수의 가르침을 보완하기 위해 최후의 날에 성령이 예언자들에게 새로운 계시를 알려줄 것이라고 믿는다. 초기 기독교인들 대부분이 그랬듯이, 몬타니스트들도 성령이 살아 있는 힘으로서 선택받은 자들의 꿈에 나타나고, 예수 추종자들의 입을 통해 말하며, 계속 예언과 계시를 하면서 그걸 듣는 자들의 육신을 충만하게 만든다고 믿었다. 오늘날 우리가 「사도행전」을 읽으면서 오싹해지는 것은 이런 남녀들 때문일지 모른다. 그것은 그들의 삶을 관통해 움직이는 강력한 힘에 대한 생생한 묘사였다.

몬타니스트들의 가르침을 직접 접했는지의 여부와 관계없이, 페르페투아는 우주와 그 모든 것에 예수가 내재한다는 사실을 굳건하게 믿었다. 나사렛의 예수는 한 세기 반 전에 죽었을지 모르지만 그는 여전히 살아서 세례반洗禮盤 앞의 남녀들을 매일 거듭나게 하고, 성체배령식에서는 살아 있는 육신과 더불어 그들을 다시 살리고, 그들의 영혼에 새 삶을 불어넣었다. 기적 같은 치유와 이언異言(알쏭달쏭한 말을 하는 것—옮긴이), 환영의 출현, 불가사의한 징후, 꿈과 황홀경 속에 나타나는 새로운 예언의 계시 등을 통해 성령은 페르페투아에게 생생하게 다가왔다.

페르페투아와 동지들을 기꺼이 죽음의 길로 나아가게 했던 열의는 바로 이런 맥락에서 설명된다. 단지 황제에게 자신들이 기독교인임을 부인하는 복종의 시늉만 했어도, 누구든 그 끔찍한 운명을 피해 목숨을 건질 수 있었다.[36] 그러나 그렇게 한다는 것은 생각조차 할 수 없는 일이었다. 왜냐하면 그들에게 순교의 소명은 하나님으로부터의 직접적인 요청이요, 영생하는 그리스도의 수난에 직접 참여해 그처럼 고통받고 죽으라는 귀중한 초대였기 때문이다. 이것이 바로 바울이 최고의 영광이라고 했던 것이다. 순교에의 소명은 처벌도 유죄도 아니고, 오히려 하나님이 내리는 은총의 궁극적 표시였다. 초기 기독교 공동체에서 성령의 충만한 은총이 이보다 더 분명하게 나타났던 적은 없었다.

그러나 이것은 짊어지기에는 얼마나 거대한 짐이던가? 하나님의 존재가 가진 무게감을 지탱해낼 수 있었을까? 어깨에 십자가를 멜 수 있었을까? 순교가 영광이라고 본다면, 그것은 또한 하나님 앞에서 자신의 가치를 증명하는 궁극적 시험 혹은 시도이기도 하다. 페르페투아의 일기는 이렇듯 영혼의 고투에 대한 기록으로, 삶의 손아귀에서 자신을 해방시키려는 그녀의 고통스런 노력에 관한 괴로운 이야기이다.

그녀를 안아주던 손들이 그녀를 얽어맸다. 페르페투아는 자신의 목소리로 쓴 이야기의 첫 줄에서, “아직 우리가 구류 중일 때, 나를 사랑하는 마음에서 아버지는 설득으로 내 결심을 바꾸려고 하셨다” 고

토로했다.[37] 어머니, 남동생 그리고 아이도 역시 그녀의 마음을 흔들었다. "나를 가여워하며 고통스러워하는 그들을 보면서, 나는 괴로웠다. 이런 괴로움은 여러 날 동안 내가 감내해야 했던 시험이었다."[38] 아직도 젖을 먹여야 하는 아기에 대한 걱정에 지친 페르페투아는 판결을 기다리는 동안 감옥에서 아기와 같이 지낼 수 있도록 허락을 받았다. 그러나 그것은 임시적인 조치일 뿐이었다. 곧 그녀의 아버지는 다시 그녀의 뜻을 굽히려고 애썼다.

> 그는 말했다. 얘야, 아비의 백발을 보려무나, 네 아비가 가엾지도 않니……. 네 아비를 욕되게 하지 말거라. 네 남동생들과 네 어미와 이모 그리고 네 아이를 생각해보거라. 네가 떠나고 나면, 모두 살 수 없을 게다. 네 자만심을 버리거라. 네가 우리 모두를 망치려 하는구나!
> 날 사랑하시는 아버지가 내 손에 입 맞추고 내 앞에 쓰러지시면서 하신 말씀이다. 눈물이 가득 찬 아버지는 나를 딸이 아니라 한 여자로 부르셨다. 아버지께 죄송했다. 왜냐하면 우리 가문에서 그분만이 내가 고통당하는 것을 보고 괴로워하실 분이기에.
> 나는 아버지를 위로하려고 말씀드렸다. "모든 것은 하나님이 뜻하시는 바대로 피고석에서 이루어질 겁니다. 우리는 결코 혼자 놓여 있는 게 아니라 모두 하나님의 권능 안에 있다는 것을 믿으세요." 아버지는 크나큰 슬픔을 안고 떠나셨다.[39]

흥미롭게도 그녀는 여기서나 또는 다른 곳 어디에서도 남편에 대해서는 전혀 언급하지 않는데, 혹시라도 가족 중에서 "(자신이) 고통당하는 것에 괴로워"하지 않을 사람으로 남편을 생각하는 건 아닌지 의아스럽다. 그녀가 하나님과 함께 가고자 선택한 것은 단지 이 세상으로부터의 도망 이상의 무언가가 있는 것일까? 그녀가 가족으로부터 떨어져 나온 것에는 그녀가 기독교도임을 거부하고 이해하지 못한 그들에 대한 분노와 원망이 담겨 있는 건 아닐까?

그러나 이런 추측은 좀 더 중요한 문제를 위해 접어두기로 하자. 그녀를 움직인 것은 하나님의 의지라는 페르페투아 자신의 신념이기 때문이다. 궁극적으로 그녀의 용기를 북돋고, 또 로마의 젊은 여성에게는 엄청나게 강력했던 가부장의 위력과 결별하도록 한 것은 바로 이 심오하고 변함없는 의식이었다. 죄수들의 최종 판결이 이루어지고 있을 때, 그녀의 아버지는 한 번 더 그녀를 설득하려고 애원한다. "가여운 네 아비의 백발을 생각해보거라. 가여운 네 갓난아이를 생각해보거라. 황제의 안녕을 위해 헌신하겠노라는 말만 하거라"라는 아버지의 애원에, 굳건한 의지를 가진 페르페투아는 "아니요"라고 단호히 대답했다. 로마 관리가 그녀에게 정말 기독교도인지 묻자, 그녀는 조금도 주저하지 않고 "예, 그렇습니다"라고 대답한다. 이 최후의 대답으로, 그 결과가 어떨지 잘 알고서 행한 이 간단한 시인을 통해, 페르페투아는 자유로 나아간다. 아버지가 항의하다가 경비원들에게 맞는 것을 보고 그녀는 안타까워하지만, 전과는 달리 동요되지 않고 다른 죄수들과 함께 '기분 좋게' 떠난다. 또 나중에 자신의 아기가 젖을 잘 떼어 다시는 볼 수 없게 됐다는 것을 알고는 이것도 하나님의 뜻이라며 차분히 받아들인다. "아이에 대한 걱정과 내 가슴의 고통도 이렇게 가시게 되었다."(「마태복음」 10:37)[40] 자신의 부모나 자식을 "나보다 더 사랑하는 사람은 나에게 합당하지 않다." 그리고 "나 때문에 제 목숨을 잃는 사람은 목숨을 얻을 것이다."(「마태복음」 10:39) 예수의 무시무시한 권고를 「마태복음」에서보다 더 분명하고 의미심장하게 보여준 예를 상상하기는 힘들다.[41]

그런데 페르페투아와 동지들이 찾으려 한 것은 정확히 무엇이었을까? 우선은 아마도 여태껏 알아왔던 것과는 근본적으로 다른 전제에 기반을 둔 새로운 형태의 가족—새로운 공동체—을 수용하는 것이었다. 대체로 평등주의적이고 공동체적이었던 지중해 지역 기독교 세계에서, 카리스마가 강한 초기의 종파들은 강한 유대와 내심의 후원을 얻을 수 있는 대가로 돈, 사회와의 인연, 자신의 과거 등의 포기를 요구했다.[42] 물론 사도 바울이 예수의 공동체에는 "그래서 유대인도 그리스인도 없고, 종도 자유인도 없으며, 남자도 여자도 없습니다"(「갈라디아서」 3:28)라고 한 것은 이론보다 실제가 항상 더 복잡하기 때문이다. 그런데도 예수 사후 몇 세대가 지나고 난 후에 그것은 매우 강렬한 이상이 되었다. 양가良家 출신의 페르페투아가 새로 얻게 된 동지들—노예 출신인 레보카투스Revocatus와 펠리키타스를 포함해—을 형제자매로 불렀다는 것은 바로 이를 잘 입증해주는 것이다. 자신의 친가족을 포기함으로써 그녀는 새로운 가족을 얻게 된 것이다.

더구나 페르페투아는 이 새로운 공동체에서 분명히 특별한 위상을 만끽했다. 일기 앞부분에서 그녀는 한 동지가 그녀에게 다가와 어떻게 요청했는지 얘기한다. "자매님, 당신은 크나큰 은총을 입으셨습니다. 그러나 당신이 유죄로 판결될지, 아니면 석방될지를 분명히 알기 위해 예시력을 보여주십사 하고 간청하실 수 있지 않을까요?" 그 수감자는 바로 하나님으로부터의 계시를 요청하고 있었고, 페르페투아는 자신이 그것을 보여줄 수 있다고 확신한다. "그러겠다고 나는 충실히 약속했다. 왜냐하면 내게 크나큰 은총을 주신 주님과 직접 말씀을 나눌 수 있다는 것을 알고 있었기 때문이다."[43] 하나님과의 직접 대화에서 페르페투아는 성령에 의해 선발됐고, 그래서 그녀가 일원으로 있는 공동체에서도 대표로 선발되었다. 남자에게 순종하는 전통에서 자라난 젊은 로마의 여성으로서, 이러한 지도자로서의 기회는 초기 기독교 시대의 다른 여성 기독교인들에게 그랬듯 그녀에게도 아마 매력적이었을 것이다.

그러나 궁극적으로 이 모든 남녀들이 이전의 생활을 온전히 버리고 새로운 기독교 사회에 합류한 동기는 단순히 공동체와 그 안에서 얻는 지위 이상이었을 것이다. 영성을 가득 환기시키는 페르페투아의 꿈속에서 우리는 그 이유를 더 분명하게 통찰할 수 있다.

일기에 따르면 페르페투아에게는 네 번에 걸쳐 환영이 나타났고 다섯 번째는 동지 사투루스Saturus에게 일어났다. 그리고 별로 놀랍지 않게도 모두들 곧 치러질 경기장 시합에 대한 긴장을 나름대로 헤쳐나간다. 페르페투아는 "천국에까지 이르는 엄청나게 높은 청동사다리에 올라가는 꿈을 꾼다." 사다리 양 옆에는 여러 종류의 무기가 달려 있다. "칼, 창, 갈고리, 단검, 대못 등이 있기 때문에 주의하지 않거나 경솔하게 오르려다가는 그것들에 몸을 찍혀 옴짝달싹할 수 없게 되고 말 것이다." 그리고 사다리 밑에는 "엄청나게 큰 용이 누워 있어서, 사다리에 오르려는 사람을 공격하며 사람들을 공포로 몰아넣고 있다." 사투루스의 도움과 "예수 그리스도의 이름으로" 페르페투아는 용의 머리를 밟고 올라설 수가 있었다.[44]

아마도 대개는 그녀에게 익숙한 성서들에서 그려진 이미지들—「창세기」 28장 12절의 야곱의 사다리나 「요한계시록」 12장의 용들—로 가득한 이런 생생한 환영은, 다가올 시련에 대한 고뇌를 극복하기 위한 페르페투아의 정신적 고투요, 하나님에게로 가려는 그녀의 추구를 나타내는 것이다. 뒤에 나온 환영에서는 이것이 더 분명하게 나타난다. 그녀는 발가벗은 몸에 기름을 두르고, 엄청나게 장대한 검투사와 싸우고 있는 남자로 자신을 꿈꾸고 있다. 그녀는 경기장에서 적을 패배시킨 뒤 깨어나서 "내가 싸워야 할 상대는 맹수가 아니라 악마이다"라며, 결국은 자신이 이기리라고 믿는다. 나는 "내가 승리하리라는 것을 알고 있다."[45]

이러한 전조들은 다가올 시련에 대한 불안을 완화시키며, 페르페투아와 동지들에게 위안을 주었다. 좀 더 구체적으로 말하면, 그들은 축복받은 죽음이 어떤 것인지에 대해 분명한 이미지를 가지고 있었다. 이 지상에 곧 낙원이 올 수도 있고 아닐 수도 있지만, 하나님은 그의 식구들을 천국으로 부를 것이다. 페르페투아는 사다리 꼭대기에 올라, 그곳까지 오르기 위해 모든 고난을 감내해낸 이들을 위해 마련된, 휘황찬란한 안식처를 마음속에 그린다.

> 그때 나는 거대한 정원을 보았다. 그곳에는 양치기 옷을 걸친 키가 큰 백발의 노인이 앉아서 양의 젖을 짜고 있었다. 그리고 그의 주위에는 흰옷을 입은 수천 명의 사람들이 둘러서 있었다. 그는 고개를 들어 나를 보더니, "내 아이야, 네가 와서 기쁘구나"라고 말했다.
>
> 그는 나를 불러 가까이 오라고 하더니 자신이 짜고 있던 우유를 한 모금 정도 주었다. 나는 두 손을 모아 받아 마셨다. 그리고 주위에 있던 이들 모두가 "아멘"이라고 말했다. 이 소리에 나는 의식이 되돌아왔는데, 내 입속에는 아직도 뭔지 모를 달콤한 맛이 남아 감돌고 있다.[46]

아마도 북아프리카에서 예비 신자들의 세례—새로운 삶으로의 첫 걸음—에서 줬던, 우유와 꿀의 혼합물과 관련이 있을 이 '달콤한 것'은 말 그대로 페르페투아가 영생의 '거대한 정원'에서 찾고자 했던 것의 시식인 셈이다. 그녀의 동지 사투루스는 그와 페르페투아가 "네

천사들에 의해 어떻게 동쪽으로 인도되었는지"에 대한 그의 상상을 더 분명하게 일기에 그리고 있다. "세상에서 벗어나 자유가 된" 그들은 "아주 강렬한 빛"을 보고서, 이것이 바로 "주님이 우리에게 약속하신" 것임을 알게 된다. 그들 앞에는 "장대한 공간"이 나타난다. 그곳에는 "장미 수풀과 온갖 종류의 꽃들"과 사이프러스만큼이나 키가 크고 "계속 잎이 떨어지는" 나무들이 가득한 정원이 펼쳐진다. 순교한 동지들이 그들을 반긴다. 다른 이들은 주님의 보호 아래에 조용하고 평화로이 즐기고 있다.

> 그리고 우리는 마치 빛으로 지어진 것 같은 벽으로 둘러싸인 장소에 도착했다. 문 앞에는 천사 넷이 서 있었는데, 그들은 들어와서 흰옷을 입었다. 우리도 들어갔고 끊임없이 들려오는 합창 소리를 들었다. "경건, 경건!" 같은 장소에서, 비록 그의 발은 보지 못했지만, 젊은 얼굴에 백발을 한 노인을 보았던 것 같다. 그의 좌우로 원로 네 명이 서 있었고 그들 뒤에는 다른 노인들이 있었다. 놀란 우리는 안으로 들어가 왕좌 앞에 섰다. 천사들이 우리를 일으켰고 우리가 그 노인에게 입을 맞추자 그는 손으로 우리의 얼굴을 어루만졌다. 원로들은 우리에게 "일어납시다"라고 말했다. 우리는 일어나 평화의 입맞춤을 했다.
>
> 그러자 원로들은 우리에게 "가서 즐기거라"라고 말했다.
>
> 나는 페르페투아에게 "당신의 소망이 이루어졌습니다"라고 말했다. 그녀는 내게 "육신으로 살아 있을 때보다, 지금 여기에서 더 행복하기에 하나님께 감사드린다"고 말했다.[47)]

환영에서 깨어난 사투루스도 자신의 미래를 맛보았다. 그는 "그리고 그때 나는 행복하게 깨어났다"라고 쓰고 있다.[48)]

사후 세계에 대한 유대인들의 생각, 엘리시움Elysium이라는 축복받은 전원에 대한 무신앙인들의 상상, 그리고 이교도 경전에서 볼 수 있는 풍부한 상상력을 자양분으로 하여 형성된 이러한 뚜렷한 환영들은 기독교의 천국을 어느 정도까지 생생한 모습으로 나타낼 수 있는지를 잘 보여준다. 좀 더 근본적으로는, 행복에의 약속이 초기 기독교 메시지의 중심에서 어느 정도의 위상을 차지하는가를 잘 보여주는 것이다. 페르페투아는 사투루스가 영생하는 환영에서, 문자 그대로 "육신으로 살아 있을 때보다 지금이 훨씬 즐거워, 하나님께 감사드리나니"를 보았다. 순교자들의 용기를 강철같이 굳건하게 하고, 그렇게도 기꺼이 희생을 감수하도록 고무시켰던 것은 바로 이 기대—고통 자체를 통해 고통을 마무리 지을 수 있다는 희망—가 아니었던가? 바울도 그의 신념으로부터 어떻게 믿음을 이끌어낼 수 있는지 알게 되었다. 그는 「고린도전서」에서, "내가 에페소에서 이를테면 맹수와 싸웠다고 한들 무슨 소용이 있겠습니까? 죽은 이들이 되살아나지 않는다면야. 내일이면 죽을 몸, 먹고 마십시다."(「고린도전서」 15:32)라고 말한다. 페르페투아와 동지들과 마찬가지로 사도 바울도 세상의 덧없는 쾌락들—피조물의 삶 자체—이란, 영생을 얻기 위한 작은 희생물일 뿐이라고 생각했다. 「요한복음」에서 예수는 제자들에게 이렇게 말한다. "이처럼 너희도 지금은 근심에 싸여 있다. 그러나 내가 너희를 다시 보게 되면 너희 마음이 기뻐할 것이고, 그 기쁨을 아무도 너희에게서 빼앗지 못할 것이다." (「고린도전서」 16:22)

이 같은 약속은 신약 성서 전체에 되풀이해서 나타나고 있으며, 그 효과가 매우 강력하다. 왜냐하면 지복의 견지에서 요약된 행복은 이스라엘 자손들에게 약속된 왕국보다도 훨씬 더 풍요로운 보상을 명확하게 시사하며, 또한 그와 동시에 극도로 모호하기도 하다. 따라서 여기에서 상상력이 마음껏 작동하여 하나님의 왕국이라는 환희에 빠지고, 세속의 고통을 정당화할 총체적인 성취의 공상을 펼치게 된다. 거룩한 사랑의 황홀한 극치, 해방, 무아경, 지복-새로운 약속의 도래라는 행복은 총체적이고, 영원하고, 끊임없으며, 완전하다. 이는 지금으로서는 단지 상상만 할 수 있을 뿐이다. 「고린도전서」에서 사도 바울은 "어떠한 눈도 본 적이 없고 어떠한 귀도 들은 적이 없으며 어떤 사람의 마음에도 떠오른 적이 없는 것들을 하나님께서는 당신을 사랑하는 이들을 위하여 마련해두셨다"(「고린도전서」 2:9)라고 쓰고 있다. 우리가 지금은 "거울에 비친 모습처럼 어렴풋이 보지만, 그때에는 얼굴과 얼굴을 마주볼 것입니다."(「고린도전서」 13:12)[49] 페르페투아와 펠리키타스가 상상했던 영원한 지복조차도 실제에 비하면 아무것도 아닐 정도였다.

그러나 후에 아우구스티누스가 한 말을 빌자면, 이것은 '희망의 행복', 즉 미래의 환희에 대한 강력한 약속일 뿐만 아니라 그 약속의 완성에 대한 기대 또는 크나큰 고통 앞에서조차 현재를 기뻐하라는 권유이기도 하다. 꿈에서 깨어난 페르페투아는 이미 새 삶의 달콤함을 맛보게 된다. 사투루스가 깨어났을 때도 이미 그는 행복했다. 예수는 오늘 "기뻐하고 즐거워하라" "너희가 하늘에서 받을 상이 크다"(「마태복음」 5:12)라고 산상수훈에서 말한다. 「마태복음」에 나오는 여덟 가지 행복의 마지막에 이어 곧바로 이 명령이 나오는 것에는 의미가 있다. "사람들이 나 때문에 너희를 모욕하고 박해하며, 너희를 거슬러 거짓으로 온갖 사악한 말을 하면, 너희는 행복하다."(「마태복음」 5:11)[50] 상상 속의 보상에 대한 황홀감은 그것을 성취하기 위해 겪어야 하는 고통의 정도에 상응한다.

지복에 대한 이런 시각은 고전 시대와 유대의 경험이라는 주류에서 결정적으로 벗어나는 결과를 불러올 뿐만 아니라, 현재를 즐기라는 후대 로마 제국의 펠리키타스와도 멀어지는 것이다. 행복이 평생을 아우르는 것이었던 반면, 기독교의 지복은 끝이 없었다. 그리고 고전 시대의 행복은 상대적으로 지성적인—차분하고, 신중하고, 이성적인—것이었지만 기독교의 행복은 거리낌 없이 관능적이다. 십자가의 기적 속에서 강렬한 고통의 결과물이 축복의 달콤한 과즙으로 변형된 예수의 피에서 흘러나온 것은 바로 감성, 그것도 강렬한 감성이었다. 스토아학파는 행복한 자는 고통을 받는다 해도 고문대 위에서조차 행복할 수 있다고 생각했다. 기독교는 여기에서 한 걸음 더 나아가 행복은 단지 고통을 느끼지 않는 것만이 아니라, 고통의 직접적 결과이자 성과라고까지 말한다. 고문의 기구인 고문대—십자가—는 개종의 보편적 현장이자 상징이 되고, 인간의 고통이라는 금속이 신성한 황금으로 변하는 정신적 연금술의 장이 되는 것이다. 예수의 고통과 죽음을 "수난passion(영어로는 열정이라는 의미도 있음—옮긴이)이라고 표현하는 데에는 이처럼 그럴 만한 이유가 있는 것이다. 고통을 겪는 그의 무한한 능력은 환희의 경험을 전달하는 무한한 능력과 정비례한다.

그러므로 십자가에 못 박히는 것—사도 바울은 "유대인들에게는 장애물이고, 유대인이 아닌 사람들에게는 어리석음"이라고 공개적으로 시인했다(「고린도전서」 1:23)—은 기독교인들에게는 승리요, 의지를 고양시키는 원천으로 여겨졌다. 고통, 죽음 그리고 절망을 이겨낸 승리의 중대한 현장으로서, 십자가는 예수의 수난에 직접 참여하라는 초대였던 것이다. 베드로는 "바로 이렇게 하라고 여러분은 부르심을 받았습니다. 그리스도께서도 여러분을 위하여 고난을 겪으시면서, 당신의 발자취를 따르라고 여러분에게 본보기를 남겨주셨습니다”(「베드로전서」 2:21)라고 생각한다. 그렇게 함으로써 페르페투아와 동지들은 예수가 보여준 길에 대해 전적인 확신을, 자신들의 여정을 완성시킬 포상에 대해 완전한 믿음을 보여줬던 것이다.

그리고 행복—라틴어로는 펠리키타스—은 페르페투아의 하녀가 그랬듯 이러한 기독교의 초기 고난사에서 아주 친숙한 동반자이다. 펠리키타스라는 이름의 하녀에 대한 이야기는 기록의 마지막 부분에 가서야 나오는데, 당시 그녀는 임신 8개월이었다. 로마법에는 임신한 여성의 처형이 금지되어 있었으므로 펠리키타스는 자신이 경기장에서 처형당하는 동료들과 함께 가지 못하게 될까 봐 걱정했다. 그녀의 '순교 동지들' 도 같은 생각으로 두려워하면서, 펠리키타스가 조산을 해서 죽음에 동반할 수 있기를 바라며 기도했다. 그리고 그 기도는 확실히 받아들여져, 그들이 죽음의 무대에 오르기 전에 펠리키타스는 딸을 출산했다. 그녀는 그들이 '희망으로 가는 길' 이라고 명명한 길에 친구들과 같이 갈 수 있도록 자유로워진 것이다. 문자 그대로, 그리고 비유적으로도 행복이 그들과 함께한 '가장 행복한 순교자들' 은 그들의 최종 목적, 최후의 종말로 걸어나갔다.[51)]

희망의 행복

두 세기 후, 페르페투아와 펠리키타스가 최후를 향해 걸어갔던 바로 그날, 북적대는 지중해의 항구 도시 히포Hippo(현재의 알제리 안나바Annaba)에서 그들의 발자취를 되새기기 위해 집회가 열렸다. 북아프리카와 로마 세계를 망라하여 두 젊은 여성의 수난은 거듭하여 기려지고, 그 맥은 오늘날까지도 이어지고 있다. 어떤 사람들은 페르페투아와 펠리키타스가 죽은 지 얼마 되지 않아서부터, 참회자들이 했던 것처럼 직접 그들을 기리기 위해 그녀들의 무덤을 찾아 길을 떠나기도 했다. 그들은 그곳에서 성대한 축제(아가페)를 열었는데, 이 축제에 음식과 포도주가 넘쳐나는 등 세속적인 열정으로 무척 흥청거리자, 397년 카르타고 공의회가 제재를 가하려고 했다. 그러나 순례자들의 발길은 끊이지 않았고, 쇠락해가는 로마 제국을 시끄럽게 달구며 순교자에 대한 광대한 숭배가 행해졌다. 게다가 순교자들의 무덤에서 일어난 기적과 질병 퇴치에 대한 이야기가 전해지자, 신성과 접해보려는 순례자들이 더욱 많이 몰려들었다. 그곳은 다른 삶으로 건너가는 입구이며, 따라서 신심이 돈독한 자는 얼핏이라도 낙원을 볼 수 있기 때문이었다.

순교자들에 대한 숭배에 직접 참여하게 된 사람들은 자신이 운 좋은 소수에 속한다고 여겼다. 그러나 히포에서 축제일 미사에 참석하는 남녀들이야말로 진짜 행운을 얻은 사람들이었다. 5세기 전반의 30년 동안 그들의 주교는 아우렐리우스 아우구스티누스, 바로 성 아우구스티누스였기 때문이다. 뛰어난 웅변가였던 그는 특별한 열의를 가지고 그 기념 기간에 대해 언급했다. 그리고 페르페투아와 펠리키타스의 수난에 대해 부드러운 목소리로 낭독한 뒤, 청중들에게 그들이 죽은 이유를 다시 한 번 상기시켰다.

> 오늘 우리는 두 성스러운 순교자들을 기리고 있습니다. 그들은 고통 속에서도 탁월한 용기를 보여줬을 뿐만 아니라, 그 위대한 신심으로 인해 자신과 동지들을 기다리고 있는 보상을, 그들의 이름으로 보여줬던 것입니다. 페르페투아와 펠리키타스는 그들 중의 두 이름이지만, 그 보상은 그들 모두에게 내려지는 것입니다. 모든 순교자들이 고통받으면서

도 용감히 감내하고, 분투 속에서도 신앙을 고백하는 오직 한 가지 이유는 영원한 행복을 만끽하기 위해서입니다.[52]

아우구스티누스는 거의 대부분 문맹인 군중을 대상으로 설교했기 때문에—그렇지 않았다면 다를 수도 있었을 것이다—좀 더 이해하기 쉬운 표현을 써가며 말했다. 그들의 이름을 통해 페르페투아와 펠리키타스는 "우리가 받게 될 선물"의 증거가 된다는 그의 주장은 그의 사유를 나타낸 명구로, 연이은 축제 기간 동안 계속 되풀이되며 그의 많은 저작물에서도 강조되고 있다.[53] 어떤 사제도 그처럼 일관성과 엄격성을 가지고 기독교인의 삶에서 행복을 추구하려는 열정에 가득 차서 말하지는 않았다.

오늘날의 알제리 내륙에 있는 북아프리카의 타가스테라는 곳에서 354년에 태어난 아우구스티누스는 페르페투아와 펠리키타스가 살던 카르타고에서 수백 마일 떨어진 곳에서 성장했고, 또 젊은 시절에는 그곳에서 수학하기도 했다. 그러나 로마 제국 전반에 걸쳐 그랬듯, 아우구스티누스가 경험한 카르타고는 두 순교자가 살던 때의 카르타고와는 매우 다른 곳이었다. 313년경 콘스탄티누스 황제가 시행한 기독교로의 개종은 박해받던 집단이었던 기독교를 로마 영역 내의 공식 종교로 바꾸어나가는 과정의 신호탄이었다. 물론 제국의 위력이 서서히 잠식—410년 게르만족이 침입해 로마를 강탈한 것이 그 잠식의 정점이었다—되어가고 있어서, 한때 순교자들을 사자 먹이로 만들었던 것과 같은 권력으로 로마를 다스릴 종교는 없다는 게 확실했다. 성 아우구스티누스가 살던 후기 로마 시대는 마치 저잣거리에서 상인들이 사라고 외치는 상품처럼, 사고와 신앙들이 공개적으로 경쟁하며 수용자들에게 손짓하고 있는 곳이었다.

아우구스티누스는 어떤 물건을 찾을지 뚜렷한 생각도 가지지 않은 채 이 저잣거리로 들어왔다. 그의 어머니 모니카Monica는 기독교인이었으며, 또 도나투스파Donatist였을 것으로 추측된다. 도나투스파는 매우 독실한 교회 분리파로서, 4세기 후반에 북아프리카에서 융성했던 종파다. 그의 아버지는 가난하고 교육도 받지 못한 이교도였지만, 고전 교육이 똑똑한 아이들을 좀 더 나은 곳으로 나아갈 수 있게 해주는 티켓이 된다는 것을 이해하고 있던 사람이었다. 지방 고관들의 후원 덕택에 그는 아우구스티누스를 학교에 보낼 수 있었는데, 처음에는 타가스테에, 그 뒤에는 카르타고에 보냈다. 하지만 그는 아들이 어릴 때 세상을 떠났으므로 아우구스티누스는 스스로 정신적 지주를 찾을 수밖에 없었다. 이미 교육받은 무신앙인으로서 그 나름의 편견을 갖고 있던 아우구스티누스는 자신의 어머니가 믿는 신앙을 단순한 사람들에게나 어울리는 먹이라며 경시했다.

외부에서 보자면 이후 아우구스티누스의 지적 여정은 매우 일관적이다. 학창시절을 거쳐 카르타고에서의 교직생활, 그리고 야심만만한 젊은이로서의 로마행에 이어, 서른이라는 나이에 밀라노에서 수사학의 명망 있는 교수직을 얻기에 이르기까지의 여정이 그렇다. 그러나 그는 내면적으로는 방황하고 있었다. 그는 의미를 찾고자, 그리고 고전 교육이 그에게 믿게 만든 것이 자신의 궁극적 목적인지를 알고자 휘청거리고 있었다. 지금은 유실된 『호르텐시우스*Hortensius*』를 10대에 접한 그는 키케로의 지혜에 대한 찬가를 읽은 그 순간부터 지고한 행복에 대한 탐구를 자신의 최종 목적으로 삼았다. 그리고 철학이야말로 바로 그곳으로 안내하는 지팡이라고 굳게 믿었다.[54]

그는 대부분의 사람들보다 훨씬 넓은 영역을 망라해가며 연구에 매진했다. 사실상 그는 젊은 시절을 온통 후기 고전 교육 학파들에 대한 섭렵에 바쳤다. 그는 키케로와 스토아학파의 기록을 훑으며 행복에 대해 탐구했다. 에피쿠로스의 신비 속으로도 파고들어갔으며, 아리스토텔레스의 유산과도 씨름했다. 또한 플라톤의 전통과 그것의 좀 더 현대적인 해석자들(신플라톤주의자)에게도 고개를 돌려보았다. 멀리 광야로 나가 밤하늘의 별을 바라보며 점성학의 비밀 속에 있는 자신의 운명을 알아내려고까지 해보았고, 또한 3세기에 마니교를 창시했던 마니의 교훈을 받아들이는 개심을 단행하기도 했다. 마니교는 금욕주의 종교로서, 이 세상을 물질과 정신, 어둠과 빛의 투쟁이라고 본다. 명성, 명예, 재산이 자신이 갈망하는 것을 가져다줄 것이라는 희망에서, 그는 자신의 경력을 쌓아가는 데 박차를 가한다. 후에 아우구스티누스가 행복을 추구하는 길의 수많은 질곡—그 심리적인 고속도로와 감성적인 막다른 길—을 이해하게 됐다면 그것은 아마도 대부분, 자신이 많은 길들을 직접 시도해봤기 때문일 것이다.

아우구스티누스의 저술에 이동의 은유가 넘쳐나는 데는—현존하는 고대의 단일 작가로서는 가장 많다—바로 이런 연유가 있었던 것이다. 그는 자신을 평화로운 항구를 찾아 '폭풍이 휘몰아치는 바다'로 항해를 떠나는 선원으로, 또한 '구불거리는 골목길'을 따라가며 은신처를 찾는 배고프고 목마른 여행자로 표현했다. 아우구스티누스는 구도자였다. 가능해 보이는 모든 길에 자신을 낭비해버렸을 때에야 비로소 그는 자기 불행의 깊이를 충분히 깨닫게 되었다. 자서전 『고백록*Confessions*』에서 중요한 장면을 이야기하면서 아우구스티누스는 자신이 자신의 목표로부터 얼마나 멀리 떨어져 있는지를 깨달은 것은 황제를 찬양하는 중요한 연설을 하기 전날, 바로 자신이 세속적 성공의 최고 정점에 올랐을 때였다고 기록하고 있다.

밀라노에서 거리를 따라 걷고 있을 때, 한 걸인을 보았다. 웃으며 농담하는 걸로 미루어, 아마도 그는 음식과 음료를 한껏 먹었던 것 같다. 나는 슬픔에 젖어 동행인들에게 돌아서며, 우리 자신의 어리석음 때문에 비롯된 고통과 괴로움에 대해 얘기했다. 나의 욕망은 내 두 어깨 위에 불행 덩어리를 얹어놓았다. 내가 그걸 나를 때마다 그것은 더욱 무거워져만 갔다. 이러한 모든 노력의 유일한 목적이란 평화로운 행복에 도달하는 것이었다. 이 걸인은 이미 우리보다 앞서 그곳에 도달했다. 그리고 우리는 결코 그곳에 도달할 수 없을지도 모른다. 나는 모든 연구와 온갖 방책으로 세상의 행복을 얻고자 했는데, 이 사람은 단 몇 푼의 구걸로 이미 그것을 얻었다.[55]

물론 아우구스티누스는 술 취한 걸인의 상태가 환상에 빠져 있는 것이거나 아니면 기껏해야 잠시일 뿐이라는 것도 알고 있었지만, 그런데도 그를 '더 행복한 사람'으로 여겼다. 걸인은 즐거움으로 얼굴이 상기된 반면, 아우구스티누스는 '근심으로 가득 차' 있었다. 걸인은 행인들에게 좋은 하루를 기원해주고 술값을 구걸해 얻었지만, 아우구스티누스는 '거짓말'을 해 황제를 칭송하며 자신의 자만심을 채웠다. 모든 배움이 무용지물이었다. 그것은 "내게 행복의 원천이 아니었다." 그는 방황했고 더할 나위 없이 비참했다.[56]

386년에 극적으로 기독교로 개종하면서, 아우구스티누스는 이 절망의 미로에서 빠져나왔다. 그는 『고백록』에서 자신이 마지막 발걸음을 디뎠던 밀라노의 정원으로 자신을 인도했던 근거를 고통스러우리만큼 상세히 전하고 있다. 그 결과, 그 여정은 이후 강력한 정사精査의 주제가 되었다. 그러나 가장 두드러지는 것은, 고전적인 추구의 실패가 아우구스티누스의 개종에 어떻게 반응했는가이다. 후에 히포의 주교가 된 사람의 기념비적인 해석에 따르면, 기독교는 행복에 이르는 유일한 '길' 일 뿐만 아니라, 그 밖의 모든 세속적 추구의 헛됨을 밝히는 길이기도 했다.

아우구스티누스는 기독교도로서의 자신의 여정을 망라해, 점진적으로 이러한 해석을 전개해나갔다. 그러나 개종 후 수주일 만에 아우구스티누스가 이러한 해석에 대한 개략적 주제를 이미 구상하고 있었다는 점은 의미심장한 대목이다. 이러한 사실은 그의 첫 완성작인 『행복한 삶*De beata vita*』에서 입증된다.[57] 정식 교인이 되기 위해 세례식을 기다리는 동안 집필된 이 작품은 그의 생일을 축하하기 위해 밀라노 외곽의 시골집에 모인 그의 어머니와 친구 몇 명이 토론한 내용을 기술하고 있다. 형식 면에서는 아마도 키케로의 『호르텐시우스』를 참고한 듯한 이 작품은 고전적인 대화록으로, 아우구스티누스는 소크라테스 같은 역을 맡고, 그의 어머니와 친구들은 질문자로 등장한다. 매일 아침식사를 마친 뒤에 작은 심포지엄이 이어지고, 행복한 삶의 의미를 규정하기 위한 변증법적 토론이 단계적으로 펼쳐진다. 이 소그룹은 고전 시대의 방식으로, "운명에 달린 것은 아니고 또 그 어떤 불행의 지배를 받은 것도 아닌" 행복은 "항상 인내해야" 하고 "어떤 혹독한 불행으로 인해 빼앗길" 수도 없는 것이라는 결론을 맺는다. 행복은 정신의 연마, 지혜의 터득과 긴밀히 연계되어 있다. 행복을 경험하는 사람은 아무것도 부족한 게 없고 원하는 게 없을 정도로 '충만' 하거나 또는 완전함에 이른다. 행복한 자들은 '궁하지 않으며' 오히려 지혜의 '최고도' 로 가득 차 있다. 행복하다는 것은 이렇게 진실로 넘쳐나는 것이고, "영혼 안에 하나님을 모심"이며 "하나님을 향유"하는 것이다.[58]

아우구스티누스는 대화록의 마지막 부분에서 이러한 묘사를 두 가지 은유로써 그려내는데, 여기서 그가 플라톤, 그리고 3세기에 플라톤을 해석했던 포르피리오스Porphyry와 플로티노스Plotinus에게 지대한 영향을 받았다는 것이 드러난다. 하나님을 두 가지로, 즉 우리가 그것에 목말라 하는 '진실의 샘'과 오로지 영혼의 눈으로만 식별할 수 있는 빛을 쏟아내는 '숨겨진 태양'에 비유하면서, 아우구스티누스는 행복을 향한 우리의 갈망을 아무런 방해 없이 보고 싶은 욕망, 갈증을 완전히 해소시키고자 하는 갈망으로 묘사한다. 그러나—이게 함정이다—삶에 있어서는 이 두 가지 똑같은 목표 중 어느 것도 성취할 수가 없다. 밝은 빛의 강렬함을 견딜 수 없기에, "그 빛을 향해 용감히 돌아서서, 그 총체總體를 잡아 쥐기를 망설이는" 것처럼, 우리는 충만을 마셔 갈증을 해소할 수가 없다. 아우구스티누스의 견해로는, 이 지상에서 우리는 '최고도'를 수용할 수 없다.

> 우리가 아직도 구하고 있고, 아직도 샘물 자체에 싫증나지 않으며, 우리식 표현으로 충만함에 만족하지 않는 한, 아직도 우리는 우리의 한계에 도달하지 못했다는 것을 고백해야만 한다. 그러므로 하나님이 도와주시는데도 우리는 여전히 현명하지도, 행복하지도 않은 것이다.[59]

마지막 날까지 계속 행복을 찾고 구해야 할 운명인 우리는 하나님에게 좀 더 가까워지고, 하나님을 좀 더 분명하게 볼 수도 있을 것이다. 그러나 삶의 도정에서 우리는 항상 갈증 때문에 괴로워할 것이다. 그렇다면, 행복이란 인간의 척도가 아니다.

신플라톤주의 철학의 기독교화된 언어 속에서 착상된 아우구스티누스의 행복 탐구에 대한 초기의 설명에는 그의 후기 작품들에서와 같은 신학적 정밀함은 아직 나타나지 않는다. 그러나 그는 하나님에게로 돌아서는 것이 끝이 아니라 시작임을 발견한 자신의 초기 이야기를 하면서 자신의 경험에 관한 진실을 아주 생생하게 표현하고 있다. 『행복한 삶』은 남은 일생 동안 그가 추구해갈 방향을 가리키면서, 위대한 걸작 『신국론*The City of God Against the Pagans*』을 탄생시키는 길을 열었다. 59세 때인 413년에 착수해서 그가 죽기 5년 전인 72세에 완성된 이 작품은 현대판으로 보자면 천여 쪽을 훌쩍 넘는, 그야말로 이론의 여지가 없는 아우구스티누스의 걸작이다. 이 책에서 그는 하나의 층위에서는 가히 생각할 수도 없었던 410년의 로마 침략—'영원한 도시' 가 거의 800년 만에 처음으로 외국 군대의 침범을 당한 사실—에 대한 설명을 하려 했으며, 또 다른 층위에서는 자신의 사유에 대한 개요를 담았다. 기독교의 하나님이 어떻게 로마 함락과 같은 재앙을 허락할 수 있었는지—그리고 이교도의 가짜 신들이 무기력하게도 왜 그걸 멈추지 못했는지—설명한 것과 같은 이유로 이 세상 사람들이 왜 고통스러워하는가를 설명한다. 『신국론』은 악에 대한, 그리고 행복에 대한 세속적 추구가 왜 불운할 수밖에 없는가에 대한 설명이다.

아우구스티누스는 몇 가지 방법을 통해 거침없이 설명을 전개해나간다. 한 예로, 그는 인간사를 하나님의 이치로 설명하는 역사 이론을 펼친다. 즉 하나님의 손이 세상에 어떻게 영원히 역사하고 있는지를 보이며, 그로부터의 자활을 주장하는 제국이나 개인들을 좌절시킨다. 로마가 강성했던 것은 로마 자신의 주도권에 의해서가 아니라 하나님의 계획에 의해서였다. 그리고 이제 하나님은 로마의 몰락을 통해 좀 더 큰 목적을 실현하고 있으며, 마지막 심판의 날을 향해 시간을 서두르고 있는 것이다. 그는 이전의 다른 사람들과 마찬가지로 그날이 언제가 될지는 아무도 알 수 없다고 역설했다. 그리고 그가 이

점을 주장함에 따라 교회 내에서 지복천년에 대한 공론은 공식적으로 종지부를 찍게 되었다. 맹목적인 눈으로 항상 구별할 수 있는 것은 아니지만, 외양상 혼란스러워 보이는 인간사의 이면에도 전체적인 질서와 의미를 부여하는 하나님의 이치가 있다는 것은 확신할 수 있다고 생각했다.

이것은 장중한 설명이었다. 그리고 또 한 가지 예가 있다. 로마의 몰락은 인간적인 모든 것의 나약함을 드러냈고, 또한 그것은 그토록 오랫동안 로마 통치의 핵심이었으며 이제는 그 자신에게로 떨어진 것, 즉 아우구스티누스가 '지배욕'이라고 부른 것을 보여줬다.[60] 그 영원한 도시에서 일어난 끔찍한 약탈과 강간의 참상에서, 항상 우리를 둘러싸고 있는 야만성과 잔인성을 직접 보았던 것이다. "인간은 같은 인간에 의해 약탈당하고, 포로가 되고, 쇠사슬에 얽매여 감옥에 가둬지고, 추방당하고, 고문당하고, 수족이 잘리고, 감각기관이 파괴되고, 억압자의 음욕을 채우기 위해 잔인하게 악용된다. 이런 끔찍한 일들이 수없이 자주 일어난다."[61] 이것은 지구를 뒤덮고 있는 '엄청난 악들'의 목록의 시작일 뿐이다. 그리고 그 악은 에덴동산에서 최초의 남녀가 타락한 이후 세상에 지속적으로 존재해왔다.[62] "너희가 신들과 같이 될 것이다"라는 악마의 유혹에 아담과 이브는 자의로 창조자를 저버리고, 어리석게도 주님의 빛 없이, 자신들만의 빛으로 살아갈 수 있다는 믿음에 빠져버렸던 것이다. 이후 인간의 역사—고통, 고독 그리고 절망으로 가득 찬—는 이 최초의 자만과 주제넘음에 대한 징계의 역사가 되었다.

이것은 원죄의 원리로, 아우구스티누스가 창안해낸 것이 아니다. 사실상 초기의 모든 기독교인들은 에덴동산에서 뭔가 치명적인 일이 있었다는 데에는 생각을 같이했고, 또 이 세상이 불완전하게 된 것은 조상의 잘못 탓이라는 데에도 이견이 없었다. 그러나 그 죄의 궁극적인 영향과, 또 그 죄가 인류에게 미친 최종 결과에 대해서는 의견이 분분했다. 영향력 있던 한 견해—아우구스티누스의 신학적 동시대인이자 경쟁자인 로마의 펠라기우스Pelagius가 표명한—에 따르면 낙원으로부터의 추방은 뒤집을 수 없는 것이 아니며, 예수에 의해 원상 복귀되었다. 인간은 뱃속부터 죄를 달고 다니는 게 아니고, 치유될 수 없는 것도 아니며, 선천적으로 비뚤어진 것도 아니다. 반대로 인간은 완전해질 수 있다. "하늘에 계신 너희 아버지께서 완전하신 것처럼, 너희도 완전한 사람이 되어야 한다"(「마태복음」 5:48)라는 예수의 말에 따라, 완전의 경지를 실현하는 것이야말로 인간의 의무인 것이다. 펠라기우스의 견해에서 보자면 이것은 수행할 수 있는 의무였다.

아우구스티누스는 이 견해에 강력하게 반대했다. 그리고 이러한 그의 오랜 반대 투쟁 때문에 교회는 '펠라기우스의 교리'(또는 원죄 부인설)를 이단으로 선고하는데, 이는 서구의 미래에 기념비적인 영향력을 미치게 된다. 아우구스티누스에 의하면 원죄는 작은 죄가 아니라 총체적으로 변화시키는 힘을 지닌 행위였다. 낙원의 '순수한 행복'에서 추방당한 아담과 이브는 자신들이 저지른 자만이라는 죄에 대한 벌을 자손들에게 전함으로써, 인간을 영원히 나쁜 쪽으로 바꿔버린 '재앙의 고리'를 가동시켰다. "그 원리의 영향은 우리가 보고 느끼는 모든 것, 모든 부패의 과정에, 궁극적으로는 죽음에까지도 인간의 본질을 종속시켰던 것이다. 인간은 난폭하고 갈등하는 감정에 의해 흔들리고 시달리는데, 이는 원죄 이전의 낙원에 있던 인간의 모습과는 아주 다른 것이었다……."[63] 이제 인간은 어느 곳에서도 자족하지 못하고, 결핍에서 벗어나지도 못하며 어디에서도 자신이 원하는 바대로 살지 못했다. 순수하게 사랑하려 하면, 질투와 경멸이 고개를 들었다. 평화를 위해 고군분투하면, 가슴에서는 미움이 자라났다. 도처에서 인간은 자신과 불협화음을 냈다. 자신의 신체마저도 자신의 손길에서 빠져나갔다. 젊은 아우구스티누스와 나이든 사제 아우구스티누스는 육욕이 "마음대로" 우리의 수족을 "움직이거나, 움직이지 못하게 하기도 한다"는 것을 알았다. 자유자재로 "엉덩이에서 음악소리(냄새는 피우지 않고)"를 내는 사람들의 경우를 생각하느라 그는 우습게도 진지한 표정으로 잠시 멈추기도 했지만, 그렇게 인상적인 신체적 조정도 발병을 막을 수는 없을 뿐만 아니라, 죽음에 이르는 병을 멈출 수도 없다는 것을 알았다.[64] 우리는 우리 자신의 주인들이 아니었다.

아우구스티누스와 모든 사람들이 지상에서의 행복을 추구하는 데 실패한 이유가 바로 여기에 있었다. 하나님은 자신에게 등을 돌린 우리 조상들에게 내렸던 것과 같은 징벌로, 인류에게 고통의 운명을 선고했던 것이다. 우리는 헛되게도 우리 자신의 빛으로 살려 하지만 어둠 속에서 서툴게 휘청거리면서, 그 일이 불가능하다는 사실에 부딪히고 만다. 이 세상의 고통과 죽음 사이에서 행복을 향한 우리의 갈망은 우리의 원죄를, 우리 자신을 만족시킬 수 없다는 것을 씁쓸하게 상기시킬 뿐이다. 아우구스티누스가 그의 작품 중의 한 장章에 "진정한 행복, 그것은 우리의 현세에서는 성취할 수 없는 것이다"라는 제목을 달게 된 것도 다 이런 이유에서일 것이다.

그러므로 "이 모든 철학자들이 놀랄 만큼 어리석게도, 여기 이 지상에서 행복하기를 바라고, 또 자신의 노력에 의해 축복을 얻으려 기대했던 것은" 헛된 일일 뿐이다.[65] 아우구스티누스는 "수족이 쇠약해 고통받고 괴로운" 사람조차도 현세의 삶에서 "행복한 사람"이라고 "망연자실할 정도의 도도함"으로 거리낌 없이 말했던 "스토아학파의 몰염치"를 겨냥하고 있었다.[66] 아우구스티누스가 볼 때, 이런 주장은 명백히 어처구니가 없는 것이었다. 아리스토텔레스와 에피쿠로스의 계승자들은 적어도 고통을 있는 그대로 받아들인다는 점에서 좀 더 정직했다. 그러나 그들 역시 그것으로부터 벗어나려는 노력에서는 터무니가 없었다. 그들의 주장은 펠리시티 여신 앞에서 직접 숭배했던 로마인들처럼 무의미한 것이었다.

아우구스티누스는 『행복한 삶』에서 보였던 존경을 되풀이하며, 오직 플라톤주의자들에게만 찬사를 보내는데, 그는 생애 내내 이 같은 태도를 견지했다. 플라톤주의자들만이 인간의 시선을 위로 향하게 만들었다. 그들만이 초월적 하나님이 "우주의 제작자이고 진실이며, 빛의 원천이고 행복의 증여자"라는 것을 알았다. 그리고 그들만이 "행복이라는 물이 솟아나는 샘"을 향해 도정을 그리기 시작했다. 아우구스티누스는 그들의 사고와 기독교 사이에는 이러한 유사점이 있다고 생각했다. 그래서 아우구스티누스는 이집트 여행이라고 알려진 그 여행에서, 아마도 플라톤이 구약 성서에 대해 알게 되었을 것이라고 추정했다. 물론 사실은 그렇지 않다는 것을 우리는 안다. 하지만 아우구스티누스의 이러한 관점은, 이 위대한 이교도의 적수가 이교도였던 자신의 과거를 떨쳐내는 것이 얼마나 어려웠던가를 조명해주는 유익한 정보가 된다. 영혼의 여정을 (유일)신으로의 귀환으로 생각하는 플라톤적 그리고 신플라톤주의적인 관념에서, 아우구스티누스는 소멸되어버린 완전체로 복귀하기 위한 자신의 고투—태어날 때 우리가 분리되었던, 원래의 온전한 하나를 향한 귀환 여행—를 그려내기 위해 마음에 딱 드는 모델을 찾아냈다. 또한 기독교의 목적에 곧바로 적용할 수 있는 어휘도 찾아냈다. 수많은 평자들이 생각했던 것처럼, 플라톤적 사고의 강력한 요소를 신앙에 혼합시켰던 것은 기독교의 장기적 발전에 아우구스티누스가 기여했던 많은 점들 중의 일부에 지나지 않는다. 그렇게 함으로써 아우구스티누스는 영혼의 안식 또는 완성으로서의 행복이라는 이교도의 목표를 상당 부분 기독교의 약속에 접목시켰다.

아우구스티누스는 플라톤주의가 "기독교에 가장 근접한 철학"이었다 해도, 결국 그것도 충분하지 않다는 것을 잘 알고 있었다. 이교도 세계의 여타 학파들과 마찬가지로 플라톤학파도 이 세상에서 인간의 자유의지로 행복을 성취할 수 있다는 생각과 유희하고 있었다. 그러나 인간은 이미 원죄로 더럽혀졌기에, 이것은 절대로 가능하지 않았다. 행복이란 우리가 어쩔 수 없는, 우리의 통제 밖에 있는 것이며, 오직 하나님만이 은총을 통해 우리를 변화시키고 치유할 수 있는 것이다. 아우구스티누스가 계속 반복하며 강조했듯 진정한 행복이란 '하나님의 선물' 이었고, 오직 죽음을 통해서만 그리고 오직 소수에게만 주어지는 것이었다.[67]

이러한 판단에서 비롯되는 걱정스러운 시사점은, 지혜로운 하나님이 구원될 사람들을 '예정' 해놓았다는 것이다. 그리고 이 '예정설' 의 조짐은 후에 마르틴 루터Martin Luther와 존 칼뱅John Calvin이 고찰했듯 아우구스티누스의 작품 곳곳에서 확연히 나타난다. 그러나 아우구스티누스는 이들과는 다르게, 은총의 천명이라는 불가사의에 대해서 장황하게 서술하려고 하지는 않았다. 그는 '희망의 행복' 을 열렬히 설파했다. 모든 기독교인들은 고통의 장막인 이 세상을 넘어 우리의 여정이 행복한 해결과 결말을 맺는 곳, 즉 주님에게로 인도된다는 생각에서 위안을 얻을 수 있었다. 축복받은 자들은 그곳에서 하나님을 직접 '대면' 하고 마음을 통해 영원히 그를 보며, 모든 욕망을 충족시킬 것이다. 의심, 두려움, 갈망 등에서 벗어나, 시초에 "하나님으로부터 진정한 기쁨이 끝없이 흘러나왔던" 때의 우리 조상들처럼 우리도 다시 그렇게 될 것이다. 그곳 왕국에서 우리는 끝없이, 영원히 맘껏 마실 수 있게 된다. 그러나 그때까지는 항상 갈증으로 고통받을 것이다.

삶에 대한 이러한 전망은 인간의 운명을 결정짓는 데 인간 능력의 역할이 경시된다는 점에서 기본적으로 '비극적'이며, 또한 지상에 존재하는 것을 고통과 고뇌에 빠지는 것으로 본다는 점에서도 역시 '비극적'이다. 그럼에도 아우구스티누스는 존재의 목적을 한계점이 아닌 영원한 삶을 여는 관문으로 변화시킴으로써, "죽을 때까지는 그 누구도 행복하다고 하지 말지어다"라는 비극적인 옛 속담과는 매우 다른 관점을 제시했다. 기독교의 개념에서 행복은 죽음이었으며, 이는 세속적인 운명과 변덕스런 기회가 미친 영향에 강타를 날렸던 명제였다. 고전 시대에서는 클레오비스와 비톤의 경우처럼 죽음이 바람직한 삶의 종말로서 행복의 완성이었다. 그러나 기독교의 관점에서 죽음은 정점이자 시작이었다. 즉 세상의 고통의 정점이자 무한한 지복의 개시요, 끝없는 행복의 시작이었다. 고전 시대의 전형적 영웅이 끊임없는 예언에 존재를 걸며 대결해가는 현명한 모습이었다면—오직 자만심에서나 혹은 기계장치에서 나오는 신들의 있을 법하지 않은 개입에 의지해서만 해피엔드를 꿈꾸며—, 기독교 순례자들은 더 나은 곳을 향해 이동하고 있다는 희망적인 위안으로 여행할 수 있었다. 여행 중의 고투는 그 고투 자체가 헛되지 않은 것임을 끊임없이 상기시켰다. 고통받는 것은 당연한 징벌이고 속죄이며, 점점 나아지는 것이었다. 여행의 발자취는 시련이 되지만, 또한 매 발걸음의 고통은 목적이 있다는 것을 부단히 상기시킨다. 이것이 순례자에게 주어지는 약속이다.

이런 식으로 보면 우리가 스치고 지나가는 세상의 모습에 이끌려 머물려고 할 필요는 없다. 삶의 행복이란 끝없는 행복에 비하면 얼마나 덧없는 것인지 너무나 분명하기 때문이다. 그러나 이와 같은 기독교적 시선에는 또 하나의 관점이 있는데, 바로 아우구스티누스의 비극적 관점에서 보이는 모호성이다. 하나님의 도시에서, 죽을 운명인 인간의 삶을 '지상의 지옥' 이라고 묘사했던 바로 그 저자가, '무수한 축복' 과 '이 삶에 가득한 좋은 것들' 에 대해 하나하나 경건한 마음으로 얘기하고 있다. 그는 인간은 '얼이 빠질 정도로 놀라운 숭고한 작품' 이라며, 인간 이성의 '탁월한 능력' 과 '인간의 근면성이 이룩한 놀라운 성취' 에 찬사를 보낸다. 그리고 믿기 어려울 정도로 부드럽게 '자연이 이룩한 창조의 아름다움과 유용함' 에 대해 얘기한다.

> 하늘과 땅, 그리고 바다의 형형색색의 아름다움. 태양, 달 그리고 별들의 충만한 빛, 그 기적 같은 사랑스러움. 숲이 베푸는 그늘과 꽃들의 내음과 색깔. 빛나는 깃털과 노래를 뽑아내는 온갖 종류의 새들. 셀 수 없이 다양한 온갖 크기와 모습의 생물들……. 마치 옷을 갈아입듯 초록빛, 자줏빛, 그리고 푸른빛 등 각각 다른 색을 띠며 펼쳐지는 바다의 웅대한 장관……. 이렇게 무수한 자연의 축복을 누가 다 열거할 수 있겠는가?[68]

이것은 엄청나게 삶을 사랑하여 그 끝을 애석해 할 사람의 목소리다. 이것은 우주의 사랑스러움을 깊이 느낀 사람, 존재의 고귀한 경이로움을 매순간 음미하는 사람, 이 세상에 존재한다는 단순한 사실 그 자체를 기뻐하는 사람의 목소리다. 그렇다. 이 세상의 아름다움과 여림, 그 스쳐 지나감, 그리고 우리의 눈에 붙잡을 수 없는 것, 이런 것들이 고통의 원인이 된다. 그러나 이것은 끊임없는 작별의 달콤한 슬픔이고, 다시는 같은 것이 반복되지 않으리라는 것을 잘 아는 모든 경험의 주입이다. 본유적인 슬픔에도 불구하고 삶은 값진 선물이며, 그리고 그 무상함을 알기에 더더욱 값진 것이다. 이것은 또한 세상은 그저 스쳐 지나가는 정경임을, 그리고 "죽을 운명인 육신에 속해 있는 한, 인간은 하나님으로부터 멀리 떨어진 이역에 있는 순례자"임을 알고 있는, 바로 그 사람의 목소리이다.[69]

신비스런 회귀

"낙원에 하나님이 걷고 있었다." 그리고 물었다. "아담아, 어디에 있느냐?

> 아담, 어디에 있느냐? 이는 인간을 책망하는 창조주의 목소리이다. 이는 그가 이렇게 말하고 있는 것이다. 네가 죄를 지은 뒤, 지금 어디에 있느냐? 내가 너를 창조해낸 그곳에서 네가 보이지 않는구나. 내 형상에 따라 만든 너의 모습, 그 존엄 속에서도 네가 보이지 않는구나. 그러나 나는 행복으로부터 이탈한 자, 진정한 빛으로부터 도망친 자, 꺼림칙한 마음에 은밀한 곳으로 숨어버린 너를 꾸짖도다. 그리고 네가 불복종한 이유를 묻노라. 네가 한 짓, 네가 어디로 어떻게 도망친 것을 진정 내가 모른다고 생각하느냐?[70]

9세기에 「창세기」의 주해를 집필한 한 작자는 당대인들에게 '스코틀랜드인 존John'이라 불렸지만, 실은 아일랜드인이었다. 그래서 나중에 그의 이름에 '에리우게나Eriugena', 즉 성인들의 섬 출신이라는 별칭이 붙었다. 반달족, 훈족, 색슨족, 고트족 등의 침략으로 짓밟히고, 로마 제국이 산산조각 나서 유럽의 수많은 지식의 보고들이 파괴되거나 분실되고 있을 때인 6~8세기에 아일랜드라는 섬은 한편으로는 그 보고들이 밀려드는 피난처가 되었다. 에리우게나는 지식의 보고를 이어받는 계승자였다. 그러나 에리우게나가 살던 당시에 이르러서는 그 지식 요새의 성벽이 노출되어 위협을 받게 된다. 그 위협은 로마를 파괴했던 세력이 아니라, 8세기 후반 켈트인들의 변경을 공략하기 시작한 북방인들, 즉 바이킹과 덴마크인들로부터 왔다. 에리우게나 같은 사람들은 갈 수 있는 데까지 도망가서 마치 아담같이 숨어 살면서 지내거나, 아니면 피난민이 되어 외국으로 도주했다. 그러면서 그들은 귀중한 수집물의 일부를 가져갔다. 즉 경전에 대한 지식, 라틴 선구자들에 대한 지식, 그리고 9세기의 유럽에서는 아주 희귀한 그리스어에 대한 지식들을 가져갔던 것이다. 수도사이자 학자인 오세르Auxerre의 헤이릭Heiric이 질시 어린 부러움으로 경탄했듯이, "아일랜드는 위험한 바다를 건너 그들의 철학자들을 거의 모두 우리 해변에 쏟아내고 있다. 최고의 지식인들 모두가 현자 솔로몬의 초대를 기대하면서 자발적으로 망명의 길을 택했다."[71]

여기서 솔로몬이란 '대머리 왕 찰스'로, 샤를마뉴 대제의 손자이자 새로 통합된 서프랑크 제국의 왕을 말한다. 그는 예술의 후원자였으며, 궁정을 학자들의 은신처로 제공했다. 따라서 그의 궁정은 9세기에 실제적인 문예 부흥의 중심지, 오늘날에는 카롤링거 왕조의 르네상스라 불리는 시기의 중심지로 부상했다. 847년경 에리우게나가 그곳에 도착했을 때 그는 시인이요, 신학자요, 철학자이자 위트가 넘치는, 그야말로 르네상스인으로서의 위상을 정립하게 된다. 술고래인 그에게 찰스 왕이 "주정뱅이sot와 스코틀랜드인Scot"을 구분해주는 게 무엇이냐고 묻자 그가 "오직 테이블뿐이지요"라고 대답했다는 일화가 전해진다.[72] 이 이야기의 진실 여부는 의심스럽지만, 에리우게나가 얼마나 관대한 대접을 받았는지를 반영해준다고 볼 수 있다. 찰스 왕은 그를 궁정학교 교장으로 임명했다. 그리고 스코틀랜드인 존은 낙원의 혼란과 하나님의 계시에 대해 자유로이 연구해보라는 명을 받았다.

"그들은 주 하나님께서 저녁 산들바람 속에 동산을 거니시는 소리를 들었다. 사람과 그 아내는 주 하나님 앞을 피하여 동산 나무 사이에 숨었다."(「창세기」 3:8) 여기 인용된 「창세기」의 구절에 대해 에리우게나가 오랫동안 숙고했던 것은 바로 이러한 임무의 산물이었다. 4세기에 성 암브로시우스St. Ambrose가 던졌던, "항상 어디에고 임하시는 그가 걷는다는 것은 무엇을 의미하는 걸까?"라는 질문을 인용하여 에리우게나도 같은 의문을 제기한다.[73] 이것은 하나님이 어디에나 존재한다는 것을 나타내는 게 아니지 않은가? 그리고 만약 그렇다면, "하나님의 걷기 같은 것이 성경 전체를 관통하고 있다. (…) 그래서 우리가 이런 구절들을 생각할 때면, 걷고 있는 주님의 목소리를 알 수 있다"라고 말하는 것도 틀린 것인가? 하나님은 영원히 "인간의 마음속을 걷고" 있는 것처럼 보인다. 그러나 죄를 짓고 양심의 가책에 빠져 있을 때, 우리는 하나님이 계시다는 것을 잊고, 하나님의 사랑 가득한 시선에 응하기를 거부하며 수치심 속으로 숨어버린다.[74] 이 아일랜드의 현자 역시 아우구스티누스를 끊임없이 괴롭혔던 질문—어떻게 하나님께 갈 수 있을까?—에 시달렸는데, 아마도 본국으로 돌아가고픈, 망명자의 자연스런 갈망 때문에 더욱 그랬을 듯하다. 에리우게나가 자신의 후원자에게 헌사한 장시에서 말하고 있듯이, 성서

구절들을 들을 때면 그는 걷고 있는 전지전능하신 분의 목소리, 돌아오라고 우리를 부르는 목소리를 들을 수 있었다.

> 말씀이신 하나님은 성처녀 마리아의 자궁에서부터—밤의 어둠이 극복한 빛이 점점 밝아오고 있는 가운데—
> 불행한 우리 인간을 위해 역사하셨다. 인간은 낙원의 빛에서
> 추방되고, 이전에 범한 죄의 어둠 속에 묻혀 있으며,
> 빛으로 빛나는 자리를 우리의 자의로 떠나고
> 끊임없는 죽음이라는 사슬로 정의에 묶여 있다.
> 따라서 인간은 죄를 갚고 속죄하며
> 그 우쭐한 자만심에 상응하는 고통을 느낄 것이다.
> 말씀이신 하나님은 우리를 회복시키시고 우리의 옛 고향집으로 다시 돌아가게 하시고자 한다.[75]

고의적인 '행복의 유기자遺棄者'인 인간이 자의로 저버린 집에 어떻게 다시 돌아갈 수 있을까 하는 것이, 세상으로 내던져진 아담의 후손인 모든 정신적 추방자들과 마찬가지로 에리우게나에게도 가장 중요한 논제였다.

이 논제는 새로운 것이 아니었다. 앞서 보았듯 아우구스티누스가 몰입하기도 했으며 초기 교회에서도 중추적이었던 논제로, 이후에도 다양한 방식으로 제기되었다. 죄에 대한 아우구스티누스의 신학은 우리의 순수한 상태—행복을 갈망하면서 이제는 불완전하게 기억하는, 더 이상 실현하거나 볼 수도 없는 낙원의 상태—인 완전체로의 회귀가 불가능하다는 것을 논하려 한 솔직한 시도였다. 하나님의 왕국이 곧 임하지 않는다는 사실에 굴복하며, 점차 제도화되어가는 교회

에 맞추어, 아우구스티누스의 죄에 대한 신학은 그가 위험한 착각이라고 간주한 것으로부터 인간을 해방시키고자 했다. 그 착각이란 이교도의 오만과 흡사한 '펠라기우스'의 신학설인데, 그것은 인간이 스스로 구원을 성취할—행복을 획득할—수 있다는 믿음이다.

이러한 견해에 맞서기 위해 아우구스티누스는 자유의지와 은총, 인간의 능력과 하나님의 역동적 힘 사이에서 신중한 균형을 유지하려 고심했다. 그러나 그것은 아주 미묘한 균형이었고, 어떤 이의 마음속에서는 위험스럽게도 인간의 위치에 대한 비극적 운명관으로 기울기도 했다. 그 결과 종교 개혁 시기에 루터와 칼뱅이 등장하기 한참 전에, 교회의 권위자들은 아우구스티누스에 근거하여 그가 주장한 방향으로 추진해가려고 전력을 다하고 있었다.

에리우게나는 그런 권위자들 중 한 사람이었고, 9세기 중반 대머리 왕 찰스의 궁정은 궁정 내의 주요 인물이며 랭스Reims의 주교인 힌크마Hincmar에게 보낸 서한에서 한 관계자가 고찰했듯이, 그 지주支柱를 둘러싼 논쟁에서 특히 중요한 곳이었다. 그곳에서는 의심스런 견해를 확산시키는 목소리들과 더불어 "새로운 미신과 예정설에 해로운 교리"가 대두했다. 그 서한은 이 목소리들이 아우구스티누스의 전거를 들며 "하나님의 예정은 선악 모두에 적용된다"고 논한다는 주장을 하고 있다.[76] 즉 하나님은 무한한 지혜로 행복과 구원을 얻을 선택받을 자들을 준비할 뿐만 아니라, 파멸로 벌을 받을 자들 또한 예정해놓으며, 그들의 망령들은 단지 파괴하기 위해서만 존재하도록 만들어졌다는 것이다. 이 이중 예정론praedestinatio gemina은 오늘날에는 '쌍둥이 예정설twin predestination'로 불린다. 이 견해에 따르면 인간은 영원히 행복하게 태어나거나 또는 그렇지 않다. 그렇지 않은 이들, 즉 불행한 이들은 아무리 노력을 하더라도 "과오와 죄로부터 자신을 바로잡을 수 없다."[77)]

아우구스티누스 자신이 이러한 교리를 실제로 가르쳤는지에 대해서는 이론의 여지가 있다. 그러나 당면한 문제는 이러한 교리가 불러일으킬 위험에 대해 우려하는 사람들이 9세기에 이미 교회 내부에 있었다는 것이다. 그들은 이중 예정설이 진정한 사랑의 하나님을 끔찍하게 그려낼 뿐만 아니라 도덕적, 정신적 개혁에 대한 모든 노력을 전복시킬 위험마저 내포하고 있다고 주장했다. 자유의지를 위태롭게 함으로써 하나님의 은총에 대한 유일한 매개자인 교회의 위상까지 위태롭게 하며, 이 세상을 혼란으로 몰아간다는 것이다.

찰스 왕의 독려로 이 논쟁에 참여한 에리우게나는 850년, 아니면 851년에 자유의지를 열렬히 옹호하는 「예정설De praedestinatione」을 집필했다. 무척 난해한 이 논문은 아우구스티누스의 전거가 이중 예정설 교리를 옹호하는 데 사용될 수 있다는 것을 부정하기 위한 시도였지만, 그 목적이 모두 성공했던 것만은 아니다. 그 시도의 이면에 있는 논리는 우회적이었지만, "그러므로 모든 정통 신앙인들과 함께 이중 예정설, 쌍둥이 예정설 또는 하나가 둘로 나뉘거나 이중으로 분리됐다는 얘기를 하는 사람들을 파문한다"는 그의 결론은 완벽하리만큼 분명했다. 하나님의 영원불멸한 계율은 "그 누구도 악에 예정하지 않았다. 왜냐하면 하나님의 계율은 선하기 때문이다. 마찬가지로, 그것은 그 누구도 죽음에 예정하지 않았다. 왜냐하면 그것은 생명이기 때문이다."[78)]

자신의 주장을 전개하기 위해 에리우게나는 다른 극단으로 선회했다. 그래서 죄악의 힘을 경시하고 인간 능력의 위력을 과대평가했으며, 「예정설」이 펠라기우스적 이단에 너무 근접한 경향이 있다는 의혹을 받을 정도였다. 그 사실에 부응하기라도 하듯, 후에 에리우게나의 다른 몇몇 저작물들은 비난을 받는다. 비록 스코틀랜드인 존 자신은 미묘한 균형을 위태롭게 했지만, 전반적 여세는 9세기의 가톨릭 교리와 실천의 폭넓은 추진력과 결합해, 이후 수백 년간 진전되어간다. 에리우게나는 인간이 자신의 자유의지로 행복을 저버렸기에, 같은 식으로 다시 행복으로 회귀할 수도 있다고 주장했다. 하나님의 시선을 구하고, 그의 은총을 받기 위해 합당한 절차를 밟아감으로써, 하나님이 우리 사이에 걷고 있을 때 그의 현존을 알게 된다는 확신을 가질 수 있다는 것이다.

자신의 모든 저작을 통해 에리우게나는 이런 신념을 전개했지만, 그가 이후의 사람들에게 가장 큰 영향을 끼친 것은 그의 작품이 아닌 다른 사람의 작품에 의해서였다. 역시 대머리 왕 찰스의 권유로, 에리우게나는 당시에는 그저 디오니시우스라고만 불명확하게 알려졌던 한 작가의 총서 중에 남아 있던 작품들을 그리스어 원본에서 라틴어로 번역했다. 그 작가는 「사도행전」 17장 34절의 "그때에 몇몇 사람이 바울 편에 가담하여 믿게 되었다. 그들 가운데는 아레오파고스 의회 의원인 디오니시우스가 있고"에서 사도 바울이 언급했던 아테네 출신의 제자라고 잘못 알려졌던 사람이다. 오늘날에는 작가 디오니시우스가 절대 성경 구절 속의 사람이 아니라는 걸 안다(그 자신은 정반대 주장을 했지만). 엄청나게 다작을 했던 그 작가는 확실하다고 단정지을 수는 없지만, 아마도 훨씬 뒤인 6세기경에 시리아에서 살았던 사람이 아닐까 추정된다. 분명한 것은 이 위僞-디오니시우스는 플라톤학파와 신플라톤주의 철학을 심도 있게 독파했다는 점이다. 그리고 이런 철학을 기독교 교리와 매우 능란하게 섞어서, 자신의 주요 작품 중 하나의 제목으로까지 택했던 '신비신학'을 창안해냈다.

위-디오니시우스는 육체와 모든 물질적인 것을 경시하며 전실재

全實在—그리고 하나님 자신—, 즉 순수한 불변의 정신, 통례적인 방법으로는 인지되지 않으나 모든 것을 내포하는 원초적 본질을 꺼내 들었다. 다시 말해 우리는 오직 자신을 비우고 부정하는 근본적 과정과 정신적 단련, 극기적 정화를 거쳐야만, '마음의 눈' 이 하나님의 실재에 열리도록 단련할 수 있다는 것이다. 이러한 과정—플라톤이 그 유명한 동굴의 은유에서 어둠에서 빛으로 상승하는 일에 비유한 것—에 실패하는 사람들은 모두 하나님의 진실한 광휘를 볼 수 없는 맹인으로 남게 될 것이다. 위-디오니시우스는 『신비철학 *The Mystical Theology*』 초입에서 이렇게 권고한다.

> 신비한 것들을 보고자 하는 그대에게 주는 나의 권고는 인지되고, 이해되고, 인지하고, 이해할 수 있는 모든 것을 다 떨쳐버리라는 것이다. 존재하지 않는 것과 존재하는 것 이 모두를 떨쳐내라. 그리고 그대의 생각은 옆으로 제쳐두고, 모든 존재와 지식 너머에 있는 그와의 합일을 향해 그대가 할 수 있는 한 위를 향해 고군분투하라. 그대 자신과 모든 것을 가름 없이 완전히 포기하고, 모든 것을 벗어 던지고, 모든 것으로부터 자유로워지면, 그대는 존재하는 모든 것 위에 존재하는 신성한 그림자가 발하는 빛으로 올라가게 될 것이다.[79)]

자신과 모든 것을 포기하라는 것은, 그 중추적 비유에도 불구하고 그리 사기를 북돋는 말처럼 보이지는 않는다. 그러나 포기와 초월이라는 유혹—자신의 슬픔을 잊고, 모든 세상사 위로 날아오르고픈 유혹—은 인간 정신에 깊이 뿌리 내리고 있다. 플라톤은 인지된 현실의 한계 너머에 있는 것과 황홀한 합일을 이루려는 영혼의 에로틱한 갈망에 대해 인상적인 시각을 보여줬다. 이러한 시각이 속세의 죄를 담고 있는 육신을 경시하는 기독교적 경향과 합쳐질 때, 그 결과는 정신적인 고양을 향한 매우 강력한 충동이 된다. 그것은 마치 부드럽고 따뜻한 바람처럼, 좀 더 높은 것을 향해 자신의 마음을 세우는 이들을 모두 저 높이 올려주겠다는 약속이다. 그것은 중세의 신비론자인 빙엔Bingen의 힐데가르트Hildegard가 고찰했듯이, 마치 '신의 숨결을 타고 있는 깃털' 같이 우리를 드높이 오르게 한다.

이미 4세기에 사막의 선구자들은 이러한 강력한 추세를 알고 있었고, 세속적인 것에 대한 부정이라는 위대한 묘기를 통해 하나님을 보려고 위를 향해 고군분투했다. 이들은 모든 것을 버릴 준비가 되었으며, 그들의 극기적 대담함은 시메온Saint Simeon Stylites이라는 인물을 통해 새로운 경지를 일구어냈다. 5세기의 은자인 그는 18미터 높이의 기둥을 세웠다. 그러고는 세상과 단절하고 36년 동안 그 기둥의 꼭대기에 살면서, 최소한의 음식과 물만을 줄 끝에 달아 위로 올려 그것으로 연명해나갔다. 이것은 하나님에게로 좀 더 가까이 다가가기 위한 문자 그대로의 노력이었고, 동방 교회에서 널리 모방되었다. 훨씬 뒷시대의 한 은둔자가 말했듯이 "행복을 탐구하는 자는 지붕 꼭대기의 참새처럼 그리고 황야의 펠리컨처럼, 그렇게 홀로 앉아 있어야 했다."[80] 이 고독한 영혼들은 지고한 곳의 행복에만 전념하기 위해서 세상과의 모든 연을 절단했고, 하나님과의 영적 · 개인적인 교섭을 위해 치솟아 오르려고 시도했다.

이와 유사한 목적을 성취하기 위해 단식과 절식을 행했던 사람들도 있었다. 이러한 절제는 자기 무게 때문에 떨어져버리는 썩은 사과 같은 육신을 정화하기 위한 방법으로, 이를 통해 영혼은 좀 더 정신적인 향연을 향해 올라갈 수 있다는 것이다. 7세기에 세빌리아Seville의 이시도르Isidore는 이 방법을 열렬히 권했다. 그는 단식은 "성스러운 것이고, 천상적인 일이며, 왕국으로 이르는 문이고, 미래의 형태이다. 이를 신성하게 행하는 자는 하나님과 합일될 것이다. 이는 세상에서 추방되었지만, 정신적인 존재가 되는 길이다"라고 말했다.[81] 대략 같은 시기에, 아마도 에리우게나도 알고 있었을 아일랜드 찬가는 성찬 축제에 신성함을 불러들였다. 성찬eucharist이라는 단어 자체가 뜻하는 것은 '감사' 또는 '사례하기'(eu: ~로부터+charis: 사례, 은총, 기쁨)이다. 그러나 이 어휘는 그리스어 동사인 '기뻐하다' 라는 뜻의 카이레인chairein과도 유사하다. 아래의 찬가를 부르는 수도승들이 이러한 어원을 알고 있었는지는 모르겠지만(아마도 아닐 것이다), 그들은 마치 그 사실을 알고 있었던 것처럼 매우 고양되어 있다.

> 오너라, 성스런 백성들이여, 그대들을 구원할 예수의 육신과 피를 들라. 우리는 예수의 피와 육신으로 구원되었다. 그걸로 잔치를 했으니 하나님께 감사드리자. 이 성체로 인해 모두가 지옥의 문에서 구출되었노라. (…) 우리를 위해 희생하신 주님은 목자이시자 희생양이시니라. (…) 주님은 배고픈 자에게 천상의 빵을 주시고, 목마른 자에게는 생명의 샘물을 주시도다.[82]

"그의 만찬에 초대된 자는 행복할지어다."[83] 온순한 양인 예수, 효모가 들지 않은 빵인 예수, 달콤한 포도주인 예수는 가장 까다로운 미식가에게 유일한 음식의 형태, 즉 육신이 예수의 신비한 몸속으로 야위어 들어가는 동안 영혼을 지탱할 축복의 조각들이 되었다.

혹독한 회개를 행했던 사람들은 아마도 자신의 노력을 통해 좀 더 높은 상태로 나아갈 수 있다는 것을 알기 위해 구태여 예정설에 대한 신학적 판결을 필요로 하지는 않았을 것이다. 또 그들의 마음을 움직이기 위한 디오니시우스 같은 자들의 묵상도 필요 없었을 것이다. 그러나 이 두 가지 시류의 일치는 막 상승하기 시작하던 9세기 기독교 신비주의 운동에 견인차 역할을 했다. 위-디오니시우스의 저서들이 초기 교회의 목소리라고—사도 바울의 제자로부터 직접 나온 말이라고—믿었던 관점에서 볼 때 그 영향력은 매우 지대했다. 한 평자가 보았듯이, "기독교 신비주의에 그보다 더 큰 영향력을 발휘한" 사람은 거의 없을 정도이다. 또 다른 평자는 위-디오니시우스를 "과학적 신비주의 신학의 아버지"라고도 평가했다.[84] 과학적이든 아니든, 에리우게나의 번역 때문에 알려지게 된 그 작품은 수세기 동안 엄청난 여파를 몰고 온다. 그의 저서에 영향을 받은 서구 신비주의 전통에서 주요 인물 몇 명만 들자면 성 토마스 아퀴나스Saint Thomas Aquinas, 성 보나벤투라Saint Bonaventure, 마이스터 에크하르트Meister Eckhart, 십자가의 요한, 아빌라Ávila의 테레사, 그리고 아마도 빙엔의 힐데가르트 등이다.

이 자랑스런 전당에 예외가 있다면 보이티우스Anicius Manlius Severinus Boethius이다. 그 역시 6세기의 저자로, 그의 가장 영향력 있는 저서는 카롤링거 왕조 시대에 이르러서야 발견되어 널리 알려지게 되었다. 보이티우스가 신플라톤주의자이며 또한 자유의지와 운명의 문제를 깊이 성찰했다는 점으로 미루어볼 때, 에리우게나가 그의 사고에 깊은 관심을 가진 것은 당연하다. 에리우게나는 보이티우스의 여러 작품에 주해를 했고, 또 그의 생애에 대해 짧은 글을 쓰기도 했다. 그것은 로마 제국 말기에, 귀족 가문에서 태어난 보이티우스가 어떻게 해서 후에 감옥에 갇히고, 또 동고트Ostrogoth의 왕 테오도리크Theodoric에 의해 524년 가톨릭 순교자로서 생을 마감하게 되는가를 기술한 글이다. 형 집행을 기다리는 동안, 보이티우스도 페르페투아

신비로운 은총. 지안 로렌조 베르니니, 「성 테레사의 황홀」, 1645~1652, 카펠라 코르나로, 산타 마리아 델라 비토리아, 로마.

처럼 짤막한 글을 집필했다. 에리우게나가 평생을 바쳐 연구하게 되는, 『철학의 위안 *The Consolation of Philosophy*』이라는 제목의 이 저서는 9세기 당시에 교육받은 대중들 사이에서 널리 읽히기 시작했다. 디오니시우스의 작품과 더불어 보이티우스의 이 저서는 가장 중요한 중세 저작 중 하나가 된다.

일면 자서전적이기도 한 이 작품은 사형수의 지적 여정, 즉 절망 속에 빠져 있는 그에게 홀연히 나타난 철학의 여신이 성실한 손으로 그를 인도할 때, 하나님을 향한 그의 정신이 어떤 식으로 작용하는지를 서술하고 있다. 그가 자신이 재수 없이 투옥된 것에 대해 비분강개하고 있을 때, 철학의 여신은 운명의 여신을 믿은 자들은 기만당하기 마련이라고 말한다. 이어서 그녀는 "한때 키로스Cyrus에게 두려움의 대상이었던 리디아의 크로이소스 왕이 그 후 타오르는 장작더미의 화염 속에 몸을 맡겨야 하는, 얼마나 가엾은 신세로 전락했는지 아마 당신도 들었을 것이다"라고 말했다.[85] 인간이 세상의 부질없는 것에서 행복을 찾으려 한다면 "비극의 신음소리"가 끊이지 않을 것이다. 부자, 높은 지위, 명성, 쾌락, 안락 그리고 권력 등 행복을 향한 모든 길들은 결국 샛길일 뿐이며, 그것들이 약속하는 목표로 결코 인간을 데려다줄 수 없다."[86] 육신과 마찬가지로 "그 번지르르하고 덧없는 것들은" 단지 한순간 스쳐 지나가는 쾌락과 피할 수 없는 고통을 낳을 뿐이다. 단지 "진정한 행복의 겉모양새"에 지나지 않는 이들 세속적 목적들은 실상은 착각이다. 지고의 행복이란 단 하나뿐이기 때문이다. 철학의 여신은 "하나님이 곧 행복 그 자체라는 걸 우리는 알아야 한다"고 이른다.[87]

늘 들어온 이런 결론에 도달하며, 철학의 여신은 상당히 대담한 또 하나의 결론을 도출해낸다.

> 행복을 성취함으로써 인간은 행복해지므로, 그리고 행복은 그 자체로 신성이므로, 분명 신성을 성취함으로써 인간은 행복해진다. 자, 인간은 정의를 달성하는 것으로 올바르게 되고, 지혜를 획득하여 지혜롭게 된다. 그러므로 같은 논리로, 신성을 성취하면 인간도 신이 되는 것이다. 따라서 각자 행복한 사람은 하나님이다. 본래 하나님은 오직 하나이다. 그러나 그 어느 것도, 그 신성을 가능한 한 많은 사람들이 공유하는 것을 막지는 않는다.[88]

이것은 분명 급진적인 주장으로, 행복한 사람은 "신 같은 삶을 살았다"라는 고전적이고 진부한 말에 바탕을 둔 것이다. 그러나 또한 이는, 행복한 자는 하나님의 핵심적인 진수를 직접 공유하고 그 정신과 권능에 참여하면서, 말 그대로 하나님이 된다는 뜻이다. 그리고 비록 이러한 착상에 대해 성서에 입각한 선례들—예를 들자면 "신 같음"이 되기에 우리가 필요로 하는 모든 것을 줘서, 우리가 "하나님의 본성에 참여자"가 될 수 있도록 했다는 성 베드로의 주장(「베드로후서」 1:4)—이 있긴 하지만, 보이티우스는 여기서 그 선례들을 내보이지는 않는다. 오히려 그는 디오니시우스처럼 본래 우리가 왔던 곳으로 다시 우리를 인도하는 다른 안내자에게 그의 믿음을 보낸다. 철학의 여신은 그가 가야 할 방향을 가리키기 전에 죄수에게 "나의 인도 아래 나의 길을 따라서, 그리고 나의 전도 속에서, 너는 네 본토로 안전하게 돌아갈 수 있다"고 설파한다. 하나님에게로 가기 위한 죄수의 걸음에는 단순한 걷기가 아닌, 영혼의 신비로운 비상이 있다.

> 왜냐하면 나는 하늘의 그 높고 둥근 천장까지
> 날 수 있는 날개가 있다.
> 일단 이렇게 준비가 되면, 너의 재빠른 마음은
> 저 뒤의 지구를 혐오스럽게 바라본다.
> 무한한 대기를 뚫고 오르고,
> 그 아래 구름들을 내려다보고
> 불의 권역을 뚫고 갈 수 있으며
> 에테르의 부드러운 흐름과 함께 타오르는,
> 별이 빛나는 방으로 달려가
> 태양으로 이르는 길에 들어선다.[89]

위-디오니시우스의 많은 저서들에서처럼, 이 비유적 묘사도 플라톤적인데, 아마도 플라톤의 대화편 『파에드로스』 속에 나오는 날개 달린 영혼의 이야기에서 직접 차용한 듯하다. 아무튼 세속적인 것의 어둠을 버리고 빛을 향해 상승하는 비유는 분명히 기독교의 목적에 쉽게 적용할 수 있는 것이었다.

이런 식으로 에리우게나는 성 요한복음 전도자를 자신의 이론인 '신격화'의 완벽한 예로서 생각한다. 이는 은총받은 자의 심신의 변화가 하나님 안으로, 그리고 성령의 일치 속으로 합체—즉 그를 통해, 그와 함께, 그 안에서 됨을 말한다.[90] 에리우게나의 시각에서는 요한이야말로 묵상의 가장 위대한 수준에 다다른 사도요, 하늘로 치솟아 오르는 독수리가 가장 적합한 상징으로 표현되는 사도이다. 그는 "재빠르게 날아올라 하나님의 얼굴을 바라다보는 신비의 새"이고, 말씀을 "묵상하며 모든 가시적이고 비가시적인 피조물 위로 올라서고, 모든 생각 위로 치솟고 신격화되어, 그를 신격화하는 하나님의 안으로 들어가는 신비의 새이다."

독수리와 함께 있는 성 요한, 9세기 초, 메트로폴리탄 박물관, 수도원 컬렉션

> 그 신비한 독수리의 목소리가 교회의 귀에 울린다. 우리의 오감이 그 지나가는 소리를 듣도록 하자. 우리의 마음이 그 머무는 의미 속으로 뚫고 들어가도록 하자. 그 목소리는 높이 날아오르는 새의 소리다. 그는 물질적인 대기나 에테르, 지각할 수 있는 모든 세상의 한계 위를 나는 새가 아니라, 존재하는 모든 것, 존재하지 않는 모든 것을 넘어 모든 묵상을 초월하는 새이다. 그는 심오한 신학의 신속히 나는 날개로, 극명하고 고매한 묵상의 눈짓으로 이를 행한다.[91]

그리고 에리우게나는 자신의 '보이티우스적' 은총의 수혜에 대해 어떤 의혹도 일지 않도록 분명히 하고 있다. "그러므로, 존재하는 모

그들의 지복을 나타내는 성 프랜시스와 예수 주위의 반음영과 후광을 주목하라.

든 것 위로 일어섰을 때, 요한은 단지 한 인간이 아니라 인간 이상인 것이다. (…) 왜냐하면 우선 하나님이 되지 않고서는 달리 하나님에게로 올라갈 수가 없기 때문이다."[92]

요한의 신비로운 상승은 인간의 조건에 대한 그의 근본적 절연이 선행되고 나서 이루어진다. 육신으로부터의 탈출과 자기 자신의 포기, 성스런 교화와 하나님과의 황홀한 합일 상태를 성취하기 위해, 성인聖人은 이성과 사고라는 철저히 인간적인 한계를 뛰어넘는다. 이것은 축복이요, 거룩한 황홀경이요, 격정적인 충만함이요, 하나님의 사랑과의 합일로서, 후대의 신비주의자들은 이를 에로틱한 표현으로 솔직하게 묘사한다. 즉 마리아의 가슴에 달라붙어 따스한 젖을 빨며, 신랑 예수와 결혼해 '그리스도의 신부'로서 영혼의 절정에 달하는 것으로, 또는 하나님에게 자신의 순결을 바치는 남녀의 마음이 발하는 지고한 이미지 등으로 묘사한다. 에리우게나는 비록 수없이 많은 신비로운 성취의 단계들—죽음에서와 마찬가지로 삶에서도, 더 많은 '앎'을 '알고자', 또 궁극적으로 알 수 없는 하나님을 좀 더 가까이 경험하고자 각 영혼이 고군분투하는—을 생각해냈지만, 그는 이 요한의 신비로운 상승을 다른 것들의 평가를 위한 생생한 규범으로 여겼다. 지고선을 추구하는 데 있어 이 성인을 본보기로 삼으려는 인간들은 또한 "하나님 안으로 변형되고자," 하나님이 되고자, 하나님의 진실 속에 직접 참여하려 하며, 죽음에서 영원히 우리 것이 될 강렬한 정신적 행복을 오직 단 한순간만이라도 알려고 분발해야 한다. 바로 이것이 추방된 자의 궁극적 회귀였다.

에리우게나의 좀 더 창의적인 몇몇 견해가 "그를 오류로 이끌어" 교회의 엄정한 정통성으로부터 멀어지게 했지만, 하나님이 되기 위한 노력으로 하나님을 향해 오르려고 분투했던 그의 호소력은 전반적으로 중세 기독교에서 수용했던 가르침과 수행에서 훨씬 광범위한 추세의 시작을 반영하는 것이었다. 에리우게나가 그토록 숭배했던 보이티우스와 위-디오니시우스의 작품들과 마찬가지로, 그의 설교는 중세 도서관에서 쉽게 찾아볼 수 있는 문서가 되었다. 그것은 진정한 고향으로 돌아가기 위한 우리의 철학적 숙고, 열성적인 묵상 그리고 극기적 부정을 망라하여, 사도의 모범을 따르라는 그의 설교가 그만큼 널리 읽혔다는 반증이다.[93]

이것이 어떤 특권층의 여정이라고 말할 필요는 없다. 그 여정은 이 세상의 모든 유혹에 좀 더 효과적으로 대항할 수 있는 곳, 우선 수도원, 수녀원 또는 은신처 같은 성스러운 곳에서 행해졌다. 철학 제파들이 그리스와 로마 시대에 각 학당을 중심으로 활약했던 것만큼이나 기독교 신앙의 완성에는 교육, 훈련 그리고 시간이 필요했다. 중세의 이러한 값진 자원들은 신학자들의 좀 더 지고한 행복이란 지고한 것에 자신의 삶을 헌신할 수 있는 사람들의 전유물이라는 것을 효과적으로 나타낸다. 후대의 작가로서 프란체스코 수도회의 성인 보나벤투라도 13세기에 쓴 『하나님을 향한 마음의 여정*Journey of the Mind to God*』에서, "행복이란 지고선의 향유와 다름없기에, 그리고 그 지고선이란 우리 위에 임하는 것이기에, 그 누구도 자신 위로 올라가지 않고는 행복을 향유할 수 없다"라고 강조했다.[94)]

이러한 말들이 얼마만큼 진실이든 간에, 보나벤투라가 고매한 초월성을 강조했다고 해서, 세속적인 것에 더 매달려 살 수밖에 없거나, 지상의 실존에 겨우 명맥을 유지해나가거나, 북적대는 유럽의 도시와 동네 속에서 무리를 지어 살아가는 훨씬 더 많은 다수의 사람들을 간과해서는 안 된다. 보나벤투라같이 지고한 정신의 소유자도 결국 자신이 속한 종단의 창시자인 성 프랜시스Saint Francis의 "고통과 박해의 십자가 속 영광으로"라는 고언에 곧이곧대로 철저히 헌신할 수는 없었을 것이다. 물론 그는 자기 부정의 삶을 영위해가며 "항상 즐겁기"를 바랄 수도 없었을 것이다. "하나님의 하인이 슬픔을 보이거나 침울한 얼굴을 하는 것은 옳지 않다"라고 성 프랜시스는 부언했지만, 분명 성인들도 가끔은 옳지 않았다. 생존하기 위해 분투하는 피조물에 지나지 않는 인간은 자신이 할 수 있는 한 미소를 지을 수 있기를 바랄 뿐이었다.[95)]

그러나 사람들이 전혀 즐거움을 느끼지 못했다고 생각하지는 말아야 한다. 그 길고 긴 중세를 살았던 일반인들도 유쾌한 순간들을 알고, 경험했다. 유아기의 위험에서 살아남은 사람들—당시 유아의 4분의 1가량이 생후 1년 이내에 사망했다—은 적어도 30대까지는 살 수 있는 가능성을 갖게 되는 것이고, 그것은 작물을 휩쓸어버리는 변화무쌍한 기후의 풍화, 전염병, 질병 그리고 그들의 이웃과 친구들을 앗아간 전쟁 속에서 살아남을 수 있다는 사실을 말해주는 것이기도 했다. 이들은 필연적으로 고통에 익숙했지만, 그러나 할 수만 있다면 언제라도 밤에 즐기는 민속놀이와 이야기들, 수확 축제 또는 종교 축제, 음악, 음주, 춤 등으로 기쁨을 만끽할 줄도 아는 복원력이 있는 사람들이었다.[96] 대부분의 사람들에게 음식은 풍족하지 않았고 쇠고기는 더욱 희귀했지만, 덫을 놓아 사냥한 꿩은 그런대로 맛이 있었고 기름진 돼지고기의 맛은 물론 말할 것도 없었다. 영어로 된『플레인 델리트*Pleyn delit*』같은 초기의 요리 안내서를 가질 수 있는 (읽는 것은 더욱 말할 것도 없고) 사치를 누릴 수 있는 사람은 극소수에 불과했지만, 아마도 배불리 먹고 화롯가에 앉은 많은 사람들에게는 이 이야기들이 실감나게 와 닿았을 것이다. 그들이 허기져 있을 때면 곧바로 구울 수 있는 칠면조가 날아다니고, 강에는 포도주가 흐르는 무릉도원 같은 섬에 대한 환상을 꿈꾸거나 또는 인간이 더 이상 원할 게 없는 신비로운 곳들에 관한 민간전승 설화들이 생각날 수도 있다.[97] 마상 창 시합, 사냥 또는 체스 게임이 장원의 영주를 즐겁게 했듯이, 이야기를 풀어내는 기술을 알고 있던 협잡꾼, 마술사 또는 탁발승은 유쾌한 환영으로 사람들의 마음을 즐겁게 만들었다. 수도승들은 영혼의 구원을 위해 수도원에서 기도했고 신학자들은 황홀경의 높이를 재고 세상을 헤쳐나가기 위해 노력을 경주하고 있었다. 그러나 세상의 인력引力은 기이한 매력을 발산했다. 신학자들은 촛불이 켜진 드높은 탑의 꼭대기에서조차 가끔씩 손에서 책을 내려놓고 저 아래 세상을 내려다보았고, 어떤 이들은 그들이 본 세상에 이끌렸다.

천국과 지상 사이

예수의 수난을 모방함으로써 영광으로 빠르게 오르는 것—이것이 바로 페르페투아와 펠리키타스 그리고 초기 교회의 다른 순교자들이 택했던 행복을 향한 도정이었다. 묵시적 권능이 쇠잔해가는 것을 좀 더 의식한 아우구스티누스는 삶을 통한 힘든 여정을 수용하라고 권유했다—은 불가피하게 고통스럽지만, 거양擧揚의 희망에 의해 유지되었다. 보이티우스, 위-디오니시우스, 성 시메온 그리고 에리우게나는 신비스런 은총 속에 위를 향해 비상하는 영혼을 그리며 하나님에게 이르는 새로운 길을 상상했다. 모두 내세적인 이들 비전은 교회라는 공통의 공간을 나누는 순교자, 신비주의자, 죄인 그리고 성인들과 꼭 상치되는 것은 아니었고 종종 서로 겹치기도 했으며, 하나님에게서 완전한 행복의 가능성을 꿈꾸었다. 그러나 이렇게 견해상으로는 조화로웠지만 하나님의 영광으로 열리는 각각의 새로운 길은 점증적인 여정과 최종 도착지라는 양쪽 모두를 변화시켰다. 즉 항상 그 자리에 있고자 고투하면서도 끊임없이 움직이는 교회가 공언한 행복의 이미지가 미묘하게 변화하게 된 것이다.

13세기는 이러한 미묘한 변화의 시기였다. 서유럽의 기독교인들은 완전한 행복에 이르는 또 하나의 길에 착안하는데, 이는 이동과 상승을 혼합한 새로운 수단이며 새로운 길이었다. 이 새로운 길을 따라가는 여정은 페르페투아와 펠리키타스를 그들의 수난으로 데려갔던, 빠른 발걸음으로 앞을 향해 나아가는 경주가 아니었다. 그것은 아우구스티누스가 말한 비극적 순례를 인고하는 것도 아니었고, 또 세상을 버리고 도약해 비상하는 신비주의적 상승도 아니었다. 그것은 성 토마스 아퀴나스가 『대이교도 대전對異教徒大全』의 제4서에서 위대한

⚜ 십자가에서 내려지는 그리스도(좌), 성 바울 교회, 네브스테드, 덴마크.
거룩한 승천의 사다리(야곱의 사다리)(우), 램버스 성경, 12세기 중엽, 램버스 궁 도서관, 런던.

'존재의 사다리'에 비유했던, 걷기와 오르기가 동시에 이루어지는 것으로, 위에 나온 모든 길의 요소를 복합시켜서 계획적이고도 점진적으로 나아가는 것이었다.[98)]

사다리의 비유는 이교도와 유대적 사고 양쪽 모두에서 오랫동안 나타났던 것이며, 창세기까지 거슬러 올라간다. 창세기에서 야곱은 잊지 못할 꿈을 꾸는데, 그 꿈에서는 "땅에 계단이 세워져 있고 그 꼭대기는 하늘에 닿아 있는데, 하나님의 천사들이 그 계단을 오르내리고 있었다."(「창세기」 28:12) 사다리라는 상징은 후기 로마 제국의 미트라Mithras 숭배에서 마음의 접근에 유사하게 사용되고, 플라톤적, 신플라톤주의적 영혼의 상승을 나타내기 위한 비상의 은유에도 종종 사용되었다. 일찍이 기독교 묵상의 묘사에서도 사다리가 자연스럽게 사용되었는데, 우리가 본 바와 같이 페르페투아가 꾼 꿈 중 하나에서

⚜ 성모의 대관과 최후의 심판을 묘사한 두 쪽 접이식 작품, 1260~1270년경, 프랑스.
좌측 하단에 천사가 올라가고 있는 계단에 주목하라.
메트로폴리탄 예술박물관, 수도원 컬렉션.

가장 생생하게 나타나고 있다. 마찬가지로 사다리는 감옥에 있는 보이티우스를 찾아오는 철학이라는 인물과 함께 나타난다. 철학의 여신은 두 가지 상징물로 수놓인 옷을 입고 있는데, 그 두 가지란 그리스 알파벳 '파이*Π*'와 '세타*θ*'로서, 이들은 각각 실천적 철학과 관념적 철학을 상징한다. 그리고 그 사이에서는 "낮은 곳의 글자에서 높은 곳의 글자로 올라가도록 단이 이루어진 사다리에 대한 묘사"를 볼 수 있다.[99)]

비록 유서 깊은 상징이긴 하지만, 13세기에 이르면 사다리는 새로운 방식으로 상당히 자주 사용된다.[100)] 앞의 그림에서 보면, 십자가에 못 박혀 처참해진 예수의 육신 옆에 있는 사다리는 예수를 향해 일어서는 사람들에게 영감이자, 하나의 도구이다. 사다리는 또한 단테의 『신곡*Divine Comedy*』 중 「천국」의 제21편에서 두드러지게 묘사되고 있다. 단테는 "사다리가 내 위로 한참 멀리까지 오르는데, 너무도 높이 치솟아 있어 내 시야가 닿을 수 없는" 그 사다리를 잡기 위해 제7천국으로 오른다. 사다리는 "그 단을 따라 엄청난 광채가 내려와서, 나는 천국에 있는 모든 등이 동시에 빛을 뿜고 있다고 생각했다."[101]

사다리는 또한 아퀴나스가 우주 질서의 위계를 상상하는 데에도 중추적 상징이 되고 있다. 아퀴나스는 "제일 아랫단에는 무생물이 있다"며 그곳에서는 오직 "한 물체가 다른 물체에 작용할 때만" 생산, 방사 또는 운동이 가능하다고 설명한다. 이에 가장 근접한 생명체는 식물들인데, 즙의 움직임이나 씨앗의 창조 등 "식물체 내부에는 이미 어떤 생산 작용이 있다." 그 다음에는 "감각-인지 능력이 있는 동물" 단계가 있는데, 거기에는 "그들 나름의 독특한 생산 형태가" 있고, 이어서 인간의 단계가 있다. 인간은 예지 또는 정신으로 특징지어지며, "가장 높고 가장 완벽한 생명체이다." 예지 자체는 또한 더 여러 단계로 나뉘며, 인간의 예지에서 천사의 예지로 진전되는데, 그곳에서 "예지는 스스로 자신을 앎으로써 (…) 자신을 안다." 마지막으로 가장 높은 단계의 순수 예지, 즉 "완전의 극치"가 있고, 이는 하나님에 속한다. 하나님에게는 존재함이 곧 앎이다. (…) 그러므로 하나님에게 있어, 그의 마음속 생각은 곧 하나님 자체이다."[102]

정연한 우주에서는 모든 창조에 그 목적과 자리가 있다. 물질에서 정신으로 이행하는 존재의 위계에서 순수 예지인 하나님은 생각 그 자체를 생각한다. 이는 '존재의 위대한 사슬' 이라는 주제에 친숙한 사람들에게는 낯설지 않은 그림이 될 것이다. 사실상 플라톤에서 이미 내재되어 있었지만, 아리스토텔레스가 명료하게 체계화했던 존재의 위대한 사슬은 우주를 연동의 사슬로 생각하는 것이다. 그에 대한 최초의 역사가의 말을 빌리자면 그 사슬은 "가장 미약한 종류의 실존자에서부터 (…) '모든 가능한' 단계를 거쳐 완전한 존재", 즉 하나님에 이르기까지 "거대하거나 이루 헤아릴 수 없이 무수한 연계"로 이루어져 있다.[103] 이 예에서 아퀴나스는 사다리의 은유를 대용하지만, 그가 그리고 있는 그림은 확연히 아리스토텔레스적인데, 이는 절대 우연이 아니다.

아리스토텔레스가 서구에서 완전히 잊혔다는 말은 과장일 것이다. 왜냐하면 로마 제국의 붕괴 이후 가장 어두웠던 암흑기에도 그의 저술은 학자와 신학자들에게 어느 정도 익숙했기 때문이다. 그러나 윤리학, 형이상학 그리고 자연과학에 관한 그의 작품들은 아우구스티누스 시대에조차 대부분 잘 알려지지 않았다. 오직 그리스어 원전과 아랍어 번역본들만이 좀 더 문명화된 비잔틴 제국과 이슬람 세계에서 보존되고 있었다. 12세기 후기와 13세기에 이러한 작품들이 기독교 유럽에 다시 전해지기 시작하자—종종 아베로에스Averroës와 마이모니데스Maimonides 같은 이슬람교에 대한 유대교 평자들의 지성적인 논평과 더불어—가톨릭 신학자들은 심각한 딜레마에 빠졌다. 기독교 신에 대해서는 단 한마디도 언급하지 않으면서, 강력하고 일관되며 그 자체로 모든 것을 구비한, 그야말로 완전한 지적 시스템이 바로 거기에 있었던 것이다. 간단히 말하면, 아리스토텔레스가 기독교도로 개종해야 하거나, 아니면 잘못되었음을 증명해야만 할 상황에 맞닥뜨린 것이다. 이 작업은 여러 사람의 어깨 위에 떨어졌지만 그중에서도 한 사람이 가장 큰 짐을 지게 됐다. 즉 토마스 아퀴나스가 아리스토텔레스를 기독교도로 개종시킬 책임을 맡은 것이다.

1224년 또는 1225년, 나폴리의 북쪽에 위치한 아퀴노 외곽의 성채에서 괜찮은 집안의 아들로 태어난 아퀴나스는 일찍부터 교회에서 경력을 쌓는 데 뜻을 품고 있었다. 부모들은 다섯 살 때 아퀴나스를 수도

원 학교로 보냈고, 10대에는 자유분방한 나폴리 대학에서 다른 학생들처럼 새로운 문물을 경험했다. 그는 새롭고 혁신적인 저작물들을 읽었고, 무엇보다 중요한 것은 어느 곳보다도 가장 먼저 나폴리가 수집했던 아리스토텔레스 저작의 집성된 자료를 접했다는 점이다. 그리고 때가 되어 그는 도미니크 수도회에 입회했다. 당시 도미니크 수도회는 신생 조직으로서, 구걸로 연명하면서 가난, 설교, 경건 그리고 교육 등을 실천했다. 좋은 집안에서 태어난 자제에게 이러한 생활은 극단적인 변화였다. 그러나 아퀴나스는 이 같은 변화에 잘 적응했다. 그는 도미니크의 탁발수도사로서 파리와 쾰른을 거쳐 다시 파리로 갔고, 소르본에서 강의도 하면서 세상 구경을 할 수 있었다. 그리고 도미니크 수도회에서 왕성한 지식욕을 만족시킬 수도 있었다.

당연히 아퀴나스의 동시대인들은 그에게서 감명을 받았다. 얘기인즉, 그는 규칙적으로 여러 필경사들에게 동시에 각각 다른 주제에 대한 자신의 구술을 받아 적게 했다. 또 다른 이야기에 따르면 그는 잠을 자면서도 글을 썼다고 전한다.[104] 그의 능력이 실제로 어느 정도든 간에 아퀴나스가 종합적인 저작에 놀랄 만한 능력을 가지고 있었던 것은 분명하다.

『대이교도 대전』과 『신학대전』 모두 이러한 그의 능력을 잘 보여주는 예이다. 이 저술들은 가톨릭 신학에 대한 방대한 편찬물이며, 신앙의 복합성을 통해 학생과 교사들을 지도하기 위해 쓰였다. 『대이교도 대전』은 도미니크 선교사들이 현장에서 비신도들의 질문에 쉽고 빠르게 대답해줄 수 있도록 하기 위해 쓰였다. 그와는 반대로 『신학대전』은 세상에서 가장 창의력이 풍부한 사람들이 신앙을 옹호하는 사람들에게 제기할 수 있는 어떤 질문에도 대답이 가능하도록, 매우 수준 높은 공공 토론의 형식으로 쓰였다. "신은 존재하는가"와 같은 아주 기본적인 질문에서부터, "뚱뚱한 남자들은 왜 정액이 조금밖에 산출되지 않을까?" 와 같은 조금은 기이한 질문에 이르기까지, 철저하지 않으면 아퀴나스가 아니라는 듯, 그는 교회의 선배들을 충분히 원용하여 총력을 기울이며 답변하고 있다. 동시에 그는 위대한 서구 지성의 재발견을 광범위하게 언급한다. 즉 그가 단순히 '철학자' 라고만 표현한 아리스토텔레스를 아우구스티누스와 더불어 신앙의 쌍둥이 옹호자요, 토마스 신학설의 중추적 개념으로 빠르게 대두되는 주제인 행복에 대한 쌍둥이 권위자로 자리매김시켰다.

많은 기본적 측면에서 아퀴나스는 행복에 대한 아우구스티누스의 가르침을 확증하는 것으로 만족했다. 교회에 속한 신학자로서 그는 기존의 전통에 심각하게 의문을 제기할 입장에 설 수 없었고, 또한 그것은 그의 의도도 아니었다. 예를 들어 『대이교도 대전』의 제3서에는, "인간의 궁극적 행복은 이 지상의 삶에 있는 게 아니다" 라고 하는 반면, 『신학대전』에서는 "지상에서 어느 누구라도 완벽하게 행복한 자가 있는가" 라고 솔직 담백하게 묻고 있다. 아우구스티누스의 『신국론』을 직접 참조하며 그 질문에 대해 고심한 뒤 그가 내린 결론은 당연히 없다는 것이었다. '진정한 행복' 이란 이 세상에선 '불가능' 하며, 영혼은 오직 천국에 도달했을 때에야 휴식의 최종 장소에서 만끽하는 황홀경을 알게 될 것이다.[105] 아우구스티누스와 기독교 신플라톤주의자들처럼, 아퀴나스도 성 베드로가 「고린도전서」 13장 12절 ("당분간 우리는 유리를 통해 어둡게 본다. 그러나 그러고 나면 바로 얼굴을 마주하면서 볼 것이다")에서 말한 확신을 천국에서 우리를 기다리고 있는 지복에 대한 약속으로 해석했다.[106] 우리는 아무런 방해도 받지 않고 신을 올려다보면서—우리의 눈으로 불완전하게 보는 것이 아니라, 우리의 영혼으로 완전하게 보면서—순수하고 영원한 은총, 즉 "완전한 기쁨, 동물들이 즐기는 것보다 더 완전한 감각의 즐거움"을 누릴 것이다. 왜냐하면 감각보다 예지가 더 고매하기 때문이다. 거기에는 아무것도, 전혀 아무것도 결여되지 않을 것이다. "그 최종적인 행복에서 인간의 모든 욕망은 충족될" 것이고 "이를 방해할 슬픔이나 걱정 때문에" 우리의 환희가 오염되지는 않을 것이다.[107] 천국에서는, 성인들이 "그대 집의 충만함에 도취할 것이고, 그대는 억수같이 쏟아지는 그대의 기쁨을 그들이 흠뻑 마시게 할지어다."[108] 구원받은 자는 문자 그대로 신에 취하게 될 것이다.

아퀴나스는 모든 점에서 아우구스티누스처럼 목말라 하면서, 인간을 타는 갈증의 순례자, 도보여행자homo viator로 보고자 했다. 이런 점에서 볼 때, 그는 이미 밟아 다져진 길에서 너무 멀리는 벗어나지 않으려 했고, 또 그럴 수도 없었으므로 교회 교의의 발자취를 따라가며 편안하게 걸었다. 완전한 행복이 오로지 죽음으로만 오는 것이라면, 혹시 여정의 완전성, 여로의 축복은 정말 없는 것일까? 아퀴나스는 천국의 '완전한 행복'을 향해 여행하는 동안, 아마도 여기 이 지상에서 '불완전한 행복'을 찾기를 바랄 수는 있을 것이라고 말했다.

완전한 행복과 불완전한 행복의 신학적 구분은 13세기에 파리 대학의 교수인 오세르Auxerre의 윌리엄이 그보다 조금 더 일찍 제시했다. 그러나 그 구분을 가장 완전히 전개했던 사람은 아퀴나스로, 그는 아리스토텔레스에게 분명한 근거를 두고 있었던 것이다.[109]

다시 상기해 보면, 아리스토텔레스는 모든 것에는 그 나름의 목적이 있다고 보았다. 누구나 그들 각각의 고유한 본성에 부합해 완수하도록 의도된 최종 목적, 즉 목적인(telos: 텔로스)을 가지고 있는 것이다. 상황이 제대로 되어 있으면 참나무 열매는 참나무—무성한 참나무—가 될 것이고 인간은 선한 인간, 행복한 인간이 될 것이다. 발전의 최고 단계에 이르게 하고, 또 자신을 완전하게 구현하도록 하는 것은 바로 각각의 선—창조의 모든 면에서 뚜렷이 나타나는 탁월함의 독특한 형태—이다. 아리스토텔레스는 인간을 다른 것과 구분시키는 우리의 최고 능력인 선은 바로 이성이라고 믿었다. 그리고 우리가 존재하게 된 의도인 텔로스는 그 궁극적 완전을 위해 이성을 함양하는 것이요, 최종 목적—끝이 없는 그 목적—, 즉 행복에 이르는 과정인 것이다.

아퀴나스는 이러한 의도와 전개의 과정에서 신의 역할을 강조하기 위해 주의하면서도 아리스토텔레스의 평가에 동의한다. 그는 『대이교도 대전』과 『신학대전』에서 모두 독자들을 아리스토텔레스의 길로 꾸준히 인도하며 매우 유사한 결론에 도달한다.

> 인간의 궁극적인 행복은 진실에 대한 숙고에 있는데, 이는 어느 동물에게도 없는 인간의 특유한 능력이다. 또한 진실에의 숙고는 그 자체를 위해 추구되는 것이기에 행복이 아닌 어떤 다른 목적도 없다. 또 이 능력이 있다는 점에서 인간은 더 높은 존재들(실체들)과 일치하는데, 이것은 신과 그리고 다른 독립된 실체들(천사들) 모두가 갖고 있는 인간의 유일한 능력이기 때문이다.[110]

아리스토텔레스는 『윤리학』의 마지막 책에서 숙고야말로 가장 '신 같은' 인간의 활동이라고 판단했고, 아퀴나스도 생각이 인간을 신에게 가장 가까이 데려다준다며 이에 동의한다. 그는 생각의 가장 순수한 형태는 오직 천국에서만 있는 것이라고 재빨리 강조한다. 그러나 그는 얼마나 불완전하건 간에, 여기 지상에 그 활동의 짝이 있다는 것을 인정한다. "지상의 삶에서, 진실을 숙고하는 삶만큼 궁극적이고 완전한 행복이란 없다"고 아퀴나스는 단언하고 있다.[111] 생각이야말로 지상적 행복의 최고 형태라고 보았던 아리스토텔레스는 틀리지 않았던 것이다. 그의 생각은 단지 완전하지 않았을 뿐인데, 왜냐하면 그는 아직 성서를 보지 못했기 때문이었다. 이제 예수의 진실에 인간이 접할 수 있게 되었으니, '두 겹의 행복'에 대한 기대가 그들 앞에 펼쳐진 것이다.

> 합리적 또는 지적인 존재의 궁극적 완전에는 두 가지가 있다. 우선, 인간이 (이 세상에서) 다다를 수 있는 완전은 자연스런 능력을 통해서인데, 이는 축복 또는 어떤 의미로는 행복이라고도 불릴 수 있다. 그렇기에 아리스토텔레스는 우리의 궁극적인 환희를 그가 말하는 지고의 사고 활동, 즉 지상에서의 인간의 정신이 성취 가능한 지식과 동일시했던 것이다. (…) 그러나 이 행복 너머에 아직 또 다른 행복, 즉 우리가 미래에 기대하는 행복이 있는데, 그것은 바로 '있는 그대로'의 하나님을 보는 행복이다.[112]

어떤 의미에서 우리는 이 지상에서 행복할 수 있을 뿐만 아니라 내세에서도 행복할 수 있는 것이다.

이 두 가지 형태의 행복에는 분명한 위계, 즉 불완전과 완전이라는 차이가 있음을 알아야 한다. 아퀴나스는 삶에는 회피할 수 없는 수많은 악들이 있고 인간은 항상 성취하지 못한 욕망 때문에 괴로워할 것이라는 데 일말의 의심도 없었다. "충만하고 충족한 행복이 모든 악을 배제하고 모든 욕망을 충족시킨다"라고 가정했을 때, 지구상에서 완전한 행복이란 영원히 잡을 수 없다는 얘기가 된다.[113]

그런데도 아퀴나스가 "어느 정도 부분적으로나마 행복이 이 세상에서 성취될 수 있다"는 여지를 열어놓은 것은 카롤링거 시대의 르네상스 기간 동안 에리우게나와 다른 사람들의 작품에 자극받았던 사람들이 다시 지상의 행복에 대한 복원력을 지속시키게끔 작동했다. 또한 이는 이 지구상에 그 나름의 존엄성을 복원시켰다. 순전히 세속적인 목표에 도달할 수 있다는 여지를 허용하는 어떤 '자연적인 능력'이 사람들에게 있다는 것을 주장함으로써, 아퀴나스는 원죄에 의한 타락이라는 해석의 결정타를 다소 완화시켰다. 『신학 대전』에서 그는 "원죄에 의해 자연스런 선함이 완전히 결여될 정도로까지 인간성이 완전히 부패하지는 않았다"고 설파했다. 마치 아픈 사람도 조금은 자기 힘으로 움직일 수 있는 것처럼, 우리 인간도 이 지구상에서 주어진 상태(아픈 상태)에서 선한 일들을 할 수 있는 것이다. 그러나 "건강한 사람처럼 온전히 움직이기" 위해서, 우리는 치유되어야만 한다.[114)]

아퀴나스는 삶을 치유의 오랜 과정, 또는 다시 사다리에 비유하자면 하나님에게로 가까이 가기 위해 끊임없이 우리 자신을 일으켜 세우는 오름의 과정이라고 보았다. 중요한 것은 아퀴나스가 이 과정에 인간 스스로 참여한다고 생각했다는 점이다. 아리스토텔레스가 감시의 눈을 보냈던 자연스런 미덕—정의, 불굴의 정신, 온화함 그리고 극기—은 삶의 영역을 알며, 더 나은 목적을 향해 족적을 표시해나가는 인간 본연의 지성의 힘을 증명하고 있다. 아퀴나스의 낙천적인 시각에 따르면, 인간은 자신의 삶에 방향을 안내하는 자연의 법칙을 분간할 수 있는 식별력을 충분히 갖추고 있다.

그러나 완전한 행복의 방향으로 더 전진해가려면, 즉 치유와 건강으로 나아가려면 우리에게는 도움이 필요하다. 오로지 자연스런 지식과 자연스런 의지의 힘에만 의지한다면 우리는 목적에 이르지 못할 것이다. 자연스런 선으로는 오직 불완전한 목적에만 도달할 수 있을 뿐이기 때문이다. 우리의 최종 목표인 완전한 행복을 향해 앞으로, 위로 계속 전진해가기 위해서 우리는 그리스도를 따라야만 한다. 여기에서도 역시 우리는 스스로 발걸음을 떼기 시작해야 한다. 교회의 인도 아래 성서에 밝혀진 계율을 따르고, 산상수훈의 지복을 따르며, 살아 있는 율법을 지키며 살기 위해 노력해야 한다. 그러나 자연스런 능력만으로는 우리 모든 인간들은 주춤하게 되고 만다. 아퀴나스가 '신학적 미덕' 이라고 했던 자선, 소망 그리고 신앙이라는 것을 가졌을 때에만, 우리는 우리의 최종 목적을 향해 자신을 총력으로 끌어당길 수 있다. 자비로 가득 차고 하나님에 의해 허여된 신학적 미덕은, 지혜로운 주님이 그럴 만한 가치가 있다고 여긴 사람들에게 무상으로 부여하는 선물이다. 그것들 덕분에 우리는 자신을 뛰어넘는, 더 나은 사람이 되는 것이다. 아퀴나스는 그것이 비록 어떤 상황에서 누구에게 부여되는 것인지는 모른다 하더라도, "인간은 미덕과 선물을 통해 진전되어가고 있을 때, 여정에 따르는 완전과 최종 목적지에 따르는 완전이라는, 두 가지 완전을 모두 성취할 것이라는 소망을 품을 수 있다" 고 생각했다.[115] 우리가 우리 스스로의 완전에 다가갈수록, 우리는 완전 그 자체에 다가가는 것이다.

이렇게 아퀴나스에게 행복이란 하나의 과정이자, 지속적으로 되어가는 것이며, 그 속에서 우리 자신을 충만하게 구현해나감으로써 충만한 잠재력을 향해 솟아오르는 것이다. 걸출한 이론가이며 신학자이자 철학자인 아퀴나스는 우리의 가장 위대한 구현이자 지고한 지상의 행복이란 순수한 묵상의 삶, 결국 수도자의 삶이라고 보았다. 추상적인 사고를 가장 신 같은 삶의 방식이라고 보았다는 점에서 그가 아리스토텔레스와 같은 견해였다면, 또한 『윤리학』의 저자로서 실천적 윤리학에서의 2차적인 인간의 행복, 즉 이 지상에서의 미덕이라는 행복에 대한 아리스토텔레스의 믿음에도 아퀴나스는 동조했다. 그리고 역시 아리스토텔레스가 생각했던 것처럼, 아퀴나스도 지고한 목적을 배양해나가기 위한 수단의 필요성을 인식했다. 기아 상태이거나 앓고 있을 때는 선을 행하기 어려우며, 줄 만한 여지가 없을 때는 자선도 어렵고, 살아가는 데 필요한 기본 생필품조차 갖추지 못했을 때 묵상의 삶을 영위하기는 어려운 법이다. 이런 모든 것들—건강, 포만감, 권력, 부—은 그 자체로서는 목적이 될 수 없으며, 또한 그것들을 목적으로 간주한다는 것은 치명적인 과오다. 그러나 그것들은 정당한 수단으로는 작용될 수 있었다.[116)]

아퀴나스와 그가 속했던 당시의 폭넓은 시류는 견고한 신학적 근거에 기반을 두었다. 그리고 존재의 사다리를 향해 오르고자 분투하는 인간의 노력을 강화하고자 했던 것만큼이나, 지상에서 인간의 위상을 단지 추상적인 방법 이상으로 재건하려고 노력했다. 인간이 부분적으로나마 스스로의 힘으로 저 높은 곳을 향해 자신을 끌어올릴 수 있다는 사실은 인간과 신 사이의 관념적인 거리를 좁히는 효과를 발휘하여, 인간의 지상적 삶을 잠재적으로 좀 더 천상적인 것으로 만들었다.

이런 시각보다 좀 더 나아가려는 생각도 있었다. 13세기에 몇몇 곳에서 아리스토텔레스 철학에 대한 열풍이 일자, 그 옛날 펠라기우스적 이단의 부활을 두려워했던 교회(그럴 만한 이유가 있었다)는 경각심을 갖게 됐다. 파리에서, 그것도 특히 소르본의 학생들이 열광적으로 아리스토텔레스 연구에 매달렸고, 대담하게도 그가 그리스도보다 더 우월하다고까지 주장하고 나섰다. 파리 주교인 스테판 탕피에르 Stephen Tempier는 이런 불경을 진압해야만 했다. 1277년, 그는 당대 아리스토텔레스파의 선언에서 골라낸 210가지의 명제를 유죄로 선언했는데, 그중에는 "행복이란 이 지상의 삶에서 누려야 하는 것이지 저 다른 세상의 것이 아니다"라는 주장도 포함되어 있었다.[117] 이것은 급진적인 명제로서, 결코 규범이 아니었다. 그럼에도 그것은 힘을 발휘했고, 그것을 좋아하는 사람들마저 있었다. 저명한 중세 연구가 조르주 뒤비Georges Duby는 그가 지상의 행복이란 '틀(주형, 형체)' 이라고 명명했던 것의 연원을 이 급진적인 아리스토텔레스 집단에까지 거슬러 올라가 정확히 추적해냈다. "인간이 혼자서 만들어낸 행복, 인간의 지적 능력으로 성취할 수 있는 행복", 이것은 파리의 교정들에서 퍼져 나온 초기의 꿈으로, 그 향기는 기사와 숙녀들의 궁정 연애에 안착해 단테의 『신곡』과 『장미 이야기*Roman de la rose*』 같은 작품들의 지면에 자리 잡았다.[118]

물론 이러한 산물들의 세속적인 면에 대한 의혹의 눈초리는 계속되었고, 심지어는 한동안 아퀴나스에게까지도 의구심이 집중되었다. 그러나 이러한 의구심들은 곧 떨쳐졌고, 토마스 아퀴나스는 사망한 지 채 50년도 안 된 1323년에 성인으로 추대됐다. 역설적이게도 그의 축일은 3월 7일로 결정되었는데, 이 때문에 교회는 페르페투아와 펠리키타스의 축일을 하루 뒤인 8일로 미룰 수밖에 없었다.[119] 아리스토텔레스를 기독교 교회 안으로 들여옴으로써, 아퀴노 출신의 이 신학자는 천국과 지상 사이에 새로운 길—중도—을 활짝 열었다. 그는 영원한 행복은 하루 미루고, 조금 더 오래 지상에 남아 그 여정을 맛보라고 권유했다.

목표를 향한 여정

아직도 그 흔적들을 볼 수 있다. 길가의 표지, 움푹 파인 돌, 거친 발과 무릎에 눌려 평평해진 통로들. 지나간 발자국들의 소리 없는 메아리. 영혼이 움직인 흔적들.

유럽은 작은 길들을 덮어버렸지만 그중에는 아직도 사람들이 잘 사용하고 있는 길도 있다. 그러나 그 길을 지나가는 발자국 소리들은 중세의 번영기에 유럽 대륙을 가로지르며 다니던 순례자들의 대장정에서 나오던 소리에 비하면 단지 소곤거림에 지나지 않는다. 그들은 마치 군대처럼 무리지어 다니던—실제로 몇몇 경우에는 말 그대로 군대의 무리였다—예루살렘에서 쓰러지는 성전사聖戰士들, 또는 이교도들을 십자가에 못 박거나 유대인들을 학살하는 것이 주님에게로 나아가는 길이라는 비극적 환상에 젖어 피레네 산맥을 넘던 전사들이었다. 9세기부터 성 제임스Saint James의 유물이 안식을 취하고 있던 도시로 유명한 산티아고 데 콤포스텔라Santiago de Compostela는 이슬람교도들이 지배하는 스페인을 탈환하기 위한 영적 본거지가 되고 있었다. 해마다 이곳을 찾아오는 수만 명의 참회자들 중에는 산티아고 마타모로스Santiago Matamoros, 즉 무어인 살해자 성 제임스에게 기도하며 자신들이 칼을 들고 가야 할 길을 찾으려 했던 기사들도 있었다.

중세의 순례자들은 발을 잘못 디디거나, 길을 잃거나, 치명적으로 일탈하거나, 피 흘린 자취를 남겼다. 그들은 셀 수 없이 길을 잘못 들었다. 종종 그들은 혼자서나 여럿이 걸으면서 순진하게 길을 찾으려고 분투했다. 길고 남루한 옷을 걸치고 옆에는 허름한 가방을 멘 채, 햇볕을 막아주는 모자를 쓰고, 밤에 나타날지 모를 악마와 늑대와 도둑을 쫓기 위한 단단한 나무 막대기를 들고 걸었다. 그들은 사도 바울

⚜「순례자들」, 트리니티 예배당, 캔터베리 대성당.

과 베드로의 묘소에 참배하고자 로마로 갔으며, 캔터베리나 월싱햄으로도 갔고, 현명한 삼성왕三聖王들의 유물을 보려고 쾰른으로, 대천사 미카엘의 기념제에 경의를 표하기 위해 몬테 가르가노Monte Gargano로, 또 성모마리아의 성물을 보려고 샤르트르Chartres로 갔다. 그들은 검은 마돈나를 보려고 아인지델른Einsiedeln으로, 성처녀의 집을 보기 위해서 로레토Loreto로 발길을 내딛었다. 기도하기 위해 읍내의 외곽을 헤매고 동굴, 현지 순교자의 묘소, 길가에 있는 성인의 형상을 찾아 헤매었다.

이것들은 한나절의 나들이이거나 해뜨기 전의 여유 있는 몇 시간일 수도 있었고, 수개월에 걸쳐 바다를 건너고 육지를 지나는, 더블린에서 로마까지 가는 대여행일 수도 있었다. 『순례자의 길잡이*Pilgrim's Guide*』라는 12세기 작자 미상의 작품에서 저자가 분명히 말하듯, 여행자들은 프랑스를 거쳐 산티아고 데 콤포스텔라로 가는 네 가지 여로 중 어느 곳에서라도 수주간 헤맸을 것이다.[120] 볼 것이 수없이 많았다. 교회당, 성유물함, 교회당의 지하 안치실 등 그들이 일반적으로 거치는 곳들이 있었고, 모두 순례자들이 경배할 수 있는 곳들이었다. 리모주Limoges에 있는 죄수들의 수호 성인인 리무쟁Limousin의 레오나르Léonard의 묘소처럼 각 지역의 진기한 것들도 그들이 찾아보는 목록에 들어갔다. 『순례자의 길잡이』를 쓴 저자는 유물들의 진위 여부에 대해 의구심을 가지기도 했지만, 그 유물들 위에 걸려 있는 수천 개의 쇠사슬—이전 죄수들의 헌납 덕분이다—은 실제의 것이라고 인정했다. 또한 즐거움도 있었다. 친목, 이야기, 노래, 모험 그리고 먼 지방의 이상한 습속 등도 그들이 만날 수 있는 것들이었다. 아마도 프랑스인 사제였을 『순례자의 길잡이』의 저자는 조야한 라틴어로 나바르Navarre의 야만적 풍습에 대해 경고하기도 했다. "볼품없고, 주색에 빠졌고, 심사가 비뚤어진" 그 지방 사람들은 단 몇 푼에라도 프랑스 사람을 죽일 것이다. 또한 그들은 "수치심도 없이 동물과도 간음을 했다." 그러나 어떻게 그런 사실을 알았는지에 대해서는 일언반구도 없다.[121]

여행자들은 왜 그런 곳을 오갔을까? 거기에는 당연히 다양한 이유가 있다. 순례자들은 범죄를 회개하기 위해, 자선이나 용서를 구하기 위해, 죄책감에서 벗어나기 위해 여행했다. 혹자는 죄를 쫓아내고, 책무를 수행하고, 또는 감사를 드리러 왔다. 또 어떤 사람은 기적 같은 치유의 약속에, 모험에의 기대에, 또는 단순히 여정에 변화를 주고 싶은 마음에 끌려서 오기도 했다.

그러나 여행자들을 그 길로 몰아갔던 더 근본적인 이유가 있다. 심오한 동시에 평범한 그 이유는, 그들이 모두 그 목적에 도달하기를 갈망했다는 것이다. 순례지의 성스런 땅에 발을 내딛는 것은 다른 세상으로 들어가는 입구에 서는 것이었다. 사도좌 정기방문Ad limina, 중세의 작가들은 이를 '입구에서'라고 말했는데, 이는 새로운 시작이며 환희의 장소였다. 이곳에서는 세상의 검은 장막이 아주 가볍게 걷히고, 저 너머로 영원의 빛이 쏟아져 들어온다. 이곳에서 순례자들은 그 빛으로 목욕을 하며, 이 세상의 도정에서 묻고 찌든 불결함을 씻어낸다. 이곳에서 그들은 맘껏 마시고 자신들을 이끌어나갈 힘을 얻는다. 그리고 이곳에서 그들은 수많은 사람들을 이곳으로 이끌었던 영원한 지복을, 비록 스테인드글라스를 통해서라고는 해도, 한순간이나마 어렴풋이 볼 수 있다. 『순례자의 길잡이』의 저자는 아를Arles의 외곽에 있는 알리깡Aliscamps의 묘지에 관하여 "그들의 영혼이 낙원의 환희 속에 기거하고 있는 성스런 순교자들과 고백자들의 무수한 시신이 실제로 이곳에 잠들고 있다"라고 전한다.[122] 성스런 땅에 발을 딛는다는 것은 대부분의 사람들이 할 수 있는 한 가장 가깝게 천국의 행복에 다가서는 것이었다.

입구는 특권이 주어진 장소이다. 비록 문지방에 불과하지만 그것은 또한 지상의 끝을 둘러싸고 있는 방벽으로, 신성과 범속을 구분하고 있는 것이다. 순교자의 바스러진 뼈를 통해 천국의 빛을 볼 수도 있지만, 한편으로는 그것을 보는 동안 우리는 직접 죽음을 응시하고 있는 셈이다. 영원한 지복으로 이르는 길은 그 거대한 분리 너머에 있었다.

최후의 한 발자국을 딛길 기다리는 동안, 모든 사람들은 여정의 시련을 감내해야만 했다. 후기 중세 순례자에 대한 고전적 이야기인 초서의 『캔터베리 이야기』에서 한 기사가 선언하듯 "이 세상은 한낱 고뇌의 도로일 뿐이고, 우리는 그저 이리저리 지나는 순례자들일지니……." 즐거운 여행자들은 도중에 유쾌한 경험을 하기도 한다. 그러나 그들은 이런 순간들이 덧없이 스쳐 지나간다는 것을 알고 있었다.

> 언제까지나 기쁨의 후반은 고뇌이며
> 세속의 기쁨은 곧 과거가 된다는 것을 신은 알고 있다.[123)]

이 문장은 그리스의 고대 비극에서 코러스가 내뱉을 법한 말이다. 아우구스티누스가 인생의 순례를 본질적으로 비극적인 견지에서 생각했던 것처럼, 많은 사람들이 우리 모두에게 닥치는 일상사를 표현하기 위해 운과 운명이라는 용어를 계속해서 사용했다.

엄밀히 말해, 기독교 세계관에서는 물론 운이나 기회가 비집고 들어갈 여지는 없었다. 즉 신의 섭리가 모든 것을 주관했다. 그러나 평자들은 적어도 보이티우스 시대부터는, 언제나 가장 엄밀한 정통성에서는 아니었을지라도, 모든 세속적인 것의 본질적 무상함을 강조하기 위해 이러한 이교도의 용어를 지속적으로 사용했다. 그들 역시 인간은 죽을 때까지는 그 누구도 행복하지 않다고 외쳤고, 또 이 지상에서 가장 운이 좋았던 사람조차도 결국에는 크로이소스처럼 추락하게 되리라는 것을, 또는 그 옛날 그리스의 영웅들처럼 죽음으로 파멸을 맞이하리라는 것을 알고 있었다. 르네상스 시기에 들어서도 운명의 수레바퀴는 계속 돌아갔다. (프랑스어로) bonheur, (독일어로) Glück 같은 '행복' 이라는 단어, 또한 중세와 초기 르네상스의 유럽어에서 그러한 의미를 가진 단어들이 우연hap이라는 단어와 연관을 갖게 된 것은 대변혁—한 개념이 한 바퀴 돌고 되돌아온다—이라고 볼 수 있다. 만약 지속되는 행복을 아는 순간이 온다면, 그것은 오직 지상의 차원 저 너머에서 관여하는 하나님의 자비에 의해서만 가능할 것이다.

⚜ 보이티우스를 위로하는 철학의 여신(좌)과 바퀴를 돌리는 운명의 여신, 코에티비마스터, 파리, 1460~1470년경, 폴 게티 박물관, 로스앤젤레스.

바로 여기에서 비극적인 과거와의 연계가 종결되고, 새로운 세계가 시작된다. 확실히 기독교의 행복과 고대 세계의 행복 사이에는 다른 중요한 유사점들도 있었는데, 특히 소크라테스 이후의 행복에서 더욱 유사했다. 기독교인들 역시 행복을 잘 표시된 길목의 끝에 있는 객관적인 상태로 이해했다. 숨마 보눔Summa bonum, 즉 지고선과 행복은 텔로스이자 목적인이었고, 선은 그 길을 안내하는 중요한 수단이었다. 그러나 고대인들이 선이란 거의 전적으로 인간의 고투의 결과이자 극소수의 행복한 자들의 노력에 의해서만 얻어지는 것이라고 생각했던 반면 기독교인들은 선이 신성한 선물이며, 이론적으로는 모든 사람이 획득할 수 있는 것이라고 이해했다. 이 선물을 배양하는 데 작용하는 인간 노력의 역할에 대해서는 견해 차이가 있었는데, 바로 이 불화가 종교개혁 시기에 격렬히 폭발하게 된다. 그러나 완전한 행복은 오직 자비에 의해서만 얻어질 수 있다는 것을 부정하는 기독교인은 거의 없었다. 또한, 인간으로서는 비록 선택받는 자들이 누구인지 알 수는 없지만, 남녀, 귀족, 노예, 평민, 왕을 불문하고 누구나 그 선택을 받을지도 모른다는 것을 부정하는 기독교인 역시 아무도 없었다. 농부도 교황도 순례에 나섰고, 죽음의 무도舞蹈 속에서 모두 함께 빙빙 돌았다. 그리고 농부도 교황도 희망이라는 행복과 행복에 대한 희망을 누릴 자격—우리의 모든 세속적 고통을 치유해줄 끊이지 않는 황홀경, 영원한 축복에의 자격—을 부여받았다.

고대인들에게 큰 빚을 졌음에도 기독교는 이렇듯 이 세상 한가운데서 행복을 들어내고 또 한편으로는 세계만방에 보편적인 약속을 퍼뜨리며 새로운 길을 다져나갔다. 현생에서 백성들을 구출해낸다는 유대인의 이야기를 죽음에서의 보편적인 구출이라는 도덕으로 변형시키면서, 기독교는 서구의 관점을 완전히 바꾸어버렸다. 이제 사람들은 사라져버린 행복했던 시기, 그 실낙원을 뒤돌아보게 되었다. 그리고 복원된 낙원에 하나님이 그의 왕국을 재건할 순간을 갈망하며 앞을 바라본다. 그동안 인간은 자신이 할 수 있는 최대한 자신의 짐을 져야 한다. 그리스도의 구원에 대한 언질에 기운을 내고, 성인들의 모범에서 용기를 얻고, 다가올 영원한 지복의 약속에서 기쁨을 얻으며 그 짐을 지고 나가야 한다.

환자에게 하는 조언처럼, 희망이라는 행복은 사람들을 지탱해나갈 기운을 주는 강력한 힘이었다. 동시에 그것은 자신들의 고통을 설명할 수 있게 해주었다. 중세 기독교 개념에서는 불행하다는 것이 상궤를 벗어난 이상한 것도 아니고, 개인의 실패나 잘못도 아니었고, 다만 원죄에 의한 타락 이후 주어진 모든 인류의 자연스런 조건이었다. 일요일의 설교와 수많은 기독교 제일—그리스도의 탄생과 부활을 기리는 즐거운 축일(즐거운 크리스마스와 행복한 부활절)에서부터 성인을 기리는 헤아릴 수 없이 많은 축제일까지—을 통해 끊임없이 갱신되면서, 희망이라는 행복은 인간에게 감내할 수 있는 수단을 제공했다.

그러나 그것은 또한 달리 피할 수도 있었을 고통의 정당화, 불필요한 불평등, 압제 그리고 고통에 대한 변명으로 쉽사리 이용될 수도 있었다. 손에 닿을 듯이 가까이 있는 기독교의 행복은 또한 언제나 손에 닿지 않았다. 독실한 신자들은 자신이 제대로 인도되고 있다고 느끼지 않았을까? 아마도 그 표면 아래에 항상 한 가닥 의혹은 있었을 것이다. 어떤 의미에서는 기독교 자체에 의해 그런 의혹이 일어나기도 했다. 로마식의 펠리키타스를 거부하는 데 있어 기독교는 성과 관능, 부와 안락, 권력과 자만심을 비방하면서 이 세상의 것들을 부정했다.

그러나 우리가 천국에서 받을 보상—누구의 눈으로도 본 적이 없고, 어느 귀로도 들은 적이 없는 보상—은 근본적으로 상상도 못할 정도라고 끊임없이 상기시키면서도, 교회는 거의 어김없이 이 보상을 육감에 직접 호소하는 말로써 설교한다. 지복은 우리의 허기를 채울 것이요, 우리의 갈증을 해소할 것이요, 우리의 모든 갈망을 충족시킬 것이라고. "최종적인 행복에서는 인간의 모든 욕망이 실현될 것이다"라고 아퀴나스는 확신했지만, 그의 확신은 의문을 자아낸다. 기독교는 그 자신이 부정했던 바로 그것을 약속하고 있는 게 아닌가? 즉 '영원한 기쁨의 폭포수', 영원한 축복의 영생을 약속하고 있는 게 아닌가? 만약 그때에 이르러 인간의 욕망이 보상될 것이라면, 지금 여기에서는 왜 그리도 완전히 부정되어야만 하는 걸까? 아퀴나스는 지상에서의 불완전한 행복과 천국의 완전한 행복 사이의 간극을 좁히고자 이미 방책을 강구했다. 다가오는 시대에, 사람들은 여전히 그 둘을 좀 더 가까이 만들고자 노력하게 될 것이다.

천국에서 지상으로

From Heaven To Earth

13세기 초에, 로사리오 디 세그니Lotario dei Segni는 「비참한 인간 조건The Misery of the Human Condition」이라는 짤막한 원고를 완성했다. 추기경, 후에는 교황 이노센트 3세Innocent III로서 이 지구상에서 그리스도의 대리인 부제副祭가 되는 로사리오는 논란의 여지가 있기는 하지만 어쨌든 대부분의 사람들보다는 덜 비참했다. 그러나 그런 사실이 책의 제목을 붙이는 데는 전혀 걸림돌이 되지 않았던 것 같다.

로사리오는, 인간은 탄생에서 죽음에 이르기까지 그저 '타락' 일 뿐이라고 설파한다. '악취를 풍기는 욕정' 에 의해 수태되고, '가장 불결한 정액' 으로 형성된 인간은 비참함, 노역 그리고 타락 속에서 지상의 나날을 보낸다.[1] 인간은 탐욕과 질투로 괴로워하고, 허영심과 노여움으로 고통스러워하고, 식탐, 나태, 욕정으로 고갈되어가며, 7대 죄악의 그물망에 영원히 걸려 있는, 즉 스스로의 죄에 의해 함정에 빠져 있는 것이다. 거기에서 빠져나오려고 하는 것은 부질없는 짓이다. "대체 그 누가 자신만의 기쁨 속에서 단 하루라도 보낼 수 있었을까?" 라고 로사리오는 묻는다. 죄책감, 노여움, 또는 욕정은 언제나 우리 주위에 도사리고 있다가 결정적인 때에 나타나 모든 걸 망쳐버린다. "세속적인 기쁨에는 항상 예기치 못한 화가 뒤따르고, 기분 좋게 시작했던 것은 유감스럽게 끝나고 만다."[2] 식탐이 그러하듯, 우리가 가진 모든 욕망의 산물도 다 마찬가지다. "사악하게 들어간 것은 사악하게 나온다. 위아래로 끔찍한 냄새를 내뿜고, 지독한 소리를 내면서."[3] 한마디로, 인간 식욕의 결과는 오물이다.

인간의 부산물도 있다. "살아서는 이와 촌충을 기르고 죽어서는 파리와 벌레를 불러들인다. 살아서는 변과 구토물을 배출하고 죽어서는 부패와 악취를 낳는다."[4] 악취를 풍기며 들끓는 죄악덩어리인 인간은 이 세상에서 고통을 겪는다. 구원받지 못한 자들은 모두 지옥의 암흑 속에서 썩어가며, "끝없는 고통이 계속된다"는 것을 안다. 당연히 로사리오는 새로운 지복을 제시하는 것 같은데, "태어나기 전에 죽는 자, 인생을 알기 전에 죽음을 겪는 자는 행복할지어다"라고 말한다. 아기들이 태어날 때 그렇게 우는 것에도 다 이유가 있었던 게다.[5]

중세 유럽에는 확실히 이렇게 절망에 몸부림치는 비명이 종종 들려왔다. 부분적으로는 그 영향 때문에, 이런 목소리들이 소위 말하는 '중세의 암흑기'를 이루는 주류로 여겨졌다. 로마 제국의 몰락 뒤에 15세기 르네상스의 개명기에 이르기까지 유럽을 뒤덮었던 암흑의 밤. 이 기간은 인류가 무지와 절망 속에서 맹목적으로 헤매던 시간이었다. 마치 로사리오의 암울한 상상 속에서 더듬대는 사람처럼, "감옥 같은 육신에 갇혀" 추방지 같은 이 세상을 감내하는 "지구상의 체

류자요 도보여행자"로서 말이다.[6)]

그러나 오늘날 이런 시각을 갖는 식자는 거의 없을 것이다. 오히려 그들은 중세의 기술적, 지적 활기를 강조하려고 한다. 특히 9세기 카롤링거 왕조 시대의 '르네상스'와 12세기에 시작된 '르네상스', 즉 유럽에 설립된 훌륭한 대학들, 하늘 높이 치솟아 오르는 고딕식 성당들의 건축, 또 토마스 아퀴나스에서 절정을 이루었던 아리스토텔레스에 대한 관심 등을 주장의 근거로 들어가면서 중세의 활기를 이야기한다. 그들은 또한 인간 조건의 참상에 대한 생각이 중세에만 유일했던 것은 아니라는 사실을 지적할지도 모른다. 논란의 여지가 있겠지만, 그들은 14세기 후반 인구의 대략 4분의 1 또는 3분의 1을 휩쓸었던 흑사병의 대참사를 겪고 난 후에야 '비참한 인간 조건'을 수용할 만반의 준비를 했다. 15세기와 16세기의 위대한 르네상스 기간을 통틀어 같은 제목의 작품들이 계속 나오는 한편에서는 세상에 대한 경멸이라는 주제가 많은 사람들에 의해 퍼지고 있었다. 예를 들면 15세기 토마스 아 켐피스Thomas à Kempis의 걸작 『그리스도를 본받아 *Imitation of Christ*』는 "지상의 삶이란 진정 비참하다"는 것을 장황하게 독자들에게 상기시킨다. 이 작품은 15~16세기에 가장 널리 읽힌 작품 중 하나다.[7)]

따라서 유럽의 르네상스가 암흑에서 광명으로 확연하게 구분되며 이루어진 변화라고 생각하는 것은 오류이다. 오히려 변화란 것이 종종 그렇듯 미묘한 조정과 경향 속에서 이루어졌다. 이 시기에 비평가, 평자, 예술가 그리고 신학자들은 선배들의 팔레트에서 자신들의 색조를 빌려 행복을 묘사하려고 시도했으며, 한 발 더 나아가 그것들을 조합해 새로운 색조를 만들어내기까지 했다. 그들은 기독교 교의에서 더 나아가 원죄의 한계를 시험해가며 고대 작가들에 대한 관심을 더욱 확장시켰다. 그리고 그들은 중세에 추진된 미완의 프로젝트에 매진했다. 「비참한 인간 조건」이 바로 그것이다. 로사리오는 그 글에 대한 완벽한 보완으로써, '인간성의 존엄'을 영광스럽게 하기 위한 작품이 될 만한 것을 쓰겠다고 약속했다. 「비참한 인간 조건」의 서문에서 로사리오는 "이 글에서 숭고한 인간이 격하된 것만큼", "다음 편에서는 초라한 인간이 높이 격상될 것이다"라고 밝혔다.[8] 로사리오는 속편을 집필하기 바로 전에 사망했지만 15세기와 16세기 작가들이 그를 대신해 그 작업을 완수했다. 르네상스의 인문주의자들은 로마인들이 인문학studia humanitis—문법, 수사학, 시, 윤리학 그리고 역사—이라는 용어로 기술했던 것에 대한 관심을 되살리면서, 그들 중의 지도적 인물이었던 레오나르도 브루니Leonardo Bruni가 말한 '완벽한 인간'에 대해 배워나가려 했다. 그런 방식으로 그들은 새롭고도 예기치 않았던 방향에서 행복의 추구를 수행하게 됐다.

인간의 존엄성

만약 '르네상스인'이라는 것이 존재한다면, 지오반니 피코Giovanni Pico della Mirandola야말로 그런 사람이다.[9] 이탈리아 북부의 페라라Ferrara 공국에서 왕자로 태어난 그는 귀족이라는 지위 덕분에 전 생애를 배움에 바치며 살 수 있었다. 그는 어린아이였을 때 이미 볼로냐 대학에 등록해 교회법을 배웠고, 이어 페라라 대학에, 그리고 아리스토텔레스학의 중심지였던 파두아 대학으로 가서 수학했다. 그는 유럽 대륙을 여행했는데, 파리 대학에서도 얼마간 시간을 보냈고 피렌체에 있는 로렌초 데 메디치Lorenzo de Medici의 플라톤 아카데미에

입학했다. 그는 그곳에서 당시 위대한 플라톤학자로 알려진 피치노Marsilio Ficino와 교류하게 됐다. 피코는 라틴어와 그리스어뿐만 아니라 헤브라이어, 아람어, 아랍어 그리고 시리아어까지 알고 있었는데, 그는 모든 지식의 근본적인 일치를 밝히기 위한 탐구에 자신의 이런 언어 지식들을 활용했다. 피코에게는, 새로이 재발견된 고전시대 그리스와 로마의 풍요로운 유산, 고대 이집트의 신화, 탈무드와 신비적 교리의 비전秘傳, 조로아스터의 비의秘義, 자연 세계의 경이로움 등은 모두 기독교의 진실을 보완하는 것이었다. 그는 이러한 일치를 규명하는 것을 일생의 과업으로 삼았으며, 이를 약관 23세의 나이에 공개적으로 표명했다.

⚜ 작자 미상, 16세기, 피코 델라 미란돌라, 갤러리아 팔라티나, 피티궁, 피렌체.

피코는 로마에 있는 자신에게 찾아와 함께 토론할 사람이면 유럽의 어느 누구에게라도 여행 경비를 지불하겠다고 약속하면서, 놀랄 만큼 다양한 주제에 관해 900여 개의 '논제' 또는 결론을 도출해냈다. 피코는 그것들은 "내가 많은 것을 안다는 게 아니라, 단지 많은 사람들이 알지 못하는 것들을 내가 안다는 것을 보여주는 것이다"라고 피력했다.[10] 물론 이것은 이론의 여지 없이 맞는 말이다. 그러나 피코는 끝내 그 관점을 증명할 기회를 얻지는 못했다. 바티칸 위원회는 그가 제시한 수많은 논제들의 정통성에 의혹을 보였으며, 공개 토론을 취소하고 피코가 조용히 물러서기 전에 공식 사과문을 쓰도록 강요했다. 그들은 우선 프랑스에, 그리고 로렌초 데 메디치가 제공해준 피에솔레의 별장에서 집필에 몰두하며 생애의 마지막 몇 해를 보냈던 피렌체에 사과문을 쓰라고 했다. 그는 31살의 나이에 세상을 떠나 산 마르코 대성당에 안치되었다.

비록 피코는 다른 여러 작품—플라톤의 『심포지엄』의 이탈리아식 모사 작품과 후에 수학자이자 천문학자인 요하네스 케플러Johannes Kepler에게 영향을 미친 점성술 평론을 포함해—도 저술했지만 가장 기억에 남는 작품은 그의 900개의 논제, 또는 좀 더 정확히 말하면 「인간의 존엄에 대하여On the Dignity of Man」라는 서론사이다. 종종 '르네상스 선언'이라고도 불리는 이 짤막한 에세이는, 수세대에 걸쳐 많은 평자들에게 당대의 어떤 작품보다도 그 시대의 정신을 응축한 것으로 여겨져왔다.[11] 19세기의 위대한 르네상스 학자인 야콥 부르크하르트Jacob BurckHardt는 "인간과 인류가 (…) 처음으로 완전하고도 심오하게 이해된 것은" 15세기 이탈리아에서였고, 그 깊이를 간파했던 것은 피코였다고 기록하고 있다. 부르크하르트는 이 주제에 대해 가장 고매한 개념들이 그 짧은 서론사에서 공표됐다며 "이것들이야말로 마땅히 그 위대한 시대의 가장 고귀한 것 중의 하나로 불릴 만하다"고 생각했다.[12]

부르크하르트는 피코에게서 여러 가지 고귀한 면을 보았다. 그러나 무엇보다도 이 스위스의 역사학자를 매료시키고, 이전의 모든 개념들로부터의 비약적인 결별로 보였던 것은, 바로 이탈리아인의 자유에 대한, 그리고 인간의 존엄성에 대한 명백한 의식이었다. 「인간의 존엄에 대하여」에서 긴 구절을 인용하면서, 부르크하르트는 피코의 통찰력에서 보이는 관대한 정신에 경이로워했다. 피코의 작품

서두에서 하나님은 아담에게 "너의 자유로운 판단에 따라"라고 말한다.

> 너는 어떠한 제한도 받지 않노라. 그리고 너는 네 스스로 본성의 한계를 세울지니라. 나는 너를 세상의 중심에 놓았느니, 너는 그곳에서 좀 더 편하게 주위를 둘러볼 수 있으며, 이 세상에 있는 그 무엇이라도 다 볼 수 있을지어다. 천상도 아니고 지상도 아니고, 영원히 살지도 않으며 반드시 죽지도 않게, 우리는 너를 그렇게 만들었노라. 명예롭게 지명된 판관처럼, 너는 네 자신의 형체를 짓고 만드는 자가 될지어다. 원하는 형태는 뭐든 간에 네 자신을 그렇게 조각해나갈 수 있을지어다.[13]

부르크하르트의 견해에서 보면, 바로 여기에 르네상스 업적의 화신, 즉 그가 명명했던 유명한 한 구절을 빌리면 '세계와 인간의 발견'이 있었던 것이다. 인간은 이제 예술 작품이 될 수 있었다. "신앙과 미망, 그리고 어린애같이 유치한 선입관으로 엮인 공동의 장막 아래에서 반쯤 깨어 있거나 꿈꾸며 누워 있던" 남녀들은 중세의 그 오랜 잠 뒤에, 이제 두 눈을 크게 뜨고 그들 자신과 주위의 세상을 바라보며 깨어났다고 부르크하르트는 주장했다.[14] 진정한 '개인들'인 르네상스인들은 '현대적'이며 가능성과 잠재력이 넘쳐나고, 기독교 미신의 누적된 중압감 아래서 휘청거리지 않으면서, 자기 삶의 여정을 스스로 그려나갈 수 있는 사람들이 되었다. 이러한 점에 비추어볼 때「인간의 존엄에 대하여」는 교황 이노센트 3세의「비참한 인간 조건」의 완벽한 상대였다. 서서히, 인간은 비참함에서 존엄성으로, 그리고 저 너머 미래의 희망에서 지상의 행복으로 옮겨가고 있었다.[15]

르네상스에 대한 부르크하르트의 통찰은 그때나 지금이나 매우 강력하다. 텔레비전의 다큐멘터리, 신문 기사, 박물관 전시회 그리고 여행 안내 팸플릿에서 당연한 지혜로 제시되는 그 통찰력의 중요 특색들을 우리는 아직도 많이 볼 수 있다. 그러나 전문 역사가들은 이러한 견해를 대개는 '신화'로 여긴다.[16] 피코의 작품을 좀 더 면밀히 분석한다면 그 이유를 알 수 있다.

「인간의 존엄에 대하여」 속에 나타난 인류의 이미지는 의문의 여지 없이 매우 고무적이다. 피코는 우리에게 스스로에 대해 경탄하라고 반복적으로 촉구하고 있다. 그는 아무것도 "인간보다 더 경이로운 것은 없다"라고 시작하면서, 이 주장을 강조하기 위해 다양한 출처를 인용한다. 창조의 다른 모든 요소들과는 달리, 존재의 사다리에서 인간에게 고정된 자리는 없다. 그 사다리를 피코는 '주님의 사다리'라고 불렀는데, 즉 우주의 구조 내에서 결정된 자리는 없다는 것이다. 그 대신 인간은 마치 카멜레온처럼 짐승과 같이 '하락할' 수도 있고, 또는 '신성한 것, 더 높은 본성'에 들어가기 위해 이성을 배양하여 보다 높이 올라갈 수도 있다. 당연히 우리 인간은 진정으로 '경탄할 만한' 동물, '엄청난 경이로움'으로 여겨진다.[17]

그러나 인간의 변하기 쉬움, 즉 무상無常―우리 자신을 만들고 짜맞추고 변화시키는 능력―이 피코의 경이로움을 낳게 했다면, 그가 인간의 존엄성을 자리매김하는 곳은 거기가 아니다.[18] 존엄성이란 그의 형상대로 우리가 창조된 하나님 안에 있는 것이다. 그렇기에 우리 자신의 위대함이나 타락, 우리의 존엄성이나 치욕을 결정하는 것은 우리 자신을 만들어나가는 자유를 우리가 어떻게 선택하느냐의 문제이다. 이 점에서 피코는 전적으로 통례적이다. "세속적인 것을 물리칩시다"라며 그는 "천상적인 것을 향해 분투합시다. 무엇이든 이 세상의 것은 맨 나중으로 밀어놓읍시다. 그리고 이 세상의 방을 건너서 가장 고귀한 신성에 제일 가까운 방을 향해 날아갑시다"라고 타이른다.[19] 위대한 존재의 사다리 위로 하나님을 향해 올라감으로써, 우리 자신은 가치 있게 되는 것이다.

좀 부드럽게 말하자면, 우리는 부르크하르트적인 현대성과는 멀어도 한참 멀다. 그리고 이것은 단지 인간의 존엄성에 국한해서만 하는 얘기다. 이 주제에 매달렸던 그의 동시대인들 모두와 마찬가지로, 피코는 인간의 부족함에 대해서도 다룰 생각이었다. 교황 이노센트 3세가 인간의 비참을 다룬 자신의 작품에 필적할 상대 작품으로 인간의 존엄성에 대한 찬가를 구상했던 것과 마찬가지로, 르네상스 작가들은 종종 두려움을 경탄으로 완화하곤 했다. 인간은 "동물들 중 빼어난 일품逸品"이자 "먼지 같은 하찮은 존재의 정수"라고 햄릿이 말할 때, 그는 단지 흔한 지혜를 반복했던 것에 지나지 않았다. 중세 못지않게, 르네상스 시대에도 존엄성과 비참은 동전의 양면이었던 것이다.[20]

피코 자신은 부정不淨에 빠지는 일이 거의 없다. 그러나 「인간의 존엄에 대하여」의 집필 뒤 몇 년 후에 완성한 작품 「창세기 6일에 관한 7중의 서술Sevenfold Narration of the Six Days of Genesis」에서, 그는 낙원에서의 치명적인 원죄 때문에 인간의 자유가 박탈되었다는 것을 확인하고 있다. 피코는 "하나님을 따르기보다는 악마를 따랐던 최초의 아담과, 육신에 의하면 모두 그의 아들인 우리를 통해" "우리는 인간의 형상을 더럽히며 짐승으로 추락하고 있다"라고 쓰고 있다. 인간의 치명적인 자유 선택의 결과 이제는 오로지 "가장 새로운 아담"을 통해서만, 즉 예수 그리스도를 통해서만 우리는 "은총에 의해 개심하고 거듭나게 된다." 그 없이는, 우리는 자신 내부의 동물적인 상태로 추락하기 쉽다. "하나님의 형상이 죄의 얼룩으로 더럽혀졌을 때, 우리는 비참하고도 불행하게 우리 안의 짐승을 섬기기 시작한 것이다. (…) 바닥으로 가라앉으며, 세속적인 것에 매달려 우리의 아버지, 그의 왕국, 그리고 우리에게 부여해주신 존엄성을 잊어가고 있는 것이다."[21] 우리는 항상 우리의 약점을 염두에 두고 "우리의 충족함은 하나님에게서부터 비롯되는 것이다"라고 말해야만 한다.[22]

피코를 쇠사슬의 속박에서 풀려난 초기의 현대적 프로메테우스의 변증자라고 보는 견해를 바로잡는 중요한 근거인 「창세기 6일에 관한 7중의 서술」은 르네상스의 작가가 생각할 수 있는 유일한 곳에 인간을 자리매김했다. 즉 기독교적 우주의 한가운데에 말이다. 하나님의 형상 속에서 창조된 인간은 실로 고귀하다. 지구, 원소들 그리고 짐승들은 그의 시중을 들고, 천국은 그를 대신해 애쓰며, 천사들은 그의 구원과 지복을 지킨다. 물질과 정신, 이성과 실체로 구성된 인간은 "우리가 우리 안에 내포하고 있는" 삼라만상의 소우주이다. "그러나 태양계의 행성들처럼, 신에 의해서 우리는 우리의 궤도 안에서 움직이게 된다.

> 비록 원운동을 하도록 되어 있지만, 천체는 그 자체로서는 이러한 운동을 하기에 충분치 않으며, 신성한 발동자가 돌려서 공전시켜야만 한다. 천체는 그 운동을 생성해내는 게 아니라 받는 한에서만 영원히 자전하도록 되어 있는 것이다.
>
> 인간이나 천사도 마찬가지다. 우리의 본성은 원운동을 해서 다시 돌아오도록 되어 있지 않다. 그러나 우리는 은총이라는 동력에 의해 원을 돌아 다시 하나님에게로 되돌아올 수가 있다. "하나님의 영혼으로 인도되는 자는 그 누구라도 하나님의 아들이 될지어다"(「로마서」 8:14)라는 말이 바로 그것이다. 여기에서도 '움직이는 자'가 아니라 '인도되는 자'

라고 말한다. 천체는 본성의 필요에 의해 움직이지만, 인간은 우리의 자유에 비례해서 그렇게 된다는 데에 차이가 있다. 움직이는 영혼이 부단하게 그대의 영혼의 문을 두드린다. 만약 그대가 그 소리를 듣지 못하면, 자신의 무기력과 나약에 빠져 비참하고 불행하게 내팽개쳐질 것이다. 만약 그대가 그를 들어오게 하면, 그 즉시 그대는 하나님으로 충만해지고, 신앙의 궤도를 따라 영원히 그 안에서 사는 삶을 얻기 위해, 아버지에게로, 주님에게로 인도될 것이다. (…) 이것이야말로 진정한 지복이다…….[23]

피코가 가지고 있던 뉴턴 이전의 지구 중심적 우주관에서, 중력은 은총이고 인간의 궤도는 창조자에게로 회귀하는 신플라톤적 여로인 것이다. "우리가 나온, 바로 그 시초"로의 복귀, 죽음에서 "하나님의 얼굴을 보는" 절정으로의 복귀에 바로 "진정하고 완전한 지복"이 있다. 피코는 그것은 우리가 완전히 소유할 수 없는 여로라고 분명히 말한다. "인간은 그 경지까지 갈 수 없고" 단지 "지복 그 자체인" 예수에 의해 '인도' 되어야만 한다.[24] 이 전형적 르네상스인에게 진정한 지복, 완전한 행복이란 이 세상의 것이 아니다. 그것을 성취하는 것 또한 우리 인간의 능력에 속한 것이 아닌데, "왜냐하면 어느 것도 자신의 힘에 의지해서 자신의 위로 올라설 수 없기 때문이다."[25]

피코는 또 제2의, 혹은 '자연적' 행복에 대해서도 얘기한다. 이것은 은총의 동력과는 관계없는 것으로, 하나님이 의도하신 바대로 피조물이 자신을 구현하도록 하기 위해 잠재적으로 내재되어 있는 것이다. 피코에게는 "천체를 시작점으로 돌아가게 하는" 원운동이 완전한 행복인 반면, "그것을 통해 요소들이 각각의 적절한 곳에 놓이게 하는 선형운동은, 사물이 본연의 완성을 이루게 되는 행복을 의미한다." 아리스토텔레스의 이론에 압도적으로 기대고 있는 피코의 물리학에서 보자면, 오로지 불사의 존재와 타락하지 않는 존재들(행성과 영혼)만이 원운동을 한다. 그리고 그것들은 다른 힘에 의해 움직인다. 그러나 각각의 사물들이 자체적인 충동이나 힘으로 인해 자연적 행복을 얻게 되는 것처럼, 좀 덜 귀한 종류의 요소들은, 경솔한 충동이나 또는 만들어졌을 때 그들에게 지워진 중력 외에는 그 어떤 힘도 필요로 하지 않는다. 만들어진 세상에 있는 모든 것들은, 그들 자신의 본성을 최고로 잘 유지해감으로써 상대적인 행복을 향해 나아갈 수 있다.[26)]

피코는 기이하게도 불의 '행복' 을 인용하고 있다. 즉 불이 그 본연의 완성을 이루었을 때야말로 "행복을 만들어낼 수 있을 정도로 행복하다." 또한 "생명을 가진 식물이 조금 더 행복하다. 그리고 그보다 좀 더 행복한 것은 동물로, 그들은 의식을 가지고 있기 때문에 더 많은 완성을 갖출수록 그들 내부에 신성이 깃들게 된다." 이 사다리의 꼭대기에는 존엄한 인간이 있는데, 천사를 제외하면 인간이야말로 선천적인 행복의 잠재력을 가장 많이 가지고 있다. "행복을 성취하는 데 크게 이바지하는, 예지와 선택의 자유라는 특출한 자질을 구비한" 인간은 철학을 통해 본유의 선물을 가꾸어나갈 수 있다.[27)] 종교는 완전한 행복으로 우리를 "촉구하고, 지시하고, 강요하는" 데 반해, 철학은 우리를 "선천적인 행복으로 인도하는 안내자" 역할을 한다.[28)]

여기서 여러 세대의 평자들이 찾았다고 주장한 '르네상스 정신' 에 대해 한번 보기로 하자. 그것은 이성을 통해 선천적인 행복이 추구될 수 있는 자율적인 영역을 이 세상에 개척해나가는 것이다. 분명 피코는 이러한 영역을 위한 여지를 만든다. 더욱이 그것은 고대인들을 향한 명백한 호소를 통해서이다. 피코가 말한 완전한 행복을 향한 영혼의 순환 여행 모델이 신플라톤적이라면, 자연적 행복이라는 목표를 향한 개인의 운동에 대한 그의 선형적 비유는 아리스토텔레스적이다. 라파엘로의 아테네 학당에서처럼, 이 두 철학자들은 피코의 사유 속에서 조화를 이루고 있다. 두 철인들은 내세에서와 같이 이 세상에서도 열정의 자제, 미덕의 함양, 이성의 계발 그리고 조화와 균형의 추구를 권고한다.

이 모든 것에는 의문의 여지가 없다. 그러나 선례가 없는 것도 아니다. 사실, 피코가 직접 언급하지는 않았지만 자연적 행복과 초자연적 행복이라는 그의 구분은, 성 토마스 아퀴나스의 완전한 지복과 불완전한 지복에 대한 아전인수 격 해석이다. 즉 기본적인 면에서 두 가지 지복 사이의 간극을 강조하는 토마스의 견해를 되풀이하면서 개념을 전개시켰을 뿐이다.[29] 피코는 자연적인 행복이란 "(진정한) 행복의 그림자"에 지나지 않을 뿐이라고 주장한다.[30] "그리스도를 믿지 않는 자는 누구든지 (…) 당연히 첫 번째 행복뿐만 아니라 두 번째, 즉 자연적 행복마저도 빼앗기게 된다. 왜냐하면 은총을 갈망하지 않는 것은 오직 타락하고 부패한 본성뿐이기 때문이다." 간단히 말해, "종교에서 인간을 분리시키는 철학은 없다"는 말이다.[31]

따라서 르네상스를 선언한 주요 작가인 피코를 '딴 세상 같은' 중세, 그리고 고대의 교부적 과거와 극적인 결별을 수행했던 사람으로 보는 것은—또 르네상스 자체를 그렇게 보는 것은—오류를 범하는 것이다. 피코는 진정 그 시대를 대표하는 인물이었지만, 종종 그렇게 생각되는 이유에서는 아니다. 그가 상징하는 인문주의는 그가 살았던 시대와 마찬가지로 이전 세기의 관심사에서 자연스럽게, 대개는 거의 알아차릴 수 없게 전개되었다. 한 선도적인 학자가 "인간에 대한 르네상스의 시각에 특별히 새롭거나 독창적인 것은 아무것도 없었다"라고 말한 것도 무리는 아니다.[32)]

그러나 비록 15세기와 16세기의 인문주의자들이 인간이나 인간의 행복한 세상을 발견해내지는 못했다 해도, 그들 덕분에 이 두 가지에 대한 관심은 한층 강렬해졌다. 내용 면에서는 아니더라도, 적어도 그 색조와 운동에 있어서는 르네상스라는 말 그대로였다. 그것은 앎에 대한 굶주림, 열정 그리고 호기심이라는 면에서 '재탄생'을 특징지었다. 그가 이루어낸 결과 때문이라기보다는 그의 욕구 때문에, 피코는 자기 시대의 상징이 되었다. 그와 그의 동료 인문주의자들은 실종된 필사본을 추적해내고, 수도원의 잊혀진 구석구석을 샅샅이 뒤지고, 고대 세계의 잡석들을 걸러냈다. 그러면서 그들은 과거로부터, 특히 고전 시대의 골동품에서 보물들을 끌어내 그것들에 어느 때보다도 커다란 지위, 신망 그리고 존엄성을 부여했다. 그들은 그리스어를 배웠고, 그들 생각에 중세 시기 동안 격하되었던 언어인 라틴어를 '순화'하고자 시도하면서 로마식 라틴어를 개선해나갔다. 이러한 장비로 무장하고 나선 그들은 원전들을 들추어내 재점검하고 소생시켰다. 레오나르도 브루니는 아리스토텔레스의 『윤리학』의 새로운 번역을 맡아(그리스어 원전에서 라틴어로), 당대인들에게 현자의 가르침을 알리고자 했다. 15세기에는 아리스토텔레스의 작품이 약 32가지 판본으로 번역되었는데, 브루니의 번역도 그중 하나였다.[33)] 또 다른 사람들에 의해 로마 스토아학파들—우선 키케로, 세네카와 에픽테토스—의 작품이 수집, 편집을 거쳐 새로이 출판되기도 했다. 이에 따라 유럽인들은 에피쿠로스의 기본 원칙들에 다시 친숙해지는데, 여기에는 주로 그의 로마인 모방자이자 후계자인 루크레티우스에 대한 연구가 크게 기여했다. 마지막으로, 르네상스는 플라톤에 대한 관심이 엄청나게 부활하는 것을 목격하게 된다. 그리스어로 쓰인 플라톤의 작품들이 수집되었고, 1420년 학자 장 오리스파Jean Aurispa가 그 작품들을 콘스탄티노플에서 피렌체로 가져왔으며, 1440년경에 이르면 21개 이상의 번역이 완성된다. 브루니, 피치노 그리고 다른 사람들이 『심포지엄』『파에드로스』『파이돈*Phaedo*』『크리톤*Crito*』『국가』와 플라톤의 다른 대화록 등을 라틴어나 통속어로 번역, 출간했는데 그의 작품에 대한 폭넓은 설명까지 곁들였다. 어떤 이들은 한 발 더 나아가 아우구스티누스의 판단에 대한 메아리라도 되듯(어쩌면 더욱 강력하게), 플라톤의 작품들은 이교도의 '신학'이자 진정한 하나님에 대한 탐구 과학이라고 논쟁할 정도였다. 피코가 이러한 주장—덜 직접적일지는 몰라도, 하나님은 성서의 예언자들에게 했던 것처럼 이교도 작가들의 말을 통해서도 연관성 있게 말할 수가 있다는 것—을 수용한 것은, 바티칸이 그에 대한 의혹의 눈초리를 갖도록 하는 데 일정 부분 작용했다.

이후 피코는 자신의 열정을 억제하기 위해 무척 조심하지만, 그 과실 때문에 잠재적인 긴장이 이어졌다. 아퀴나스는 교회의 가르침 안으로 아리스토텔레스를 녹여 넣고, 지상에서 자연적인 행복의 도야를 위한 여지를 만들어냄으로써 원죄의 여파를 완화하려 했다. 마찬가지로, 고전 시대의 사고에까지 확장된 르네상스의 약속 역시 삶의 잠재적 행복에 대해 한 발 더 나아가 생각하게 하는 여지를 만들었다. 나사렛 예수가 로마를 향해 첫 발을 내딛는 순간부터 시작됐던 변화에 박차를 가하면서, 인문주의자들은 유대-기독교 안으로 고전주의를 수용했고, 또 고전주의 안으로 유대-기독교를 수용했다. 기독교 스토아주의자들, 기독교 플라톤주의자들, 기독교 아리스토텔레스주의자들, 그리고 조심스럽지만, 심지어 에피쿠로스를 찬미하는 기독교인들까지, 르네상스 학자들은 부단히도 그 중요한 고전적인 목적에 매달렸다.[34] 당연히, 어느 한 학자가 말했듯이 그들은 "인간의 행복, 비참 (그리고) 위대한 선 같은 주제들에 대해 놀라우리만큼 엄청난 논문들을" 쏟아냈다.[35]

'복된 기독교인에 대해' '복된 자들에 대해' 그리고 '복된 삶에 대해' 와 같은 제목을 단 이들 작품은, 죽음이라는 순수한 행복과 삶의 불완전한 행복을 연결시키는 축을 따라 상당히 넓은 범위를 망라하고 있다. 한 예로, 피치노 같은 신플라톤주의자는 로렌초 데 메디치에게 보내는 행복에 관한 장문의 서한에서, 행복이란 오로지 진실에 대한 생각과 행복이 넘치는 상상력이 만들어내는 영혼의 신비로운 쾌락에서만 찾을 수 있다고 설명한다. "왜냐하면 모든 것 중에서 가장 행복한 것은 자신이 사랑하는 대상을 소유하는 것이므로"라고 쓰면서, 피치노는 플라톤을 직접 인용한다. "자신이 사랑하는 것을 소유하면서 사는 사람이라면 그 누구라도 편안하고 흡족하게 산다." 그리고 하나님의 사랑이야말로 최고의 사랑이므로 "결국 인간의 행복은 오직 하나님에게만 내재하는 것이다."[36] 이와는 반대로 스토아학파에 대한 지식을 갖춘 살루타티Coluccio Salutati 같은 인문주의자는 삶에서 우리를 당황스럽게 하는 격정을 진정시키는 수단으로 이성의 연마와 그에 기반을 둔 실천적 미덕의 중요성을 강조했다. 그는 지상에서 행복한 활동의 영향력이 더욱 확장될 수 있도록 키케로와 세네카 같은 인물의 작품에 심취하기도 했다. 또한 아리스토텔레스에게 막대한 빚을 졌다고 볼 수 있는 레오나르도 브루니는, 가장 덕스러운 삶을 사는 사람이라 해도 그가 행복을 이루는 데는 상황과 운명이라는 요소가 작용한다는 것을 강조했다.

> 현명하고 선한 사람, 모든 미덕을 배우고 성취한 자라 하더라도 가난, 육친과의 사별, 또는 추방의 상태로 떨어질 수가 있다. 조국을 잃고, 조상으로부터 물려받은 것들을 빼앗기고, 자녀와 친척들이 죽을 수도 있다. 또 폭군의 감옥으로 내동댕이쳐지고, 형틀에 놓여 끔찍하고 비참한 고문을 당할 수도 있다. 미덕이 넘쳐나지만, 그렇게 많은 악들에 둘러싸여 있는 그를 행복하다고 부를 수 있는 사람이 과연 있을까?[37]

로렌초 발라Lorenzo Valla나 지아노초 마네티Gianozzo Manetti 같은 인문주의자들은 분명히 없다고 대답할 것이다. 마네티는 「인간의 존엄성과 탁월성Dignity and excellence of man」이라는 논문에서 지상의 즐거움과 쾌락에 상당히 탐닉하고 있음을 보여준다. 이 두 학자들 모두, 순화된 에피쿠로스주의와 기독교의 조화를 옹호했다.

이렇게 상당히 다양한 범위의 견해에도 불구하고, 진정한 또는 완전한 행복이란 이 세상의 것이 아니라는 피코의 핵심 명제에 의문을 던지려는 인문주의자는 말 그대로 단 한 사람도 없었다. 사실은 많은 사람들이 15세기 후반의 볼로냐 출신의 학자 필리포 베로알도Filippo Beroaldo가 아주 간단히 "행복한 사람은 없다"라고 한 말에 동의하면서, 지상에서의 행복의 가능성을 포기해버렸다. 그 말을 한 사람이나 그 말을 들은 사람들 모두 그 결론과 그 결론이 들어 있는 작품 「행복에 대한 연설Oration on Felicity」이라는 제목 사이에서 어떤 상충점도 읽어내지 못했던 것 같다.[38]

그리고 살루타티가 곧바로 지적했듯이, "어리석고 미치광이 같은 우리 인간들은 그런데도 이 지상에서 행복하고자 고투하며, 더더욱 어리석은 것은 우리가 이 허위적이고 세속적인 것들 사이에서 축복받고 행복하다고 믿으며 자랑한다는 것이다."[39] 어리석게 오도되었든

Parte Prima. 231

se ne andò sopra vn palco della casa, donde si poteua hauer della festa trattenimento; vscì in quel tempo per vna fessura della muraglia vn' horribil serpente, & andatosene alla culla per vccider il bambino, fù dal cane assalito, & vcciso, restando esso solo insanguinato per alcuni morsi del serpe, a caso in quel combattimento del cane, & del serpe la culla si voltò sottosopra; la Balia allo spettacolo del sangue, & della culla riuersata, ritornata che fù conietturando la morte del fanciullo, portò con lagrime al padre la falsa nuoua; egli infuriato per tali parole corse alla stanza, e con vn colpo di spada l'innocente cane per mezzo di Fedeltà diuise in due parti, poi piangendo andò verso la culla, & credendo vedere le tenere membra sbranate trouò il fanciullo viuo, e sano con sua grandissima allegrezza, & marauiglia, poi accorgendosi del serpe morto, venne in cognitione della verità, dolendosi infinitamente d'hauer dato all'innocente animale la morte, in ricompensa della rarissima Fedeltà. Molt'altri essempi, raccontano diuersi altri auttori in questo proposito, a noi bastano questi.

FELICITA PVBLICA
Nella Medaglia di Giulia Mammea con queste lettere.
FELICITAS PVBLICA.

DONNA ghirlandata di fiori, che siede in vn bel seggio regale, nella destra mano tiene il Caduceo, & nella sinistra il Cornucopia pieno di frutti, e fiori.

La Felicità è riposo dell'animo in vn bene sommamente conosciuto, & desiderato, & desiderabile, però si dipinge a sedere, col Caduceo in segno di pace, & di sapienza.

Il Cornucopia accenna il frutto conseguito delle fatiche, senza lequali è impossibile arriuare alla Felicità, che per mezo d'esse si conosce, & si desidera.

P 4 I fiori

⚜ 세자르 리파의 『이코놀로지아』(1593) 속의 펠리키타스 푸블리카. 바이네케 희귀본 도서관, 예일 대학교.
수백여 개의 우화적 이미지들이 묘사되어 널리 재생산된 르네상스 시대의 원고. 여기서는 펠리키타스가 풍요의 뿔, 그리고 평화와 의술의 상징인 지팡이를 들고 왕좌에 앉아 있는 모습이다.

아니든 간에, 다수의 르네상스인들은 어느 정도 세속적인 행복을 얻기 위해 분투했고, 그 여세로 기존에 수용됐던 가정假定의 한계에 반하여 그들을 위로 끌어올렸다. 아리스토텔레스를 신봉하는 공증인이었던 베네데토 모란디Benedetto Morandi는, 삶의 본래적인 비참함에 대한 베로알도의 견해에 공감하는 어느 작가에 대해 얘기하면서, 행복의 가망성을 부인하는데 어떻게 인간의 행복에 대한 논문을 쓸 수 있느냐고 물었다. 그는 「인간의 행복에 관하여On Human Happiness」에서, 만약 인간이 지상에서 행복을 얻는 게 불가능하다면 "자연은 (그걸) 얻고자 하는 기능을 헛되이 허용했을 것이다"라고 논박했다. 오로지 '인간에게 가능한'—하나님이나 천사의 도움 없이—행복에만 집중하기로 한 모란디는, 삶에서 전혀 행복을 알지 못했던 사람이 어떻게 죽음에서는 행복을 만끽하기를 기대할 수 있느냐는 데까지 의문을 나타냈다. 이전의 토마스 아퀴나스와 피코처럼, 모란디도 아리스토텔레스를 따르며 인간의 궁극적인 목적을 추구하기 위해 얼마나 불완전하든 간에 이 지상에서 그 여지를 만들어내고자 했다.[40]

정확히 바로 이 충동—지상적인 목적의 배양을 출발점으로 하고 있는 사고, 바로 고전 시대의 사고와 그 지속적인 재도입에서 탄생된

⚜ 오라지오 젠티스키, 「위난을 불러 모으는 공공의 지복」 혹은 「운명의 여신의 승리」, 1624, 루브르 박물관, 파리.

⚜ 리파의 『이코놀로지아』의 18세기 영국식 공공의 지복, 1729, 예일 대학교 영국예술센터, 폴 멜런 기금, 영국.

충동—이 15세기와 16세기의 사람들에게 망설이면서도 서서히, 여기 낮은 곳에서의 행복을 재구상하도록 자극했다. 바티칸의 벽에 아테네 학당을 그려 넣었던 라파엘로를 고무했던 것과 같은 정신은 아그놀로 브론치노Agnolo Bronzino같이 종교적으로 독실한 화가에게도 일깨워져서, 오로지 고전적 의상으로만 치장한 행복이 상상화되어 그림에 나타나게 된다. 그의 「행복의 우화Allegory of Happiness」라는 작품은 로마인들의 공적 행복Felicitas Publica의 현대적 표현인데, 열정적으로 골동주화를 수집하는 인문주의자들에게 그 이미지와 비유가 널리 알려지게 되었다.[41)]

그러나 안드레아 풀비오Andrea Fulvio, 에네아 비코Enea Vico 그리고 세바스티아노 에리지오Sebastiano Erizzo 같은 골동품 애호가와 고대주화 수집가들이 로마의 정화正貨를 우아하게 장식하는 「거의 헤아릴 수 없이 무한한 동전의 이미지」 같은 긴 논문에 아낌없이 관심을 쏟아부었던 데 반해, 브론치노는 공공의 행복에만 전적으로 집중했다. 그는 그녀가 베푸는 이 지구상의 여러 가지 것들에 대한 찬사를 아끼지 않았다.[42)] 건강한 가슴을 하고 매너리즘적인 양식으로 길게 늘인 젊고 땅딸막한 여성으로 그려진 '행복'은, 장엄한 모습으로 왕좌에 앉아 우리의 시선을 끌면서 화폭을 장악하고 있다. 한 손에는 그녀의 상징인 지팡이를 꽉 쥐고, 다른 손에는 과일이 넘쳐나는 풍요의 뿔을 들고 있는데, 이 둘은 각각 공공의 평화와 번영을 상징한다. '행복'의 왼편에는 '정의'가 저울을 흔들며 서 있다.

냉담하며 에로틱한 그녀는 마치 모델의 걸음걸이 같은 자세로 서 있는데, 나머지 한 손은 자신의 칼 손잡이 부분에 우아하게 올려놓고 있다. 화가는 큐피드와 에로스의 이야기를 좀 더 하고 싶은 모양이다. 이 개구쟁이 요정은 '행복'의 무릎에 기대면서 그녀에게 황금 화살을

아그놀로 브론치노, 「행복의 우화」, 1564, 우피치 박물관, 피렌체.

꾲으려 한다. 그러나 애교를 부리는 '신중' —앞과 뒤, 그리고 미래와 과거를 보는 야누스의 얼굴을 한—은 행복이 당하지 않도록 지키면서 그 요정이 상궤를 벗어난 위반 행위를 하지 않도록 경계하는 힘든 임무를 맡고 있다. '영광' 과 함께 트럼펫을 부는 '명성' 은 위에서 맴

⚜ 랭스 대성당의 미소 짓는 천사들, 12세기.

⚜ 미소 짓는 천사 같은 모습의 인물들, 13세기, 프랑스, 메트로폴리탄 박물관, 수도원 컬렉션, 1952.

돌고 있고, 천구의天球儀를 갖고 있는 '시간'과, 운명의 수레바퀴를 갖고 있는 '운명'은 '행복'의 발 아래 무릎을 꿇고 있다. 왼쪽 끝에는 눈먼 '시기'가 시야에서 빠져나가고 있다. 어릿광대 모자를 쓴 '우매'는 '신중'의 발 아래 밟혀 있고, '정의'는 '분노'(부러진 칼을 쥐고 있는)와 '기만'(운명의 수레바퀴 아래 엎어져 누워 있는) 둘 모두를 제압하고 있다. 마침내 '시간'과 '운명'은 기회의 그리스 신 카이로스Kairos를 화폭의 맨 밑바닥에서 몸부림치며 무너지게 만든다. 오직 위에 있는 천사들만이 높은 곳의 행복을 암시할 뿐이다. 이 그림의 제한된 공간에서는 '행복'이 최고로 군림한다.

1537년부터 1574년까지 피렌체를 통치했던 코시모 데 메디치 1세Cosimo Ⅰ de Medici의 궁정화가였던 브론치노는 이 작품을 자신의 후원자의 통치에 대한 설명으로 의도했던 것 같다. 신중한 야누스의 두 얼굴 중 남성적인 얼굴은 놀랄 만큼 코시모를 닮았고, '신중'이 들고 있는 지구의는 이 세상의 중심에 이탈리아가 보이도록 돌려져 있다.[43] 수십 년의 전쟁과 외국 군대의 수중에서 격변을 겪은 뒤, 피렌체는 우매와 분노를 물리치고 행운의 여신이 섬기는 도시로서 번영과 독립을 이루어냈다고 브론치노는 암시하고 있다. 코시모는 토스카나 지역까지 군사력을 발동하며, 피렌체 도시 내에 문예 부흥의 선도 역을 했다. 그는 많은 공공사업 활동을 벌였는데 그중에 우피치Uffizi가 가장 완벽한 상징이다. 이는 브론치노의 친구인 조르지오 바사리Giorgio Vasari가 디자인한 건물로, 현재 그곳에는 행복의 우화가 소장되어 있다. 레오나르도, 마키아벨리 그리고 미켈란젤로를 배출한 그 도시는 장대함과 걸출함으로 빛나고 있었다.

미소까지 지으려 했던 걸까. 그토록 수많은 르네상스 예술에서 세속적인 세세한 것들에 쏟아졌던 열의가, 이제 빛나는 인간의 얼굴에도 똑같이 나타났다. 서구의 회화와 조각에 미소가 전혀 없었던 것은 아니지만—예를 들어, 기원전 6~7세기 고대 그리스 시대에 많이 볼 수 있던 서 있는 젊은이의 조각상을 일컫는 '쿠로이'에서 종종 미소가 얼굴에 생기를 불어넣는다—기독교의 도래 이후 그 미소는 종교적인 인물들, 그중에서도 확실히 지복을 누린 것으로 알려진 이들에게만 압도적으로 많이 나타나고 있다. 축복받은 성처녀 마리아, 낙원 추방 이전의 아담과 이브, 천사 그리고 성인들에게만 미소가 사용됐다.[44)]

그러나 15세기와 16세기에 들어서자 예술가들은 일반인의 미소를 묘사하기 시작했다. 그런 예들은 많지만, 가장 유명한 것은 레오나르도 다 빈치가 그린 모나리자의 미소이다. 감정의 절제를 높이 샀던 유럽에서, 그녀의 반쯤 미소 띤 모습은 당대의 인상을 생생하게 창출해냈다.

직접 그 작품을 보지 않았던 조르지오 바사리도 자신의 고전적 작품인 『예술가들의 삶 *Lives of the Artists*』에서 그녀의 미소가 "너무도 매력적이라, 인간적이라기보다는 거룩하다"고까지 할 정도였다. 또한 바사리는 레오나르도가 그 그림을 그릴 때 "가수, 연주자 그리고 어릿광대들을 동원해서 화폭의 주인공이 초상화들에서 종종 보이는 우울한 표정이 아닌 즐거운 모습을 나타내도록" 했다는 점을 밝히기도 했다.[45)]

바사리가 우울을 언급한 데는 그 나름의 이유가 있다. 기원전 5세기에 히포크라테스Hippocrates가 최초로 묘사했고 그 후 2세기에 갈렌Galen이 다듬었던 우울, 즉 멜랑콜리(melancholy: 라틴어로 atra bilis)는 문자 그대로 '검은 담즙'을 의미하는데, 그 어원은 그리스어의 멜란(melan: 검은)과 콜레(chole: 담즙)의 합성에서 비롯된 것이다. 히포

안토넬로 다 메시나, 「미소 짓는 어느 미지의 남자의 초상」(좌), 1470, 벤저민 애트먼의 유증, 1913, 메트로폴리탄 박물관. 레오나르도 다 빈치, 「모나리자」(우), 1500년대 초, 루브르 박물관, 파리.

크라테스와 갈렌을 이런 일에 대한 권위자로 여겼던 중세 후기와 르네상스 시기의 평자들에 의하면, 멜랑콜리는 인간의 생리현상과 기분을 지배하는 네 가지 주요 기질 중 하나였다.[46] 건냉한 검은 담즙은 다른 세 가지—습열한 혈액, 건열한 담즙, 습냉한 점액—와 조화롭게 균형을 이룰 때 인간이 차분함을 유지하는 데 필수적인 역할을 한다. 혈액이 신체에 열과 수분을 전달하는 것에 반해, 점액은 뇌와 신장 같은 우리의 차갑고 습한 기관에 양분을 준다. 또 점액은 열이 있고 건조한 신체 부분에 필요한 양분이 되고, 검은 담즙은 뼈, 연골 그리고 근육을 지탱시킨다. 이렇게 정교하게 통합된 생리현상/우주철학에서 담즙은 흙과 유사한 기능을 한다. 검은 담즙은 건냉한 요소로서 공기(건습), 불(건열) 그리고 물(습냉)을 상쇄하면서 대우주의 원활한 작동에 참여하고 있다.[47]

엄밀히 말하면 멜랑콜리는 인간의 건강과 안녕에 필수적인 중요한 체액이다. 그러나 과다할 경우에는 기분을 크게 좌우하는 생리적 불균형을 초래한다. 담즙, 점액 그리고 혈액이 넘치면 화, 냉정, 유쾌 같은 반응이 일어나는 것처럼, 비장에서 쏟아져 나오는 검은 담즙의 범람은 멜랑콜리를 유발시킨다. 종종 슬픔, 병적인 우울증과 연관되는 이 부조不調는 여러 가지 징후들을 발현시킨다. '격한 멜랑콜리'(위장 내에 가스가 참), 치질, 옴, 기침, 목쉼, 관절 통증, 그리고 불면증, 정신 박약, 또 현대 의학 초기의 연대기에서 주로 음울한 환상과 연계되어 나타나는 '건냉' 질병들이 그 예이다.[48]

과도한 슬픔이나 멜랑콜리를 이상이나 질병으로 보면서—원죄에 의한 자연스런 결과로만 치부하지 않는—고대의 전통을 새롭게 정비했던 르네상스의 의학은 그런 것들을 치유할 방법에 대해 새로운 모색의 장을 열었다. 이렇게 볼 때, 모나리자의 얼굴에 미소를 자아내기 위해 오락, 음악 그리고 광대를 이용했다는 바사리의 고찰은 시사하는 바가 있다. 즉 그것은 좀 더 긍정적인 분위기를 유도하려 했던 폭넓은 노력의 증거라고 볼 수 있기 때문이다. 식이요법의 추천에서부터 기후와 날씨가 우리의 마음 상태에 미치는 영향에 대한 고려에 이르기까지, 이 모든 의학적 권고는 르네상스 시대 동안 전례가 없을 정도로 성행했다.

실제로 모든 르네상스 인문주의자들이 멜랑콜리를 문제로 보지는 않았다. 그 실례로, 피코의 스승인 마르실리오 피치노는 이를 좀 다른 각도에서 보았다. 그와 그 밖의 다른 사람들은 멜랑콜리와 천재성의 긴밀한 연관성을 주장하고 있는 한 문서를 아리스토텔레스가 집필한 것으로 잘못 알고 있었다. 피치노는 그 문서에 의거하여 어떤 특별한 경우에는 검은 담즙의 누적이 풍부한 상상력, 지적인 예리함 그리고 예언 및 예지 능력과 관련이 있다고 생각했다.[49] 자신의 저서 『삶의 책 *The Book of Life*』에서 피치노는 '천재적' 멜랑콜리는 창조적인 천재의 조건이자 원인이라고 주장하면서 자연적인 검은 담즙은 "판단력과 지혜를 촉성시킨다"고 말했다. 그는 그 책의 제5장에 "멜랑콜리한 사람이 왜 총명한가"라는 제목을 달기도 했다.[50)]

피치노의 견해는 의심할 여지 없이 영향력을 발휘해서, 당대 엘리트 집단 내에 멜랑콜리의 '유행'을 일으켰고, 그 이후로도 오랫동안 굳건한 현상, 즉 절망의 지적인 매력이라는 현상으로 자리매김했다.[51)] 그러나 행복이라는 관점에서 볼 때 더 중요한 것은, 멜랑콜리를 문제점으로 다루려 했던 초기의 노력들이었다. 16세기에는 특히 그에 대한 의학적 문헌들이 봇물을 이루었다. 한 역사학자는 "이전에는 절망과 (…) 내적 혼돈에 대한 표현에 이렇게 많은 관심을 기울였던 적이 결코 없었다"라고 쓰고 있다.[52)] 영국의 학자 로버트 버튼Robert Burton이 『멜랑콜리의 해부*The Anatomy of Melancholy*』에서 가능한 모든 시각에서 그 주제에 관해 분석할 때도, 본론은 잘 갖추어졌다. 그는 "멜랑콜리하게 되지 않으려고 급급해 하며, 나는 멜랑콜리에 대해 쓰고 있다"고 했다. 버튼은 "그리도 자주, 그렇게나 많이 인간의 정신과 신체를 괴롭히는" 이 "유행병"을 "예방하고 치료하기 위한" 방법을 처방하는 것보다 "더 종합적인 서비스"를 생각할 수 없었다.[53)]

비록 불완전하다 해도, 과도한 슬픔을 치유하기 위한 방법을 모색하려던 시도와 세속적 예술 속의 미소에 품위를 부여하려는 의도는, 속세의 작은 행복을 인간의 존엄성과의 조화로 보는 생각이 도래하기 시작했다는 것을 함축한다. 한 예로, 역사학자들은 15세기 초부터 내세를 묘사하는 작품들이 이전에 비해 훨씬 지상적인 색조를 띤다는 것을 간파할 수 있다.[54)] 일찍이 1431년에, 로렌초 발라는 쾌락주의자적인 대화록인 『쾌락에 대해*On Pleasure*』에서 천국의 기쁨을 놀랄

⚜ 알브레히트 뒤러, 「멜랑콜리아 1」, 1514, 영국 박물관.

만큼 감각적인 표현으로 서술하고 있다.

장미와 바이올렛 향기를 맡는 코, 그리고 음식 맛을 느끼는 혀처럼, 신체의 각 부분은 다른 것들과 더불어 쾌락을 느낄 수 있다. 이런 식으로 전신은 쾌락의 파트너가 된다. 하나가 아니라 여러 가지 감각으로 느낄 수 있는 것 또한 기쁨이다. 여기선 단지 아주 짧게만 언급하기로 하자. 왜냐하면 잔치, 춤 그리고 놀이처럼, 이전에 언급했던 것과 관련이 있기 때문이다. (…) 영원한 지복의 상태에서는, 그런 종류의 쾌락이 훨씬 더 풍부하고 충만할 것이다.[55]

교회법과 성서학자인 발라는 텍스트 분석을 통해, 위-디오니시우스의 저작들이 「사도행전」에서 성 바울의 제자로 언급된 아레오파고스 재판관 디오니시우스의 작품일 수 없다는 것을 처음으로 정립한 사람이라는 점에서 특히 흥미롭다. 그는 그 작품이 사도의 것이라는 데에도 이의를 제기했을 뿐만 아니라, 신플라톤주의자들과 중세 철학자들에게 그렇게도 소중했던 지복의 전망을 순수하게 정관靜觀적으로 이해하는 것에도 역시 이의를 제기했다. 발라에게 천국이란 잔치와 춤 그리고 즐거움이 있는, 장미향처럼 달콤한 것이다. 그곳에서는 "단 하루, 단 한 시간, 단 한순간이라도 (…) 명예, 영광 또는 쾌락이 줄어들지 않는다." 그리고 이 작품에서는 현생에서의 수많은 쾌락이 내세의 더 순수한 쾌락을 위해 희생되어야 한다고 강조하려고 매우 조심스럽게 얘기하고는 있지만—"그러므로 우리는 인간사를 포기하기를 두려워해서는 안 된다"—, 기독교적 미덕에 대한 그의 생각이 극기를 강조하는 등 경직된 것만은 아니다.[56] 후에 나온 마페이Celso Maffei의 『낙원의 감각적 쾌락에 대한 즐거운 설명*Pleasing Explanation of the Sensuous Pleasures of Paradise*』이라는 작품이나 내세에 대한 르네상스의 묘사와 마찬가지로, 발라가 작품에서 상상하는 쾌락은 어느 정도는 지금 여기, 이 세상에서의 쾌락을 수용하는 것에 대한 숙고였다.

중세 후기의 신학에 의해 규정된 한계 내에서 작업하면서, 르네상스의 인문주의자들은 자연적인 행복의 범위를 확장시켜 삶의 불완전

천국에서의 춤추기, 프라 안젤리코의 「최후의 심판」, 세부, 1431년경, 산마르코 박물관, 피렌체.

한 쾌락을 위한 여지를 좀 더 만들어놓았다. 한편 그들은 지상에서 인간을 더 행복하게 한다는 대담한 임무에 대해 생각하기 시작했다. 이것은, 반복해서 말하지만 단지 점진적으로 진행되었을 뿐이다. 원래 아퀴나스와 중세 후기의 아리스토텔레스 추종자들에 의해 명료화된 인간의 자유 개념에 기반을 둔 르네상스의 기독교 인문주의자들은, 낙원에서 추방된 인간의 지력에 의지해 현생에서 인간이 생각할 수 있는 한의 경계를 개척하려 했다. 그들은 우리 인간은 죄악에 의해 완전히 무능력해지지는 않았으며, 이 세상을 좀 더 나은 곳으로 만들 수 있는 능력과 자유를 가졌다고 결론을 내렸다. 아마 에라스무스Desiderius Erasmus같이 유명한 인문주의자라면 "무지야말로 유일한 행복이다"라는 역설적인 결론을 내리면서, 『우신예찬*Praise of Folly*』 같은 주제로 책 한 권은 족히 쓰고도 남았을 것이다.[57] 그러나 이 '우신'은 사실 지고의 지혜라는 것이 곧 분명해진다. 이는 성 바울이 말한 '십자가의 어리석음'과 에라스무스가 '성 소크라테스'라고 표현한 자가 진리의 탐구는 무지의 고백에서부터 시작한다고 말했던 권고를 융합한 것이다. 이러한 어리석음은 세상의 고통을 줄여줄 뿐만 아니라 또한 에라스무스가 행복 탐구의 필수적인 출발점으로 찬양했던, 자신에 대한 앎으로 이끌어가는 것이기도 했다.[58] 또 다른 출발점은 (지향점에 더 중요한) 하나님이었다. 에라스무스는 "우리가 해야 할 일은 우리의 마음을 정신적인 것으로 향하게 하는 것"이라며 그러면 "행복에의 길은 빨라진다"고 고백했다.[59)]

이런 관점에서 조명해볼 때, 위와 같은 계층의 사람—기독교 인문주의자요, 피코의 전기작가이며 에라스무스가 『우신예찬』을 바쳤던 친구—이 세상에 처음으로 '유토피아'라는 새로운 단어를 선사했다는 것은 그리 놀랄 만한 일이 아니다. 토마스 모어Thomas More의 걸작 『유토피아』에서 그곳의 거주자들은 "우리의 존재와 행복을 향한 가능성을 빚지고 있는 전지전능한 하나님을 사랑하고 숭배한다." 그러나 그들은 또한 이성과 지성을 바탕으로 즐길 수 있는 수단을 얻고자 고군분투하며, "삶의 향유를 (…) 인간의 모든 노력의 자연스런 목표로 여긴다."[60)] 제목이 암시하듯, 모어의 유토피아는 '없는 곳' 또는 '좋은 곳'을 의미하는데, 그리스어의 'ou'(不) 또는 'eu'(좋은)와 'topos'(장소)가 결합된 단어로, 상상의 영역을 말한다. 브론치노의 우화처럼 그것은 분노, 어리석음, 운명 그리고 기만의 승리 위에 시간을 걸어놓았다. 상상력의 산물로서 아주 먼 곳에 있는 모어의 유토피아는 존재하지 않으며, 또 존재할 수도 없지만, 그가 익히 알고 있는 이 세상의 수많은 불미스러운 일들을 풍자하기 위해 얇게 입힌 막과 같은 역할을 한다. 그런데도 모어의 개념은 인간에게 하나의 표준을 세워주고, 그 표준에 따라서 삶의 부족함을 개선하려는 시각을 통해 부족함을 판단하게 해준다. 이 작품은 인간은 하나님이 부여한 자유를 만끽하면서 자신을 고양시킬 수 있고, 또 세상을 천국에 좀 더 가깝게 만들 수 있다고 제시한다.

하나님의 도움 없이 얼마나 높이까지 갈 수 있을까? 하나님이 손을 뻗어 우리를 끌어당기기까지 우리는 얼마나 높이 올라가야 하는 걸까? 르네상스 인문주의자들의 자유—인간 존엄성의 최고봉으로 올라가라는 그들의 권고—는 인간성의 최고 성취자가 되고자 하는 열망을 일으키기에 안성맞춤이었다. 마르틴 루터가 바로 그런 사람이었다. 자신을 충만하게 구현하려 분투하며, 그는 자신을 짓눌러오던 죄에 대해 의식하게 되었다. 그랬기에 그는 기독교의 자유에 대한 새로운 이미지, 그리고 인간의 행복에 대한 새로운 이미지를 착상하게 된다.

그 옛날의 아담을 죽임

1534년 5월, 마르틴 루터는 젊은 왕자 요아킴 폰 안할트Joachim von Anhalt에게 짧지만 아주 특별한 편지를 썼다. 그때 마르틴 루터는 51세였는데, 발작적인 우울한 절망감 때문에 슬픔에 잠긴 왕자 나이의 갑절이었다. 루터는 한마디 충고를 하는 게 나으리라 생각했다.

> 인자하신 왕자 전하! (공통의 친구께서) 제게 말씀하시기를, 각하께서 편찮으셨는데 다행히 다시 원기를 회복하셨다고요.
>
> 각하께서 조용한 생활을 영위하시기 때문에 오는 멜랑콜리와 슬픈 생각들이 편찮으신 원인이라고 사료됩니다. 하여 소신은 각하께 권유드리고자 합니다.
>
> 젊으신 각하, 즐겁게 지내면서, 말을 타고 사냥도 하시고, 돈독한 신앙심과 고귀한 방법으로 각하를 기운 나게 할 좋은 동무를 가져보세요. 고독과 슬픔은 특히 젊은이에겐 독약이요, 죽음이랍니다. (…) 기쁨을 회피하고 고독과 멜랑콜리에 젖어드는 것이 얼마나 해로운지 아무도 모를

> 정도랍니다. (…) 명예롭고 품위 있는 좋은 유머와 즐거움은 젊은이는 물론이고 모든 이들에게 최고의 약이랍니다. 이제껏 애도와 슬픔에 빠져 살아왔던 본인도, 이제는 가능한 한 어디에서고 기쁨을 찾아 즐기려 하고 있습니다. 다행히도 이제는 하나님이 주신 선물에 감사하며, 올바른 양심으로 즐거워할 수 있습니다. 모두 그분이 우리를 위해 만드시고, 또 우리가 향유하도록 하신 것이니까요.
>
> 행여 제가 각하가 편찮으신 이유를 잘못 이해하고 외람된 말씀을 드렸다면, 제 불찰을 너그러이 용서하여주시기 바랍니다. 저로서는 소신이 과거에 종종 그랬고 아직도 가끔은 그렇듯이, 각하도 행여 즐거워하는 것을 죄라고 판단하는 어리석음에 빠지신 것은 아닐까 생각했습니다. (…) 각하께서는 내적으로는 그리스도 속에서, 그리고 외적으로는 하나님의 선물 안에서 모든 것에 기뻐하셔야 합니다. 왜냐하면 하나님은 그가 주신 것에서 쾌락을 얻고, 또 그것을 주신 그에게 감사하도록, 그 모든 것을 우리에게 주셨기 때문입니다.[61]

루터는 자신이 말하는 바가 무엇인지 잘 알고 있었다. 이 서한을 관통하고 있는 감정의 양립—멜랑콜리와 명랑, 죄와 환희 사이에서—과 긴장이 그의 전 생애에도 흐르고 있었다. 그는 어린 시절부터 자칭 트리스티시아(tristitia : 멜랑콜리 또는 과도한 절망감)로 인해 고통스러워했고, 왕자에게 묘사했던 예의 그 고독과 슬픔을 익히 알아왔던 터이다. 그는 또한 '모든 것에 즐거워' 하려고 용감하게 분투했으며, 이러한 도전을 매우 기꺼워하며 정진해나갔다. 루터는 행복해 하는 게 죄가 아니며, 우리가 짓지 않은 죄들 때문에 우리는 행복감에 죄의식을 가진다고 믿었다. 욕망은 내부에서 우리를 부식해가며 항상 우리의 하찮음을 상기시키는데, 오로지 하나님의 '선물' 인 사면만이 그것을 쫓아낼 수 있다. 그 몇 해 전에 쓴 설교에서 루터는 "죄는 순수한 불행이요, 용서는 순수한 행복이다"라고 했다.[62)]

오늘날 비참함과 환희 사이에서 갈팡질팡하며 과도한 죄책감과 수치심으로 고통받는 사람은 의사나 심리학자를 찾을 것이다. 역사학자들은 그의 성장 과정에 형성됐을지도 모르는 심리의 전개 과정을 조명하며 루터가 그러한 고통을 겪었음을 암시하기도 하지만, 그가 실제로 그런 증상을 겪었는지는 결코 단언할 수 없을 것이다.[63)] 그들은 가혹하고 침울했던 루터의 어린 시절에 주의를 환기한다. 성직자가 되기를 꿈꾸는 루터를 말리려는, 화해할 수 없는 아버지의 요구, 여러 번의 발작, 쇠약 그리고 긴 절망의 주기 등이 그런 고통을 불러일으켰을 것으로 보는 견해들이 그러하다. 루터가 그의 '눈부신 발견', 즉 탑실塔室에서 극적인 경험을 얻은 것은 이러한 긴 우울증의 주기가 끝나던 때였다.

1519년은 젊은 수도사 루터가 교황의 면죄부 판매에 반대하며 그 유명한 95개조를 비텐베르크 성당 문에 못 박아 붙이고, 과도한 교황의 특권에 도전하는 일련의 사건을 개시하던 때였다. 아마도 실제로는 루터가 망치까지 들지는 않았을 것이다.[64)] 어쨌든 종교개혁에 신학적 권위를 부여했던 성서의 극적인 재해석으로 그를 이끌었던 것은 무엇보다도 바로 소위 그 탑실—루터의 서재가 있던 비텐베르크 아우구스티누스의 검은 수도원에 있는 방의 이름을 따서—에서의 경험이었다. 루터 자신이 후에 그 일화를 상기하듯, 그의 영적인 현현은 불안과 두려움 때문이었다.

수도자로서 비록 나무랄 데 없이 살고 있었지만, 나는 하나님 앞에서는 극도로 양심이 괴로웠기 때문에, 마치 죄인처럼 느껴졌다. 내 참회의 고

행으로 하나님이 진정되신다고 믿을 수가 없었다. 나는 하나님을 사랑하지 않았고, 아니 죄인들을 벌하시는 하나님을 미워했다. (…) 나는 말했다. "원죄로 인해 영원히 버림받은 우리 죄인들이 십계명을 통해 고난이란 고난은 모두 겪으며 짓밟히는 것으로도 충분치 않다는 말인가? 하나님은 왜 복음을 통해 슬픔에 슬픔을 쌓고, 또 복음을 통해 그의 정의와 분노로 우리를 위협하는 것인가?" 이것이 바로 내 양심이 격렬하고 괴롭게 분노했던 이유이다.[65]

한동안 성 바울의 문서에 빠져 있던 루터는 본질적인 질문에 답할 수 없는 자신의 무력함 때문에 거의 미칠 지경이었다. 어떻게 해서 우리가 하나님에 의해 '용서받는다'는 것인가. 그것은 옳게 된다는 것, 즉 공정하게 또는 의롭게 된다는 것인가? 우리가 구원받는다는 것은 어떻게 된다는 것인가? 이미 에리우게나가 선언한, 그리고 아퀴나스에서 피코를 거쳐 모어에 이르기까지 최고로 군림하던 지배적인 신학적 시각에 따르면, 인간은 자신의 행위를 통해 좋은 일을 하고 미덕을 행하는 삶을 살면서 다소나마 자신들을 구원할 수 있었다. 성사聖事를 통해 주입된 하나님의 은총은 항상 우리와 함께한다. 우리 자신을 완전하게 함으로써 우리는 그 은총을 충만하게 한다. "네 안에 있는 것을 하라Facere quod in se est"는 유명한 스콜라풍의 구절이었다. 네가 될 수 있는 모든 것이 되라. 인간의 자유는 사다리의 중세적 이미지와 함께, 자신을 하나님에게로 올려 세우는 자유를 수반하게 됐다.[66]

이 과시적인 '자유'란 루터에게는 실상 복종의 한 형태였다. 왜냐하면 그는 구원받을 만큼 충분히 좋은 일을 했다는 것, 우리가 될 수 있는 모든 것이 되었다는 것을 어떻게 확신한다는 말인지 의아했기 때문이다. 결코 그에게서 사랑을 얻을 수 없는 변함없이 완고한 아버지처럼, 하나님도 루터에게는 결코 만족시킬 수 없는 선생 같기만 했다. 루터는 자신이 주장했듯 대단한 극기 솜씨를 발휘해 단식, 채찍질, 기도 그리고 참회 등을 수행하는, 모든 면에서 나무랄 데 없는 생활을 하고 있었지만 마음의 평정을 얻을 수가 없었다. 개인적 심리 상태로 인해, 그리고 성 아우구스티누스의 신학에 오랫동안 의지하면서, 인간의 하찮음에 대한 루터의 느낌에는 끝이 없었다. 자신 안에 갇혀서「로마서」1장 17절에 대해 생각하는 동안 그의 죄책감은 결코 누그러지지 않았다. 그 탑실에서 자유로움을 느끼게 될 때까지는 말이다.

> 밤낮없이 그 말을 곰곰이 생각하다가, 드디어 하나님의 자비로 나는 그 맥락에 주의를 기울였다. "쓰인 대로, 그 안에서 하나님의 정의가 시현示現된다. '의인은 믿음으로 말미암아 살리라.'" 나는 이해하기 시작했다. 이 구절에서 하나님의 정의란 바로 그것 때문에 올바른 사람이 하나님의 선물, 즉 신앙에 의해 산다는 것을 말하고 있는 것이다. 그것은 바로 이런 뜻이다. 하나님의 정의는 복음서에 의해 시현되지만, 그것은 수동적인 정의이다. 하나님의 정의는 복음서로 계시되지만, 그것은 수동적인 정의이다. 즉 복음서의 "의인은 믿음으로 말미암아 살리라"는 말씀대로, 자비로운 하나님은 우리를 신앙에 의해 용서하신다. 갑자기 나는 다시 태어나서 활짝 열린 문을 지나 낙원으로 들어간 것처럼 느껴졌다.[67]

루터의 위대한 통찰력, 즉 바울에게서 끌어낸 하나님의 선물인, 오로지 신앙에 의해서만 우리가 '용서됐다'는—정의로 인해 처벌받는 게 아니라, 공정하게 된다는—자각의 논거가 바로 여기에 나타나고 있다. 신앙은 우리가 얻을 수 있는 게 아니며—그것은 그저 아낌없이, 기꺼이 주어지는 것이다—그 신앙의 영향은 본질적이고도 심오하다. 그의 또 다른 저작인 『로마서 서문』에서 루터는 유명한 사고를 펼치고 있다.

> 신앙이란 우리 안에 행하시는 하나님의 역사로, 하나님에게서부터 우리를 다시 태어나게 한다.(「요한복음」 1) 신앙은 그 옛날의 아담을 제거하고 마음, 정신, 감각 그리고 모든 능력에서 우리를 완전히 다른 사람으로 만들며, 또 성령도 거기에 함께한다. 신앙이란 얼마나 생생하고, 창조적이고, 활발하고, 강력한 것이던가! (…) 신앙은 하나님의 은총에 대한 살아 있고 흔들리지 않는 요지부동의 확신이다. 너무도 확실하기에 그것을 위해서는 목숨을 수천 번이라도 내놓을 수 있을 정도이다. 하나님의 은총에 대한 이러한 이해와 믿음은 하나님과 모든 피조물에 대해 기뻐하고 확신에 차 즐거울 수 있는 사람을 만든다.[68]

그 옛날의 아담—우리의 안에 잠복해 있던 죄 많고 이기적인 피조물—을 제거하는 총체적인 변화의 힘은 기독교적 재탄생의 원리를 이루고, 그 경험은 이제 루터의 바로 그 말, '다시 태어나다'로 표현된다. 루터는 '다시 창조'된다는 것은 '낙원으로 복귀'하는 것이요, 우리의 위격位格을 감옥으로 만들었던 죄와 죄책감의 굴레에서 풀려나는 것을 의미한다고 생각했다.[69] 기독교적인 해방, 기독교인의 자유는 한마디로 사면이었던 것이다.

이 새로운 '기독교인의 자유'—루터의 가장 유명한 저서 중 하나의 제목이도 하다—란 피코와 다른 인문주의자들이 그렸던, 자의적으로 펼친 상대적 자유와는 얼마나 동떨어진 것인가. 프로테스탄트는 하나님 앞에서 무력하고, 재탄생하지 못한 상태에서 당연히 죄악의 노예가 되며, 용서받지 못해 근본적으로 갱생되지 못한 인류의 본질을 수용하는 것에 바탕을 두고 있다. 루터와 좀 더 넓게는 종교 개혁의 또 다른 위대한 신학자인 존 칼뱅은, 은총에 의해 구원받지 못한 아담의 후예들의 부패하고 더럽혀진 상태를 강조했다. 루터는 다른 저서에서 사람들을 '미개한 야수'에 비유하면서, "이 세상은 악이고, 삶은 비참함으로 가득 차 있다"고 말했다.[70] 칼뱅은 인간은 '추행으로 넘쳐나는 무리들'이라며, "하나님의 저주를 받은 자들은 행복의 가장 작은 부스러기조차도 즐길 수가 없다"고 확신했다.[71] 어쨌든 종교 개혁 초기의 지도자들에게, 이 세상에 사는 거주자들이 참담하다는 사실은 분명했던 것 같다.

이런 점에서 루터, 칼뱅 그리고 그 추종자들 다수는 성 아우구스티누스의 전통으로 다시 돌아서게 됐다. 그들은 그 전통이 그 밖의 많은 것들과 함께 빛을 잃었다고 보았다. 즉 교회가 성서에서 일탈하고 이교적 색채를 띠며, 아퀴나스 신학에 과도하게 의존함으로써 공개적으로 옛날 옛적의 펠라기우스 신학설의 이단과 유희하는 등 그들이 보기에는 그 전통이 무색해졌다는 게 그들의 생각이었다. 근본적인 변화를 일으키는 신앙, 하나님에게로의 매개 포기, 구태의 인간과 새로운 인간의 뚜렷한 대비 등에 대한 그의 강조는 사도 바울 복음의 권위와 초기 교회의 활기를 떠올리게 한다. 하나님의 현존에 대한 루터의 명백하고도 개인적인 그 무엇, 그리고 성령에 대한 그의 즐거운 포옹 속에 깃든 그 무언가를 페르페투아와 펠리키타스는 잘 이해했을 것 같다.

종교 개혁이 이런 식으로 기독교 역사에서의 초기 과거 시대를 돌아봤다면—매우 자의식적으로—또한 그것은 신과 인간의 관계에 대한 새로운 이해라는 미래를 가리키기도 했다. 가장 중요한 것은 루터와 그 후계자들이 종교적 책무의 하중을 제도로서의 교회로부터 개인의 양심으로 옮겨놓았다는 점이다. 참회에 대한 설교에서 루터는 "기독교에서의 첫걸음은 자기 자신을 아는 것"이라고 선언했다.[72] 그는 오직 성서만이 기독교 진실의 궁극적인 원리라고 선언함으로써, 하나님 앞에 중재자요 계시의 해석자로 작동했던 성직 계급이라는 정교한 조직의 필요성을 위태롭게 했다. 루터는 신앙을 가진 자는 모두 수도자로, 자신과 타인들의 영혼을 보살피며 복음을 전해받고 전해준다는 믿음을 견지했다. 하나님의 은총은 그 어떤 계급도, 어떤 중재도 허용하지 않는다. 종교 개혁자들이 가톨릭 성당의 누적되고 낡아빠진 '난삽함'을 벗겨냈듯이—성인 경배, 성유물 숭상 그리고 군중과 성직자들을 분리시켰던 의식과 허례를 떨쳐버렸다—그들은 자신들이 보기에 신과의 직접 대면을 방해하는 권력과 제도(문맹, 수도원, 참회 교단) 또한 벗어던져버렸다. 결국 독실한 신앙인은 홀로 하나님 앞에 평등한 것이다.

이러한 방향 설정의 직접적인 결과는 신성과 불경 사이의 엄격한 구분이 차츰 깨어지는 것으로 나타났다. 하나님에게로 올라가는 데 계급이 없다면(오로지 저주받은 자들과 구원받은 자들의 구분만 있을 뿐), 이 목적을 추구하기 위한 특별한 장소나 특별한 직업도 있을 수 없다는 얘기다. 로테르담도 로마만큼 성스러운 곳이요, 광산의 수갱垂坑도 수도원만큼이나 은총을 받을 수 있는 곳이고, 창병槍兵 또한 성직자만큼이나 고결할 수 있는 것이다. 결혼, 가족, 자신의 일 그리고 이 세상에서의 고투는 모두 철학자 찰스 테일러Charles Taylor가 '보통 사람들의 축성' 또는 '평범한 삶의 긍정'이라고 칭했던 것에서처럼 하나님의 영광을 갈고닦는 장이 되었다.[73] 종교 개혁의 후예들에게는 특별히 존재의 고양된 형태, 간단히 말해 고양 그 자체나 적당한 자신의 세상사 챙기기 같은 것은—어디에서든 무엇이 됐든 간에—그 고유한 정신 속에 있을 수 없는 것이었다. 그들은 모든 것에서 하나님을 찾아야 했는데, 왜냐하면 바로 모든 것에서 자신을 찾을 수 있기 때문이었다.

이것은 프로테스탄트 칼뱅주의에서 가장 열광적으로 전개되었던 견해로, 특히 영미 청교도들에게는 '소명' 또는 신의 부름이라는 개념이 핵심적인 중요성을 갖는다.[74] 그러나 그것은 프로테스탄트 명제의 최고 원리에 확고히 뿌리를 두고 있다. 즉 모든 신앙인은 성직자라는 루터의 주장과 오직 신앙에 의해서만 우리가 구원받을 수 있다는 논지에 근거하고 있다. 하나님은 세상을 창조했고, 그가 '보시기에 좋았다.' 그 후에 우리는 우리의 죄로 눈이 멀었고, 인간의 이기심이라는 눈물의 베일을 통해 하나님의 창조를 보면서 그 좋음을 놓쳐버리고 말았다. 그러나 그 베일은 은총으로 걷힐 수 있으며, 그렇게 되면 우리는 주 하나님이 의도한 대로 '영혼을 위한 쾌락의 정원'으로서 그 창조를 볼 수 있게 된다.[75] 그것은 "우리가 깊이 빠져 있던 무지와 비참함에서 구제될 수 있고, 또 하나님의 말씀과 의지를 진정으로 이해하고 그것을 성실하게 받아들일 수 있다"는 루터의 열렬한 믿음이었다. 거기에서부터 우리는 "여기 현생과 영원 모두에서 넘치는 기쁨과 행복 그리고 구원을 얻는 법을 배우게 될" 것이다.[76] 루터가 젊은 왕자 안할트에게 강조했듯이, 우리는 '모든 것에서 즐겁기'를 바랄 수 있다.

이것이 바로 루터의 소망이었다. 성장 과정에서 괴로움을 겪었던 사람으로서는 당연하겠지만, 루터는 가정이야말로 수확의 첫 결실을 제공한다는 것을 역설하며 반복적으로 그 소망을 표현했다.[77] 가톨릭의 오랜 전통에서 결혼이란 필요한 것이면서도 본질적으로 타협적인 관습으로 여겨져왔다. 그러나 루터는 전직 수녀였던 여성과 결혼하기 위해 수도자로서의 독신생활을 포기해가며 결혼생활을 찬양했고, 그 결혼에서 여섯 자녀를 얻었다. 자신의 아내를 사랑하고, 아이들을 기르고, 한 가정을 이끌고 또 자신의 부모를 공경하는 것은 '교황주의자들' 이 믿듯이 단지 '세속적이고 육욕적인 책무' 뿐인 것이 아니라, '영혼의 결실' 이었다.[78] 같은 방법으로, 루터는 우리가 하나님이 주시는 모든 은혜를 자유로이 선택할 수 있다고 주장했다. 하나님에게 가치 있는 존재가 되고자 염원하며 단식을 하고 자신을 채찍질했던 사람이, 이제는 하나님의 창조를 깊이 들이마시는 데서 얻을 수 있는 공덕을 깨달은 것이다.

그러나 루터가 그의 걱정을 완전히 잠재우게 되었는지, 또는 자신이 안할트 왕자에게 권유한 대로 모든 것에서 행복을 깨닫게 되었는지를 증명해주는 것은 별로 없다. 오히려 그는 생애의 마지막 날까지 간헐적인 우울증 발작으로 괴로움을 겪었다. 어느 편지에서 그는 "강건하고 쾌활한 마음으로 괴물 같은 생각들을 쫓아버려라" 라고 권유하면서 이렇게 강조했다. "가끔 술도 좀 더 마셔야 하고 스포츠와 오락도 즐겨야 한다. 그리고 악마에게 훼방을 놓기 위해 약간의 죄도 저질러, 그가 우리의 양심을 괴롭힐 여지를 남겨두지 않도록 해야 한다. (…) 내가 아주 독한 술을 그렇게 잔뜩 마셔대고, 그렇게 자유분방하게 말을 해대고, 또 그렇게 자주 즐거움을 만끽하는 데에, 나를 조롱하며 끊임없이 괴롭혀대는 악마를 조롱하고 괴롭히려는 이유 말고 대체 또 어떤 이유가 있다고 생각하는가."[79] "모든 슬픔, 질병 그리고 멜랑콜리가 사탄으로부터 오는 것" 이라고 볼 때, 그가 항상 은혜를 확신하며 살았던 것은 아니라는 게 확실하다.[80] 루터는 "기독교도는

명랑해야 한다"면서도 "그러나 그러고 나면 악마가 그에게 똥을 지린다"라고 인정했다.[81)]

특색이라면 특색이랄 수 있는 그 괴상하고 외설적인 고백은 루터의 개인적인 모순적 심리 상태 이상을 나타내고 있다. 그것은 루터가 프로테스탄트 신학의 핵심에 주입했던 역설을 밝혀준다. 루터는 인정사정없는 하나님의 견딜 수 없는 요구에서 비롯된 불안에 대응하며, 하나님의 은총에 전적으로 굴복함으로써 우리의 두려움을 가라앉히고자 했다. 그러나 동시에 그는 우리의 본래적인 하찮음과 죄악을 강조했다. 은총 없이는 죄책감에 빠져들기 쉽고, 사탄의 소름끼치는 공격의 먹이로 전락하기 쉬운 우리는 아무것도 아니었다. 자신의 구원을 확신한 나머지 일말의 의심조차 하지 않은 사람이 과연 있었던가? 프로테스탄트의 예정설—하나님의 은총을 입은 극소수의 영혼은 구원받을 자로 선택되고 나머지 모두는 바울에게서 인용한 칼뱅의 말을 빌리면 '천벌을 받을 자들'이었다—은 별로 확실한 위안을 제공해주지 못했다. 종교 개혁으로 하나의 걱정에서 벗어나게 된 반면, 또 하나의 걱정이 그 자리를 대신한 것이다.[82)]

그러나 (그리고 이 또한 역설이다) 기독교인은 즐거워야 하며, 그리고 만약 그들이 세상을 정확하게 본다면 즐거울 것이라는 루터의 지령은 지상의 편안함을 강력하게 확인하는 것이었다. 용서받은 사람으로서 삶을 영위하는 것은 분명히 이 세상을 '영혼이 노니는 쾌락의 정원'으로서 경험하는 것이었다. 하나님은 본래 우리가 행복하도록 의도했던 게 아닌가? 그리고 만약 그렇다면, 그가 원하는 바대로 사는 것보다 그를 더 잘 섬기는 방법이 또 있을까? 타락하고 죄 지은 피조물로서, 이것은 위압적인 책무였다. 그러나 그것은 하나님의 은총에 힘입어 성취될 수 있는 것이다. 즐거워지는 것은 악마를 방해하는 일이며 비참함과 멜랑콜리는 죄악의 증거이다.

루터는 이렇게 기독교 전통에서 고통이라는 특권의 장을 공격했다. 확실히 고통은 인간 경험의 한 부분이었고, 또 앞으로도 그럴 것이다. 부활절 화요일의 설교에서 루터를 다음과 같은 생각에 이르게 한 것도 바로 이러한 사실이다. 즉, "불행을 겪어보지 못한 사람은 행복을 이해하지 못한다……."[83] 그러나 만약 고통이 불가피한 것이라면 그것은 더 이상 본질적인 목적이 되어서는 안 된다. 루터와 더 넓게는 프로테스탄트들도 영웅적인 극기의 포용을 경멸과 함께 폐기시켰다. 더 이상 마소의 털로 만든 거친 내의도 없고, 더 이상 금식도 없고, 더 이상 고통의 도취도 없다. 삶이란 이미 그 자체만으로도 충분히 고통스럽다. 그 고통에 또 무언가를 부가할 필요도 없으며, 불가피하게 고통이 다가올 때는 기쁘게 십자가를 짊어지도록 최선을 다해야 한다. 마찬가지로 칼뱅은 다음과 같은 결론을 내렸다. "주 하나님에 대한 찬양과 감사가 즐겁고 유쾌한 마음에서부터 나올 수 있는 것이라면, 우리 안의 이러한 감정들 중 억제해야 할 것은 아무것도 없다. 십자가의 고통을 정신적인 즐거움으로 달래는 것이 얼마나 필요한가는 분명해진다."[84] 선택된 자는 고통을 받고 있을 때조차도 슬퍼해서는 안 된다.

'보통 사람들의 축성'과 '모든 것에서 즐거워하는' 것 모두에서 종교 개혁은 마음을 교화하고 신성하게 만드는 데 이바지했다. 칼뱅과 마찬가지로 루터도 주목할 만큼 지옥을 심리적인 상태로 생각하는 경향이 있었다.[85] 우리는 지상의 절망 속에서 하나님으로부터 영원히 거부된 자들의 고통을 조금은 맛보았다. 반대로 기쁨과 편안함은 하나님의 총애의 표시로 간주될 수 있다. 지상에서 행복의 경험—순결한 쾌락과 기독교적 기쁨—은 하나님의 은혜의 표시이다. 그리고 전

TABVLA INSPICIENDA CONTRA MELANCHOLIAM, QVID, ET QVAM EXITIABILE MALVM.

ANTIDOTVM CONTRA MELANCHOLIAM EX APOTHECA SPIRITVS SANCTI.

VSVS ET EXERCITIVM PRAEDICTI ANTIDOTI, CONTRA MELANCHOLIAM.

「멜랑콜리에 대한 반대론」(루베카: 요한 발호른 1세, 1562), 헤르초크 아우구스트 도서관, 볼펜뷔텔, 독일.

적인 확신을 지니고 이러한 은혜를 알 수는 없다는 바로 그 사실 때문에, 우리는 모든 것에서 행복을 찾으려는 것이다.[86] 행복을 추구하는 것은 미래의 행복에 대한 확실한 표시를 찾는 일이다. 현생의 삶에서 그 약속이란 대단한 것이다. 칼뱅은 "하나님의 총애가 우리에게 발산될 때는" 가난이든, 비참이든, 추방이든, 멸시든, 투옥이든 또는 치욕이든 그 무엇이든 간에 "우리에게 행복을 가져오지 않는 것"은 아무것도 없다고 주장한다.[87]

그러므로 비록 루터와 그의 후계자들이 인간에게 그들의 죄악과 종속에 대한 새로운 인식을 떠넘기긴 했지만, 그들은 또한 인간이 하나님께서 창조하신 성지 위에서 행복을 추구할 자유도 마련했다. 루터는 여러 곳에서 "모든 슬픔은 사탄에서 비롯된다"고 확언했다. 우리는 마치 악마를 피하듯 사탄으로부터 달아나야 한다.[88] 이것은 그의 수많은 추종자들이 가슴에 새겼던 충고이다. 비텐베르크에서 루터의 절친한 친구이자 신학자였던 필립 멜랑히톤Philip Melanchthon이 1540년에, 피치노의 작품처럼 멜랑콜리의 장점을 찬양하는 듯한 저서 『영혼에 관한 주석*Commentarius de anima*』을 출간했을 때, 좀 더 충실한 루터의 추종자들은 스승의 가르침을 재확인하는 반응을 보였다. 그들은 성명서를 기안하고, 설교를 하고, 현수막을 붙이면서 이 비통한 악덕을 비난했다. 그러면서 부지불식간에 '멜랑콜리한 욕탕'으로 빠지게 만드는 것이 바로 사탄이라며, '성령의 약제사'가 만든 유용한 '해독제'를 쓰라고 군중들에게 충고했다.[89]

프로테스탄트의 강장제가 누구에게나 다 그렇게 기운을 북돋우는 것은 아니었다. 오직 선택된 자들만이 구원받는다는 가혹한 강령 때문에, 어떤 이들에게는 피하고자 하는 병보다 치유 그 자체가 더 나빠 보였다. 죄악은 세상과 인간의 가슴에 도사리고 있으면서, 하나님의 은총이 없는 상태, 즉 슬픔과 걱정 그리고 의심으로 고통받는, 버려지고 비참한 피조물의 모습인 우리를 만들기 위해 악마에게 그 응분 이상의 능력을 준다. 인간이 사탄 없는 정서적 삶, 그리고 죄악 없는 자신들을 생각할 수 있을 때까지는, 그 옛날의 아담처럼 행복은 멜랑콜리에 위협당하고 절망에 싸여 있을 것이다.

이런데도 하나님의 은총에 대한 긍정으로서 지상의 행복을 추구하려는 종교 개혁의 자극은 강력한 힘으로 작용했다. 비록 르네상스 인문주의자들이 옹호했던 인간의 자유에 대한 좀 더 관대한 해석에 반反하는 방향이긴 했지만, 지상에서 행복을 추구할 가능성과 종교적 재가裁可에 대해 전통의 일반적 확장을 보완하는 효과를 가졌기 때문이다. 인간의 존엄성은 지상의 쾌락과 조화를 이룰 뿐만 아니라, 그 추구도 당연한 것이 되었다.

중력

1652년 젊은 존 로크John Locke가 크라이스트처치Christchurch로 갔을 때, 평온한 옥스퍼드는 10년 전만 해도 아주 다른 세계였다. 앞선 10년간의 대부분, 영국은 의회와 청교도 지도자인 올리버 크롬웰Oliver Cromwell파와 국왕 찰스 1세 지지파 간의 다툼으로 오랜 내전을 겪으며 분열하고 있었다. 1649년에 찰스 1세가 처형되고(아직 웨스트민스터의 학생이었던 로크는 아마도 그 사건을 직접 목격했을 것이다) 국회가 내전의 승리자가 됨으로써, 크롬웰이 이끄는 공화정이라는 실험적인 정부가 개시되고, 이어서 주로 그가 지배하던 호민관 시대가 들어섰다. 1658년, 크롬웰이 사망하자 그의 아들이 겨우 2년을 지탱하다가 스튜어트 왕조가 다시 복귀하게 됐다. 이후 의회와 왕권 관계를 놓고 끊임없이 제기되는 문제들이 해결되기까지는 28년이라는 세월과 또 다른 혁명—1688년의 '영광스런' 혁명—을 치러야만 했다.

1640년대의 갈등은 전쟁의 광란 속에서 오랫동안 믿어왔던 진실들에 분연히 도전하는 공론들이 봇물처럼 쏟아져 나왔다는 것이다. 세습 군주를 살해할 수 있었던 바로 그 사람들은 정치적, 종교적 금기를 난도질해가며, 모든 전통적 믿음의 방식들을 건드렸다. 사회의 스펙트럼을 망라해 등장한 평등파Levellers, 랜터파Ranters, 머글톤파Muggletonians, 제5왕국파Fifth Monarchists, 구도자파Seekers, 퀘이커파Quakers, 디거파Diggers 그리고 가족주의자파Familists 등 산만한 명칭의 다양한 프로테스탄트 종파들은 놀랄 만한 일들을 생각하고 있었다. 평등파는 타고난 자유를 주장하며, 그것을 보장하기 위한 타고난 권리인 자연법을 주문했다. 디거파는 박탈당한 자들의 재산과 정치 참여에 대한 요구를 다그쳤고, 다른 종파들은 정의와 합리성에 반하는 종교적 시각들에 대한 의문을 제시했다. 랜터파의 인사들 다수는, 하나님은 왜 살아 있는 사람들은 한 번도 본 적 없고 알지도 못하는 그 옛날 옛적의 한 사람(아담)이 저지른 단 한 번의 죄 때문에 인류를 단죄하느냐는 의문을 제기했다. 가족주의자들은 그렇지 않다며, 하나님의 모든 자녀들은 구원받을 것이라고 했다. 그러니까 천국은 우리 안에 있으며, 우리는 전혀 죄를 짊어지고 있지 않다는 것이다. 이러한 급진주의자들 중 일부는 지옥의 존재조차 의심했으며, 또 다른 수많은 사람들은 그리스도의 왕국이 곧 왕림할 것이라고 믿었다. 또한 이 혼란한 세상—'거꾸로 된' 세상—의 와중에 어떤 사람들은 하늘에서 떨어지는 어렴풋한 행복을 보았다.[90] 저명한 디거파 일원인 제라드 윈스턴리Gerrad Winstanley는 가난한 자들을 대신해 이렇게 요구했다.

> 그러나 우리는 왜 우리의 천국을 여기에서(즉 지상에서의 안락한 생활), 그리고 또 내세에도 가지면 안 되는 걸까? 행복 그 이후를 상상하거나, 또는 사후의 지옥을 두려워하며 천국을 응시하는 동안, 사람들은 눈을 감아버리고, 그들이 타고난 권리, 그리고 그 권리들로 생전에 이곳 지상에서 이룰 수 있는 것들을 보지 못한다.[91]

아마도 지상의 행복이란 사람들이 응당 누려야 할 몫을 부정하기 위해 교구 목사나 신부, 왕자들이 덮어버리는, 오랫동안 잊혔던 타고난 권리는 아닐까? 윈스턴리의 말은 어느 누구보다도 급진적인 것이었다. 그러나 천국의 행복이 여기 지상에서 성취될 수도 있다는 그의 믿음은 다른 곳에서도 목소리를 내고 있었다.

토마스 콜먼Thomas Coleman 목사는 1643년 8월 30일에 의회에서 설교 하면서, 찰스 1세에게 대항하는 영국민들의 투쟁을 고대 이스라엘인들의 '행복을 향한 오랜 추구'에 비유했다.[92] 그 문구는 아주 적절해서, 약속의 땅으로 가는 여정이 급진적 논객들의 표준 수사어구가 되었고, 다른 사람들도 그 문구를 사용하곤 했다.[93] 랜터파의 아비에제 코프Abiezer Coppe 같은 사람들은, 영국의 선택받은 국민들에게 "자유가 넘치는 땅이요 달콤한 포도주와 젖과 꿀이 흐르는 행복의 집인 영혼의 가나안(살아 있는 주님)"을 향해 여행하라고 독려했다.[94] 이곳에서는 이승과 천상이 하나가 된다.

「출애굽기」에 넌지시 빗대어 말한 것처럼, 이러한 소망들의 대부분은 이전에도 표현된 바 있었다. 청교도의 지복천년파인 토마스 브룩스Thomas Brooks가 "인간의 조건은 행복하고 안전하며 확실한 것"이라며 "은총의 상태에 있는 것은 (…) 지상의 천국, 그리고 내세의 천국을 모두 가져올 것이다"라고 했을 때, 그는 단지 루터와 칼뱅이 이미 말했던 것의 대부분을 재확인했을 따름이다.[95] 또한 새로운 예루살렘의 도래가 임박했다는, 널리 유포된 그의 믿음도 재차 반복되는 주제의 이형이었을 뿐이다. 그리스도 추종자들 사이에 공유되었던 지복천년에 대한 기대는, 종교 개혁 직후에 네덜란드와 독일의 재세례파Anabaptists를 통해 특별한 힘을 갖고 분출되면서, 이후 주기적으로 재부상해왔다. 영국 과격파들의 가장 충격적인 제언—즉 죄 자체가 거짓일지도 모른다는—조차도 아우구스티누스에게 영향을 미쳤던 펠라기우스적 이단의 최신 표현에 지나지 않는 것일 뿐이었다.

그러나 만약 순수하게 신학적인 의미에서, 영국 내전에서 비롯한 급진적인 생각들이 전혀 전례가 없던 게 아니라 해도, 지상의 행복이라는 특정한 주제를 둘러싼 그 규모와 강도는 확실히 전례 없는 것이었다. 동시대에 간행된 소책자의 제목을 인용하자면, '지상에서 행복에 이르는 길'을 탐구하는 사람들은 그리스도 강림 이래로 서구 사회의 어떤 집단들보다도 크나큰 믿음으로 그 목적에 도달할 가능성을 추구했다.[96] 피비린내 나는 내전은 이러한 낙관론에 장막을 드리웠고, 크롬웰의 강력한 칼뱅주의 제도 아래서 보다 과격한 종파들의 충동이 여전히 설득력을 얻고 있었다. 그러나 중요한 단계는 넘어섰다.[97] 왕당파 호교론자까지도 내전이 일어난 첫 해에, "우리는 모든 것을 통해 행복을, 또 행복을 통해 모든 것을 바라보아야만 한다……"고 인정하려 했다. 왜냐하면 이 힘이 "우리의 모든 행동에 법칙을 부여하기 때문이다." "행복은 모두의 언어이다."[98]

존 로크는 이러한 주장에 전적으로 동의했을 것이며, 실제로 그는 당연히 17세기의 가장 유명한 이론가로 간주되고 있다. 그러나 언제 어떻게 그러한 시각이 진전되었는지에 대해서는—그리고 그의 시각을 형성하는 데 1640년대의 문학이 어떻게 작용했는지, 또는 작용을 하긴 했는지의 여부에 대해서도—충분히 확실치가 않다. 로크가 보여준 사유의 기원에 대해서는 정보가 충분하지 않다. 로크는 처음에는 학생으로 후에는 개인 지도 교수로서 도덕 철학과 의학을 공부하면서, 상대적으로 적은 저술에, 1660년대 말까지 아무것도 출판하지 않으며 옥스퍼드에서 조용하게 살아갔다. 그리고 당시의 가장 앞선

과학 집단들 내에서 점차 알려지기 시작했을 때도—로버트 보일Robert Boyle, 로버트 후크Robert Hooke, 그리고 후에는 아이작 뉴턴 등과 친구가 되면서—젊은 시절 자신의 주위에서 소용돌이쳤던 사건들에 대해 신중한 침묵을 지켰다.

분명 로크는 스튜어트 왕조를 찬양하는 사람은 아니었다. 내전이 일어났을 때 겨우 열 살이었던 그는, 크롬웰 군대에 속한 장교의 아들로, 태어날 때부터 청교도였다. 삶의 도정에서 로크의 종교적 견해는 비정통적 방향으로 진행되어갔지만 그는 결코 신앙을 버리지 않았다. 그의 후반 이력에서는 세습 군주들에 대해 그가 가졌던 뿌리 깊은 의혹이 여러 증거들을 통해 드러난다. 오늘날 가장 많이 기억되는 그의 작품 『통치론 제2논고*Two Treatises of Government*』에는 그런 증거들이 넘쳐난다. 오랫동안 역사학자들은 이 작품이 1640년대의 산물들에서 많은 영향을 받았다고 보는데, 특히 평등파의 주장과 주목할 만한 유사점들이 있다.[99] 그러나 직접적인 증거가 되는 연결이 없으므로, "로크가 내전의 급진적인 저작물에서 이어받은 것은 문서를 통해서가 아니라 대화나 가벼운 접촉을 통해서 알게 된 것"이라고 결론지을 수밖에 없다.[100] 행복에 대한 17세기 중반의 저작물과 로크의 관계 또한 같은 맥락에서 이야기할 수 있다. 비록 직접적인 연계에 대한 문서상의 증거는 없지만, 당시 펼쳐진 광범위한 시대상의 맥락에 로크가 전혀 영향을 받지 않았다고 볼 수는 없기 때문이다. 프로테스탄트 과격파들은 문턱을 넘어 금기를 깸으로써, 인간이 이 세상에서 자신의 위치를 새로운 방식으로 생각할 수 있게 만들었다. 이러한 새로운 갈망을 수용하기 위해 인간 정신에 대한 새로운 이론을 고안해내는 직무는 로크에게로 넘겨졌다.

로크는 『통치론 제2논고』에서는 행복에 대해 거의 아무것도 분명하게 표명하지 않고 있다.[101] 그러나 그의 다른 걸작 『인간 오성론 *Essay Concerning Human Understanding*』에서는 그 주제가 뚜렷하게 나타난다. 이 작품은 이미 1671년에 집필되었으며 1689년 12월까지는 출판되지 않았음에도, 그에게 '정신계의 뉴턴' 이라는 별칭을 부여하며, 익명으로 발행된 『통치론 제2논고』보다 훨씬 더 그를 세계적인 유명인으로 만들었다. 그가 과연 이런 칭호를 받을 만한지 아닌지는 매우 까다로운 질문이다.[102] 그러나 좀 느슨하게 보자면, 작품의 서론격인 '독자에게 보내는 사도使徒 서간' 에서 로크가 '비견할 바가 없는 뉴턴' 이라고 언급했듯, 뉴턴이 그 작품의 내용과 개념에 영향력을 발휘했음은 거의 확실하다. 뉴턴이 태양계를 움직이는 보편적인 운동법칙을 보여주고자 했다면, 로크는 인간 정신을 움직이는 보편적인 법칙을 규명해내려 했다.

그 에세이를 통해 "바닥을 좀 청소하고, 지식으로 가는 길 위에 너저분하게 널려 있는 잡동사니들을 치우는" '하급 노동자' 같은 일을 하려 했다는, 그다지 솔직하지 못한 그의 겸손한 주장에서는 위와 같은 장대한 계획이 뚜렷이 드러나지는 않는다. 그러나 강렬하면서도 또 명확하다면 명확하다고 할 수 있는 이 저서를 읽어나가다 보면, 로크가 '잡동사니' 라고 했던 것이 얼마나 많은 것을 의미하는지 분명해진다. 로크는 세상을 어지럽히는 특이하고 또 종종 상충하는 습관, 관습 그리고 믿음 등의 방대한 범위에 대해 언급하면서, 틀림없이 인간이 어떤 고정된 개념이나 생각, 도덕 또는 그 밖의 것을 가지고 태어나지는 않다고 결론짓고 있다. 고전 시대와 기독교 전통의 많은 철학자들이 주장했듯이, 만약 자연의 법칙이 모든 것의 중심에 스며들어 있다면(또는 어림잡아 로크와 동시대인이라고 볼 수 있는 르네 데카르트René Descartes가 우리는 태어날 때부터 '본유의 생각' 을 가지고 있다고 주장했던 대로

라면), 어린아이들이나 교육받지 못한 자들이 자신의 의무에 동의하거나 아니면 적어도 자신이 누구인지에 대해 알 것이라는 얘기가 확실해진다. 그러나 어디에서도 그렇지는 않다. 따라서 로크는, 우리는 '텅 빈 상자' 또는 '백지' 처럼, 텅 빈 석판 같은 마음으로 이 세상에 태어난다고 결론을 내린다.

이것이 로크의 유명한 '백지tabula rasa' 설로, 앞에 언급된 에세이에서 로크는 그 백지에 세상이 어떻게 쓰이고, 우리의 마음에 세상이 어떻게 새겨지는지 보여주기 위해 무척 분투하고 있다. 그는 이런 과정을 상세히 설명하면서, 우리가 외계에서 받아들이는 신체적 감각에서부터 인지, 반성, 숙고 그리고 판단을 통해 생각을 형성하는 사유작용의 복잡한 역학에 대한 정밀 분석을 전개한다. 인식론—우리가 사물을 어떻게 알고 인식하는지에 대한 연구—에 관심이 있는 사람이라면, 이는 획기적인 중요성을 띤 논의가 될 것이다. 그러나 행복의 역사라는 맥락에서 보면 더욱 중요한 것은 무엇이 옆에 남겨진 것이냐는 문제이다. 로크의 백지설은 본유의 생각이라는 잡동사니를 치워버렸을 뿐만 아니라, 그 백지에서 원죄조차 말끔히 치워버렸다. 로크는 이 세상에 존재하는 악의 크기에 대해서 잘못 생각하고 있지는 않았다. 그리고 인간이 가진 불굴의 이기심에 대해서도 충분히 알고 있었다. 그러나 그는 인간이 본래적으로 손상된 마음, 이성이 결핍되고 타락하기 쉬운 마음을 가진 채 이 세상에 나온다는 주장에는 동의하지 않았다.

인간이 어떠한 본래적인 경향을 갖는다는 정도에서라고 해도, 그것은 매우 다른 방향인 것이다. 그는 『인간 오성론』 2권의 '힘' 이라는 중요한 장에서 "우리의 행동에 대해 의지를 결정하는 것은 무엇일까?" 라고 묻고 있다. 그의 대답은 '불안' 이다. "이 불안만이 의지에 작용하고, 또한 의지의 선택에 있어 그 의지를 결정짓는다." '신체의 모든 고통' 그리고 '마음의 동요'에 대한 로크의 포괄적 표현인 불안은 언제나 욕망에 수반되며, '욕망과 거의 구분되지' 않는다. 질병에 대한 불안으로 괴로워할 때, 우리는 그것에서 벗어나고자 한다. 그리고 행복의 부재로 괴로워할 때는 행복의 획득이라는 즐거움을 갈망한다.[103] 불안하다는 것은 가만히 있지 못하는 것이며, 우리의 현재 상태에 적극적으로 불만스럽다는 것이고, 변화를 갈망하는 것이다. 어떤 힘—이 '힘'이라는 장 전체에서 로크는 떨어지는 돌, 라켓이 치는 테니스 공, 그리고 큐가 치는 당구공 등에 뉴턴적인 비유를 사용한다—이 작용된 대상처럼 불안한 개인의 의지는 움직임으로 나아가고, 고통에 의해 거부되며 즐거움에 의해 매료된다. 한 비평가가 말했듯이 로크의 "욕망의 불안은 중력장으로 들어가는, 의지에 작용하는 최초의 모호한 견인력이다."[104]

그러나 불안을 만들고 욕망을 움직이는 이 중력장의 원천은 과연 무엇이란 말인가? 로크는 이 질문에도 답하고 있다.

> 욕망을 움직이는 이것이 무엇이냐고 묻는다면? 내 대답은 행복, 오로지 그것 하나이다. 행복과 비참은 양극단의 이름이며, 그 궁극적 한계가 어딘지는 알 수 없다. "어느 눈도 본 적이 없고 누구의 귀도 들은 적이 없으며 사람의 마음에도 떠오른 적이 없는 것이다."(「고린도전서」 2:9) 그러나 우리는 한편으로는 기쁨과 환희, 그리고 다른 쪽으로는 고통과 슬픔의 여러 예를 통해 어느 정도는 양극단에 대해 매우 생생한 인상을 갖고 있다. 간단히 하기 위해 나는 이것을 즐거움과 고통이라는 이름으로 포괄하고자 한다. 신체와 마찬가지로 마음에도 즐거움과 고통이 있으므로…….

최대한의 행복은 우리가 이룰 수 있는 최고의 즐거움이며, 극도의 고통이란…….[105)]

전에도 유사한 생각을 보았다는 것 때문에 아마도 이 구절이 내포하고 있는 엄청난 새로움을 잘 간파하지 못할 수도 있다. 여기서 로크가 논하는 것 역시 즐거움과 고통을 인간의 위대한 원동력, 인간 행위의 동인으로 보았던 에피쿠로스를 상기시킨다. 물론 직접적으로는 아니라 해도 그런 생각에 힘입은 것은 분명하다. 로크는 17세기 프랑스의 수학자이자 성직자였던 피에르 가생디Pierre Gassendi—가생디는 에피쿠로스에 기반을 두고 기독교 제도를 구축하고자 했다—에게서 에피쿠로스파의 견해를 얻게 된다.[106)] 영국인인 로크는 가생디만큼 무모하지는 않았지만, 사실 그도 에피쿠로스파의 주요 가정들을 기독교화하려 하고 있다. 로크는 신을 이 구절의 중심에 놓고서, 창조자를 행복의 저울의 한 끝에 놓으며, 영원한 벌이라는 비참으로부터 뚜렷한 거리를 두고 있다. 그리고 비록 신성한 황홀—천국의 행복—은 궁극적으로 생각할 수 없는 것이지만, 로크는 그것이 우리가 이 세상에서 알고 있는 즐거움과 질적으로 동류라고 가정한다. 천상의 기쁨을 미리 맛보는 것은 정묘한 지성적 성취가 아니라, 그러니까 지복에 대한 한순간의 일별一瞥이 아니라, 우리가 맛보고 즐기고 느낄 수 있는 그 무엇이다. 더욱 중요한 것은, 우리가 이 세상에서 경험하는 즐거움이 내세의 즐거움으로 곧장 인도된다는 사실이다. 신성하게 조화를 이루는 로크의 우주에서는, 즐거움은 신의 섭리에 의한 것이다. 즐거움에 고무되어 따라가면서 우리는 신에게로 인도된다.

즐거움이 신성한 자극이라고? 로크의 동시대인들 다수가 그의 주장을 의혹의 눈초리로 바라보았던 것도 놀랄 만한 일은 아니다. 그러나 로크가 자신이 생각하는 마음의 유형을 모든 방식의 탐닉에 대한 변명으로 의도한 것은 결코 아니다. 또한 신의 섭리에 의한 견인력이라는 자신의 이론을 어떤 식으로라도 인간의 자유에 대한 기대를 가로막는 것으로 생각하지도 않았다. 만약 지혜로운 신이 인간의 의지를 형성하는 동인력으로서 즐거움과 고통을 만들었다면, 그가 의도하는 바는 우리가 무엇이 진정한 고통이고, 무엇이 진정한 즐거움인가를 결정하기 위해 우리의 자유와 이성을 사용하도록 하는 것이다. 그리고 바로 여기에서 많은 사람들이 길을 잘못 들게 된다. 비록 각각의 개인들이 단기적인 즐거움과 고통에 대해 가늠하는 것—과자통에 재빨리 손을 집어넣거나 불길을 잽싸게 피하는 등—은 절대 틀리지 않는다 해도, 길을 내려다볼 때는 터무니없는 실수를 하거나, 전체적으로 바라보는 데에는 실패하고 만다. 그들은 관행, 유행, 잘못된 습관, 또는 단순한 판단 착오 같은 우회로를 따라 영구적인 얻음을 좀 더 덧없는 생각과 바꾸면서 계속 발을 잘못 디디고 길을 잃었다. 따라서 행복을 탐구하는 자에게 가장 중요한 것은 언제나 방심하지 않고 즐거움과 고통을 가늠하는 데 주의해야 한다는 점이다. 로크는 "이것이 바로 지적인 존재의 자유가 달려 있는 중심점이다"라고 확언했다. 인간성의 '지고의 완성'은 주의 깊게 지속적으로 진정하고 견고한 행복을 추구하는 데 있으므로, "허상을 진정한 행복으로 보는 실수를 하지 않아야 한다"는 의무가 있다.[107)]

그러나 그 두 가지를 어떻게 구별한단 말인가? 이것은 매우 중대한 질문이며, 그 중대성을 감안하면 로크의 답은 아마도 별로 대단하게 와 닿지 않을지도 모른다. 사실상 로크는 진정한 행복으로 가는 확실한 방법이란 영생으로 가는 길이라고 결론짓고 있기 때문이다. 로크는 천국의 존재에 내기를 걸면 우리가 결코 질 수 없다고 주장한다.

"저울의 한쪽에 무한한 행복을 놓고 다른 한쪽에 끝없는 비참을 놓을 때 만약 신앙심이 두터운 사람이 잘못을 범하는 최악의 상태가 된다면, 이는 사악한 자가 이를 수 있는 최고가 될 것이며, 만약 그 신앙심 깊은 자가 잘못이 없다면, 미치지 않은 바에야 과연 누가 위험을 무릅쓸까?"[108] 로크가 후기 작품에서 저울이라는 같은 비유를 사용하며 재확인했듯, 미덕은 "분명히 가장 부유하게 만드는 구매요, 훨씬 최상의 거래"였다.[109]

천국을 '좋은 거래'로 생각하는 것은 경건함의 정수는 아니었다. 로크가 이 말을 했던 『기독교의 합리성 *The Reasonableness of Christianity*』이라는 저서의 제목은 신앙에 대한 그의 보편적 입장을 나타낸다. 종교란 이성과 일치될 때만 우리의 동의를 얻을 수 있다는 로크의 믿음은 기독교 도그마의 역사적 축적물 다수에 대한 무시로 이어진다. 그는 (뉴턴이 그랬듯이) 삼위일체의 교리를 부정하며, 자신이 '지당한 계시' ―진정한 '주님의 촛불' ―라고 묘사했던 계시를 이성의 보조적인 역할로 강등하면서, 본질적으로 기독교를 순수한 윤리적 신조로 만들었다. 그러나 그는 우리가 이 아래 지상에서 따라야 할 도정에 없어서는 안 될 안내자로서 죽음 뒤의 삶에 대한 믿음을 계속 간직했다.

> 또 다른 삶의 영원하고 이루 말할 수 없는 기쁨에 눈을 뜨면, 마음은 자신을 움직일 만한 견고하고 강력한 무언가를 찾게 될 것이다. 천국과 지옥의 광경을 보면, 이 세상의 현재 상태에서 갖는 짧은 즐거움과 고통은 아무것도 아니며 이성과 관심, 또 자신에 대한 배려가 선호할 수밖에 없는 미덕에 끌리고 고무될 것이다. 이 토대 위에서, 그리고 오로지 이러할 때에만 도덕은 확고하게 세워진다.[110]

마지막 문장은 의미심장하다. 왜냐하면, 사실 로크는 이러한 토대가 없는 세상을 상상할 뻔한 위험한 경계의 가장자리에까지 갔었기 때문이다. 그가 『인간 오성론』에서 논했듯, "우리가 우리 안의 즐거움을 선이라 칭하고, 우리 안에 고통을 낳게 하는 것을 악이라고 칭한다"면, 선과 악은 단지 취향의 문제라는 결론이 나올 수도 있다.[111] 그리고 한 사람의 즐거움은 다른 사람의 고통이 되기에, 이 세상을 정당화할 좀 더 나은 세상이 없는 상태에서, 행복을 향한 길은 이루 헤아릴 수 없이 많은 방향으로 갈라질 것이다. 이는 로크가 기꺼이 공개적으로 고찰하고자 했던 예상이었다.

> 그러므로 인간(이 세상에서만 오로지 희망을 갖는다)이 만약 이 세상에서 오직 즐길 수만 있다면, 세상에서 자신들을 병들게 하는 모든 것을 피하고 자신들을 즐겁게 하는 모든 것을 추구함으로써 자신의 행복을 구해야 한다는 점은 이상하거나 비이성적인 것이 아니다. 그 안에 다양함과 차이점이 있다고 해도 조금도 이상하지 않다. 무덤 너머에 아무 기대할 만한 게 없다면, 먹고 마시자. 우리가 좋아하는 것을 한껏 즐기자. "내일 우리는 죽을 것이기에"라는 추론은 확실히 옳기 때문이다.[112]

위 인용문은 물론 성서의 구절로, 앞에서 보았듯 「고린도전서」 15장 32절에서 사도 바울이 말한 바이며 또한 「이사야」 22장 13절에도 나오고 있다. 그뿐 아니라 이는 또한 에피쿠로스파가 멋대로 내뱉은 권고—또는 호라티우스의 현재를 즐기라는 권고—를 잘 포착하고 있다. 로크는 이 생각을 완결하기 위해 충분히 준비했다. 그는 "인간의 모든 제반사가 지상의 삶에서 끝날 거라면" "왜 어떤 이는 연구와 지식을 수행하며, 또 어떤 이는 매사냥과 수렵을 하고, 누군가는 사치와 방탕을 택하고, 또 다른 누군가는 금주와 재물을 택하는가"라고 물은 뒤, 간단히 말해 "왜냐하면 그들의 행복이 제각각 다른 것에 있기 때문이다"라고 답한다. 어떤 사람들은 바닷가재를 좋아하고 또 다른 사람들은 치즈를 좋아한다. 똑같은 즐거움을 통해 그들을 만족시키는 것은 불가능한 일이다. 바로 이 생각 때문에 로크는 미덕이나 묵상 또는 신체적 즐거움에 내재하는 단 하나의 최고선에 대한 고대인들의 연구를 접어버린다. "최고의 맛이 사과, 아니면 자두, 아니면 밤에 있는지를" 두고 아마도 사람들은 그럴 듯한 논란을 벌였을지도 모른다고 로크는 빈정거렸다.[113]

사람마다 즐거움이 다른 것처럼, 행복에 이르는 길도 수없이 많을지 모른다는 생각이 들자, 로크는 후퇴했다. "천국에 있는 만나는 모두의 입에 맞을 것이다"라고 선언하며, 로크는 이를 우리 욕망의 최종 대상으로 만들라고 촉구했다.[114] 고대 이스라엘인들이 가나안으로 가는 길을 시작한 이래로, 그리스인들이 지고선을 향해 나아가기 시작한 이래로, 그리스도가 "내가 곧 길이니라"고 선언한 이래로, 서구에서의 행복이란 단 하나의 목적으로 가는 단 하나의 여정으로만 여겨졌다. 로크는 그 길을 무수한 방향으로 늘리고 싶지는 않았다.

그러나 로크와 동시대인이자 아는 사이였고, 그보다 더 급진적이었던 토마스 홉스Thomas Hobbes는 굴하지 않고 그 가능성에 대해 혼자 연구해보기로 결심했다. 홉스는 거리낌 없이 "그 어느 것도 그저 단순히 그리고 절대적으로" 선하거나 악한 것은 없다—단지 우리 욕망의 대상과 우리 미움의 대상에 대해 우리가 명명하는 것일 뿐—는 판단 아래 행복이 최종 목적이라는 생각을 무시해버렸다. 그는 "지상의 삶에서의 행복은 만족한 마음의 평온함에 있는 게 아니다"라고 말했다. "왜냐하면, 그 옛날 도덕 철학자들의 책에서 말하고 있는 최고의 목적이나 고결한 선 같은 것은 없기 때문이다." 행복은 오히려 "한 대상에서 또 다른 대상으로 욕망이 지속적으로 진행되어가는 것, 먼저 것의 성취가 아직 진행 중이면서 또 그 다음의 것을 향해 나아가는 것"이었다. 그러므로 그 진행은 마침내 행복이 잡힐 때까지 각자의 즐거움과 취향, 반감과 두려움에 따라 줄기차게 지속될 것이다. 최상의 시나리오까지도 조건부이며 임시적이어야 한다. "사람이 종종 욕망하는 것들을 획득하는 데 계속 성공한다는 것은 다른 말로 하자면 계속 번영하는 것이고, 사람들은 그것을 행복이라고 부른다. 그러나 이는 지상적인 행복을 말하는 것이다. 왜냐하면 우리가 이 지상에 사는 동안에는 영원한 행복 같은 것은 없기 때문이다. 삶 그 자체는 단지 운동이며, 감각 없이는 삶이 없듯이, 욕망이나 두려움 없이는 삶도 있을 수 없다." 홉스의 견해에 따르면 모든 운동이 멈출 때에만 비로소 인간의 신체는 쉴 수 있다. 그때까지 인간의 신체는 "끊임없이 쉬지 않는, 오로지 죽음으로 인해서만 멈추는, 힘에 대한 욕망"에 의해 지배된다.[115]

이것은 그다지 위로가 될 만한 가정은 아니다. 그러나 로크에게는 이것이 표면 바로 아래에 있는 것이었다. "우리의 선택에 의한 것이든 또는 자연스런 것이든 여하튼 욕망의 유혹으로부터 자유롭고 편안해지는 경우는 거의 없다." 그는 『인간 오성론』에서 "그러나 계속 연이어지는 불안은 (…) 교대로 의지를 잡는다. 그리고 한 행동이 행해지자마자 또 다른 불안이 우리를 움직일 준비를 하고 있다"고 말한다.[116] 여기에서도 역시 개인은 쉴 새 없이 계속되는 추격과 끝없는 추구에 사로잡혀 있다. 로크는 "이 불완전한 세상에서 우리는 수많은 결핍과 욕망에 포위되어 있다"고 보면서, "우리는 결코 그 불안으로부터 자유로워지지 못할 것 같다"고 고백했다.[117] 내세에서의 평화로운 은신처를 위한 게 아니라면 행복을 향한 추구는 그 목적을 상실할 것이다.

이 책의 후반부에서 보듯 이러한 전망은 서구의 상상력을 사로잡곤 했다. 그러나 로크가 살던 시대, 그리고 그 후 얼마 동안, 독자들은 대부분 이러한 당황스런 추측을 간과해버렸다. 왜냐하면 누가 뭐라 해도 로크는 과학, 인간의 충동 그리고 신성한 질서에 기초를 단단히 두고 지상에서의 행복의 탐구를 합법화했기 때문이다. 인문주의자들과 그들의 프로테스탄트 후계자들이 생각했던 우주에서는 인간이 궁극적으로 은총의 동력에 의해 완전한 행복으로 인도되었다. 반면 로크의 뉴턴적 체계에서는 인간이 자신의 무게에 의해 끌어당겨졌다. 따라서 이러한 우주에는 신의 관여가 들어올 틈이 거의 없고, 은총도 거의 필요 없어진다. 행복이란 사물의 본질에 내재하고 있었다. 로크는 교육에 관한 위대한 논문에서 "인간의 행복이나 비참은 대부분은 자업자득이다"라고 확언했다.[118] 그가 다른 곳에서도 다시 확언했듯 "삶, 건강, 안락 그리고 즐거움에 종속된 자연스런 것들을 즐김으로써, 또 삶이 끝날 때 편안하게 내세를 소망함으로써 이 세상을 행복하게 사는 것이 바로 인간의 직무이다."[119] 이것이야말로 위로가 되는 그림이다.

존 로크의 생각에서 우리는 토마스 아퀴나스가 온전치 못한 토양 위에 펠리키타스라는 씨앗을 흩뿌린 이래로 성장하고 발전되어온 기독교적 행복이라는 개념의 열매를 본다. 인문주의자들이 가꾼 지상적 존재의 존엄성과, 모든 것에서 행복을 추구하라는 일반적인 프로테스탄트의 권유를 양분으로 삼고 자라난 로크의 행복에 관한 개념은 이 두 가지의 한계를 넘어서며 발전했다. 천국에서 맛볼 즐거움의 '궁극적 한도'에 비하면 이 세상의 즐거움이란 여전히 그렇게 달콤하지 않다는 게 사실이긴 하지만, 로크는 이를 연속체의 부분, 즉 천국의 기쁨과 같은 종류로 제시했기 때문이다. 완전한 행복과 불완전한 행복 사이의 틈새는 거대한 간극이 아니라 현세의 즐거움에서 내세의 즐거움으로 이행하는 자연스런 진행인 것이다. 우리가 이 세상에서 맛보는 행복에서 나오는 '아주 생생한 인상들' 이란 내세의 행복에 대한 달콤한 맛보기이다. 천국의 만나와 지상의 만나는 그다지 다른 게 아니었다. 물론 어떤 즐거움은 다른 즐거움보다 더 나을 수도 있지만, 즐거움 자체는 이제 더 이상 나쁜 것이 아니며, 우리가 할 수 있는 한껏 추구해야 할 대상이 되었다.

그러기 위해서 우리는 자유로워야만 한다. 로크가 『통치론』에서 '정치적 행복' 이라고 기술했던 것에 대해 특정하게 언급한 적이 거의 없다 해도, 인간과 마음에 관한 그의 보편적 생각에는 의심의 여지 없이 정치가 들어 있었다.[120] 자연의 법칙으로서 행복을 추구하도록 우리의 창조자가 의도했기에, 우리는 외부의 힘에 의해 길을 잘못 들거나 방해를 받아서는 안 된다. 로마 황제들과 다른 전제 군주들이 그랬듯 단지 당대의 행복을 공언하는 것만으로는 충분치가 않다. 자유는 행복의 자연스런 궤도에, 또 행복을 제대로 추구하는 데 없어서는 안 될 필수 조건이었다. 타인에게 해를 끼치거나 그 길을 방해하지 않는 한 우리는 스스로의 행복을 추구할 수 있어야 한다. 여기에는 또한 우리가 실패할 자유, 형편없는 선택을 할 자유까지도 포함되어야 한다. 왜냐하면 로크의 견해로는 인간의 존엄성―지적인 존재의 자유가 달려 있는 '중심점' ―에 필요한 한 요소로서, 스스로 즐거움과 고통을 결정할 능력이 포함되기 때문이었다.

물론 그는 우리가 옳은 길을 선택하길 바랐다. 그리고 르네상스의 인문주의자들처럼, 우리의 '지고한 완성' 은 그리스도의 길을 따르

피터 파울 루벤스, 「행복한 섭정」, 1623~1625, 프랑스 국립 도서관. 루벤스는 프랑스에서 남편 앙리 4세 사후에 마리아 데 메디치가 루이 13세의 어머니로서 했던 행복한 섭정을 나타내는 것이라고 밝혔다.

며 '신중하고 꾸준하게' 진정한 행복을 추구하는 데 있다고 독려하면서, 그 옳은 선택이 무엇인가에 대해 분명한 생각을 갖고 있었다. 그러나 종교적인 믿음에 따라 구원을 입법하는 것이 정부의 특권이 아닌 것과 마찬가지로, 행복을 입법하는 것은 정부의 소관이 아니었다. 1685년에 쓰고 1689년에 처음 출간한 관용에 관한 유명한 공개서한에서 로크가 강조했듯이, 어느 경우든 '관용'을 보여야 한다. 로크는 인간이 추구하는 많은 행로에 대해 이렇게 말했다.

> 영원한 행복에 이르는 길은 이들 중 오직 하나뿐이다. 그러나 인간이 따르는 이렇게 많고 다양한 길 중에서 어느 것이 옳은 것인가는 여전히 의문스럽다. 국가의 보호도, 법률 제정권도, 각 개인의 탐구와 연구가 스스로 행복을 발견해내는 만큼 천국의 행복에 이르는 그 길을 발견하지는 못한다.[121]

각 개인들은 이 세상과 내세에서 행복을 성취하기 위해 그들이 밟아야 할 단계들에 대해 하나님과 자신의 양심에 대답해야만 한다.

로크가 관용의 원리를 궁극적인 행복의 영역에서 지상에서의 행복의 영역으로 확장시킨 것은 민주주의 발전에 중요한 영향을 미친다. 개인의 자유와 선택을 강조함으로써, 로크는 추구라는 짐을 국가에 지우지 않고 사람들의 어깨 위에 올려놓았다. 우리의 목적을 추구하기 위한 자유로운 공간을 제공하는 것은, 그 목적을 보장해주는 것과는 전혀 별개의 문제인 것이다. '법률의 올바른 제정' 조차도 행복에 이르는 '진정한 길' 을 발견하는 데 도움이 되지 않는다는 것을 로크 자신도 잘 알고 있었다. 우리는 항상 이처럼 잘못된 시도를 경계해야만 한다.

그럼에도 로크의 개념은 피지배자의 동의라는 원칙을 세우고, 통치자가 공공의 선에 반하는 행동을 할 경우에는 그를 축출할 수 있는 권리를 시민들에게 부여함으로써, 시민들이 지지하려 했던 혁명처럼 서구의 정치적 어휘의 장에서 행복에게 새로운 자리를 내주도록 만들었다. 만약 인간의 행복이 창조의 질서와 우주의 법칙에 의해 순수하게 의도된 것이라면, 그 성취를 방해하는 정부는 어떤 정부라도 확실히 자연의 질서를 어기며 통치하는 것이다. 정부란 어느 정도는 피지배자들에게 행복을 제공할 책임이 있는 게 아닐까? 로크는 "공공의 선이 모든 법 제정의 규칙이자 척도이다"라고 말하면서 "만약에 어떤 것이 국가에 유용하지 않다면 (…) 그것은 아마도 법에 의해 곧 실시되지는 않을 것이다"라고 덧붙였다.[122] 그러나 '유용' 하다는 것은 무얼 말하는 것일까? 그리고 행복 추구의 한도가 '인간 사회에 파괴적인' 행동들이라면, '파괴' 가 일으키는 것은 무엇일까? 로크의 이론은 이러한 질문들에 종지부를 찍기는커녕, 그것들을 전면으로 끌어냈다.

만족의 기술

『인간 오성론』이라는 로크의 저서가 런던 서점가를 장식하기 15년 전에, 리처드 올즈트리Richard Allestree는 『만족의 기술*Art of Con-tentment*』을 출간했다. 오늘날에는 그의 이름을 들을 기회가 거의 없지만, 당대에 그는 꽤나 괜찮은 사람이었다. 이튼 칼리지의 학장이자 중요한 왕당원 성직자로, 내전 시기에는 찰스 1세의 군대와 함께 전투에 참가하려 스스로 무기를 잡고 나서기도 했다. 이후 그는 대중적인 도덕가가 되었으며, 『만족의 기술』이라는—19세기까지 20판이 넘게 찍혀 출판된 작품인—초등학생까지도 이해할 수 있는 문장으로 쓰인 이 저서 덕분에 당대의 흐름을 사로잡았다. 올즈트리는 "모든 사람들은 행복을 얻겠지만" 그들 중 대다수는 "맹목적인 추구"에 빠지고 만다고 책의 서두에서 밝히고 있다.[123] 이는 무척이나 한스러운 일이다. 왜냐하면 "그 스스로 행복한" 하나님은 성서 속에 "평탄하고 안전하며 즐겁기까지 한 길, 그 길의 편안함과 그 길이 이끌어갈 목적 모두에서 마치 천국이 가나안의 길이듯이 훨씬 나은 그 길을" 펼쳐놓으면서, 우리에게 "우리가 얻고자 하는 것을 얻도록, 좀 더 확실하고 간명한 방법"을 보여줬기 때문이다.[124] 이스라엘인들과는 달리 우리는 황야에서 헤맬 필요도 없고, "행복을 무모하게 좇으며 어슬렁거릴" 필요도 없이 "우리 자신의 가슴 속에서 행복을 만들어낼 수 있을 것이다." 행복은 우리 모두의 내부에 있는 것이며, 기독교는 그 길을 보여주고 있다. 이는 이제껏 생각해낸 것 중에서 "행복한 삶에 대한 가장 훌륭하고 가장 간명한 기술이다." 거기에는 "세속적인 행복에 관한 모든 말이 농축되어 있다." 그것은 내세의 "장대하고 궁극적인 행복"뿐만 아니라, 현세의 "매개적인" 행복을 얻기 위해 우리에게

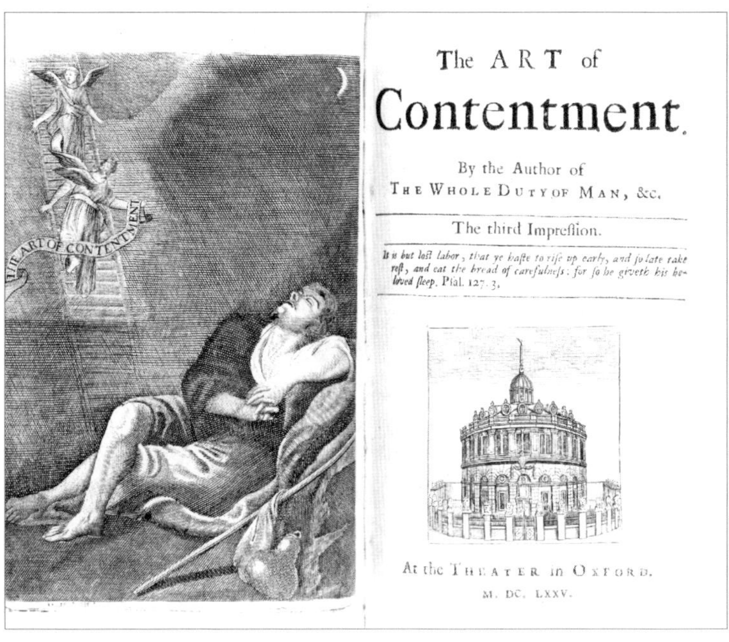

The ART of
Contentment.
By the Author of
THE WHOLE DUTY OF MAN, &c.
The third Impreſſion.
It is but loſt labor, that ye haſte to riſe up early, and ſo late take reſt, and eat the bread of carefulneſs: for ſo he giveth his beloved ſleep. Pſal. 127. 3.
At the THEATER in OXFORD.
M. DC. LXXV.

리처드 올즈트리의 『만족의 기술』, 1675년판 표제지, 보들레이안 도서관, 옥스퍼드 대학교.

필요한 유일한 것이다.[125)]

올즈트리는 책의 초입부에서 이 모든 관점을 나타낸다. 보수적이라는 관점에서만큼은 비난의 여지가 없는 이 작품의 다른 부분에서는 권위에 대한 경의와 감사 그리고 각자의 상황을 받아들이는 것 등에 대한 조언이 주를 이루고 있다. 물론 그 조언들은 스튜어트 가의 왕정복고를 지지한 사람에게 기대할 수 있을, 딱 그만큼의 시각을 보여준다. 그러나 올즈트리가 혁명적인 사람은 아니었을지라도, 어느 학자가 만족의 기술에 이르는 방법으로 규정했던 '고통의 재개념화'를 초래하는 혁명—천상, 지상 영역의 근본적인 교대—에는 참가하고 있었다.[126)] 페르페투아가 낙원으로 가는 여정에서 그리스도의 수난을 다시 체험하는 것을 최고로 여기고, 수많은 가톨릭교도들이 하

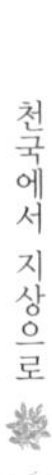

나님에게로 이르는 길로 여기면서 고통을 겪는 가운데 알게 된 가치들이 이제 뒤집어지게 된 것이다. 점차 세속적인 즐거움이 살아나기 시작하는 반면, 그렇게도 오랫동안 서구인들의 눈을 집중시켰던 천국은 대기 속으로 더 멀리 물러나고 있었다. 우주의 이러한 격변과 마찬가지로, 종교에서도 역시 받드는 것을 배우게 하는 새로운 신성神性이 형성되고 있었다. 그 전임자들처럼 지상의 행복 또한 시기심 어린 신이라는 것이 드러나게 된다.

인간의 시선이 주목하던 대상에 대한 이처럼 엄청난 방향의 재설정—천국의 기쁨에서 지상의 행복으로—은 서서히 일어났고, 사실 이제 막 시작됐다. 그런데도 고위 성직자이며 스튜어트 왕가 옹호자인 올즈트리 같은 사람이 로크처럼 혁명주의적인 자유주의자와 근본적으로 같은 생각을 할 수 있었다는 것은 의미심장하다. 두 사람 모두 지상의 행복에 대한 가능성은 우리 안에 내재하며, 비록 종교가 그 길을 제시할 수는 있지만 우리 스스로 그 동력을 만들어낸다는 생각이 점점 넓은 자리를 차지하고 있다고 믿었다. 그 둘은 그 밖에는 서로 동의할 만한 것이 없는 사람들이었다. 그러나 행복에 관해서는 의견이 완전히 일치했다.

그들의 시각은 도전받기도 했다. 대다수의 사람들은 독실한 왕정복고주의자이며, 『예수 속에 잠드는 자들의 행복*The Happiness of Those who Sleep in Jesus*』이라는 저서의 저자처럼, 우리의 진정한 보상은 오직 죽음 속에서만 얻을 수 있는 것이라고 믿으면서, 삶 고유의 불행과 극복할 수 없는 죄라는 장애물을 강조하곤 했다.[127] 그러나 이러한 믿음—이 믿음은 상당했다—의 타성이 이어지고 있는데도, 새로운 시각은 힘을 얻어가고 있었다. 17세기의 마지막 20년 동안은 행복에 관한 작품들이 폭발적으로 쏟아져 나왔고, 그 제목 또한 무척 의미심장

⚜ 제라르 오드랑 & 피에르 미냐르, 「축복받은 자들의 지복」, 발 드 그라스 교회의 둥근 천장 디자인, 1693, 루브르 박물관, 파리.

했다. 런던에 있는 한 서점을 뒤지다 보면, 「현세와 내세 모두에서 우리를 기다리는 행복으로부터 성스런 삶으로의 유인」 또는 「건강, 장수 그리고 행복에 이르는 길」과 같이 "철학의 가장 알려지지 않은 비밀……, 보편적 선을 위해 세상과 소통했다"라고 으시대는 논문이나 『영국의 행복이 향상되다』 또는 『부자가 되고, 풍족함을 늘리며 즐거움을 높이는 확실한 방법』 『영국산 포도로 만든 포도주』처럼 별로 그럴듯하지 않은 제조술에 대한 소책자들과 조우하는 즐거움을 얻게 된다.[128] 분명히, 이는 평범한 삶에 대한 긍정적인 확인이었다.

또한 전통적인 신학에서도 17세기에는 고통의 '정신적인 혜택'에 대한 강조가 점차 퇴조하는 것을 엿볼 수 있다.[129] 쓸데없는 고통에 난색을 표한 종교 개혁의 또 다른 장기적 영향은 이 변화가 예술에도 반영되어 즐거움에서 새로운 가치를 감지했다는 점이다. 한 예로, 음악을 보면 작곡가들이 존재의 다양한 즐거움을 찬양했다는 것을 알 수 있다. 헨리 퍼셀Henry Purcell의 1683년 작 송시 「모든 즐거움에의 환영Welcome to All the Pleasures」은 명목상으로는 음악의 수호성인인 성 세실리아Saint Cecilia에게 바쳐졌지만, 실제로는 음악의 즐거움과 즐거움의 요령에 대한 찬양이었다.

기분 좋은 욕구의 모든 감각을 즐겁게 하는
온갖 기쁨을 환영하라.
만세, 아폴로 종족의 위대한 모임이여.
우주적 조화의 궁형 같은 이 음악의 모임에
이 행복한 곳이여, 만세.

이는 세상에 대해 떠오르는 새로운 개념의 완벽한 선언이었다.

퍼셀의 이러한 시각은, 한동안 그의 가극 대본 작가이자 추후 영국의 계관시인이 될 네이엄 테이트Nahum Tate에게서도 분명히 나타났다. 1681년에 테이트는 셰익스피어의 비극 「리어왕」을 각색해 출간했는데, 그는 이 작품의 결말을 해피엔드로 만들었다. 테이트는 원작자처럼 작품을 피바다로 결말짓지 않고, 여주인공 코델리아와 그의 연인 에드가를 살려내서, 그 두 사람이 결혼하여 리어왕처럼 영원히 행복하게 살도록 만들었다. 이러한 개작이 현대인들에게는 낯설게 느껴지겠지만, 당대인들에게는 큰 인기가 있었고 원작보다 더 많은 관심을 끌며 19세기까지 상연되었다.[130] 이러한 성공은 당대인들이 그 각색 작품의 결말을 선호했음을 드러낸다. 즉 삶의 행복한 종말을 위해 다음 세상까지 기다릴 필요가 없다는 믿음이 점진적으로 일고 있었던 것이다.

이는 아마 너무 앞서 나가는 해석일지도 모른다. 그러나 마지막까지 행복하게 살다 가는 '행복한 사람'에 대한 좀 더 보편적인 이미지가 다져지는 것을 당대의 시에서 볼 수 있다는 확실한 예이기도 하다. 그 이미지란 바로 대부분 호라티우스와 베르길리우스의 목가적인 그림에서 발췌해온 것으로, 시골에 은거하며 행복하게 사는 농부의 모습이다.[131] 많은 면에서, 순수한 시골의 전원시적인 풍경은 결코 잊힌 적이 없었다. 중세 시인들조차도 호라티우스의 "현재를 즐겨라"라는 메시지에 익숙해 있었다.[132] 그러나 르네상스에서 시작된 그의 작품에 대한 재발견은 그 주제에 신선함과 새로운 통절함을 부여했다. 이미 1470년대에, 로렌초 데 메디치는 카니발 노래 가사를 이렇게 썼다.

젊음이란 얼마나 아름다운가,
그러나 또한 얼마나 빨리 사라져버리는가.
행복하고자 하면, 행복하시오.
내일을 기약하는 것은 없나니.[133]

그리고 다음 세기 중반에, 프랑스 출신의 앤트워프Antwerp 인쇄업자 크리스토프 플랑탱Christophe Plantin은 「이 세상의 행복」이라는 소네트를 썼다. 오늘날에도 이 시가 가정집의 입구나 현관에 걸려 있는 것을 종종 볼 수 있다. 시는 호라티우스적인 주제들, 즉 소박함과 용인, 조화와 평화를 강조한다. 충실한 가톨릭의 아들인 플랑탱은 여기에 정원과 과실수가 있는 시골의 청결하고 안락한 집과 '훌륭한 포도주' 약간을 더했다. 그는 적은 것에 만족하라며 다음과 같이 권고했다. 충실한 아내와 몇 안 되는 자녀를 두고, 빚을 지지 말 것이며 송사나 언쟁도 하지 말라. 야심을 갖지 말고, 신앙을 독실하게 가지며, 열린 마음을 지니고 살라. 그리고 포도밭을 가꾸듯이 묵주를 굴리며 기도하다가 때가 되면 다가올 죽음을 정원에서 기꺼이 기다리라. 이것이 바로 '이 세상의 행복' 이다.[134)]

16세기 후반에 '전원 은거' 라는 주제를 다루었던 프랑스의 시인 그룹 플레이아드파Pléiade가 그랬듯이, 플랑탱의 시도 호라티우스의 스토아적인 면에 기운 경향이 있다. 또 다른 사람들은 좀 더 강렬한 즐거움을 암시하며 메디치를 추종하기도 했지만, 대다수는 현대적 의미의 '행복한 사람' 이라는 새로운 이미지를 만들어내기 위해 에피쿠로스와 스토아를 적당히 혼합해가며 호라티우스를 모방했다.

17세기에는 영국의 존 애시모어John Ashmore와 토마스 호킨스Thomas Hawkins가 호라티우스의 풍자시와 송가를 새로이 번역하는 데 전념했고, '전원에서의 행복한 사람' 이라는 주제는 언제나 기독교 정신과 섞이면서 영국에서 그 정당한 몫을 부여받게 되었다. 드라이든도 베르길리우스와 루크레티우스에 전념하면서 이 추세에 합류했다. 그 사이 17세기의 위대한 시인들 중 몇 명—밀턴John Milton과 벤 존슨Ben Jonson, 토마스 트러헌Thomas Traherne, 헨리 본Henry Vaughan, 로버트 헤릭Robert Herrick 그리고 에이브러햄 카울리Abraham Cowley—은 전원의 축복 속에 사는 스토아적 또는 에피쿠로스적 현자의 기독교적 이미지를 만들어나갔다. 밀턴은 「침사沈思의 사람」에서 "은퇴 후의 여가/ 잘 가꾸어진 정원에서 그의 즐거움을 만끽한다"라고 그 이미지를 연상시켰고, 존슨은 자신의 시에 호라티우스의 구절을 번역해 넣었다.

모든 업무에서 떠난 자 행복할지니,
애초의 인간이 그랬듯이

조상들이 물려준 땅을 자신의 황소와 더불어 경작하며
고리대금업자의 족쇄도 없노라.[135)]

시인 조셉 홀Joseph Hall은 이렇게 권고한다.

(…) 그대의 시골 은신처를
그대와 아내의 엘리시움Elysium으로 만드시오.
그곳에서 황금 자를 갖고 마음껏 즐기시도록.[136)]

그리고 로버트 헤릭은 이렇게 환희한다.

만세, 가난한 자가 가장 부유한 저택의 자리에 앉노라!
모든 행복한 신들이 그리도 사랑하는,
그대들의 시골집과 은둔,
신들이 휘황한 대도시에서 그대를 위해 해방시켜주노라.[137)]

호라티우스의 시처럼, 이런 시들 대부분은 시대의 타락에 대한 예민한 비평에 전혀 문제가 되지 않았다. 시골로 은퇴하라고 설교하는 것은 세상사로부터 물러나 앉으라고 주장하는 것이었다. 이러한 주제는 본과 카울리 같은 왕당파 시인들의 손을 거치면, 그들이 불행한 청교도 세력으로 간주한 것에 명백히 반대되는 방향으로 향하도록 할 수 있었다. 실로 순수한 즐거움이라는 에피쿠로스적 주제—올즈트리의 왕당파적 만족 같은—를 환기시키는 것은 왕당파들이 얼마나 부당하든 간에 초췌하고 고약한 극기주의라고 간주한 상대파들에 대한 자신들의 주장을 유리하게 대비시키기 위해 종종 의도했던 것이었다. 그러나 다시 말하지만 가장 강력한 것은 공통의 입장이었다. 밀턴 같은 청교도는 「알레그로L' Allegro」라는 시에서 세상과 예술의 즐거움에 대한 언급으로 마지막 줄을 장식하고 있다.

이 기쁨을 당신이 주실 수 있다면
쾌활이여, 그대와 함께 나는 살고 싶소.

그리고 왕정복고 시대의 시인이자 극작가인 윌리엄 위철리William Wycherley는 아래와 같이 응답한다.

운명에 의해서가 아니라 오로지 우리 자신에 의해
우리의 행, 불행이 유래하는 것이니…….
만약 우리가 운명의 변덕스러움을 막을 거라면
생애 내내 우리는 만족을 구해야 하누나…….[138)]

점차 즐거움과 행복이라는 공통의 목적이 확산되어가고 있었다. 논쟁거리는 단지 그 목적에 이르는 수단에 관한 것뿐이었다.

이러한 현상은 영국에만 국한된 것은 아니었다. 내가 이 축복받은 섬을 꼭 집어 다룬 것은 행복의 역사에서 볼 때, 세속적 만족에 대해 전례 없는 도덕 윤리를 영국 청교도, 영국 과학 그리고 영국 혁명 같은 기이한 소산으로 배출해낸 독특함 때문이다. 어쩌면 로버트 버튼의 멜랑콜리의 해부 대상이 되었던 바로 그 나라—후에 그저 '영국병' 이라고 알려진 슬픔의 뚜렷한 형태를 낳게 되는 바로 그 땅—가 현대의 행복을 탄생시켰다고도 말할 수 있을 것이다.

그러나 이것은 다른 지역에서는 모두가 절망 속에서 태어난다는 것을 의미하지는 않는다. 영국에서 세속적인 행복이 태어날 여지를 만들었던 보편적인 세력은 다른 곳에서도 역시 움직이고 있었다. 스코틀랜드, 아일랜드, 아메리카 식민지 그리고 유럽 대륙에서도 영향력 있는 목소리들이 즐거움과 행복을 위한 지상의 자리를 상상하며, 르네상스 인문주의와 기독교 신학의 결합을 통해 유사한 결론들을 도출해내기 시작하고 있었다. 점점 많은 사람들이 죄의 한계를 뛰어넘어 생각하기 시작하면서부터, 서구적 행복의 시야는 상당히 넓어져갔다. 세기가 바뀌기 전 수십 년 동안 지상의 행복한 삶을 대변하던, 똑똑 떨어지는 물방울같이 소수에 불과하던 이름들이 꾸준히 증가했다. 그리고 이제는 마치 쏟아지는 소나기처럼 불어나서 세속적 행복에 관한 저작물들이 유례가 없을 정도로 무수하게 쏟아져 나왔다. 그리고 이전까지 조심스레 고수하던 생각들을 이제는 공개적으로 드러내놓고 주장하기 시작했다. 그러니까 그것은 이런 질문이다. 만약 행복이 자연스런 상태라면, 도대체 어째서 하나님의 안내 없이 전적으로 자연스러운 방법으로는 그것을 성취할 수 없는 것일까?

자명한 진실들
Self-Evident Truths

1691년 피에르 다니엘 위에Pierre-Daniel Huet는 「지상 낙원의 위치에 관한 논문A Treatise on the Position of the Earthly Paradise」을 출간했다. 유럽 최고의 성경학자이자 저명한 아카데미 프랑세즈 회원이기도 했던 위에는 아담의 후예들을 오랫동안 분열시켜온 논쟁에 종지부를 찍고자 했다. 하나님은 그의 첫 자손을 지구상의 어디에 위치시켰으며, 한때 위대했던 그 정원의 자취는 어디에 있는 것일까?

> (지상 낙원은) 제3의 천궁에, 제4의 천궁에, 달의 천궁에, 달 위에……, 지구 밖에, 지구 위에, 지구 아래에, 그리고 인간이 알 수 없는 숨겨진 곳에 있어왔다……. 북극 아래에…… 갠지스 강둑 위에, 혹은 실론 섬 위에 있어왔다. 어떤 이들은 아메리카 대륙에 있다고 하고 또는 적도 아래 아프리카에 있다고 했으며 또 다른 이들은 적도 부근 동방에 있다고들 했다……. 대부분은 아시아에 있다고 했다. 누군가는 아르메니아에, 메

J. 목슨, 「낙원 혹은 에덴동산」, 런던, 1695. 성서의 낙원을 지리적으로 그려냈던 많은 시도 중의 하나. 에덴동산은 중앙의 우측에 나타나고 있음.

소포타미아에, 아시리아에, 또는 페르시아에, 바빌로니아에, 아니면 아라비아나 팔레스타인에 있다고. 우리 유럽에 있다고 주장하고 싶어 하는 사람들도 있었다…….[1]

위에는 중세 기사들과 근대 초기 탐험가들로 하여금 인류 조상의 고향을 찾아 지구를 종종 달리게 했던, 수세기를 거치는 동안 그야말로 산더미같이 쌓였던 무수한 견해들을 언급하고 있다. 위에는 지리에 대한 확고한 이해와 성경학자로서의 고도의 지식을 바탕으로 최종적으로 그 좌표를 지적해낼 수 있다고 믿었다. 성경에 나타난 관련 구절들을 꼼꼼하게 고려한 그는 마침내 낙원이 에덴의 동쪽 끝에 있으며, 그 에덴은 바빌로니아의 한쪽에 있다는 결론을 이끌어냈다. 인류의 행복한 보금자리는 티그리스와 유프라테스 삼각지, 즉 오늘날의 이라크쯤에 있는 것 같아 보인다.

위에는 이러한 시각이 전에도 있었다는 것을 잘 알면서도, 자신의 견해가 지구상의 낙원의 위치에 대한 여러 이론들 때문이 아니라, 인간 원죄에 대한 포괄적인 믿음의 쇠퇴에 의해 서서히 침식되고 있다는 것은 별로 의식하지 못했다. 영국의 저명한 군인이자 탐험가였던 월터 랠리Walter Raleigh 경이 일찍이 언급했듯 "우리 모두는 우리의 첫 조상이 살았던 장소를 알려는 뿌리 깊은 욕구를 갖고 있다"는 말은 옳을지도 모른다. 그러나 성서 속 에덴의 위치를 발견하려는 열정은 무엇보다도 신학적 관심에 의해 추진되었다.[2] 많은 사람들은, 최초의 행복한 상태를 충분히 헤아림으로써만 우리가 무엇이 되었는지를 이해할 수 있다고 믿었다. 순수한 우리 기원의 장소를 찾고자 하는 동력은 죄에 대한 인지였는데, 죄야말로 이후 인간 추방의 중대성을 가늠하는 것이었기 때문이다. 그러나 인간의 생래적 사악함에 대한 열중이 수그러들면서, 오랫동안 사라졌던 에덴의 정확한 좌표를 알아야 할 필요 역시 희미해졌다. 위에의 논문은 17세기 말엽에 태양왕 루이 14세에 의해 진지하게 수용되었다. 그리고 바로 수십 년 뒤에 볼테르 François Marie Arouet de Voltaire는 새로운 시대의 탐구적인 관심에 대해 변호했다. 그는 위에를 조롱하면서 "지상의 낙원은 바로 내가 있는 곳이다"라고 빈정댔다.[3]

이러한 시각의 변화—사라진 황금시대를 갈망하는 시선으로부터 곧장 앞을 향하는 꾸준한 탐색—는 이 병치倂置가 암시하고 있을지도 모르는 것처럼, 그렇게 말끔하게 정리된 적은 일찍이 없었다. 천국에 있는 낙원이 계속 흡인력을 발휘했듯, 실낙원은 18세기 이후에도 오랫동안 계속해서 매력을 발산했다. 그렇지만 볼테르의 명언이 제시했던 대로, 18세기에는 이후의 시각에 있어 중요한 방향 설정을 목격하게 된다. 볼테르의 친구이자 동료인 클로드 애드리언 엘베시우스Claude-Adrien Helvétius는 내세의 징벌에 대한 두려움이 쇠퇴해가는 것에 대해 비슷한 고찰을 했다. 그는 자신의 장시 「행복」에서 "더 이상 지옥은 없다. 지금 여기, 지상이 천국이다"라고 말했다.[4] 사람들은 점점 자신들이 살고 있는 지상을, 낙원은 아니더라도 최소한 세속적 기쁨의 정원으로는 온당하게 만들 수 있는 장소라고 생각하게 됐다.

실제로 18세기 유럽인들은 영국의 복스홀Vauxhall과 라닐라그Ranelagh 등의 정원, 그리고 파리의 팔레 루아얄Palais-Royal 같은 공간에 거대한 '오락 정원'을 세웠고, 그저 즐기고 '재미'를 느끼기 위해 그런 곳을 찾았다.[5] 재미fun라는 단어 자체가 상대적으로 새로운 말이었다. 이는 중기 영어(1150~1500년경) 'fon'의 변형으로, 17세기 후반에야 영어에 등장하게 되었으며, 어릿광대 또는 바보라는 의미였다. 재미를 즐길 수 있는 장소인 오락 정원은 게임, 레크리에이션, 구경거리, 음식, 음악, 그리고 연인들이 거닐 수 있는 편안한 장소를 제공하는 현대판 놀이공원의 전신으로 볼 수 있다. 이런 곳들은 로크 같은 사람들의 이론에서 표현된 즐거움의 새로운 확인 위에 살을 붙인 것으로, 지상에 행복을 위한 장소를 창조하려는 18세기의 전반적인 열망을 완벽히 상징하고 있었다. 춤추고 노래하고 음식을 즐기며 동반자와 우리의 신체를 마음껏 즐기는 것—간단히 말해, 우리 자신이 만든 세상에서의 기쁨—은 하나님의 의지에 반항하는 게 아니라 자연이 의도한 대로 사는 것이었다. 이것이 우리 인간에게 주어진 지상의 목적이었다. 시인 알렉산더 포프Alexander Pope가 다음의 유명한 구절에서 말했듯이 말이다.

오, 행복이여, 우리의 목표이자 목적이여!

R. 폴라드 & F. 쥬크, 토마스 롤랜드슨의 복스홀 정원에 의거한 판화, 1785, 엘리사 휘틀지 컬렉션, 메트로폴리탄 박물관, 뉴욕.

행복, 즐거움, 안락, 만족! 그대의 이름이 뭐든 간에
아직도 우리의 영원한 탄식을 부추기고,
그 때문에 우리를 살게 하고, 감히 죽게 하는 그 무엇이여…….[6]

18세기의 그 위대한 목적은 계속해서 반복적으로 표현되고 있었다. 드니 디드로Denis Diderot가 편집한 프랑스 백과사전의 '행복' 항목의 저자인 페스트레Pestré 신부는 "모두가 행복할 권리를 갖고 있지 않은가?"라고 물었다.[7] 이전의 1,500년이라는 세월의 기준으로 판단해볼 때, 이 질문은 대단한 것이었다. 행복할 권리? 게다가 그것은 계몽정신의 긍정적인 동의로 확신에 찬, 수사학적인 질문이었다. 18세기 중엽에 이르면 이 주장은 흔한 것이 되고, 18세기 말엽에도 여전히, 아니 더욱 일반적이고 평범한 것이 되었다. 분명, 당연히 인간은

⚜ 파리의 오락 정원, 팔레 루아얄, 프랑스 국립 도서관.

행복할 자격이 있다. 문제는 이 지상에서 어떻게 최고로 행복을 성취할 수 있을까였다.

18세기의 저자들은 전례가 없을 정도로 무수하게 이 질문에 답하려고 노력했다. 사실 이전의 어느 시대에서도 이 주제에 관해 그렇게 많이, 그토록 자주 썼던 적은 없었다. 프랑스, 영국, 그리고 북해 연안의 저지대(현재의 베네룩스Benelux 지역—옮긴이), 독일, 이탈리아 그리고 미국에서 행복에 대한 출판물이 봇물처럼 쏟아져 나왔다. 행복에 대한 사유, 행복에 대한 논문, 행복의 시스템, 토론, 에세이, 단편 그리고 서한 등이 넘쳐났다.[8] 멀리 바르샤바의 귀족 대학에서까지 '여기, 지상에서의 인간의 행복'이라는 주제로 강의 시리즈가 등장할 정도였다.[9] 상트페테르부르크에서조차도, 특권층에게는 재미 즐기기가 허용되었다. 1775년, 여제 예카테리나 2세Yekaterina II는 오스만 제국의 군대와 호의적인 평화 조약을 맺은 뒤, 프랑스 사회자

포셰A. P. Pochet에게 새롭고 국제적인 형식으로 축하 의식을 준비하라고 맡겼다. 연기자 1,000여 명이 접대, 춤, 노래, 공중제비, 승마 그리고 수영 등에 투입되었다. 기계로 움직이는 말 300개, 인공 호수에서 반인반수의 해신 트리톤이 끄는 배, 서커스, 불꽃놀이, 우화극 네 편 등이 거대한 장관을 이루어냈다.[10] 이 소란 속에서 중심을 차지하고 있는 것은 흰 황소 네 마리가 이끄는 마차를 타고 웅장한 '행복의 신전'을 향해 가는 행복의 여신이었다. 로마 제국 이후 행복의 여신이 이렇게 숭배된 적은 없었다. 그리고 그 여신의 세속적 추구에 그렇게 많은 에너지를 바쳤던 적도 거의 없었다.

물론 추구와 성취는 별개의 것이다. 좀 더 진지한 당대의 관찰자들—사무엘 존슨Samuel Johnson과 이마누엘 칸트 같은 사람들—은 그 차이를 인정했다. 그러나 그 구분을 흐리게 하는 경향, 또 그렇게 하면서 본질적인 몇 가지 질문에 대한 답을 복잡하게 하는 경향이 있었다. 만약 행복이 진정 당연한 조건이고 우리 본성의 법칙이며, 우리가 그러하도록 의도되었던 길이라면, 여전히 비참함이 존재하는 것은 대체 어떻게 설명해야 할까? 그리고 만약 세속적인 행복이 주로 좋은 느낌의 기능, 고통에 대한 즐거움의 균형으로 여겨진다면, 행복을 좀 더 지고한 것, 즉 하나님, 미덕, 또는 영혼의 올바른 명령과 연계시켰던 오랜 생각은 또 어떻게 되는 걸까? 좋다고 느끼는 것은 좋은 것과 같은가? 좋은 것은 좋다고 느끼는 것과 같은가? 행복이란 검소하게 사는 것에 대한 보상인가 아니면 잘 사는 것에 대한 보상인가?

18세기의 저자들은 이런 문제로 씨름했고, 이에 대한 답을 얻으려는 고투 속에서 자신들도 모르는 사이에 당대의 가장 계몽된 영혼들만이 수용할 수 있는 것을 드러내었다. 예민한 지각을 갖춘 관찰자이자, 과학자, 번역가, 그리고 볼테르에게 버림받은 정부였던 샤틀레

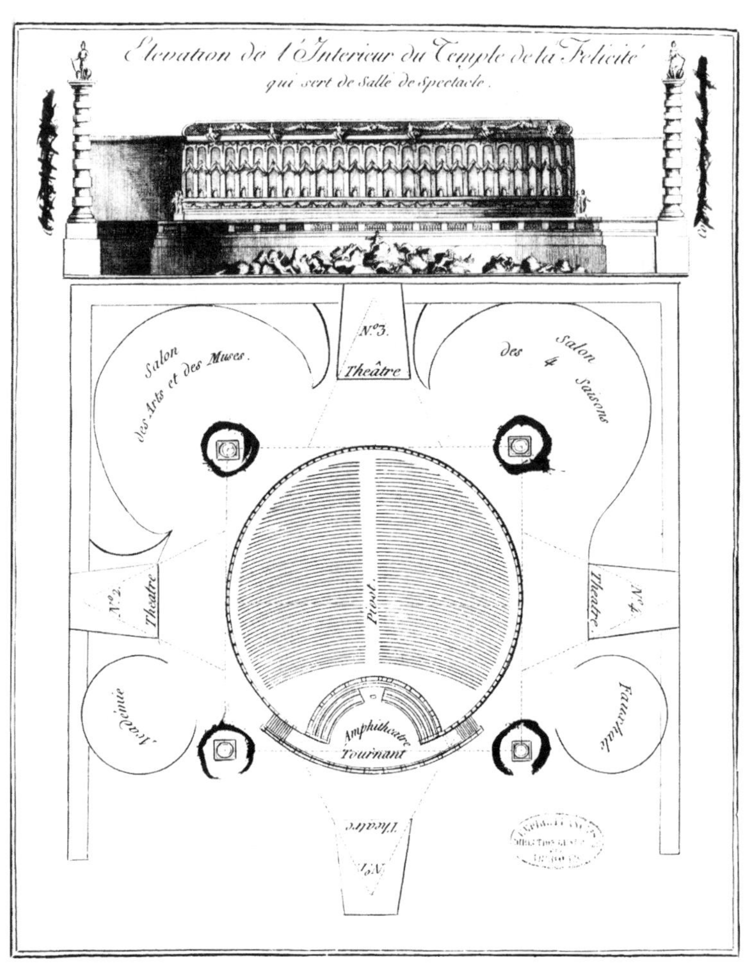

A. P. 포셰의 행복의 전당 도해 스케치, 프랑스 국립 사료 보관소.

Châtelet 후작 부인은 행복에 대한 자신의 논문에서, 행복하기 위해서는 "착각에 잘 빠져야만 한다. 왜냐하면 즐거움의 대부분은 착각 덕택이기 때문이다. 불행한 자는 그 착각을 잃어버린 사람이다"라고 고백했다.[11] 그녀는 이 말의 무게를 실감하며, 절망과 환멸 속에서 죽어갔다. 그녀는 행복에 대한 믿음이 계몽 시대에조차도 여전히 신앙의

종개념으로 남아 있다고 생각했던 것 같다.[12)]

 행복의 미적분학

그러나 이런 극적인 방향 재설정과 변화, 즉 세속적인 행복 자체에 대한 관심의 폭발이 가장 분명한 지표였던 이 변화는 왜 18세기에 일어났을까? 이미 우리는 여러 중요한 요소들을 찾아냈다. 기독교 내에서 죄와 즐거움에 대한 새로운 태도의 전개, 토마스 아퀴나스에서부터 종교 개혁을 거쳐 그 이후까지 아주 힘들게 일구어낸 믿음, 즉 세속적인 행복은 은총의 표시로 간주될 수 있다는 믿음, 그리고 로크와 그 외의 사람들에 의해 개발된 생각, 즉 이 세상에서 기뻐하는 것―행복하게 사는 것―은 하나님이 의도하신 대로 사는 것이라는 생각들 말이다. 이러한 시각에서 보면 이 세상은 '눈물의 골짜기'가 아니라 내세의 더 큰 환희를 미리부터 달콤하게 맛보는 곳이었다. 18세기 말엽에, 윌리엄 페일리William Paley 목사는 "역시 행복한 세상이다"라는 결론을 내렸다.[13)] 프로테스탄트 목사이며 중요한 자연과학자였던 페일리는 창조의 기적 속에서 하나님의 섭리가 나타내는 형상과 자취를 보았다. 이 세상은 창조주의 행복한 설계와 목적을 반영하면서, 마땅히 그래야 할 본분의 모습 그대로였다.

페일리의 시각은 많은 가톨릭교도들도 받아들인 일반적인 것이었다. 18세기 후반부에 이르면 이미 교회의 다른 정통 구성원들이 대중적인 제목, 즉 「나는 행복해지고 싶다」「행복의 학교」 그리고 「행복의 이론, 또는 자신을 행복하게 하는 법」 등과 같은 제목의 논문들을 쓰고 있었다.[14)] 실로 이 모든 작품들은 종교가 세속적 행복의 기초이자

'유일한 토대' —프랑스의 마담 드 장리스Madame de Genlis가 쓴 저서의 제목을 인용하자면—라는 주장을 이어나가고 있었다.[15] 그들은 또, 완벽한 행복은 오직 내세에서 하나님과 함께 온다는 것도 잊지 않고 덧붙였다. 그러나 이 저자들은 종교를 점점 더 합당한 세속적 목적으로 간주되어가는 것에 대한 수단으로 보여주면서, 시대의 근본적인 재평가에 참여하고 있었다. 즉 예전의 다른 세상에 있는 하나님은 이제 좋은 느낌의 신, 행복의 신으로 서서히 변화하고, 이런 변화가 지구상에 지배력을 확장해가고 있었다.

이런 종교적인 전개는 인간이 가진 열망의 포괄적인 변화의 이유이자 결과였다. 그러나 물질적인 요인도 마찬가지였다. 상비군과 민정을 구비해 안전과 법치를 개선한 민족국가의 등장, 농업 생산성의 향상과 유효 경작지의 증대, 무역의 증가, 그리고 패션, 오락 또는 놀이 공원에 쓸 가용 수입과 사치품에의 접근성을 넓혀준 소비자 문화의 탄생……. 세속적 행복의 추구를 행운 또는 지복천년의 꿈 이상으로 여기는 것 자체가 사치라는 점을 잊는 것은 너무도 쉽다. 생존을 위한 매일 매일의 거친 일에서 해방될 때에만 비로소 좀 더 고상한 목적을 추구할 수 있는 것이다. 행복에 대한 각자의 정의가 무엇이든 간에, 행복은 정기적이고 주기적으로 발생하는 기근, 전염병, 흑사병의 참화 또는 약탈군의 위협 같은 것과 양립하기 어렵다.

18세기에도 이러한 재앙은 그치지 않았지만, 이전 시대와 비교해 보면 전반적으로 양호한 편이었다. 한 가지 예를 들어보면, 17세기 전반에는 중부 유럽 인구의 3분의 1가량이 전쟁, 기아 그리고 질병으로 사망했다.[16] 18세기에도 역시 나름의 갈등과 위기가 있었지만, 세기의 마지막 십 년에 프랑스 대혁명이 일어나기 전까지는 17세기와 같은 엄청난 규모의 참상과는 거리가 있었다. 나폴레옹 전쟁의 끔찍한 대학살도 인구 증가 추세를 막지는 않았다. 1700년대 초기에 1억 2천만 명으로 추산되는 유럽 인구는 1750년 이후 가파르게 증가해, 18세기 말에는 1억 8천만~1억 9천만 명에 이르렀다. 사망률 하락과 수명 증가로 인해, 그 인구 수치는 결코 다시 떨어지지 않았다.[17)]

물론 이러한 변화의 규모는 지역에 따라, 그리고 빈부에 따라 커다란 편차가 있었다. 그러나 점점 더 많은 사람들이 생존을 위한 투쟁—얼마나 불완전하거나 앞뒤가 안 맞거나 간에—에서 차츰 벗어나고 있었다. 위의 발언을 다양한 방법으로 풀이할 수는 있겠지만, 그 근본적인 진실을 부정하기는 어렵다. 가축 사육의 개선으로 인해 육류 공급이 늘어나면서 사람들은 식탁에서 더 많은 단백질을 섭취할 수 있었다. 새로운 경작지 개방, 순조로운 장기적 기후 양상, 농업 생산성 향상, 이제껏 먹어보지 못했던 옥수수와 감자 같은 신대륙의 작물 유입 등은 모두 이제 유럽인들이 그 어느 때보다 먹을 게 풍부해졌다는 것을 의미했다. 충분한 영양 섭취로 튼튼해진 신체는 질병에도 강력하게 대처할 수 있었다. 서유럽에서 마지막으로 대형 전염병이 발생한 것은 1720년 프랑스의 마르세유에서였다. 아직 발진티푸스, 이질, 인플루엔자 등이 잔존했지만, 이러한 것들도 날로 확장되어가는 18세기의 도시와 소읍들로 시골 인구가 계속 유입해 들어오는 것을 막지는 못했다.

도시화의 패턴은 19세기에 이르러서야 정점을 이루지만, 1700년대의 도심은 이미 새롭게 집중된 시장, 즉 한 역사학자가 '소비자 사회의 탄생' 이라고 묘사했던 것의 촉매제로 작용했던 시장을 형성하고 있었다.[18)] 18세기 중엽에 이르면, 엄청난 해외 무역 붐, 신용 이용도의 확장, 인구 증가와 농산물 가격 상승의 '순조로운 결합' 이 투자 증가와 지속적인 경제 성장이라는 형태로 배당금을 지불하고 있었다.[19] 중상층을 위한 소비재와 일용품의 공급은 10년 단위로 증가하고 있었다. 브라질 커피든, 서인도 설탕이든, 버지니아 담배든, 영국 도자기, 직물, 사치품이든 간에 현대식 의류의 폭발하는 시장처럼, 기분과 상상, 패션, 추세에 맞추어 다양한 층에 맞게 모든 것이 구비되어 있었다. 이러한 것들은 즐거움에 매료된 당대인들의 마음을 곧바로 사로잡았다. 프랑스 정부 관료이자 철학자인 안느 로베르 자크 튀르고Anne-Robert-Jacques Turgot가 고찰한 것처럼, 현대의 상업적 사회에서 사람들은 "말하자면, 행복을 사고팔았다."[20]

이 말은 효과를 위해 과장한 것이었다. 그러나 그것은 18세기에 새로이 부상하는 상업적 경제가 로크와 그를 추종하는 유럽대륙의 많은 사람들이 말했던 즐거움의 새로운 윤리와 얼마나 잘 일치하는가를 분명히 짚어내고 있다. 사람들은 기쁨을 늘리고 고통을 줄이기 위해 사치품과 서비스를 사고팔면서, 로크와 홉스가 "한 대상에서 다른 대상으로, 아직 이전의 것을 가지고 있으면서도 또 새로운 것을 향하는, 계속 이어지는 욕망의 전개"라고 기술했던 바로 그 방식으로 행복을 추구했다.[21] 애덤 스미스Adam Smith에서 칼 마르크스Karl Marx까지, 경제학자들과 윤리학자들은 이러한 욕망의 발달에 많은 흥미를 느낄 것이다. 그렇다고 그것이 항상 위안이 되지는 않았다. 그런데도 이러한 경제적, 물질적 발전은 사람들에게 자신을 둘러싼 환경을 개선하고 통제할 수 있는 능력에 대한 크나큰 확신을 심어줌으로써, 삶을 회피할 수 없는 고통에 맡겼던 전통적인 설명의 위력을 약화시켰다. 운명의 엄청난 격동이나 노여워하는 신의 손에 덜 좌우되는 것 같아 보이는 세상에서는, 좀 더 행복하게 삶의 길로 전진하는 것을 상상할 수 있게 되었다.

이 마지막 관찰은 지상에서 기대할 수 있는 행복의 추구를 떠받치

⚜ 니콜라스 랜크리트, 「정원에서 커피를 마시는 숙녀」, 1742년경, 내셔널갤러리, 런던. 준남작 존 히스코트 애모리 경에 의해 17세기에야 유럽에 전해진 커피는 중상류층을 위한 새로운 사치품이 되었다.

⚜ 18세기의 패션은 '행복의 구매'를 부추겼다. 뉴욕 공공 도서관.

는 데 중요한 역할을 한 또 하나의 요인, 즉 계몽사조를 암시한다. 이마누엘 칸트가 베를린에서 발간되는 잡지 『베를린 월간지*Berlinische Monatschrift*』에 "계몽이란 무엇인가?" 라는 유명한 질문을 제기한 18세기 말 이래로, 비평가들과 평자들은 계몽이라는 어휘를 정의하고자 시도해왔다. 200여 년이 지난 후에도 역사가들은 계속해서 그 답에 대해 논의하고 있다. 그들은 계몽사조는 유럽에서 아메리카 대륙에 이르기까지, 각기 다른 장소에서 각기 다른 형태를 띠고 있다고 지적한다. 또 그 시원에 대해서도 17세기 후반에서부터 19세기 초까지를 망라하며 정확한 날짜를 놓고 논쟁한다. 어떤 이들은 프랑스와 영국, 또 독일과 아메리카, 프로테스탄트와 유대교 사이의 각기 다른 계몽사조를 망라하기 위해서는, 이 어휘를 단수가 아니라 복수형으로, 즉 '계몽사조들' 이라고 써야만 더 이치에 맞다는 주장까지 펼쳤다. 이 사조가 자임하는 제각각의 다른 형태와는 관계없이, 이러한 논의들은 건전하고 또 계몽 정신과도 잘 부합하는 것이다. 왜냐하면 오늘날 역사가들이 아무리 그 세세한 차이점들을 계속 논한다 해도, 중요한 지적인 현상이 18세기에 유럽과 아메리카를 휩쓸었다는 것, 그리고 그것이 새로운 차원의 질문법을 가져왔다는 것을 부인할 사람은 거의 없을 것이기 때문이다. 설사 계몽사조가 몇 가지 기본 명제들로 정리될 수 없다 해도, 그것은 그 사조가 모든 것에 호기심을 나타냈기 때문이라는 게 대부분의 이유이다. 이런저런 믿음의 목적은 대체 무엇이며, 어느 특정한 법의 적법성은 또 무엇인가? 우리의 전통은 합리적이며, 관습과 제도는 이론적으로 옳은 것인가? 지구상에서 우리는 무엇을 하고 있는 것인가? 우리는 왜 이 지구상에 존재하는 것인가? 칸트가 선언한 '알고자 도전하는 것' 이야말로 계몽사조의 모토였다. 답을 얻기 위해서는 질문을 해야만 하는 법이다.

바로 이러한 이유에서, 계몽의 목소리들은 모든 것에 대해 질문할 권리와 그에 대한 관용을 요구하며, 자유로운 질문에 대한 옹호와 표현의 자유에 정열적으로 임했다. 그들의 옹호 자체가 지식을 통한 사회의 진보 가능성에 대한 확신, 그리고 좀 더 나은 이해가 이 세상을 좀 더 나은 곳으로 만들 수 있다는 믿음을 나타내고 있었다. 주로 뉴턴적인 과학, 그리고 로크의 정신의 새로운 과학에 의한 영향으로, 계몽 시대 사람들은 확실한 법에 의해 통치되는 조화로운 우주에 대한 그림을 그려나갔다. 그리고 그 우주의 한가운데에는 원죄에 물들지 않고, 즐거움을 추구하도록 되어 있으며, 지상에서의 운명을 개선할 수 있고, 그럴 의지도 있으며, 그럴 만반의 준비가 된 인간이 자리하고 있었다. 계몽사조의 많은 질문들을 활성화시킨 하나의 관심사가 있다면, 그것은 바로 '어떻게 하면 더 나은 삶을 만들까' 하는 것이었다. 한 저명한 학자가 요약했듯이, 그것은 간단히 말해 "계몽사조는 (…) '어떻게 하면 구원받을 수 있을까' 하는 근본적인 물음을, '어떻게 하면 행복해질 수 있을까?' 라는 실질적인 물음으로 바꿔버렸다."[22] 18세기 사람들은 점점 더 인간의 노력과 지식만으로도 그 답을 찾을 수 있다고 믿게 되었다.

물론 고전 시대의 철학자들도 자신을 알기 위해 질문을 던졌고, 또한 행복이라는 주제에 그 해답의 초점을 맞추었다. 그들은 행복을 대개는 인간의 방법으로 획득할 수 있는 것으로 여겼다. 계몽 시대의 저자들은 그 사실을 재빠르게 인정했다. 디드로는 "그리스인은 로마인의 스승"이었고 "그리스인과 로마인은 우리의 스승"이라고 주장했다.[23] 기독교 '광신주의'의 오랜 '야만주의'와 '미신'에 의해 잘못 전해진 고전주의 기반 위에 자신들의 '현대적 이교 정신'을 구축하려는 노력으로써, 그들은 특히 따라야 할 본보기로 스토아학파와 에피쿠

로스학파의 저작물들을 면밀히 연구했다.[24)]

그러나 부정할 수 없는 유사점과 공통의 특색에도 불구하고, 18세기의 행복은 고전 시대의 행복과는 달랐다. 우선, 계몽주의자들은 고전 시대 철학자들과는 달리 즐거움과 좋은 느낌을 훨씬 더 강조하는 경향이 있었다. 플라톤, 아리스토텔레스, 그리고 스토아학파에게 즐거움은 좋은 삶을 가꾸는 데 있어 상대적으로 그리 중요한 게 아니었다. 그들에게 좋은 삶이란 상당한 고통과 희생이 함께하는 것이었다. 에피쿠로스조차도 실상은 금욕주의자로서, 즐거움의 최대화보다는 고통의 최소화가 우선이었다. 에피쿠로스의 시각에서도 즐거움은 좋은 것이었지만, 그것은 근심과 불안에서 자유로운 자족의 상태, 즉 평화의 성취라는 더 큰 목표에 늘 종속되었다. 그러므로 현명한 자는 "자신이 고문당하는 것이나, 친구가 고문당하는 모습을 보는 것이나" 마찬가지로 고통스러운 것이라고 에피쿠로스는 생각했다.[25)] 이러한 생각이 스토아학파에게는 어울리겠지만, 대부분의 계몽주의자들은 정도를 벗어난 것으로 보았을 것이다. 고문대의 시험과 고난도, 초연한 실존의 평온함도, 계몽주의 시대의 사람들에게는 맞지 않는 것이었다. 18세기 식의 행복에 대한 이해는 사회적이고, 적극적이며, 약속된, 변명의 여지 없이 긍정적인 느낌을 기본으로 삼고 있었다. 샤틀레 후작 부인이 전형적으로 생각했듯이, 행복하기 위해서는 "기분 좋은 감정과 감각을 취하는 것 이상으로 우리가 할 수 있는 것은 아무것도 없다"는 것을 깨닫는 일에서부터 시작해야 한다.[26)] 즐거움은 최대화하고 고통은 최소화하는 것이—바로 이 순서대로—계몽사조의 특징적인 관심사였다.

좋은 느낌과 즐거움에 대한 이러한 보편적인 수용 태도는 장기적으로 중요한 결과를 낳는다. 이는 행복에 대한 고대인들의 생각과 계

당시 판화에 묘사된 리스본 지진. 지진 엔지니어링에 대한 국립 정보 서비스, 캘리포니아 대학교, 버클리.

몽사조의 생각을 분리시키는 중대한 차이점이다. 그러나 또 한 가지, 야심과 규모 면에서도 중요한 차이점이 있다. 주요 고전 시대 학파의 철학자들은 인간의 행복 결정 요인으로서 우연의 역할을 최소화하려고는 했지만, 그것을 결코 완전히 폐기하지는 않았다. 모든 시대의 사람들과 마찬가지로 운명의 반전과 임의로 닥치는 격랑에 부딪히며 싸워야만 했던 18세기 철학자들도, 고대 철학자들과 다를 바 없이 그 우연의 역할을 무시하지는 못했다. 1755년에 있었던 리스본의 지진이 바로 그 끔찍한 예다. 거의 모든 리스본 거주민들이 미사에 참여하고 있던 만성절萬聖節에 발생한 지진의 여파로 인한 해일과 가공할 화재로 수만 명이 목숨을 잃었고, 거의 도시 전체가 파괴되었다. 볼테르는 곧바로 "인간 삶의 게임이란 얼마나 슬픈 우연의 게임이란 말인가"라며 한탄했다. '지구상의 낙원'의 가능성과 우주의 자연스런 조화에 의혹을 품으며, 18세기에 자신이 지녔던 낙천적인 가정을 재검토한 사람은 볼테르만이 아니었다. 그 재난은 '숙명적인 악'과 도무지 무의미한 고통의 임의적인 발생에 대한 생각을 자극하여 널리 유포시켰다. 그 후 얼마 지나지 않아, 볼테르는 암울한 걸작인 『캉디드 *Candide*』를 출간했는데, 이 작품은 모든 가능한 세계 중에서 이 세상이 최고라는 주장을 비웃고 있다.[27)]

그럼에도 식자층 유럽인들이 지진의 여파에 대해 쉽사리 믿으려 하지 않았다는 것은, 당시에 수용되던 가정의 지표로, 여러 면에서 흥미 있는 것이다. 왜냐하면 그러한 불신은 무작위적 재난이 보기 드문 것이 아니라 하더라도, 적어도 그런 정도의 재난이 점차 덜 일어나고 있다는 것을 나타내기 때문이다. 따라서 충격적인 위력이 과장되고는 있었지만, 그것은 단지 예기치 못한 재난의 영향에 대한 제어력과 더불어 일상적 실존의 안전성과 예측 가능성이 증가하고 있기 때문이었다. 포르투갈의 제1장관이자 계몽주의자였던 폼발Pombal 후작이 지진 후에 리스본의 재건에 착수하기 시작했을 때, 그는 이러한 재난이 재발될 경우 그 여파를 최소화하기 위해, 중앙 계획과 건축의 현대적 원리에 크나큰 주의를 기울였다. 오늘날까지도 폼발의 리스본 재건은 계몽사상의 구현으로 남아 있다.

18세기의 사상이 비록 우주의 무작위적 재난을 정복하는 데에는 성공하지 못했다 할지라도—그리고 성공할 수도 없었겠지만—그들은 자연과 인간 제반사에 더 많은 통제를 발휘할 생각을 할 수 있었으며, 실제로 그렇게 했다. 뉴턴 물리학에 의해 고무된 그들은, 이탈리아 학자인 지암바티스타 비코Giambattista Vico가 인간과 사회의 '새로운 과학'이라고 말했던 것을 정확히 펼칠 날을 고대하면서, 물리적 우주법칙뿐만 아니라 도덕률과 인간의 법칙도 인지할 수 있다는 꿈을 꾸게 되었다.[28)] 따라서 18세기에 인문과학과 사회과학이 탄생한 것이며, 그런 관점에서 행복에 대해 연구한 것도 지극히 당연하다고 볼 수 있다. 고전 시대의 현자들이 소수의 윤리적 엘리트 배양을—선택된 소수 집단의 행복을, 아니면 기껏해야 도시민들의 행복을—지향했던 반면에, 계몽사상가들은 사회 전체, 그리고 심지어는 인류 전반의 행복을 꿈꾸었다.

이렇게 확장된 충동은 18세기의 그 유명한 '최대 다수의 최대 행복', 또는 같은 의미로 여겨졌던 '최대 다수의 최대 이익'이라는 구절들에서 가장 분명하게 나타나고 있다. 계몽사조의 공리 원칙의 초석인 이 구절은 주로 영국의 법률가이자 이론가인 제러미 벤담Jeremy Bentham과 연관시켜 생각하게 되는데, 그것은 벤담 이전에도 이미 여러 사람들에 의해 원용되었던 원칙이었다. 1776년, 벤담은 그의 저서 『정부 소론*Fragment of Government*』에서 공리의 원칙을 "이익에 관여하는 집단의 행복을 증진하거나 쇠퇴시키는 여하에 따라, 무엇이 됐든 간에 그 모든 행동을 인정하거나 부인하는 원칙"이라고 정의하며 "옳고 그름의 척도는 최대 다수의 최대 행복"이라고 선언했다. 그러나 그는 단지 이미 18세기에 널리 확산되어 있던 신념을 반복했을 따름이었다.[29] 스코틀랜드의 도덕주의자이며 글래스고 대학의 교수였던 프랜시스 허치슨Francis Hutcheson, 독일의 과학자이자 수학자인 고트프리트 빌헬름 폰 라이프니츠Gottfried Wilhelm von Leibniz, 이탈리아의 법 이론가 세자르 베카리아Cesare Beccaria, 프랑스의 철학자 클로드 애드리언 엘베시우스, 그리고 프랑스의 역사가이자 군인이었던 샤스텔르Chastellux 후작 등 다양한 사람들이 여러 형태로 각각 적절한 표현을 사용했다.[30] 그들은 모두 한 비평가가 위대한 계몽사조란 "모든 인간 행동을 수치로 분석하여, 그것에 기반을 둔 인간에 관한 과학을 창안하기 위한" 시도라고 불렀던, 바로 그것을 구축하기 위한 노력을 보여준 것이다.[31]

한 예로, 허치슨은 1725년 자신의 저서 『미와 덕의 관념의 기원에 대한 연구*Inquiry into the Original of Our Ideas of Beauty and Virtue*』에서 "최대 다수의 최대 행복을 얻어내는 행동이 최고이며, 역시 같은 식으로 비참을 야기하는 행동은 최악이다"라고 고찰했다. 그는 이 작품을 "도덕의 주제에 수학적 계산을 도입하려는 시도"라고 선전하며, 책 초판의 부제에 좀 더 의미심장한 기술을 포함시켰다.[32] 허치슨은 후에 그 기술을 철회했지만 시도 자체를 포기하지는 않았다. 이 책의 핵심은 다른 사람들에게 행복을 전파하려는 욕구로 정의된 선행을 계측하기 위한 대수식을 만들고자 하는 것이다. 선행=B, 능력=A, 자기애=S, 관심=I, 그리고 선행 기회=M으로 표기하며, 허치슨은 다음과 같은 공식을 도출해냈다.

> $M=(B+S)xA=BA+SA$이다. 그러므로 $BA=M-SA=M-I$ 그리고 $B=\frac{M-I}{A}$ 이다.
> 후자의 경우, $M=(B-S)xA=BA-SA$이다.
> 따라서 $BA=M+SA=M+I$ 그리고 $B=\frac{M+I}{A}$ 이다.

바로 이와 같은 노력과 시도들 덕분에, 영국 작가인 벤저민 스틸링플리트Benjamin Stillingfleet 같은 사람은 점증하는 유럽 추세를 풍자할 수 있었다. 스틸링플리트는 그의 작품 『행복에 관한 소고*Some Thoughts Concerning Happiness*』가 이레나우스 크란초비우스Irenaeus Kranzovius라는 사람이 쓴 독일 원전의 번역이라고 하면서, "이 문제에 관한 지금까지의 혼란을 해소할" 것이라고 주장했다.[34] 지난 모든 시대에 인간이 행복의 추구라는 문제에서 좌절해왔다. 그러나 그는 이 작품의 '수학적 방법'은 '정의, 가정, 공리의 수단'에 의한 불화를 불식시킬 것임을 약속했다. 스틸링플리트의 결론에서 정곡을 찌르는 확신은 논쟁에 대한 도전이었다. 그는 교회에 나가길 거부하는 자들에게 체벌을 가하는 나라에서는, 가끔씩 교회에 나가는 일이 행복을 지키는 최선책이라고 부연했다. "현명한 자는 자신의 머리에 대들보가 떨어지려 하면 얼른 길에서 비켜서야만 한다"는 것을, 그 독일 철학자는 계산에 의해 증명한 것이다.[35]

도덕성을 수학적 구속복에 한정시키는 것은 불가능하다고 알고 있는 오늘날에는 이러한 유머에 웃음을 금할 수가 없다. 그러나 이 모든 시도를 그저 겸허한 웃음으로 넘겨버리는 것은, 18세기의 자연과학과 수학의 새로운 방법론의 엄청난 위세를 자칫 망각할 위험이 있을 뿐 아니라, 그로 인해 인간의 제반사에 대한 연구의 길을 열 가능성도 간과할 수 있다. 이는 또한 인간의 경험이 개선될 수 있다고 믿는 사람들이 대면한 매우 현실적인 문제를 회피하는 것이기도 하다. 이러한 개선은 어떻게 측정할 수 있을까? 인간의 행복이란 어떤 지수로 알 수 있는 것일까? 아주 새로운 신념—사회의 진보 가능성에 대한 믿음—과 맞부딪쳐야 했던 사람들에게는, 이것이 그렇게 쉽사리 지나칠 문제가 아니었다.

풍자가 스틸링플리트는 회의를 보였지만, 행복에 관한 과학의 추구는 여전히 이어졌다. 18세기 후반에 저술 활동을 했던 베카리아는 '최대 다수에게 공유되는 최대의 행복'을 보장하고자 시도하려는 정책 입안자들을 위해 '통계학'을 구축하려는 희망을 지속시켜나갔다.[36] 세월과 함께 진전된 그 현상에 대한 연구로 '최대 다수의 개인들의 최대 행복'을 향상시키기 위해 노력하면서, 샤스텔르는 부수적인 목적에 전념했다. 그는 『공공의 행복에 대해 또는 역사의 제 시기에 나타난 인간의 운명에 관한 고찰』은 행복에 관한 세계 최초의 역사라고 주장했고, 논의의 여지는 있지만 그렇게 여겨졌다.[37] 샤스텔르는 이렇게 시작한다. "과거에 대한 연구가 제기할 수 있는 모든 고찰 중에서……"

> 인류의 행복을 목적으로 하는 것보다 더 아름답고 더 값진 것이 있을까? 많은 작가들은 조심스럽게 어떤 사람들이 다른 이들보다 더 신앙심이 깊은지, 더 진지한지 또는 더 호전적인지 등에 대해 검토해봤다. 그러나 여태껏 그 누구도 가장 행복한 사람들을 찾아보려는 시도를 한 적은 없었다.[38]

바로 그 일에 착수하기 위해서, 샤스텔르는 비교사회학에 대한 초기 시도로서, 자신이 행복 지표라고 명명한 것을 구축했다. 그는 자신의 계산이 대략적으로 어림잡은 것임을 인정했는데, '공중의 행복'에 대한 정확한 비교를 위해서는 복잡한 변수에 대한 지식이 필요했기 때문이다. 몇 가지만 보자면 기초 과세 수준의 '필수품과 안락'을 보장하기 위한 일별 · 연별 총 근로시간, 근로자들이 활용할 수 있는 여가시간의 계산, 절망에 빠지지 않고 열심히 일할 수 있는 시간의 산출 등이 있다. 이러한 정확한 데이터가 없던 샤스텔르는 그 대신 대략적인 척도에 의거했다. 노예제와 전쟁을 공공 행복의 최대 걸림돌로 여겼고, 그 바로 다음으로는 금욕주의적 자기 부정, 불필요한 두려움, 그리고 그가 자원의 남용 등으로 이끈다고 주장한 종교적 미신을 들었다.[39] 그는 더 긍정적인 측면에서는 인구 수준과 농업 생산성이 공공의 행복과 직접적으로 연계된다고 주장했다.

샤스텔르의 척도들은 당시 널리 확산된 계몽주의 가정과 전적으로 일치하는 것이었다. 자연이 의도한 바대로, 인간은 자신의 힘으로 행복을 성취하도록 되어 있다고 생각했던 계몽주의 평자들은, 그 성취의 길에서 오랫동안 방해자가 되어왔던 수많은 장애를 강조했다. 비인간적인 노예제와 전쟁의 끔찍한 파괴는 가장 확실한 것들이었다. 그러나 그것들은 계몽주의 사유가들이 대다수 인간들의 자연스런 목적 성취를 오랫동안 방해해왔던 것으로 여겼던 야만스런 관습, 편견, 불의 그리고 잘못된 믿음 등 일련의 것들과 같은 곳에서 나온 동류였다. 마치 종교적 미신과 광신주의 같은 쌍둥이 악처럼, 누적되어온 관습과 편견은 인간이 의당 누려야 할 삶으로부터 인간을 차단해버렸다. 그것들을 제거하면 행복이 넘쳐날 것이다. 독일 출신 철학자이자 파리 사교계의 명사였던 홀바흐Hollbach 남작은 『상식*Common Sense*』에서 "인간은 무지하기 때문에, 단지 불행할 뿐이다"라고 말했다.[40] 계몽주의 내에서는 그 작품의 제목이 암시하는 것만큼이나 그러한 정서도 솔직했다.

샤스텔르가 인구 수준과 농업 산출을 행복의 지표로 보았던 것에도 유사하게 계몽 논리가 적용됐다. 18세기—인구 과잉과 농업 의존이라는 두 가지 위협이 아직 알려지지 않았던 시대—에는 이러한 지표가 오늘날보다 훨씬 타당한 것으로 받아들여졌는데, 이는 삶을 영속하고자 하는 의지와 그렇게 할 수 있다는 능력 모두를 나타내는 것이기도 했다.[41] 이러한 점들이 소위 고대 대 현대의 투쟁에서, 시간이 지남에 따라 계몽주의 논객들이 승리하는 데 일조했던 것이다. 17세기 후기에 시작된, 고대와 현대 예술의 상대적 장점을 놓고 벌인 난해하면서 다소 어리석은 논쟁—현대시보다 고전시가 나은가?—은 점점 더 거론 범위가 넓어지면서 두 사회의 상대적 장점에 대한 논쟁으로까지 전개됐다. 당대의 문명이 그리스와 로마의 황금시대보다 더 융성하고 견고하며 번영했을까? 그 시대 최고의 지성들은 인구에 대한 수치와 식량 조달과 관련된 지표를 활용하며 '그렇다' 고 주장했다.[42] 자신의 저서가 많은 면에서 고대인들을 향해 결별의 탄환을 날린 셈이 된 샤스텔르는 이렇게 당대의 주장과 조화를 이루며 견고한 계몽주의의 기반에 자리 잡고 있었다.

고대 이집트인, 아시리아인 그리고 메디아인으로부터 시작한 샤스텔르는 그의 요소들 각각에 가중치를 더하며, 서구 기독교로 넘어오기 전에 그리스와 로마 문명 고찰에 긴 호흡을 내쉬고, 마지막으로 자신의 당대에서 끝을 맺는다. 그는 자신이 낙천적인 사람임을 드러내고 있다. 비록 특정한 나라를 거명하는 것은 삼갔지만, 역사상 가장 행복한 사람들은 바로 당대의 유럽인들, 그리고 북아메리카의 이주자손들이라고 결론지었다. 전반적으로도 부정적인 시각보다는 긍정적인 시각이 주를 이루었다. 수확은 더 풍성해지고 인구는 증가하고 전쟁은 줄어들고 '계몽(빛)' 은 어느 때보다도 널리 퍼져나갔다. 끈질긴 노예 제도도 과거처럼 건재할 수 없었다. 샤스텔르는 옛날과 비교해볼 때, 그 끔찍한 제도는 이제 현격하게 약화되었으며, 완전한 폐지를 향해 가고 있다고 주장했다. 그 옛날 황금시대의 영광을 미화하는 것은 이치에 닿지 않았다. 말하자면, 당시가 가장 행복했던 시대라는 것이다.

이와 같은 결론은 다른 사람들도 마찬가지였다. 엘베시우스는 미신의 퇴보와 즐거움의 범위 그리고 그 활용 가능성에 기반을 둔 주장을 펴면서, 18세기야말로 '행복의 세기' 라고 선언했다.[43] 밀라노의 경제학자 피에트로 베리Pietro Verri는 『행복에 관한 명상*Meditazioni sulla felicità*』에서 이와 유사한 논의를 전개했다. 그는 당대가 모든 인류 역사에서 가장 행복하고 개화된 시기이며, 무의미한 고통에 좌우되는 일이 가장 적다면서 엘베시우스의 견해에 대부분 동의했다. 그러나 이러한 자축을 자기만족의 징후로 여겨서는 안 된다. '최대 다수의 최대 행복' 이라는 계몽주의 옹호자들의 대다수—엘베시우스, 베리 그리고 샤스텔르를 포함해—는 자신들의 작업이 지속적인 과정이라고 보았다. 행복을 고통에 대한 즐거움의 균형이라고 생각했던 시대에서, 꾸준한 인구 증가와 풍성한 수확은 이제 막 시작된 추구의 첫걸음에 불과할 뿐이었다. 적절하게 최대화하고 최소화하는 범위란 실로 끝이 없는 것이었다. 벤담은 "문명화된 국가들, 그리고 결국 모든 인류에게서 복지의 총체는 영원히 증대하고 있다"며 로크를 연상시키는 말을 했다. 최후의 안식처에 대한 학구적이고 고전적인 믿음은 마치 낡아빠진 '현자의 돌' 처럼 '무의미하고 어처구니없는' 것이었다.[44] 즐거움은 언제고 확장되고 고양될 수 있으며, 고통은 언제고 완화되고 감소될 수 있는 것이었다. 개선의 기회는 무궁무진했다.

이처럼 실용주의 원칙은 18세기 비평가들에게 강력한 도구를 제공해주었다. 즉 벤담이 인정한 바와 같이 그 원칙은 '무엇이 됐든 모든 행동' 에, 그리고 모든 것의 실용성을 판단하는 데 적용할 수 있는 도구가 된 것이다. 기존 관행이 결과적으로 가져오는 게 즐거움인가 아니면 고통인가? 어떤 법률, 태도 또는 제도가 최대 다수의 최대 행복에 수혜 효과를 갖고 있는가? 어떤 특정 정부가 최대의 선을 가져오는가? 샤스텔르는 "만인의 행복을 위해 그 기능과 권리를 행사하지 않는 모든 권위는 단지 협잡이나 강권에 바탕을 둔 것에 불과할 뿐이다"라고 주장했다.[45] 그것은 급진적인 주장이었지만 자주 반복되었는데, 이는 주류적 계몽사조의 가정을 따랐던 것이기 때문이다. 만약 인간이 행복하기 위한 존재라면—가장 급진적인 주장처럼 만약 인간이 행복권까지 가졌다고 본다면—당연히 정부는 그 행복을 제공하기 위한 본분과 책무를 가진 게 아닌가? 따라서 정부가 그 책무에 실패한다면, 견책될 수도 있는 것이다.

벤담 자신은 자연권이라는 용어 사용을 기피하며 프랑스 인권선언에 대한 평에서 그것은 "순전히 난센스……, 수사학적 난센스, 과장된 난센스이다"라고 악평을 쏟아냈다.[46] 그럼으로써 그는 잠재적으로 위험한 방향으로 손짓을 했다. 만약 정부의 목적이 진정 최대 다수의 최대 행복이고, 개인들은 타고난 권리—말하자면 자유권 또는 재산권, 생명권—에 의해 보호받지 못한다면, 소수의 희생을 통해 다수의 행복을 구현한다는 생각이 전혀 불가능한 것일까? 그리 오래지 않아, 즉 프랑스 대혁명기에 이르면 이런 딜레마가 결코 이론상의 우려만이 아니었음이 증명된다.

그보다 앞서, 실용성이라는 기준에 의해 다른 잠재적인 문제들이 제기되었다. 벤담 자신은 행복을 자연 '권'으로 생각하지 않았을지 모르지만, 다른 사람들은 그렇지가 않았다. 그리고 벤담조차도 18세기 사람들 대다수와 마찬가지로, 어느 작가가 행복은 '우리의 가슴에 새겨진' '존재의 법칙'이라고 불렀던, 자연스런 인간의 조건이라고 믿었다.[47] 행복은 고통을 넘어서는 즐거움의 긍정적인 조화라고 보면서, 다수의 즐거움을 부정하는 것은 오직 무지나 불의에 의해서만 가능하다고 생각한 것이다. 벤담은 『정부 소론』에서 '인간이 조금이라도 관심을 갖는 것에 대한 유일한 결과'는 즐거움과의 슬픈 쌍생아인 고통이라고 말한다.[48] 벤담은 이 주제에 관한 가장 치밀한 작품인 『도덕과 입법의 원리 서설*The Principles of Morals and Legislation*』에서 자신의 생각을 더욱 분명하게 전개했다.

> 자연은 인간을 고통과 즐거움이라는 가장 높은 두 주인의 지배 아래 두었다. 오직 이 주인들만이 우리가 무엇을 해야 하는지 지적해주고, 무엇

을 할 것인지 결정하도록 해준다. 한편에서는 옳고 그름의 기준이, 또 다른 편에서는 원인과 결과라는 사슬이 이 주인들의 왕좌에 묶여 있다. 그들은 우리의 모든 행위, 말, 생각을 지배한다……. 실용이라는 원칙은 이러한 종속성을 깨닫고, 이를 제도의 기초로 간주한다. 그 원칙의 목적은 이성과 법의 손으로 행복이라는 직물을 짜나가는 것이다.[49]

인간이 대체로 감정의 노예라는—느낌에 의해 지배된다는—관점에서 볼 때, 실용성은 가능한 유일한 방법, 즉 즐거움의 극대화와 고통의 최소화로 인간을 안내한다. 입법자들의 임무는 단지 그 목적을 진전시키기 위해 인간의 여러 가지 일을 정리하고, 법률을 만들고, 판단을 하고, 최대 다수의 최대 이익을 증진시키기 위해 광휘를 보급시키는 것일 뿐이다.

그러나 벤담과 그 밖의 다른 사람들이 간주했듯이, 즐거움과 고통이라는 단순한 기준은 정말 그렇게 확실한 것일까? 상식적으로 분명해 보이는 모든 논리와 호소력에도 불구하고, 실용주의 원칙은 실제로는 처음에 생각한 것처럼 그렇게 유용하지 않았다. 대체 즐거움을 어떻게 측정할 수 있단 말인가? 벤담은 『도덕과 입법의 원리 서설』에서 짤막한 장을 할애하여 이 중대한 측정에 사용될 여섯 가지 범주를 나열한다. 그것은 즐거움과 고통의 강도, 지속성, 확실성 또는 불확실성, 원근성, 다발성, 순도 등에 값을 매기고 각각의 합을 도출하여 전체를 '평가' 하는 것이었다. 이론상 그 결과치는 대체로 한 행위의 '보편적으로 선한 경향' 또는 '보편적으로 악한 경향' 으로 판가름된다.[50]

다른 경우에서처럼 여기에서도 벤담의 용어는 수학적 정밀성을 띠고 있다. 그러나 어떤 때에는 자신의 방법에 심각한 제한이 있음을 솔직하게 시인했다. 그는 강도의 주요 변수에 값을 매기는 것이 불가능하다는 것을 거듭하여 고백했다. 심지어 어떤 경우에는 즐거움의 비교라는 전제, 즉 모든 측정의 바탕이 된 전제를 부정하는 것처럼 보이기도 했다. 그는 이 책의 개정판에서 "값을 추가한 후에도 여전히 별개로 있는 것에 대해 논하는 것은 헛된 일이다. 한 사람의 행복은 결코 다른 사람의 행복이 될 수 없다. 이는 배 20개에 사과 20개를 추가하려는 것과 마찬가지일 것이다"라고 했다.[51] 벤담이 정밀성을 기울여 '즐거움'이라는 단어의 동의어 54개—'황홀경'에서부터 '복지' '만족' 그리고 '지복'에 이르기까지—를 목록화할 수 있었다는 사실은, 이미 분명한 것을 단지 재확인한 것에 불과하다. 즉 고통과 마찬가지로 즐거움도 불명확한 용어이며 그렇기 때문에 어떤 기능을 부여하기에는 불완전한 계수라는 것이다. 벤담의 '행복 계산'은 뉴턴의 수학이 아니었다.[52] 한 사람의 즐거움은 쉽사리 다른 사람의 고통이 될 수도 있는 것이다.

이러한 딜레마는 더욱 심각한 또 하나의 문제를 잠정적으로 드러내고 있는데, 그것이 단지 측정의 문제가 아니라 궁극적인 목표에 관한 것이기 때문이다. 즐거움이 우리의 최고 소명이라는 것을 정말로 확신할 수 있을까? 벤담과 동료 계몽주의자들은 지각의 역학을, 이 세상에서 우리가 어떻게 행동하는가('원인과 결과의 사슬')의 결정자이자, 우리가 어떻게 행동해야만 하는가('옳고 그름의 기준')의 측정자라는 두 가지로 기술하면서, 확실히 그렇다고 주장했다. 그들은 그렇지 않다고 주장하는 것은 자기기만이거나 진정한 인간의 길이 무엇인지 알지 못하는 무지의 소치라고 생각했다. 그러나 이러한 그들의 논쟁과 주장도, 행위에는 즐거움 외에 다른 원천들—몇 가지만 들자면 의무, 명예, 애국심, 믿음 등—도 있으며 그렇기 때문에 좋은 것이라는 영리한 평자들의 시각을 완전히 제압하지는 못했다. 그렇지 않다면, 기분 좋은 것이 선한 것이고 어떤 형태든 즐거움을 낳는 것은 선한 도덕의 목적이라는 다소 애매한 결론을 도출할 수밖에 없는 것 아닌가? 벤담은 "즐거움의 양이 같다면, 푸시핀pushpin도 시만큼 좋은 것이다"라는 유명한 표현을 통해, 그 사실을 솔직히 자인했다. 푸시핀은 18세기에 인기 있던 게임의 하나였다.[53] 그러나 논쟁 자체로만 보자면 그것이 바닷가재건 치즈건, 아무것이라도 상관없었을 것이다.

실로 계몽 공리주의에 의해 제기된 딜레마는 정확히 로크가 예기했던 딜레마였다. 그는 이렇게 지적했다. "인간의 모든 관심사가 현세에서 끝나는 것이라면" "왜 어떤 사람은 연구와 지식의 탐구에 몰두하고 또 어떤 사람은 매 사냥과 수렵에 열중하며, 어떤 사람은 사치와 방탕을, 그리고 또 혹자는 절주節酒와 재물을 택하는가?" 그것은 단지 "그들이 자신의 행복을 각기 다른 것에 두었기" 때문일 뿐이다.[54] 로크는 내세에서의 구원에 대한 기대가 죽을 운명을 가진 피조물인 인간으로 하여금 다양한 세속적 목적에 최우선권을 두게 만들 것이라는 희망을 펼쳤다. 그러나 "만약 무덤, 즉 죽음 저 너머에 대한 기대가 없다면" 호라티우스, 바울, 그리고 이사야가 암시했던 결론에 주의를 기울일 필요가 있다는 점도 충분히 인정했다. 현재를 즐겨라. 먹고 마셔라. 우리가 할 수 있는 동안 즐거움을 만끽해야 한다.

모든 계몽주의자들이 벤담처럼 죽음 너머에 대한 기대의 가능성을 부정했던 것은 결코 아니다. 그러나 대다수는 그것을 부정했고, 따라서 이 어려운 딜레마에 직면했던 것이다. 로크의 말을 빌리자면, 만약 행복이 진정으로 "우리에게 가능한 최대한의, 최고의 즐거움이고, 비참이 최대의 고통이라면" 그리고 이 지구상에서 우리의 행위를 지도할 만한 영원한 천상의 지복이 정말 없다면, 맘껏 마시고 삶의 즐거움을 될 수 있는 한 많이 긁어모으는 것이 너무도 합당한 이치가 아닌가? 이것이 바로 18세기 중반의 한 인간이 도달했던 결론이었다. 그의 저서와 또 그 저서가 빚어낸 물의를 통해, 우리는 개명된 모순의 향연을 맞게 된다.

행복 기계

마지막으로, 그 대단한 미식가는 포도주를 든다. 조금 전만 해도 멋져 보였던 것이 끔찍한 맛을 내면서, 아래에서는 가스가 부풀어오른다. 송로버섯과 꿩고기가 비위에 거슬렸다. 뭔가 대단히 잘못된 것이다. 두 눈은 부풀어오르고, 바지는 꽉 조여오고, 눈썹 위에는 송골송골 땀이 맺힌다. 그분이 더 원하는 게 있는 건가? 방이 흔들거리며 앞으로 쏠렸다. 그분은 잔을 떨어뜨리고 마지막으로 어렴풋이 18세기의 찬란한 패션을 보면서 쓰러졌다. 그러나 프랑스 대사 부인은 더 이상 미소 짓지 않았다. '당신이 먹는 것이 바로 당신이다' 라고 주장했던 것으로 알려진, 그 유명한 유물론자는 그렇게 식사 중에 무너졌다. 식도락과 너무도 달콤한 삶의 피해자로서.

이렇게 완벽한 이야기들은 대부분 사실이 아니기 쉽다. 그리고 쥘리앙 오프레 드 라 메트리Julien Offray de la Mettrie의 식사 중 변고의 이야기 또한 예외가 아니다. 외과 의사였던 그는 쾌락주의자—또한 관능주의자, 과학자, 무신론자 그리고 미식가—로서 죽음에서 즐거움을 빨아내는 기쁨까지 예언하기도 했다. 라 메트리는 사랑과 종말은 "똑같은 수단, 즉 만료에 의해 절정에 이른다"고 자신의 저서 『에피쿠로스의 제도*System of Epicurus*』에서 말하고 있다.[55] 이는 적절한 절정의 예후 같아 보인다. 그리고 앞의 이야기처럼 라 메트리는 사망하기 얼마 전에 베를린의 프랑스 대사관저에서 만찬을 들었다. 그러나 그가 앓기 시작한 것은 그 얼마 후이고, 또 그로부터 몇 주일 지난 뒤 1751년, 42살이라는 한창 나이에 사망했다. 결정적인 사망 요인이 뭐든 간에(오늘날까지도 확실히 밝혀지지 않고 있지만), 라 메트리가 식사 중에 최후를 맞이한 게 아니라는 것만은 확실하다.

그러나 이런 이야기들은 종종 그 자체만의 진실을 갖기 마련이다. 그리고 이 경우 역시 예외는 아니다. 라 메트리가 사망한 지 얼마 지나지 않아 볼테르가 퍼뜨린 그 악의적인 소식은 국제적인 문예계의 수다꾼들에게 전해졌고, 윤색되어 다시 전파되었다. 종교계의 저자들은 그 쾌락주의자가 자신에게 딱 어울리는 디저트를 맞이했다고—그리고 디저트가 되었다고—기뻐들 했다. 혹자들은 최후의 순간에 그가 개종했다는 식으로 이야기를 매듭짓기도 했다. 그러나 라 메트리를 위협적이고도 어리석은 자로 치부해버리며 가장 목소리를 높인 것은 바로 계몽주의자들이었다. 라 메트리 사후 30년이나 지났을 때, 디드로는 "방탕하고 무례하고, 아첨꾼인 광대(라 메트리)……. 그는 그답게 죽었다……. 결국 자신이 공언한 무지에 의해 살해되었다"라고 평했다. 디드로는 그 불명예스런 철학자가 충분히, 그리고 '의당하게 비난받았다' 고 인정하면서도, 세 쪽에 걸쳐 라 메트리의 '경박한 정신' 과 '타락한 마음' 을 맹비난하며, 한 번 더 결정타를 날리고야 말았다.[56)]

계몽주의자들은 왜 이렇게 비난을 쏟아냈을까? 종교계 인사들이 라 메트리를 경멸했던 것은 당연하다. 초기에 과학에 종사하며 성병에 대한 논문을 썼던 무신론자 라 메트리는, 생애 말기에도 역시 달라진 게 없었다. 그가 사망한 해에, 그는 마지막 저서인 『장대를 가진 소인 *The Little Man with a Long Pole*』을 집필했는데, 이는 영혼을 고양시키려는 작품은 아니었다.[57] 볼테르는 또 그 나름으로 라 메트리에게 적대적일 만한 개인적 사연이 있었다. 프레더릭 대제의 프러시아 궁정에서 두 망명자는 대제의 총애를 얻고자 경합했고, 그 결과는 라 메트리의 완승이었다. 프레더릭은 라 메트리의 장례사까지 해주어서 볼테르의 심기를 매우 불편하게 했다.

디드로가 그렇게도 불평하고 또 다른 사람들도 거기에 동조하게 했던 것은 대체 무엇이고, 그들은 왜 그리도 라 메트리를 '광적인 미치광이' 라고, 또는 그보다 더한 취급까지 했던 것일까?[58] 라 메트리는 스스로 주장했던 바대로 '편견의 사슬' 을 끊고, 모든 이들에게 '경험의 횃불' 을 밝혀주려 했던 계몽의 자식이 아니었던가? 또한 인간을 행복 기계로 생각하면서, 자신의 모든 것을 통해 인간의 행복을 증진시키려고 분투하지 않았던가? 이 이야기의 진실은 진지하게 들으려는 사람은 말할 것도 없고, 얘기하는 사람이 어떤 취향을 가진 사람인지에 따라서도 좌우된다.

1709년 프랑스에서 태어난 라 메트리는 파리와 랭스에서 의학을 공부하고, 당시 세계 최대의 의학연구센터였던 라이덴 대학으로 옮겼다.[59] 수년 뒤, 그가 다시 라이덴으로 돌아왔을 때는 도망자 신세였다. 프랑스 최고 법정은 그의 이름이 실린 책을 공개적으로 불태우라는 명령을 내렸다. 라 메트리는 전장에서 프랑스 군대의 군의관으로 복무했던 애국자였지만, 그런 점을 주장하는 게 별로 신중치 못한 일이라고 판단하고는, 다시 네덜란드로 도피했다. 오랜 관용의 역사를 가진 나라 네덜란드는, 18세기 중엽에 지상에서의 행복이라는 개념을 잘 수용하고 있었다.[60]

책의 제목이 암시하듯, 『영혼의 자연사 *L' Histoire naturelle de l' âme*』

라는 도발적인 책은 영혼에 대한 과학적 연구서였다. 이후 출간된 것들에 비하면 이 책은 상대적으로 온건한 편이었다. 그러나 이 작품은 몇 가지 대담한 착상을 만들어냈다. 직설적이지는 않지만, 라 메트리는 우리가 영혼이라고 부르는 것은 단지 신체 부분의 종합에 불과한, 즉 물질의 상호작용에 의한 최종 산물이라는 것을 암시하고 있다. 식물의 물질이 기어 다니는 생물을 낳고, 동물의 물질은 기어 다니고 짖어대는 생물을 낳듯이, 인간의 물질은 살고, 생각하고, 느끼는 존재를 생산해내는 게 아닐까? 라 메트리의 대담한 암시에 의하면, 물질 자체가 기고, 서고, 생각하고, 느낄 수 있었다. 물질 자체가 생명을 영위할 수 있었다. 이러한 암시에 더해, 모든 생명체—식물, 동물, 인간을 막론하고—의 재료는 본질적으로 같다는, 역시 충격적인 추측을 보태면서, 라 메트리는 매우 위태로운 발판을 딛고 있었다.

이러한 착상은 앞선 2,000년 동안 사실상 물질과 정신, 육체와 영혼을 항상 구분해왔던 서구 문화를 붕괴시킬 위협이었기에, 그야말로 충격적이었다. 그리스인과 그들의 기독교 후예들에게, 이 두 가지는 하나가 다른 하나에 열등한 것으로 구별되고, 분리되는 것이었다. 우리의 존엄한 본질—죽을 운명인 육체를 통해 불어넣은 불사의 숨결—이 단지 연골과 뼈에 불과하다는 것은 당시로선 과격한 주장이었다. 사실 이것은 동물, 식물 그리고 인간 사이의 경계를 모호하게 하면서, 모든 것을 자가 생식하는 기계로 보는 견해였다.

라 메트리가 이런 유물론적 가설을 세울 수 있었던 근간이 되는 전례가 많았던 것도 사실이다. 정신과 물질을 분리했던 그리스의 경향에서 주목할 만한 예외였던 에피쿠로스는 '영혼'을 포함한 전 우주는 단지 원자의 짜깁기에 불과하다고 가르쳤다. 그의 로마 시대 후예인 루크레티우스는 잘못된 두려움을 해소하기 위한 토대로 이 논리를 더욱 자세히 다루면서 자신의 주장을 확장시켰다. 인간과 이 세상이 단지 소용돌이치는 원자덩어리라면, 이후의 세계에서 받게 될 처벌을 두려워할 필요가 없는 것처럼, 도깨비나 무덤을 파서 시체를 꺼내 먹는다는 귀신과 유령 등에도 신경 쓸 필요 없다는 얘기가 된다. 삶에서의 정신이나 죽음에서의 영혼, 그 어느 것에도 우리는 두려움을 가질 필요가 없다. 그런 것은 존재하지 않기 때문이다.

분명 편파적이긴 하지만, 라 메트리는 공개적으로 이러한 에피쿠로스적 전통에 의해서 자신의 사고 체계를 구축한다. 그는 또한 어느 정도 편파성을 가지고 디드로나 로크 같은 비교적 최근의 사상가들에게서 많은 것을 차용했다. 그 외에도 라이덴 시절 그의 스승이었던 네덜란드의 헤르만 부르하베Herman Boerhaave, 독일의 신경학자 알브레히트 폰 할러Albrecht von Haller 등을 포함해 당대의 여러 과학자들에게서도 많은 영향을 받았다. 어느 유수한 학자가 말했듯이, 라 메트리는 여러 면에서 17세기 후반 이래로 종종 유럽에서 비밀스럽게 유포됐던 가장 급진적인 사고의 '정수를 추출해낸' 사람으로, '지난 반세기의 위대한 요약자' 였다. '차용자, 모방자 그리고 표절자' 인 그는 과감하고도 태연자약하게 이러한 아이디어를 제시할 방법에까지 통달했던 선정주의자이기도 했다.[61]

그러나 또한 중요한 것은, 의사로서 인간의 육체를 그 내부에서부터 끌어내면서, 라 메트리는 삶에서—또는 좀 더 정확히 말하자면, 죽음에서—부터 인간과 영혼의 그림을 그리려 하기도 했다는 점이다. 수술대 위에서, 해부학자의 널빤지 위에서, 그리고 전장에서. 이런 장소들에서 그가 본 것은 계시와도 같았다. 근육들은 저절로 움직이는 것 같았고, 판막이 열리고, 심장이 고동쳤다. 인간의 털투성이 사촌들의 내부를 보아도 역시 똑같았다. 후에 라 메트리는 "인간과 동물의 내장을 갈라 열어봐라"라고 요구했다. "동물과 인간의 내장이 얼마나 정확히 일치하는가를 결코 알지 못한다면, 어떻게 인간 본성을 파악할 수 있단 말인가?"[62] 상자 안에서 째깍거리는 시계, 태엽을 감는 장난감 혹은 기계장치로 만든 새와 같이, 인간도 아주 단순하게 보면 기계일 뿐이고, 삶이란 기계적 동작일 뿐이다.

이런 극적인 주장은 그의 가장 유명한 저서의 제목이자 그 핵심 요지였다. 네덜란드에 다시 가게 된 지 일 년도 채 되지 않은 1747년 말에 출간된 『인간 기계론*L' Homme machine*』에서, 그는 자신이 이전에 대담하게 제시했던 것을 더 명확하게 전개했다. "인간의 육체는 자동기계이며, 영원한 동작을 보여주는 살아 있는 표상이다." "새로운 스프링 고안물"이자 잘 맞는 시계인 인간은 동물과 식물의 정교한 모델이다. "인간은 동식물과 다른 어떤 귀한 진흙으로 빚어진 게 아니다"라고 라 메트리는 쓰고 있다. "자연은 인간과 동물에 모두 같은 반죽을 쓰고, 단지 효모만 다양화했을 뿐이다." "인간에서 동물로의 변형이 갑작스럽게 이루어지는 게 아니다"라고 볼 때, 우리는 하위에서부터 진화된 유동적 흐름의 한 부분으로 우리 자신, 인간을 생각해야만 한다. "뛰어난 지력을 갖춘 유인원은 단지 형태가 다른 작은 인간일 뿐이다."[63] 따라서 영혼이란 단지 "어떤 생각과도 부합하지 않는 텅 빈 말"에 지나지 않는다.[64] 너무 오랫동안, 사실 자신들의 지식에 대한 기반이 전혀 없던 이들이 이 주제에 대해 사람들의 사고를 유도해 왔다. "다른 사람들이 우리에게 말할 게 무엇이 있단 말인가? 특히, 신학자들은?" 라 메트리는 "경험과 관찰에만 의거하는" 자신과 같은 사람들, 의사-철학자들을 대신해 묻고 있는 것이다. "신학자들이 스스로도 이해할 수 없는 것들을 수치심도 없이 발설한다는 것은 정말 웃기는 일이 아닌가?" 소위 철학자라고 하는 사람들도 대부분 이보다 더 나을 바가 없기는 마찬가지다. 자신들의 연구를 선험적으로—즉 경험하기 이전에—시작하면서, 그들은 무의미한 저승세계를 활공하며 "마음의 날개로 난다." 우리는 오직 신중한 관찰에 근거해 "신체에서 내장을 꺼내듯이 영혼을 풀어내야만" 진정한 명징성을 얻어내기를 바랄 수 있다.[65] 그렇게 했을 때, 즉 인간이라는 미궁을 조사하고 밝혀냄으로써 '영혼'은 말의 껍데기이며 좀 더 원시적인 사고법의 흔적일 뿐이라는 게 명백하게 드러난다. 현대과학의 조명 아래에서 영혼은 간단히 사라져버리고 말았다.

인간의 영혼을 뜯어내버린다는 것은 어느 시대에나 심기를 불편하게 하는 생각이었고, 그의 『인간 기계론』에 쏟아진 무수하고 맹렬한 공격은 그런 사실을 증명해주는 것이기도 하다. 그러나 라 메트리에게 수술이란 환자에게 건강에 대한 기대를 회복시키는 단순한 절차일 뿐이었다. 잘못된 믿음에 매여 사는 인간은 정신의 망상을 키우기 위해 자신의 육체를 고갈시키며 앓았던 것이었다. 인간은 죽음을 위해 삶을, 내세를 위해 현생을 희생시키며 즐거움을 죄악으로 변모시키고 말았다. 라 메트리의 견해에 따르자면, 이는 모든 곳에서 그 자체로써 잘 돌아가며 작동하는 자연을 끔찍하게 전복시키는 것이었다. "자연은 우리를 오로지 행복하도록 창조했다. 그렇다. 기어 다니는 벌레에서 구름 속으로 날아가는 독수리에 이르기까지 우리 모두를 그렇게 창조했던 것이다."[66] 자연의 모든 창조물 중에서 오직 인간만이 자신이 타고난 본래의 몫을 스스로 부정했다.

행복은 우리가 물질적 존재, 정교한 동물, 복잡한 기계라는 것을 솔직히 인정하는 데서 시작되어야 한다는 것은 분명했다. 그런 뒤에야 영혼에 대한 그 낡아빠진 교의를 내던져버리게 되는 것이다. 그러나 라 메트리는 거기에 만족하고 안주하지 않았다. 육체의 물질성을 선언하면서, 그는 세상의 물질성까지 주장하기에 이른다. 만약 인간의 물질 속에서 영혼을 찾을 수 없다면, 우주의 물질 내에서도 하나님을 찾을 수 없는 것이다. 그는 이 둘 중 어느 하나의 출현에 대한 믿음은 자연의 자유로운 군림을 해치는 것이라고 생각했다. 안전을 위해 라메트리는 『인간 기계론』에서 '친구' 라는 사람의 입을 빌어 논리를 전개하면서, 하나님의 존재에 대한 토론에서는 '어느 편도 아니다' 라는 입장을 주장한다. 그러나 그의 정서가 어느 쪽에 기울어져 있는지는 분명하다.

> 그러나 (나의 친구는) 세상 사람들이 모두 무신론자가 되기 전까지는 결코 행복하지 못할 것이라고 계속 주장했다. 이 지독한 친구가 대는 이유들이란 이렇다. 만약 무신론이 보편적으로 널리 퍼진다면, 모든 종파들은 그 뿌리부터 잘리고 사멸될 것이다. 신학적 논쟁도, 그 끔찍스런 종교적 싸움꾼들도 더 이상 선동할 수 없을 것이다. 그러면 종교의 독약에 감염됐던 자연은 그 권리와 순수성을 회복하게 될 것이다. 여타의 모든 목소리를 듣지 않고 평온하게 된 인간은 오직 그때그때 자신의 내적 충고에 따르게 될 것이다……. 미덕의 행복한 길을 따라, 우리를 행복으로 안내하는 유일한 내적 충고 말이다.[67]

보편적인 계몽사조의 논쟁—조직화된 종교의 편견이 크나큰 고통을 초래했다는—이 여기에서 극단으로까지 치달았다. 왜냐하면 라메트리는 다수의 다른 사람들과 마찬가지로 맹목적인 종교적 미신이 인간의 행복을 저해했을 뿐만 아니라, 또한 신에 대한 여러 믿음이 자연적으로 주어지는 즐거움들이 활짝 피어나는 것을 가로막고 있다고 주장했기 때문이다. 이것은 결코 온건한 이신론理神論, 즉 시계공인 신이 세상을 째깍거리게 시작해놓고는 세상이 스스로 움직이게 내버려 두었다는 편안한 생각이 아니었다. 이것은 적나라하고 솔직한 무신론이었다. 이제 프랑스에서처럼 네덜란드 사람들도 라 메트리의 작품을 불살랐다. 그러자 이 반항적인 의사는 전과 똑같은 운명의 고통을 겪느니 아예 1748년 초에 네덜란드를 떠남으로써 또다시 법망을 피해 자취를 감추어버렸다.

이번에 그가 도착한 곳은 전통과 법률이 최소한의 관용을 베푸는 국가가 아니라, 왕권의 변덕에 따라 높은 곳에서 자유를 베푸는 땅이었다. 그렇지만 라 메트리는 프레더릭 대제가 자신의 이론을 관대하게 보는 군주라는 것을 알았다. 프레더릭은 종교적 회의론자였다. 그는 라 메트리에게 생활 보조금을 하사했고, 베를린 과학아카데미에 자리를 마련해주었으며, '걱정 없이'라는 말에 걸맞게 상수시Sans Souci라고 명명된 포츠담 궁에서 자유로이 지내도록 배려했다. 라 메트리가 생애의 마지막 3년 동안 논리적 극단으로 치닫는 책을 여러 권 출간하면서, 사고의 정리를 추구했던 것도 바로 자유로웠던 그곳에서였다.

비록 그 저서들의 제목은 '에피쿠로스의 제도The System of Epicurus' '자신을 즐기는 기술The Art of Enjoying Oneself' '감각적 쾌락의 학교The School of Sensual Pleasure' 그리고 '반反세네카 또는 행복론The Anti-Seneca or The Discourse on Happiness' 등이었지만 이들 모두의 주요 주제는 본질적으로 같은 것이었다. 즉 행복이란 오직 즐거움에 있는 것이며, 행복이 다른 것이라고 말하는 사람들은 모두 인류의 적이거나 사기꾼, 아니면 둘 다라는 것이다. 종교는 '우화'이고, 금욕주의는 '위험한 독약'이며, 고통의 미덕은 끔찍한 거짓말이다. 순수하게 그리고 단순히, 즐거움이란 감각기관과 관계있는 것으로, 감각의 문제이자 물질의 감각이었다. 우리가 할 수 있는 어떠한 방법으로든 우리는 즐거움을 구해야 한다. 라 메트리는 존 로크를 두렵게 했던 그 예상을 아무런 주저도 없이 두 팔을 활짝 벌리며 맞아들였다. 행복을 향한 길을 보장할 신이 없는 상태에서는, 그 길은 각자의 다른 취향만큼이나 무수히 많은 갈래로 나누어질 것이라는 로크의 예상 말이다. "따라서 행복에 관한 한, 선악 그 자체는 무관한 것이다. 선을 행하면서 그다지 만족하지 않는 사람보다, 악을 행하면서 더 만족하는 사람이 행복할 것이다……. 행복이란 개인적이고 유별한 것으로, 미덕의 부재, 심지어 죄악 속에서도 찾을 수 있는 것이다."[68] 같은 책 『행복론』의 후반부에서, 라 메트리는 더욱 솔직하다.

> 불경스런 즐김과 감각적 탐닉, 이 종잡을 수 없는 라이벌이 마치 그 육체인양 당신의 영혼에 달라붙고, 음탕하게 만들며, 차례로 당신을 즐거움 속으로 녹여버리기를. 당신이 지쳐 떨어지거나, 술 마시거나 먹거나 자거나 꿈을 꾸고 있을 때. 만약 당신이 가끔씩 생각하기를 고집한다면, 포도주 두 잔을 마시는 사이, 현재 순간의 즐거움을 만끽하면서 혹은 다가올 시간 동안 당신 속에 있는 욕망을 맛보면서, 그렇게 해보시라. 감각적 즐거움의 위대한 기술을 통해 자신을 능가하는 것에 만족하지 못하고, 또 방탕과 파멸이 당신의 취향이라면, 아마도 음탕과 오명이 당신의 기호에 더 맞을 것이다. 돼지처럼 진흙탕에 뒹굴어보라. 그러면 그 나름대로 행복할 것이다.[69]

행복이 즐거움의 문제이고, 즐거움이 취향의 문제일 때, 사람은 단지 진흙탕에서 뒹구는 것만으로도 행복할 수 있는 것이다.

라 메트리 자신은 진흙탕에 대해서는 별로 열정이 없었다. 그리고 반복적으로 감각적 즐거움—아편 속의 꿈, 포도주 그리고 에로틱한 열정—을 행복 성취의 모델로 얘기하긴 했지만, 그는 자신의 삶에서는 방탕과 절제된 탐닉을 구별하고자 노력했다. 그럼에도 그는 아주 다행히도 취향—개인적, 주관적 취향—은 즐거움의 궁극적 판단으로서, 한 사람의 행복은 다른 사람의 고통이라는 것을 인정했다. 로크가 지적했듯이, 어떤 이들은 바닷가재를 좋아하고 또 어떤 이들은 치즈를 좋아했다. 라 메트리는 단지 식탁을 좀 더 길게 만들어서 모든 욕망이 삶의 향연에서 나름의 자리를 차지하도록 만들었던 것이다.

그러나 이 향연에 이성이 들어설 자리는 상대적으로 별로 없었다. 이성은 행복에 향기를 더하지 못했고, 종종 혀의 감각을 방해하기도 했다. 차가운 이성은 "상상력을 얼어붙게 하고 즐거움을 멀리 쫓아냈다"고 라 메트리는 주장했다.[70] 이성의 합당한 자리는 '즐거움의 독재' 아래로 고정시켜야만 했다. 만약 감각만이 인간 기계를 작동시키는 힘이라면, 이성은 보잘것없는 웨이터처럼, 시중이나 들도록 맡겨야 한다.

의심할 나위 없이, 이러한 방백은 프레더릭 대제와 상수시 궁정 만찬에 초대된 초대객들의 구미를 짜릿하게 자극했다. 그러나 다른 사람들은 그렇게 즐겁지가 않았다. 그리고 그 이유를 이제는 이해할 만도 하다. 라 메트리는 하나님과 영혼에 메스를 댔을 뿐만 아니라, 소크라테스 이후 서구의 지적 삶을 지탱해왔던 봉합선, 그러니까 미덕과 행복 사이의 연계, 행복, 이성 그리고 진실 사이의 연계를 싹둑 잘라버렸던 것이다. 에피쿠로스조차도 라 메트리처럼 그렇게 멀리까지 나갈 엄두를 내지는 못했다. 에피쿠로스의 시각에서 이성—신중—은 우리에게 고통을 불러오는 것과 우리에게 진정한 즐거움을 가져다주는 것을 구별하도록 해주는 본질적인 힘이었다. 에피쿠로스는 욕망을 확장시키라고 촉구하기는커녕, 할 수 있는 한 욕망을 엄격히 제한하라고 충고했다. 에피쿠로스의 현자는 빵과 물만으로도 충분했던 것이다. 행복은 미덕의 보상이다. 성 아우구스티누스도, 블레즈 파스칼Blaise Pascal도, 또 어떤 기독교 사상가도 추락한 인간에게서 이성의 변명을 조롱하려 하지 않았고, 행복과 진실 사이에는 연관성이 없을지도 모른다는 의문을 감히 품지 않았다. 이성은 명백히 한계가 있는 안내자였다. 그러나 이성은 위태로이 비틀거리면서도 좀 더 확실한 안내자가 있는 곳으로 우리를 인도해줄 수 있었다. 우리 여정의 최종 목적지는 바로 행복이 있는 곳이었다. 기독교 전통에서는 하나님의 은총을 통해 우리를 그곳에 데려다주는 것은 바로 미덕이었다.

라 메트리는 이러한 연관을 부정했고, 그렇게 함으로써 세상이 자신에게서 등을 돌리도록 하는 데 일조했다. 그러나 그의 시각에서는 스스로가 가장 개명된 사람이었다. 그는 행복을 수세기 동안 누적되어온 편견에서 좀 더 해방시키지 않았던가? 그리고 오직 관찰과 실험을 통해 그렇게 하지 않았던가? 미덕과 하나님, 그리고 이성과 영혼에서 행복을 해방시키는 것은 자연과 육체의 대의를 받드는 일이었다. 그것은 놀라울 정도로 현대적인 시각이었지만, 계몽의 시대가 충분히 수용할 만한 시각은 아니었다.

실로 라 메트리는 철학자로서 계몽사조의 몸체에 있는 심각한 약점을 예리한 메스로 들춰냈고, 그것을 과시하기까지 했다. 계몽사조의 즐거움/고통 계산이라는 주도적 이론으로 만연한 쾌락주의라는 병마와 진정 어떻게 싸울 수가 있단 말인가? 벤담과 공리주의자들은 한 가지 중요한 대응책을 갖고 있었다. 그들은 실용의 기준은 즐거움의 극대화가 아니라, 최대 다수의 즐거움을 극대화하는 것이라고 맞받아쳤다. 이 계산법에서는 한 사람의 방탕은 별 게 아니며, 실제로 모든 걸 고려해볼 때, 고통의 총합을 조금 더 크게 하는 것에 불과했다. 그러나 더 중요한 것은 실용의 기준에 의한 도덕적 명령은 의무와 봉사라는 사실이다. 옳고 그름의 척도는 즐거움과 고통이었다. 그러나 다수의 즐거움이 개인의 즐거움보다 훨씬 더 가치 있는 것이고, 옆 사람의 기쁨은 내 자신의 기쁨만큼이나 중요한 것이었다. 따라서 이웃에 봉사하고, 그들의 고통을 줄이고, 기쁨을 고양시키기 위해 노력하는 것은 좋은 것이라는 얘기였다.

이것이 바로 공리주의 어휘로는 '미덕' 이었는데, 바로 계몽주의자들이 입에 달고 다녔던 의미심장한 단어였다. 미덕은 행복으로 가는 수단, 행복의 도구, 더 나은 세상을 만들기 위한 방법이었다. 비록 비계몽주의자들은 그 사실을 곧바로 인정하지 않을지 모르지만, 미덕은 그 자체로서도 기분 좋을 만한 것이었다. 허치슨은 장황하게 이 논쟁을 펼쳤고, 벤담 또한 마찬가지였다. 많은 사람들이 여기에 동조했다. 인간의 편견을 제거하고 이성적인 사고와 행동을 도야하면, 타인의 안녕을 위해 일한다는 것이 결코 희생이 아니라 행복의 가장 지고한 형태라는 것을 알게 될 것이다.

이것은 고매한 정서이다. 그러나 계몽주의자들은 라 메트리가 계몽사조 윤리학의 약점을 드러낸 것에 대한 대응으로, 그것을 외과 수술로 제거하기보다는 반창고를 붙여 덮어버리는 방식을 택했다. 그 밑에 곪은 문제는 그대로 남았다. 공리주의자들이 논하듯, 인간이 오로지 즐거움과 고통이라는 감각에 의해서만 움직인다면, 왜 사람들은 동료를 위해 하나를 희생하고, 다른 하나를 감당해내야 하는지가 확실치 않았다. 계몽사조가 그 반대를 주장하는데도, 미덕은 왜 항상 즐거운 것이어야 하고, 옳은 것은 왜 기분 좋은 것이어야 하는지의 문제 또한 전혀 확실하지가 않았다. 계몽주의 몽상가들은 아마도 언젠가는 개인의 이해가 전반적인 인류의 이해와 조화를 이룰 수 있게 되리라 꿈꾸고 있었다. 그러나 회의주의자들은 과연 그날이 올지, 그리고 어떤 대가를 치러야 할지에 대해, 당연히 의심할 수도 있었다. 그러는 동안, 18세기에는 라 메트리의 극단적 쾌락주의에 대해 그저 생각해보는 것 이상으로 무언가를 할 준비가 되어 있는, 회의적이면서 동시에 냉소적인 남녀들도 있었다. 극단적인 소수의 사람들은 그런 일들을 직접 실천하기도 했다.

한 예로, 유명한 엽색가이자 방탕아인 자코모 카사노바Giacomo Casanova가 으시대는 것을 들어보자. 볼테르의 친구였던 그는 당대의 새로운 행복을 위해 계몽 철학자이자 호교론자—그리고 활동가—로서 1인 2역을 했다.

> 삶이란 단지 불운의 조합이라고 말하는 사람들은 삶 그 자체가 불운이라는 것을 의미한다. 만약 그렇다면, 죽음은 행복이다. 이런 사람들은 건강이 좋지도 않고, 지갑이 두둑하지도 않고, 세실리아와 마리나스를 팔에 안고, 앞으로 더 많은 여인들을 그렇게 안을 것이 확실한데도, 거기에서 영혼의 만족도 얻지 못하면서 글을 쓰고 있다. (…) 이런 사람들은 오직 초라한 철학자들과 교활하거나 우울한 신학자들 사이에서나 존재할 수 있었던 종족이다. 만약, 즐거움이 존재하고 우리가 삶에서만 그것을 즐길 수 있다면, 그러면 삶은 행복한 것이다. 내가 그걸 경험한 최초의 사람이듯 말이다. 물론 불운도 있다. 그러나 이러한 불운의 존재 자체는 바로 행복의 총합이 더욱 크다는 것을 반증한다.[71]

카사노바는 행복의 존재에 대해 일말의 의심도 품지 않았다. 그의 회고록 어디에선가 열여섯 살짜리 미인을 유혹한 것에 대해 묘사하면서 설명하고 있듯이, "즐거움이란 즉각적인 감각의 즐김이다. 감각이 갈구하는 모든 것에 우리가 허여하는 완전한 만족이다. 그리고 기진맥진해서 우리의 감각이 숨을 고르기 위해 혹은 기운을 되찾기 위해 휴식을 원할 때, 즐거움은 상상력이 된다. 상상력은 평화로움을 초래하는 행복에 대한 생각을 하는 데서 즐거움을 얻는다."[72] 카사노바는 행복이란 단지 사람이 얻어낼 수 있는 '모든 즐거움' 일 뿐이며, 그 즐거움에 대한 유일한 장애는 '편견' 이라는 것을 알고, '진정한 철학자들' 이란 총체적으로 편견을 배제해야 한다고 주장했다. 그러면 행복은 영원히 우리와 함께할 것이다.

사드Sade 후작은 전적으로 여기에 동감이었다. 그는 자신의 책 『한 사제와 임종을 맞는 자의 대화*Dialogue Between a Priest and a Dying Man*』에서 "내세에 대한 생각을 버려라. 그런 것은 없다. 그러나 행복함의 즐거움, 이 세상에서 행복을 일구어나가는 즐거움을 포기하지는 말라"라고 말하고 있다.[73] 사드에게는 이 세상에서 다양하고 달콤한 형태의 즐거움보다 더 중요한 것은 없었다. 그리고 즐거움이란 음란할 때 가장 달콤하고 더더욱 강렬한 것이다. 따라서 그는 완벽한 논리로, 할 수 있다면 어디에서든 '음란한 즐거움' 을 추구하고, 만끽하고자 했다. 그의 가장 유명한 저서 중의 하나인 『규방 철학*Philosophy in the Bedroom*』의 서문에서 그는 모든 방탕아들에게 "정열의 목소리를 제외하고는 그 어떤 목소리도 당신을 행복으로 이끌 수 없다"라고 충고한다.[74]

라 메트리처럼, 카사노바와 사드는 18세기의 기준과는 한참 동떨어진 극단의 방식으로 사고하고, 그런 삶을 영위했다. 자신들의 즐거움의 대가로—그리고 다른 사람들의 고통에 대한 손해 배상으로—감옥 생활을 하기도 했던 그들은 계몽 시대의 대다수 사람들에게 괴물로 여겨졌다. 그래도 그들은 그들 나름의 논리적 결론을 향해—그리고 새로이 개화된 계산법으로 자신들과 자신들의 행복을 정당화하기 위해—계몽주의 가정들을 밀고 나아갔다. 그들은 오직 즐거움과 고통의 계산법에 근거해서만 행복을 보는 시각의 잠재적으로 불안한 궤도를 라 메트리의 경우보다도 훨씬 더 생생하게 보여주고 있다. 방종이라는 이 극단적인 쾌락주의에는 뭔가 '짐승' 같은 것, 뭔가 '괴물스러운' 것, 뭔가 '비인간적인' 것이 있지 않았을까? 물론이다. 그러나 계몽 공리주의자들은 사드와 라 메트리 같은 자들을 부도덕한 인간—미덕이 결여된 불명예스런 타락자—이라고 치부해버리면서 당대의 자명한 원칙보다는 과거의 도덕적 힘을 끌어들일 수밖에 없었다. 그들이 그 사실을 충분히 인정하지 않으면서, 그들 자신도 더 이상 함양하거나 떠받들지 않는 진실에 의지하고 신세를 졌다는 점에서, 한 저명한 학자는 그들의 가정을 '기생' 하는 것이라고 묘사했다.[75)]

행복에 관하여 유대인, 그리스인, 고전주의자 그리고 기독교도들에 의해 수세기에 걸쳐 서서히 축적된 진실들이란 이런 것이다. 즉 행복과 미덕, 행복과 올바른 행동, 행복과 선함은 하나라는 사실이다. 삶에 당연한 보완이라는 것과는 거리가 먼 행복은 (자연권은 말할 것도 없고) 삶의 선물이 아니라, 잘 사는 것에 대한 보상, 즉 자기희생, 의지, 심지어 고통까지 요구하는 보상이었다. 18세기에는 금욕주의자들과, 또한 선함과 기분 좋음을 가르는 경계선을 모두 지워버리지 않기 위해 성경을 잘 기억하는 사람들—행복에 관한 고전의 가르침에 열중하며 기독교적 미덕의 유산도 잘 갖춘—이 여전히 상당수를 차지하고 있었다. 그러나 18세기는 스스로 인정한 것보다 훨씬 더 많이, 더 깊은 정도로 이러한 유산, 즉 차용해온 시간으로 살아나갔다.[76)]

행복의 섬들

생애 말년에 장 자크 루소Jean-Jacques Rousseau는 회한과 맞비난으로 슬픔 속에서 삶을 되돌아봤다. 삶은 음모라는 씁쓸한 비난, 인간의 배신, 고백, 부정, 자상自傷 그리고 절망으로 채워져 있었다. 그러나 이런 폭풍 한가운데는 평온의 섬이 떠 있었다.

> 내가 살았던 모든 곳 중에서 비엔느(스위스) 호수 한가운데 있는 생 피에르Saint Pierre 섬같이 진정으로 나를 행복하게 하거나 그렇게 부드러운 여한을 남겼던 곳은 없다……. 나는 겨우 두 달밖에 그 섬에 머물 수 없었지만, 단 한순간도 지루하지 않게 두 달, 두 세기 아니 영원히 그곳에서 지낼 수 있었을 것이다……. 나는 그 두 달이 내 생애에서 가장 행복했던 시간이라고 생각한다. 너무도 행복해서, 단 한순간도 다른 어떤 상태에 대한 욕구 없이 그런 식으로 평생을 사는 데 만족했을 것이다.[77]

루소는 "그런데 이 행복은 무엇이었을까?"라고 묻는다. "이 커다란 만족감은 어디에 있는 것일까?" 그는 "이 시대 사람은 결코 그 대답을 생각해낼 수 없을 것이다"라고 말했는데, 왜냐하면 거기에는 대단한 즐거움이나 새로운 계몽의 진실이 포함되지 않았기 때문이다. 그것은 오히려 완전한 하나의 통일체 상태, 존재의 충만, 즉 그 안에서 루소가 '하나님처럼 자족함'을 느꼈던 상태이다.

> 그곳에서 영혼은 자리를 잡고 전존재에 매진하기에 충분한 안식처를 찾을 수 있다. 과거를 기억하거나 미래로 닿기 위한 필요성도 없는 그곳에서 시간은 영혼에게는 아무것도 아니다. 현재가 무한으로 흐르지만 이

런 지속성을 알아채지 못하고, 시간의 경과에 대한 표시도 없고, 그 어떤 상실감이나 환희, 즐거움이나 고통, 욕망이나 두려움도 없다. 단지 존재의 느낌, 우리의 영혼을 전체적으로 충만하게 만드는 느낌뿐이다. 이러한 상태가 지속되는 한, 우리는 행복하다고 할 수 있다. 이 행복이란 우리가 삶의 즐거움에서 찾은 것처럼 그렇게 보잘것없고, 불완전하고 상대적인 행복이 아니다. 이것은 우리 영혼에 더 이상 채울 빈 공간을 남기지 않는, 충분히 완성되고 완벽한 행복이다. 이러한 상태가 바로 내가 생 피에르 섬에서 종종 경험했던 것이다.[78]

누군들 이러한 상태(이 세상의 고통으로부터 차단된 개인적 보호처, 은신처, 행복의 원천이 '그 어떤 외적인 것이 아닌, 우리와 우리 자신의 존재로부터 떨어져 있지 아니한' 곳)에 대해 꿈꾸어보지 않았을까? 고대 그리스인들의 축복의 섬들에서 토마스 모어의 『유토피아』, 프랜시스 베이컨Francis Bacon의 『신아틀란티스*New Atlantis*』에 이르기까지, 행복의 섬이라는 주제가 서구의 상상력에 반복적으로 나타나는 것에는 나름의 충분한 이유가 있다. 18세기에 쿡 선장의 타이티와 하와이 발견은, 『이 세상에서 가장 행복한 섬*The Happiest Island in All the World*』의 저자인 필립 발타자르 지놀트 폰 슈츠Philipp Balthasar Sinold von Schütz같이 일찍 계몽된 이상주의자들의 꿈을 구체화하면서, 오염되지 않은 오아시스가 주는 태고의 행복에 대한 찬가를 불러 일으켰다.[79] 그리고 이 이후로 휴가를 맞은 여행자들은 스스로를 재충전하기 위해—그리고 자신을 찾고자—한때는 황량하게 버려졌던 섬들로 떼 지어 몰려가며, 이 유서 깊은 신화를 재연했다.

루소는 로빈슨 크루소처럼 자신만의 세상을 구축하기 위한 열망으로 이러한 생각들을 키워나갔다.[80] 생애 말기에 이 모든 것들을 집필

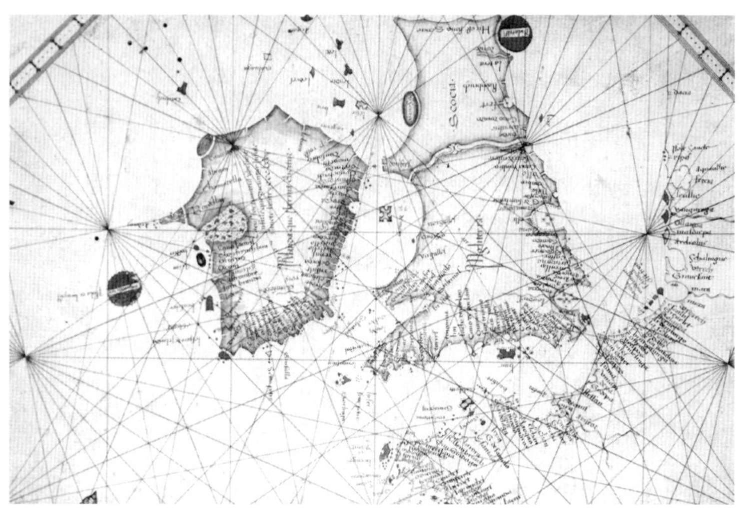

⚜ 행복한 섬들. 이탈리아의 그라지오조 베닌카사가 그린 이 15세기의 지도에는, 행복한 또는 축복받은 섬들이 아일랜드 서쪽 해안의 큰 만에 집중되어 있는 것으로 나타나 있다. 영국 도서관.

하려고 자리를 잡고 앉았을 때, 루소는 파리의 작은 아파트에서 자의적으로 망명한 사회의 표류자로 살고 있었다. 그는 친구들과도 절연하고, 사교계와의 관계도 끊고, 대신 당대의 계몽주의자들에게서 부랑자나 기인으로 취급되며, 거부되고 냉대받았다. 그는 도시 외곽의 시골에까지 이어지는 길고 외로운 산책으로 시간을 보냈다. 공개석상에 나타날 때는 긴 양말과 가발을 벗어버리고 대신에 긴 머리에 덥수룩한 수염, 그리고 새까만 아르메니아 망토를 걸친 조야한 복장과 거친 태도로써, 자신이 다른 사람과 다르다는 것을 드러내며 허세를 부렸다. 불결하고 단정치 못한 모습의 장 자크 루소는, 세상과 동떨어진 예술가의 전형, 즉「라 보엠La Bohèm」이 나오기 오래전에 이미 보헤미안이었던 것이다.

이러한 소원함에도 불구하고, 사람들 사이에서 이방인으로 산다는 것은 도피의 수단이라는 것 또한 루소는 잘 알고 있었다. 좀 더 명석한 정신이 드는 순간에는, 생 피에르 섬에서의 완전한 행복에 대한 몽상조차도 '불행한 인간' 의 몽상은 아니었는지, 또한 버려진 자의 위안이나 그가 진정으로 갈망했던 '인간의 기쁨에 대한 보상' 인 것은 아니었나 하는 생각이 들기도 했다. 루소는 후대의 로버트 프로스트 Robert Frost처럼 이렇게 고백하지는 않았다.

> 가여운 아들아,
> 축복받은 자들의 섬에서,
> 축복받은 자들을 하나도 보지 못했구나.[81)]

그러나 그는 행복이 지속되는 곳이 자신의 회고록이나 몽상 말고 과연 현대의 그 어디에 존재할 수 있을까에 대해서는 깊은 의구심을 나타냈다. 루소는 "지속되는 행복의 의미를 과연 우리 중 그 누가 알 수 있을지 의심스럽다"며, 전형적인 감상적 방종, 철학적 신념, 그리고 생래의 감정 상태 사이에서 절망스러워했다.[82)] "행복이 우리를 떠나거나 우리가 행복을 떠난다."[83)]

루소는 아름답고 매혹적인 산문을 통해 이런 고통스런 생각들을 토로했다. 그리고 행복을 갈망하는 시대에 자신은 행복하지 않노라고 공공연히 고백하는 사람의 믿음직한 대변자로서 그런 생각들을 실연해냈다. 감상적인 언동을 관용으로 대했던 시대에, 예술에서 꽃핀 '감수성' 또는 '기분' 이라는 새로운 유행에 완벽하게 들어맞았던 루소의 연극적 비애 연출법은 잘 통했다. 실제로 그는 자신이 '이 세상에서 혼자' 이며, '모든 사람들에게서 버림받았다' 라고 주장했지만, 루소는 유럽에서 가장 유명한 사람으로서 죽었다. 그리고 그 명성 덕에 18세기의 여러 중심적 가정에 대한 의혹을 공개적인 무대 위에서 극적으로 표현할 수도 있었다.

그는 즐거움이 우리의 목적을 이루는 데 충분하다는 믿음에 대해 특히 숙고했다. 루소는 '행복은 즐거움이 아니다' 라며 벤담과 엘베시우스 그리고 많은 사람들이 차마 부정할 수 없었던 것을 단호하게 거부했다.[84] 그는 그 점을 반복해서 강조했다. "가장 강렬하게 즐거운 때조차도, 마음속에서 진정으로 '이 순간이 영원히 지속되기를!' 이라고 말할 수 있는 순간은 거의 없다. 지난 것을 후회하거나 아직 도래하지 않은 것을 갈구하며, 아직도 공허하고 열망하는 가슴으로 남아 있는 덧없는 상태를 어떻게 행복이라고 명명할 수 있다는 것인가?"[85] 만약 행복이란 게 정말 존재한다면, 그것은 이 이상의 무엇, 로크조차도 결코 사라지지 않을 것이라고 했던 불안을 만족시키기 위한 영원한 노력 이상의 그 무엇임에 틀림없다고 루소는 확신했다. "내 영혼이 갈망하는 행복은 스쳐 지나가는 덧없는 순간들이 아니라, 유일하고 지속되는 상태에 의해 만들어지는 것이다"라고 루소는 반격했다.[86]

행복의 존재에 대한 그의 걱정, 그리고 즐거움에 대한 그의 공공연한 불신으로 미루어볼 때, 루소는 주류 계몽사조에 대한 비판자였다. 그러나 그 자신 또한 분명 계몽사조의 후예였다. 그리고 이 같은 사실은, 인간은 '행복해야 한다' 라는 스스로의 믿음에 대한 유보를 풀었을 때 가장 분명히 나타났다. "그것은 지각하는 모든 존재의 목표이다"라고 그는 부언했다. "그것은 자연이 우리에게 낙인찍은 첫 번째 욕망이자, 결코 우리 곁을 떠나지 않는 유일한 욕망이다."[87] 이것이 바로 루소의 모순이었다. 한편으로는, 그가 아는 것처럼, 영원히 행복한 것에 대한 의혹과 절망감이 있고, 또 다른 편에서는 이것은 그럴 수밖에 없다는 절망적인 확실성이 있었다. 이런 모순과 씨름하던 그는 당혹스런 생각에 부딪혔다. 만약 현대 문명의 진보가 이러한 모순의 이유라면? 그들이 의도했던 목적에 가깝도록 인간을 인도하는 게 아니라, 자신들로부터 멀리, 더욱더 멀어지게 하는 것인가?

이것은 1750년 『학예론*Discourse on the Arts and Sciences*』에서 루소가 제기했던 불안한 예상이었다. 디종 아카데미가 후원한 공공 에세이 논제에 대한 답으로써(과학과 예술의 부흥은 풍속과 도덕을 순화했을까, 아니면 부패시켰을까?), 이 작품은 부패에 대해 명확하게 논했다. 루소는 "과학과 예술의 진보는 우리의 진정한 행복에 아무것도 추가하지 못했다"라고 주장했다.[88] 반대로 진보는 행복을 감소시켰다. 허위적인 필요를 배가시키는 물질적 사치 속에서 인간성을 부유浮遊하게 만들었고, 동시에 당시의 과시적인 진보는 우리의 부유에 필요한 것들을 우리에게서 탈취해버렸다. 그것은 종교적인 믿음의 토대를 위태롭게 했다. 공동체와 조국애를 와해시키고, 용기와 본래적인 품위 그리고 덕행을 약화시켰으며, 모든 곳에서 자연스럽고 소박하고 선한 것을 우리에게서 떼어갔다. 계몽사조가 주장했던 것처럼 만약 행복이 우리의 자연스런 몫이라면, 현대 문명은 전혀 자연스런 게 아니었다.

가장 영향력 있고 지속적인 루소의 통찰력이 될 기초가 아직은 미완성의 형태로 바로 여기에 있었다. 현대 문명은 그 잠재력이 해방되는 과정에서 존립 자체를 위태롭게 하는 조건들을 불러왔던 것이다. 현대 사회의 자연 정복, 비판적 이성 및 과학적 지식의 완성, 요동치는 생산력, 이어지는 물질적 번영, 공상의 축출……. 계몽사조의 이상에 의하면 인간의 행복을 가능케 만들었던 바로 그것들이 동시에 인간을 동료로부터, 세계로부터 그리고 자신으로부터 단절시키면서 그 성취를 방해했다. 루소는 소위 '제2논문'이라고 불리는 「인간 불평등 기원론」에서 "우리는 그렇게 많은 산업, 예술, 사치 그리고 화려함 속에서 일상적으로 인간의 비참을 한탄하고, 우리를 짓누르는 모든 불행을 우리 존재의 멍에로 견뎌내기가 참으로 힘들다는 것을 알게 된다"고 주장한다. "우리는 항상 자기 자신이 아니라 남에게 우리가 무엇인지를 묻는다. (…) 그렇게 많은 철학, 인간성, 예의 바름, 그리고 빛나는 금언들 속에서 우리는 단지 미덕 없는 명예, 지혜 없는 이성, 행복 없는 즐거움과 같은 기만적이고 경박한 외형만을 갖고 있을 뿐이다."[89] 루소의 감상적인 그림 속에서 '문명화된' 인류란 모두 표피적인 존재일 뿐 중심이 없으며, 현대인은 진정한 자신의 껍데기일 뿐이다.

그렇다면 진정한 자기 자신이란 무엇인가? 만약 사람들이 진정한 자신과 마주친다면 무엇을 찾게 될까? 루소는 이러한 질문들에 대한 답은, 가식의 시대에 만들어진 팬케이크처럼 두터운 화장 아래 매장되고, 분 바른 가발과 부풀려 올린 머리에 눌려버렸다고 생각했다. 이러한 첨가물들을 긁어내버리고, 피부 속까지 파내려감으로써, 루소는 우리의 원초적 상태, 즉 참으로 더럽혀지지 않은 우리를 얼핏이라도 한번 보려 했던 것이다.

이는 사실 루소의 거의 모든 주요 작품들이 가진 솔직한 목적이기도 하다. 제2논문에서 루소는 사고의 실험을 통해 문명 태동 이전의 인간 모습을 상상해보려고 했다. 그는 교육에 관한 위대한 논문인 「에밀Emile」에서 순전히 자연에 따른 육아에 대해 숙고한다. 자서전 『고백록*Confessions*』에서, 그는 처음에 말했듯이 "자연의 모든 진실 속에 있는 인간을 나의 동족에게 보여주고자" 했다. 그리고 『외로운 산책자의 몽상*Reveries of a Solitary Walker*』에서는 자신의 자연스런 마음을 재발견하고자 자연의 한복판으로 자신을 던진다. "나무 아래에서 초록에 둘러싸이게 되자마자 지상의 낙원에 있는 것처럼 느껴지고, 마치 내가 가장 행복한 인간인 것처럼 강력한 내적 즐거움을 경험하게 된다."[90]

자신을 찾으려는 이런 시도—상실한 순수성과 자연의 질서를 찾고 회복하는 것—는 루소의 출발점이자 그의 전 생애에 걸친 관심사였다. 그는 다른 곳에서 이렇게 주장했다.

> 다시 우리 자신이 되기, 우리 자신에게 주의를 집중하기, 자연이 우리 존재에게 허여한 한계와 경계에 맞춰 우리의 영혼을 그 안에 넣는 것 등으로 시작하자. 한마디로, 우리가 있는 여기에서 우리 자신을 모으는 데서부터 시작하자.[91]

자신에 대한 탐사와 회복을 제안하는 이러한 용어—자신을 찾아서, 모으고, 자신으로 복귀하는 것—는 오늘날 아주 흔히 사용하는 것이라서, 우리는 루소의 말이 지니고 있는 근본적인 생소함과 참신함을 놓치기 쉽다. 그러나 '자신을 잃는 것' 또는 '자신을 찾는 것' 이란 진정 무엇을 의미하는 것일까? 「누가복음」 15장 11—32절에 걸쳐 나오는 유명한 탕아의 비유에서, 제멋대로인 아들은 타락의 나락으로 떨어지고, 그러고는 뉘우치며 집으로 되돌아온다. 그는 아버지에게는 잃어버린 아들이었지만, 하나님에 의해 깨달음을 얻는다. 마찬가지로 성 아우구스티누스와 루터의 추종자들은 죄 많은 인간의 육신 속에 들어앉아 있는 신성한 빛을 찾고자, 내부에 숨겨진 은총을 찾아 떠났다. 양자(정신과 육신) 사이의 갈등은 파스칼같이 정교한 항해자마저도 길을 잃게 만들 수 있었다. 그는 "그러면, 이 (자기) 자신이란 어디에 있는 것인가? 만약 그것이 육신에도 영혼에도 없는 것이라

면? 자신은 대체 무엇이란 말인가?"라고 묻는다.[92)]

루소가 자신이라는 인간을 미지의 땅으로 여겼던 최초의 사람은 아니었다. 그러나 그는 이러한 용어를 종교적인 관계에서 이탈시켜 세속화한 최초의 사람 중 하나였다. 그럼으로써 영혼이나 자신이라는 단어를 마치 더 나은 본성이나 잡히지 않는 내면의 빛을 찾아 헤매는 미로같이 묘사했다. 그래서 많은 계몽 사상가들에게는 자명하게 여겨졌던 진실이 루소에게는 불가사의, 수수께끼 그리고 난제가 되었던 것이다. 그는 "그러나 행복이란 어디에 있는가?"라고 묻는다. "누가 그것을 아는가? 모두가 그걸 구하고자 하는데, 아무도 그것을 찾아내지는 못한다."[93)] 철저히 개인적이고 매우 주관적인 행복이란 또한 동시에 오랫동안 잃었던 보편적인 본질이기도 하다. 정신의 미로에 갇힌 채, 모든 인간에게 내포되어 있으면서 더 진정한, 더 확실한 자신이 해방되기를 기다리고 있는 것이다. 루소는 내면의 성소에 들어가, 그 안에 있는 것을 해방시킬 우리의 능력에 행복에 대한 그의 희망을 걸고 있었다.

다른 모든 것에서와 마찬가지로, 자연이 그 길을 보여줬다. 원초 상태에서 인간은 완전하게 만족한다는 데 대해 루소는 확신하고 있었다. 이러한 생각을 보여주는 여러 언급 중의 하나에서 루소는 이렇게 주장한다.

> 최선을 위해 모든 걸 하는 자연이 처음에 (인간을) 만든 것도 이러했다. 자연은 인간이 간직할 필요가 있는 욕망만, 그리고 그 욕망을 만족시키기에 족한 능력만을 인간에게 부여했다. 다른 모든 것은 인간의 영혼 깊숙이에 간직해서 필요하면 거기에서 개발해내도록 했다. 이러한 원초 상태에서만 능력과 욕망이 균형을 이루고 인간은 불행하지 않다. 그의

잠재 능력이 움직이기 시작하자마자 가장 활동적인 상상력이 깨어나 그 능력들을 앞지른다.[94)]

다른 말로 하면 자연인은 바로 필요가 욕망과 조화를 이루기 때문에 만족한다. "타고난 조건에 가까울수록 자신의 능력과 욕망 간의 간극은 작아지고, 그러기에 그는 행복에서 덜 멀어지는 것이다."[95)] 자연인은 충동을 만족시킬 만한 자신의 능력을 능가하는 충동을 느끼지 않는다. 그는 소박함에 만족하며, 자신에 만족한다. 그의 영혼은 어떤 것에도 동요되지 않는다.

그러나 이 모든 것은 사회의 점진적인 발달과 더불어 변화한다. 두 번째 논문에서 루소는 자연인을 그 자체로 충족되는 순수로부터 소원하게 만들었을 여러 사상事象의 연속을 재창조해내었고, 이 과정을 상당히 상세하게 기술하고 있다. 그 상세한 것들은—루소 자신이 단지 이론적, 추론적이라고 한—그것들보다 더 크고 중요한 동력에 의해 추동된다. 그것은 루소가 '자기 방위 능력' 또는 간단히 '완전성'이라고 명명한 것이며, 영혼 깊숙이 간직되어 있는 결정적인 특질, 즉 모든 진보의 근간에 있는 바로 그 특질이다. 그것은 인간이 엄청난 일을 할 수 있게 만든다. 상황을 개선하기 위해 끊임없이 분발하게 하고, 자연을 정복하게 하고, 자신들을 조직화하고, 통제하고, 계발하고, 개척하게 한다. 그러나 또한 동시에, 이 능력은 우리의 현재에 불만을 낳게 하면서 끊임없는 불안을 키운다. 그것은 새로운 욕망을 불러일으키도록, 그리고 이성이 욕망의 성취에 봉사하도록 우리를 부추긴다. 그것은 우리가 질투심을 가지고 옆 사람과 비교하게 하고, 그들을 능가하려고 분투하도록 한다. 그것은 끊임없이 우리가 우리 자신을 능가하도록 부추긴다.

그리고 루소의 견해로는 이것이 발전의 비극이다. 그가 반복해서 주장하듯이, 만약 불행이 '우리의 욕망과 능력 사이의 부조화'에서 비롯된다면, 진보—끊임없이 팽창하는 가능성의 지평—란 계속해서 우리의 평정을 위태롭게 만들기 때문이다. 그 어느 때보다 강렬한 욕망이 분출하는 서구의 현대 상업 문화보다 더 분명하게 이런 것이 나타나는 곳은 어디에도 없다. 현재의 필요를 충족시키고자 하는 경주에서, 우리는 부단히 새로운 필요를 창출해내면서 불안한 현상을 야기했다. "우리의 행복을 증대시키기 위해, 우리 자신을 뒤흔들어댐으로써 우리는 행복을 불행으로 변질시키고 만다." 우리는 우리 자신의 최악의 적이라고 루소는 결론짓는다. "욕망을 배우면서, (우리는) (우리 자신을) (우리의) 욕망의 노예로 만들어버렸다."[96]

이것은 현대성의 끔찍한 역설이다. 그리고 이것으로 인해 루소는 순수의 섬으로 복귀하길 바라며, 손상되지 않은 오아시스와 원시인들을 동경하면서, 때때로 자신의 시대에 등을 돌리기도 했던 것이다. 그러나 루소는 사회가 완전성의 과정에 한 번 발을 내딛으면, 거기에는 어떤 성역도 없고, 다시 돌아올 수도 없다는 것을 알았다. 1762년에 쓴 『사회계약론*Social Contract*』의 초판에서 루소는 애석함을 토로했다.

> 초기의 어리석은 인간들은 느끼지 못했고 후기의 개화된 인간들은 잃어버렸던 황금시대의 행복한 삶은, 인류에게는 항상 낯선 상대였다. 인간이 그것을 향유할 수 있었을 때는 그걸 알아보지 못했거나, 인간이 그것을 알 수 있었을 때는 그걸 잃어버렸기 때문이다.[97]

본래의 순수로 향한 길은 영원히 차단되었기에, 루소는 문명인에게는 오직 단 하나의 선택만이 남게 된다고 결론짓는다.

> 인간의 필요가 능력을 넘어서고, 그 욕망의 대상이 확장되자마자, 인간은 영원히 불행해지거나 아니면 자신에게서 더 이상 찾아낼 수 없는 자원을 끌어낼 존재의 새로운 유형을 구해야만 할 것이다.[98]

루소는 사라진 자연 상태의 행복을 보상해줄 '존재의 새로운 유형' 을 인간에게 줄 수 있는 길이 정치적 연합임을 분명히 하고 있다.

이것이 전반적으로 『사회계약론』의 명백한 목적이다. 시민들이 잃어버린 것을 대체할 새로운 본질을 제공하는, 루소의 견해로는 시민들이 다른 방도로는 가질 수 없는 것을 부여하기 위한 연구의 결과이다. 사회계약은 그가 일반 의지라고 명명한 것에 의해, 잃어버린 본래의 개인 자유를 대체할 시민의, 도덕의 자유를 제공하기 위한 것이다. 국가는 과도한 부를 강제로 제한해서, 모든 사람이 필요로 하는 것을 갖되 과하지는 않도록 보장하면서, 시민 재산의 '주인' 으로서 조정과 공정을 확립할 것이다. 그리고 "자연이 인간에게 부여하는 물리적 불평등이 무엇이 됐든 간에 도덕적, 합법적 평등" 으로 그것을 대체할 것이다.[99]

그 결과는 사회의 행복에 필수불가결한 '미덕' 이라는 규범의 배양이 될 것이라고 루소는 믿었다. 미덕—타인에게 봉사하고 보편 선과 정의를 위해 자신을 희생하는—이야말로 현대 사회에서 불만의 첫째 원천인 천박한 이기심과 자만의 해독제 역할을 하기 때문이다. 허영과 야심에 불을 붙이는 것이 이기심이다. 또한 비교와 동경이나 시기, 또 루소가 보기에 현대 상업 사회의 부패에서 나타나는 특징인 필요의 불쾌한 순환으로 우리를 이끄는 것도 이기심이다. 만약 이기심과 근거 없는 욕망이 우리 현대병의 이유라면 미덕과 평등이 그 치유법이 될 것이다. 그가 『정치적 단편*Political Fragments*』에서 말하고 있는 것을 보자.

> 우리의 조건과 욕망 사이의, 우리의 의무와 기호 사이의, 자연과 사회제도 사이의, 인간과 시민 사이의 모순이 바로 인간의 비참을 초래한다. 인간을 하나 되게 하면, 그는 자신이 얻을 수 있는 최상의 행복을 얻을 것이다. 그를 전적으로 국가에 맡기든지 아니면 전적으로 그 자신에게 맡겨라. 그러나 만약 그의 마음을 가르게 한다면, 이는 곧 그를 갈가리 찢어버리는 게 될 것이다.[100)]

인간은 스스로의 섬이나 일반 의지의 영역 속에 포함되어야 한다. 이 둘의 중간이란 있을 수 없을 것 같다.

오늘날 이런 말들—인간성을 바꾼다, 시민들에게 새로운 존재를 준다, 그들을 전적으로 국가에 맡긴다는 등—을 이해하기 위해서는, 필연적으로 루소 시대 이후 수행됐던 사회공학의 여러 불행한 실험의 프리즘을 통해야만 가능하다. 이러한 실험들은 인간의 적응성에 대한 확신이나 다른 사람들을 '자유롭도록 강제할' 수 있다는 가능성에 대한 확신을 불러일으키지 못한다. 이러한 스산한 말들은 『사회계약론』에서 루소 자신이 한 것들이다. "시민들을 행복하게 살도록 강요할 수 있는 정부는 없다. 만약 시민들이 합리적이라면, 가장 좋은 정부란 그들이 행복할 수 있는 여건을 조성하는 정부이다"라고 그는 어디선가 분명히 선언하고는 있지만, 그가 내세우는 조건이 전적으로 안심할 수 있는 것만은 아니니다.[101)] 또, 그래서도 안 된다. 왜냐하면 비판적인 관점에서 볼 때 인간의 필요를 통제함으로써 인간의 욕구를 규제하고, 새로운 인간과 새로운 인간성을 창조해내기 위해 정치를 활용하며, 인간을 과거보다 더 행복하게 만들기 위해 인간을 개조하려는 모든 이들의 지적 선조가 바로 루소이기 때문이다.

이것은 정치적 신학의 목적이다. 이는 우리가 인간으로서 이미 갖고 있는 것을 제공하는 데 목적을 두는 게—권리, 자유, 보호 또는 소유를 공고히 하는 것—아니다. 소위 우리가 상실한 것 그리고 이 세상에서 만약 우리가 '존재의 새로운 유형을 구하기만' 한다면 이제는 가질 수 있는 것들을 다시 돌려받게 하는 데 목적이 있다. 타락 속에 있는 인간들이 행복하기 위해서는 새로 창조되어야 한다. 루소가 제시하는 바로는, 그 보상은 자연적 통일체의 부분적 회복, 그리고 현재로선 완전히 경험하거나 알 수 없는 행복의 새로운 질서 창조가 될 것이다.

루소가 말하는 미래의 행복이란 신념에 달려 있다. 루소는 자신의 신념을 이성이나 역사 또는 관찰에 기반을 두고 정당화하지도 않았고, 또 그럴 수도 없었다. 그는 감정에 호소하는 것으로써 그것을 정당화한다. 본래 파스칼에 의해 제기됐듯, 사실 마음에는 이성이 알지 못하는 이유들이 있다는 것을 루소도 알았다. 그리고 루소는 자신의 마음 안에서 모든 인간에게 내재되어 있는 약속의 속삭임을 느꼈다. 생 피에르 섬에서, 혹은 한적한 숲 속에서 자연과 함께하며, 아니면 제네바에서 동반자들과 함께 빵을 나누며, 루소는 '내가 내 자신이었던, 어떤 방해도 없이 순수하게 완전히 내 자신이었던' 순간들을 경험했다고 기록하고 있다.[102] 그리고 이러한 새로운 개인적 발견에 근거하여 그는 존재의 순수한 정통성을 좀 더 영구한 형태로 회복시키는 게 가능할 뿐만 아니라, 가능해야만 한다고 믿었다. 루소도 신념에 찬 대부분의 사람들처럼 확실히 심각한 의문에 빠지기도 했으며, 가끔은 완전한 절망에 사로잡히기도 했다. 생의 마지막에 즈음하여 이렇게 말하고 있듯 말이다.

> 행복이란 지상의 인간을 위해 만들어진 것 같아 보이지 않는 영속적인 상태이다. 지상의 모든 것은 지속적인 형태가 허락되지 않는 끊임없는 유전流轉 속에 있을 뿐이다. 우리 주위의 모든 것은 변화하며, 우리 자신도 변화하고, 오늘 우리가 사랑하는 것을 내일도 사랑할지 그 누구도 장담할 수 없다. 따라서 이 세상에서의 행복에 대한 우리의 모든 계획은 공허한 꿈일 뿐이다.[103)]

그러나 신념은 모든 것을 정복할 수 있다. 루소는 의문에 빠졌을 때조차도 행복은 여전히 인간의 최종 목적임에 틀림없다는, 그 위대한 계몽사조의 희망을 결코 놓지 않았다.

루소는 이렇게 계몽주의가 추구하는 것—즉 삶 자체가 줄 수 없는 갈망, 그러나 그럼에도 우리를 전진하게 하는 갈망—에 종교적 열망의 요소를 재도입했다. 그리고 이것이 종교의 과거에 대해 그가 유일하게 인정하는 것은 아니었다. 순수에서 타락으로 떨어진 인간에 대한 루소의 설명—자만심에 의해 재촉되고, 이성에 의해 악화되고, 이기적인 욕망에 대한 열망으로 몰아붙여진 타락—은 원죄에 대한 기독교적 설명과 분명히 닮았다. '죄' 를 속죄하기 위해 이기주의를 버리고 미덕을 기르고 우리 자신을 변화시킴으로써, 잃었던 본성의 순수를 회복하고 재창조해 다시 자신이 되어 자신을 재구성해야만 한다는 그의 주장 역시 낯익은 기독교적 울림이다. 최대 다수의 최대 행복의 극대화조차도 항상 인간을 결핍한 채로— '삶의 즐거움에서 볼 수 있는 보잘것없고 불완전하며 상대적인 행복' 에 불만인—만든다는 것을 루소와 더불어 알아차린 세기말의 대중들에게, 루소의 메시지는 강한 호소력을 발휘했다. 이는 순전히 유물론적인 관점들이 빼앗으려 위협했던 것들—신비와 의미, 미덕과 보상, 단순한 동물적 충동을 만족시키는 것 이상의 행복에 대한 이해—과 더불어 행복의 추구를 다시 재활성화시켰기 때문이다. 인간은 빵으로 산다는 것을 루소도 잘 알고 있었다. 그러나 또한 인간은 속죄가 필요한 영혼의 존재이기도 하다. 자신도 그 일부였던 계몽사조의 후예로서, 루소는 인간은 스스로를 구할 수 있다고 믿었다.

개화된 의심

사무엘 존슨은 당대의 종교적 경건성에 대해 눈살을 찌푸렸던 기독교인이었다. 제임스 보스웰James Boswell이 "인간은 가끔 현 순간에 행복하지 않느냐"라고 묻자, 존슨은 "절대 그렇지 않다. 다만 술 취했을 때를 빼고는"이라고 대답했다. 존슨처럼 보스웰도 술을 즐기는 사람이었다. 또 존슨처럼 반복적으로 찾아오는 한바탕의 절망에도 자신의 삶을 즐겼다. 후에, 두 사람은 술이 거나하게 취한 채로 마차에 타고 런던 시내를 질주하고 있었는데, 보스웰은 다시 그 질문을 던진다.

> "오글소프 장군 댁에서 어느 날 귀하께서 말씀하시길, 인간은 결코 현재에는 행복하지 않고 단지 취했을 때만 그렇노라고 했지요. 그런데, 거기에다 역마차를 타고 질주할 때도 그렇노라고 하나 더 추가하지 않으시겠습니까?"

그러자 존슨은 말했다. "아니오. 귀하, 당신은 뭔가에서 또 다른 뭔가로 급히 질주하고 있는 것이지요."[104]

인간은 과거 또는 미래에는 행복할 수 있겠지만, 오직 의식이 온전하지 않을 때를 제외하고는 절대 현재에 행복할 수 없다.

때는 1776년으로, 당시를 돌이켜본다면 행복의 추구를 조롱하기에 그리 좋은 계제나 때는 아니었다. 그러나 존슨은 이미 이러한 견해를 명확히 표명했다. 그의 장시 「인간 소망의 무상The Vanity of Human Wishes」에는 그가 당대의 생각에 채용할 시각의 초기 징후가 나타나고 있다.

중국에서 페루에 이르기까지 광대한 지역에 걸쳐
인류에 대해 관찰해보자.
노심초사하며 애쓰는 모습과 열렬히 분투하는 모습을 주목하라.
그리고 혼잡한 삶의 분주한 광경들을 지켜보아라…….[105]

모든 인간사와 마찬가지로, 자만, 적의, 질투 그리고 우매함은 지상의 행복이란 덧없는 것이며 먼지처럼 사라진다는 것을 확인시키는 데 일조했다. "파괴하는 데 안달이 난 시간은 맴돌고 있다./ 그리고 환희로 가는 모든 통로를 막아버리고 있다……." 성 아우구스티누스와 전도서의 저자(솔로몬으로 알려짐—옮긴이)가 알았던 것처럼, 달리 믿는다는 것은 허영이다. 인간은 신앙—좀 더 행복한 자리를 차지하려 숨을 헐떡이는 신앙—없이도 만족스럽게 지낼 수 있다는 허영이며, "마음을 가라앉히고,/ 허영이 찾지 않는 행복을 만드는" 천상의 지혜가 더 이상 필요치 않다고 믿는 허영이었다. 존슨에게 인간

이란 영원히 부단하게 움직이는 존재였다. 바로 이것이 세상의 방식이었다.[106)]

인간의 자만심이라는 죄 그리고 지상적 추구라는 허영에 대한 유대-기독교적 강조를 말하는 존슨의 메시지는 뭔가 옛것의 냄새를 풍긴다. 그러나 그것은 오랫동안 견지되어온 종교적 진실의 케케묵은 재진술 이상의 것이었다. 사실 행복에 관한 존슨의 관심은 당대의 중요한 사안으로서, 그의 후기 작품『아비시니아의 왕자 라셀라스의 이야기 *The History of Rasselas, Prince of Abissinia*』(이하『라셀라스』로 표기)에서도 아주 상세하게 반복되는 주제가 될 정도이다. 18세기 우화인『라셀라스』는 '행복한 계곡' 에 있는 에덴과 같은 자신의 왕국에서 어딘지 모르는 곳을 향해 나아가는 젊은 왕자의 방황을 서술하고 있다. 그 행복한 계곡에서 왕자는 없는 게 없이 모든 걸 다 가지고 있었다. 모든 즐거움이란 즐거움은 다 있었다. 그러나 그는 "그의 삶의 한계를 넘어가고자 한다." 그는 "어린아이들과 양떼들이 서로 뛰노는 것을 보면서, 나도 뭔가 추구할 게 있다면 행복해질 수 있을 것이라는 상상을 해본다"라며 행복을 갈망한다.[107)]

이런 갈망을 만족시키기 위해 라셀라스는 자신을 저 너머의 세상으로 데려다줄 비행 기계를 발명해, 행복한 계곡에서 도망친다. 그는 자신이 구하고자 하는 것을 찾으려는 희망으로 전 지구를 돌면서, 모든 '이승의 즐거움' 과 '이승의 일들' 을 좇아다닌다. 그는 행복을 약속하는 여러 길들을 답사하면서 현자, 전문가 그리고 각계각층의 장인들과 얘기를 나눈다. 그러나 어느 곳에서도 자신이 구하고자 하는 것을 찾지 못한다. '아무것도 결론을 맺지 못한' 그 작품의 결론은, 라셀라스가 길을 떠나게 만들었던 바로 그 갈망으로 끝을 맺는다.

만약 인간적인 면과 유머가 없었다면『라셀라스』라는 작품은 맥

빠지는 우울한 얘기로 보였을 것이다. 그러나 작품이 주는 메시지는 전체적으로 그렇게 음울하지만은 않다. 존슨은 당대의 성과가 가지는 진가를 잘 알았고 또 종종 그렇게 말하기도 했다. 세상에 대한 그의 전망은 전혀 경멸적이지 않았다. 라셀라스가 당대 유럽의 생활과 그곳에서 향유되고 있는 많은 장점들—지식과 과학의 결실, 산업과 통상—에 대해 들었을 때, 그는 "이러한 모든 편익을 가진 그들은 분명히 행복하다"라고 추측한다. 전 세계를 여행한 시인이자 그의 아프리카 친구는 이에 대한 반응으로 "유럽인들은 우리보다 덜 불행하다. 그러나 그들은 행복하지는 않다"라고 그에게 말한다.[108] 미소 짓기를 거부했던 것처럼, 존슨은 인간의 진보를 부정하지도 않았다. 그러나 그는 당대인들이 자신들의 자연스런 한계를 잊어가고 있다고 우려했다. 저녁에 마신 술 때문에 몽롱해진 머리를 진한 블랙커피로 맑게 하듯이, 존슨의 작품은 기독교의 원죄로 비롯된 타락에 대한 고대의 지혜를 진지하게 상기시켰다. 역마차의 고삐를 당기든, 병의 코르크 마개를 빼든, 또는 가지에서 사과를 따내든 간에, 욕망은 우리를 앞으로 이끌어대지만 평안으로는 좀체 인도하지 못한다. 이것이 인간의 조건이었다. 달리 믿는다는 것은 오직 술에 취했을 때만 지탱될 수 있는 망상일 뿐이다.

존슨의 말은 만고의 메시지이자 시기적절한 것이기도 했다. 행복에 사로잡혀 있는 시대에도 그는 진행 중인 혁명을 정확하게 집어냈다. 수세기 동안 인간은 고통을 자신들의 자연스런 조건으로 여겨왔던 반면, 이제는 행복을 자연권이라고 여기기에 이르고 있었다. 이것은 매우 심대한 변화였다. 현대적 시각을 가진 자가 라셀라스에게, "오직 자신의 잘못으로 인해서 인간이 불행해지는 시대가 이미 도래했다"고 말한다.[109] 원죄나 은총의 신비, 또는 별들의 움직임, 운명의 변덕, 그 어느 것도 인간의 운명을 좌지우지하지 않았다. 행복을 지향하도록 되어 있는 인간은 자신의 몫을 감연히 요구하기만 하면 행복해질 수 있다. 행복에 대한 새로운 취지는 기존의 오랜 금기와의 상충을 야기하는 새로운 태도와 더불어, 성적인 쾌락, 물질적 풍요, 사리私利 그리고 단순한 즐거움을 방해한다는 이유로 이것들에 대한 모든 장애를 공격했다. 근거 없는 두려움과 편견이 극복되자 새로운 기쁨이 퍼져나갔다. 1766년 유럽 대륙에서 배포되었던 연감에서조차 이런 점을 확실히 짚고 넘어가야 할 정도였다.

> 새해, 그리고 그 이후에도 행복과 평화가 모든 이의 가슴에 깃들기를. 철학이 온 세상을 개화시키고, 모든 나라의 사람들이 그 재능에 따라 같이 힘을 합쳐, 예술과 인류애를 더욱 함양해나간다면, 곧 모두의 행복이 도래할 것임을 확신할 수 있다. 재능과 예술이 이루어놓은 기적들이 있다. 우리 모두 그것들을 평화로이 함양해나가자. 그러면 사회적 결속이 점점 더 많은 사람들을 아우르고, 인류는 전례가 없는 번영을 구가할 것이다.[110)]

이러한 연감의 독자들이 상대적으로 소박한 시골 사람들이라는 것은 의미심장하다. 인기 있는 소설과 동화책 속에서 점점 상투화되며 부상하기 시작한 행복한 결말이라는 새로운 문학적 장치—내세가 아니라 현세의 주인공들의 딜레마를 풀어내는—처럼, 이러한 종류의 연감들은 행복에 대한 약속이 얼마나 멀리, 넓게 퍼질 수 있는가를 보여주고 있다.[111)] 18세기 이전까지는 주로 행복한 소수에게만 한정되었던 갈망을 꾸준히 확장하면서, 오늘날까지 이어진 꿈의 씨앗이 뿌려졌다. 미, 안락 그리고 성취에서 호메로스의 신들을 닮았건, 또는 상황에 의해 미덕의 배양에 전념하는 아리스토텔레스의 행운아들이건, 또는 하나님의 은총을 확신하는, 칼뱅이 말하는 구원이 예정된 사람들이건, 또는 아직 지상에 있으면서도 하나님을 향해 높이 솟아오르는 능력을 부여받은 가톨릭의 성인들이건, 그들이 축복받은 사람으로 여겨졌든 아니든 간에, 지상에서 행복이라는 귀한 상을 받고자 열망했던 사람들은 상대적으로 소수이고 엘리트층이었다. 그 밖의 사람들은 지상의 기쁨과 만족에 대해 어설프게나마 알려고 노력하면서, 자신들이 할 수 있는 한 최선을 다했다. 그럼에도 그들은 진정한 행복은 오직 죽음과 더불어 온다는 믿음(희망)에 매달렸다.

그러나 이제 그 목적이 지금 또는 현세의 삶이기에, 그 오랜 기독교의 유예된 행복이라는 가르침은 아주 기이한 효과를 발했다. 이제 '바로 지금'이 목적이므로 인간은 모두 구원의 희망을 가질 권리가 있는 게 아닐까? 과거의 신앙처럼, 새로운 신앙도 그 잠재력에서 보편적이었고, 현대 복음의 길보吉報는 빠른 속도로 퍼져나갔다. 모든 사람은 행복할 수 있고, 행복해야 하며, 언젠가는 행복해질 것이다. 이것이 바로 재능과 예술이 세상에 만들고 있는 기적이었다. 채 한 세기도 되기 전의 과거에는 통치자들이 신앙과 신민들의 도덕 그리고 하나님을 섬기는 데 앞장서며 모범이 될 것을 요구받았다. 이제 그들은 다른 종류의 주인을 섬기도록 요청받고 있는 것이다. 영국의 공리주의자인 조셉 프리스틀리Joseph Priestley는 "행복이야말로 바로 본질적인 가치의 입법화에 유일한 목적이다"라고 말했다.[112] 최대 선에서 최대 다수에 이르기까지, 바로 이것이 새로운 시대의 목소리였다.

존슨은 이러한 신조가 지니는 해방된 잠재력을 전면적으로 부정하지는 않으면서, 그 어두운 이면도 놓치지 않았다. 라셀라스의 동반자가 질문하듯이, "행복 자체가 우리가 비참해지는 원인이 되는 이러한

✤ 은혜에 둘러싸인 여신으로 그려진 행복.
I. F. 리고의 「행복」에 의거한 토마스 버크의 작품, 1799. 저자의 컬렉션.

삶일진대, 행복의 추구에서 과연 무엇을 기대한단 말인가?"[113] 인간은 행복을 목적으로 존재하는 것이고, 또 인간 스스로 그렇게 될 수 있다는 것이 정말 그렇게 분명한 것인가? 존슨은 그 가정 자체가 인간 존재의 목적, 인간의 최종 목적에 대한 전제—신조—를 내포하고 있다고 생각했다. 그리고 그가 믿듯 만약 이 가정이 틀린 것이라면, 이는 인간에게 끔찍한 짐을 부과한 셈이 된다. 즉 인간이 결코 완수할 수 없는 책무를 부과한 것이다. 루소가 직관은 했지만 결코 정확히 보지는 않았던 것과 같이, 그 결과란 불행의 새로운 유형이었다. 행복을 요구하는 문화에서 행복하지 않은 자가 경험하는 죄책감과 비애인 것이다.

이러한 우려를 제기한 사람은 존슨 혼자만이 아니었다. 계몽사조의 위대한 옹호자들 중에도 의문에 빠지곤 하는 이들이 있었다. 망설임의 순간에, 볼테르같이 통찰력 있는 관찰자도 존슨의 걸작이 출간된 그해에 선한 브라만의 이야기를 저술하며 숨을 고를 수 있었다. 라셀라스처럼 이국적인 볼테르의 주인공은 행복을 찾아 일생을 보내지만, '왜 악이 지구에 만연한 것인지'를 설명하는 데에는 쩔쩔매며 당황한다. 그 브라만은 "모든 구도를 거쳤음에도 내가 어디에서 왔고, 어디로 가고 있는 것이며, 또 내가 누구이고 내가 무엇이 될지 알지 못한다는 것을 생각할 때면, 나는 가끔 절망에 빠질 수밖에 없다"고 말한다. "아무 생각도 없지만, 만족하며 살아가는" 소박한 믿음을 가진 한 노파를 마주했을 때, 그는 경악할 지경이었다. 인간의 불행이란 결국 "그의 지식과 통찰력이 증가하는 것에 비례해서" 늘어나는 것이 아닐까? 무지의 종말이야말로 인간의 얼굴에 미소를 찾아준다는 견해를 외쳐대던 바로 그 세기가, 또한 "무지는 축복이다"라는 말을 후손들에게 유산으로 남겼다는 것은 상기해볼 만한 가치가 있다.[114] 그 말은 질문을 낳는다. 만약 이성과 행복이 결국에는 서로 대립하는 것이라면?[115]

그 세기의 말엽에 즈음해, 이마누엘 칸트는 바로 그런 주장을 하려고 준비했다. 『도덕형이상학원론*Groundwork for the Metaphysics of*

Morals』에서 그는 "사실, 교양 있는 이성理性이 삶의 향유와 행복이라는 목적에 헌신하면 할수록, 인간은 점점 더 진정한 만족에서 멀어져만 간다"고 말하고 있다.[116] 그는 공리주의 전통에 대한 일제 공격을 위해 이 견해를 활용했다.

> 미덕과 사악 사이의 분명한 차이가 전적으로 망각되는 반면에, 미덕의 동기와 사악의 동기가 같이 취급된다. 이러한 동기들이 단순히 인간이 계산에 더 영악해지도록 만드는 한, 자신의 행복의 원칙에서 도덕이란 도덕을 세우기보다는 위태롭게 한다. 도덕은 또 그 도덕의 숭고함을 총체적으로 파괴하는 동기들에 기반을 두는 것이다.[117]

한 발 더 나아가 칸트는 "인간을 행복하게 하는 것은 인간을 선하게 하는 것과는 아주 다른 것이다"라고 생각했다. 그는 '행복'이라는 어휘를 18세기적 의미, 즉 기쁨, 기분 좋은 것이라는 의미로 사용했는데, 이는 분명 옳은 것이었다. 만약 선을 행하는 것(미덕을 행하며 사는 것)이 기분 좋은 것(행복하다는 것)을 의미한다는 명제가 항상 모호했다면, 기분 좋은 것이 선한 것이라는 가정은 더더욱 모호해지기 때문이다. 미덕은 간혹 고통스러운 것이라고 칸트는 재확인했다. 그리고 행복한 사람들이나 기분 좋은 사람들도 간혹은 나쁜 사람들이었다.[118]

칸트는 이러한 생각을 더 진전시키면서, '적어도 현생에서는' 행복이란 꼭 자연이 의도한 계획의 일부는 아니라는 결론에 이르게 된다. 칸트는 도덕적 선, 즉 선한 의지의 전개는 이성이 '최고의 실천 기능'으로 인지하는 것이며, 이성이 반드시 행복과 양립하는 것은 아니라고 인정했다. 이것은 정립되지는 않은 생각이었다. 칸트가 이성, 미덕 그리고 행복이 신 안에서 혹은 미래 상태('모든 소망의 목적이 행복인' 상태)에서는 모두 일치할 수도 있다는 가능성을 계속 열어두긴 했지만, 그는 이것을 분석적으로 보여줄 수도, 또 감각으로 인지할 수도 없는 것임을 전적으로 시인했다. 칸트의 도덕적 명령에 따르면 현생에서 우리의 의무는, 우리 자신에게 '행복할 가치'가 있도록 행동하는 것이었다.[119] 그러면 아마도 우리는 인간의 가치를 지키며 어떤 상태에서 '행복을 함께 나누기'를 정당하게 '소망'할 수도 있을 것이다.[120] 그러나 칸트는 이것은 언제나 신앙의 행위라는 것을 인정했다.

모든 사람이 그렇게 솔직하지는 않았다. 대다수의 사람들은 은폐하고, 부정하고 또는 단순히 칸트의 반대를 인지하지 못하면서, 행복은 자연스럽게 의도된 인간의 목적이며 이성, 미덕 그리고 진실과 완벽하게 합치된다고 계속 주장했다. 이런 주장은 수세기에 걸친 고전시대와 기독교의 권위에 의해 지지되어온 오래된 관계였다. 그것은 쉽사리 와해될 수 없었다. 그렇기에 그렇게 와해시키려 했던 급진적인 유물론적 시도—인간의 행복을, 쾌락과 고통의 단순한 기능, 즉 동물의 행복과 같은 것으로 취급하려 했던 시도—는 격렬하고 때로는 반동적인 저항에 부딪혔다. 처음에는 종교계의 목소리와 계몽사조의 주류 내에서 일었고, 이어서 루소 때문에 좀 더 강력하게 일었다. 이런 저항은 행복을 도덕적·형이상학적 보상과 연결시키는 오래된 결속의 재주장이라는 형식을 띠고 있었다. 다시 말해 기분 좋게 느끼는 것만이 오직 최종적으로 인간의 선이라는 노골적인 주장을 부정하는 성향을 띠면서, 소크라테스 이래로 향유해왔던 그 특권적인 장소로 다시 행복을 돌려놓았다. 행복은 신 같은 상태가 되는 것이며, 인간의 충만하고 최종적인 만개이다.

그 거룩한 장 자크 루소의 엄청난 인기 속에서, 이러한 방향으로 움직이는 강력한 반응의 증거를 읽을 수 있다. 이러한 움직임은 위대한 약속과 크나큰 위험을 모두 지닌 채 19세기 그리고 20세기까지 지속될 것이다. 만약 칸트가 주장한대로, 행복이 오직 신조의 문제일 수 있다는 것—모든 이성적인 인간은 자신을 행복하게 할 수 있다는 믿음—이 제대로 인지되었을 때는 아주 강력한 이상이 되지만, 그 믿음의 중요한 요소가 은폐되거나 즉석에서 거부된다면 정말로 위험해질 것이다. 별로 신념도 없는 이들이 인간도 신처럼 행복해질 수 있다는 열광적 확신에 찰 때, 행복은 종종 행복이라는 이름으로 가장 먼저 희생된다.

현대적 의식

A Modern Rite

사르조Sarzeau 마을 출신의 이 땅딸막한 변호사는 좋은 소식을 전할 사람 같지는 않았고, 더더구나 행복의 전도사 같지도 않았다. 그러나 때는 혁명의 시대였고, 조셉 마리 르퀴니오Joseph-Marie Lequinio는 혁명적인 사람이었다. 그걸 증명할 만한 것들이 지천에 널려 있을 정도로 아주 풍부하다. 그는 브르타뉴 시골 지역에서 보잘것없는 경력으로 시작해서 1789년에는 렌느 지역의 시장에까지 오르고 그 뒤 곧 이어 반느 시의 법정 판사로, 그리고 1791년에는 파리에서 입법 의회의 국회의원으로 가히 혁명적인 성공가도를 달렸다. 이쯤에서, 어떤 이들은 아직도 그에게서 마구간의 냄새가 풍긴다고 말할 수도 있을 것이다. 그리고 실제로 프랑스 대혁명이 발발하기 전까지, 그는 여가 시간을 농경학에 관한 소논문을 쓰는 데 바치고 있었다. 그러나 열의 없는 혁명가만이 땅과 가까이하는 일에 수치심을 느낄 것이다. 르퀴니오는 51세의 나이에 자신이 무슨 일을 하고 있는지 잘 알고 있었다. 이제 그는 막시밀리앙 로베스피에르Maximilien Robespierre를 중심으로 한 급진적 그룹과 노선을 같이하면서 정치에 자신을 바치고 있었다. 그는 가톨릭교회의 '광신'을 맹공격하면서, 수세기 동안 인간성을 암흑 속에 가두려 했던 점을 한탄하며 슬퍼했다. 그는 또한 거머리처럼 사람들의 피를 빨아먹으며 배를 불린 귀족의 특권들을 공격했다. 그는 프랑스 왕 루이 16세의 '전제 정치'를 비난했고, 왕권의 붕괴와 더불어 새로이 구성된 대표 회의, 즉 국민의회에 대표의 한 사람으로 선출되었다. 그리고 비록 후회의 빛을 띠기는 했지만, 1793년 1월 16일에 국왕 루이 16세의 처형에 한 표를 던짐으로써, 응당 해야 할 나름의 직무를 수행했다. 그는 전제 군주를 평생 갤리선에서 보내도록 선고하는 게 더 나았으리라고 생각했다.[1] 그러나 슬프게도 국가는 안전상의 문제로 그런 관대함을 허용하지 않았다.

1793년 가을, 서부의 항구 도시 로슈포르에서 이전에는 가톨릭 성당이었던 장소에 그가 냉막한 표정으로 서 있었던 것도 바로 그와 같은 문제 때문이었다. 그는 당시 주도권을 쥐고 있던 자코뱅파Jacobins가 지방에 파견했던 혁명 정부의 공식 '파견 대표'로서 선전의 책임도 지고 있었다. 자코뱅파의 이름은 그 그룹이 파리에서 모였던 장소, 즉 이전의 '자코뱅'(도미니칸) 교단의 수도원에서 따온 것이었다. 그러나 그 지도자인 로베스피에르처럼 자코뱅파는 기독교와 기독교 때문에 사용되었던 그레고리력의 폐지를 선언하면서, 이 종교적 과거와 대부분의 관계를 거부했다. 그들은 오랜 형식들 대신에, 대부분 루소의 원칙에 근거해 새로운 사회와 사회계약설을 구축하겠노라고 맹세했다. 의회의 최고 자리에서—'산'으로 알려진 상층 좌석에서—자코뱅파는 새로운 서약, 새로운 법률, 미덕의 인간을 위한 존재의 새로운 형태, 그리고 자신들의 창조를 기리기 위한 새로운 개념의 시간 등

⚜ 혁명의 행복한 인간. "의기충천한 젊은이로 가장된 프랑스인들은 헌법을 통해 다시 태어났다. 헌법은 그들을 행복으로 이끌면서 한편으로는 맹목적인 광신, 자만, 그리고 끔찍한 무지를 방패로 막으며 격퇴하고 있다." - 필립 오귀스트 엔느켕, 1793, 프랑스 국립 도서관.

을 규정해나가고 있었다.

그래서 1793년 11월 초의 어느 일요일이 되었을 날이 이제는 부르봉Bourbon 왕권 붕괴 이후 두 해째 되는 공화력의 제2년 제2월, 즉 무월霧月 제10일, 10일 1주의 제10일로서 경배와 휴식의 날이 되었다. 그리고 이전에는 기독교의 경배의 전당이었던 곳이 이제는 로슈포르의 '진실의 전당'으로 불렸다. 이 명칭은 그 며칠 전 르퀴니오 자신이 명명한 것이다. 그는 개인적으로 멍청하게 오래된 미신에 집착하고 있던 완고한 사제를 쫓아내는 게 적절하다고 생각했다. 르퀴니오는 성당 바닥에서 사제와 한바탕 난투를 벌인 끝에 그를 쫓아냈다. 어두운 회당에는 시대의 빛이 넘쳐나고 있었다. 그는 건물의 낡아빠진 유물들을 모두 걷어내고는, 고대 그리스와 로마 시대의 고전적 심미안을 발휘하여, 합리적인 사람들의 장식물들로 그 자리를 대체했다. 겨우 몇 달 전에, 르퀴니오는 『지구의 시민에 의해 괴멸된 편견들*Prejudices Destroyed, by a Citizen of the Globe*』을 출간했다. 그리고 이번에는 그 코스모폴리탄 이론을 현실에 직접 실행하고 있는 것이었다.

르퀴니오가 설교단에 자리를 잡았을 때, 아마 간혹 기침소리가 나고, 노동자의 장화가 긁히는 소리, 곁눈질 소리, 옷이 스치는 소리들이 들려왔을지도 모른다. 그러나 이제는 고대인들의 팡파르에 둘러싸인 구성당에서 울려 퍼지는 그의 말은 흥미롭고도 분명했다.

> 형제와 친구들이여, 나는 오늘 여러분 모두가 관심을 갖는 것, 여러분 모두가 열망하고 한탄하는 것, 그리고 여러분의 모든 행동이 지향하는 그것에 대해 이야기하려 합니다. 여러분 각자는 무엇을 원합니까? 우리 모두는 무엇을 원합니까? 우리가 욕망을 알게 되는 그 첫 순간부터, 우리의 혈관에 흐르는 피가 차디차게 식어버려 우리의 요구가 소멸되어버릴 때까지 우리가 구하는 것은 무엇입니까? 누가 됐든 간에 우리 모두—크건 작건, 강하건 약하건, 젊건 늙건 간에—는 한마디로 행복을 꿈꿉니다. 우리는 행복하기만을 바라고, 오직 그렇게 되는 것만을 생각합니다. 그렇다면, 이 목적에 도달하도록 해줄 방법이 있는지 한번 보고, 또 그 방법들이 무엇인지도 한번 찾아봅시다.[2)]

물론 확신할 수는 없지만, 이쯤 해서 이 혁명자들의 집회에서 연설자 너머에 있는, 최근에 세상의 빛을 바꾼 스테인드글라스를 향해 이리저리 눈길을 돌리는 사람들을 상상한다는 것이 무리한 일만은 아니다. 높은 곳에서 빛을 찾는다는 것은 결국 익숙한 반사작용이었을 것이다. 그러나 르퀴니오는 이러한 원시적인 퇴행의 가능성을 예상이라도 한 것처럼 관중을 불시에 점검해서, 그들을 다시 지상으로 내려놓았다. "제가 그렇게도 오랫동안 여러분과 다른 사람들 앞을 누비고 지났던 그 우스꽝스런 광대극, 낙원과 극락정토, 천사와 대천사 등에 대해 말하리라고 기대하지 마십시오"라며 그는 조소한다.

> 사는 동안 최후의 순간까지 어리석은 짐승처럼 일하면서 그들을 위해 그들이 원하는 일을 한다면, 사제들이 약속해준 대로 사후에는 매혹적인 천상에 갈 수 있다고 기대하지 마십시오. 사기꾼들은 바로 이런 마음의 착각, 그리고 내세의 영원한 행복에 대한 약속으로 이 세상의 무지한 자들과 귀가 얇은 자들을 노예로 삼고, 비참하게 살도록 지배하면서 현세의 즐거움들을 좌절시켜왔습니다.[3]

아니, 자유를 구가하며 살고자 하는 자들은 이런 철부지 같은 착각을 버려야만 한다. 즉 내세란 없다. 우리의 섬유질이 굳어지고, 심장이 멎고, 우리의 피가 흐름을 멈출 때, 우리는 더 이상 존재하지 않는다. 신체는 분해되어 그 구성 요소들로 다시 복귀되며 "새로운 존재, 즉 벌레, 물고기, 식물 등 수천 가지의 다른 것들"을 탄생시키는 데 쓰인다. 남아 있는 생존자들의 추억 속에서 "이제 우리는 흩어진 분자들 외에는 결코 아무것도 찾아볼 수 없을 것이다. 시민들이여, 절대 내세란 없는 것이다."[4]

겉으로 보면 행복에 관한 설교로서 이것은 소름끼치는 말이다. 그러나 르퀴니오는 그렇지 않노라고 단호하게 주장했다. 그는 관중들에게 그들의 어린애 같은 착각이 이제는 모두 제거됐다는 사실에 즐거워하라고 촉구했다. 이제는 '가상의 행복' 대신에 '진정한 기쁨'이 그들 손에 미치는 곳에 있었다. 파견 대표는 그들 앞에, 이 현세에서 '실제로 있고 절대적인' 행복에 대한 바로 그 감질나는 기대를 내밀

✤ 루소 신격화에 대한 당대의 판화. 프랑스 국립도서관.
1798년 10월 11일, 루소의 유해가 파리의 판테온으로 옮겨졌다. 그곳은 예전의 성 주느비에브 교회로서, 혁명의 정신적 성인들의 안치소가 되었다.

었던 것이다.

르퀴니오는 "엄청난 재산에서 행복을 얻는 사람이 있는가 하면" 누군가는 사치에서, 또 누군가는 아름다운 여성에게서 행복을 얻는다고 말을 이어갔다. 이 사람은 먹는 걸 즐기고 저 사람은 도박을 즐기며, 각자 자신의 기호에 따라 자신이 바라는 행복을 만든다. 그러나 열정과 쾌락을 행복으로 여기는 이 치명적인 혼동은 얼마나 끔찍한 실수인가. 전자는 덧없는 일시적인 것이다. 술꾼은 항상 다음 날 아침에 숙취의 부작용을 느끼고, 방탕한 사람은 무절제의 결과로서 '천 가지 질병'으로 고통받는다. 쾌락에 대한 욕구—신체 또는 마음의 덧없고 주관적인 욕구—는 결코 충족될 수 없는 것이다. 인간은 한 가지를 갖는 순간 또 다른 것을 원하고, "욕구에 욕구를 이어 질주하며, 더욱더 멀리 찾기 위한 부단함과 야망에 의해 앞으로 나아간다." 이러한 사람은 "행복해지고 있다고 항상 상상하면서, 실제로는 단지 쾌락과 혐오, 욕망과 회한의 연속을 경험하는 것으로 생애를 마치게 될 것이다. 아니, 시민들이여, "행복은 개인적인 쾌락에 있는 게 아니다."[5) 행복은 그것보다는 좀 더 고귀한 것이다.

그렇다면 이 잡기 어려운 행복이란 어디에 있단 말인가? 어느 원시의 오아시스에 있는 것이 아니다. 르퀴니오는 자코뱅파가 좋아했던 루소에게 소중했던 몇 가지 주제를 불러일으키며, '야만의 상태'로 복귀해야만 행복을 찾을 수 있으리라는 몽상을 경멸로써 무시해버렸다. 그는 "오직 사회에서만 인간은 진정으로 행복해질 수 있다"며 "왜냐하면 바로 그곳에서 인간은 과학과 예술을 통해 모든 장애를 극복하고, 모든 결핍을 충족시킬 수 있기 때문이다. 바로 그곳에서 인간은 인간의 가슴이 욕망하는 모든 즐거움을 얻을 수 있기 때문이다"라고 강조했다. 바로 오직 그곳에서만 인간은 일찍이 자신이 상실했던 그 존재를 대체할 수 있는, 존재의 새로운 유형을 창조해낼 수 있는 것이다. 그러나 이러한 최적의 상태는 '부를 쥔 귀족'이 파멸될 때에만 성취되는 것이다. 여태까지 민중들은 "사회적 평등을 감히 꿈꾸지" 못했고, "부유한 자들의 부가 민중의 노동으로 축적되었다는 것은 감히 생각할 수도 없었다." 이제는 그들이 분연히 그렇게, 감히 그들에게 맞서야만 했다.

이런 주장은 비록 사회 특권층에 대한 자코뱅파의 전례 없는 맹공과 부의 재분배를 향한 그들의 불완전한 첫걸음에 전적으로 부합하는 것이기는 하지만, 그래도 급진적인 것이었다. 르퀴니오는 민중들의 '마음과 가슴' 속에서 벌어지는 '도덕적인 혁명'이 사회 혁명에 동반되지 않는 한, 이러한 생각들은 다 헛될 뿐이라고 경고했다. 새로운 사회에는 새로운 인간이 요구되는 법이다. "어디에서 행복을 구해야 하는 것인가? 시민들이여, 대체 어디에서? 우리의 내면에서, 우리 가슴의 깊은 곳에서, 우리 자신의 자기 부정에서, 일에서, 타인에 대한 사랑에서 구해야 한다. 바로 이것이 그 비결이다." 르퀴니오는 노동을 통해 우리는 자신을 독립시키고, 우리의 동료들에게 유익해지며, 건강해지고, 그들의 존경을 얻는 것이라고 주장했다. 자기희생을 통해 우리는 운명의 타격에도 굴하지 않게 된다. 시련을 이겨내며 강철처럼 굳건해진 영혼은 "기회의 변화, 정치적 격동의 변덕 그리고 건강의 불확실성"을 넘어 그 위로 우뚝 솟아오를 것이기 때문이다. 불행이란 그 정도의 여하를 불문하고, 외부 상황에 있는 게 아니라 우리가 불러들인 고통에서 비롯되는 것이다. 자신을 희생하는 사람, "나는 행복하길 원한다고, 나는 무엇보다도 역경을 바라노라고 자신에게 말하는 사람"은 어떤 고통도 겪지 않을 것이다. '자신을 희생한 사람'은 '모든 사고, 모든 손실, 모든 사태'를 초월하기 때문이다. 자신의 주위에서 우주가 무너진다 해도 그는 완벽한 평정을 유지할 것이다.

그러나 이 걸출한 존재, '자신을 희생한' 이 사람은 터무니없는 운명의 장난질에 경멸의 시선을 보낼 뿐만 아니라 '인간의 마음을 동요시키는 수많은 열정' 또한 무관심으로 대한다. 그는 결코 자만심, 야망, 탐욕 그리고 시기에 굴하지 않고, 또 단지 천박한 만족감만을 안겨주는 덧없는 쾌락을 좇지도 않는다. 자신을 희생한 사람은 "타인의 행복을 위해 전념하며, 공공의 행복에서 자신의 행복을 찾으며 살아간다." 그는 불행한 자들, 가난한 자들, 고통받는 자들을 돕는다. 그는 온화한 아버지요, 충실한 남편이고, 신실한 친구이다. 그리고 무엇보다도 자신을 희생하는 이 사람은 애국자로서, 매우 침착하고 자

⚜ "떠오르는 태양이 프랑스 지복의 여명을 알린다." 1791, 프랑스 국립도서관, 파리.

신감에 넘쳐서, 만약 조국을 위해 죽음을 불사하라는 소명을 받게 되면—사형대에라도 오르게 되면—"단호하게 사형대 계단을 오를 것이다. 양심에 추호의 흔들림 없이, 자신의 옳은 행동에 위로를 얻으며, 자신의 죽음에 후손들의 애정과 애도가 이어지리라고 확신하며 죽음의 계단을 오를 것이다." 르퀴니오는 이것이 바로 행복한 사람, '미덕' 을 지닌 사람이라고 결론을 맺는다. 이런 식으로 행복을 구하는 자는 모두 '그것을 찾게 될' 것이다. 그렇지 않은 사람들에게는,

"그들이 꾀했던 바로 그 목적, 즉 행복이라는 목적으로 그들을 인도할 수 있는 유일한 길을 택하도록, 조국이 거룩한 사랑으로 각자를 밀어붙여"주기를 바랐다.[6]

유감스럽게도, 로슈포르의 시민들이 이 혁명적인 복음에 어떻게 반응했는지에 대한 기록은 없다. 그러나 우리가 아마도 그 시민들이 다소 동요했다기보다는 당황했다고, 확실히 그랬을 거라고 말해도 과히 틀린 얘기는 아닐 것이다. 왜냐하면 브르타뉴의 숲에서 방데Vendée의 늪에 이르기까지, 상당수의 시민들이 혁명에 반대하기 위해 무기를 들기 시작한 것이 바로 정확히 이때, 이 장소였기 때문이다. 르퀴니오 같은 대표들은 국가의 안전을 유지하기 위해 필요한 총력을 동원해 그들을 진압하라고 파견되었던 것이다. 바로 두 달 전인, 1793년 9월 5일, 의회가 악명 높게 포고했듯이 "테러가 그날의 일과였다."

르퀴니오는 명령을 잘 받들었고, 또한 그 명령을 수행하는 것은 더 잘했던 것으로 보인다. 행복을 향한 약속에 찬가를 보낸 지 얼마 되지 않아 그는 "로슈포르에서 단두대를 작동시킬 사람들을 초과하여 찾는" 행운을 얻었노라고 파리에 보고했다. 그는 한 사람을 뽑고는, 그 사람과 그의 두 친구 궤즈노Guezno와 톱상Topsen과 같이 저녁식사를 한 뒤 일을 시켰다. 르퀴니오가 자신이 여러 죄수의 "머리를 직접 날려버렸다"고 자랑을 늘어놓은 브레스트, 라 로셸 그리고 방데로 이동하기 전에도, 수십여 명의 목이 단두대에서 잘려나갔다.[7] 이 주장은 후에 그를 괴롭힌다. 자코뱅파의 몰락 후에 르퀴니오는 로슈포르와 방데 지역에서 자행한 잔학 행위로 기소되었는데, 그 내용 중에는 어린 자식들에게 살해당한 자기 부모의 홍건한 핏속을 걷게 한 일도 포함되어 있었다.[8]

따라서 로슈포르의 진실의 전당에 모여 '자신을 희생한 사람' 은 문자 그대로—사형대 계단을 오르며—그렇게 해야 한다는 르퀴니오의 훈계를 어떤 이들은 상당히 불편한 마음으로 들었으리라는 것은 당연하다. 그들은 '조국의 거룩한 사랑' 은 한 가지 방식으로 행복을 구하도록 모든 시민들을 강요한다는 마지막 구절을 과연 어떻게 받아들였을까? 그들은 강제 행진, 강제 입장 그리고 무기의 위력은 이해했을 것이다. 그러나 강요된 행복은 전혀 다른 문제이다.

놀랍게도 르퀴니오가 말한 지상적 행복에의 약속은 전 유럽에 공포되고 있었다. 프랑스 내에서는 혁명가들이 희소식과 함께 전했으며, 프랑스 국경 밖에서는 개혁 운동가들에 의해 총검 끝으로 전파되었다. 「인간과 시민의 권리 선언The Declaration of Rights of Man and the Citizen」은 그 전문에서 '모든 이의 행복' 을 위해 일할 것을 서약했고, 당시 체제의 기초가 되는 1793년 6월 24일의 헌법은 이 약속을 진지하게 받아들였다. 그 첫 장에서는 바로 "사회의 목적은 공동의 행복이다"라고 선언하고 있다.

자코뱅파가 행복을 그 중심사로 만들었던 것은 아주 적절했다. 1792년 9월 25일, 로베스피에르는 그답게도 "위대한 민중의 행복과 인류의 행복에만 매달리시오"라고 자신의 시민 동지들에게 요구했다.[9] 그의 동료들은 그의 말을 그대로 따랐다. 파리 지도를 고치려는 계획을 고려하고 있을 때, 어떤 야심찬 건축가는 '혁명광장' 에서 맞은편 막다른 지점—어디 다른 곳이 있을까?—인 '행복의 광장' 을 잇는 대로를 만들자는 제안을 하기도 했다.[10] 10일 단위로 정해진 혁명력의 휴일들 36일을 어떻게 기념하고 축하해야 하는지 결정해야 할 때가 왔을 때, 1794년 5월 7일 법령은 고상한 주제로 된 지루한 설명을 늘어놓았다. 그중 몇 개만 보자면 영웅주의, 사랑, 인류애 그리고 정의 등이 포함되었다. 마지막 휴식일—일 년과 이 의식의 주기를 마감하는 거룩한 제10일—에는 '행복 페스티벌' 이라는 의식을 법으로 지정해놓기까지 했다. 이에 예카테리나 여제의 행복의 전당을 설계한 프랑스 디자이너 포셰는 내무부 장관에게 곧바로 자신의 봉사를 제안하는 서한을 보냈지만 끝내 아무런 연락도 받지 못했다.[11] 시간에서와 마찬가지로 공간에 있어서도 혁명은 오로지 새로운 것을 포용하는 데 달려 있는데, 시간에서처럼 공간에서도 혁명은 행복으로 종결되기 때문이다. 1794년 봄에 자코뱅파의 지도자 생쥐스트Louis de Saint-Just가 선언한 것처럼, 행복은 '유럽에서 새로운 사상' 이었다.[12]

생쥐스트의 주장은 과장된 것이었다. 사실 그가 말한 '유럽의 새로운 사상' 이라는 것은 그런 게 아니었다. 그리고 자코뱅파가 그런 사실을 전적으로 몰랐던 것도 아니었다. 그들이 말하는 행복은 과거에 깊이 의존하고 있다. 르퀴니오의 청중 대다수는 아마도 그 점을 놓쳤을지 모르지만, 교육받은 사람의 귀에는 그의 설교 속에서 고전 시대 철학에 대한 분명한 참조, 특히 고통을 물리치고 열정을 통제하고 아무것도 우연에 맡기지 말라고 호소하는 스토아학파의 전통에 대한 언급을 간파할 수 있었을 것이다. 그리고 급히 재장식된 전당을 단지 한 번 둘러보는 것만으로도, 자코뱅파가 전국에 걸쳐 공개적으로 선언했던 것에 대한 암시, 즉 고대 세계의 고전적인 미덕으로 복귀하려는 의도를 읽을 수 있었을 것이다. 처음부터, 혁명은 고대인들의 양식을 자의식적으로 포용했다.

입헌 군주제의 붕괴와 함께, 혁명가들은 황제나 왕으로 물들지 않은 도상으로 공화국을 자유롭게 치장할 수 있게 되었다. 그들은 마차와 토가toga, 코린트식 열주와 월계관, 키케로, 소크라테스, 브루투스Brutus 그리고 카토Cato의 흉상 등 고대의 소박하고 오염되지 않은 정신에서 최고의 것을 부활시키면서, 옛 방식으로 새로운 세상의 도래를 구하려 했다.[13] 다른 경우에는, 생쥐스트가 아주 자랑스럽게 말했던 것처럼 "우리는 스파르타와 아테네 황금기의 행복을, 미덕과 안락과 중용의 행복을, 과하지 않게 필요한 것을 즐기는 데서 나오는 행복을, 압제자를 증오하는 행복을, 오두막에서 느끼는 즐거움의 행복을, 손수 경작한 비옥한 들판의 행복을 그대들에게 제안했다. 우리는 평온함과 자유로움의 행복을 민중들에게 제안했다."[14]

새로운 시대의 여명을 알린다는 자부심을 가졌지만 르퀴니오나 그의 자코뱅 동지들 그 누구도, 자신들이 주장하는 행복의 현대적 사상에 미친 고대의 영향을 부정하지는 못했을 것이다. 그러나 그 사상의 형성에 기독교 역시 중요한 역할을 했다는 견해에는 분명 제동을 걸었을 것이다. 그러나 인류의 구원을 위해 자신을 기꺼이 포기하는, 신기하게도 마치 그리스도와도 같은 '자신을 희생하는 자' 라는 이 말을 달리 어떻게 설명할 수 있을까? 설교대에서 공포된 르퀴니오의 새로운 인간은 개인적인 고통이나 죽음을 치르면서까지 '전적으로 타인의 행복을 위해' 사는 데서 행복을 느낀다. 자만심과 고통, 탐욕과 야심에 의심의 눈길을 보내는 그는 겸손한 자, 가난한 자, 의기소침한 자, 온순한 자들의 친구이다. 그는 정의에 굶주리고 목말라 하는 이들을 먹인다. 그의 도움과 능력으로, 마지막이 처음이 될 것이고 처음이 마지막이 될 것이다.

그렇다면 "행복은 개인적인 쾌락이 아니다"라는 르퀴니오의 주장은 또 무슨 말인가? 르퀴니오는 이 주장을 하면서 그의 시대, 즉 계몽시대에 가장 흔했던 주장들 중의 하나를 거부하고 있었다. 그리고 그렇게 하는 데 비록 스토아의 전통과 루소를 끌어들이고 있긴 하지만, 행복을 단지 기분 좋은 것으로 격하하는 것에는 반대했던 르퀴니오는 무의식중에 기독교에도 경의를 표했다. 그는 행복을 그런 식으로 격하시키는 것은 인간을 짐승으로 격하시키는 것이라고 비난했다. 그때의 짐승이란 계속적으로 욕망에 이어 욕망을 좇는 짐승으로서, "행복해질 것이라고 항상 상상하면서" 실제로는 단지 "쾌락과 혐오의 연속"만을 경험하면서 죽음에 도달한다. 인간은 분자들의 집합일 수 있다. 그러나 동물은 아니다. 인간은 정신적인 존재이다. 행복이란 단순한 신체적 감각 이상의 것임에 틀림없다. 덧없는 쾌락 이상의 무엇, 뭔가 더 고귀한 것, 더 심오한 것이다. 한때 이 구예배당의 제단 앞에서 경배했던 독실한 남녀들도 이러한 생각에는 동의했을 것이다. 행복은 여전히 과거의 종교적 분위기를 간직하고 있었다.

기독교의 '상상의 행복'과 르퀴니오의 '실제의 행복'을 구분 짓는 경계는 그가 자신의 청중들에게 주지시키려 했던 것보다는 좁았다. 그러나 역설적이게도 그의 현대적 설교를 가장 단단히 옛것에 묶는 것은 바로 설교의 마지막 구절—목표로 이끄는 결말부—이었다. 이것은 역설적인 일이다. 그 파견 대표는 다가올 미래의 행복에 대한 전망으로 청중들을 다독이면서, 미래가 아니라 과거를 불러 일으켰기 때문이다. 그리고 한 가지 더 역설적인 것은, 엄청나게 현재를 희생해야 할 필요성을 정당화하기 위해, 그도 역시 기독교 선조들과 마찬가지로 "미래의 삶에 대한 약속", 바로 "미래에 있을 영원한 행복이라는 잘못된 약속"을 그 바탕으로 삼고 있었다는 점이다. 르퀴니오는 "모든 폭제가 소멸되고 모든 위선이 사라지는, 그리고 모든 왕관이 산산조각 나고, 모든 경계가 지워지는" 그런 때, 최종적으로 "인류가 한 조국으로서의 세계 속에서 하나의 가족으로 살게 될" 그런 날을 고대하고 있었다.[15] 그곳에서는 모두가 행복하며, 자신을 희생한 사람은 후에 '애도와 애정'으로 기억될 것이라는 생각에 만족하며 죽어갈 수 있다.[16] 미래에는 구제자가 구원받을 것이다. 미래에는 실제로 행복을 보지 못했던 사람은 이제 그 도래를 상상할 수 있고, 그것이 곧 임박했다는 사실에 위안을 얻을 것이다. 보지 않고 믿는 자는 행복할지어다. 기독교의 천국과 같이, 르퀴니오의 미래도 신앙에 기반을 두고 있었다.

20세기 초에, 사회학자 에밀 뒤르켐Émile Durkheim은 『종교생활의 원시적 형태*Elementary Forms of Religious Life*』라는 책을 통해 프랑스 대혁명을 검토했다. 뒤르켐은 좀 더 일반적인 현상에 관심을 기울였다. 즉 인간은 자신의 삶에 어떻게 종교적인 의미와 중요성을 부여하는지에 대해 주목했다. 그러나 그는 또한 그 혁명을 "사회를 신으로 만들거나 또는 신들을 창조해내는 사회의 능력"이라는 아주 특별하고 놀라운 예로 보았다.[17] 이 과정은—역사학자 모나 오주프Mona Ozouf는 하나님에서 국가로, 구체제에서 신체제로, 그리고 천상에서 지상으로의 '성례성聖禮性 이동'으로 묘사했다—르퀴니오 같은 사람들에 의해 거행된 수많은 혁명적 의식과 축제들에서 특히 두드러지게 나타난다.[18] 이러한 현대적 제의에서 새로운 사회의 대표자들은 새로이 세례받은 시민들에게 목적, 종결, 목표 등에 대해 확신을 주기 위해 그들의 창조에 제의식의 위상을 부여하려 했다. 모든 기독교 제단이 전복된 마당에, 그들의 삶에 의미를 부여할 수 있는 것은 결국 무엇이었을까? 그에 대한 답이 바로 르퀴니오가 행했던 설교의 주제였다.

체스터턴G. K. Chesterton은 일찍이 "세상이 온통 미친 기독교도로 만원이다"라고 말한 적이 있다. 현대의 행복을 이러한 사고의 하나로서 생각해보는 것도 고려해볼 만하다.[19] 고전 시대의 형이상학뿐만 아니라 기독교적 구원의 약속도 이어받은 상속자인 행복은, 강력한 민주적 잠재력과 전도적 호소력으로 채워진, 보편적 희망이라는 기독교의 유산을 수용했다. 이 호소력은 과거와의 긴밀한 유대가 강했는데, 특히나 그러한 유대가 그렇게 강하게 드러나지 않을 때, 혹은 드러날 때조차도, 그 유대는 더욱 강하기만 했다. 르퀴니오와 그의 동지들은 이전에는 교회였던 장소의 설교대에 올라 곧 맞이할 황홀에 대해 설교하고, 미래의 '진정한 행복' 이라는 이름 아래 자기희생을 요구하면서 이러한 유대를 얼핏 보지 않았을까? 그 문제에 관해서라면, 가장 극단적인 유물론자들—라 메트리, 벤담, 사드—조차도 그들이 주장한 영원한 쾌락이라는, 표면상 좀 더 외설적인 행복 속에서 수세기 동안 내세의 기독교적 꿈이었던 것의 지상 도래와 기이한 세속화를 인지하지 않았을까? 아마도 인지했을 것이다. 그리고 우리의 삶에 있어 지고선을 완전한 일련의 기분 좋은 감각—즐거움의 최대화와 고통의 최소화—으로 그린다는 것은 완전한 황홀경이며, 천상의 기쁨의 영원한 축복을 지상에 불러들이는 것이었다. "완전한 즐거움, 즉 동물들이 즐기는 것보다 더 완전한 감각의 기쁨" 은 아퀴나스가 '모든 인간의 욕망' 이 충족되는 천상의 도시에서 약속했던 '최종의 행복' 이었다. 그의 상대자들은 '18세기 철학자들의 천상의 도시' 에서 비슷한 것을 약속했다. 행복의 완성과 영속 말이다.[20] 볼테르가 말했듯이 낙원은 바로 내가 있는 곳이다.

또 좀 더 낫게는, 바로 내가 있을 곳이 낙원이다. 대다수 현대인들처럼 볼테르도 행복을 아주 정확히 정의할 수는 없었다. 소수의 18세기 급진주의자들은 인간의 목적을 단지 주관적 쾌락으로만 정의하려고 노력했지만, 대다수의 개화된 사람들과 더불어 행복은 형이상학적이고 신학적인 찬란했던 과거와의 막연한 연관을 간직하고 있었다. 진실, 미덕, 이성에 둘러싸인 행복은 호감을 약속했지만, 개인과 국민들 모두에게 충만과 구제, 보수와 보답을 암시하며 단지 호감 이상의 것도 약속했다. 과거의 천국처럼 행복의 미래도 다수의 신념을 고취시기에는 충분히 일반적이고 막연한 분야였다.

그러나 르퀴니오와 자코뱅파의 경우에, 산을 움직이기 위해서는 신념만으로는 충분하지가 않았다. 그 산은 도리어 1794년 여름에 자체의 무게로 무너지면서, 정치적 반대파에 의해 와해되고 이동되었다. 르퀴니오 자신은 살아남아서 몸을 낮추고, 재창안이라는 기나긴 과업에 착수해 이윽고 나폴레옹 재위 기간 동안 상무차관으로서 로드아일랜드의 뉴포트에 이르게 된다. 그는 혁명 기간 동안에 자신이 자행한 죄상에 대한 용서를 얻고는, 행복에 대해서는 거의 말을 하지 않았다. 혁명력의 제2년(1794) 마지막 제10일에 이르러서는, 그 누구도 행복에 대해 전혀 얘기하지 않았던 것 같다. 행복의 축제는 연기되어야만 할 것 같았다.

그럼에도 인간의 꿈과 마찬가지로 미래도 결코 사라지지 않았다. 비록 프랑스 대혁명이 행복에 대한 몽상을 지구상에 실현하려는 시도가 얼마나 큰 위험인지를 톡톡히 보여주었지만, 그렇다고 그에 대한 희망마저 쫓아버리지는 않았다. 희망은 언제나 지평선 위로 떠오르면서 프랑스 시민들뿐만 아니라 현대 서구 시민들에게도 추구하는 바를 향해 전진하라고 이르고 있다. 이러한 점에서 볼 때 혁명 뒤의 프랑스는 사람들이 생각했던 것보다 더 많은 면에서 유럽과 아메리카 대륙의 선진국들의 모습과 유사했다. 이 국가들에서도 좀 더 나은 세상을 지향하기 위해 정치적 스펙트럼을 끌어내면서, 개인의 삶과 국가 정부에게 인정된 훌륭한 개념으로서의 미래의 행복이 부상하고 있었다. 그리고 그곳에서도 역시 행복은 여러 다양한 사람들의 대상으로서 지상의 존재에 중요, 의미, 목적 그리고 희망을 부여하는 세속의, 그리고 성스런 종교의 일부로서 여겨질 수 있었다.[21)]

행복을 향한 이들 행진이 프랑스 대혁명에서처럼 항상 강요된 것은 아니었다. 많은 사람들은 자진해서 다른 길을 택하려고 헤라클레스적인 용기를 냈다. 그러나 대체적으로 현대 문화의 여세는 특권, 자격, 재산, 세금 등에 대한 점진적인 폭넓은 이해와 더불어 지상의 만족이라는 방향으로 나아갔다. 오늘날 우리는 가능한 한 최선의 세상에서 모든 인간은 행복할 자격이 있다고 생각하지 않는가? 행복은 우리의 삶, 사랑, 일, 놀이, 병, 건강 등 어디에고 편재하는 힘을 갖고 있다. 우리가 분명히 알 수 없기에 그만큼 더 강력한 그 힘, 우리가 계획한 욕망을 견지하며 자신을 구현하려는 변화무쌍한 그 힘 말이다. 철학자 파스칼 브뤼크네르Pascal Bruckner는 행복이 '우리 민주주의의 유일한 지평선'이 됐다고 적절하게 표현했는데, 이는 대다수의 사람들에게 만물의 척도로 작용하는 통찰력이다.[22] 현대의 여명기를 즈음하여 대부분의 남녀들에게 하나님이 행복이었던 것에 반하여, 그 이후로는 행복이 우리의 신이 되었다.

이런 점에서 볼 때, 계몽 세계에서 행복이 부상될 때 행복의 진기함을 공표했던 생쥐스트가 오해를 받은 것만은 아니었다. 고전 시대와 기독교라는 과거의 흔적 또한 지녔기에, 행복에 엄청난 힘이 실렸던 것이다. 기독교적 약속이라는, 단단히 들러붙어 떨어지지 않는 향에 싸이고 고전적인 보상이라는 꺼지지 않는 불빛으로 밝혀진 행복은 구원과 완전, 인간의 최종적인 신과 같은 목적을 계속해서 넌지시 비추어나갔다. 이것은 과거에 대한 깊은 동경을 수반하고 있는 꿈, 즉 서구에서 '초월의 기이한 영속'이라고 불렸던 것의 완벽한 예증이다.[23]

이 책의 후반부에서 보겠지만, 행복을 모든 즐거움의 합으로 축소시키는 것에 반대하고, 좀 더 지고한 행복이 지상에서도 가능하다는 루소의 신념을 믿었던 사람들이 단지 르퀴니오와 자코뱅파뿐만은 아니었다. 그 믿음은 완강한—그리고 아주 현대적인—신념이었지만, 현대 세계의 삶의 현실과는 거듭하여 충돌하는 신념이었다. 행복의 추구가 개인의 책임이자 선택인 미국 같은 곳에서조차, 행복이라는 목적은 미소 띤 얼굴을 시무룩하게 찡그린 얼굴로 만들면서, 목적 자체를 파괴할 위험이 있는 수단을 요구할 수도 있다. 행복은 때때로 자신이 대신하고 싶어 한 하나님만큼이나 깐깐한 감독임을 증명했다고 말할 수 있는 것이다.

그대 콧대 높은 자들이여, 이걸 아시오. 기쁨은 영원을 소망한다는 것을.
기쁨은 모든 것의 영원, 깊은, 깊은 영원을 원한다오.
– 니체, 『자라투스트라는 이렇게 말했다*Thus Spoke Zarathustra*』

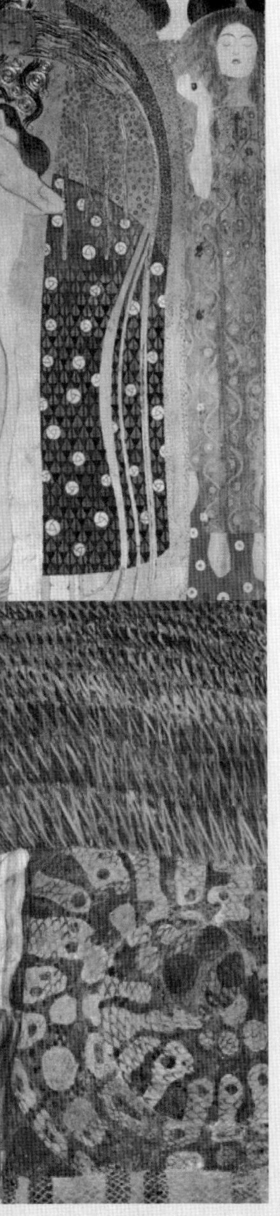

복음을 전파하며

Spreading The Word

따라서 언제고, 어떤 정치적 상황에서든,
유물주의적인 쾌락에의 열정과 또 그 때문에 조장된 믿음이
한 민족 전체를 만족시킬 수 있다고 믿어서는 절대 안 된다.
인간의 영혼은 우리가 생각하는 것보다 훨씬 광대하다.
그것은 지상의 재화에 대한 미각과 천상의 재화에 대한 사랑
모두를 즐겁게 해줄 수 있다.
가끔, 어느 한 민족은 그중 오직 한 가지만을
전념하여 추구하는 것처럼 보인다.
그러나 곧 나머지 하나도 찾게 될 것이다.

– 토크빌, 『미국의 민주주의*Democracy in America*』

Happiness Part 2

증거에 대한 의문

Questioning The Evidence

칼로 영광을 얻기 몇 해 전에 나폴레옹은 펜으로 영광을 얻으려 했다. 윌리엄 워즈워스William Wordsworth가 『서곡 *The Prelude*』 제11서에서 회상하듯, 대체로 1791년 여름은 '살아 있다는 것이 축복' 이고 젊다는 것은 '천국 그 자체' 였던 때였다. 이 두 가지를 모두 가진 나폴레옹이라는 젊은이도 프랑스에 있었다.

> 유토피아도 아니고—지하 세상,
> 어느 은밀한 섬도 아니고, 아무도 모르는 곳!
> 그러나 바로 세상, 우리 모두의 세상,
> 결국에는 우리가 행복을 찾거나
> 아니면 전혀 찾지 못하는 바로 그곳!
>
> – 「프랑스에서의 거주」, 『서곡』 제11서

프랑스의 그 젊은 장교는 문학적 명성을 획득하고자 결심했다. 그래서 자신이 속한 연대에 작별을 고하고 여러 달 동안 독서와 집필에 매진했다. 그리고 8월에 드디어 리옹 아카데미가 후원하는 수필 콘테스트에 참가했다. 수필 주제로 주어진 것은 '인간에게 행복을 주입시키기 위해 가장 중요한 사실과 감정은 무엇인가?' 였는데, 이는 격랑의 시기인 당대와 아주 잘 부합하는 것이었다.

그러나 이에 대한 나폴레옹의 답변은 그렇지가 않았다. 혁명의 상투어들과 진부한 계몽적 구절들이 꽤 있지만—'인간' 은 '행복하기 위해 태어난다' 고 우리는 배운다—그의 수필은 전반적으로 그 반대의 증거들을 보여주었다. 즉 우울한 분위기가 작품에 배어 있었던 것이다. "권태가 인간의 마음을 차지하고 있을 때" "슬픔, 우울한 멜랑콜리 그리고 절망이 따른다. 만약 이런 상태가 지속된다면 그는 죽음에 이르게 될 것이다"라고 나폴레옹은 말한다.[1] 이미 자살에 관한 짤막한 생각을 써봤던 나폴레옹은 그 주제에 정통해 있었다. 이 수필에서 그는 '자기 자신의 내부를 열어젖히며' 라고 사실적으로 표현하면서, 다시 그 주제로 돌아온다. 이 젊은 군인에게는 '텅 비고, 끔찍하게 외로운 마음' 이 떠나지 않고 맴돌았던 것 같다.

> "나는 왜 이 세상에 나왔을까?"라고 자신에게 물을 때, 그 사람은 모든 인간 중에서 가장 불행하다고, 나는 생각한다. (…) 이렇게 공허한 마음으로 어떻게 존재할 수 있단 말인가? 인간의 본성에만 있는 그 특별한 도덕적 능력으로 어떻게 동물의 삶을 영위해나갈 수 있겠는가? 만약 그런 능력을 가지고 있지 않다면 그는 행복할 수 있을 것이다. 하찮은 것 때문에 그는 절망 속으로 내동댕이쳐진다. 아주 사소한 차질조차도 그에게는 견딜 수 없는 불행처럼 보인다. (…) 고독이 없으면, 내부의 열정

이 "아니야, 난 행복하지 않아"라고 말하지는 않을 것이다.[2]

나폴레옹의 수필 초고의 마지막 단락에 나온 이 부분은 그가 리옹 아카데미에 제출한 최종본에는 넣지 않았다. 그러나 행복이 인간의 응당한 몫이 아닐지도 모른다는 의혹, 즉 그 '내부의 열정' 이 그를 사로잡았다는 것은 분명하다. 그는 이를 진압하기 위해서는 '감정' , 즉 불행의 시기에 인간에게 편안함과 안도감을 주는 그 '위안의 동인動因' 을 배양하라고 권고하고 있다. 나폴레옹은 몽블랑 정상에 올라 일출을 바라보라고 제안한다. '첫 빛줄기가 당신의 가슴으로 들어가기를.' 바닷가를 거닐며 그 거대한 태양이 '무한의 가슴으로' 빠져드는 것을 보라. "멜랑콜리가 당신을 이끌고, 당신은 그것에 자신을 내던질 것이다." 시골을 거닐며 '우주의 완벽한 침묵' 에 귀를 기울여보라. 양치기의 오두막으로 피해, 모닥불 앞에서 잠도 자보고, '자연의 기원에 대해 사색하기' 위해 한밤중에 '자신으로 돌아가보라.' 또는 밤 10시에 로마의 성 베드로 성당 제단 앞을 지날 때 새벽까지 머물면서 '밤의 암흑' 이 '아침의 여명' 에 길을 내주는 것을 목격하는 신비의 증인이 되어보라.[3]

나폴레옹은 그 나름대로 루소를 읽었고, 18세기의 감수성과 숭고의 전통 속에 위치한 다른 감상적인 작가들에 대해서도 숙지하고 있었다. 그러나 그에게는 뭔가 조금 다른 게 있었다. 즉 그의 18세기 선배들을 넘어서는 미학적, 감성적 스타일의 변화가 언뜻 엿보였다. 자신에게로의 회귀와 자연 속으로의 투영, 순간의 열정에 불을 지피기, 그리고 감정, 신비, 멜랑콜리, 열망, 의혹에 대한 집중. 이 모든 것들은 우리가 모호하게 부르는, 필요하다면 (왜냐하면 더 나은 단어가 없으니) 낭만주의라고 부르는 것의 맛을 풍기고 있다.[4] 전장에서 전형적인 낭만적 영웅이라는 위상을 얻기 전에도 이미 나폴레옹은 그런 칭호가 당연하다는 것을 증명하고 있었던 것이다.

낭만주의는 정의하기가 아주 고약할 정도로 힘든 사조인데, 그 주요한 이유는 그것이 언제나 자의적인 운동이 아니라 폭넓은 문화적 에토스였기 때문이다. 낭만주의는 19세기의 첫 3분의 1 기간에 그 사조의 특정한 역사적 순간의 테두리를 넘어서 예술, 문학, 음악 그리고 철학으로 흘러나갔던 사조였다. 나폴레옹은 천재적인 예감으로 낭만주의적 감수성의 암시를 포착했던 것 같다. 그러나 그것만으로는 리옹 아카데미의 상을 거머쥐기에 충분치 않았다. 심사위원단 5인은 그의 노력에 영감이 없다고 평했으며, 그중 한 위원은 "평범한 것보다 더 형편없다"고 잘라 말했다.[5] 이렇게 해서 15번 후보자의 문학적 명성에 대한 희망은 발길을 바꾸었다. 몇 년 후에도, 나폴레옹은 낙오했던 그때의 상처를 완치할 수 없었다. 고약한 조신朝臣인 탈레랑Charies Maurice de Talleyrand이 젊은 시절의 그 원고 사본 한 부를 황제에게 가져다주자, 나폴레옹은 몇 페이지 훑어보고는 곧바로 불 속에 던져버렸다. 그 위대한 사람은 그렇게 젊은 날의 환상을 던져버렸던 것 같다.

후에 헤겔이 고찰한 바와 같이, 세계의 역사적 인물들은 '보통 행복이라고 지칭되는 것'을 경험할 운명이 아니라는 말이 딱 들어맞는 경우였다.[6] 나폴레옹의 경우에는 노력이 부족해서가 아니었다. 나폴레옹은 젊은 시절의 논문에서 "오직 행복한 자만이 그의 창조자에게 가치가 있다"라고 강조했고, 또한 전 생애를 통해 가치 있는 사람이 되고자 고군분투했다. 자신의 실패를 인정하는 것이 자신과 자신이 이끌었던 사람들에게 얼마나 쓰디쓴 것인지는 두말 할 필요도 없이 자명한 일이다. 그는 퐁텐블로Fontainebleau에서 항복하면서 자기 휘하의 장군들에게 "나는 프랑스를 행복하게 만들려고 했다"고 고백했다. "나는 성공하지 못했다. 상황이 내게 등을 돌리고 말았다."[7]

이것은 터무니없이 말을 돌리는 것이었다. 좀 더 적절하게 표현하자면 나폴레옹이 상황에 역행한 것이고, 그렇게 그는 자신의 국민들과 전 유럽을 무익한 전쟁으로 내몰아 수백만 명을 고통 속에 빠뜨렸다. 거대한 규모로 움직이는 것이 언제나 역동적인 이 인물의 방식이었다. 마음속으로는 아마도 불가능한 꿈이라는 것을 알면서도 행복을 성취하고자 했던 그의 분투에서, 나폴레옹은 좀 더 포괄적인 낭만주의적 갈등과 도전을 극화했다. 그의 분투는 계몽사조의 자명한 진실의 후예로 태어난—행복하기 위한 존재로 믿도록 키워진—이들의 분투였다. 어쩔 수 없이 그들은 세상이 예증하는 것은 자신들이 믿는 바와 다르다는 의혹에 시달릴 수밖에 없었다. 이것이 바로 낭만주의의 갈등이었다. 동시에 낭만주의의 도전은 기쁨과 '예기치 못한 행복'을 믿으며, 심지어 보거나 들을 수 없을 때조차도 믿음으로 그 갈등을 극복하는 것이었다. 분투와 실패를 통해 나폴레옹은 이 위대한 낭만적 원정을 스스로 체현했던 것이다.

멜랑콜리에 대한 송시

"이게 무엇을 의미할 수 있는지 알지 못하기에 나는 이리도 슬프다오." 종종 노래로도 불리며 리스트Franz Liszt, 클라라 슈만Clara Schumann, 그리고 또 다른 음악가들에 의해 곡으로 만들어진 이 구절은 독일의 가장 유명한 시 중 하나인 하인리히 하이네Heinrich Heine의 「로렐라이Die Lorelei」의 도입부이다. 그 독일어 시를 문자 그대로 영어로 번역하면 뜻을 제대로 전달할 수 없다. 그러나 애정 어린 어조로

'끔찍한 독일어' 라고 내뱉곤 했던 근면한 학생 마크 트웨인Mark Twain이라면 아마도 조금 더 낫지 않았을까 싶다.

> 뇌리를 떠나지 않는 이 이름도 없는 고통,
> 이것이 대체 무엇을 말하는지 알 수 없다.

하이네의 불평의 근원을 알아맞히는 것이 어렵다면, 그 정체를 알아내기는 상대적으로 쉽다. 시의 화자는 치명적인 사이렌의 전설에 시달리고 있다. 사이렌은 라인 강가에서 선원들을 죽음으로 불러들이는 아름다운 처녀(로렐라이)이다.

자기 슬픔의 근원을 지적하는 데 하이네가 항상 그렇게 노골적이었던 것은 아니었다. 유대계 독일인이었던 하이네는 자신의 동화를 쉽게 할 목적으로 개신교로 개종했는데도 정부 당국과 충돌했고, 따라서 성인기의 대부분을 파리에서 망명자로 보내야만 했다. 두 문화와 두 종교 사이에서 상처받은 하이네는 직업에서도(그는 시인이자 저널리스트였다), 그리고 미학에서도(그는 낭만주의 찬미자인 동시에 낭만주의에 대한 가장 예리한 비판자이기도 했다) 양쪽을 오갔다. 헤겔의 제자이자 파리에서는 엥겔스와 마르크스의 친구였던 하이네는 공산주의가 향후 세계에 위협이 될 것이라는 경고를 하기도 했다. 그는 갈등하는 영혼이었다. 그러나 아마도 바로 그랬기 때문에, 자신이 살던 당시에 존재하는 고통의 의미를 이해하고 해석하고자 모든 작품에서 분투했다.

시인 장 폴 리히터Jean-Paul Richter와 더불어, 새로우면서도 잡기 힘든 고통의 형태를 붙잡기 위해 '세상의 고통' 이라는 용어를 처음 도입했던 사람이 바로 하이네였다.[8] 애초에 두 사람 중 누구도 그 용어가 당대를 거치며 축적하게 될 무게와 중요성을 생각지 않았다. 세상의 피로疲勞, 또는 문자 그대로 '세상의 고통', 즉 세상에 존재한다는 간단한 사실 때문에 비롯되는 격심한 고통 말이다. 그러나 또한 그들 중 누구에게도 이러한 느낌은 낯설지 않았다. 그리고 이미 19세기의 첫 10년쯤에 이르면, 유럽인들은 정확히 이와 같은 징후의 불가사의한 질병에 대해 불평을 하게 된다. 이는 세기의 병, 세기의 악 또는 시대병이라고 불렸다.

그 병을 묘사하는 데 사용할 수 있는 용어가 이미 있었던 것처럼, 이러한 병에도 전례가 있었다. 1774년에 출간된 괴테의 『젊은 베르테르의 슬픔』은 불만스런 젊은이들 사이에서 그야말로 불가사의한 유행을 일으키며 '베르테르 열병'이라는 용어를 탄생시켰다. 그 열병은 고독한 불만과 상사병의 슬픔을 묘사한 것이었는데, 이는 작품의 제목이 된 주인공 베르테르를 따르는 수많은 사람들을 사로잡았다. 괴테의 이후 충고—'행복하기 위해 도전하라'—도 무시하면서, 그들은 베르테르와 같이 단순한 푸른색 프록코트와 담황색 조끼를 감상주의자의 제복처럼 입고 다녔다.[9] 프랑스에서는 루소가 엄청나게 강력한 예로써 이와 유사한 효과를 불러일으키며 많은 사람들이 고뇌를 내뱉게 만들었다. 영국에서는 1751년 토마스 그레이Thomas Gray의 인기작인 『시골 묘지에서 쓴 비가*Elegy Written in a Country Churchyard*』가 출간된 이후, 음울하게 무덤가를 어슬렁거리는 것이 소일거리가 되었다. 본의 아니게 행복한 18세기를 읽으면서, 사람들은 '멜랑콜리'에의 송시와 '우울'에의 소나타라는 유서 깊은 용어를 부족함 없이 마주하게 된다. 우울은 전통적으로 검은 담즙의 영지로 간주되었지만, 영어에서는 17세기 후반부터, 그리고 프랑스어에서는 18세기 중엽부터 멍한 슬픔과 부동의 절망을 묘사하기 위해 사용되었던 용어이다. '앙뉘ennui(권태라는 뜻이지만 일반적으로 좀 더 우울한 어감이 있다)' 라는 단어 또한 18세기에는 영혼의 병과 연관되기 시작했다. 이 프랑스 용어는 재빠르게 전 유럽에 퍼졌고, 빛의 세기인 18세기 말에는 여러 언어권에서 사용되었다.

실상, 세기의 병은 두 세기의 병이라고 볼 수 있다.[10] 이 주제는 계몽 시대의 후반에 자리를 내주면서 루소에게서 보았던 문화적 역동성을 부각시킨다. 행복을 지상의 목적으로 굳건히 자리 잡게 했던 바로 그 세기는 또한 절망의 새로운 형태를 낳았다. 각자 그들의 '당연한' 목적을 성취하기 위해 고군분투하고 또 실패함에 따라, 행복과 우울, 지복과 권태가 나란히 전개되는 공동의 연속선상에 휩쓸려버렸던 것이다.

이 주제가 배태된 초기, 즉 18세기 후반에서뿐만 아니라, 그 뒤를 이은 수십 년 동안에는 더욱 그러했다. 예술가, 작가, 철학자 그리고 음악가들은 베르테르와 루소가 오히려 자제하는 유형으로 보일 만큼 자신들의 불만을 강렬하게 과시했다. 발작적으로 흐느끼며 온 유럽을 전전했던 샤토브리앙Chateaubriand을 생각해보자. 세기의 전환기에 그는 "슬픔은 내 천성이다"라고 썼다. "내가 불행할 때, 내 자신을 발견하게 된다."[11] 프랑스의 낭만주의자 피에르 시몽 발랑슈Pierre-Simon Ballanche는 1808년에 "인생에서는 오직 슬픔만이 중요할 뿐이며, 눈물 없는 현실이란 없다"라고 주장했다.[12] '동사 앙뉘에en-nuyer(권태를 느끼게 하다)'를 어미 변화하는 것에까지 불평을 해대던 세상에 지겨워진 바이런George Gordon Byron은 '스스로 우울에 먹혀버리며', 슬픔에 대한 연극 같은 짓거리의 모델을 모든 세대에게 제공해주었다.[13] 이탈리아 시인 레오파르디Giacomo Leopardi도 이와 비슷한 역할을 했다. 그는 당시 널리 읽혔던 자신의 책을 자기 삶의 '영

⚜ 피에르 폴 프루동, 「행복에의 꿈을 위한 습작」, 1819, 루브르 박물관, 파리.

원하고 떼려야 뗄 수 없는' 부분인 '고집 세고, 침울하고, 끔찍하고, 야만스런 멜랑콜리'로 가득 채웠다.[14] 당대인들은 또한 슐레겔Schlegel 형제, 실러Friedrich Schiller, 횔덜린Friedrich Hölderlin 그리고 그 밖에 독일의 '시대병'의 계보에 오른 무수한 사람들의 매력에 빠졌는데, 이들에게 행복이란 '혀 위에 놓인 미지근한 물'이었다.[15] 그들은 또한 자신이 '절망의 시대'에 살았다고, 또 세상이란 '어슴푸레하고 거대한 눈물의 계곡'이노라고 느꼈던 셸리Percy Bysshe Shelley에게도 매료되지 않을 수 없었다.[16] 그 짧고 불행했던 삶에서조차 '행복을 기억하기가 거의 힘들' 정도라고까지 했던 키츠John Keats도 있었다. 이것은 단지 수많은 명단의 시작에 불과할 뿐이다. 그 오랜 계몽 시대 뒤에, 이렇게 눈물을 통해서 세상을 보는 새로운 추세가 왜 일었는지를 질문해봐야 한다. 하이네의 질문으로 돌아가보면, 이런 슬픔은 무엇을 의미하는 걸까? 그 근원은 어디에 있는 것일까?

당대인들은 이에 대해 재빨리 대답을 내놓기 시작했다. 『서곡』에서 워즈워스는 이러한 새로운 분위기를 프랑스 혁명에 대한 기대가 좌절된 데서 기인한 환멸—'무너진 희망의 낭비에서 오는 멜랑콜리'—탓으로 돌렸다.[18] 1790년의 여름, 그리고 또 1791~1792년의 약 일 년 동안 프랑스에 머물렀던 워즈워스는 당시의 엄청난 낙관주의에 직접 동조했다. 혁명의 열망이 피로 물들자 그는 그 상처를 직접 느꼈다. 멀리서 지켜보던 사람들도 마찬가지로 약속된 행복과 기만된 행복의 광경에 마음이 움직였을 것이다. 셸리에게 혁명의 희망과 실패는 '우리가 살고 있는 시대의 주된 테마'였다.[19] 그의 견해는 넓은 공감대를 이루었다.

그 밖의 사람들은 나폴레옹 전쟁으로 일어난 전 유럽의 파괴를 포함시키고자 시간대를 좀 더 확장시킬 뿐이었다. 프랑스 낭만파의 선도적인 시인 알프레드 드 뮈세Alfred de Musset는 다음과 같이 말한다. "세기병은 두 가지로부터 비롯된다. 그러니까 1793년~1814년을 겪어왔던 사람들은 가슴에 두 개의 상처를 안고 있다. 어제는 이미 과거 속으로 파묻혀버렸고, 미래는 아직 도래하지 않고 있다. 더 이상 우리의 병에 대한 비밀을 찾아내려 하지 말라."[20] 유럽의 전장을 돌면서, 바이런은 상당히 많은 것들이 파괴되었음을 본다. 그의 대변인 격인 차일드 헤럴드Childe Harold는 피로 물든 워털루 전장, 이 '해골들의 장소'에서 경탄한다.

> 인간이 존재를 기쁨으로 헤아렸을까?
> 인생의 햇수와 시간들을 일일이 세었을까?
> 가령 60세를 이름 붙이려 했을까?[21]

시간으로 세어져 나온, 단지 며칠은 인생의 작은 분량 같아만 보였다.

혁명의 격동과 결과에 대한 실망이 이러한 생각들을 부상시켰고, 많은 사람들은 이러한 것들이 시대병의 원인이라고 결론을 내렸다. 그러나 이보다 좀 더 긴 안목을 갖고 보는 사람들도 있었다. 유럽과 멀리 떨어진 안전지대에 있던 미국의 랠프 왈도 에머슨Ralph Waldo Emerson은 "우리 사회에서 우리가 보고 느끼는 것처럼, 낙망감이 그렇게 절실하게 다가왔던 사회는 역사상 없었다"고 말한다. 그는 인디언족, 색슨족 그리고 그 밖의 '원시적' 종족들은 '외적인 번영'과 '일반적 행복'의 수준이 더 낮은데도 이러한 고통을 겪지 않는다고 생각했다. "게다가 우리는 슬프고 그들은 그렇지 않았다. (…) 왜 그래야 할까?"[22] 이 질문 자체가 답을 함축하고 있었다. 즉 발전 과정은 자체적으로 불만을 낳는다는 것이다. 문화적 발전의 역설에 대한 루소의 분석에 크게 기대고 있는 이러한 질문은 현대병 분석가들에게 널리 유통되었다. 그들 중에 가장 강력한 대표에 속하는 독일의 극작가이자 비평가인 프리드리히 실러는 "현대인에게 상처를 주는 것은 바로 문명 자체이다"라고 선언했다.[23] 그에 대한 논쟁은 현대의 정경을 훼손하기 시작하는 '어둡고 악마적인 엔진'에 대한 확인과 함께, 수많은 낭만적 영혼의 소유자들이 원시림과 순수한 마음을 찾아 나서기 위해 짐을 꾸리는, 오늘날까지도 계속되는 여행의 한 전형을 낳았다. 그들은 훼손되지 않은 순수한 자연과 인간성이야말로 당대의 병으로 고통받는 사람들에게 위안을 줄 수 있다고 믿었다.

가까운 과거의 삐걱거리는 경험과 서서히 강력하게 밀려오는 문명과 더불어, 낭만적 분위기에 영향을 미치는 또 하나의 세력이 있었다. 19세기 초의 지적 발전을 그려낸 한 수필을 통해 낡은 꽃이 새로이 만발했다고 주장하면서 그 길을 안내한 것은 이번에도 역시 하이네였다. 그는 이것이 예수가 십자가에 못 박힐 때 쓰였던 '고문의 도구'('망치, 집게, 못')로 보이는 성배 안에 담긴 피에서 피어난 '수난의 꽃'이라고 주장했다. 이것은 "결코 볼품없지 않고 단지 두려운" 우울한 꽃이며, 가만히 바라보면 "고통 자체에서 솟아나는 격동적인 달콤한 느낌 같은, 불가사의한 기쁨이 느껴진다." 그 유혹적인 꽃의 "가장 무서운 매력은 바로 고통의 황홀경에 있다." 하이네는 낡은 꽃은 가톨릭 기독교이고, 가장 최근의 만개는 자신이 '낭만적 유파'라고 명명한 낭만주의라고 주장했다.[24)]

하이네는 자신의 언급을 독일 낭만주의로만 한정시키며, 기독교 중세의 문화와 시를 정식으로 그 안에 아울렀다. 그러나 다른 여러 나라에서 꽃핀 낭만주의에서도 강한 기독교적 향취를 분명히 느낄 수 있다. 그 향기는 각기 다른 곳에서 각기 다른 이미지를 출현시켰다. 19세기 영국과 미국의 고딕 양식의 교회 부흥에서부터 에머슨과 블레이크William Blake의 신비주의, 콜리지, 칼라일, 혹은 샤토브리앙의 애조 띤 갈망, 카스파 다비드 프리드리히Caspar David Friedrich의 풍경화에 담긴 고독한 그리스도의 십자가상까지. 그러나 이 모든 다양하고 복잡한 꽃바구니 뒤로 종종 떠오르는 것은, 하이네가 기독교의 정수로 여겼던 '고통의 달콤한 느낌'이다. 다른 낭만적 매체에도 적용될 만한 발언에서 장 폴 리히터가 확인했던 것처럼, "모든 현대시의 기원과 성격은 기독교에서 쉽사리 끌어낼 수 있어서, 낭만적인 시-기독교인이라고까지 말할 수 있을 정도이다."[25)]

이 말은 상당히 과장된 표현이지만 일말의 진실을 담고 있다. 비록 종종 간과되는 사실이지만, 19세기 초반은 종교 개혁과 그에 대한 가톨릭의 반동 이후, 기독교 부활에 가장 많은 노력을 경주하던 때였다.

이 종교적인 부흥은 계몽사조의 과도함과 프랑스 대혁명에 대한 반작용 탓에, 강렬한 선교 활동, 신학교 확대, 그리고 교회 건축의 대유행 등으로 특징지어졌다. 가톨릭과 개신교를 망라하여, 각 국가에서 제각기 나름의 형태로 이 종교 부흥이 이루어졌는데, 영국에서는 복음파의 부흥, 미국에서는 2차 대각성 운동이 있었으며, 존 헨리 뉴먼John Henry Newman의 고高교회파 옥스퍼드 운동도 있었다. 오스트리아, 프랑스, 이탈리아 그리고 스페인에서 일어난 가톨릭의 학교 교육 강화 추진 움직임, 프리드리히 슐라이어마허Friedrich Schleiermacher에 의해 촉진된 독일의 경건주의와 감성의 종교, 19세기 후반 유럽 대륙에 순례 여행을 다시 불러일으킨 대중적 종교현상의 열렬한 경건운동 등도 그러하다. 이러한 다양한 움직임들은 모두 전반적으로 기독교가 문화적 활력과 지적 반향을 20세기까지 지속시키는 데 커다란 역할을 했다.

낭만주의의 개화는 바로 이러한 토양에 뿌리를 두고 있었다. 이는 낭만주의자들이 무제한으로 신앙의 정통성을 공유했다고 말하는 것은 아니다. 확실히 제단 앞에 완전한 부복 자세를 취하는 데 성공했던 사람들이 있었다. 그러나 훨씬 더 흔한 통례는 토마스 칼라일의 견해였다. 스코틀랜드 칼뱅주의 목사의 아들이자 영국 내 독일 철학의 선도적 지지자인 칼라일은 기독교 신앙에 찬양할 만한 것이 많다는 사실을 잘 알았다. 그러나 그는 그 신앙을 얼마나 많이 갈망하든 간에, 계몽사조를 버릴 수는 없다는 것도 알았다. 첫 번째 주요 작품인 『의상철학*Sator Resartus*』(다시 재단된 재단사)에서 그는 "18세기 기독교 신앙의 신화는 8세기 것처럼 보이지 않는다"고 주장했다. 그러므로 임무는 "기독교의 성령을 새로운 신화에, 새로운 매개체와 의복에 구현하는 것"이었다. 다른 말로 하면 하나님에게 새로 옷을 입혀야 한다는 것이다.[26] 이것이 당대의 임무—인간성의 정신적인 갈망을 수용할 새로운 형식을 찾는 것—였고, 이러한 탐구에 임한 것은 스코틀랜드의 배교자 혼자만이 아니었다. 포스트 계몽 시대에 맞는 새로운 정신적 의상을 만들기 위한 시도—칼라일의 그 유명한 구절대로, 초자연을 자연으로, 자연을 초자연으로—는 광범위한 낭만적 도전이었다.[27]

하이네의 통찰이 큰 성과를 거두는 것이 바로 이 지점이다. 그는 기독교에 대해 상당한 반감을 가졌다. 그러나 '이 종교는 18세기에' '고통받는 인류를 위한 축복' 이었고 '십자가에 못 박힌 그리스도의 피' 는 '상처받은 인간에게로 흘러드는 위로의 진정제' 였다. 그는 또한 기독교의 '무서운 매력' 은 수난의 꽃의 진저리나게 달콤한 향내처럼 '고통의 황홀감' 을 만들어낼 수 있고, 고통과 부패작용을 '불가사의한 기쁨' 으로 전환시킬 수 있는 능력이 있음을 충분히 인정했다.[28] 이것이 그 당시 기독교가 만발한 달콤한 고통의 비밀이 아니었을까? 하이네가 이런 생각을 전개하지는 않았지만, 그럼에도 자의적이건 아니건 간에 많은 낭만주의자들이 고통의 황홀경에서 몸부림치는 것처럼 보였다는 것은 아주 놀랍다. 워즈워스는 『서곡』에서 고백한다.

> 기쁨을 위해 집어 든 실의와
> 황금빛으로 빛나는 연민, 버들가지의 화관은
> 숭고한 고독 가운데에서조차,
> 그리고 슬픔의 정원에서 따온
> 장례식 꽃들의 수수한 꽃다발 속에서도
> 수많은 숙고의 시간을 달콤하게 했노라.
>
> -「제6서」, 483~488

키츠도 그의 유명한 「멜랑콜리에의 송시Ode on Melancholy」에서 실의의 기쁨을 찬양하면서, 그 기쁨을 더욱더 멀리 펼치라고 권유한다.

그러나 구름이 울어 하늘에서 갑자기 떨어지는 비처럼
멜랑콜리가 닥쳐올 때
(…) 그러면 그대의 슬픔을 아침 장미 위에
아니면 짭짤한 모래 파도의 무지개 위에
아니면 무수히 피어 있는 둥근 작약 무리 위에
한껏 뿌려주구려. (…)

아니면 그대 연인의 '비할 바 없는 눈동자' 속에 뿌려주든가. 이런 식으로 세상은 자신의 슬픔을 분사하는 들판이 되고, 자신의 절망을 탐닉하는 무대가 되었다.[29]

이런 감상적인 매너리즘은 곧 우울한 낭만적 겉치레라는 자세가 될 수 있었다. 그리고 실제로 여전히 강력하고 깊숙이 숨겨진 신화, 즉 진정한 감성을 가진 사람, 예술가, 지성인이 고뇌하는 영혼이라는 신화는 분명 낭만주의에서 차용된 것이다. 바이런은 전형적인 자기 탐닉에 취해서 "누가 기꺼이 재능을 소유하려 하겠는가?"라고 묻고 있다. "아무도. 그것이 초래할 비참, (…) 건강과 행복 모두를 파괴하는 비참을 아는 사람이라면 아무도 원치 않을 것이라고 나는 믿는다."[30] 그러나 실제는 이와 정반대인 것으로 보인다. 그 이후 그런 비참을 가져올 재능을 경험해보려고 얼마나 많은 젊은이들이 짙은 색 옷을 걸치고 담배 연기 자욱한 카페에 둘러 앉아 있었던가?

그렇지만 낭만주의자들의 첫 세대에서는 계몽의 시대가 잊어버리곤 했던, 진실의 회복이라는 다른 어떤 것이 작용하고 있었다. 기쁨을 선과 동일시하고 모든 악을 고통으로 여기면서, 계몽사조의 사상가들은 그렇게도 오랫동안 기독교에서 공개적으로 감싸 안았던 것에 고의로 등을 돌렸다. 고통에 대한 무한한 매혹과 어두운 기쁨조차도 말이다. 의문의 여지 없이 기독교의 전통은 항상 상쇄적인 자극을 내포하고 있었다. 즉 우리 이웃의 괴로움을 '덜어주는' 일이 그러하다. 그러나 이를 수행하기 위한 길은 십자가를 지는 것, 그러니까 타인을 위해 자신을 희생하는 그리스도의 모범을 따름으로써 고통을 개인적 공로와 정신적 보상으로 변환시키는 것이었다. 고통은 변화시키는 힘이었고, 그것은 다시 하나님에게로 돌아가는 길이었다.

우리가 본 것처럼 종교 개혁은 자발적인 찬양을 경시하면서, 영웅적으로 고통을 끌어안는 것을 누그러뜨리려는 경향이 있었다. 그러나 칼뱅이나 루터 중 누구도 고통이 완전히 사라질 수 있다거나, 혹은 그것이 합리적인 목표라고 생각하지는 않았다. 타락한 세상에 필요한 부속물로서, 고통은 가능하면 기쁘게 수용하고 짊어지고 가야 할 피할 수 없는 현실이었다.

이와는 대조적으로 계몽사조의 일반적 개념에서 고통은 불필요하며 동시에 우발적인 순수 악이었다. 사람들은 본능적으로 그것을 느꼈지만, 무지와 협박 또는 상황의 힘 때문에 고통을 겪었다. 무지의 징후나 불의의 결과인 고통은 결코 진실의 길이 될 수 없으며, 기쁨의 길은 더더욱 될 수가 없다. 그것은 세상에서 추방해야 하며, 치유하거나 근절해야 하지, 음미하거나 변형해야 할 것은 아니었다.

이것은 고귀한 믿음이었고 또 세상의 고통을 근절시키기 위해 지속적인 인도적 노력을 후원하는 믿음이었다. 그러나 그것은 낭만주의자들 스스로가 아주 효과적으로 극화한 비난, 즉 고통은 자연스러운 인간 조건이라는 비난에도 노출된다. 그렇지 않다고 주장하는 것—단지 무지 또는 실수 또는 낡은 믿음의 결과물이라는—은 설득력이 없을 뿐만 아니라 자기 기만적이었다. 낭만주의자들은 고통이란 세상의 진실에 본래부터 내재하는 것이고, 따라서 대명천지에 공개적으로 받아들여야만 하는 것이라고 외쳤다. 실러가 타이르듯, 우리는 "사악한 운명에 직접 대면해 맞서야만" 한다.[31)]

이것은 단지 두 눈을 활짝 뜨고 세상을 보라는 것이 아니다. 또한 고통을 위한 고통이 기쁨이라는 얘기도 아니다. 그런 포용은 후에 19세기 후반 상징주의 시와 미학적 데카당스의 부상과 더불어 오게 된다. 이후의 움직임들이 질병이나 부패 등에 대한 섬뜩한 매력을 배어나게 했던 반면, 낭만주의자들이 고통에 매달렸던 것은 좀 더 드높은 목적을 위해서였다. 실러에 따르면, 우리가 대면하는 위험에 대해 '알아야만', 오로지 고통과 삶의 비극을 대면해야만, '우리의 구원'이 가능할 수 있었다. 고통은 좀 더 풍요로운 삶으로 안내하는 관문이요, 자신과 세상에 대한 좀 더 완전한 이해로 이끄는 문이고, 깊이 있는 인간 경험으로 통하는 길이었다. 키츠는 동생에게 보낸 유명한 편지에서 "고통의 세계가 교육과 지식에 얼마나 필요한지, 그리고 그것이 한 영혼을 만들어내는 것인지 모르니?"라고 묻고 있다.[32)] 멀리 기독교 현자들에게서 진실을 재발견하면서, 키츠는 자신을 교육하고, 우리를 좀 더 인간적인 존재로 만들기 위해 고통이 필요하다고 생각했다. 한마디로 고통은 변화시키는 힘이었다. 고통은 각 개인의 자만심을 꺾고, 연민과 감정이입이 가능하도록 우리를 이끈다. 그리고 그것은 인류의 공동 운명에 대한 감사를 가르친다. 고통은 기쁨보다도 훨씬 더 우리에게 인간 경험을 심화시켜주면서, 감정의 황홀함까지 갖게 해준다. 키츠는 "수천 가지 다양한 방법으로 마음이 느끼고 고통받아야만 하는 그곳"은 바로 "영혼을 짓는 골짜

기"라고 말했다.[33)]

그러고 나서 낭만주의자들은 중요하고도 심도 있게 고통—특히 감정적 고통—을 재투자했다. 그 이름에 걸맞게, 그들은 고통에 낭만과 유혹을 부여했다. 또한 목적도 부여했다. 하이네에 대한 대답으로, 우리는 당대의 고통의 의미는 정확히 고통에 의미를 주기 위한 고통이었다고까지 말할 수도 있을 것이다. 실제 인간은 당연히 고통스러워했는데, 이는 세상에 대한 응당한 반응이자 좀 더 높은 목적을 위한 수단이었기 때문이다. 이런 점에서 낭만주의자들이야말로 기독교 전통에 적합한 계승자들이었다. 그러나 잊지 말아야 할 것은, 그들이 또한 계몽주의의 후손들이라는 사실이다. 이들 후손들이 어둠의 계곡으로 내려왔을 때, 그들은 다른 쪽에서 햇빛을 찾을 것이라는 희망과 믿음을 가졌다. 낭만주의자들에게는 이 고귀한 상승에 대한 용어가 있다. 그들은 이를 '기쁨'이라고 불렀다.

환희의 송가

어느 유수한 학자는 기쁨은 "낭만주의 어휘에서 중심적이고 반복적으로 나오는 용어이다"라고 말했다.[34)] 때때로 행복과 같은 의미로 쓰이기도 하지만, 그 자체의 분명한 의미를 갖고 있는 기쁨은 내부에서 분출되고 위로부터 쏟아져 내려온다. 또 절망의 대적이면서 종종 가까운 관계이기도 하다. 콜리지는 자신의 위대한 시 중 하나인 「실의: 어느 송시Dejection: An Ode」의 한가운데서 솟구쳐오는 이 '영혼의 강렬한 음악'을 이렇게 보고 있다.

오, 순수한 마음이여! 그대 영혼의 강렬한 음악이 무언지
내게 물을 필요가 없도다!
이 빛, 영광, 깨끗이 빛나는 안개,
이 아름다운, 그리고 아름다움을 만들어내는 힘은 무엇이고
어디에 존재하는가를 물을 필요는 없다.
기쁨, 그 정결한 여인이여!
오직 순수한 자에게, 그리고 가장 순수한 시간에만 주어진 기쁨,
삶과 삶의 방출, 구름이자 소나기,
기쁨, 여인이여! 영혼이고 힘이자,
결혼하는 자연이 우리에게 지참금으로 주는,
새로운 천상과 새로운 지상이여…….
감각주의자와 자만한 자는 결코 꿈꾸지 못하는
기쁨은 달콤한 목소리요, 기쁨은 빛나는 구름이어라.

이 문장들은 낭만주의자들의 기쁨에 대한 개념과 연관된 폭넓은 주제를 다루면서, 낭만주의 선언의 자료를 제공하고 있다. 구름이면서 소나기인 기쁨은 우리에게 쏟아져 내리는 힘이자 그 힘의 응결이다. 기쁨은 빛이고, 영광이며, 마음의 순수를 위해 준비된 것이다. 달콤한 음악이 영혼에 다가와 살랑일 때, 그것은 새로운 천상과 새로운 지상을 만들며 세상을 바꾸듯이 자연과 자아를 결합시킨다.

콜리지가 이 시를 쓴 1802년은 좀 더 고백적인 기독교 신앙을 담은 시를 쓰기 전이다. 종교적인 비유들이 분명하지만, 이는 아주 의미심장하다. 기쁨에서 콜리지가 제안하는 것은 인간 소외의 극복, 즉 세상으로부터 우리를 분리하는 것들과 우리를 둘러싸는 그 경계를 무너뜨리는 일이다. 기쁨 속에서 우리는 자신보다 더 큰 그 무엇과

합쳐질 수 있으며 각 개인의 고립을 극복할 수 있다고 그는 과감히 말하고 있다.

이러한 믿음은 낭만주의자들 사이에서 널리 공유되던 두 가지 근본적인 가정에 기초를 두고 있다. 첫 번째는 세상에 대한 감각적 인상에 의해 쓰인, 로크의 말대로 백지, 즉 경험의 데이터를 단지 수동적으로 받아들이기만 하는 것이 인간의 마음이라는 계몽주의의 믿음에 대한 거부이다. (콜리지가 막대한 영향을 받은) 칸트에게서 유래된 전통적 독일 관념주의 철학에서 가장 철저하게 전개된 이 새로운 시각은 마음을 능동적인 힘으로 보았다. 즉 마음은 경험을 형상화하는데, 세상에 대한 우리의 인상을 지시하고 분류하고 조합하는 책임이 있다는 것이다. 비평가인 에이브람스M. H. Abrams의 비유를 빌리면 낭만적 마음은 그저 세상을 비치는 '거울' 이 아니라, 색과 깊이와 음영을 갖고 그 주위를 혼합하고 부어 넣으며, 밖으로 투사하는 '램프' 이다.[35]

마음의 작용에 대한 이해에서 이 같은 심오한 방향의 재설정은 각기 다른 나라에서 서로 다르게, 종종 매우 복잡한 형태로 나타났다. 그러나 대개는 두 번째 가정, 즉 세상에는 눈에 보이는 것 이상의 것들이 있다는 가정과 결합된다. 계몽주의자들이 우주를 내다보고 물질의 움직임—정교하게 측정된 기계의 동작—을 본 반면, 낭만주의자들은 뭔가 다른 것들, 그러니까 정신, 관념, 삶, 마음, 자연, 존재, 무한 등을 느낀다고 주장했다. 첫 글자를 종종 대문자로 쓰기도 했던 이 용어들은, 엉성하게 그리고 자주 교차적으로 사용되면서, 정의할 수 없는 것을 정의하려는 듯 힘들게 분투했다. 또 종종 그 용어들은 자연의 작용을 신성과 동일시하는 모호한 범신론의 냄새를 풍기기도 했다. 모든 살아 있는 것들을 하나로 묶는 유기적 힘, 망원경과 수학적 공식을 모두 멀리하는 결합과 조화인 '자연' 은, 콜리지의 개념에서는 보이지 않으며, 오직 직관되고 느껴지며 예지만이 가능한, 바탕에 있는 이치였다.

그리고 바로 여기에서 자연은 기쁨과 연결된다. 기쁨은 이 크나큰 이치와 힘과 연결할 수 있는 우리의 능력, 자아의 테두리 밖으로 나가 헤맬 수 있는 우리의 능력에서 나오는 것이었다. 횔덜린이 전형적으로 본 바와 같이, "우리 자신과 세상 사이의 끊임없는 갈등을 종결하고, 모든 지식을 넘어서는 평온을 회복하고, 우리 자신을 자연과 합일해서 무구한 하나의 완전체를 형성하는 것, 그것이 바로 우리의 모든 분투의 목표이다."[36] 그러나 횔덜린과 그 외의 사람들 모두가 잘 알고 있듯, 이것은 결코 쉬운 일이 아니다. 왜냐하면 그것은 단지 자연을 느끼고 직관하며 세상의 아름다움을 추측하는 우리의 능력에만 달려 있는 게 아니라, 이 아름다움이 빛을 발하고 인식될 수 있도록 우리의 마음속 램프를 밖으로 투사하는 능력에도 달려 있기 때문이다. 콜리지는 「실의: 어느 송시」에서 말한다.

> 아! 지구를 감싸면서
> 영혼으로부터 나오는 것이 틀림없는
> 빛, 영광, 깨끗하게 빛나는 구름…….

그 내면의 빛을 찾는 것이 낭만주의의 탐구에서는 매우 중요한 요소이다.

콜리지가 시에서 그 가능성에 대해 절망적으로 생각했다는 것은, 바로 이 탐구가 본질적으로 어렵다는 사실을 나타내는 징후이다. 기쁨의 기대는 역설적이게도 「실의: 어느 송시」에서 나타나고 있는데, 지은이는 자연의 아름다움을 느끼는 능력이 자신에게서 사라졌음을 비탄하고 있다. 고통으로 풀이 죽은 콜리지는 "태어날 때 자연이 내게 준/ 상상력을 형성하는 나의 영혼"을 상실했다고 하는데, 뒷부분은 그의 기술적 용어로, 빛을 투사하는 바로 그 힘을 일컫는 말이다. '상상력'은 이 세상에 색과 질서를 부여한다. 콜리지의 용법에 따르면 상상력은 우리에게 보이지 않는 것을 보도록 하는 게 아니고, 거기에 없는 것을 우리가 '마음에 그리게' 하는 것도 아니다. 상상력은 오히려 우리가 봐야 할 것, 마땅히 봐야만 하는 것을 보게 하는 것이다.

그가 상상력을 탄생의 소유물로 봤다는 것은 중요하다. 수많은 낭만주의자들과 마찬가지로, 콜리지도 기쁨의 경험 능력을 탄생에서부터의 권리로, 즉 어린이에게도 자연스럽게 부여된 것으로 보는 경향이 있었다. 어린이는 신선함과 경이로움을 갖고 모든 것을 대한다. 어린이는 완전한 합일과 전체 속에서 놀이를 한다. 어린이는 세상과 하나가 되며, 그 심오한 마법과 의미를 일상적으로 경험하면서 자신의 빛을 발산한다. 워즈워스는 「불멸의 암시Intimations of Immortality」라는 시에서 "천국은 우리 주위의 유년기에 있다"고 선언하고 있다. 윌리엄 블레이크는 그의 시 「어린이의 기쁨Infant Joy」에서 더욱 솔직하게 말한다.

"나는 이름이 없어요.
나는 이제 겨우 이틀배기예요."
대체 그대를 무어라 불러야 하나?
"나는 행복하니까,
기쁨이 내 이름이에요."
달콤한 기쁨이 그대 것이 되누나!

어여쁜 기쁨!
달콤한 기쁨, 그러나 겨우 이틀배기
나는 그대를 달콤한 기쁨이라고 부르네.
그대는 미소 짓고,
나는 노래 부르네.
달콤한 기쁨이 그대 것이 되누나!

이 이름 없는 어린이처럼 한때 우리 모두는 얼마나 덧없던 간에 좀 더 완전하고 만족스런 상태에 대한 나름의 기억을 품었던 '기쁨의 어린이들' 이었다. 이런 점에서 낭만주의는, 어느 정도의 행복은 인간에게 자연스럽게 부여된 것이라는 계몽주의의 신념을 더욱 진전시켰다. 그러나 실제로는 우리가 이 타락 이전의 상태에서 금세 타락으로 떨어졌다는 것에는 모두가 동의한다. 『철학 강의*Philosophical Lectures*』에서 콜리지는 그 이유를 지적하고 있다.

> 기쁨에서는 개체성이 상실되므로 어릴 때의 기쁨이 가장 생생하다. (…) 작고 분별없는 하찮은 자아로 인간을 강요했던 상황들이, 우주적으로 존재할 수 있는 그 힘을 축소하기 전. 천부의 재능을 갖는다는 것은 전 우주 속에 사는 것이며, 나 자신의 자아가 아니라 우리 주위의 모든 얼굴들, 우리와 같은 피조물들에게서만이 아니라 꽃, 나무, 짐승, 심지어 사막의 모래(그리고 물) 표면에서까지 반영되는 자아를 이해하는 것이다.[37]

세상의 '상황들' 이 인간을 내면으로 향하게 했던 반면 인간을 자신의 감옥에 가두었던 것은 자기 본위—자만심—였다. 앞서 인용된 「실의: 어느 송시」의 시구에서 콜리지가 왜 '감각주의자와 자만한 자' 들을 '새로운 지상과 새로운 천상' 에 받아들이지 않았는가에 대한 실마리가 바로 여기에 있다. 기쁨에 의해 유발된 변화는 관능의 전율보다 훨씬 심오할 뿐만 아니라, 자신의 관심사를 하찮은 즐거움과 고통에 국한한 사람들에게는 '꿈' 조차 꿀 수 없는 것이었다. 이런 식으로 자신에게만 집중하는 것은 기쁨 속에서 우리를 변화시킬 수 있는 유일한 전 우주와의 연결을 절단해버린다.

이러한 낭만주의 핵심 신념에는 긴장이 있어 보인다. 한편으로는 기쁨은 내면에 있는 것이고, 개인적인 고통이라는 꽉 눌린 바위를 뚫고 깊이 파내려감으로써만 그 근원을 두드려볼 수 있다. 루소의 내면적 탐구를 계속하면서, 낭만주의는 기쁨을 매우 개인적인 능력으로 만든다. 후에 「나의 노래Song of Myself」라는 장시에서 행복과 기쁨이라는 고도로 개인적인 본질을 가장 잘 포착한 사람은, 내심 낭만주의자였던 미국의 월트 휘트먼Walt Whitman이었다.

> 내 안에 그것이 있네—그게 무엇인지 모르겠네—그러나 그것이 내안에 있다는 것을 안다네…….
> 나는 그것을 모르네—그것은 이름이 없다네—그것은 입 밖에 내지 않은 말이라네,
> 그것은 어느 사전에도, 어느 언사에도, 어느 상징에도 없다네…….
> 오, 나의 형제자매여. 그대들은 알겠는가?
> 그것은 혼돈도 죽음도 아니라네—그것은 형식, 결합, 계획. 그것은 영원한 삶이라네—그것은 행복이라네.[38)]

주관적이고, 내밀하고, 개인적인 이 힘은—그걸 행복이라고 하든 기쁨이라고 하든—우리 내면에 묻혀 있는, 실로 형언할 수 없고 불가

해하며 사적인 영역이다. 그런데도 이 힘은 한편으로는 우리의 개인적 관심과 사적인 근심 걱정이 좀 더 넓은 세상의 '형식, 결합, 계획'과의 융합을 잠재적으로 방해하게 하면서 자아를 초월한다. 관문인 동시에 폐쇄된 문으로서, 어린 시절의 축복에 대한 저장고이자 현재의 고통의 본거지인 낭만적 자아는 여하튼 우리가 초월하기를 배워야 하는 고투의 장이다. 진정으로 우리 자신이 되기 위해서는 우리의 자아를 해방시켜야 한다. 사적이고 개인적인 기쁨으로 가기 위해서 우리는 세상을 활성화시키는 우주의 기쁨과 연결되어야만 한다.

자기 본위와 자만심 때문에 우리는 순수성에서 벗어나 추락했고, 원초적인 전일함을 상실했다. 기쁨 속으로 '다시 태어나기' 위한 내면의 고투, 내면에 묻혀 있는 불가해한 우주적 힘, 이 모든 것들이 친숙하게 다가와야만 한다. 간단히 말하자면 이러한 용어들에 부합하는 기독교의 전례는 상당히 많다. 기독교 복음서에 자주 나오는 명령—'기뻐하고 경하하라' '기쁨에 충만하라'—과 긴밀하게 연결되었으며, 계몽사조의 '행복'이라는 단어보다 훨씬 때가 덜 탄 '기쁨'이라는 어휘를 이렇게 특별히 사용했다는 것은 아마도 의미심장할 듯하다. 『의상철학』에서 칼라일은 이렇게 강조한다.

> 행복에 대한 사랑보다 더 지고한 것이 인간에게 있다. (…) 모든 시대에 현자와 순교자들, 시인과 목회자들이 얘기하고 고통받았던 것은 바로 이 지고한 것을 설파하기 위함이 아니었을까? 삶과 죽음을 통해 인간 내면에 있는 하나님같이 거룩한 것을 증거하기 위해서가 아니었을까?[39]

칼라일은 '좀 더 지고한 상태'를 계몽주의에서 말하는 행복과 구분하기 위해 '축복받음'이라는 용어를 사용했다. 그러나 초월자에 대한, 그리고 초월자와는 확연히 구별되는 특성으로서 인간 내면의 '신성' 에 대한 그의 중요한 호소력이, 종종 같은 의도에서 '기쁨' 이라는 어휘를 사용했던 사람들에게 포착되기도 했다. 실로 낭만적 기쁨은 기독교도들이 '은총' 이라고 말하는 그 영원한 정신적 힘과 놀랄 정도로 유사하다. 그것은 세상에 대한 우리의 시각을 변화시키면서 우리를 해방시키고, 귀환시키고, 완성시키는 힘이었다. 신의 축복으로 돌아가고자 지상에서 고군분투하는 순례자들같이, 내면의 해방된 힘의 징표를 탐색하는 성자들같이, 낭만주의자들은 기쁨의 치유력에 목말라 했다. 기쁨 속에서 우리는 자신을 상실하고, 그럼으로써 기쁨 속에서 다시 자신을 찾는 것이다.

그러나 중요한 차이점이 있다. 낭만주의자들은 신성하게 주어진 힘으로서의 기쁨을 말하지는 않는다. 기쁨이란 오히려 그것이 세상 안에 있는 것과 마찬가지로 우리 모두의 안에 있는, 즉 내재적인 것이다. 기독교의 은총과 달리 기쁨은 높은 데서 부여된 것도 아니고, 교회를 통해 전달되는 것도 아니며, 그리스도의 말씀으로 영혼에 직접 주입되는 것도 아니다. 그것은 회복되기를 고대하며 이미 거기에, 여기에 있는 것이며, 엄청난 희생과 고통을 동반하는 과정이다. 그 짐은 우리가 지고 감당해야만 하고, 이 속세에서의 완성을 향해 운반되어야 하는 것이다. 낭만주의가 약속하는 행복은 다른 세상이 아니라 이 세상, 현세에서의 행복이다.

바로 이 점에서 우리는 낭만주의의 모순과 매력의 핵심을 본다. 지상에서 천국을 경험하는 부분적으로 세속화된 꿈이 아니라면, 대체 낭만주의의 기쁨은 무엇이란 말인가? 한때 우리가 무엇이었고 또 무엇이 될 것인가에 대해—마치 새로운 아담처럼 일상적으로 우리에게 속삭이는—우리가 잃어버린 내면의 어린아이를 다시 회복하는 꿈이 아니라면 무엇이란 말인가? 워즈워스는 「그라스미어의 보금자리 Home at Grasmere」에서 무엇보다도 그 점을 강조하고 있다. 이 시는 그가 문자 그대로, 또 비유적으로 자신이 유년기로 회귀하는 과정을 기록하고 있는 작품이다. '냉혹한 삶의 현실' 가운데서 길고 고통스런 순례를 마친 후 워즈워스는 자신에게 돌아온다.

> 그대가 어디에서 오던가,
> 종점, 마지막 피난처, 중심,
> 의존이나 결핍이 없는 전체,
> 스스로 만들어지고, 그리고 본래 행복한,
> 완전한 만족, 전全 통일.
>
> 그리고 여기로, 머나먼 생각이
> 그것이 있던 천국에서 끌려나온다.
> 자리하지 않은 행복이 주인을 찾았고
> 그 주인은 바로 나이니.
> 이 기쁨의 주는 지상에 있고
> 내 가슴 안에 있나니.[40)]

머나먼 생각, 즉 천국의 행복은 인간의 실현으로 성취되었고, 말은 육신이 되었다.

그러나 우리는 즉시 의아해진다. 이렇게 완전한 기쁨이 어떻게 지속될 수 있을까? 부단한 방랑자인 낭만주의자들이 많은 길을 제시했지만, 역시 공통의 목적은 포착하기가 쉽지 않았다. 한 예로, 워즈워스는 신성한 길을 따라 자신을 찾으라고 초대하는 조물주의 진로를 강조했다. 독일의 화가 필립 오토 룽게Philipp Otto Runge는 무한의 팔에 안길 때 갖게 되는 현기증 나도록 짜릿하고 불가해한 기쁨의 기대를 완벽하게 기술하고 있다.

> 하늘이 무수한 별로 가득할 때, 바람은 광활한 공간을 뚫고 불어오고, 파도는 거대한 밤 안에서 물결친다. 숲 위로 불그레한 아침빛이 나타나고 태양이 세상을 비추기 시작할 때, 계곡에는 연무가 일고, 나는 아침 이슬로 반짝이는 풀밭 위로 몸을 던진다. 모든 풀줄기와 풀끝은 삶으로 충만하고, 대지는 잠에서 깨어 꿈틀거리며 모든 것이 하나의 거대한 화음 속에서 조화롭다. 그러면 나의 영혼은 내 주위의 높은 것도 없고 낮은 것도 없고, 시작도 없고 끝도 없는, 무한한 공간 속에서 기뻐하며 솟아오른다. 이 세상을 쥐고 지탱하는 그의 안에서 모든 것이 살고 움직이는 하나님의 살아 있는 숨결을 듣고 느끼나니. 이것이 바로 우리의 최고의 느낌, 하나님이리니![41]

또한 사랑의 길도 있다. 키츠는 「엔디미온Endymion」에서 "행복은 어디에 있는가?"라고 묻고는 이렇게 대답한다.

> 거룩하고 본질적인 친교에
> 준비된 우리의 마음. 우리가
> 완전히 변하고, 우주에서 자유로워져
> 빛날 때까지. 지켜보라,
> 천국의 순수한 종교를.

지상의 모든 묘약 중에서 가장 '자기 파괴적'인 묘약인 사랑은 이

⚜ 콩스탕스 메이에르-라미르띠니에르, 「행복에의 꿈」, 루브르 박물관, 파리.

러한 변화를 만들어내는, '인간의 운명인 필사를 불사'로 만드는 힘을 가지고 있다. 그것은 '꿈의 검은 그림자 너머에 있는 희망'이다.

낭만주의자들은 인류 역사의 초기에 대해—그것이 실재든 상상이든—신비로운 사랑의 무아경과 자연의 황홀한 실신失身에다, 외국의 '원시' 시대인들 사이를 방랑하며 넋을 잃는 황홀경을 추가했다. 그리고 두 경우에서 모두 종종 젊음에서 비롯된다고 여겼던 즐거운 전일全一의 유사물로, 인류의 '행복한 유년기'의 증거를 찾았다고 주장했다. 전체 문화 속에서(그리고 대단히 오만하게 평가된), 이러한 사고는 샤토브리앙의 작품에 나오는 르네처럼, 아메리카 대륙의 토착 평원에서 행복을 찾도록 만들었다. 그들은 모든 민족들이 자기 자신과, 그리고 세상과 더 나은 관계 속에서 산다고 주장하던 때에, 중세 기독교나 그리스, 또는 로마의 유적에서 잃어버린 황금시대의 자취를 찾아

혜매도록 다른 사람들을 고무했다. 그들은 또한 콜리지 같은 사람들과 그의 캠브리지 학생들 일파가 흥분에 젖어, 펜실베이니아의 서스퀴해나Susquehanna 강둑에 소위 '만민 평등적' 또는 모두가 통치하는 공동체를 창설할 계획을 수립하게 만들기도 했다. 그곳에서는 헌신적인 '자연의 어린이들' 이 공동체의 삶을 통해 타락 이전의 순수한 상태로 회복하게 되리라 생각했다.[42]

이러한 노력들은 거의 확실히 모두 실패하게 되어 있었다. 축복을 불러내려는 낭만주의자들의 필사적인 전략이 성공할 수 없는 것처럼, 기쁨을 향한 갈증을 영구히 해소하고 상상 속 순수를 재창조해내려는 그들의 노력도 성공할 수 없었다. 결국 마음을 바꾸는 약품에 의존하는 것이 방책이었다. 영국 시인 토마스 드 퀸시Thomas de Quincey는 처음으로 아편을 사용한 뒤에 아마도 자신이 모든 인류의 고뇌에 대한 만병통치약인, '그렇게 오랜 시기에 걸쳐 철학자들이 논쟁했던 행복의 비결' 을 발견했다고 믿었을지도 모른다. 그러나 그가 『영국 아편쟁이의 고백*Confessions of English Opium Eater*』이라는 책에서 얘기하듯이, '성스런 기쁨' 의 '계시' 는 곧바로 중독이라는 지옥을 가져왔다. 행복이란 '돈으로 살' 수 있는 게 아니었다.[43] 보들레르Charles Pierre Baudelaire는 직접 마리화나로 실험을 하고 나서, '신이 되고자' 하면서 인간은 '그의 실제 본성보다 더 낮게' 추락한다고 말했다. '인위적인 낙원' 을 이끌어내려는 시도—어린애 같은 경이로움과 황홀의 상태로 가기 위해 의도적으로 감각을 혼란시키는 여행—는 애초부터 그 자체의 무익함이라는 모순적인 인지로 물들었다.[44]

낭만주의자들의 이런 모든 전략들은 대부분 순식간의 섬광, 덧없는 순간 또는 스쳐 지나가는 느낌 이상의 기쁨이라는 최종 목적지에 도달하려 했던 것이라고 말할 수 있다. 우울한 순간에는 낭만주의자들도 그 노력이 수포로 돌아간다는 것을 알고 있었고, 그 사실을 인정할 준비도 되어 있었다. "삶이 기쁨을 빼앗아가듯이, 그렇게 삶이 우리에게 줄 수 있는 기쁨이란 없다"라고 말했던 바이런은 알고 있었다. 많은 사람들에게서와 마찬가지로, 키츠에게서도 멜랑콜리의 여신은 '기쁨의 사원'에 그녀의 '최고 전당'을 갖고 있다. "작별을 고하면서/ 그의 입에 언제나 손을 대고 있는 기쁨"은 영원히 떠나버리는 모습이다. 그러나 이것을 알면서도, 기쁨—지속되는 기쁨—이 우리의 실존을 뭔가 좀 더 값진 것으로 변형시킬 수 있다는 믿음과 희망이 지속된다. 셸리Mary Wollstonecraft Shelley는 "우리가 우리 자신의 신이라는 일종의 낙관주의를 믿자"라면서 "설사 그렇지 않다 하더라도 이 모든 것이 제일 좋다고 생각하는 것이" 제일 좋다고 강조했다.[45)]

이 도전적인 낙관주의와 비현실적인 집요한 추구야말로 바로 낭만주의자들의 가장 매력적인 특징일 것이다. 따라서 그들이 그들 최고의 제단인 예술의 제단에서 반복적으로 이를 공포해야 하는 것은 타당하다. "시는 가장 행복한 최고의 정신들이 가장 행복한 최고의 순간을 기록한 것이다"라고 셸리는 말한다. 시는 "유사한 기쁨이라는 달콤한 소식"을 전파한다.[46)] 실러도 "모든 예술은 기쁨에 바쳐진다. 인간을 행복하게 만드는 것보다 더 지고하고 더 중요한 일은 없다"고 동의한다. 그가 「환희의 송가Ode to Joy」라는 제목의 시를 쓰고, 베토벤이 오랜 꿈을 실현하기 위해 그 음악을 만들었다는 것은 얼마나 적절한 일이었던가. 바흐 같은 작곡가들은 수세기 동안 '예수, 인간의 소망의 기쁨'에 곡을 붙였고, 이제는 베토벤이 기쁨 자체에 대한 소망을 찬양했다. 베토벤의 마지막 교향곡(9번 합창—옮긴이)의 마지막 코러스가 1824년 비엔나 초연에서 의기양양하게 울려 퍼질 때, 오래전부터 귀가 먹었던 그 작곡가는 가사를 들을 수 없었는데, 이는 더욱 어울리는—그리고 아주 잘 들어맞게 낭만적인—일이었다. 음악과 박수 소리처럼, 그 가사도 오직 그의 마음에만 들렸던 것이다.

> 기쁨이여, 신들의 아름다운 섬광, 극락의 딸이여,
> 그대의 불, 천사의 불에 취해 우리는 그대의 영지로, 전당으로 들어간다네.
> 그대의 마술은 가혹한 관습이 분리했던 것을 다시 합치시키네.
> 그대의 부드러운 날개가 쉬는 곳에서 모든 인간은 형제가 된다네.
> 수많은 인간들이여, 서로 포옹하라! 모든 세상을 위한 입맞춤이여!
> 형제들이여! 별들의 천개天蓋 위에 사랑하는 하나님이 계시나니!
> 수많은 인간들이여, 무릎 꿇고 있는가? 세상이여, 조물주를 감지하는가?
> 별들 너머에 그를 보라! 별들 너머에 그가 있나니![47]

예술의 구원

"기쁨은 내 관심사가 아니기에 나는 그의 「환희의 송가」가 진부하다고 보며, 베토벤이 행복하려고 할 때는 그도 진부할 수 있을 것이다……."[48] 어쨌든, 이것은 19세기 후반에 활동했던 스웨덴의 울적한 극작가 아우구스트 스트린드베리August Strindberg의 판단이었다. 기쁨을 위한 분투는 제쳐두고, 스트린드베리는 위대한 작곡가의 다른 이미지에 전념했다. 그것은 베토벤의 마스크 복제인데, 원형은 비엔나의 조각가인 프란츠 클라인Franz Klein이 제작했다. 무정하고 굳은 표정에 마마 자국이 있는 그 마스크는 스톡홀름에 있는 스트린드베리의 아파트 안 촛불 옆에 놓여 있었다. 주름살 있는 이마와 다부진 턱을 가진 마스크는, 운명에게 청력을 빼앗기고 자신의 결출함 때문에 시달리고 고문당한 한 남자의 깊은 형이상학적 고통을 포착하고 있다. (그렇지 않은가?) 이런 관점에서 볼 때, 그 이미지는 하나의 아이콘으로서, 고통의 사해에서 죽음에 이르기까지 시달린 영웅적인 예술가의 극단적 비극을 보여주는 뛰어난 상징이었다.

그것을 소유하고, 그렇게 해석했던 사람은 스트린드베리만이 아니었다. 프랑스 화가인 로자 보뇌르Rosa Bonheur는 마치 자신의 이름에 도전이라도 하듯(Bonheur는 프랑스어로 '행복'을 의미—옮긴이), 예술가적인 불안감을 상기시키는 똑같은 복제품을 자신의 스튜디오 벽에 걸어 놓았다. 이탈리아의 상징주의자 가브리엘 다눈치오Gabriele d'Annunzio는 자신이 갖고 있는 복제품에 월계 화관을 씌워놓았다. 19세기와 20세기 초 전 유럽에 걸쳐, 수많은 사람들이 음반 가게나 골동품점 그리고 가정에서 그 잊히지 않는 이미지를 마주했다. 인상학과 관상학이라는 새로운 '과학'에 매료되던 시대에 눈이 영혼의 등불이었던 것처럼, 얼굴은 마음의 거울이었다.

그러나 마스크는 물론 기만적일 수 있고, 프란츠 클라인의 작품도 예외는 아니다. 무엇보다도 스트린드베리와 다른 많은 사람들이 베토벤의 데스마스크라고 생각했던 것은 실은

프란츠 클라인, 「베토벤의 라이프 마스크」, 1812, 베토벤하우스, 본.

그가 작가를 만나기 약 15년 전인 1812년에 주조되었다. 그의 얼굴에 감도는 긴장한 표정은 마음의 상태라기보다는 제작 과정 자체의 산물이었다. 얼굴의 석고가 마르기 시작하자 호흡이 힘들어진 베토벤은, 한 학자가 말하듯 "우울한 영혼이 아니라, 단지 거의 질식할 것 같은 밀실 공포증에 대한 두려움!"을 나타냈던 것이다.[49] 무엇보다도 그 마스크는 발랑슈의 경구를 상기시킨다. "우리에게는 각자의 행복과 슬픔의 총합을 판단할 측정 형식이 미비하다. (…) 우리는 단지 외양만을 볼 뿐이며, 내밀하고 사적인 것은 우리에게서 도망쳐 간다."[50]

이는 불멸의 사랑을 받는 베토벤이 영원한 축복을 받으며 살았다고 말하는 게 아니다. 베토벤은 이탈리아의 작곡가 로시니Gioacchino Antonio Rossini가 찾아왔을 때 자신의 마스크를 보며 '불행한 자'라고 말했다. 후에 '그의 얼굴에 퍼진 뭐라 정의할 수 없는 슬픔'에 대해 언급하면서, 로시니도 공감을 표했다.[51] 베토벤의 감동적인 「하일리겐슈타트 유서Heiligenstadt Testament」가 분명히 보여주듯이, 이 독일 작곡가에게 고통은 결코 낯선 말이 아니었다. 1802년, 유언장의 이름이 된 비엔나 외곽의 자그마한 도시에서 작성된 이 유언장은, 점점 청력을 잃어가면서 가족과 친구들에게 그 사실을 숨기려고 고군분투하는 베토벤의 소용돌이 치는 감정을 보여주고 있다. 10월 10일에 유언장의 주요부에 추가된 마지막 구절에서, 그는 하소연하듯이 끝을 맺는다.

> 오, 신이여, 적어도 단 하루만이라도 기쁨으로 충만한 날을 주소서. 내 안에서 진정한 기쁨이 메아리친 지가 너무도 오래되었나이다. 오, 언제, 오, 언제, 오, 신이여, 자연과 인간의 전당에서 다시 기쁨을 찾을 수 있을

까요? 결코 그런 일은 없을 거라고요? 안 돼요. 오, 그러면 너무도 힘듭니다.[52)]

다시 기쁨을 찾을 수 없다면 너무도 힘들다. 그러나 다행히도, 베토벤은 더 살아야 할 인생이 있었다. 비록 유언장 말미에서 자신의 두 형제에게 바랐던 지속적인 행복("사는 동안 나는 자주 너희들, 그리고 너희들을 행복하게 해줄 길을 생각해보곤 했다. 행복하거라")을 얻지는 못했지만, 베토벤은 자신의 마지막 교향곡의 마지막 악장에 생명을 불어넣었던 환희를 작곡가로서의 전 인생에 걸쳐 열망했다.[53)] 초기 낭만주의의 원대한 진취적 정신에서 그랬던 것처럼, 기쁨의 탐구 또한 그의 삶에는 멜랑콜리만큼이나 필수적인 것이었다.

그렇다면, 왜 스트린드베리는 행복의 추구란 진지한 예술가에게는 별 가치가 없는 것이라고 치부하며 오로지 찌푸린 얼굴만을 보려 했는가? 이에 대한 답은 한 개인의 특이한 시각이라는 설명을 넘어서는 것이다. 베토벤을 고뇌하는 영웅의 이미지로 창조해낸 이야기에는 그 자체로서의 의미도 있겠지만, 이에 대한 직접적인 자극이 있었음이 분명하다. 19세기 후반의 많은 사람들과 마찬가지로 스트린드베리도 단지 베토벤의 이미지뿐만 아니라, 전반적으로 낭만주의의 이미지를 바꾸고, 또 이에 따라 행복의 추구에도 변화를 일으켰던 한 사람에게서 지대한 영향을 받았던 것이다.

현대 철학의 역사에서 아르투르 쇼펜하우어Arthur Schopenhauer는 많은 면에서 이례적이었다. 재능 있고 우아한 스타일리스트였던 그는 이전의 루소 그리고 이후의 니체와 견줄 만할 정도이며, 플라톤 이후 가장 시적인 철학자로 간주되곤 했다. 독일의 여러 교육 기관에서 전문적으로 교육을 받고 1813년 예나 대학에서 박사학위를 취득했지만, 그는 지독히 독립적으로, 그리고 대단히 자신감에 찬 채 아웃사이더로서의 사유와 삶을 영위했던 철학자이다. 전형적으로, 그는 "내 철학은 이 세상의 불가해성에 대한 진정한 해결책이다"라고 선언했다. "이런 의미에서 그것은 계시라고 부를 수도 있었다."[54] 1820년 베를린 대학에서 했던 단기간의 강의는 별로 성공적이지 못했지만, 쇼펜하우어는 아주 어린 나이에 대부분 혼자만의 능력으로 연구 작업을 했다. 그의 사유 체계 전체는 이미 20대에 형성되었다. 그는 1860년에 사망할 때까지 지속적으로 집필을 했지만, 주요 주제들은 1819년에 출간된 『의지와 표상으로서의 세계 *The World as Will and Representation*』(1844년에 개정증보판이 제2권으로 출간됨)에 이미 모두 들어 있었다. 쇼펜하우어는 단호한 무신론을 견지했지만, 종국에는 아마도 거의 확실하게, 신기하게도 종교에 대해 호의적인 태도를 취했다. 기독교에서 자신의 작업에 대한 중요한 확신을 찾으면서, 그는 힌두교의 우파니샤드 철학과 불교의 가르침에도 관심과 존경심을 가졌다. 그는 진지한 자세로 동양 철학을 고찰했던 최초의 서양 철학자 중 한 사람이었다.

이런 모든 면에서, 쇼펜하우어는 홀로, 외따로이 있던 사람이었다. 그러나 그를 이전의 철학자들과 가장 멀리 구별 지은 것은 무엇보다도 그의 기질이었다. 행복의 역사에서 쇼펜하우어는 전례가 없는 철학자였다. 한마디로, 그는 서양 철학에서 가장 위대한 비관주의자였다.

학자들은 이러한 황량함을 설명하기 위해 종종 심리학적인 분석을 시도했으며, 또 쇼펜하우어가 어린 시절부터 우울증을 보였다는 것도 부인할 수 없는 사실이다. 후일 쇼펜하우어는 "붓다가 젊은 시절에 인간의 병로病老, 고통과 죽음을 목도했던 것처럼, 나는 17살 때 삶의 비참과 불행에 영향을 받았다"고 회상했다. 그는 이 세상은 "모든 것을 충족하는 선한 존재의 작품일 리 없고, 오히려 피조물들의 고통과 괴로움의 정경을 음미하기 위해 그들을 불러 모은 악의 작품일 뿐"이라는 생각을 오래전에 굳혔다.[55] 자신의 의사에 반해 가업인 상업에 잠깐 종사했던 것, 그리고 아마도 자살로 추정되는 아버지의 죽음도 이러한 생각을 바꾸는 데는 결코 도움이 되지 않았다. 모자간의 관계도 결코 좋았던 적이 없었는데, 1814년에 그들 모자는 완전히 절연하고 만다. 그는 일생 동안 독신으로 지냈으며 이성에 대해 악명 높을 정도로 고약했다.

그의 견해를 생각해볼 때는 그의 개인적인 심리를 고려해야만 한다. 그러나 쇼펜하우어 자신—심리학적 통찰력을 지닌 사람—은 아마 이러한 추측을 조소했을 거라는 점도 알아야 한다. 그가 생각했듯이 세상이 고통의 근원이며 인간의 삶은 생래적으로 불행하다고 보는 것은, 단지 심리학적인 왜곡의 산물만은 아니었다. 정반대로 그것은 건전하고 분명한 시각을 갖춘 관찰자가 도달할 수 있는 유일한 결론이었다. 세상을 이와는 다른 어떤 시각으로 본다는 것은 쇼펜하우어에게는 고의적인 맹목이었다.

그는 자신과 동시대인들이 그런 망상으로 엄청나게 고통스러워하고 있다고 확신했다. 그는 이 주제를 반복적으로 다루었다. 『의지와 표상으로서의 세계』에서 그는 "모든 과도한 기쁨은 언제나 삶에서 우리가 만나게 되리라고 전혀 예기치 못했던 그 무엇, 소위 몹시 괴로운 욕구와 끊임없이 다시 잉태되는 근심이 영원한 만족을 찾았다는 미망에 기초한다"고 기술하고 있다. 인간은 이후 불가피하게 이러한 종류의 특정한 각각의 미망으로 다시 돌아가야 한다.[56] 우리가 이런 사실을 인정하든 그렇지 않든, 세상의 의지는 고통의 힘을 통해 이 쓰디

쓴 진실을 부단히 상기시킨다. 왜냐하면 "지상의 행복은 결국 좌절되거나 혹은 미망임을 알게 될 운명임을 삶의 모든 것이 증명하기 때문이다. 이러한 주장의 근거는 바로 사물의 본성 그 자체에 깊이 자리하고 있다."[57] 비록 우리는 종종 외부에서 결핍을 느끼고 실망하면서 이런 슬픈 발견을 하지만, 사실 고통의 근원적인 이유는 내부에 존재하고 있다. 이 역시, 종종 우리가 거부하는 것이다.

> 우리는 종종 진실에 눈을 닫아버린다. (…) 즉 고통은 삶에 본질적인 것이고, 그러기에 외부로부터 우리에게 흘러 들어오는 게 아니라, 모두가 자신 안에 영구히 계속되는 그 원천을 달고 다닌다는 진실 말이다. 그런데 반대로, 우리는 마치 주인을 갖기 위해 혼자서 우상을 만드는 자유인처럼, 결코 우리 곁을 떠나지 않는 고통에 대한 구실로, 특정한 외부적 이유를 부단히 찾고 있다.[58]

그렇듯 많은 이전의 낭만주의자들과는 달리, 쇼펜하우어는 우리 내부에서 자양분과 만개를 기다리는 기쁨의 근원은 전혀 찾지 못했고, 단지 발아하는 고통의 원인만을 볼 수 있었다. 모든 절망의 핵은 바로 우리 자신 안에 묻혀 있었다.

과연 이 원초적인 이유, 이 영원히 나쁜 종자는 정확히 무엇일까? 쇼펜하우어는 그것을 '의지', 좀 더 정확히는 '생生에의 의지' 또는 '살고자 하는 의지'라고 했다. 그의 어휘 중에서 절대적으로 중심이 되는 이 용어는 눈에 띄게 많이 원용되면서도 선뜻 정의하기가 어렵다. 이는 정확한 표상을 부여할 수 없는 힘으로서의 의지를 생각했던 쇼펜하우어에게도 부분적 이유가 있다. 의지는 외면적인 세상의 기초를 이루면서 모든 살아 있는 것 속에 스며들고, 우주를 하나의 전체로서 살아 움직이게 하는, 다른 차원의 현시이다. 어느 면에서는 낭만주의자들이 그리도 애지중지했던 범신론적 원리들과 유사하지만, 쇼펜하우어의 의지 이론은 어떤 종류의 신성과도 삶의 의지를 동일화하지 않았다는 점에서 본질적으로 낭만주의자들과는 다르다. 쇼펜하우어에게는 신이 없으며, 생에의 의지도 그 밖의 목적론적 의미나 목표가 전혀 없다. 간단히 말해 의지란 맹목적인 것으로, 단지 자신을 재생산하기 위해 계속하고 이어가며, 목적이나 목표 없이 분투한다.

표상 또는 외견, 그리고 의지 또는 순수 본질로 세상을 구분한 쇼펜하우어의 견해에 비추어보면 이것은 '현상(외견)'과 '본질(물자체)'이라는 칸트의 유명한 구분과 일치했다. 쇼펜하우어는 이는 또한 인지된 현실 세계의 이면에는 완벽한 이데아 또는 형식이라는 정신적인 영역이 놓여 있다는 플라톤의 이론과도 비교된다고 생각했다. 그럼에도 여기서 놓치지 말아야 할 가장 중요한 점은, 외견상 잠잠한 세상의 표면 아래에는 끊임없이 물결치며 솟구쳐 오르는 강력하고 근원적인 생의 힘—'가장 깊숙한 내면에 있는 본질'—이 잠재해 있다는 쇼펜하우어의 일반적 주장이다.

추상적으로 생각하기 어려운 이 힘에 대한 개념은, 쇼펜하우어가 이를 인간에게 적용했을 때 훨씬 분명하게 다가온다. 의지는 '모든 요구, 고투, 바람, 갈망, 희망, 사랑, 기쁨 그리고 기타 등등……'을 포함한다.[59] 그것은 우리를 앞으로 나아가게 하고, 우리에게 굶주림이나 갈망을 촉발시키는 삶의 힘이다. 세상의 표면 아래에 잠재하는 것과 똑같이 우리 자신의 외양 아래 잠재하고 있는 생의 의지는 우리가 알고 있는 표상과 외면상 이성적인 목적을 안내하고 또 파멸시킨다. 따라서 종종 그 능력을 느끼지 못하기도 한다. 쇼펜하우어는 "종종 우리는 자신이 무엇을 원하는지 또는 무엇을 두려워하는지 모른다"

고 예리하게 인식했다. "수년 동안 어떤 욕망을 스스로에게 인정하지 않거나 또는 분명하게 인식하지 못하는 욕망을 가질 수도 있다."[60] 이렇게 억압된 욕망 중에서 가장 강력한 것이 '성적 충동' 으로, 쇼펜하우어는 그것을 '살고자 하는 의지의 핵' 이라고 간주했다.

> (그것은) 모든 행동과 행위의 보이지 않는 중심점이다. (…) (그것은) 그 위에 베일이 드리워졌는데도 도처에서 몰래 훔쳐본다. 그것은 전쟁의 원인이고, 평화의 지향이자 목적이고, 진지성의 기초이며, 농담의 목적이고, 위트의 마르지 않는 샘이고, 모든 암시와 힌트의 열쇠이고, 모든 비밀스런 기호와 제의의 의미이다. (…) 그러나 모든 인간의 주요 관심사가 은밀히 추구된다는 것은 세상의 짜릿한 요소이자 농담거리이다. (…) 실제로 우리는 그것이 매순간 세계의 진정한 세습군주 자리를 차지하는 것을 본다.[61]

쇼펜하우어는 생식기는 '의지의 초점' 이라는 것을 정기적으로 주장하곤 했다.

위와 같은 예문을 보면 왜 쇼펜하우어가 선견지명을 지닌 심리학자이자 프로이트의 여러 주요 원리들을 예기했던 사람으로 여겨지는지 알 수 있다. 더욱 중요한 것은 그의 심리학적 통찰이 '행복' 에 대한 그의 신랄한 비판에 날개를 달아주었다는 점이다. '무제한적 욕구와 마를 줄 모르는 요구', 즉 의지는 결코 성취될 수 없는 영원한 기쁨의 추구를 향해 저돌적으로 달려들도록 우리를 부추긴다. "지상에서 가능한 어떤 만족도 그 강력한 욕구를 잠재울 수 없고, 그 요구에 최종 목적이 있을 수도 없다."[62] 한 욕구가 채워지자마자 지속적인 분투의 과정에서 또 다른 욕구가 뒤를 잇는데, 그 분투의 결과는 이중으로 파멸적이다. 첫 번째로, 의지의 부단한 활동은 다른 사람들과의 갈등을 피할 수 없게 만드는데, 왜냐하면 그들의 욕구가 나의 욕구와 상충할 수밖에 없기 때문이다. 그리고 두 번째로는, 개인의 지속적인 불만을 불러오는데, 왜냐하면 충족된 욕구의 기쁨이란 충족되지 않은 욕구의 고통 앞에서는 희미해지기 때문이다. 쇼펜하우어가 반복적으로 확언하듯이, 고통은 '실증적' 이며 기쁨은 '부정적' 이다. 이것은 우리가 전자는 강력한 존재로 느끼지만 후자는 불편, 욕망, 또는 고통의 제거나 부재로서, 단지 주로 결여를 통해 느낀다는 것을 의미한다.

> 우리는 시장기와 갈증을 느끼듯 욕망을 느낀다. 그러나 그 욕망은 충족되자마자, 마치 한 입 가득 삼켜 넘기는 순간, 우리의 느낌에서 사라지는 음식물과 같다. 기쁨과 향락이 사라지자마자 우리는 고통스럽게 그 상실을 느낀다. 그러나 오랫동안 지속됐던 고통이 중지되면, 그 부재가 직접적으로 느껴지지 않고 기껏해야 숙고라는 수단을 통해 의도적으로 생각난다. 왜냐하면 오직 고통과 결핍만이 실증적으로 느껴질 수 있기 때문이다. 그러므로 그것들은 자신을 드러낸다. 반대로, 행복은 단지 부정적일 뿐이다.[63]

어쩌면 기쁨에 있어서도 역시 실증적 실존으로 경험되는 정도를 쇼펜하우어가 과소평가한 것인지 모른다. 그러나 이 때문에 의지의 탐욕에 관한 그의 중심 주장이 힘을 잃는 것은 아니다. 의지의 탐욕은 홉스가 말한 '오직 죽음에 의해서만 멈추는, 영원하고 부단한 권력욕' 을 연상시킨다. 쇼펜하우어의 분석에 따르면 행복이란 갈망의 지평선 위에 있는 의지의 신기루이고, '우리 앞을 맴도는 주된 생각' 이며 '키메라' 이다.[64]

바로 이러한 이유 때문에 쇼펜하우어는 '우리가 행복하기 위해 존재한다는 생각'은 단지 '선천적 착오'라고 생각한다. 그는 그것이 살려는 의지의 맹목적인 분투와 밀접한 관계가 있는 '우리의 존재 자체와 일치하기' 때문에 선천적이라고 말한다. 잇따르는 만족은 "우리가 행복이라는 개념을 통해 생각하는 것이다."[65] 쇼펜하우어에게 행복이라는 개념은 삶을 경험해가며 우리의 경륜이 결국에는 거의 확실히 떨쳐버릴 최대의 착각임이 분명했다. 그래서 그는 이러한 착각을 영속시키려는 모든 사람들에게 조소를 쏟아낸다.

> 따라서 낙관주의는 단지 그릇되었을 뿐만 아니라 치명적인 주의인데, 왜냐하면 이것은 삶을 바람직한 상태로, 그리고 인간의 행복을 삶의 목적이자 지향으로 보여주기 때문이다. 이런 관점에서 시작해 모든 사람들은 자신이 가장 정당하게 행복권과 즐길 권리를 가진다고 믿는다. 만약 보통 그렇듯 이것들이 자신의 운명으로 다가오지 않으면 그는 자신이 불공평하게 고통을 받는다고, 사실상 자기 존재의 의미를 잃는다고 생각한다. 일, 궁핍, 비참, 그리고 죽음으로 정점에 이르는 고통을 삶의 지향이자 목적으로 여기는 것이 훨씬 더 옳은데도 말이다.[66]

쇼펜하우어는 이 세상이 '가능한 모든 세상 중의 최선'이라는 주장을 볼테르와 함께 비웃는다. 그리고 그 정반대의 경우를 만들어냄으로써 볼테르보다 훨씬 더 나아간다. 세상에 고통이 더 있어야 한다면—잔악성, 악 그리고 결핍이 더 있어야 한다면—그곳에 사는 거주민, 즉 인류는 쉽게 소멸할 것이고 우리가 알고 있는 바대로의 세상도 존재하지 않을 것이다. 여기서 도출되는 결론은 이렇다. 따라서 이 세상은 '가능한 모든 세상 중의 최악'이며, 그 속에서 우리의 존재란 지

옥의 한 형상이다.[67]

피할 수 없는 눈물의 계곡인 존재의 이미지, 모두가 선천적인 결핍 때문에 길을 잃고 헤매고 있는 세상의 광경, 만족할 줄 모르는 욕망과 탐욕으로 지배되는 세상. 이러한 쇼펜하우어의 생각은 구제받지 못한 인류에 관한 가장 처참한 기독교식 이야기와 매우 뚜렷한 유사성을 갖고 있다. 그는 이러한 유사성을 전적으로 시인한다, 한 예로, 그는 타락에 대한 기독교 교의가 '우의적'(비록 문자 그대로는 아닐지라도) 진실을 담고 있으며 '세속적인 행복의 덧없음'이라는 기독교의 보편적 관점은 전적으로 옳은 것이라고 언급했다.[68] 게다가 쇼펜하우어의 견해로는 기독교의 '진정한 정신과 핵심'—이 세상에 대한 경멸—은 바라문교와 불교에서도 찾아볼 수 있었다. 그는 종종 이러한 유사성을 언급하면서, "기독교 교훈의 정신은 바라문교와 불교의 정신과 동일하다"고 주장했다.[69] 이 세 전통에서는 모두 인간 고통의 근원이 그릇된 욕망에 있다고 말한다. 그리고 세 종교 모두 자기 부정이라는 전략을 통해 이 탐욕스런 힘을 가라앉히려고 했다.

쇼펜하우어 역시 자신이 '구제의 길'이라고 부른 것을 따르라고 촉구한다. 이 용어는 쇼펜하우어가 천국, 환생 또는 내세를 믿지 않듯, 우리의 길을 인도하는 신을 인정하지 않는다는 것을 생각할 때, 잠정적으로 오해를 일으킬 수도 있다. 구제란 우리 자신에게서의 구제이며, 의지의 그 끔찍한 추진력으로부터의 자기 해방을 말한다. 종교적인 고행자들의 예를 경탄 어린 시선으로 보는 쇼펜하우어는 우리 의지와 싸우라고 권유한다. 성욕의 절제, 식욕과 탐욕의 적절한 제어, 우리의 삶을 '가능한 한 가난하고, 고되고, 재미없게' 만들고자 하는 의도적 시도, 이것이이야말로 '선택된 자의 좁은 길, 성자의 좁은 길'이다.[70] 이 소수의 선택받은 자들이 욕망을 이겨내고 극복할 수 있으므로, 쇼펜하우어는 세속적 지복 또는 열반의 가능성을 꿈꾼다. "그의 얼굴에 비치는 대양같이 평온한 마음, 깊은 고요, 흔들리지 않는 확신과 침착. (…) 이는 곧 완전하고 확실한 복음이다."[71]

이것은 구원으로 가는 고원한 길이며, 요기(유가 수행자—옮긴이), 사두(인도의 종교 수행자—옮긴이)의 길 혹은 고행하는 성인의 길이다. 그러나 엄청나게 따라야 할 것이 많기에, 오직 극소수만이 이 길을 수행해나갈 수 있다. 대다수는 다른 길, '끊임없는 가시밭길' 을 택할 수밖에 없다. 생에의 의지를 다루고 통제할 수 없기에, 그 길은 세상의 불가피한 고통과 실망으로 점철된다. "고통은 정화의 과정이다. 대부분의 경우 인간은 오직 그 과정을 통해서만 정화되는데, 다른 말로 하면, 삶에의 의지라는 잘못된 행로에서부터 다시 인도될 수 있다."[72] 이 세상은 우리의 십자가—쇼펜하우어가 최고의 숭배를 표하는 상징—가, 즉 생에의 의지가 지속적으로 부서지는 고문 장소가 되어간다. 이 '정화의 과정, 고통으로 이루어진 정화의 잿물' 로 모두가 다 정화되는 것은 아니다. 왜냐하면 많은 사람들이 여전히 의지의 주문에 홀려서 죽어라 아우성대며 고군분투하기 때문이다.[73] 그러나 '행복한 자' 에게 죽음은 오로지 구원으로서, 최후의 단절로서 다가올 뿐이다. 그들의 죽음은 정말 기이한 특권이다. "기꺼이 죽는 것, 기쁘게 죽는 것, 쾌활하게 죽는 것은 순종하는 자의 특권이다."[74]

일관되게 우울하고 가차 없이 무정한 쇼펜하우어의 현대적 세상에 대한 경멸은 너무도 음울해서, 만약 중요한 단서가 없었다면, 이것이 왜 추후에 호소력을 얻게 되는지를 설명하기가 난감할 것이다. 관대하게도 쇼펜하우어는 자기 부정에 이르는 길을 하나 더 배치한다. 예술의 높은 제단 앞에서 미학적 숙고에 빠져 있을 때, 우리는 욕망의 부단한 충동에서 벗어나 잠깐 쉴 수 있노라고 그는 말한다. 위대한 그림이나 장엄한 자연 경관 앞에 섰을 때, 감동적인 교향곡이나 시 또는 연극에 완전히 몰입되었을 때 우리는 욕망의 순간적 단절을 경험하고, '의지의 속박' 으로부터 한순간 달아날 수 있다. "열정의 폭풍, 욕망과 두려움의 압력, 의지의 힘을 행사하는 데 따르는 모든 비참이 (…) 놀랍게도 가라앉고 진정된다."[75] 일순간 우리는 우리의 당연한 도정인 주관의 의식, 목적 지향적 분투를 포기하고, '다른 세상' 으로 발을 내딛으면서 우리 자신을 잃어버린다. "항상 찾아 다녔지만, 항상 의지의 힘을 행사하는 도정 위에서, 항상 우리에게서 도망치는 평온이 갑자기 자진해서 우리를 찾아온다. 그리고 모든 것이 순조롭다. 그것은 고통이 없는 상태다. (…) 즉 신들의 상태이다. 왜냐하면 그 순간 우리는 의지의 비참한 압력에서 벗어나기 때문이다. 우리는 의지의 징역에서 안식일을 맞는다.[76]

쇼펜하우어는 이러한 순간적 초월의 상태는 여러 매체를 통해 성취될 수 있다고 믿었다. 그러나 무엇보다도 음악에서 예술의 '축복' 과 '구원' 의 가장 충만한 경험을 할 수 있다고 주장했다. 음악은 '의지 자체의 복사판' 이며, 우주와 우리의 내면 존재를 통해 움직이는 갈망의 부단한 고투와 일탈을 그대로 옮겨놓은 것이다.[77] 정신은 시간을 통해 전개되는 음악 속에서 욕망의 승리와 실망을 망라하여 경험함으로써, 불협화음과 조정, 조화와 부조화, 중지 그리고 만족 등, 그 내적 작용의 패턴을 인지한다. '모든 현상의 내면성과 내면 자체' 를 포착함으로써, 음악은 가능한 가장 순수한 표현 내에서 그러한 작용을 한다. 음악은 무진장의 가능성으로 "마음의 이런저런 특정하고 한정된 기쁨, 고뇌, 고통, 슬픔, 공포, 쾌활, 환락, 평온을 표현한 게 아니라, 어느 정도는 추상적으로 마음 자체의 기쁨, 고통, 슬픔, 공포, 쾌활, 환락, 평온을 표현했던 것이다……." 이러한 모든 감정을 그것들의 '추출된 정수'를 통해 인지하는 과정에서 우리는 위안을 얻는다. 우리 자신의 분투는 중지되고, 우리는 순간적인 평온을 성취한다. 단지 순간이라 할지라도, 자신 앞에서 "아주 낯익으며 아주 낯선 낙원……, 이해하기 쉽지만 여전히 불가해한 낙원"을 떠다니는 음악을 지켜보며, 지구의 비참한 종족들은 위안을 찾을 수 있다.[78)]

쇼펜하우어는 고행자의 자기 포기라는 길과는 분명 어울리지 않는 사람이라는 지적이 종종 있었다. 또한 19세기 유럽의 부르주아가 갖출 수 있는 삶의 모든 즐거움이 안락하게 채워진 존재의 십자가 위에서, 그의 생에의 의지가 격렬하게 파손되었다고 보지도 않는다. 상당한 유산에서 나오는 수입으로 조용하고 자립적으로 산 쇼펜하우어는 생애의 마지막 세월을 프랑크푸르트의 안락한 집에서 보냈다. 오전에는 집필을 하고 오후에는 산책을 했으며, 남성들이 가는 클럽에서 해외 신문을 읽고 저녁은 외식을 한 뒤, 오페라를 관람하거나 극장에 가는 것으로 밤 시간을 보내곤 했다. 종종 의견을 나누기 위해 친구들과 모이기도 했고, 비록 짧았지만 나름의 연애에 빠지기도 했다. 거의 무명에 가까웠던 그에게, 1850년대에는 명성이 찾아오기 시작했다. 인간 존재의 허무에 관한 이 이론가는 그 사실을 매우 기뻐했다. 자기 이름이 언급된 기사들을 스크랩하기 위해 유럽 언론들을 훑어볼 조사원들을 몇 명씩 고용하기까지 했을 정도였다. 만약 쇼펜하우어가 구원의 달콤함을 맛봤다면, 분명히 그것은 오직 예술적인 종류의 것이었을 것이다.

그의 철학에서 이런 양상은 지속되었다. 자신을 부정하며 속세의 성인으로 살라는 그의 외침을 따를 정도로 강인한 사람은 거의 없겠지만, 미학적 구원에 대한 그의 시각에 강렬하게 매료된 사람들은 매우 많았다. 쇼펜하우어가 19세기 후반의 가장 영향력 있는 작가 중의 한 사람이라는 것은 전혀 과장된 얘기가 아니다. 그는 아우구스트 스트린드베리의 시각을 형성시켰을 뿐만 아니라, 수많은 예술가와 사상가들에게도 영향을 미쳤다. 가장 유명한 사람으로 리처드 바그너 Richard Wagner가 있으며, 몇 명만 더 보더라도 젊은 니체와 프루스트 Marcel Proust, 말러Gustav Mahler, 투르게네프Ivan Sergeevich Turgenev, 로렌스D. H. Lawrence, 토마스 만Thomas Mann, 토마스 하디Thomas Hardy 등이 있다. 예술을 통한 구원이라는 쇼펜하우어의 시각에서 그들은 아주 강력한 신념, 즉 그들에게 특별한 소명이라는 성유를 뿌려 정화해주는 신념을 찾았다. 그의 무리들에게 한순간의 구원, 고통의 일시적 중지를 안겨주기 위해 희생 속에서 고통을 겪어야 하는 목자牧者인 예술가는 쇼펜하우어의 시각에서는 바로 속세의 사제이다. 이 세상에서 초월적인 목적에 대한 믿음을 잃은 사람들에게 이것은 마음을 끄는 부름이었다. 특히나 그 추종자들에게 여전히 강력한 계기를 가진 종교적인 여정을 세속적 발길로 되풀이하라고 명령한다는 점에서 더욱 거역할 수 없이 끌렸다. 만약 그렇지 않다면 이 명령은 거역되었을지도 모른다. 예술 작품을 찾아나선 현대의 순례자는 여전히 문턱에 선 채로 그의 종교적 선조들처럼 행복에 넘친 약속의 충만함을 경험한다. 그러나 길 건너 행복의 전망을 응시하면서, 그는 이제 의아해 해야만 한다. 이것은 더 나은 세상으로 열리는 창문인가? 아니면 단지 예술이 스스로 만든, 자신 외에는 아무도 없는 성스런 공간—은둔처—인가?

갈망의 전당

제2차 세계대전 와중에 돌덩이로 변했던 분리파관館은 세심하게 재건되었다. 오늘날 이곳은 그럭저럭 그 창립자들이 의도했던 대로 사용되고 있다. 조용한 성역 그리고 '은신처', '예술의 전당', '현대인들의 진정한 얼굴을 보여주기 위한' 성스런 공간으로 말이다.[79)]1898년에 건축가 요제프 올브리히Josef Olbrich의 이름에서 연유된 비엔나 아방가르드파의 전시장으로 지어진 이 건물은 오늘날에는 그 디자인에 긴밀하게 관여했던 분리파의 선도적 화가였던 구스타프 클림트Gustav Klimt와 가장 자주 연관되어 거론된다. 그의 가장 위대한 작품 중의 하나인 「베토벤 프리즈Beethoven Frieze」(프리즈 : 건물 벽에 띠 모양으로 장식한 부분—옮긴이)가 현재 이 건물의 지성소에 영구히 보존되어 있다.

좁다란 장소의 삼면 벽을 차지하고 있는 베토벤 프리즈의 여러 패널들은 말 그대로 총체적인 예술 작품이다. 그러나 1902년에 분리파관에 처음 전시되었을 때는 훨씬 더 큰 예술적 총체의 작은 부분에 지나지 않았다. 즉 그 전시의 중심 작품인 막스 클링거Max Klinger가 제작한 생각에 잠긴 베토벤 상을 필두로 하여 바쳐진 여러 작품들 중의 하나였다. 건축가 호프만은 건물 내부를 일종의 사당으로 변모시켰다. 구스타프 말러는 베토벤의 9번 교향곡 제4악장을 재편곡해 연주했다. 그리고 클림트의 정교한 프리즈는 「환희의 송가」에 대한 자신의 해석을 보여주었다. 이곳에서 현대 예술은 성인의 이미지에 경의를 표했다. 비평가 칼 쇼스케Carl Schorske가 말하듯이, "만약 집단적 나르시시즘의 예가 있다고 할 경우, 이것이 바로 그랬다. 예술가들(분리파)이 한 예술가(클링거)를 칭찬하고, 예술의 영웅(베토벤)을 기리고 있다."[80]

전시회 일람표에 언급되어 있듯이 이러한 집단적 나르시시즘의 목적은 '내부 공간의 의도적 전개'를 위한 작업에 있었다. 내적 공간의 빈 영역을 채우기 위해 행복을 끌어들였다는 것은 어찌 보면 당연하다고 할 수 있다.[81] 클림트의 프리즈에서 충실하게 묘사되고 있는 그 여정은, 일람표에 따르면 '행복에의 갈망'으로 시작되고 있다. 그것은 높이 날아오르는 여인들의 꿈과 황홀, 발가벗은 채 무릎 꿇고 애원하는 나약한 인간의 비참함, 중무장을 하고 '행복을 위한 고투'를 들어 올리는 전형적인 '힘' 등 왼쪽 벽을 따라 장식된 일련의 그림들로 나타난다.

좀 더 짧은 두 번째 벽에는 적대 세력 한 무리가 자리하고 있다. '신들조차도 그와 대적하는 게 헛된' 거대한 원숭이 같은 '티폰Typhon', 그리고 한쪽에 있는 '질병' '광기' '죽음'의 세 추녀, 또 다른 쪽에 보이는 '탐욕'과 '부정不貞', '과잉'과 '통렬한 비탄'을 비롯한 그의 수많은 끔찍한 자손들. 그러나 정말 특이한 것은 '행복에의 갈망과 인류의 소망'이 그들의 길을 가로막는 적대적 세력들과 교전하지 않는다는 점이다. 오히려 조금이라도 갈등 속으로 들어갈 필요를 초월하면서 그 세력들 위로 '멀리 날아오른다.' 이렇게 해서 세 번째 벽의 그림에서는 해결이 확실시된다. "행복에의 갈망은 시에서, 그리고 예술에서 위안을 찾는다." 아름다운 여인들이 폭포를 이루며 흘러내리고, "오직 그곳에서만 순수한 환희, 순수한 행복 그리고 순수한 사랑을 찾을 수 있는, 이상적인 영역으로 우리를 인도한다." 그곳에서는 '낙원 천사들의 합창단'이 약간 변형된 「환희의 송가」를 부른다.

'행복에의 갈망.' 구스타프 클림트의 「베토벤 프리즈」의 좌측 패널 세부, 분리파관, 비엔나.

환희, 신들의 아름다운 불꽃, (…)

온 세상을 위한 이 입맞춤!

행복에의 갈망은 예술에 대한 초자연적이고 관능적인 포옹에서 해결책을 찾았다.

「현대의 화가」에서 보들레르가 긍정적으로 인용했던 "아름다움이란 행복에의 약속, 그 이상도 그 이하도 아니다"라는 말을 한 장본인은 스탕달Stendhal이었다.[82] 이 예술의 성역에서, 클림트는 한순간 우리를 일상의 고투에서 솟아오르게 하는 미의 영역을 창조해냄으로써 바로 그 행복에의 약속을 수행했다. 클림트는 비록 '별들 저 너머에

구스타프 클림트의 「베토벤 프리즈」의 가운데 패널. 질병, 광기, 죽음, 색정, 부정, 과잉 그리고 깊은 비탄을 옆에 거느린 티폰.

구스타프 클림트의 「베토벤 프리즈」의 우측 패널, 낙원 천사들의 합창단과 황홀한 키스.

있는 사랑하는 하나님' 을 믿으려고 마지막까지 분투했던 실제의 베토벤에게는 아닐지 모르지만, 적어도 쇼펜하우어의 이미지 속에 형성되었던 그 베토벤에게는 충실했다. 클림트는 자기 세대의 많은 사람들과 마찬가지로 그 철학자의 작품에 흠뻑 빠져 있었는데, 특히 바그너가 개괄하고 해석한 수필인 「베토벤」이라는 작품도 잘 알고 있었다. "기독교가 로마 문명권 한복판에서 발을 내딛었듯이" "음악도 현대문명의 혼돈에서부터 폭발했다. 이 둘은 크게 외친다. '우리의 왕국은 이 세상으로부터 오지 않는다' 라고."[83] 좀 더 고상한 부름과 좀 더 심오한 진실의 말을 전파하면서, 이 거룩한 음악을 높이 올린 사람은 베토벤이었다. "단지 이 거룩한 교향곡들의 첫 몇 소절을 듣는 것만으로도, 온통 절망스럽게 그를 둘러싸고 있는 현대의 외양이라는 세계가 갑자기 어떻게 무無로 녹아드는지를, 누구든 스스로 경험하게 해보자."[84] 바그너는 이렇게 쇼펜하우어 식으로 그의 「영웅」을 해석하면서, 베토벤의 음악에서 의지의 분투— '초자연적인 삶, 어느 때는 달래는 힘, 또 어느 때는 무시무시한 힘, 환희, 열망, 두려움, 비탄 그리고 황홀의 맥박, 전율, 감동' —를 듣는다. 그것은 9번 교향곡의

마지막 송시에 나오는 '복락원의 형언할 수 없는 환희'로 우리를 데려간다.[85)]

바그너는 독일 국민들의 행복을 향한 도정에서, 마치 티폰처럼 방해가 된다고 여긴 유대인에 대해 특별한 적의를 갖고, 인간의 '갱생'에 관한 좀 더 불길한 환상을 전개한다. 클림트는 결코 그러한 생각을 하지 않았다. 실제로 바그너는 '새로운 종교' 그리고 새롭고 영예로운 공화국의 발전을 위해 예술이 담당할 중추적 역할을 예견하면서, 세상에 적극적으로 참여할 것을 촉구한 반면, 클림트는 창조라는 자궁 속으로 움츠러들었다. 세상을 피해 예술의 이미지 속으로 달아나버리든, 또는 예술의 이미지대로 세상을 다시 만들고자 하든, 둘 다 낭만적 환상이었고, 또한 모두 같은 신념을 숨기고 있었다. 육안으로 보는 세상은 행복한 곳이 아니라는 생각 말이다. 기쁨에 대한 갈망, 구원의 행복은 아직도 남겨진 채로 있었다. 그러나 초기 낭만주의의 의혹—계몽사조가 말하는 자명한 진실에 대한 의문—은 쇼펜하우어를 통해 좀 더 강력한 의문, 즉 오직 구원과 혁명만이 견뎌낼 수 있다는 의문으로까지 진전되었다.

이와 똑같은 의혹이 이들과는 아주 다른 부류의 사람들, 즉 적어도 겉으로는 당시의 시대병에 덜 민감한 것처럼 보였던 사람들 사이에서도 사라지지 않고 있었다. 로크의 자유주의 계승자들과 행복 추구 지지자들은 자신들을 '자유주의자'라고 생각했고, 또 그렇게 여겨졌다. 그러나 좀 더 철저한 적대자들은 그들을 그저 '부르주아 계급'의 앞잡이로 폄하했다. 낭만주의자들과 혁명주의자들은 모두 그들의 자금은 거리낌 없이 받아들이면서도 그 애매한 한 무리의 사람들을 계속해서 심하게 비난했다. 자유주의자들이 자본주의를 선을 위한 힘으로 봤던 것은 사실이다. 또한 그들은 대의代議 정부를 강력하게 옹호하는 사람들이었고, 영국과 유럽에서 그런 형태의 정부가 형성되기 시작할 때 특히 그러했다. 그들은 또 군중의 영향력에 대해 의심쩍어 했고 국가의 권력을 불신했다. 무엇보다도 개인의 자유를 중시하며, 시민 사회의 존엄성을 유지하고 법치의 중요성을 수호했다.

그들의 반대자인 보헤미안과 혁명주의자들 사이에 이러한 차이가 있었는데도, 자유주의 전통의 후계자들은 그들과 마찬가지로 계몽사조의 유산에 계속 관여할 수밖에 없었다. 계몽주의가 말하는 자명한 진실의 증거를 평가하면서 그들도 행복 추구의 문제에 대해 숙고했다. 또한 그들은 '결국 우리가 우리의 행복을 찾거나 아니면 전혀 그렇지 못한 곳', 즉 이 세상에서의 구원이라는 계몽주의의 중심 약속에 대한 자신들의 믿음을 지탱하고자 고군분투했다.

자유주의와 그 불만들

Liberalism And Its Discontents

1800년, 나폴레옹이 권력과 행복 추구에 대해 곰곰이 생각하는 동안, 그리고 「환희의 송가」가 아직 들려오지 않던 때, 더블린에서 한 소책자가 발간되었다. 카펠 가街의 윌리엄 왓슨William Watson('종교와 도덕 부문 서적의 염가 매장을 위한 인쇄업자')이 단돈 1페니에 판매하고 있던 『부와 행복으로의 길 *The Path to Riches and Happiness*』은 어느 기준으로 보더라도 싼 가격이었고 부와 안락, 지복과 재산, 재물과 즐거운 보답이라는 엄청난 대가를 약속하는 책자였다.[1)]

이러한 조합은 그 책의 저자인 고 벤저민 프랭클린Benjamin Franklin 박사가 아메리카에서 출생했다는 사실만큼이나 의미심장하다. 일찍이 건국의 기초 문서에서 활짝 웃고 있는 '행복 추구'라는 말과 그렇게 밀접하게 관련되었던 나라는 없었다. 또한 행복 추구의 꿈을 재산의 추구와 그렇게 친밀하게 연계시켰던 나라도 일찍이 없었다. 프랭클린 자신은 행복하고 부유하게 죽음을 맞이했기에, 이 두 주제의 어느 쪽에도 전문성을 가졌다고 정당하게 주장할 수 있었다. 독립 선언서 초고를 꼼꼼하게 읽은 사람으로서, 그는 제퍼슨의 적절한 표현을 재가했으며, 아마도 십중팔구 그 선언서의 진실에 대한 묘사 부분에서 '신성하고 부정할 수 없는' 이라는 표현을 '자명한' 이라는 표현으로 대체하도록 제안했을 것이다. 그는 또한 '부로 가는 길' 에 관한 실질적인 여러 의견을 개진했던 저자이기도 했다. 프랭클린은 아메리카가 재산을 축적할 최고의 지역이라고 보면서, 하나님의 지구에는 우리의 행복 추구 면허를 보여주는 수많은 증거가 있다고 생각했다. 복음서에 있는 가나Cana에서의 결혼식 이야기에 대해, 프랭클린은 "포도주는 신이 우리를 사랑하고 또 우리가 행복하기를 바라는 살아 있는 증거"라는 창의적인 해석을 하기도 했다.[2]

프랭클린은 이러한 증거들을 많이 찾아냈는데, 왜냐하면 그는 '우리 모두는 행복할 수 있다' 고 믿었기 때문이다.[3] 비록 매년 출간되는 『가난한 리처드의 연감*Poor Richard's Almanack*』 말미에서 독자들에게 종종 '부와 행복' 을 기원하기는 했지만, 그가 그 둘 사이에 필수적인 관련이 있다고 보았는지는 분명하지 않다. 아리스토텔레스처럼 프랭클린도 분명 좋은 삶을 추구하기 위해서는 최소한의 의식주의 편익은 필요하다고 생각했다. 그는 "이성적인 피조물의 행복은 어디에 있는가?"라고 물었다. "건전한 정신, 건강한 신체, 충분한 필수품과 편익, 그리고 더불어 하나님의 총애와 인류에 대한 사랑을 갖는 데 있다."[4] 프랭클린은 행복의 '어머니' 인 미덕이야말로 이 모든 것들을 실현하는 데 가장 확실한 수단이라고 누차 강조했다.[5] 물질에서가 아니라 사람에게서 찾을 수 있는 행복은 오직 자립, 정직한 삶, 소박한 즐거움 그리고 자기 존중으로 부풀어 오를 때에만 우리를 가득 채울 수 있다.

인간의 지복이란 아주 드문 행운에 의해서라기보다는 매일의 일상에서 일어나는 작은 것들에서 나온다. 따라서 만약 한 가난한 청년에게 면도와 면도날 정돈법을 가르쳐준다면, 이는 그 청년에게 천 기니를 주는 것보다 더한 행복을 그의 삶에 가져다준다. 돈은 곧 다 바닥나며, 또한 어리석게 낭비한 것에 대한 후회만이 남게 된다. 그러나 반대의 경우 그 청년은 이발사를 기다려야 하는 짜증스러움, 그리고 간혹 그들의 청결치 못한 손가락, 거친 숨결, 그리고 무딘 면도날 등에서 해방될 수 있다. 그는 자신에게 가장 편리한 시간에 깔끔한 기구로 면도하는 기쁨을 매일 즐기게 될 것이다.[6]

"과연 누가 부자인가?"라고 가난한 리처드는 묻는다. "그는 만족하는 자이다."[7]

이러한 생각에서 보면, 행복의 추구는 부의 추구와는 별로 상관없으며 상대적으로 간단한 일이다.

여기에서 이런 질문이 생긴다. 이후에 미국 땅으로 몰려드는 사람들이 생각했던 것처럼 행복과 자본주의—행복과 민주주의—는 그렇게 잘 양립할 수 있는 것이었을까? 아니면, 겉으로 자연스럽게 보이던 이 결합의 중심에는 애초부터 긴장이 존재했던 것인가? 이러한 질문에 답하기 위해서는 우선 1776년, 그 기적의 해 속의 계몽 시대로 다시 거슬러 올라가야 한다.

사소한 추구

미국 역사에서 독립 선언서 속의 아래 구절보다 더 친숙한 말은 없을 것이다.

> 우리는 이 진리들이 자명한 것이라고 믿는다. 즉 모든 인간은 평등하게 창조되었고 창조자에 의해 천부의 권리를 부여받았으며 그중에는 생명권, 자유권 그리고 행복 추구권 등이 있다.

이러한 표현은 1776년 6월에 토마스 제퍼슨이 기안했고, 7월 4일 필라델피아에서 열린 대륙 회의에서 채택되었지만, 그 자명한 진리들의 의미는 역설적이게도 오랫동안 논란의 대상이 되어왔다. 그 구절들을 정선하면서 많은 사람들은 제퍼슨이 뜻하는 바가 무엇인지 의아해 했는데, 특히 '행복 추구' 에 관해서 가장 혼란스러워 했다. 이것은 동시대의 사람들에게 미망을 좇게 만들었던 '번지르르한 보편성' 을 띤 무의미한 구절인가?[8] 아니면 '이제는 잃어버린 계몽사조의 언어' 를 사용하는 자들은 곧바로 알아챌 수 있는, 훨씬 더 분명한 의미를 담고 있는 것일까?[9] 미합중국 시민들에게 이런 논란에 대한 이해관계는 아주 높았는데, 왜냐하면 논란의 테이블에 놓인 것은 다름 아닌 그 나라의 자아상, 즉 '시민의 종교' 라는 중심 신조였기 때문이다.[10] 그리고 이것은 또 다른 사람들에게도 역시 중요한 문제였는데, 왜냐하면 점차 지구적 관심사가 되고 있는 것을 직접적으로 언급하고 있었기 때문이다. 즉 미국식 생활 방식에서 행복이 차지하는 위치에 대해서 말이다.

'행복의 추구' 가 당시에 맞는 아주 적절한 주제라고 생각했던 지지자들은 대륙 회의에서 그 문구가 전혀 다루어지지 않았다는 사실을 지적했다. 대륙 회의에 참석한 대표들은 제퍼슨이 시초한 초고의 한 줄 한 줄을 모두 꼼꼼하게 검토했지만—그들 대부분은 변호사들

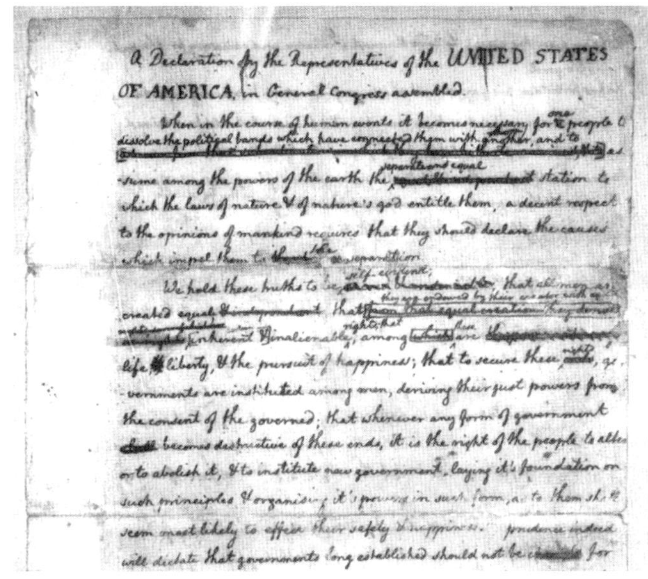

A Declaration by the Representatives of the UNITED STATES OF AMERICA, in General Congress assembled.

When in the course of human events it becomes necessary for one people to dissolve the political bands which have connected them with another, and to assume among the powers of the earth the separate and equal station to which the laws of nature & of nature's god entitle them, a decent respect to the opinions of mankind requires that they should declare the causes which impel them to the separation.

We hold these truths to be self-evident; that all men are created equal; that they are endowed by their creator with inherent & inalienable rights; that among these are life, liberty, & the pursuit of happiness; that to secure these rights, governments are instituted among men, deriving their just powers from the consent of the governed; that whenever any form of government becomes destructive of these ends, it is the right of the people to alter or to abolish it, & to institute new government, laying it's foundation on such principles & organising it's powers in such form, as to them shall seem most likely to effect their safety & happiness. prudence indeed will dictate that governments long established should not be changed for

⚜ 제퍼슨이 손으로 쓴 '행복의 추구'가 있는 독립 선언서 초고, 국회 도서관, 워싱턴 D.C.

로, 언어를 아주 진지하게 다루는 사람들답게 정확성을 갖고 다듬고 삭제했다— '행복의 추구'에 대해서는 단 한 사람도 조건을 달지 않았다. 또한 제퍼슨이 몇 줄 아래에서, 정부가 자명한 진리를 파괴하는 경우 이를 '바꾸거나 폐지시킬' 권리가 있다는 주장을 통해, '행복'이라는 용어의 다른 사용을 얘기할 때도 아무런 반대가 없었다. 이 경우 국민이 새로운 정부를 수립하는 것은 당연한 권리로서, "이러한 형태로 권력을 조직하는 것은 그들로서는 자신들의 안전과 행복을 성취하려는 것으로 간주된다"라고 선언서는 명시하고 있다. 회의는 제퍼슨이 세 번째로 행복이라는 단어를 쓴 표현에는 반대하여, 초고의 마지막 부분에서 "행복과 영광으로 이르는 길은 우리에게도 열려 있다"라는 문장을 삭제했다.[11]

물론 그때나 지금이나, 회의의 침묵은 국민대표들이 최종 해석에 대해 모두 한마음이라거나 어느 구절을 완전히 이해했다는 것을 의미하지는 않는다. 그러나 몇 년 후, 선언문의 자료를 어디에서 이끌어냈느냐는 질문을 받은 제퍼슨은 자신이 '당시의 조화로운 의견' 이라고 불렀던 것을 규합하는 능력인 대중감화력이 바로 그 특질이라고 대답했다. 그는, 선언서는 여럿을 하나로, 그리고 하나를 여럿으로 만든 것이라고 말했다.

> 이것이 독립 선언서의 목적이었다. 이전에 생각하지 않았던 새로운 원칙이나 새로운 논쟁을 찾아내는 게 아니고, 또 단지 이전에는 얘기된 적도 없었던 것을 얘기하려는 것도 아니었다. 그러나 인류의 동의를 위해 평범하면서도 확고한 어휘로, 독립에 대한 상식을 그들 앞에 내놓기 위한, 그리고 우리가 취해야만 하는 독립적인 입장에서 우리 자신을 정당화하기 위한 것이었다. 원칙이나 감성의 독창성에 그 목적이 있는 것도 아니고 어느 특정한 이전의 문서를 모방한 것도 아닌 독립 선언서는 미국의 정신을 표현하고자 했으며, 그 표현에 적절한 색조와 영혼을 불어넣고자 했다. 선언의 모든 정통성은 대화나 서간, 수필, 또는 아리스토텔레스, 키케로, 로크, 시드니 등 공공 권리를 다룬 기초적인 서적에서 표현되었든 간에, 당시의 조화로운 정서에 기초하고 있다.[12]

'미국 정신의 표현' 으로서, 독립 선언서는 18세기의 집단의식을 대표했다. 제퍼슨은 당대의 온 세상에서 이것저것을 모두 모아 부분의 합 이상의 것, 즉 하나의 총체를 만들어냈던 것이다.

'행복의 추구' 라는 특정 문구를 이와 유사한 방식으로 보면 아주 흥미 있는 결과가 나타난다. 한 예로, 제퍼슨이 위에 언급했으며 또 독립 선언서에 전반적으로 가장 중요한 영향을 미친 사람으로 간주되는 로크를 보자. '행복의 추구'에 관해서 볼 때 로크라는 이름은 독립 선언서를 은폐의 증거로 보는 낡고 완고한 시각을 낳았다. 이러한 시각에 따르면, 제퍼슨은 소위 로크 식 3부작이라고 할 수 있는 '생명, 자유, 그리고 재산'에서 세 번째, 즉 재산을 대체하기 위해 '행복의 추구'라는 모호한 표현을 썼다는 얘기였다. 이렇게 행복은 건국의 아버지들의 진짜 '의도'—그들 자신의 사유지 보호 같아 보인다—를 모호하게 하면서, 유물론적 사고를 지지하는 사람들의 마음속 의도를 덮어버리는 이데올로기의 연막으로서 제시되었던 것이다. 이런 해석은 한때 특히 마르크스주의자들에게 매력적이었지만, 단지 그들에게만 국한된 것은 아니었다. 독립 선언서는 미소 띤 얼굴 밑에 이러한 '진짜' 의도, 즉 자본주의와 부의 축적을 은폐하기 위한 영리한 가리개 역할을 했다.[13]

로크 자신이 결코 '생명, 자유, 그리고 재산'이라는 문구를 사용한 적이 없다는 점은 접어두더라도, 위에 언급한 해석에는 많은 문제점이 있다. 제퍼슨이 잘 알고 있었듯 로크가 그의 『통치론』에서 '생명, 자유 그리고 사유지'와 '생명, 자유 그리고 재산'에 대해 이야기한 것은 사실이다. 로크는 분명 재산을 포괄적으로 보며, 노동을 통해 축적되고 우리를 대신해 통치하는 정부에 의해 보호되어야 하는 고귀한 것이라고 생각했다.

그러나 더욱 흥미로운 것은, 로크가 『통치론』에서는 '행복의 추구'라는 말을 결코 언급하지 않았다는 점이다. 앞에서 본 것처럼 그는 그 문구를 단지 『인간 오성론』에서만 (여러 번) 사용했을 뿐이고, 이 작품 또한 제퍼슨은 잘 알고 있었다. 『인간 오성론』에서 로크는 행복을 거룩하게 조화된 세상의 자연스럽고 건전한 부분으로 여긴다. 그 세상에서 인간은 즐거운 기분에 이끌리고, 만약 제대로 된다면 하나님에게로 나아갈 수조차 있다는 것이다. 로크에게 행복을 향한 '중력적' 끌림은 즐거움에의 끌림이고, 즐거움은 사람의 입맛처럼 원천이 매우 다양하다. 어떤 사람은 '사치와 방탕' 을, 어떤 사람은 '절제와 부' 를 좋아한다. 또 다른 사람들은 영광, 수렵 또는 연구를 선호한다. 로크는 '각기 다른 사람들에게' 즐거움을 주는 것은 '아주 다른 것들이다' 라고 강조했다.[14]

물론 의심의 여지 없이 로크는 자신의 즐거움의 목록에 재산을 포함시켰을 것이다. 그는 기쁨의 원천으로서 재산이란, 자유의 보루요 자립의 방벽이라고 생각했다. 18세기의 수많은 미국인들이 여기에 동의했고, 또 이런 점에서 그들이 재산과 행복을 결부하여 생각한 것은 너무도 자연스러웠다. 제퍼슨이 독립 선언서 초고를 작성하고 있던 바로 그 달에, 즉 1776년 6월 12일에 버지니아 주 입법 대표자 회의는 조지 메이슨George Mason이 기초한 버지니아 권리 선언서를 채택했다. 제퍼슨의 친한 친구였던 메이슨은 버지니아 출신 동료에게 자신의 초고를 보여줬고, 독립 선언서를 작성하고 있던 그때 제퍼슨은 메이슨이 쓴 초고를 갖고 있었다. 그 내용은 이렇다.

> 모든 인간은 평등하고 자유롭고 독립적인 존재로 태어났으며, 천부의 인권을 갖고 있는데, 그 권리는 어떠한 계약에 의해서도 박탈되거나 탈취할 수 없다. 이들 중에는 재산을 획득하고 소유하고, 그리고 행복과 안전을 추구하고 성취하는 수단으로, 생명과 자유를 만끽하는 것이 포함되어 있다.[15]

여기에서 보자면, 행복을 추구하는 (그리고 그걸 성취하는) 천부 인권이란 안전, 생명 그리고 자유에만 국한된 것이 아니라, 분명히 재산에도 적용된다고 나타나고 있다. 이보다 더 앞서, 아주 널리 읽힌 책 『영국 식민지가 주장하고 입증한 권리*Rights of the British Colonies Asserted and Proved*』에서 저자 제임스 오티스James Otis는 정부의 목적은 '생명, 자유 그리고 재산에 대해 평온하고 행복한 만끽과 안전을 제공하는 것' 이라고 하면서 위와 유사한 연계를 설파했다.[16] 로크가 아니더라도 오티스는 그 행복한 어구를 사용했고, 그것은 1774년 10월 1일에 제1차 대륙 회의에서 승인된 식민지 권리와 불만 선언서에 다시 원용되었다. 그리고 또 그 이후에 제임스 메디슨James Madison이 새로 비준된 미국 헌법에 추가하기 위해 인권법 형태로 몇 가지 개정안을 제안했을 때, 그도 역시 행복을 생명, 자유 그리고 재산과 연계시켰다.

> 정부는 국민의 이익을 위해 설립되었고, 또 그렇게 실행해야만 한다. 국민의 이익이란 재산을 획득하여 사용하는 권리, 그리고 보편적으로 행복과 안전을 추구하고 성취하는 권리와 더불어 생명과 자유를 만끽하는 데 있다.[17]

행복에 관한 이런 (그리고 그 외의 모든) 언급들은 헌법의 인권법에 대한 최종 토론에서 삭제되었다. 그러나 행복, 생명, 자유 그리고 재산을 연계시키는 유사한 공식화는 버지니아 주(1776), 펜실베이니아 주(1776), 버몬트 주(1777), 매사추세츠 주(1780) 그리고 뉴햄프셔 주(1784)를 비롯한 다수의 주 헌법 내용에서는 살아남았다. 조지아 주(1777), 노스캐롤라이나 주(1776), 뉴저지 주(1776) 그리고 뉴욕 주(1777)의 헌법은 재산과 연계하지 않는 행복을 호소했다.[18]

어느 경우가 되었든, 제퍼슨을 포함한 18세기의 수많은 미국인들에게 재산이란 행복의 추구와 관련된 가치였다는 것에는 의심의 여지가 없었으며, 마땅히 정부의 보호를 받아야 할 기본권으로 생명, 자유 그리고 안전과 같은 반열에 있었다. 그러나 이것은 행복과 재산을 하나 혹은 같은 것으로 본다거나 서로 뗄 수 없이 얽혀 있다고 보는 것과는 아주 다르다. 어느 역사가들이 적절히 질문했듯, 만약 정말로 제퍼슨이 말한 '행복의 추구' 가 다른 어느 것도 아닌 단지 '재산' 을 뜻했다면, 그는 왜 이전의 사람들처럼 그 용어를 사용하지 않았던 것일까? 또, 역사가들이 한 발 더 나아가 의문을 제기했듯이, 왜 제퍼슨은 그의 친구인 라파예트 후작이 1788년에 작성한 권리 선언 초고에서 '양도할 수 없는 재산권' 이라는 문구를 삭제하라고 권고했을까?

이러한 질문에 봉착하고 보면, 만약 독립 선언서에서 제퍼슨이 말한 '행복의 추구' 가 조금이라도 로크에게서 연유된 것이라 했을 때, 그 원천은 『통치론』이 아니라 『인간 오성론』임이 틀림없다. 그렇다면, '행복의 추구' 는 '즐거움의 추구' 라는 얘기가 되고, 로크에게 즐거움의 추구란 인간성에 대한 진실의 경험적 묘사일 뿐이었다. 재산은 아마도 우리를 정당하게 전진해나가도록 할 것이다. 그러나 다른 수많은 것들도 그렇게 할 수 있는 것들이다. 우리가 추구하려고 선택하는 즐거움이란—그리고 어떤 식으로 추구하느냐는—결국 취향의 문제이다. 로크는 이 "추구의 다양성이야말로, 바로 모든 사람이 똑같은 것에서 자신의 행복을 찾는 게 아니라는 것을 보여준다" 라고 확언했다.[19)]

그러나 계몽주의 시대에 널리 일었던 행복에 대한 여러 논의를 고려한다면—제퍼슨의 엄청난 독서는 말할 것도 없고—이런 식으로 논의의 폭을 협소화하는 것은 위험한 일이다. 사실 우리가 곧 보게 되듯이, '행복의 추구' 에 대해서는 이 외에도 수많은 다른 정당한 해석들이 있었다. 그리고 제퍼슨은 그런 것들을 새롭고도 흥미 있게 조합하고 융합했다. 그렇지만 엄정하게 로크 식으로 해석하는 것에도 그 나름의 장점이 있다. 왜냐하면 제퍼슨은 절대로 즐거움을 일축하는 사람이 아니며 로크 식의 정신에 관한 모델을 높이 샀던 사람이었기 때문이다. 이런 식으로 그 문구를 읽고 이해한다는 것은 결코 무의미한 일이 아니며, 또 그렇다는 걸 알게 될 것이다.

우선 첫 번째로 주목할 것은 '추구'라는 말 자체가 흥미롭다는 점이다. 제퍼슨에서처럼 로크의 영어에서도, 그 단어는 오늘날보다도 훨씬 더 어려운 의미를 지니고 있었다. 비평가 게리 윌스Garry Wills가 지적했듯이, '추구'는 기원이 같은 '수행하다(prosecute)' '괴롭히다(persecute)'와 긴밀한 연계를 유지했다. 따라서 존슨 박사는 그가 편찬한 18세기의 『영어 사전』에서 아래와 같이 서술하고 있다.

> **추구하다** To Pursue… 1. 추적하다. 적의를 갖고 뒤따르다.
>
> **추구** Pursuit… 1. 적의를 갖고 뒤따르는 행위.

만약 행복을 추구하는 것을 마치 도망자를 추적하는 것처럼(스코틀랜드 법에서는 형사 기소자, 즉 검사를 '추적자pursuers'라고 부르는데, 이는 제퍼슨도 잘 알고 있었다) 생각한다면 '행복의 추구'는 뭔가 다른 모습을 띤다.[20] 우리는 불가피하게 로크가 말한 '불안', 즉 즐거움을 얻고 고통은 피하려는 인간의 끊임없는 고투를 상기하게 된다. 로크는 '불완전한 상태 속에서 우리를 에워싸고 있는 수많은 욕심과 욕망'을 생각해볼 때, 그 고투는 결코 끝이 없을 것이라고 믿었다. 현세에서, 그것은 반복되고 있다.

우리는 편안한 때가 거의 없고, 자연스럽건 또는 스스로 택했건 간에 욕망에서 자유로운 때도 거의 없다. 그러나 이번에는 자연스런 욕심 또는 습득된 습관으로 축적된 데서 나오는 지속적인 불안이 차례로 의지를 점령해버린다. 그리고 그 의지의 결단에 의해 우리가 착수한 하나의 행위가 이루어지고 나면, 또 다른 불안이 우리를 작동시킬 준비를 하고 있다.[21]

토마스 홉스는 "현세의 행복이란 흡족한 마음의 휴식에 있는 게 아니다"라고 주장함으로써 이를 좀 더 분명하게 말하고 있다. 그러나 로크가 말하려는 바도 이와 거의 똑같다. 도망치고 있는 영리한 사람처럼, 궁극적 행복—욕망의 충족—이란 항상 잡히지 않는 것이다.

따라서 영원히 우리의 손에서 빠져나가는 것을 향한 적개심이 일고 우리를 끊임없이 괴롭히는 악마(다이몬)를 생각하게 된다. 이런 뜻(적의를 갖고 뒤따르는)에서 본다면, 행복을 추구한다는 것은 반복적으로 좌절하게 만드는 게임, 즉 결코 영원히 만족할 수 없는 게임에 참여하는 것이다. 수세기 동안의 기독교 전통에도 행복에 대해 상반된 생각들의 유력한 선례가 있었다는 것을 상기한다면, 이러한 생각이 그리 낯선 것만도 아니다. 적어도 아우구스티누스 시대 이후로 하나님은 구현된 행복으로 여겨졌지만, 동시에 행복에 대한 욕망은 그로부터의 분리를 끊임없이 상기시켰다. 그것은 결코 우리 곁을 떠나지 않으면서 귀찮게 하는 고통의 근원이었고, 원죄로 인해 우리가 현세에서는 가질 수 없는 것에 대한 상존하는 추억이었다. 무시무시한 아우구스티누스적 전통에서 행복에 대한 욕망은 구원에의 길이기도 했지만 동시에 우리에게 내려진 징벌의 표시이기도 했다.

로크 자신이 이러한 의식적 연관을 만들었는지는 전혀 알 수 없다.

분명한 것은 그가 무의미한 추구에 이끌리는 것을 깊이 우려했다는 점이다. 바로 이러한 이유 때문에 그는 당연히 하나님에게로 이르는 길을 따라 우리를 안내하는 것을 중요시했다. 기독교 신앙에 의해 합당하게 열린 구원의 전망은, 욕망이 이끄는 대로 따르지 않고, 천박한 본능과 덧없는 '순간의 쾌락'을 좇는 일에 저항하도록 만드는 자극제가 되었다. 확실히 우리는 내일 죽을 것이기에—그리고 심판 받을 것이기에—방종하게 먹고 마실 수가 없었다.

18세기 미국의 대다수 사람들은 이런 보편적인 공감대를 이루고 있었다. 오직 자신에게만 집중된 욕망이 위험하듯, 그들은 끝없는 욕망 역시 위험한 것이라고 믿었다. 로크처럼 그들 또한 자신이 추구하는 것에서 하나님의 안내를 구했다. 한 예로, 1720년대 뉴잉글랜드의 장로교 목사였던 로버트 브렉Robert Breck은 '행복과 번영으로 가는 가장 확실한 길'은 기독교의 길을 추구하는 것, '하나님의 길을 걷는 것'이라고 설교를 통해 반복해서 강조했다. 개인과 사회에 모두 적용되는 속세의 진실은, 오로지 '신앙적이고 올바른' 사람만이 '행복하고 번영할' 수 있다는 것이었다. "국민의 복지와 번영을 구하려는 시각, 그 욕망, 그리고 그들의 본분은 모두의 의무였다."[22] 코네티컷 페어필드의 예수제일교회 주임 목사였던 노아 호바트Noah Hobart는 더욱 명확하게 설교했다. 하나님의 의도를 따르는 데 있어서 "공공의 행복은 세속 정부의 근본 설계이자 위대한 목적"이다. 더불어 거기에는 인간의 위격位格과 관련된 것들이 많은데, 어느 정도 안전이 유지되지 않는다면 행복할 수 없을 뿐만 아니라 편안할 수도 없는 본질과 중요성을 가진 것들이다. 호바트는 "이런 종류에는 생명, 자유, 평판, 안락 등이 있다"고 군중들에게 설교했다. 그러나 기독교가 설파하는 '도덕'과 '미덕' 또한 그에 못지않게 중요했다. "이런 것들에 대한 확고한 믿음은 사회의 행복에 반드시 필요한 것이며, 이를 약화시키려 하는 자는 인류의 적으로 간주되어야 마땅하다."[23)] 베네딕트 아놀드Benedict Arnold에게 세례를 주었던 노위치의 조합 교회주의자 벤저민 로드Benjamin Lord도 이와 비슷하게, "사회에서 함께 존속하는 종교와 정부는 완전한 행복과 안전에 꼭 필요하다"라고 설교했다.[24)] 그것은 흔한 주제였다. 1760년에 '그의 백성과 함께하는 하나님의 존재함' 이야말로 '그들의 유일한 안전이자 행복' 이라고 선언했던 하버드 출신의 사무엘 던바Samuel Dunbar 목사의 말에 모두가 동의하지는 않는다 해도, 그 기본적인 연관성을 부정하는 사람은 거의 없었다.[25)]

위의 예들은 당시 사회복지와 행복의 추구를 기독교 윤리 추구와 연계시켰던 수많은 설교들 중 단지 일부일 뿐이다. 종종 그들은 17세기 영국의 선배들을 모방해서, 고대 이스라엘의 예들을 불러내기도 했다. 축복받은 나라의 행복한 국민은 하나님의 자식들로 보였고, 약속된 땅의 자유와 정의를 추구하며 행복하게 나아가도록 인도되었다. 이런 얘기들—아주 많았다—에서는 일반적으로 그 약속의 땅이 젖과 꿀이 흐르는 땅, 평화와 번영으로 가득한 땅이라는 것 또한 빠지지 않았다. 그러나 이스라엘의 예를 불러내든 아니든 간에, 설교자들은 모두 기독교를 세속적 만족에 필수불가결한 조력으로 제시했다. 『종교의 즉각적 결과인 진정한 즐거움, 쾌활 그리고 행복*True Pleasure, Chearfulness, and Happiness, the Immediate Consequence of Religion*』이라는 책의 독실한 저자처럼, 그들은 "하나님 자신은 그의 피조물들이 행복한 것을 기뻐하지 않는다"라는 주장은 신성 모독이라고 생각했다. 마찬가지로 그들은 자신의 이웃에 대한 사랑 없이—기독교적 자선도, 자기 부정도, 그리고 억제도 없이—행복을 생각한다는 것 또한 불경이라고 간주했다.[26)]

제퍼슨도 이런 식으로 행복의 추구를 생각했을까? 다시 말해, "기독교 원리를 수용해, 우리의 모든 행동을 그러한 원리에 맞추는 것이 현생에서 행복한 것"이라는 그의 친구이자 혁명가인 사무엘 애덤스Samuel Adams의 시각에 동조했을까?[27] 제퍼슨은 분명 신세계 아메리카에서 가장 독실한 사람은 아니었다. 감독제도파Episcopalian 집안에 태어난 그는 유년 시절에 교회의 신학적 신념에서 한참 멀어지면서, 점차 자신의 사적 믿음을 발전시켜나가는데, 그것은 실제로 유니테리언주의Unitarianism에 가까운 것이었다. 공식적으로는 결코 그 교파에 합류하지 않았지만 삼위일체설을 부정하고, 예수를 신격화하지 않았다. 신앙과 연루된 기적과 초자연적인 것들을 회의적으로 보면서, 그는 유니테리언의 기본적인 여러 신학적 교의에 동의했다. 영국 유니테리언파의 조셉 프리스틀리—영국 계몽사조의 중추적 인물이자 제퍼슨의 오랜 친구이다—처럼, 이 독립 선언서 작성자는 자신의 종교는 이성적이라거나 아니면, 무종교라고 생각했을 사람이다.

그렇지만 제퍼슨은 역사적 인물 예수를 위대한 도덕 교사로서 한없이 찬양했다. 프레슬리에게 보낸 편지에서, 그는 예수의 '도덕 체계'를 '역사상 그 어느 가르침보다도 자애롭고 숭고하며, 따라서 고대 어느 철학자들의 도덕 체계보다 완벽한 것'이라고 기술하고 있다.[28] 제퍼슨은 자신의 신념에 대한 증거로서 개인적으로 성서를 편집하는 엄청난 일을 감행했고, 신약성서를 자신이 생각한 예수의 단순한 가르침으로 축약시켰다. 그 결과는 소위 '제퍼슨 성서'라고 불리는, 기독교 윤리학의 일과서였다. 제퍼슨이 친구에게 보내는 편지에서 말했듯이, "예수의 교리는 간단하며 모든 것이 인간의 행복을 향하고 있다."[29]

간단하건 복잡하건 간에, 예수의 가르침은 논의의 여지 없이 당대의 '조화로운 정서'의 중요한 요소였고, 당시의 많은 사람들은 이를 행복 추구에 대한 믿을 만한 안내로 여겼다. 독립 선언서의 이 유명한 어구는 개인적인 즐거움과 이해의 추구를 억제하고 구속하면서, 좀 더 넓은 의미의 조화로운 정서가 수용되는 데 중요한 요소로 간주되었음이 분명하다.

위에 언급된 제퍼슨의 편지에서 로크의 뒤를 이어 거명된 다른 세 명에 대해서도 역시 거의 같은 이야기를 할 수 있다. 그들은 아리스토텔레스, 키케로 그리고 앨저넌 시드니Algernon Sidney이다. 그리스 철학자, 로마의 스토아 학자, 그리고 17세기 영국의 이론가이며 찰스 2세를 폐하려는 음모 혐의로 처형된 이 세 사람 사이에는 공통점이 별로 없어 보인다. 그럼에도 지난 30여 년간 앵글로 아메리칸 역사의 선도적인 목소리들은 그들에게 공통점이 있다고 설득력 있게 주장한다.[30] 고대에서부터 르네상스 이탈리아의 고전적 사고의 부활에 이르기까지, 그리고 17세기 영국의 대서양 세계로 이어지는 자유라는 일관된 용어를 추적하면서, 이 역사가들은 '그리스 로마 시대의 공화주의' 전통에 주의를 기울였다. 공화주의 전통은 18세기 미국에 커다란 영향을 끼쳤으며, 자유와 행복에 대한 이해에서도 로크 식의 자유와는 근본적인 면에서부터 달랐다. 로크가 자유를 자연권의 침해로부터의 자유로 본 반면에, 그리스 로마 시대의 공화주의는 직접적 공공 참여라는 좀 더 능동적인 의미로 자유를 파악했다. 또, 로크가 행복을 즐거움의 현명한 눈금으로 보았던 반면, 그리스 로마 시대의 공화주의자는 행복을 '공민도덕'이라고 이해했다.

로크에게 자유는 언제나 우리의 당연한 몫을 방해하는 정부, 기관 그리고 개인들에 대항하는 방어—장애—였다. 적절히 보호받음으로써 우리는 우리가 적당하다고 여기는 어떤 식으로든 '행복' 을 추구할 자유를 갖게 되는 것이다. 이와는 대조적으로, 그리스 로마 시대 공화주의의 전통에서 자유는 공공의 선(공민도덕)에 대한 능동적인 헌신으로부터 나왔다. 그리고 공민도덕에서는 개인적 행복과 사회적 행복이 모두 나왔다. 종종 자기희생, 극기 그리고 고통이 요구되는 공민도덕은 즐거움과는 거리가 있었다. 그리스 로마 시대의 공화주의적 분석에 따르자면, 실상 현대 사회의 행복은 이기주의, 사치, 그리고 좀 더 큰 사회적 선으로부터 개인들을 멀어지게 하는 부패 때문에 크게 위협받았다. 사적인 즐거움이 공민도덕을 부패시켰고, 따라서 개인과 전체로서의 사회 모두의 행복도 그렇게 부패시켰다.

간단히 말해 이것은 로크에게서 추적해낼 수 있는 행복에 대한 이해와는 아주 다른 관점이었다. 그러나 제퍼슨도 그런 생각이었을까? 미국 역사학도들은 이 질문에 의견을 달리했다. 그 결과, 그들에게는 그리스 로마 시대의 공화주의 전통과 자유주의 전통 사이의 구별을 과장하는 경향이 발견된다. 제퍼슨을 포도주 감정가, 자유사상가, 또는 1819년의 한 편지에서 자신을 '에피쿠로스설 신봉자' 로 묘사했던 사람이라고 본다면, 오직 공공의 선에서 즐거움을 찾는 엄정한 고전적 공화주의자로 그를 상상한다는 것은 쉽지 않은 일이다.[31] 그러나 때로 그가 그리스 로마 공화주의의 주제들을 상기시켰다는 것 또한 분명하다. 그 두 전통—행복에 대한 두 개념—은 그의 마음속에 공존했고, 때론 중복되기까지 했던 것 같다.

기독교의 경우와 유사하게, 그리고 제퍼슨의 개인적 견해와는 상관없이, 18세기의 미국과 헌법 회의에는 '행복의 추구' 를 그리스 로마 시대의 고전적 공화주의의 의미로 해석했던 사람들이 많았다. 기독교와 마찬가지로, 그런 해석은 어느 정도는 당시의 조화로운 정서였으며, 공공의 미덕이라는 강력한 충고로 로크 식의 즐거움을 완화시키고 통제하는 것을 보증하는 데 기여했다.

이런 역할을 수행했던 또 다른 지적 사조가 있었다. 그것은 계몽사조로, 미국적 맥락에서 좀 더 상세히 말하자면, 스코틀랜드 계몽사조다. 이 사조는 프랜시스 허치슨, 토마스 리드Thomas Reid, 데이비드 흄David Hume, 애덤 퍼거슨Adam Ferguson 그리고 애덤 스미스Adam Smith 같은 걸출한 인물을 배양해낸 비옥한 지적 토양이었다. 조국의 지식층들과 마찬가지로 제퍼슨도 이들의 저술 작품을 익히 알고 있었고, 그중 허치슨과 그의 스위스인 제자 장 자크 뷔르라마끼Jean-Jaques Burlamaqui의 작품들에도 정통했다. 특히 뷔르라마끼의 행복에 대한 개념은 제퍼슨에게도 영향을 미쳤을 것이다.[32] 장로교 목사로 교육받은 허치슨은 18세기 초기에, 로크의『인간 오성론』에서 제기된 중대한 도덕적인 도전에 대응하는 일에 착수했다. 만약 인간 행위를 유발하는 주요 자극제가 즐거움과 고통이라면, 쾌락적인 이기심 외에 무엇이 인간을 행동하게 할 수 있겠는가? 우리가 보아온 바와 같이 로크 자신도 라 메트리가 그의 저서에서 이 문제를 완전히 발가벗기기 전에 이미 이에 대해 깊이 생각했다. 그러나 로크의 반응—즉 이성이 기독교의 합당함과 자기희생으로 이끈다—은 그 문제를 확인하는 것으로만 보일 뿐이었다. 로크에 의하면 천국은 모든 즐거움 중에서도 가장 큰 즐거움이며, 일시적인 고통이라는 희생을 감수하고도 남을 정도로 유리한 '거래'였다. 로크의 견해로는 미덕조차도 이기적이었다. 즉 우리는 우리의 운명을 안전하게 하기 위해서만 선해진다는 것이다. 진정한 선의는 죽을 운명인 인간에게는 가능하지 않은 것 같았다.

프랜시스 허치슨은 그것이 가능하다고 생각했고, 그 이유에 대한 이론을 로크의 용어를 빌어 명료하게 설명함으로써 개화된 집단들 내에서 대호평을 얻었다. 왜냐하면 허치슨은 마음에 대해 로크 이전의 시각—즉 본질적 개념 또는 영혼에 고정된 본유적인 양심을 믿는 것—으로 돌아가는 대신 로크의 감각론적 모델을 확장시켰기 때문이다. 허치슨은 인간이 즐거움과 고통을 나타내는 신체적 감각(촉각, 미각, 시각 그리고 청각) 외에 타인과 자신 안에 있는 선에 기꺼이 반응하는 능력, 즉 '도덕관념(양심)'을 소지하고 있다고 생각했고, 이를 로크의 제자이며 3대 샤프츠베리 백작인 앤서니 애슐리 쿠퍼와 공유했다. 위대한 도덕적 인물들의 자기희생적 행동을 생각하며 즐거움을 느끼듯이, 우리는 스스로의 선의의 행위에서 즐거움을 느낀다. '사적인 즐거움'을 촉진하기 위한 가장 확실한 길은 '공적으로 유용한' 것을 행하는 데 있음이 밝혀진 것이다. 우리의 '선행'을 '조용히 생각할' 때 우리는 행복해진다. 선함으로써 우리는 행복을 추구한다.

이러한 것은 단지 또 다른 형태의 '이기심'에 지나지 않는다는 반대 의견이 있을 수 있다. 즉 완곡하게 말하면 선행이 자신의 즐거움을 최대화하는 또 하나의 수단이라는 얘기다. 그렇다 해도 중요한 점은, 허치슨의 모델에서는 개인의 이해를 전체적인 사회의 이해와 연계된 것으로 봤다는 것이다. 그는 우리의 "공공의 선에 대한 지속적 추구는 우리 자신의 행복을 증진하는 가장 가능성 있는 방법이다"라고 확언했다.[33] 타인들에게 미덕을 행함으로써 우리는 스스로에게 즐거움을 가져다주는 것이다.

이 이론—그리고 영국, 유럽, 미국에서 다양하게 변형되었다—이 그렇게 인기를 누린 이유는 쉽게 알 수 있다. 왜냐하면 실제로 그 이론은 개화된 사람들이 듣고 싶어 하는 것, 즉 미덕은 즐거우며 즐거움이란 덕스럽다는 것, 그리고 인간이란 의당 사회적인 존재이고 건전한 환경에서 자랄 때(그리고 편견과 미신이 제거될 때) 서로에게 진정으로 친절해지리라는 것을 들려줬기 때문이다. 결국 이 세상은 행복한 곳이었다.

지각 있는 비평가들은 '행복의 추구'에 대한 이러한 선의적 개념이 바로 제퍼슨의 행복 추구라는 용어의 중심에 있다고 말했다.[34) 약간 멀리 나간 것 같기도 하지만, 그렇게 함으로써 그들은 또한 이제 부정하기 어려운 것을 보여줬다. 제퍼슨처럼 개화된 미국인들 사이에서, 도덕관념 이론은 상당한 영향력을 만끽했다. 행복에 관한 18세기의 사고를 형성하고 활용하던 이 이론은 독립 선언서의 행복한 문구를 준비할 때도 고려되었던 게 분명하다.

그러므로 이런 방식에서는, 행복을 즐거움의 추구로 본 순수한 로크 식 해석이 한정지어지고 부자연스러워졌다. 도덕관념 이론가 또는 합리적인 신앙인으로서, 기독교도로서든 고전적 공화주의자로서든, 현대인은 행복의 추구가 개인적 즐거움의 추구나 사적 이익의 축적을 넘어서는 것임을 알 것이다. 그럼에도 행복을 추구하라는 제퍼슨의 명령, 즉 좀 더 큰 선이라는 이익을 위해 행동하라는 명령은 또한 뭔가 다른 종류의 원동력을 촉진시켰다. 이런 점에서, 어느 당대인이 은닉이 아니라면 적어도 '술책'이라고 했고, 또 다른 사람은 더 대담하게도 '기만'이라고 불렀던 것에 대해 언급하는 일도 의미 있을 것이다.

이는 1776년과 아주 밀접한 관계가 있는 삶을 살았으며, 또한 그들의 작품에 대해 제퍼슨이 잘 알고 있던 두 사람이 한 말이었다. 그들은 1776년에 사망한 데이비드 흄과 후에 제퍼슨이 국가 경제에 관한 단 하나의 위대한 작품이라고 했던 『국부론 *The Wealth of Nations*』을 그 해에 출간했던 그의 친한 친구 애덤 스미스이다.[35)] 도덕 철학을 공부한 스코틀랜드 계몽사조의 중심인물인 이 두 사람은 프랜시스 허치슨의 친구였고, 그의 작품에 깊은 영향을 받았다. 스미스는 옥스퍼드로 가기 전에 글래스고에서 허치슨과 함께 수학했고, 흄은 지혜를 얻기 위해 연배가 높은 그 도덕주의자에게 편지를 쓰기도 했다. 흄은 "기원하는 인간의 목적은 무엇인가?"라고 물었다. "인간은 행복을 위해 창조된 것인가? 현세를 위해, 아니면 내세를 위해? 그 자신을 위해, 아니면 그의 창조주를 위해?"[36] 흄은 전 생애를 통해 이런 질문에 온 생각을 바치면서 때때로 멜랑콜리와 의혹에 휩싸이기도 했고, 확실한 진실에 다다를 수 없어 괴로워했다. 그러나 그런 경우에는 첫 번째 책인 『인성론*A Treatise of Human Nature*』에서 다음과 같이 말하듯, 아주 강력한 해소책을 사용했다.

> 저녁 식사를 하고, 장기 게임을 하고, 대화하고, 친구들과 즐겁게 보낸다. 그리고 서너 시간 즐긴 다음에 나는 다시 이런 사고로 돌아오는데, 그것들은 너무도 냉정하고 억지스럽고 또 우스꽝스러워, 나는 더 이상 그들 속으로 들어갈 마음이 내키지 않는다.[37]

다른 저서에서 흄은 자신을 '평범한 생활의 행동, 일 그리고 업무' 속으로 던져버림으로써, 존재의 수수께끼로부터 잠시 숨을 돌릴 수 있었다고 토로했다.[38]

흄이 존재의 문제에 대해 상식적으로 접근한—그리고 일상생활에 대해 상식적으로 확인하는—것은 철학자로서는 아주 희귀하고도 신선한 행동이었다. 그는 논지를 더 전개해나갔다. 무엇이든 간에 열정이 이끄는 대로—말하자면 서양장기 게임, 친구들과의 저녁 식사, 그리고 회의실 또는 침실이 됐든 간에—따라가는 것은 종종 건강한 일이었다. 뿐만 아니라 이런 하찮아 보이는 똑같은 노력, 단순한 즐거움과 일시적인 보상을 좇는 일상의 반복적인 열망이 바로 세상을 돌아가게 만드는 것이었다. 이성은 열정을 만족시키려고 분투하면서 우리의 욕망을 실현시킬 새로운 방법을 찾아냈다. 흄이 멋지게 말했듯 그것은 좀 더 큰 안락과 성취를 위해 애쓰는 열정의 노예였다. 로크가 추구에 대한 부단한 분투—불안에서 즐거움으로, 즐거움에서 불안으로의 이동—라고 했던 것을 흄은 인간사의 모든 진보를 추진하는 문명의 원동력이라고 확인했다.

흄은 이 부단한 분투가 과연 행복을 가져다주는지에 대해서는 의구심을 가졌다. 만물의 원대한 계획에서 보자면, 인간의 '거대하고 고결한 계획' 조차도 '하찮아' 보였다.[39]

그리고 '인생의 단명과 불확실성을 생각해볼 때 (…) 그 모든 행복의 추구' 는 '비루해' 보였다. 그럼에도 서양장기판에서의 반전처럼, 흄은 이러한 추구를 존재의 수수께끼에서부터 전환할 수도 있고, 또 성장과 개선의 강력한 엔진이 되는, 엄청나게 유용한 것이라고 보았다. 그가 '자연의 술책' —욕망을 향한 맹목적 분투—이라고 했던 것은 "우리의 행동이 가치가 없을 때조차 가치 있는 것처럼 믿도록, 우리를 행복하게 할 수 없을 때조차도 우리를 행복하게 만들 수 있다고 믿게끔, 행복하게 우리를 기만했다."[40]

제퍼슨은 흄의 저서에 대해 잘 알고 있었으며 애덤 스미스 또한 마찬가지였다. 애덤 스미스는 1759년에 출간한 『도덕 감정론*Theory of Moral Sentiments*』에서 바로 이 질문을 다루었고, 제퍼슨 또한 1770년대 초기에 이 작품을 면밀하게 연구했다.[41] 스미스는 흄보다도 훨씬 더 정밀했다. 그는 하찮은 것을 추구하는 것으로 행복해질 수 있다는 잘못된 믿음—착각—에 의한 방식이 여전히 긍정적인 결과를 가져올 수도 있을 것이라고 했다. 그가 예시하는 이러한 '기만'의 예는 아주 교훈적이면서도 놀라운데, 바로 거기에 재산의 추구가 포함되었기 때문이다.

스미스가 과감하게 드는 예, 즉 '가난한 사람의 아들'인 경우를 상상해보자. 야심에 찬 그는 "부자들의 처지를 부러워한다." 만약 부를 얻을 수만 있다면 "만족스럽게 앉은 평온한 상태에서, 행복에 대한 생각과 자신의 평온한 처지를 만끽하면서" 지낼 수 있을 것이라고 믿는다. 그는 "이런 행복에 대한 막연한 생각에 빠져," "부와 위대함을 추구"하며, 자신이 받게 될 포상에서 눈을 떼지 않고 쉴 새 없이 일한다.

> 그는 결코 다다르지 못할 어떤 인위적이고 우아한 평안함이라는 생각을 전 생애를 통해 추구한다. 그걸 위해 그는 항상 자기 수중에 있는 진정한 평온을 희생하고, 또한 노년에 마침내 그걸 얻었다 해도, 그걸 얻기 위해 자신이 내버렸던 소박한 안전과 만족보다 전혀 나을 게 없다는 것을 알게 될 것이다. 그의 육신은 노동과 질병으로 쇠잔해지고 마음은 세상의 온갖 세파로 찌든다. 인생의 마지막 찌꺼기만 남게 되었을 때에야, 마침내 부와 명성이 육신의 편안함과 마음의 평정을 얻기에 더 이상 적합하지 않은, 장난감 애호가의 족집게 상자와 마찬가지로 하찮은 용도를 가진 잡동사니에 지나지 않는다는 걸 깨닫기 시작한다…….[42]

스미스는 스토아학파에게서 어느 정도 영향을 받았음을 밝히면서, 행복은 '평정과 향유'에 있으며, 경제적 여건보다는 미덕과 관계가 있다고 믿었다.[43] "도로 옆에서 햇살을 즐기며 일광욕을 하는 거지"도 왕의 행복과 동등한 것을 가질 수 있다.[44] 그러나 그 가난한 사람의 아들과 같은 착각(즉 명성과 부를 통해 행복을 얻을 수 있다는), "인류의 근면성을 계속 일으켜 움직이고 돌아가게 하는 기만"이 바로 인간들에게 "도시와 국가를 창설하게 하고, 모든 과학과 예술을 발명하고 개선하고, (…) 즉 지구의 얼굴을 완전히 바꿔버리도록" 부추겼던 것이다. 스미스의 견해에 따르면, 이 '기만' 이 바로 상업 사회를 규정하는 특징들인 문명의 지속적인 진전과 번영의 확장을 추진시켰다.[45] 한편으로는 보편적인 풍요를 촉진시키면서 개인의 자유를 최대화한 현대 사회는 최대 다수를 위한 것이었다. 그러나 그 사회가 개인의 행복을 촉진했느냐 하는 것은 또 다른 문제이다. 이 문제의 답은 국가의 부보다는 그 사회를 살아갔던 사람들의 도덕성에 달려 있었다.

제퍼슨은 "미덕과 행복은 모녀지간이다"라고 했던 프랭클린의 말을 반향하면서, 그의 말년에 이르러 "행복은 삶의 목적이다. 그러나 미덕은 행복의 기반이다"라고 말했다.[46] 키케로와 마찬가지로 아리스토텔레스에게도 소중한 고전적 철학의 상투어인 그 말은, 아마도 건국의 아버지들이라면 거의 대부분—혹시라도 빠지는 사람이 있다면 극소수만이 빠질—부정하지 않을 것을 잘 포착하고 있다. 독립 선언서를 기초하는 데 제퍼슨이 의거했던 주요 권위에 의해 확인된 그의 말은 그럼에도 불구하고 두 번째 조항의 반대 속에 흐르는 고유한 긴장을 나타내고 있다. 그것은 미국적 실험에서 나오는 긴장이기도 하다. 행복은 실로 삶의 목적이다. 그리고 자기 단련인 미덕, 즉 욕망의 절제는 분명 그 목적으로 가는 길이다. 그러나 목적 자체가 충족될 수 있느냐는 각 개인의 결정과 선택에 달려 있다. 행복이란 결코 강요될 수 없는 것이다. 그리고 그 해방—자유—에는 딜레마가 있다. 스미스가 『국부론』에서 길게 논하고 또한 분명하게 알았던 것처럼, "재산의 증가는 대부분의 인간이 자신의 조건을 개선하기 위해 계획하고 소망하는 수단이다."[47] 다시 말하면 대부분의 인간은 소위 자본주의의 아버지라고 불린 사람이 우회로라고 생각했던 방법인 부를 통해 행복을 추구한다. 그리고 비록 이 '기만'이라는 하찮은 추구는 부정할 수 없이 강력한 성장의 원동력이지만, 지속되는 만족에 이르는 데는 의심스런 수단이었다. 제퍼슨, 프랭클린, 그리고 많은 사람들이 그랬듯이 스미스도 그 연관성에 대해서는 부정적이었다.

이제는 분명하듯, '행복의 추구'라는 어구에는 애초부터 사적인 즐거움이라는 의미와 공공복지라는 의미가 공존했고, 아주 다르고 잠정적으로는 상반된 방향에서 시작되었다. 그러나 전형적인 계몽주의자였던 제퍼슨에게는 그 공존이 문제가 되지 않았다. 왜냐하면 그것은 좀 더 폭넓게는 18세기의 가정과 신조를 반영했기 때문이다. 그러므로 개인의 이해와 좀 더 큰 선, 사적인 행복과 공공의 행복은 조화될 수 있었다. 이 신념은 인간의 마음을 움직이는 열정과 욕망에 대한 현실적인 이해에 근거한 것으로서, 결코 맹목적인 게 아니었다. 그러나 그것을 유지하기 위해서는 감정과 열정의 과잉과 열광을 억제하는 각 개인들의 자제가 매우 중요하다. 제퍼슨과 그의 동시대인들은 사적인 즐거움의 추구가 공공선의 통행을 바꾸지는 않는다는 것을 확실히 했다. 그들은 이 필수적인 임무를 수행할 힘을 종교, 고전적 미덕, 이성의 교육, 그리고 도덕관념의 공공심에서 읽었다.

그럼에도 일찍이 한나 아렌트Hannah Arendt가 말했듯이 행복 추구의 공적 그리고 사적인 측면―애초부터 긴장을 지닌―들은, 후자인 사적인 면에 아주 유리하게, 즉 짝이 맞지 않게 되어버렸다. 그녀는 "제퍼슨의 새로운 상투어는 곧바로 그 이중적 의미를 잃고 개인적 이해를 추구할, 그리고 사리私利의 규칙에 따라 행동할 수 있는 시민의 권리로 이해되었다"라고 쓰고 있다.[48] 이것은 미국인의 오래되고 집요한 불굴의 공공심을 간과한 과장―그리고 과도한 단순화―이다.

그러나 그러한 과장은 또한 행복 추구의 중심에 있으면서 앞으로 나아가려는 긴장의 궤도를 잘 보여준다. 그녀도 지적하듯이 행복의 추구는 '대량 이민의 여파'에 의해서 한층 더 격화되기만 했다. 19세기와 20세기 초에 미국 해안에 당도한 수많은 사람들, 또는 멀리서 미국을 바라보는 사람들에게, 오늘날에도 여전히 그렇듯 미국은 '젖과 꿀이 흐르는 약속의 땅'이었다.[49] 이러한 땅에서 행복을 추구한다는 것은 당연히 번영, 즐거움 그리고 부를 추구하는 것이었다. 그러나 또한 그들의 착각이 산산이 부서지면서 알게 되듯, 추구와 도달, 포획과 추구는 아주 다른 것일 수 있다.

기이한 멜랑콜리

불만을 품은 한 미국인이 국가가 자신에게 행복을 주지 못한다고—그럼으로써 권리장전도 지키지 못했다고—불평하자, 벤저민 프랭클린은 이렇게 답했던 것으로 알려졌다. "헌법은 단지 당신이 행복을 추구할 권리를 줄 뿐입니다. 행복은 당신 스스로가 획득해야 하는 겁니다."[50] 자주 인용되는 이 말은 실력 좋은 의사의 유머를 연상시키지만, 그 전거가 확실히 의심스럽다. 독립 선언서와 헌법, 두 문서의 작업에 모두 관여했던 프랭클린은 이 권리를 유증한 게 헌법이 아니라 독립 선언서라는 걸 잘 알았기 때문이다.

그렇다 해도 이 전설 같은 답변은 프랭클린의 전반적 신념과 궤를 같이하는 것이며, 그런 답변을 불러일으킬 만큼 여론이 투덜댔던 것은 사실이었다. 작고한 역사가 하워드 멈포드 존스가 고찰했듯이, 19세기의 미국인들은 이러한 불만을 표현하는 것을 어려워했다. 그들은 자신들의 신성불가침의 행복 추구권을 방해한다고 여긴 정부와 동료 시민들을 주 법정과 연방 법정에 수없이 고발하면서, 엄청나게 많은 법정 소송을 일으켰다.[51] 프랭클린이 말했다는 답변에서 분명히 밝혀지고 있지만, 행복의 추구와 성취 사이의 구분이 항상 그렇게 분명해 보이지는 않았다.

냉소적인 사람들은 빈번한 소송으로 불만을 해결하려 한 사실을 미국의 '불평 문화' 의 뿌리로 여기기 쉽다. 즉 불행에 대한 손해 배상을 곧바로 법정에서 해결하려는, 유감스럽게도 국가적 경향이 되어버린 관행의 원조로 여기는 것이다. 그러나 사실 상당수의 집단들은 그런 식으로 자신들의 주장을 역설할 만한 충분한 이유가 있었다. 가장 명백한 예를 하나만 든다면, 바로 아프리카 출신 미국 노예들이 될 것이다. 그들은 제퍼슨이 영국의 조지 3세를 고발했던 독립 선언서의 초고에 있는 구절을 매우 씁쓸한 역설로 지적할 법하다.

> 인간성 자체에 반하는 잔인한 전쟁은 그에게 전혀 잘못한 게 없는 먼 곳에 있는 사람들의 가장 신성한 권리인 생명과 자유를 위협했다. 전쟁은 그들을 붙잡아 지구 반대쪽으로 끌고 와 노예로 삼거나, 혹은 데려오는 도중 참혹한 죽음을 맞게 했다.[52]

이 먼 곳에서 데려온 사람들의 행복 추구권에 대해서 제퍼슨은 명시적으로 아무런 언급도 하지 않았다. 그리고 그 구절은 최종 선언서에서는 분명히 삭제되었다. 그러나 그 문구가 탈락되었다는 것은 당연히 기록에 남았고, 아프리카계 미국인들과 다른 사람들이 모든 인간은 조물주로부터 양도할 수 없는 천부의 권리를 분명히 부여받았다는 점을 들어, 언젠가는 그 구절에 충실할 것을 요구할 수 있도록 만드는 근거가 되었다.

이런 면에서 미국에서 행복 추구의 역사는 평등과 자유의 역사로서, 비록 느리고 불완전하게 진행되어왔지만 '모든 사람들의 행복 추구권 확장의 역사'로 볼 수 있다. 그러나 조금 다른 시각에서 보자면, 이러한 평등권 확장 과정이 잠재적으로 불행한 결과를 가져왔다고도 할 수 있다. 그리고 아마도 바로 이 맥락에서 냉소주의자들 또는 적어도 회의론자들이 더 확고한 근거를 가졌던 것인지 모른다. 왜냐하면 이렇게 행복의 추구를 방해받지 않는 것을(그 성취는 말할 것도 없고) 아주 당연한, 하나님이 부여한 권리로 여기는 사회에서는 지속적인 진전을 이룰 수 없다는 것은 상궤 이탈로 여겨질 것이 불가피하기 때문이다. 즉 논리적으로 볼 때, 행복을 추구하는 사람이 방해를 받았거나—불의와 위반 때문에—또는 그가 행복을 추구하는 커다란 계기를 만드는 데 실패했다는 둘 중의 하나로 귀결될 것이다. 두 경우 모두 결과는 당황스러우며, 만약 의도한 바가 아니라면 행복 추구의 불행한 결과는 불만족의 산물이 아닌가 하는 의혹을 갖게 한다.

이런 시각은 미국을 가장 잘 감지했던 관찰자 중 한 사람인 알렉시스 드 토크빌Alexis de Tocquevill이 사회 처방적 저서인 『미국의 민주주의』에서 내린 결론과 정확하게 일치한다. 1835년과 1840년에 두 권으로 출간된 이 저서는 토크빌이 1831년 5월과 1832년 사이에 신생 공화국을 여행하며 받았던 수많은 인상을 기록한, 짧은 체류를 통해 얻은 긴 이야기의 기록이다. 프랑스 정부를 대표해 미국의 형벌 제도에 대한 연구 책임을 맡았던 토크빌은 단지 범법에 관해서뿐만 아니라, 훨씬 더 넓은 범위의 추구들에 대한 결론을 도출해냈다. 토크빌은 신세계에서 자신이 관찰한 행복에 대한 부단한 추구는 인류의 미래 모습을 보여주는 것이라고 믿었다. 그리고 물론 그 모습 중에는 미소를 불러올 듯한 것도 많았지만, 얼굴을 찡그리게 만드는 것들의 싹 또한 식별해낼 수 있었다.

이러한 두 모습에 대한 상반된 느낌은, 토크빌이 신세계와 구세계를 직접 비교하는 데서 가장 명료하게 나타난다.

> 구세계의 어느 외진 구석에서는 세상의 소용돌이와는 무관하며, 세상이 돌아가는 동안에도 그저 정지한 것 같은 작은 곳들과 간혹 마주칠 수도 있다. 주민들은 대부분 아주 무지하고 가난하다. 그들은 정부 일에 전혀 참여치 않을 뿐 아니라 종종 정부는 그들을 억압한다. 그러나 그럼에도 그들은 평온하고 종종 쾌활한 기질을 갖고 있는 듯하다.
>
> 미국에서 나는 가장 자유롭고 최고의 교육을 받은 사람들, 즉 이 세상에서 가장 행복한 사람들을 보았다. 그럼에도 그들에게는 습관적으로 근심의 기색이 드리워진 것 같았고, 기뻐할 때조차도 심각하다 못해 거의 슬퍼 보이기까지 했다.
>
> 이러한 주요 이유는 후자가 그들이 아직 갖지 못한 것에 대해 끊임없이 생각하는 반면, 전자는 자신들이 감당하는 노력에 대해 단 한순간도 생각하지 않는 데서 기인한다.[53]

이것은 저개발에 대한 비가悲歌도 아니고 또한 루소 식의 목가적인 미덕에 대한 찬가도 아니다. 또한 좀 더 보수적인 경향이 그려내는 목가, 즉 과거의 낭만화도 아니다. 토크빌은 무지에서 미덕을 읽거나 가난에서, 더군다나 정치적 압박에서 낭만을 읽지는 않았다. 대체로 그는 미래의 전조를 보이는 미국의 변화를 환영하는 편이었다. 더 많은 기회와 사회의 이동성, 민주주의와 시민 참여의 확대, 증가하는 상업 활동, 산업과 통상에서의 변화들 말이다.

그럼에도 토크빌은 루소 또는 마르크스, 애덤 스미스 또는 에드먼드 버크Edmund Burke의 선견지명을 통해, 이러한 기세들이 혹독한 대가를 치르고 있다는 것을 깨달았다. 자유와 번영을 향한 진전은 끊임없이 기대치를 증폭시켜가는 한편 새로운 필요와 욕망을 창출해내며, 광란의 속도로 존재의 리듬을 격렬하게 바꾸어갔다. 그는 다시 구세계와 신세계를 비교하면서, 다른 구절에서 이렇게 말하고 있다.

> 자유로운 국가에서 와서 그렇지 못한 다른 나라를 지날 때는 매우 현저한 대비를 느낀다. 그곳에서는 모든 게 움직이고 북적거린다. 이곳에서는 모든 게 조용하고 정지되어 있다. 전자에서는 개선과 진전이 일상의 문제다. 후자에서는, 모든 축복을 일구어낸 사회는 그것들을 만끽하기 위한 휴식만을 갈망한다고 생각할 수도 있다. 그런데도 행복을 성취하기 위해 이렇게 매진하는 나라가 자신의 운명에 만족하는 것처럼 보이는 나라보다 일반적으로 더 부유하며 더 번창한다. 그리고 차례로 생각해볼 때, 한 나라에서는 매일매일 어떻게 그렇게도 많은 새로운 필요를 창출해내고, 또 다른 나라에서는 어째서 그렇게나 느끼는 것이 적은지 이해하기 힘들다.[54]

우리는 주민들이 기대하는 게 거의 없고, 필요한 것이 아주 적기에 상대적으로 만족스러워 하는 사람들이 사는 세상에서, 현대 아메리카의 광적인 소란으로 넘어온 것이다. 이 지점에서, 무한히 확장하는 욕망이라는 희망이 놀라울 정도로 느슨해진다. 토크빌은 더 나은 삶을 위해 쉴 새 없이 부단한 에너지를 내뿜는 미국인들을 보며, "행복하기 위해 이보다 더 열심히 일하는 사람은 없을 것이다"라고 놀라워했다.[55] 하나에서 또 다음 것을 향해 질주하는 미국인은 하루에 수백

마일도 더 뛰어다닐 것이다. 그는 자신이 노년을 보낼 집을 지을 것이고, 채 지붕을 올리기도 전에 그 집을 팔 것이다. 그는 "행복에 이르는 지름길에 들어서지 못할까 봐 두려워" 계속 길을 바꿀 것이다. 그렇지만 결국에는 어떨까?

> 죽음이 다가온다. (…) 그리고 항상 자신을 비껴가는 완전한 행복을 향한 덧없는 추구에 미처 지치기도 전에 죽음이 그를 멈출 것이다.[56)]

목적에 이르는 그 끈질긴 추적 속에서 쉴 새 없이 달렸던 미국인은 죽음이라는 종말에 의해서만 멈추게 된다.

이와 관련해서 토크빌은 일찍이 부단한 인간의 욕망을 탐사했던 도덕주의자들이나 플라톤, 성 아우구스티누스 또는 헤로도토스를 쉽사리 인용할 수도 있었겠지만 그렇게 하지는 않았다. 그러나 그들과 마찬가지로, 그도 "인간의 마음을 가장 생생하게 휘젓는 것은 값진 것을 평온하게 소유하는 일이 아니라, 그것을 소유하려는 불완전하게 충족된 욕망, 그리고 다시 그것을 잃을까 전전긍긍하는 끊임없는 두려움이라는 것"을 알았다.[57)] 부단한 욕망—로크와 스미스가 고찰했던, 불만의 주요 원천인 이 불안—은 또한 개선의 강력한 원천이기도 했다. 미국에서는 독특한 사회적, 정치적 구조 때문에 그 원천이 곧바로 개발되었으며, 점증하는 평등과 함께 맹렬한 기세로 공급되었다. 토크빌은 "신분의 구별이 희미해지고 특권이 폐지되고, 각기 다른 뿌리의 조상을 갖고, 교육과 자유가 확대될" 때, "가난한 자들은 안락을 획득하기 위한 열렬한 욕망을 품고, 부유한 자들은 그 안락을 잃는 위험에 대해 생각하게 된다"고 이해했다.[58)] 기회의 땅, 젖과 꿀이 흐르는 신세계에서는 '물질적인 즐거움의 맛'이 미국인들이 보여

✽ 지난 시대의 기쁨들. 조지 몰랜드, 「오두막에 사는 행복한 사람들」, 1790~1792년경, 존 하워드 맥파든 컬렉션, 필라델피아 박물관.

주는 부단함의 제일 주요한 동기였다.[59]

구세계의 계급화된 사회에서 부유층은 자신의 안락에 대해 비교적 안전을 느끼고, 가난한 계층은 현세에서 안락을 성취할 꿈은 감히 꾸지도 못했다. 반면, 미국이라는 유동적인 사회에서는 시민들이 "그들의 값진, 불완전한 그리고 덧없는 기쁨을 추구하거나 유지하려고 부단하게 전념"했다. '어느 정도의 재산'을 가진 이 사회의 남녀들은 "충분할 만큼의 물질적 즐거움을 가졌으나, 그들을 만족시킬 만큼 충분한 정도는 아니었다." 그들은 "노력 없이 그것들을 얻을 수 없었고, 또한 걱정 없이 그것들에 빠져 즐길 수가 없었다."[60] 또한 구세계에서는 불평등이 보편적 규칙이었으므로 그것이 별 주의를 끌지도 못했지만, 미국에서는 "모든 것이 대체적으로 평등했고, 아주 사소한 차이도 주목을 받았다." 토크빌은 "평등해질수록, 평등에 대한 인간의 갈망은 점점 더 만족할 줄 모르게 된다"는 결론을 내렸다. 미국인들은 자신의 동료 시민들과 동등해지려고 끊임없이 분투하고, 더 나은 삶의 가능성에 항상 이끌렸다. 그들은 행복을 추구하는 것과 같은 끈질긴 자세로 잡히지 않는 평등을 추구하는 데에도 끈질기게 매달렸다.

> 그것은 그들의 시야를 결코 벗어나지 않고 항상 그들 앞에서 뒷걸음치며, 뒷걸음칠 때면 계속 따라오라고 손짓을 보낸다. 그들이 그것을 포착했다고 생각한 매순간에조차, 그것은 그들의 손가락 사이로 미끄러진다. 그들은 그 매력을 알 만큼 가까이에서 그걸 보고 있지만, 그것을 만끽할 정도로 가까이에 다다르지는 못한다. 그리고 그 기쁨의 맛을 충분히 음미하기 전에 죽음을 맞이할 것이다.[61]

토크빌은 아주 유명한 구절로 결론을 맺는다. 행복은 바로 "종종 풍요 속의 민주주의 주민들을 사로잡는 기이한 멜랑콜리의 원인이며, 평온하고 안락한 상황에 있을 때 가끔 그들을 죄어오는 삶에 대한 혐오감의 원인이다."[62]

이쯤에서 토크빌의 책을 덮는다면, 아마도 토크빌을 인간 미래의 모습에서 미소보다는 눈살을 찌푸릴 것을 더 많이 봤던 사람이라고 결론짓기 쉽다. 그러나 빈틈없는 사람이긴 해도, 토크빌은 낙관적인 현실론자였지 비관주의자는 아니었다. "풍요의 한가운데에서 그렇게도 많은 사람들이 활동적으로 움직이는 이 장관에는 무언가 놀라운 것"이 있다고 그는 첫인상을 고백했다. 토크빌은 실상 이것은 "세상만큼이나 오래된 장관으로, 다만 새로운 것은 그 안에서 모든 사람들이 역할을 수행하고 있음을 보는 것"이라고 확언했다.[63] 다른 말로 하면, 미국의 진기함은 영원히 멈추지 않는 행복의 추구에 있는 게 아니라, 이제껏 유례를 찾아볼 수 없을 정도의 규모로, 그 추구가 전체 문화로까지 확장되었다는 데 있다. 그리고 비록 여러 문제점들을 드러내기도 했지만, 미국이 수세기의 역사에서 모은 지혜로부터 위안을 도출해낼지도 모른다.

만족할 줄 모르는 욕망의 분투에 해독제로 작용했던 가치들을 유지하고 잠재적인 물질주의와 개인적 추구라는 유아론唯我論을 억제하면서, 이제까지는 미국 문화에 그것이 가능한 고무적인 징후들이 있었다. 그리고 그러한 가치들 중에서 토크빌은 두 가지를 가장 크게 꼽았다. '올바로 이해된 사리私利의 원리' 와 좀 더 보편적인 '종교 정신' 이 그것이다.

토크빌은 이 둘 중 첫 번째 것을 "모든 철학 이론 중에서 우리 시대의 인간 욕망에 가장 잘 맞는 것"이라고 기술했다. 그러나 미국에서 형성된 그 원리는 이론적으로 정비된 철학적 처방이라기보다는 개인적 이해와 전체 사회적 이해 간에 접속점을 찾도록 고무시키는, 널리 수용된 문화적 에토스에 더 가까웠다. 미국인들은 자기희생이 사리와 관계된 것이라는, 즉 타인들을 돌봄으로써 자신을 돌볼 수 있다는 것을 거의 본능적으로 깨달았다. "개화된 이기주의는 끊임없이 다른 사람들을 돕도록 인도했고, 자발적으로 자신들의 시간과 부의 일부를 국가의 선을 위해 내놓게 했다." 그들은 '선량함은 각자의 이해를 위한' 것임을 알았다.[64)]

제퍼슨이 포착한 '조화로운 정서' 의 생생한 연결, 즉 올바로 이해된 사리는 미국인의 행복에 직접 영향을 미쳤다. "이런 원리를 가르치는 사람들은 이렇게 말한다. 행복한 삶을 위해서는 자신들의 열정에 주의하고 과함을 절제하도록 조심해야 한다. 지속되는 행복이란 수천 가지의 덧없는 쾌락을 희생하는 것을 통해서만 얻을 수 있으며, 결국은 자신의 역할을 더 잘 해나가기 위해 끊임없이 자신을 극복해야만 한다." 토크빌은 미국이 지닌 장점의 원천이 바로 여기에, 즉 부단한 행복의 추구가 쾌락주의나 유아론적 이기로 전락하지 않도록 하는 필수적인 자제에 있다고 보았다. 올바로 이해된 사리는 인간이 "이 세상에서 행복을 얻기 위해서는 자신의 삶 전체에 지속되는 이해를 위해, 습관적으로 그리고 쉽사리 순간의 쾌락을 희생하는 것"을 배우고, "즉흥적인 열정의 폭주에 맹목적으로" 빠지지 않도록 해야 한다는 믿음을 사람들에게 주입시켰다.[65] 그것은 수세기에 걸쳐 도덕주의자들이 함양해왔던 진실이었다.

이렇게 올바로 이해된 사리의 원리가 미국인들이 "자신들에 대항하는 가장 강력한 보증"이라고 본다면, 그 원리가 종종 적용됐던 종교정신 또한 아주 중요했다.[66] 가톨릭 교인으로 자라난 토크빌은 전 생애를 통해 신앙과 고투했지만, 그럼에도 더없는 신념으로 종교의 사회적 중요성, 무엇보다 민주적이고 상업적인 사회에서의 중요성을 지지했다. 토크빌은 짧은 삶의 장은 "인간의 상상력의 총체를 결코 가로막을 수 없다. 인간의 마음은 이 세상의 불완전한 기쁨에 절대 만족하지 않는다"는 것을 알았다. "불신은 우발적인 것에 불과하다. 오로지 신앙만이 인류의 영원한 상태이다."[67]

물론 신앙에는 여러 다양한 변형들이 있다. 그러나 미국의 종교심에서 토크빌이 가장 흥미롭게 여긴 점은 그것이 가진 현세적 성격이었다. 구세계의 사제들이 한때 '오직 내세'에 대해서만 얘기하면서 "신실한 기독교인은 현세에서 행복할 수 있다는 데 아무런 문제도 느끼지 못했던" 반면에, 미국의 설교자들은 "계속해서 이 세상으로 내려오고" 있었다.

B. 존슨, 「인생행로」, 1805, 지도 컬렉션, 예일 대학교.
이 흥미로운 문서에는 '교만한 언덕' '눈물의 그늘' '비틀거리는 골목' 그리고 '도박꾼 유치장' 등의 우회로들이 있다. 성공적인 인생 주자는 '행복한 노년의 전당'(좌측 하단)에 이른다.

실로 그들은 이 세상에서 눈을 떼는 게 쉽지 않았다. 자신의 청중에 더 잘 가닿기 위해, 그들은 신앙이 자유와 공공질서를 얼마나 선호하는지에 대해 끊임없이 말하고 있다. 그래서 그들이 말하는 것을 듣고 있노라면, 종교의 주목적이 내세에서의 영원한 지복을 위한 것인지, 아니면 현세의 번영을 위한 것인지를 구분하기가 어려워지곤 했다.[68]

위의 구절은 우리가 이 책에서 추적해왔던 주제에 대해 토크빌도 역시 의식하고 있었다는 것을 보여준다. 즉 17세기 이후 인간의 궁극적 목적으로서의 지상적 행복의 강화, 그리고 그로 인한 인간 기대치의 변화이다. 그 변화의 결과로서 실제적으로 모든 제도, 관행, 그리고 믿음이 새로운 목적의 성취를 위한 수단으로 여겨졌고, 아마도 특히 종교의 수단으로까지 여겨질 수 있었던 것이다. 미국에서는 이러한 과정이 상당히 진전되어서, 하나님의 인간들이 종교의 유용성—현세에서 인간이 더 행복하고 더 번영하도록 하는 그 능력—을 열광적으로 보여주도록 자극했다.

이런 점에서 종교는 자신보다 더 높은, 심지어 하나님보다도 더 지고한 목적에 경의를 표하고 있다. 그러나 종교는 우리가 자신의 쾌락과 관심사에만 전적으로 매달리는 것에서 주의를 돌리기 위해 올바로 이해된 사리의 원리와 잘 협력해나가며, 우리 인간의 좀 더 탐욕스런 세속적 욕망을 훌륭하게 조절하는 역할을 한다는 것 또한 토크빌은 잘 알고 있었다. 신앙은 물질적 쾌락에 대한 사랑을 점검하기 위해 필요한 것이다. 비록 인간은 "적절하고도 합법적인 번영을 추구하는 데서 쾌락을 얻지만, 결국 자신의 가장 숭고한 재능을 잃을지도 모른다는……, 그리고 마침내는 자신을 타락시킬지도 모른다는 위험이 도사리고 있기" 때문이다. 만약 그것이 제어되지 않는다면 말이다. 토크빌은 바로 그것이 민주적인 국가들의 커다란 '위난'이라고 믿었다. 물질적 쾌락을 향한 열정이 한 사람을 영원히 행복하게 할 수 없듯이, "그것은 (…) 결코 모든 사람을 만족시킬 수 없다." 만약 그렇다면 개인들에게 적용되었던 것은 한 국가 전체에도 마찬가지로 적용되는 것이다. "다른 것에서와 마찬가지로 민주주의에서도 행복을 향한 근본적 갈망은, 오로지 수많은 사소한 충동에 저항하고 견뎌 이겨냄으로써만 충족될 수 있다."[69]

종교심은 그 저항에 대한 의지, 자신에 대한 자제력뿐만 아니라 타인에게 봉사를 하도록 만드는 자극제를 제공했다. 그것은 우리에게 충실과 희망을 고취시키면서 또한 우리의 사고를 미래로 향하게 하는데, 즉 토크빌이 고찰한 바대로 "내세의 지복을 위해서뿐만 아니라 현세에서의 행복을 위해서" 작용하는 효과이다. 인간에게는 이렇게 먼 목표를 설정하는 것이 너무도 중요하므로, 토크빌은 비종교적인 철학자들과 권력자들에게까지도 그 임무에 헌신하라고 촉구했다. "신앙의 빛이 희미해짐에 따라, 인간의 시각 범위는 더 한정되어간다." 그는 자신과 자신이 살던 시대로 눈을 돌린다. 시민들은 "주로 먼 희망에 의지하는 길을 잃게 되자마자, 즉시, 자연스럽게 최소의 욕망을 충족시키고 싶어 한다."[70]

토크빌은 인류 미래의 지평선을 조사하면서, 조심스런 낙관주의의 원인과 진심 어린 우려의 원인 두 가지를 모두 보았다. 또 한편으로 그는 행복의 추구가 단지 번영과 사적인 쾌락을 추구하는 것으로만 축소될까 우려하기도 했다. 즉 행복 추구라는 기초를 거의 확실히 위태롭게 할 축소를 우려한 것이다. 오직 그런 식으로만 행복을 추구하는 것은 그에 관여하는 모든 사람들을 피폐하게 만들 뿐만 아니라, 그 목표에 다다르기 위한 자신들의 능력에 계속 좌절하게 될 것이기 때문이다. 미국인들은 오직 욕망에 건전한 자제력을 구비하는 방식을 통해서만 지속적인 확장 일로에 있는 그들의 수단의 한도 내에서 사는 법을 배울 수 있을 것이다.

한편으로는, 이러한 임무를 완수하기 위한 도구들, 즉 건국의 아버지들과 그들이 애초에 추구한 이상을 낳았던 그 사회의 유산이 이미 적절히 자리를 잡고 있었다. 그러나 종교심과 올바로 이해된 사리라는 공공적 성격을 갖춘 정신이 미래를 위해 계속 작동할 것인지는 확실치 않았다. 토크빌은 우울한 순간에는 "지구상의 그 어느 권력도, 점증하는 평등으로 인해 각각의 시민들이 자신에게만 열중하는 것을 막을 수 없다"고 인정했다.[71] 이러한 전개가 야기할 잠정적 영향은 우려할 만한 것이었다.

토크빌이 저서의 제1권 마지막 부분에서 소개했던 주제, 즉 다수의 '횡포' 또는 '전제 정치'라는 주제로 다시 돌아가는 것은 바로 이러한 시각의 틀에 기인한다. 토크빌은 이러한 용어들이 더 이상 충분치 않다고 보는데, 왜냐하면 그가 기술하려는 것은 새로운 현상이었기 때문이다. 그가 '행복'을 이런 새로운 유형의 압제와 직접 결부시킨 것은 주목할 만하다.

> 이 세상의 어떤 진기한 지형에서 독재 정치가 출현할까를 상상해보려고 한다. 우선 그들의 영혼을 채우는 하찮고 진부한 쾌락을 좇기 위해 계속 빙빙 돌고 있는, 서로 비슷하게 생긴 평등한 사람들을 본다. 자신만을 향해 움츠린 그들 각자는 다른 사람들의 운명은 거의 알지 못한다.
>
> 이런 종류의 사람들 위에는 그들의 즐거움을 안전하게 하고 그들의 운명을 지킬 책임을 오로지 혼자 지고 있는, 거대한 보호 권력이 서 있다. 권력은 절대적이고, 세세한 부분까지 고려하며, 질서 있고, 신중하며, 친절하다……. 권력은, 만약 시민들이 오로지 향락만을 생각한다면, 시민들이 즐기는 모습을 보는 걸 좋아한다. 권력은 그들의 행복을 위해 즐거이 일하지만, 또한 그것의 유일한 대리인이자 또한 그것의 유일한 판정자이길 원한다.[72]

토크빌은 사적인 쾌락 속으로 움츠러듦으로써 제기되는 정치적 위험에 대해 경고하면서, 그의 선배이자 동포인 벤저민 콩스탕Benjamin Constant이 이미 명확히 표명했던 주제를 다루고 있는 것이다. 콩스탕은 고전적 자유주의 전통의 저명한 이론가로서, 고대와 현대의 자유 사이의 차이에 대한 유명한 평언에서 다음과 같이 밝힌다. 1819년에 연설로 처음 전해졌던 그 평언에서, 그는 현대 정치 권력들은 "우리의 사적인 독립성의 향유, 그리고 우리의 특정한 이해의 추구에" 우리가 몰입하도록 허용하는 데는 너무도 잘 준비되어 있다고 경고한다. "그들은 우리에게 이렇게 말할 것이다." "자, 결국 당신의 그 모든 노력의 목적, 노동의 동기, 당신의 모든 희망의 대상은 무엇입니까? 그건 행복이 아닙니까? 자, 그렇다면 그 행복은 우리에게 맡겨주십시오. 그러면 우리가 당신에게 그것을 줄 것입니다."[73] 그리고 바로 이것이 결정적인 위험, 즉 '기분풀이' 행복을 얻는 대가로 지불해야 하는 정치적 자유의 포기라고 콩스탕은 경고했다. 자신의 행복은 각자 자기 스스로 책임져야 한다.

콩스탕은 이런 경고성 발언을 한 단계 더 내딛는데, 여기서 다시 한 번 그것을 반복하는 것도 의의가 있다. 왜냐하면, 실상 그것은 고전적 자유주의의 실험에 의해 제기되었던 핵심적 질문을 다루고 있기 때문이다. 그는 이런 의문을 제기한다. "어떤 종류가 됐든 간에, 여하튼 행복이 인류의 유일한 목적이라는 사실이 그렇게도 명백하단 말인가?" 그가 이 질문을 제기할 필요가 있었다는 것은 그가 집필했던 시대, 즉 포스트-계몽의 세기를 암시한다. 그의 대답은 더욱 흥미롭다.

만약 그렇다면 우리의 도정은 정말 협소하고, 우리의 목적은 고상한 것과는 한참 멀기만 합니다. (…) 아니오, 여러분, 나는 우리 인간성의 좀

> 더 나은 부분을 입증하고자 합니다. 즉 우리를 따라다니며 괴롭히는 그 고귀한 불안, 우리의 지식을 넓히고 우리의 재능을 개발하고자 하는 그 욕망을 증명하려 합니다. 우리의 운명이 우리를 부르는 것은, 단지 행복을 향해서만이 아니라 자기 계발로 향한 것입니다. 그리고 정치적 자유는 천국이 우리에게 부여한, 자기 계발의 가장 강력하고 효과적인 수단입니다.[74)]

콩스탕의 견해에 의하면 자유주의의 목표는 행복이 아니라 정치적 자유가 궁극적 수단이 되는 목적, 즉 개인의 계발이었다. 콩스탕은 이런 자유에는 실패할 자유—불만스런 선택으로 삶을 엉망으로 만들거나 자신을 슬프게 만드는—도 포함되어 있다고 기꺼이 인정했다. 그는 또한 다른 사람들이 그때까지 대면하기를 꺼려했던 것도 솔직하게 받아들였다. 자유의 최고의 산물은 행복이 아니라, 그 반대로 무덤까지 '우리를 따라다니며 괴롭히는 고귀한 불안' 일 수도 있다는 가능성, 간단히 말하면 자유와 행복은 긴장 관계에 있으며, 더 나아가 서로 반목할 수도 있다는 가능성을 수용한 것이다.

신앙의 위기

"우리가 보기에, 토크빌 씨의 견해야말로 지금 인류가 서 있는 위치를 제대로 본 것이다." 존 스튜어트 밀John Stuart Mill은 토크빌의 『미국의 민주주의』 제1권에 대해 1835년 『런던 리뷰*London Review*』지에 실린 글에서 이렇게 열렬히 상찬했다. 그의 프랑스 동지와 마찬가지로 젊은 공화국을 인류의 미래상으로 보는 이 영국 철학자이자 공무원은 "정부, 말하자면 민주주의는 (언젠가는) 유럽에 있게 될 것이다"라며, 또한 그것은 "그 아래 사는 인간 집단에게, 여태껏 어느 국민이 향유했던 것보다 훨씬 큰 행복을 얻게 해줄 것이다"라고 동의했다.[75)]

언뜻 보기에 이것은 아주 행복한 전망이었다. 그러나 토크빌처럼 밀도 집단적 행복의 증가가 개인 고통의 증가로 상쇄되지 않을까 하는 생각 때문에, 이마에 깊은 주름을 지은 채 미래를 우려했다. 『미국의 민주주의』 제2권에 대한 장문의 리뷰에서 그는 토크빌의 "풍요 속에서도 쉬지 않는, 그렇게도 많은 행운아들의 장관"에 관한 언급을 길게 인용하며 우려를 나타냈다. 밀은 토크빌의 분석이 철저하지 못한 편이라고 결론을 내렸다.

'다수의 횡포' ― '신체에 대해서가 아니라 마음에 대한 횡포' ―라는 위험에 대한 토크빌의 경고는 적절했다. 그러나 이러한 횡포의 원인을 미국인들의 삶에 따라붙는 불안의 원인처럼, 전적으로 점증하는 평등에서만 찾을 수 있다는 결론은 잘못된 것이다. 밀은 토크빌이 이런 주장을 하면서 원인과 결과를 혼합시켰다고 말했다. 즉 왜 평등이 훨씬 잘 실현되고 있는 캐나다 같은 곳에서는 미국에서 그렇게 확실히 나타나는 '더 나은 상태를 향한 진취성, 멈추지 않는 그 조급한 열성' 이 별로 나타나지 않는가에 대한 설명을 하지 못한다는 것이었다. 또한 토크빌은 빈부 격차가 엄청났고 '조건의 평등화' 가 거의 진전되지 않던 '귀족 정치 국가' 인 대영 제국이라는 중요한 경우를 완전히 도외시해버렸다. 이런 면들에서는 영국이 비록 이전의 식민지와는 '완전히 대비' 되지만, 그래도 도덕적, 문화적 측면에서는 많은 공통점이 있었다. 밀은 '재산의 사소한 증식이라는 보잘것없는 추구', '남 짓밟기', '습관적인 불만', 자신의 처지를 개선하기 위해 편재하는 욕망, 그러나 '결코 그걸 향유하지는 못하는' 점 등이 영국에서도 똑같다고 강조했다. 이러한 공통적인 모습—그리고 번영의 구가 속에서 볼 수 있는 그 기이한 조급함의 진정한 원천—의 원인은 평등이 아니라 바로 상업문명 자체의 핵심에서 찾아야 한다. 밀은, "인류의 미래에 가장 심각한 위험은 상업 정신의 부적절한 영향력에 있다"고 경고했다.[76)]

밀의 경고는 특히 주목할 만한 것이다. 왜냐하면 그는 고전적 자유주의에 대해 가장 통찰력 있고 비판적인 옹호자일 뿐 아니라 행복에도 깊은 관심을 가졌기 때문이다. 언뜻 보기에는 이것 또한 서로 잘 어울리는 행복한 쌍같이 보인다. 그러나 밀이 부분적으로나마 알게 되었듯, 실제는 훨씬 더 복잡했다.

세 살 때 그리스어를 읽은 신동이었던 밀은 항상 행복한 아이는 아니었다 해도, 말 그대로 운좋은 아이였다. 역사가이자 경제학자인 그의 아버지 제임스 밀은 제러미 벤담의 친한 친구이자 이웃으로, 공리주의 사조에서 중요한 인물이었다. 벤담의 축복 속에 세례를 받았던 밀은 최대 다수의 최대 행복을 위한 사도로 길러지며, 신앙에 관해서는 아무런 정규 교육도 받지 않았다. 후에 밀이 회고하듯이, 이러한 것이 종교적으로 충만한 빅토리아 시대에 그를 뭔가 남다른, "아주 극소수의 예 중 하나……, 즉 종교적 믿음을 버리지는 않았지만, 또한 결코 그걸 가져본 적도 없는 그런 사람의 한 예"로 만들었다.[77)]

밀은 결코 그런 데서 오는 결핍을 느껴본 적이 없다고 주장한다. 그럼에도 벤담의 작품을 처음으로 진지하게 접하게 된 그의 이야기를 들어보면 놀랍다. 그는 십 대 초기에 해외에 머무르는 동안, 묘하게도 프랑스어로 번역된 벤담의 작품을 읽었다. 놀랄 정도로 솔직한 자서전에서 밀은 이렇게 쓰고 있다.

> 마지막 권을 내려놓았을 때 (…) 나는 다른 사람이 되어 있었다. 벤담이 아는 대로 '공리주의 원리'를 이해하자면, (…) (그것은) 서로 흐트러져 있고, 단편적인 부품 같던 나의 지식과 믿음을 모두 취합하는 중추로서의 자리에 적확하게 부합했다. 그것은 사물에 대한 나의 사고에 통일성을 부여해줬다. 이제 나는 의견을, 신념을, 원리를, 철학을 갖게 되었다. 최고의 의미 중에 하나라면, 종교를 차근차근 가르치고 전파하는 것이 삶의 중요한 외적 목적이 될 수 있다.[78)]

밀은 '행복에 대한 자신의 개념과 전적으로 일치하는' '종교' '신념' 그리고 '삶의 목적'을 찾으면서, 신앙으로 충만해진다.[79)] 그가 자신의 신앙을 의심하고, 아마도 그것을 완전히 잃게 되리라는 것은 매우 가슴 아픈 일이다.

이러한 전개의 직접적 원인은 밀이 『자서전』에서 묘사했던 절망의 발작으로, 아마도 오늘날에는 임상적 우울증이라고 분류될 수 있을 것이다. 종종 역사가들이 분석한 바에 따르면, 이러한 증상이 일어나게 되는 이유에는 거만한 아버지의 압력, 오직 학업에만 전념했던 어린 시절에 축적된 거부감, 친밀함과 애정의 부재 등 여러 가지가 있다. 주요 원인이 무엇이든 그 결과는 명백히 엉망진창이었다. 밀은 "나는 익숙해져 있었다"라고 쓰고 있다.

> 내가 향유하는 행복한 삶의 확실성에 대해 행복해 하는 데 익숙했던 나는, 내 행복을 뭔가 멀고도 항구적인 것, 즉 완전한 성취로 인해 결코 소진될 수 없는 한편, 그 안에서는 항상 어떤 진전이 이루어지고 있을지도 모르는 것에 두었다. 이런 식으로 수년간을 잘 보냈고, 그 기간 동안 세상은 대체적으로 개선되었다. 나도 그 세상을 진척시키는 분투에 다른

사람들과 함께 관여한다는 생각은 내 존재감을 흥미롭고 활력 있게 채우기에 충분했다. 그러나 마치 꿈에서 깨어나듯, 이러한 생각을 털어내야 할 시간이 드디어 도래했다.[80]

그것은 1826년 가을이었다. 밀은 '신경 둔화'에 빠졌는데, 모든 게 귀찮고 무관심해지는 상태였다. 이것은 "대개 감리교로 개종한 사람들이 처음으로 자신의 '죄를 자각'하면서 충격을 받고 빠지는" 상태와 유사했다. 이런 상황에서 밀은 자신에게 묻는다. 만약 자기 삶의 모든 목표가 실현될 수 있다면, 만약 개혁과 진전에 관한 그의 모든 꿈이 수행된다면, 그것이 그에게 '커다란 기쁨이자 행복'이 되는지를. 그는 그렇지 않다는 것을 인정할 수밖에 없었다. 이 지점에서 그는 말한다.

내 안에서 마음이 가라앉아버렸다. 내 삶을 구축했던 기반 전체가 붕괴되었다. 나는 이 목적에 대한 지속적인 추구에서 모든 행복을 찾을 수 있었다. 그러나 이제 그 목적의 매력이 사라졌는데, 어떻게 그 수단에 흥미를 느낄 수가 있겠는가? 내가 살아야 할 이유가 아무것도 없는 것 같았다.[81]

그는 행복에 대한 믿음을 상실했다.

다행히도, 밀은 자신과 후대인들 모두를 위해 이 절망의 구덩이에서 빠져나올 수 있었다. 그는 그 구덩이에서 빠져나오기 위해 치료나 약에 의지하지 않았다. 대신 콜리지의 「실의: 어느 송시」에서 위로를 찾으며 낭만적 치료를 받고, 워즈워스의 시에서 약을 구했다. 이들과 여타 시인들은 밀이 여생 내내 매달렸던 '행복의 영구한 원천'인 미와 감정의 따뜻한 씻김으로 그의 분석적 영혼을 목욕시켰다. 낭만주의자의 감정 도야를 통해 그는 자신을 절망에서 치유시킨 '내적인 기쁨의 원천, 공감하는 상상 속 쾌락의 원천' 을 찾았다. 그것들은 그의 내적 삶을 주위 세상과 더욱더 조화시키면서, 그의 마음을 열정과 사랑을 향해 활짝 열었다.[82]

그러나 추구할 매력을 잃은 행복에 대한 그의 신념은 어떤가? 밀은 위기가 자신의 견해와 성격에 두 가지 '뚜렷한 영향' 을 미쳤다고 말하고 있다. 첫째로, '개인의 내적 소양' 의 중요성을 그에게 각인시켰다. 즉 그의 아버지와 벤담처럼 단지 쾌락과 고통이라는 외적인 원천에서만이 아닌, 오랫동안 억제된 감정의 배양, 그 내적인 '감정의 수양' 이라는 면에서도 인간 계발을 생각하게 만들었다. 그럼에도 그의 격변이 가져온 지속된 영향은 본질적으로 계몽주의 신념에 대한 단순한 조정 이상이었으며, 낭만주의의 감정이라는 약으로 쾌락/고통의 계산법을 심화하는 것 이상이었다. 밀이 그렇지 않노라고 주장해 논의의 여지가 있는데도, 그는 행복에 대한 자신의 신념을 결코 완전히 회복하지는 못했다.

『자서전』에 나오는 특기할 만한 아래의 고백에서, 밀은 자신의 위기로 인한 또 하나의 지속적인 결과에 대해 설명하고 있다.

> 행복이 행위의 모든 규칙에 대한 시험이고 삶의 목적이라는 신념에 대해 나는 실로 한 번도 흔들린 적이 없었다. 그러나 이제 나는 이 목적이란 오로지 그것을 직접적인 목적으로 삼지 않음으로써만 성취될 수 있다고 생각한다. 자신의 행복이 아닌 다른 어떤 목적에 마음을 정진하는 사람들만이 행복하다(나는 그렇게 생각한다). 타인의 행복에, 인류의 향상에, 어떤 수단으로서가 아니라 그 자체가 이상적 목적인 예술, 또는

추구에 정진하는 사람들. 이같이 뭔가 다른 것을 목표로 하면서, 그들은 행복을 찾는다. (…) 당신이 행복한지 스스로에게 물어보라. 그러면 행복이 멈출 것이다. 유일한 기회란 삶의 목적을 행복에 두지 않고 행복 외적인 어떤 목적으로 여기는 것이다. (…) 이제 이러한 지론이 삶에 대한 내 철학의 바탕이 되었다.[83)]

이는 분명 흄이 지녔던 통찰이고, 주요한 면에서 현대 심리학적 연구가 낳은 통찰이다. 자신을 소진시키는 활동에 몰두하고, 명분이나 추구에 몰입함으로써 느끼는 것, 이는 종종 간접적으로 행복을 가져다줄 수 있다.[84)] 그러나 이것이 사실이더라도 행복이 '삶의 목적'이라는 신념의 동요를 부정하는 이 놀라운 고백의 초입 부분과는 현격하게 상충한다. 그는 몇 줄 뒤에서야 비로소, 행복을 위한 '유일한 기회'란 다른 어떤 목적을 삶의 목적과 목표로서 여기는 것이라고 토로한다.

『자서전』의 고백은 밀의 생애 후기에 나온 것으로, 1850년대에 초고가 완성되고 1860년대에 수정을 거쳐 그가 사망한 1873년에 출간되었다. 그러나 그것이 유일한 고백의 예는 아니었다. 벤담 사후 몇 년이 지나 집필되고 1838년에 『런던과 웨스트민스터 리뷰*London and Westminster Review*』지에 게재된 밀의 에세이 「벤담」에는 아래와 같은 꼼짝 못할 증거가 있다.

현재로서는, 적절한 설명 하에서 우리가 벤담의 원리에 전적으로 동의하는 한편, 도덕의 세목에 대한 모든 옳은 생각은 분명한 언명에 달려 있다는 그의 견해에는 찬성하지 않는다는 점만을 말하겠다. 공리 또는 행복은, 여러 부차적 목적이라는 매개를 통하는 것 말고는 성취하기에 너

무도 복잡하고 무한한 목적이다.[85)]

이러한 판단이 타당할 수도 있겠지만, 위대한 사상사가 이사야 벌린Isaiah Berlin이 일찍이 고찰했듯이 그것은 "벤담적 시스템의 가장 자랑스러운 주장, 그리고 가장 중추적인 원리를 한 방에" 파괴시킨다. 그것은 행복(공리 또는 쾌락)이 행위의 유효한 규범으로 사용될 수 있다는 주장을 무너뜨린다.[86)] 1861년에 출간된 유명한 에세이 『공리주의*Utilitarianism*』에서, 밀은 쾌락이 행복의 규범이라는 생각은 여전하지만 쾌락에도 우열이 있다면서, 자신의 사고를 벤담의 사고와 구별하기 위해 한 발 더 나아갔다. 그는 "만족한 돼지보다 불만스런 인간이 되는 게 낫다. 만족한 바보보다 불만스런 소크라테스가 되는 게 낫다" 같은 명구들을 통해 자신의 주장을 펼쳤다. 행복은 만족과는 다른 것으로, '좀 더 지고한 감정' 이나 '한층 높은 쾌락' 그리고 한층 높은 것의 추구를 내포했다.[87)]

그러나 대체 그런 것들이 뭐란 말인가? 밀이 『자서전』에서 제기한 질문으로 돌아간다고 가정했을 때, 그 '다른 목적들' 이란 대체 무엇이란 말인가? 이 질문이 밀에게는 아주 중요했다. 벤담에 관한 에세이에서 그가 고찰했듯, "행복이 도덕이 적용되어야 할 목적이냐 아니냐의 여부는, 애매한 감정이나 설명할 수 없는 내적인 신념의 영역에 남겨지는 게 아니라 일종의 목적으로 적용되는 (…) 도덕 철학의 개념에 필수적이다. 사실 그것은 도덕적 질문을 가능케 하는 논쟁이나 토의를 낳는 것이다."[88)] 도덕 철학의 구원을 위해, 어떠한 목적 또는 목적들이 행복을 대신하게 될까?

자신의 저서에서 밀은 정의, 존엄성, 사랑, 자주성, 다양성, 자기희생, 미 그리고 자유 등 여러 후보를 고려한다. 그러나 밀은 이런 것들이 그 자체로서 궁극적 목적인지, 또는 단 하나의 한층 높은 목적(행복)을 위한 수단인지, 아니면 그 종개념인지, 즉 어떻게 간주해야 할지에 대해서는 결코 분명히 말하고 있지 않다. 그의 가장 유명한 저서 『자유론*On Liberty*』의 주제이자 그 속에서 그가 지지하는 '자유옹호주의'를 정당화하는 좀 더 높은 목적인 '자유'가 가장 중요하다고 할 수 있겠지만, 그는 위의 여러 후보들의 중요도에 대해서도 결코 정확하게 얘기하지 않는다.

그 책—그의 솔직한 정치적 글쓰기에서 가장 중요한—에서 그가 행복에 관해서는 거의 논하지 않는다는 점은 주목할 만하다. 행복에 대해 언급하는 첫 번째 예에서도 그는 단지 자유의 우월성을 말하기 위해서 그 예를 들었을 뿐이었다. 밀 식式 자유주의의 가장 중요한 내용인, 그 유명한 '해악 원리'를 소개하면서 그는 이렇게 쓰고 있다.

> 이 에세이의 목적은 아주 간단한 한 가지 원리를 주장하는 데 있다. (…) 그 원리란 개인적으로든 또는 집단적으로든, 인류가 타인의 행동의 자유를 방해하는 것을 정당화하는 유일한 목적은 자기 보호라는 것이다. 권력이 문명화된 공동체에 소속된 누군가의 의지에 반해서 정당하게 행사될 수 있도록 하는 유일한 목적은 타인들에게 끼칠 해악을 방지하는 것이다. 정신적이건 또는 신체적이건 간에, 자신만의 안녕은 정당한 사유로서 충분하지 않다. 그렇게 하는 것이 그에게 좋다고 해서, 그렇게 하는 게 그를 더 행복하게 할 것이라서, 타인들의 의견에 따르면 그렇게 하는 게 현명하거나 옳은 것이라고 해서, 그에게 그렇게 하거나 참으라고 강요할 수는 없다.[89)]

자유는 간단하게 행복을 이긴다. 그리고 비록 곧바로 밀이 자신만의 행복이나 안녕에 따라 행동하라고 타인에게 '간청하거나' '설득하거나' '논의하거나' '타이를' 수 있다고 부언했지만, 그 선택은 항상 개인에 달려 있는 것이다. "자신에 대해, 자신의 신체와 마음에 대해, 개인은 자주적이다." 만약 그것이 자신이 선택한 바라면, 그는 자신을 불행하게 만들 권리도 갖고 있다.

이런 주장을 함으로써 밀은 벤담의 통속적 공리주의와 명확히 결별했을 뿐만 아니라, 자유를 인간의 존엄성, 고귀성 그리고 계발에 긴요한, 없어서는 안 될 선으로 보는 콩스탕과 토크빌 같은 사람들의 전통 속에서 자신의 자리를 뚜렷하게 차지한다. 그렇다면 삶의 목적으로 여겨질 때, 부차적인 결과로 '도중에' 행복을 가져올 수도 있는 행복 외적인 목적이, 바로 밀이 자신의 자서전에서 '유일한 기회' 라고 했던 '다른 목적' 이었을까?

행복의 중대한 기초로서, 그리고 행복의 필요조건 중의 하나로 자유—양심의, 집회의, 그리고 가장 중요하게는 '취향과 추구의, 우리 자신의 특성에 맞게 우리 삶의 계획을 구상할 자유' —를 들면서, 밀은 종종 그렇다는 듯이 말한다. 『자유론』에서 행복에 관해 얘기하는 다른 두 가지 경우에서, 즉 '행복의 주요 구성 요소로서 자신의 성격을 통해 행위를 결정짓는 개인의 능력' 에 대한 언급과, 인간의 다양한 경험이 억압되는 곳에서는 개인들이 '공정하게 자신의 행복의 몫을 받지' 못할 것이라는 고찰에서 그는 정확히 연관을 짓는다.[90] 같은 맥락에서, 그의 유명한 에세이 『여성 종속론*The Subjection of Women*』을 통해 밀은 여성 해방과 관련된 모든 것 중에서 '가장 직접적인 혜택' 은 '종의 해방된 반에게, 사적인 행복에서 이루 형언할 수 없는 진전이' 이루어졌다는 것이라고 말했다. 밀은 또한 "행복의 요소로서 개인적 자주성의 가치를 제대로 아는 사람은, 자신이 그것에 부여하

는 가치가 바로 자기 자신의 행복 구성 요소라는 것 또한 알아야 한다"라고까지 말하고 있다.[91]

이것이 바로 다시 태어난 낭만주의자의 언어, 즉 해방으로서의 자유, 자기실현과 자기 실체 인식을 방해하는 구속의 내던짐, 한 개인의 고유성과 진정한 특성의 용솟음, 자기 자신에 대한 진정한 정의定義이다. 그것은 바로 독일인들이 말하는 교양인데, 밀이 보기에 현대 생활에서는 너무도 보기 힘든 것이 되어버렸다. 밀은 『자유론』에서, "사회는 이제 개체성 면에서는 꽤나 개선되었다. 그리고 인간성을 위협하는 위험은 사적인 충동, 선택의 과잉에 있는 게 아니라 그 결여에 있다"라고 음울하게 쓰고 있다. "자기 자신의 욕망과 충동을 가진 사람은 개성 있는 자로 여겨지고, 욕망과 충동이 자신의 것이 아닌 사람은 개성이 없다고 여겨진다."[92] 밀의 견해로는 현대 세계에서는 개성 있는 자가 너무도 적다.

토크빌이 기독교적 설교의 잔재와 더불어 개인의 이해와 욕망의 과잉을 염려했던 반면에, 밀은 이처럼 그것들이 오히려 결여됐다고 믿었다. 특히, 널리 퍼진 '칼뱅주의 이론'이 자기주장과 표현 대신에 복종과 자기희생을 고취시켰던 조국에서는 특히 더 그렇다고 생각했다. 모든 것에서 마음은 그 굴레를 벗지 못했다. "쾌락을 위해 하는 것에서조차, 사람들이 맨 처음 생각하는 것은 복종이었다." '기독교적인 자기부정'은 미덕의 지루한 이야기에 확실히 한 자리를 차지하고 있지만, '이교도의 자기주장' 또한 마찬가지다. 밀은 강력한 혼합을 주장했다. "인간이 사유의 고귀하고 아름다운 대상이 되는 것은 개별적인 것을 모두 벗어버리고 획일성으로 들어감으로써가 아니라, 개체성을 배양하고 그것을 끌어냄으로써이다"라고 밀은 강조한다.[93]

그러나 밀이 만약 이런 식으로 토크빌의 분석에서 다소 벗어났다면, 또한 그는 당대 사회가 유례 없을 정도로 개체성과 특성을 억압할 위험성을 제기한다는 점에는 전적으로 동의했다. 이러한 과정에서 죄인은 잔존하는 칼뱅주의 정신이라기보다는 오히려 소비지향적인 상업적 자본주의와 중산층 민주주의를 특성으로 하는 현대 문명 그 자체의 본질이다. 『미국의 민주주의』에 대한 평론에서 밀이 한편에서는 '일반 대중과 비교해 점점 더 보잘것없어지는 개인' 과 또 다른 편에서는 '재산의 사소한 증식이라는 보잘것없는 추구' 라고 묘사했던 것들은, 현대 사회에서 독특한 모든 것들을 평평하게 고르는 쌍둥이 세력이었다. 이처럼 '인류의 미래 전망에 가장 심각한 위험' 을 힐난하기 위해, '대중과는 다른 견해와 정서' 를 배양하고 '그 위험에 대해 개별적 증언들' 을 제공하면서 '관대하고 도야된 마음' 을 촉구했듯이, 그는 『자유론』에서도 정확히 이 경로를 택했다. 즉 '여론의 횡포' 를 타파하고자 '상궤 일탈' 을 촉구한 것이다.[94] "비록 그것이 더 나은 걸 위하거나 심지어는 그들이 보기에 더 좋지 않게 되더라도, 차이가 있어야 좋은 것임을 느끼고 볼 수 있는 공중의 지성이 없다면" 개체성은 사라지고 말 것이라고 밀은 경고한다.[95]

그리고 바로 여기에서, 밀의 사유에서 핵심적인 긴장의 중심에 이른다. 차이와 개별적 발전에 대한 그의 자유 옹호론자적 방어가 아무리 찬탄스럽다 해도, 그것이 최대 다수의 최대 행복이라는 그의 신념과 부합하는지는 전혀 분명치 않다. 위의 인용 문구에서 밀 자신은 그렇게만 암시했고, 그가 가졌던 의혹은 토크빌과 콩스탕이 제기한 심란한 전망을 다시 한 번 불러일으킨다. 즉 자유의 추구와 행복의 추구는 가끔, 아니 종종 서로 짝이 맞지 않을 수도 있다.

밀은 용감하게도 이것을 부정하기 위해 노력했는데, 자유의 추구는 도중에 간접적으로 행복을 가져다줄 '다른 목적' 이 될 수 있다고 주장했다. 이러한 경로를 통해 다른 사람들은 밀이 그렇게도 고통스럽게 경험했던 역설을 피할 수 있을지도 모른다. 즉 행복을 자기 존재의 직접적인 목적으로 만드는 고통—그의 추구의 목적—그리고 그렇게 함으로써 자신의 진정한 특성을 억누르고 자신이 사랑했던 것을 제거하는 역설의 고통 말이다.

밀의 경고에는 개인의 삶에 대한 것만큼, 행복 추구에 기반을 둔 전체 사회에 대해서도 심각한 생각이 담겨 있다. 그러나 궁극적인 목적으로서 자유가 수단이 될 수 있다거나 또한 되어야만 한다는 것은 아니다. 무도한 다수에 의해 압박받는 자들, 또는 적대적인 견해를 강요받는 자들에게 자유와 행복은 대체로 부합된다. 그러나 다른 이들—다수, 최대 다수—이 동의할지는 거의 확실치 않다. 상궤 이탈, 차이 그리고 구별을 촉구하면서 밀은 좀 더 자유로운 사회, 좀 더 다양한 사회, 아니 더 나은 사회를 주장하고 있는 것이다. 그러나 이러한 사회가 또한 좀 더 행복한 사회인지는 말하기가 쉽지 않다. 한 사람의 '해방' 은 쉽사리 다른 사람의 불행, 또는 한 어머니의 고통을 낳을 수 있는데, 그것은 해악의 원리로 찾아내기에는(또는 그에 반하는 입법을 하기에는) 너무도 포착하기 어려운 방식으로 이루어진다. 콩스탕 그리고 토크빌과 마찬가지로, 밀도 자유—자기 계발, 자신의 완전한 구현—가 그 자체만으로도 당연히 가치 있는 목표라고 인식했다. 이 값진 목적이 또한 행복이라는 지고의 목적으로 가는 수단이 되리라는 그의 믿음과 신념은 최소한 부분적으로나마 유년 시절의 종교 교의에 기초하고 있었다.

여러 면에서 더욱 괴로운 생각이 또 하나 있다. 그것은 대다수가 고상한 불안, 한층 높은 기쁨, 그리고 소크라테스적인 즐거움보다는 결국 보잘것없는 재산을 하찮게 좇는 것— '하찮은 쾌락을 급히 낚아채는 것' —을 더 선호하게 될지도 모른다는 것이다. 이것은 존 스튜어트 밀 같은 사람들로서는 전혀 상상할 수 없는 생각이었다. 그들은 불만족한 철학자의 삶과 만족한 돼지의 삶 중에서 하나를 택하라고 했을 때 어떻게 반응해야 할지를 알고 있는 사람들이었다. 그러나 좀 더 낮은 안목의 쾌락들을, 심지어는 진흙탕의 만족까지도 거리낌 없이 선택하는 다수들은 어떻게 해야 한단 말인가?

자본주의 윤리와 행복의 정신

1904년 가을, 중년의 독일인 부부가 고통에서 벗어나고자, 그리고 아마도 새로운 삶을 시작하기를 바라면서, 대서양을 건너 드디어 뉴욕 항에 당도했다. 그들은 전문적 발전에 대한 가망성을 믿으며, '자본주의 정신' 을 눈으로 직접 보기를 기대하고 있었다. 그들만 그런 것이 아니었다. 거의 500만에 이르는 그들의 동포들이 미국으로 이민했고, 독일계 미국인은 미국 내에서 영국 다음으로 가장 큰 유럽 이민자 그룹으로서, 이탈리아 이민자들과 아일랜드 이민자들을 추월하고 있었다.[96]

이런 점에서 막스Max Weber와 마리안 베버Marianne Weber는 전형적이었지만, 그 외의 모든 점에서는 전혀 그렇지 않았다. 중상류층 가정 출신의 경제학 교수이자 사회학자인 베버는 미국의 초청을 받고 세인트루이스에서 개최될 국제 회의에서 중요한 강연을 하기로 예정되어 있었다. 그는 미국에 체류할 생각은 없었다. 그리고 비록 구세계에서 심한 고통을 겪었지만, 그 원인은 가난이나 차별이 아니라 진단되지 않은 신경 질환—아마도 급성 우울증—이었고, 이 때문에 그는

✤ 에드문트 영바우어, 「행복을 좇아서」, 19세기 후반, 스미소니언 아메리칸 아트 박물관, 워싱턴 D.C.

한 번에 오랫동안 일을 할 수가 없었다.

여행에 대한 기대로 활력에 찬 베버는 다시 책상으로 돌아와, 자신을 유명하게 만들 저서의 집필에 몰두하여 전반부를 완성하기에 이른다. 여행은 그 자체만으로도 치유의 효과가 뛰어났다. 세 달 반에 걸친 미국 여행 뒤에, 베버는 자신이 본 것에 매료되어 『프로테스탄트 윤리와 자본주의 정신The Protestant Ethic and the Spirit of Capitalism』을 완성하기 위해 독일로 돌아갔다. 그는 친구에게 보내는 편지에 '자본주의 정신'이 모든 곳에 나타난다고 썼다. 현대사회 분석가로서 토크빌과 밀의 반열에 오를 만한 능력과 예지를 구비한 베버는, 서구 사회를 휩쓸고 있는 한 과정의 최전선에 미국이 서 있다고 결론을 맺었다. "자본주의적 문화에 반하는 모든 것은 불가항력으로 파멸되어가고 말 것이다."[97]

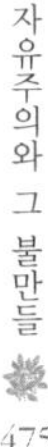

⚜ 폴 프렌즈니, 「절도, 근면 그리고 행복」, 『하퍼스 위클리』 1874년 3월 14일자에서 발췌, 샌프란시스코 미술박물관.

이러한 소비 만능 문화의 원천, 그 중심에 있는 정신은 과연 무엇일까? 이에 대한 베버의 대답은 잘 알려진 대로 이론의 여지가 있으며, 종교와의 연관에 따라 정해지기도 한다. 개인의 구원이라는 운명에 대한 프로테스탄트의 열망에는 하나님의 축복의 신호이자 부분적인 증거로 여겨지는, 자본의 축적이라는 자극제 뒤에 감춰진 원동력이 있었다. 금욕적 포기, 일에 대한 소명으로서의 인식, 그리고 비판하는 이성적인 경향이 섞임으로써, 프로테스탄트 신앙은 이제 막 태동하는 자본주의의 필수적 특성, 즉 자본의 자연 증식을 위한 소비 억제, 종교적으로 신성한 윤리로서의 규율, 유예된 만족, 근면 그리고 검약 등을 초래했다.

베버는 성공의 미덕에 대한 열렬한 지지자요 아버지가 신봉했던 칼뱅주의 교리의 충실한 계승자인 벤저민 프랭클린이야말로 바로 이러한 프로테스탄트 윤리를 완벽하게 구현한 예라고 생각했다. 프랭클린 자신은 '무색무취의 이신론자理神論者' 였지만, 베버의 견해는 그러했다.[98] 이러한 호칭에 대해서는 잠시 재고해볼 필요가 있다. 왜냐하면, 한번은 브뤼셀 왕립 아카데미에 뭔가 진정으로 유용한 것, 예를 들면 방귀 냄새를 제거할 방법 같은 것을 강구해보라는 제안을 보냈던 사람, 또 '(신체) 아랫부분' 은 죽을 때까지 '항상 부풀어' 있고 나이 든 여자들은 이를 '아주 감사히 여긴다' 는 근거를 들어가며, 한 친구에게 나이 든 정부를 두라고 충고했던 사람에 대한 호칭으로는 매우 부적절하기 때문이다.[99] 그의 결점이 무엇이든 간에, 비록 베버가 그를 색깔 없는 사람으로 그렸다 해도 프랭클린이라는 사람은 색깔 없는 인물은 아니었다. 인식의 오류는 자본주의적 윤리에 대한 초상을 오직 흑백으로만 나누었다.

> 삶의 자연스런 만끽을 엄격하게 삼가면서도 더욱더 많은 돈을 열망하는, (프랭클린의) 윤리의 최고선은 쾌락론적 혼합은 말할 것도 없을 뿐 아니라, 어떤 행복론적인 혼합도 전혀 없다. 그 자체가 목적으로서 아주 순수하게 생각되었기에, 한 개인의 행복이라는 관점, 또는 한 개인에게 해당하는 최대 다수의 최대 행복이라는 관점에서 보자면, 그것은 전적으로 초월적이고 절대적으로 비합리적으로 보인다. 인간은 삶의 궁극적 목적이 되어버린, 돈을 벌고 모으는 것에 지배당하고 있다.[100]

베버는 청교도 선조들과 마찬가지로, 프랭클린도 축재와 일을 위해 지상적 행복을 부정했던 윤리를 영속화시켰다고 주장한다. 행여 축재와 일로 인한 혜택이 있다 해도, 그것은 오직 내세의 삶에서만 만끽할 수 있을 뿐이다. 그 내세에 대한 믿음이 시들자—베버의 판단으로, 이는 현대화의 과정에 수반된 인간 경험의 냉혹한 합리화에 의해 촉진되었다—남은 것이라곤 이제 이전의 초월적 목적과 의미가 떨어져나가버린, 일 자체에 대한 자극뿐이었다. 베버는 '오늘날 자본주의 정신으로 충만한 사람들' 은 종교에 대해 '적대적이지 않으면, 무관심해지고 있다' 고 역설했다. "낙원의 경건한 지겨움에 대한 생각은 그들의 활동적인 성격상 별로 매력적이지 못했다." 왜 "자신들이 가진 것에 대해 결코 만족하지 못하는지" 묻기 위해 "그들의 부단한 활동의 의미는 무엇일까?"라는 질문을 던진다면, 그들은 자신의 자손을 위해서라든가 아니면 더 종종, 그리고 '더 옳게는' "지속적으로 일을 하는 것은 이제 삶에 있어 필요한 일부가 되었노라"는 대답을 할 것이다. "그것이야말로 실상 오직 가능한 동기"이고 "동시에 개인의 행복이라는 관점에서 볼 때, 이런 종류의 삶에서는 일이 인간을 위해 존재하는 게 아니라 그 반대로 인간이 일을 위해 존재하는, 너무도 비합리적인 상황이 나타난다"라고 베버는 결론짓는다.[101)]

그러나 거기에는 이전의 윤리에서 이월된 다른 잔여물, 즉 아마도 베버가 보지 못한 또 하나의 동기가 있었다. 비록 프랭클린이 행복의 추구와 부의 추구를 구별하기는 했지만, 그는 '삶의 향유'를 멀리한 적도 거의 없었고, 또한 부의 축적에 행복이나 쾌락이 전혀 없다고 생각했을 리도 만무하다. 프랭클린이 그랬듯 구세계의 고통에서 도망쳐 신세계의 즐거움을 찾은 베버처럼, 후에 아메리카의 해변에 당도한 수백만의 사람들에게는 더더욱 그러했을 것이다. 애덤 스미스가 예견하고 토크빌과 밀이 확증했듯이, 이렇게 몰려온 수백만의 남녀들은 자기 신념의 진실성(또는 합리성)에 무관하게, 행복의 추구와 부의 추구가 동일한 것이라고 믿었다. 따라서 그들은 종종 자신의 행복을 추구할 자유만을 찾으려 했다. 그들은 자기 땀방울의 결실을 조금은 즐기면서, 자신과 가족들을 위해 더 나은 삶을 이루어나갔다. 이것은 그리 나쁜 것—그것과는 한참 멀다—은 아니었을 것이다. 그러나 또한 밀을 사로잡았던 자기 계발이라는 숭고한 목적에는 한참 미치지 못하는 것이었다. 그것은 호라티우스의 세속적 따스함—그가 말한 '소박한 삶의 미덕'—또는 19세기 시인 에드워드 피츠제럴드 Edward FitzGerald가 말한 '간소한 쾌락주의'를 불러일으켰다. 피츠제럴드는 "나뭇가지 아래 시집 한 권/ 포도주 한 병, 빵 한 덩어리, 충실한 배우자, 그리고 당신"이라고 읊었다. 사람들은 어쩌면 그것들을 집과 약간의 사치품, 말뚝으로 두른 울타리, 충실한 배우자, 그리고 품위 있는 옷 한 벌 정도로 바꾸고 싶어 할지도 모른다.[102] 밀과 같은 철학자들은 이러한 중산층의 포부를 경시할지 모르지만, 이런 것들이 부끄럽게 여겨야 할 꿈은 아니었다.

베버 자신도 이들 중 몇 가지의 진가를 알았다. 『프로테스탄트 윤리와 자본주의 정신』의 끝부분에서, "자본주의가 가장 발전한 미국에서, 종교적이고 윤리적인 의미가 탈색된 부의 추구는 세속적이기만 한 열정과 연계되기 쉬운데, 실제로 종종 스포츠의 성격을 띠곤 한다"라고 고찰했다. 이 주장에는 흄이 메아리치고 있다. 즉 활동의 추구를 오락—영혼을 위한 백개먼backgammon(15개의 말을 주사위로 진행시켜서 먼저 전부 자기 쪽 진지에 모으는 쪽이 이기는 반상 놀이—옮긴이)—으로, 일의 추구를 놀이로 여기는 목소리가 울리고 있다. 그러나 베버의 시각은 대체로 훨씬 더 냉정하다. 그는 일에 대한 충동 속에 있는 의무감은 "마치 사멸한 종교적 믿음처럼 우리 삶 속을 배회하고 있다"고 생각했다. 그리고 이러한 충동의 성취가 "지고한 정신적, 문화적 가치와 직접 관련될 수 없을 때……, 사람들 각자는 일반적으로 그걸 정당화하려는 시도를 일단 포기해버리고 만다."[103] 베버는 우리가 낡아빠진 윤리와 신념을 맹목적으로 따르며, 미몽에서 깨어난 세상에서 미몽에서 깨어난 영혼으로서 일하고 있다고 믿었다.

그러나 오직 과거의 신념—프로테스탄트 윤리—이라는 엔진에만 집중하면서, 베버는 그보다 더 오래된 것의 격세유전을 인지하지 못했다. 즉 크로이소스만큼이나 오래된 '좀 더 지고한' 정신적, 문화적 가치는 뚜렷하게 프로테스탄트적이지도 않았고, 배타적으로 기독교적이지도 않았다는 것을 보지 못했던 것이다. 일과 희생의 정당화, 서구 민주주의의 지평에서 자꾸 커져만 가는 의미와 희망에 기초를 제공하면서, 행복의 가치는 계속해서 매력을 발산하며 우리를 유혹했다. 베버가 저서를 집필하고 있던 때는 미국, 좀 더 보편적으로 서구가, 사회학자 다니엘 벨Daniel Bell이 "자본주의의 지주가 생산에서 소비로 옮겨가는" 엄청난 변화를 일으키기 시작한 때라고 기술한, 바로 그 시기였다. 그 변화는 '가게 여점원들에게도 실크스타킹'을 신게 하고, '사치품을 대중'에게 향하게 했으며, 토크빌조차 놀라게 만든 모멘텀과 더불어 물질적 쾌락의 향유에 방해가 되는 모든 구속들 위로 질주하는 '자본주의의 원동력', 그리고 '마케팅과 쾌락주의'로 이루어졌다.[104] 욕망의 억제는 옆으로 젖혀졌고, 만족의 기회가 늘어감에 따라 '경제 성장'은 '전진하는 산업 사회의 세속적 종교, 개인적 동기의 원천, 정치적 연대의 기초, 공동의 목표를 위한 사회 이동의 근거'가 되었다고 벨은 밝히고 있다.[105] 경제 성장이 세속적 종교라면, 안락과 사물에서 쾌락을 추구할 기회가 어느 때보다 많아진 이때, 행복은 그 세속적 종교의 중심 신조가 되었다. 그러나 이렇게 충족된 욕망들은 충족되자마자 불안을 증대시켰고, 필요의 증식 속에 우리를 가두려 위협하면서 아찔한 속도로 또 다른 욕망들을 낳았다.

베버는 이것을 감지했다. 『프로테스탄트 윤리와 자본주의 정신』의 마지막 부분에서 그는 "물질적 재산은 역사에 전례가 없을 정도로 인간의 삶에서 점증하는, 그리고 마침내는 움직일 수 없는 힘으로 자리를 잡았다"고 기술하고 있다. 만약 그것들이 한때는 성자들의 어깨 위에 "언제라도 던져버릴 수 있는 가벼운 외투처럼" 놓였다면, 이후로 그 외투는 "종교적 극기 정신이 달아나버린" 무겁고 또 아마도 움직일 수 없는 '철창'이 되어 우리를 짓누른다.[106] 베버는 이 제한된 공간에서의 행복 추구를 탐지하지 못했지만, 그 실패는 의도된 것인지도 모른다. '행복에 대한 낙관적인 꿈' 과 그 추구에 기반을 둔 정치를 '연약한 행복설' 이라고 조소하면서, 베버는 자신의 정치 경제학에 이런 세속적인 추구들이 들어설 자리를 허락하지 않았다.[107] 1894년의 한 연설에서 그는 다음과 같이 강조한다.

> 나는 인간의 행복을 사회적 입법의 목적으로 삼는 것을 단념해야 한다고 생각한다. 우리는 그 외의 무언가를 원하고 또 그 외의 그 무엇만을 바랄 수 있을 뿐이다. 나는 우리가 인간에게 소중하다고 여기는 것을 지지하고 함양하기를 바란다. 그것들은 개인적 책임감, 좀 더 고매한 것들을 향한 인류의 정신적 · 도덕적 가치를 향한 심오한 추진일 것이다…….[108]

베버는 정치의 목적을 이렇게 선언하면서 콩스탕, 토크빌, 그리고 아마도 밀까지도 포함한 유서 깊은 전통 속에 자신의 목소리를 녹여 넣었다. 그럼에도 그는 행복이라는 낙천적인 감정을 향한 고군분투보다도 '훨씬 더 이상적으로 보이는 견해' 에 도달한 것은 바로 이 '비관적인 견지' 에서였음을 전적으로 인정했다. 왜냐하면 바로 '행복의 감정' 은 "인간에게서보다 동물에게서 더 크다"는 비극적인 진실 때문이었다."[109] 베버의 생각으로는, 인간에게 가장 지고한 것―인간의 수양과 계발―을 추구하는 것이 모든 목표 중에서도 가장 숭고했다.

그러나 베버도 계발의 과정이 어떤 최종 목적을 향해 나아가야 하는지에 대해서는 밀과 마찬가지로 확실히 말할 수 없었다. 실제로 그는 '과학자' 로서 진정한 천직에 종사하는 한, 그걸 말할 수는 없다고 생각했다. 오로지 순진한 자나 현혹된 자만이, 어떤 형태로든 과학―사회 과학이든 혹은 자연 과학이든―이 인간의 질문들 중 가장 절박한 것에 답을 줄 수 있다는 '착각'에 여전히 매달리고 있다고 생각했다. 그것은 우리는 무엇을 하고, 또 어떻게 살아야 할까라는 물음이다. 물론 이것은 그리스인들의 기본적인 질문이기도 했다. 그러나 결정적인 답을 위해 고군분투해온 수세기 뒤에야, 이제는 인정할 때가 되었다는 걸 인정해야 했다. 즉 과학이 '진정한 존재로 이르는 길' '진정한 예술로 이르는 길' '진정한 자연으로 이르는 길' '진정한 하나님에게로 이르는 길' (또는) '진정한 행복에 이르는 길' 등을 밝힐 수 없듯, 그 질문에 답을 줄 수가 없다는 사실을 인정해야 할 때가 된 것이다.[110)]

베버가 이러한 '지난 착각들'의 맨 마지막에, 하나님의 자리에 이은 '행복에 이르는 길'을 고려했다는 것은 시사하는 바가 있다. "과학—즉 과학에 근거해 삶을 터득하려는 기술—이 행복에 이르는 방법으로서 찬양받던 순진한 낙천주의"가 산산이 부서지고 있다는 것을 베버도 확실히 믿고 있었다. 그는 "대학 걸상이나 편집실에 앉아 있는 몇몇 덩치 큰 아이들 말고 과연 누가 (아직도) 이런 것을 믿겠나?"라고 냉소적으로 물었다. 명확한 도덕적 지시와 확실한 명령도 없이, 각자는 '자기 삶의 섬유질을 쥐고 있는 화신'을 찾아내고 그에 복종해야만 한다.[111)]

애덤 스미스가 일찍이 고찰한 바와 같이 '자신의 방식으로 자기의 이해를 추구하도록', 즉 스스로 자신의 화신을 찾게 하는, 진정으로 자유로운 어떤 사회라도 봉착하게 되는 핵심적 딜레마가 바로 이 점이었다. 법은 행복의 추구는 보장할 수 있지만 그 성취와 '붙잡음'은 각 개인에게 달려 있었다. 스미스가 잘 알았다시피, 그리고 토크빌, 밀, 또 베버도 봤듯이 개인들은 자기 동료들의 권고에 쉽게 의지할 수밖에 없다. 적절한 도덕적 안내 없이는, 사람들은 종종 실패하기 마련이다. 또, 소비자 지향적 경제의 새로운 쾌락주의에서 부와 안락만이 자신들이 원하는 것을 가져다줄 수 있다는 애덤 스미스의 용어인 '기만' 에 다수가 압도될 위험은 없는 것일까? 그 포착하기 어려운 행복을 추구하면서, 자신과 동료들까지 길을 잃게 만들 위험은 없는 것일까?

이것이 바로 루소를 주저하게 했던 생각이었다. 우리는 우리의 이웃이 가진 것—좋은 옷, 자질구레한 장신구와 노리개, 좀 더 근사한 집—을 갈망하고 우리의 이웃이 좇는 것을 좇는다. 그런 것들이 우리의 진정한 행복에 도움이 되어서가 아니라, 그러리라고 믿기 때문이다. 사회 속에서 인간의 욕망은 대체로 동료들의 욕망에 의해 정해진다. 이런 생각에서, 루소는 불평등을 묵인하는 제도는 어떤 제도라 해도 잠정적으로 파멸을 초래할 것이라고 추론했다. 불평등은 어디에서나 마찬가지로 미덕을 약화시키고, 불화의 씨를 뿌리고, 그릇된 욕망으로 진정한 필요를 흐리게 하면서 선망과 반목을 영속화시킬 것이기 때문이다. 스미스가 상업화 사회에서 성장의 엔진으로 보았던 바로 그 '기만' 이 루소에게는 인간 고통의 원천이었다.

미국 건국의 아버지들과 그들의 고전적 자유주의 후예들과 마찬가지로 자본주의의 시조는 자기기만의 위험이 타인의 필요를 모방하려는 시도의 위험보다도 훨씬 더 크다고 믿었다. 그러나 프랑스 대혁명이라는 사회공학적 실험이 실패한 후에도, 많은 사람들은 그런 확신을 가질 수 없었다. 시장의 불의와 올바르게 이해됐든 아니든 간에 자신의 이해에 의해 유발된 각 개인들의 수상쩍은 선택들을 보고, 그들은 불만이라는 문제에 대한 좀 더 야심찬 해결책을 생각하게 되었다. 19세기 중엽의 런던에서 프리드리히 엥겔스는 "거리의 소요들에는 뭔가 혐오스러운 것, 인간의 본성을 배반하는 그 무엇"이 있다고 보았다.

서로 부딪치며 지나치는 각계각층 사람들 수십만 명. 그들은 같은 능력과 재능, 그리고 행복에 대한 똑같은 관심을 가진 인간들이 아니던가? 그들은 결국 같은 수단과 같은 방법으로 행복을 찾아야 하지 않는가? 그런데도 그들은 마치 아무 공통점도 없다는 듯이, 서로 아무 상관도 없다는 듯이 밀치며 북적거린다.[112)]

'자신의 사적인 이해에 빠진 각자의 잔인한 무관심과 무정한 고립'이 엥겔스에게는 '불쾌하고 공격적'으로 느껴졌고, 그렇게 느낀 것은 비단 그뿐만이 아니었다. '진정한 행복에 이르는 길'을 알아내기 위해서는 여전히 '과학'에 기대할 수 있다는 차분한 믿음을 숨기면서, 모두의 행복은 공동의 노선에 있다는 엥겔스의 지배적 가정에 많은 사람들이 동의했다. 오로지 '대학 걸상에 앉아 있는 덩치 큰 아이들'만이 여전히 그런 믿음을 갖고 있다는 베버의 판단은 비극적이게도 아직은 시기상조라는 사실이 증명될 것이다. 베버가 제1차 세계대전 직후의 여파 속에서 이런 말들을 쓰고 있을 때, 동쪽에 있는 사람들은 1917년 볼셰비키 혁명을 지지하기 위해 '과학'을 대신해서 대담한 주장들을 통합하고 있었다. 그들은 사회주의 과학—마르크스와 엥겔스의 '과학적 사회주의'—이 개인들의 하잘것없는 추구로부터 공동 해방을 향해 돌아서게 만듦으로써, 진정한 행복으로 이르는 안내자 역할을 하리라고 믿고 있었다.

행복한 세상을 건설하며

Building Happy Worlds

"잘 따져보면 사실은 우리의 존재 목적이자 목표인 행복은 세상에서 채 두 세기도 되지 않은 것이다."[1] 이 주장은 토마스 칼라일이 계몽사조의 한 축이었던 시인 알렉산더 포프의 시구에서 따온 것이었다. 칼라일이 쓴 연대기(그는 1840년대에 이것을 썼다)는 거의 흠이 없을 정도로 완벽했다. 그리고 이 성마른 스코틀랜드인은 이런 새로운 개념이 세상에서 작용했던 극적인 변화에 관해 그만큼 날카로운 통찰력을 지녔다. 1843년에 처음 출간된 『과거와 현재*Past and Present*』 중의 '행복' 이라는 역설적인 제목이 붙은 장에서 칼라일은 말한다.

> 딱하기 그지없는 모든 애송이들은 자신이 행복하고, 행복할 것이며, 또는 모든 인간의 법과 신의 법에 의해 행복해야만 한다는 생각으로 가득 차 있다. 그 딱하기 그지없는 애송이의 소망은 자신을 위해 성취될 것이다. 그 딱하기 그지없는 애송이의 나날은 신들조차 불가능할 정도로 영

원히 평탄하다. 그는 부드러운 물결처럼 평온을 만끽하며 지낼 것이다. 예언자들은 우리에게 "너희는 행복할지어다. 너희는 유쾌한 것들을 사랑하니 그런 것들을 찾을 것이다"라고 설교한다. "우리가 왜 유쾌한 것들을 찾지 않았지?"라고 사람들은 소리쳐댄다.[2)]

바로 그 전 해—1842년 여름—에 수십만의 노동자들이 임금 하락, 끔찍한 근로 조건, 선거권 박탈, 그리고 치솟는 빵 값 등에 항의하기 위해 영국의 거리로 뛰쳐나왔다. 새로운 산업 경제의 불확실성을 극화하는 그들의 행동에 칼라일은 공감했고, 또한 기만적인 약속에 분노를 느꼈다. 악취가 코를 찌르는 하수구, 지옥같이 끔찍한 공장 등, 현대적인 삶은 최대 다수의 최대 행복을 위한 것이라고는 말할 수 없었다. '최대 행복 원칙'은 '오히려 급속히 불행한 것으로 되어 가고' 있다며, 칼라일은 얼굴을 찡그렸다.[3)]

칼라일은 공리주의의 후예들—벤담 식의 개혁자들과 자유주의 경제학자들—이 약속 이행에 실패했다며 그들을 공격했다. 내심 낭만주의자인 그는 또한 유쾌한 형태로, 요구에 따라 전달되는 쾌락만으로도 행복을 얻을 수 있다는 생각에도 회의적이었다. 칼라일은 이것이 인간을 짐승의 수준으로 강등하는 '돼지 철학'이라고 주장했다. 이제 이런 노선을 지지하는 자유주의자, 경제학자 그리고 정치가들—경쟁과 '냉엄한 보편적 자유방임'을 설파하는—은 기만적인 예언자들이었다.[4)] 종종 인용되는 그의 문장에서 칼라일은, 현대 경제학은 '음산한 과학'이며 '탐욕 숭배는 우울한 신념'이라고 썼다.[5)] 모든 사람들에게 쾌락을 전파하는 데 성공한다 해도, 이는 인간이 필요로 하는 것을 주기에는 결코 충분치 않을 것이다.

그렇다면 인간이 진정으로 필요로 하는 것은 무엇일까? 칼라일은 역사에 물어보라고, 과거와 현재를 비교해보면 이 절박한 물음에 대한 통찰을 얻게 될 것이라고 주장했다. 긴밀히 결속된 공동체, 의미 있는 노동, 하나님에 대한 자각 같은 것들은 중세 잉글랜드에서는 명백했던 필수 요건이었지만 오늘날의 세상에서는 결여된 것들이었다. 산업의 위력이 거대한 부를 창출했다면, 그것은 단지 소수의 주머니만 불룩하게 채워주었을 뿐이다. 나머지 다수는 가공의 행복을 좇으며 성공도 성취도 이루지 못하면서 활기 없는 일벌처럼 고생하고 있었다. 공동체의 결속 또한 갈가리 찢겼다. 칼라일은 "우리의 삶은 상부상조가 아니라, 오히려 '공정 경쟁' 등의 미명 아래 적절한 전쟁 법칙의 가면을 쓴 상호 적대감"이라고 불만을 토로했다.[6] 경쟁이라는 시장 규칙은 개인을 개인과 싸우게 하면서 모두에게 '고립'과 '완전한 분리'를 안겨줬다. 결국 탐욕의 신의 복음은 인간의 가장 원대한 필요를 부정했다. 다시 말해 하나님의 필요, 인간 속의 신 같은 면에 대한 요구를 부정한 것이다. 칼라일은 "하나님의 율법은 일종의 원대한 행복 원칙"이 되었다며 탄식했다. "종교도 없고, 하나님도 없다. 인간은 자신의 영혼을 잃어버렸다."[7]

칼라일의 분석에 따르면, 고통으로부터의 해방은 단순한 쾌락 이상을 요구한다는 것이 분명했다. 공동체, 의미 있는 노동, 그리고 하나님을 경험하는 것들이 인간 회복에 필수적이었다. 그러나 이것들을 어떻게 제공해야 하는지에 대해서는 칼라일도 진정으로 알지는 못했다. 당대의 다른 이들처럼, 그도 향수 어린 눈으로 과거를 돌아보는 쪽으로 마음이 기울었다. 그렇지만 그는 간단히 그 단순하던 시대로 돌아갈 수 없다는 것 또한 잘 알고 있었다. 그는 '진정한 귀족 정치 국가'의 건설, 새로운 '영웅들'의 도래, 그리고 종교에 새 옷을 입히는 것들에 대해서 모호하게 언급했다. 그가 말한 것은 행동 계획이 아니라 항의였고, 미래가 아니라 과거와 현재에 대한 판단이었다.

앞서의 칼라일의 작품을 출간된 다음 해에 접한 프리드리히 엥겔스는 칭찬을 아끼지 않았다. 칼 마르크스의 평생의 조력자가 되는 그는 이 작품에 대해 "작년에 영국에서 출간된 모든 서적과 팸플릿을 통틀어, 읽을 만한 가치가 있는 것은 유일하게 이 책뿐이다"라고 평했다.[8] 당시 맨체스터에 거주하면서 영국 노동 계급의 상황에 대해 연구하고 있던 엥겔스는 영국의 현 상황에 대한 칼라일의 분석과 거의 같은 견해였다.

> 칼라일에 의하면 이것이 영국의 상황이다. 게을러빠진 토지 소유 귀족 계급……, 탐욕의 신에 빠져버린 노동 귀족, 산업 해적과 약탈자 일당. 뇌물로 선택되는 의회, 단지 관망하고 무위하는 자유방임의 철학, 지치고 바스러진 종교, 모든 보편적 인간 관심사의 완전한 소멸, 진실과 인간성에 대한 보편적 절망, 그리고 그 결과로 자신들의 '야만적인 개별성' 속에 놓여 있는 인간의 보편적 고립, 삶의 모든 면에서 혼란스럽고 야만적인 혼돈, 모두에 대한 모두의 전쟁, 정신의 보편적 사망, '영혼'의 결핍, 즉 진정으로 인간적인 의식의 결여, 참을 수 없는 압제와 비참 속에 불균형할 만큼 거대한 노동 계급…….[9]

엥겔스가 칼라일과 생각이 같았던 것은 여기서 그치지 않는다. 엥겔스는 그 스코틀랜드의 비평가가 사회주의자와는 거리가 멀어도 한참 멀다는 것을 잘 알면서도, "노동에는 무한한 의미가 있다" "노동은 곧 삶이다" "모든 진정한 노동은 신성하다" 같은 칼라일의 언표를 호의적으로 받아들였다. 엥겔스가 그의 승인 하에 인용한 구절에서, 칼라일은 "자신의 일을 찾은 사람은 축복받은 자들이다. 그는 그 외의 다른 축복이 필요 없다"라며 현대의 행복을 논했다. 그는 인간은 자신의 길을 오직 사회 안에서만 찾을 수 있다는 데 전적으로 동의했다.[10] 또한 그는 인간의 운명을 이해하는 열쇠는 과거에 있다는 신념에서도 칼라일에 동조했다. 다만 종교에 관해서는 대체로 독일 관념론의 영향을 받은 칼라일과 자신의 견해를 구분하려고 애썼다. 그렇지만 급진적 무신론자인 엥겔스는 이 지점에서조차 놀라울 정도로 관대하다.

⚜ 오딜롱 르동, 「신비한 기사(오이디푸스와 스핑크스)」, 1894, 보나 박물관, 바욘. 『과거와 현재』에서 칼라일은 "영원한 본질 속으로 꿰뚫어 들어가지 않고, 일시적인 외양 속에 사는 자는 오늘 또는 그 어느 날에도 스핑크스의 수수께끼를 풀지 못할 것이다"라고 말한다.

> 우리 역시 원칙의 결여, 내적인 공허감, 정신적 사망, 시대의 비진실성 등과의 투쟁에 관여하고 있다. 칼라일과 마찬가지로, 우리도 이런 모든 것들에 대해 치열한 전쟁을 치르고 있다. 그리고 그의 경우보다 우리가 성공할 공산이 훨씬 크다. 왜냐하면 우리는 우리가 원하는 바를 알기 때문이다. 칼라일이 그리고 있듯이, 우리도 인간이 종교를 통해 상실한 것을 다시 인간에게 돌려줌으로써 무신론에 종지부를 찍고 싶다. 신성한 것으로서가 아니라, 인간의 실체로서의 종교를 돌려주려 한다.[11]

엥겔스와 그의 동지들은 인간을 신으로 만듦으로써 무신론을 극복하려 한다. 그들은 역사에서 '인간의 계시'를 발견할 것이다. 실제로 엥겔스는 분명하게 "신은 인간이다"라고 말한다. 이렇게 놀랄 만큼 명료한 진술과 더불어 그는 '우리 시대의 수수께끼'인 스핑크스의 수수께끼, 즉 칼라일이 인정했던 '모든 불행한 인간과 모든 불행한 국가들의 비밀'을 간직한 인류의 수수께끼를 풀겠노라고 약속했다. 엥겔스는 "문제를 제대로 푸는 자는 행복한 자이다"라고 말했다.[12] 그가 그 답을 전하게 될 것이다.

우리가 보게 되듯이, 당대의 수수께끼를 푼다는 것은 바로 당대의 수수께끼와 대면하는 것이며, 특히 가장 당혹스런 문제와 마주하는 것이다. 그것은 모든 시대를 망라하여 왜 인간이 자신과 상반되는 삶을 살면서 고통을 겪어야 하는가라는 물음이다. 이 물음은 낭만주의자들을 괴롭혔지만, 세기말의 병뿐 아니라 모든 시대의 병까지 포함하며 점점 그 외연을 확장해나갔다. 그렇게 다양한 능력, 지식 그리고 과학, 기술과 고도의 이해력을 가진 인간이 자신이 어디에 있었고, 어디로 가고 있고, 무엇이 될 것인가를 알 수 없단 말인가? 엥겔스는 "신에게가 아니라, 인간 자신에게로 굳건하고 정직하게 회귀하는 것 외에 다른 구원이란 없다"라고 단언했다.[13] 인간은 과거에서 자신을 찾고, 역사 속에 자신을 드러낸다. 그러나 이야기—인간의 회귀로 수수께끼를 해결하려는 마르크스와 엥겔스의 이야기—를 계속하자면, 우리는 우선 다른 사람을 거론할 필요가 있다. 총체적으로, 그들은 시간과 더불어 종교가 되어버린 행복에 관해 엄청나게 강력한 견해의 극치를 이야기한다.

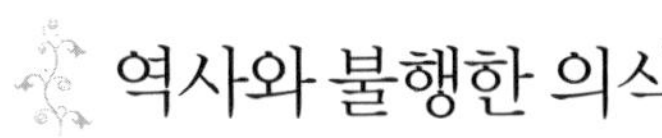

역사와 불행한 의식

헤겔의 『정신현상학 *Phenomenology of Mind*』에는 가장 독일적인 이 독일 철학자가 '불행한 의식' 이라고 묘사한 것에 대한, 아주 잘 알려진 부분이 있다. 의심이 없는 독자, 헤겔 식 해석학의 불가사의한 기교에 대해 경험이 없는 독자에게 이 부분은 그의 저서 대부분이 그렇듯 말 그대로 이해 불가능해 보일 것이다. 매 단락마다 끊임없이 도전적인 구절들은 가장 대담무쌍한 탐구자까지도 좌절시키며, 독자들이 독서를 계속하지 못하도록 방해한다.

> 그러나 그 과정에서, 의식은 단지 불변에서 특수성의 외양만을 경험하고, 단지 특수성에서 불변의 외양만을 경험한다. 일반적으로 의식은 불변의 본질 속에서 특수성을 인지하고, 동시에 거기에서 자신의 특수성을 찾는다. 왜냐하면 이 과정의 진실은 정확하게 말해서 이원적인 의식은 하나이고 단일하다는 것이기 때문이다.[14)]

좀 더 설득력이 있던 쇼펜하우어는 이런 구절들 때문에 헤겔을 지적 허풍쟁이라고 폄하한다. 그가 보기에 헤겔은 "서로 상쇄하고 상충하는 끔찍한 말장난의 생산자로서, 그의 사고력은 점진적으로 아주 완벽히 파괴되었다. 그는 텅 비고 공허한 미사여구와 구절들을 사유思惟로까지 여겼다."[15)] 실제로 쇼펜하우어는 헤겔을 시기했다. 1820년에 그가 잠깐 경쟁자 헤겔과 같은 시기에 베를린 대학에서 강좌를 개설했을 때, 학생들은 헤겔의 체계를 들으려 했고, 쇼펜하우어의 비관론에는 단 한 명도 수강 신청을 하지 않았다. 쇼펜하우어는 텅 빈 강의실에 혼자 앉아서 학생들의 변덕에 불만을 터뜨렸다. 그러나 몇 년 후

『의지와 표상으로서의 세계』에 새롭게 서문을 쓸 때, 쇼펜하우어는 헤겔의 영향력이 어느 정도인가를 인정하지 않을 수 없었다. 그가 말한 허풍쟁이는 20여 년 동안 "가장 위대한 철학자로서 숭앙받으며, 전 유럽에 명성을 떨치고 있었다."[16] 어느 유수한 현대 논평가가 말했듯이, 아마도 마르크스를 제외하고는 "19세기, 또는 20세기 철학자들 중에 헤겔만큼 지대한 영향을 미친 사람은 없었다."[17]

헤겔은 왜 그렇게 지대한 영향을 끼쳤을까? 그 질문에 대한 대답은 분명 여러 가지이겠지만, 한 가지 본질적 단서는 『정신현상학』 중 위에 언급된 부분에서 찾아볼 수 있다. 엄격히 말해 '불행한 의식'은 헤겔의 용어로, 종교 개혁 이전의 기독교가 발휘한 역사상의 힘에 의해 형성된, 세계를 바라보는 방식을 뜻한다. 종교를 '저 너머 멀리'에 둠으로써 기독교는 신성과 세속성 사이에 결정적인 경계선을 그었다. 인간은 불변의 정신적인 하나님을 향해 고군분투하면서 물질적 세계의 변화무쌍한 필요와 한계에 계속 맞닥뜨렸다. 그들의 욕망과 요구는 이처럼 항상 충돌했다. "분열되고, 그 자신과 모순되는" 불행한 의식은 화해할 수 없는 적들이 난리를 부리는 전장이었다. 그 결과, "삶의 의식 그리고 삶의 존재와 행위에 대한 의식은 단지 고통과 비참일 뿐이다."[18]

많은 면에서 이런 분석이 독창적인 것은 아니다. 바울과 아우구스티누스 같은 성인들은 '불행한 의식'이나 헤겔의 다른 용어인 '소외된 영혼' 같은 것을 정확하게 거론하지는 않았다. 그러나 이런 기본 개념 같은 것들은 인간의 조건에 대한 그들 성인들의 이해와 완벽하게 부합한다. 인간의 내면에서 일어나는 분열 정도를 강조하면서, 바울은 유명한 「로마서」 7장 19절에서 "선을 바라면서도 하지 못한다" 또, "악을 바라지 않으면서도 그것을 행한다"라고 말한다. 수많은 신학자들이 그런 생각을 전개했다. 죄로 인해 치명적으로 바스러진 인간은 자기 자신과 다른 사람들과의 충돌 속에서 사는 운명을 짊어지게 되었다. 그러므로 행복은 그들의 체질 속에 들어 있지 않았다.

그러나 정확히 바로 이 지점에서 헤겔은 혁명적으로 선회했다. 그에게 '불행한 의식' 이란 인간 조건의 영원한 특성이나 오직 은총에 의해서만 치유될 수 있는 선천적 결함이 아니라, 세계의 진전 중 맞닥뜨리는 과도기적 단계인 것이다. 실제로 이후 모든 시대는 자신의 주위, 친구 그리고 자기 자신으로부터 유리된 심원한 존재감, 즉 헤겔이 '소외' 혹은 '소원' 이라고 칭했던 것을 알게 되었다. 인간 소외라는 형태는 시간을 거치며 점진적으로, 상이한 문화적 상황과 역사적 맥락 등과 더불어 진전된 것이 분명했다. 따라서 헤겔에게 기독교의 '불행한 의식' 은 인류의 정신적 차원에 적절히 대처하지 못했던 이전의 고전적 문화를 실질적으로 넘어서는 전진을 의미했다. 기독교의 불행한 의식은 곧이어 정신적 그리고 물질적 자유를 향한 우리의 이원적 열망 사이에서 좀 더 조화로운 균형에 자리를 내주었다. 종교 개혁 이후 특별한 힘을 발휘했던 창조적인 파괴의 과정에서, 사람들은 정신적 자유에 대한 내면적 필요를 좀 더 충실히 반영하기 위해 자신들의 외부 세계 변형에 참여했다. 서서히, 인간은 소외를 극복하고 있었다. 언젠가는 불행한 의식이 과거의 유물이 될 것이다.

이 점, 즉 역사의 진행은 인간의 해방을 위해 작동한다는 점에 관해서는 일말의 의심도 있을 수 없다. 뒤돌아보면 이 견해는 분명 음울했다. 역사의 어느 지점에서도 인간은 헤겔이 진정한 행복과 연계시켰던 '자신과의 조화' 를 성취하지 못했다. 후에 헤겔이 인정했듯이 "역사를 행복이라는 관점에서 고찰해볼 수도 있을 것이다. 그러나 역사는 행복이 자라날 수 있는 토양이 아니다. 역사 속에서 행복한 기간이란 결국 역사의 백지 면들일 뿐이다." 반대로 인간의 역사는 제단, 즉 '국민들의 행복'이 희생되는 '도살대' 역할을 했다.[19] 그러나 미래를 바라보면 인간이 헛되이 고통을 겪은 것만은 아니라는 게 분명해진다. 왜냐하면 창조적 파괴라는 과정은 인류를 궁극적 실현, 즉 '자유'의 만개에 더욱 가깝게 이끌어가고 있기 때문이다.

잘 알려진 바대로 헤겔은 궁극의 자유가 무엇을 불러올지에 대해서는 결코 명시하지 않았는데, 이 애매함이 오히려 더 큰 호소력을 주었음은 물론이다. 많은 사람들은 자신의 조국 프러시아가 자유의 현대판 구현에 가장 가까우며 이상적인 이성적 국가를 대표한다는 헤겔의 기이한 주장에 대해 설명할 바를 모르고 당황했다. 그럼에도 여전히 추종자들의 상상력을 충동질하고 감질나게 만드는 제언들이 있었다. 한 예로, 자유에 대해 장황하게 논의하고 있는 『법철학 강요*The Philosophy of Right*』에서 헤겔은 자유의 궁극적 구현은 사회적이라는 것을 분명히 하고 있다. 즉 궁극의 자유는 개인적 소외의 극복—자연과 자기 스스로와의 화해—뿐 아니라 사람들이 서로 화해하도록 만드는 사회적 소외의 극복도 수반할 것이다. 긴밀하게 엮인 유기적 공동체에서, 각 개인의 자유는 모두의 자유와 밀접한 관계에 놓여 있다. 헤겔의 시각으로 보자면, 이러한 과정의 전개는 동시대 민간 사회에서 이미 작동하고 있다.

> 이기적인 목적의 실제 성취—보편성에 의해 조건 지워진 성취—과정에 한 사람의 생계, 행복 그리고 법적인 신분이 모든 사람의 생계, 행복 그리고 권리와 서로 얽혀 있는 완전한 상호 의존성의 체계가 형성된다. 행복과 그 밖의 것들이 이 체계에 달려 있고, 또한 오직 이렇게 연관된 체

계에서만 그것들이 실현되고 굳건해진다.[20]

자유의 진보적인 행진과 더불어 각 개인들은 스스로와 화해하면서, 동시에 다른 개인들과도 서로 화해하게 된다.

이 과정에서 필연적인 추론은 사람들이 자신의 진정한 필요에 전혀 합치하지 않는 방식으로, '불확실하게' 욕망을 경험하는 일을 멈추게 되리라는 점이다. 헤겔도 루소처럼 일찍이 현대의 상업 사회에서는 개인의 욕망과 필요가 타인들의 욕망과 필요에 의해 유발된다고 판단했다. 광고, 유행 그리고 스타일에 의해 고취되고 확정되는 개인들의 욕망은 언제나 사회적으로 결정되며, 우리가 살고 있는 특정한 맥락에 의해 형성되었다. 이러한 점이 가장 극명하게 나타나는 것은 사치품, 또한 끊임없이 세련되어가는 쾌락의 원천의 경우이다. 급속한 기술 혁신의 경제에서는, 어제의 최신 기술 및 편의는 고통의 원천으로 빠르게 변할 수 있다.

영국인들이 '안락' 이라고 부르는 것은 지칠 줄 모르는, 한없는 그 무엇을 이르는 말이다. 다른 사람들은 당신이 안락을 위해 택하는 것이 불편이라는 것을 당신에게 알려줄 수 있고, 이렇게 알려주는 데에는 끝이 없다. 따라서 더 안락하고자 하는 요구는 당신에게서 스스로 나오는 것이 아니다. 이는 그 필요를 창출해냄으로써 이득을 얻고자 하는 사람들이 당신에게 내미는 것이다.[21]

이러한 상황은 '필요 체계' 를 만들어냈는데, 이 필요는 결코 진정한 갈망에 응하는 데 실패한 욕망을 유발하는 것이 아니다. 그것은 개인을 집단적 선과의 갈등 속에 놓는다.

자유 상태에서는 사적 이해와 공공선 사이의 이러한 긴장—자유주의적 전통에서는 사회생활에서의 항구적인 특징으로 오랫동안 간주해온—이 점차 사라질 것이다. 여전히 사회적 힘에 의해 욕망이 형성되기는 하겠지만, 이제 공동체의 각 구성원은 전체로서의 공동체에 진정으로 기여하기만을 바라게 될 것이다. 그리고 공동체는 구성원들이 가진 각각의 필요를 완벽하게 조정해나가면서, 신체의 중요한 한 부분처럼 그들을 돌볼 것이다. 이러한 상태에서는 자유와 필요 사이의 갈등은 존재하지 않으며, 모두들 자신이 원해야 할 것, 필요한 것만을 원할 것이다.

자유의 승리에 대한 헤겔의 전망은 유토피아적일 뿐만 아니라, 또한 개인과 사회를 구별하지 않았다는 점에서 잠정적으로 위험하기도 하다는 지적—당연하게도—이 종종 있어왔다. 이 위대한 세계-역사상의 해방을 이끄는 힘의 본성을 생각해볼 때, 이런 지적은 더욱 타당해 보인다. 헤겔은 이 힘에 '이데아' '이성' '정신' '하나님' 등 시대마다 각기 다른 명칭을 부여했다. 초기에 신학을 전문적으로 공부했던 헤겔의 복잡한 종교적 견해에 대해 무어라고 하든, 이 경우에 그가 종교적인 단어를 구사했다는 것이 전적으로 틀린 말만은 아니라는 사실은 분명하다. 왜냐하면 그의 체계는 인간 역사 전반에 논리와 방향, 목적을 부여한 체계였기 때문이다. 다시 말해 그것은 무조건적인 용어로 인간 불행의 수수께끼를 설명한 체계였다. 낭만주의자들과 같이, 헤겔은 계몽주의 전통에 의거해 단지 무지, 쾌락의 결여, 또는 사심으로 인한 실수 등의 결과로서 부정할 수 없는 고통에 맹목적 시각을 갖거나 분별없이 넘겨버리는 것을 거부했다. 그런데도 그는 인간 존재의 고통에서 벗어나고자 일시적 기쁨이나 예술의 환영에서 위로를 찾기 위해 낭만주의적 절망에 손을 들어주지는 않았다. 더욱

이 사적인 자유를 최대화하거나, 개인적 이기심과 미덕에 대한 욕구를 이용해 공공의 비참을 완화시키려 하지도 않았다. 오히려 헤겔은 '절대 정신의 기억과 골고다(수난의 땅)' 로, 역사에 대한 자신의 담화를 묘사하면서 고통을 설명했다.[22] 이는 라이프니츠 이후로, 기독교인들이 신정론神正論이라고 불렀던 것이다. 헤겔 자신도 그 용어를 사용했다. 그러나 그는 자신의 용어야말로 '진정한 신정론' 이라고, 즉 고통을 변명해버리는 것이 아니라 그것을 설명하는 과학이라고 주장했다.[23] 헤겔의 체계는 과거의 고통에 대한 정당성과 미래의 구원에 대한 약속을 제안하면서 불행에 나름의 이유를 대주었고, 언젠가는 그것이 종식되리라는 희망을 주었다. 이것이 많은 부분에서 헤겔의 체계가 성공하게 된 비결이다.

게다가 이것은 19세기를 풍미했던 수많은 사조들의 성공 비결이기도 했다. 그러한 사조들이 확실히 모두 헤겔 덕분에 인기를 누렸던 것은 아니었다. 그러나 이 새로운 역사 '과학' 이 인간의 수수께끼를 푸는 열쇠라는 헤겔의 신조에는 모두 공감했다. 헤겔처럼 그들도 해방의 형식과 구원의 형식을 약속했다. 그리고 헤겔처럼 그들도 미래의 지평선에서 떠오르는 행복의 태양이 던지는 미광을 보았다. 그러나 헤겔이 독일 관념론의 추상적 개념 속에서 말하는 데 만족했던 반면, 다른 사람들은 다가오는 세상을 더욱 확실한 용어로 묘사할 준비를 하고 있었다.

 아무데도 없는 곳이 바로 어느 곳이다

일리노이 주의 노부Nauvoo는 인간 행복에 대한 위대한 실험을 하기에는 언제라도 기이한 장소로 보일 것이다. 1849년—성난 현지 군중이 이 미시시피 항구 도시를 시온으로 삼았다는 이유로 말일 성도 예수 그리스도 교회(모르몬교)를 쫓아낸 지 겨우 2년이 된 때—에 수백 명의 용감한 '신 이카리안New Icarian' 사회주의자들이 기쁨을 심으려는 장소로 그곳을 지명하고 거기에 당도했을 때는 더욱 그렇게 보였다.

이카리안들은 까탈을 부릴 여지가 별로 없었다. 소박한 수공업자들과 노동자들이 대부분이었던 그들은 도시의 비열함, 정치적 억압, 그리고 산업화하는 유럽의 경제적 불확실성을 피해 도망쳐 나왔다. 신세계의 비옥한 땅과 자유에 대한 약속에 이끌려 구세계에서 나온 그들은, 처음에는 자신들의 비현실적인 지도자인 프랑스인 에티엔 카베Étienne Cabet가 유토피아적 소책자 『이카리아 여행*Voyage en Icarie*』에서 묘사한 이상적 도시인 '신 이카리아'를 건설하고자 텍사스에 도착했다. 그들은 사유 재산이 철폐되고 모두가 조화로운 우애 속에서 공동선을 향해 일하는, 즉 카베가 '진정한 기독교'라고 묘사했던 것을 텍사스에서 실천하면서 사회 투쟁에 종식을 고하려 했다.

그러나 에덴동산을 기대했던 이카리안들은 대신 기만과 만났을 뿐이었다. 환영도, 준비도, 땅도 없었다. 카베는 도착조차 하지 않았고, 또 그가 도착했을 때에는 그의 추종자들이 그를 기만죄로 고소할 채비를 하고 있었다. 어찌됐든 그 카리스마 넘치는 지도자는 감언과 설득을 통해 추종자들의 사기를 회복시키고, 모든 게 잘될 것이라고 확신시키는 데 성공했다. 그는 르아브르에서 출항한 배의 갑판 위에서 그들이 함께 불렀던 노래를 상기시켰다.

먼지 속에 구부리고 있던 노동자들이여 일어나라.

각성의 시간이 울렸다.
성스런 공동체의 깃발,
아메리카 해안으로 그 깃발이 나부끼리니.
더 이상의 사악도, 더 이상의 수난도,
더 이상의 범죄도, 더 이상의 고통도 없이,
위풍당당한 평등이 전진하노라.
프롤레타리아여, 눈물을 거두어라.
형제 병사들이여,
이카리아에 인류의 행복을
세우러 가자.[24)]

만약 텍사스에 이카리아를 세울 수 없다면, 노부에 세우자! 모르몬 교도들이 남기고 떠난 기존의 회의장, 교회당, 막사 그리고 다른 설비들이 있는 그곳은 공동체 생활의 실험장으로서 적격이었다. 또한 값이 저렴하기도 했다. 그래서 좀 더러워지고, 이미 자금이 바닥나기 시작했지만, 카베와 그의 동지들은 여전히 드높은 열정으로 일리노이 주에 우애, 양성 평등, 그리고 공동 소유에 기반을 둔 행복한 세상을 건설하기 시작했다.

그 실험은 단명하고 말았다. 채 일 년도 되지 않아 토네이도가 몰아쳐, 한때 장관을 이루던 모르몬교 교회당이 산산조각 났고, 화재는 외양간과 풍차를 삼켜버렸으며, 콜레라가 거주자 20명의 목숨을 앗아갔다. 공동체는 재정적인 압박 때문에 운영비 조달을 위한 위스키 판매에 의지할 수밖에 없는 형편이 되었다. 관리 소홀, 질병 그리고 카베의 권위주의적 경향은 동료들 사이의 이견을 더욱 부추겼다. 성공한 부분도 있지만—노동자 오케스트라의 발전, 무상 교

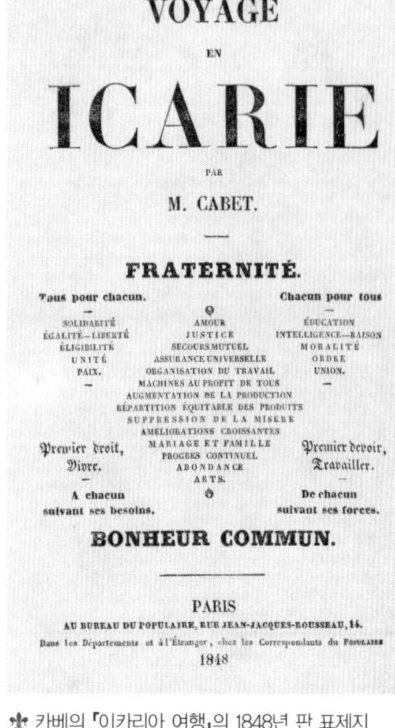
VOYAGE
EN
ICARIE
PAR
M. CABET.

FRATERNITÉ.

Tous pour chacun. — SOLIDARITÉ, ÉGALITÉ—LIBERTÉ, ÉLIGIBILITÉ, UNITÉ, PAIX.

AMOUR, JUSTICE, SECOURS MUTUEL, ASSURANCE UNIVERSELLE, ORGANISATION DU TRAVAIL, MACHINES AU PROFIT DE TOUS, AUGMENTATION DE LA PRODUCTION, RÉPARTITION ÉQUITABLE DES PRODUITS, SUPPRESSION DE LA MISÈRE, AMÉLIORATIONS CROISSANTES, MARIAGE ET FAMILLE, PROGRÈS CONTINUEL, ABONDANCE, ARTS.

Chacun pour tous — ÉDUCATION, INTELLIGENCE—RAISON, MORALITÉ, ORDRE, UNION.

Premier droit, Vivre. — A chacun suivant ses besoins.

Premier devoir, Travailler. — De chacun suivant ses forces.

BONHEUR COMMUN.

PARIS
AU BUREAU DU POPULAIRE, RUE JEAN-JACQUES-ROUSSEAU, 14.
Dans les Départements et à l'Étranger, chez les Correspondants du POPULAIRE
1848

카베의 『이카리아 여행』의 1848년 판 표제지. '형제애'와 '상호 행복'을 약속하고 있다. 바이네케 희귀본 도서관, 예일 대학교.

육, 그리고 성차별의 부분적 폐지—1856년에 이르러 공동체는 두 분파로 갈라진다. 그중 다수파는 카베의 형상을 만들어 화형시키고, 그를 이카리아에서 추방해버렸다. 쇠약해진 카베는 그해 세인트루이스에서 외롭게 숨을 거두었다. '인류의 행복'이 아직 다가오지 않은 것은 분명했다.

비극적이면서 또한 음산하게 희극적인 이카리안들의 노부 식민에 대한 이야기는, 19세기 전반에 일어났던 소위 유토피아적 사회주의 운동들의 일반적 운명을 상징하는 것이었다. 카베의 이카리안들처럼, 로버트 오언Robert Owen, 샤를 푸리에Charles Fourier 그리고 앙리 드 생시몽Henri de Saint-Simon 같은 사람들의 추종자들은 한때 기독교도들이 점유했던 근거지에 웅크리고 들어앉아 유럽과 아메리카에 공동체 모델을 구축하려고 시도했다. 그들은 결국 실패하고 말았지만, 그러한 시도를 통해 현대 산업과 과학의 휘청거리는 잠재력과 엄청난 대가 모두를 극적으로 표현하면서, 자신들을 둘러싼 세상에 강력한 고발을 표하는 데는 성공했다. 그들은 그 과정에서 감히 생각할 엄두조차 내지 못했던 많은 사람들에게 이 세상에서의 영원한 행복을 약속했고, 수없는 모순 속에서 행복을 꿈꾸도록 만드는 새로운 자극제가 되어주었다.

사실 이 초기 사회주의자들의 사전에는 그 이상의 중심적 용어가 없었다. 웨일즈 철물상의 가난한 아들이었던 로버트 오언은 직물업에서 자수성가해 재산을 쌓으면서 벤담에 대해 공부할 시간적 여유를 가질 수 있었다. 그는 '행복' 이라는 단어를 거의 입에 달고 지냈다. 완벽한 공동체에 대한 논문을 쓰면서 스코틀랜드 뉴래너크에 있는 자신의 시범 공장 노동자들을 위해 실천적인 개혁을 수행하건, 혹은 영국이나 미국에 그런 공동체를 창립하려고 시도하건, 오언은 항상 최대 다수의 최대 행복을 촉진하기 위해 노력했다. 그 과정에서 그는 다음과 같이 꿈꾸면서, 일찍이 벤담이 생각했던 것들보다 훨씬 멀리 나아갔다.

> 합리적 체계는…… 모든 지역, 모든 피부색의 모든 남녀, 그리고 어린이들의 복지와 행복을 촉진하기 위해 의도적으로 형성된다. 점차 모든 인종을 하나의 언어로, 하나의 이해로, 하나의 목적으로, 즉 모두의 영원한 행복으로, 진정으로 하나가 된 지성을 가진 한 가족으로 합치시킬 체계이다.[25]

오언계의 출판물에서 선언되고, 오언계의 선전자들에 의해 공언되었듯이 오언의 목적은 '요람에서 무덤까지, 만인의 행복' 이었다. 앞으로 도래할 왕국에서는 행복이 아주 자연스럽게 흘러넘쳐, 야생동물을 포함한 '모든 생명체' 들이 그것을 알게 될 것이다.[26]

생시몽도 잘 조정된 미래의 사회 제도에서는 모든 사람들이 '자신의 행복, 자기 가족의 행복, 그리고 인류의 행복을 위해' 즐겁게 일할 수 있을 것이라고 확언했다.[27] 그는 백작 출신으로, 요크타운 전투에서 워싱턴과 합류했고 미국 독립 전쟁에서 프랑스군과 함께 전투에 참여했다. 후에 그는 영국군에 의해 서인도제도에 죄수로 투옥되기도 했다. 프랑스 혁명 기간에, 생시몽은 몰수된 부동산을 투기(그가 노트르담 대성당을 사려고 했다는 소문까지 돌았다)해서 재산을 모았다. 그러나 자코뱅파에 의해 투옥되고 이어서 사업 파트너의 배신과 자신의 낭비로 재산을 몽땅 잃게 되었다. 그는 그 후 수십 년간 자살 시도를 했고, 정신 병원에 들어가기도 했으며, 자신의 선조라고 주장했던 샤를마뉴 대제의 유령이 그에게 찾아들었다고도 했다. 그럼에도 여전히 그는 유럽에서 가장 총명한 젊은이들 중 몇을 주위에 두고서, 유럽의 사회상에 관한 인상 깊은 저술의 주요 부분을 써내기도 했다. 실제로 모든 분야에서 생시몽은 행복한 전망을 했다. 이에 합당하게도, 파리의 페르 라셰즈Père-Lachaise 공동묘지에 있는 그의 묘비에는 "황금시대는 과거가 아니라 미래에 있다"라고 쓰여 있다.

샤를 푸리에도 자신의 이상적 공동체인 팔랑크스phalanx에서 그 달콤한 맛을 볼 수 있을 '행복의 여명'에 대해 일관되게 즐거운 그림을 그렸다.

> 보편적인 행복과 쾌활함이 지배할 것이다. 이해와 견해의 일치가 부상하고 범죄와 폭력은 사라질 것이다. 개인적 종속도, 사적인 하인도 없을 것이고, 단지 가정부, 요리사 그리고 그런 동류들 모두가 (그들이 좋다면) 모두를 위해 일할 뿐이다. 모두가 우아함과 사치를 갖게 될 것이다. 팔랑크스는 유용한 노동, 과학, 예술 그리고 요리를 위해 헌신할 것이다. 그것은 근면함을 매력적으로 만들고, 생산자와 소비자 사이의 사악한 구별을 종식시킬 것이다.[28]

철학자들의 추상성과 식자들의 부조리에 대해 평생 경멸하던 사람의 웅장하다면 웅장하고, 직설적인 용어들로 펼쳐진 푸리에의 글은 이러한 대담한 사고로 가득 차 있다. 이는 푸리에 자신의 극심한 부조리를 막지는 못했다. 그러나 그의 가장 거친 표현에서조차도 헤겔 같은 사회적 이론가들의 글에서는 종종 결여되는, 흙냄새 풍기는 세속성이 배어 있었다. 세상을 유랑하는 이 실패한 세일즈맨의 눈에는, 마침내 세상에 행복이 만개했을 때 이론적 정교함이 아니라 충족된 욕망의 달콤한 냄새가 문제시될 것이다.

행복이란 이러한 초기 사회주의의 언어에서 카베, 오언, 생시몽, 그리고 푸리에 등이 매우 자주 언급하는 공통적인 카테고리였다. 그렇다고 해서 이들이 똑같은 말로 행복을 얘기했다거나, 똑같은 방식으로 행복의 성취를 주장했다는 것은 아니다. 예를 들어 카베와 오언이 행복한 세상의 궁극적 조건으로 완전한 평등, 재화의 공동 소유 그리고 민초들의 자치를 꿈꾸었던 반면, 생시몽은 대중을 위해 고도로 숙련된 엘리트들이 산업, 과학 그리고 예술을 다루고 이끌어나가는 기술자 지배적 계급 제도를 상상했다. 푸리에는 필요와 능력이 다양한 개인들에게 완전한 평등이란 적절치 않다고 일축하며, 사유 재산의 여지를 인정했다. 그의 견해에 의하면 행복이란 열정의 충족에서 오는 것으로, 열정의 범위는 그의 독특한 심리학에서 말하는 810가지 개성 유형에 따라 매우 다양했다.

> 그렇게도 많이, 아니 그렇게도 많은 난센스로 이야기되어왔던 행복은 수많은 열정과 그것을 만족시키는 수많은 수단에 있다. (현재의 문명에서는) 우리는 극소수의 열정만을, 그리고 그 4분의 1도 채 만족시키지 못할 정도의 수단만을 갖고 있을 뿐이다. 이것이 바로 오늘날, 우리의 지구가 우주에서 가장 비참한 곳 중에 하나가 될 수밖에 없는 이유이다.

다른 행성들도 똑같이 불행할지 모르지만, 지구보다 더 고통스러운 곳은 없다.[29]

팔랑크스의 완벽한 세상에서는 모든 개성들이 서로를 보완하고, 열정—사랑, 우정, 야심, 감촉, 미각 등을 향한—은 충분히 발휘될 수 있을 것이다. 오언, 카베 그리고 생시몽이 그렸던 비교적 순수한 공동체와는 대조적으로, 푸리에는 감각적 요구가 강요했던 많은 구속으로부터 해방된 '새로운 사랑의 세상'을 상상했다.

이런 점들은 이들 체계 사이에서 볼 수 있는 수많은 차이 중 일부일 뿐이다. 논란의 여지가 있겠지만, 더 중요한 것은 이들의 유사성이다. 비록 이러한 초기 사회주의자들은 곧 도래할 세상의 세세한 쾌락에 대해서는 이견을 가졌을지 모르지만, 고통의 직접적 원천에 대해서는 좀 더 통일된 견해를 나타냈다. 그들은 초기 자본주의의 모습을 변모시키기 시작하던 변화들을 매우 구체적으로 비난했다. 정기적으로 노동자들 전체를 기아의 벼랑 끝으로 몰아대는 사업 주기의 진동, 여자와 어린아이들이 남편과 아버지 곁에서 마치 짐승처럼 노역에 시달려야 하는 공장과 탄광의 끔찍한 여건, 헤아릴 수 없이 많은 사람들이 도시화의 물결 속에 빠져들어 질병과 고통의 먹이가 되며 북적거리는 비인도적인 빈민가와 오두막의 광경. 이러한 조건들이 산업화 이전의 경제에서 가난한 계급이 처했던 생존을 위한 가공할 만한 도전보다 더 가혹하지는 않다고 말할 수 있을지도 모른다. 그러나 도시화로 인한 광경은 두말 할 나위 없이 새로웠고, 또 전례가 없는 것이기에 더욱 위협적이었다.

실제로 유토피아적 사회주의자들이 호소력을 가졌던 주된 요인은, 자본주의가 전개되던 초기에 나타난 변화의 참상과 불확실성에

✤ 도미니크 루이 파페티, 「행복의 꿈」, 비브넬 빅물관, 콩피엔느. 1843년 파리 살롱전에 출품된 파페티의 작품은 푸리에를 읽고 영감을 얻었다.

대해 통렬한 목소리를 냈던 능력 때문이었다. 외관상 혼란스런 현대 사회의 본질에 대한 폭넓은 분석을 고안해내기 위해 그들은 종종 선견지명을 가지고 유럽의 선진 산업 중심지의 경험을 귀납했다. 생시몽이 보기에는 현대 경제의 특징으로 믿었던 '이기심' 이 '모든 계층, 모든 개인들에게 지배적' 이었다.[30] 오언은 인간이 인간에, 계급이 계급에 대항해 싸우게 만드는 '경쟁과 적대' 정신을 격렬하게 비난하는가 하면, 푸리에는 '산업적 무법 상태' 와 '행복의 착각' 을 신랄하게 비난했다. 파산, 밀수, 고리 대부, 투기, 매점, 기생寄生 그리고 사기 등은 '상업 메커니즘의 본래적 악' 이었으며 너무나 방대하게 퍼져 있었다.[31] 현대의 산업과 상업에 의해 탄생된 세상은 강자는 보호하고 약자에게는 잔인한, 위선적인 세상이었다. 인구의 다수를 자원도 힘도 없는 상태로 남겨놓으며, 사회의 불화를 조장하는 세상 사람들의 비참함이 '산업 발전에 비례하여' 증가하는 거꾸로 된 세상인 것이다.[32]

THE CRISIS.

THE CRISIS; OR THE CHANGE FROM
ERROR AND MISERY, TO TRUTH AND HAPPINESS.

"IF WE CANNOT YET RECONCILE ALL OPINIONS, LET US NOW ENDEAVOUR TO UNITE ALL HEARTS."

VOL. I.—No. 1.] EDITED BY ROBERT OWEN.—SATURDAY, APRIL 14, 1832. [ONE PENNY.

PROSPECTUS.

It is now evident to every one who observes passing events, and who reflects upon the new public opinion which is arising throughout the various Nations of the World, that some great Change in the condition of man, either for good or for evil, is about to take place—in fact, that a momentous Crisis is at hand. Be it our task to discern the signs of the times—to watch the progress of this Crisis, and to direct it for good instead of evil. For good and evil, in a pre-eminent degree, are now before the world: and it cannot longer defer making a choice whether it shall adopt general measures to attain and secure the former, or to ensure a continuance and increase of the latter.

The time is immediately before us, when either reason, or physical violence of the worst character, must attain the mastery in the future direction of the governments which are now deemed the most civilized.

This is the important Crisis now before us. Calm reflection, devoid of prejudice in favour of old errors, will convince every one, that the real, substantial, permanent interest of mankind will be promoted, by now substituting reason for our guide and director, instead of mystery, fraud, or violence.

It is our intention not only to watch the symptoms of the great change now in active progress, but to aid and assist to the utmost of our power in giving it such a direction as we believe will ensure the well-being, the well-doing, and the happiness of all ranks equally, without regard to the artificial divisions which now separate and divide man from man throughout the world, greatly to the injury of all, and without real benefit to any.

We well know that for a short period it will be impracticable to "reconcile all opinions;" but we also know, that by judicious efforts, all may be interested in promoting practical measures which will materially assist us in "uniting all hearts."

"THE CRISIS" will therefore be no party paper: it will be occupied in developing, in plain simple language, the great principles of human nature, and the means of applying them, with equal simplicity, in practice, to all the affairs of domestic life, and to society in all its ramifications.

"THE CRISIS" will upon all occasions *discourage religious animosities, political rancour, and individual contention: its fixed purpose being to promote real charity, kindness, and union among all classes, sects, and parties.*

All we require from our readers is, that they will endeavour to divest their minds of early prejudices or prepossessions, and candidly judge for themselves, from the data we shall place before them, of the truth of our opinions, and of the beneficial consequences to which they will lead in practice.

We do not mean to offer to our readers any of the excitabilities arising from personal contests, or criminal proceedings; but we hope to create a more lively and lasting interest, by exhibiting the mode by which a new world of happiness is to be attained and secured for the human race.

We must not, however, conclude this Prospectus without stating, most distinctly and unequivocally, that one great object which we have at heart, is first, *to put a stop to the rapid sinking of the Industrious Classes into poverty, crime, and wretchedness*, which the progress of science injudiciously directed has produced, and then to explain the mode by which they may be gradually elevated in the scale of society, in proportion as they can be placed under better circumstances, to be well educated and beneficially employed.

Thus shall we aid in removing Error and Misery, and in promoting Truth and Happiness—by Education and Employment, the only possible mode by which such results can ever be produced.

⚜ 로버트 오언, 『실수와 비참으로부터 진실과 행복으로의 위기 혹은 변화』(1832), 영국 도서관.

변화와 과도기의 고통을 명확하게 표명하는 데 능숙했던 유토피아적 사회주의자들은, 취약 계층을 대신해 현대의 경제적 삶에서 한층 파괴적인 특색으로 여겨진 것들에 대해 강력히 항의했다. 따라서 행복에 대한 그들의 이상은 대체로 이러한 고통의 원천을 제거하는 데 바탕을 두고 있었다. 오언주의자 중의 하나인 존 그레이John Gray는 1825년에 널리 유포된 『인간의 행복에 관한 강의*Lecture on Human Happiness*』에서 말한다.

> 인류의 악이 발생하는 그곳, 즉 원인 제거를 목적으로 하는 그런 사회를 만듭시다. 비참한 자들을 구제하는 게 아니라 비참의 원인을 제거하는 사회, 가난한 자들을 돈으로 도와주는 게 아니라 가난의 원인을 제거하는 사회, 도둑을 잡아내는 게 아니라 절도를 유발하는 다양한 유혹을 없애버리는 사회, 행복의 수단을 모두에게 공정히 배부하는 것, 그리고 모든 인류를 일치단결, 평화, 조화로 이끄는 것을 목적으로 하는 사회. 이런 원칙에 기초한 사회만 탄생시킵시다. 그런 사회들은 계속되는 부양을 요구하지 않을 것입니다.[33]

비참의 원천을 없애버리면, 자연스럽게 절로 행복이 올 것이다. 이러한 생각은 후에 조지 오웰George Orwell이 말하는 요점과 일맥상통한다. 즉 "유토피아의 거의 모든 창조자들은 치통을 앓는 사람과 마찬가지이기 때문에, 치통이 없는 것이 곧 행복이다."[34] 그들 역시 우리가 보아온 바와 같이 논리상 행복을 당연한 조건이자 과정으로 여기는 계몽주의를 따르고 있다. 계몽적 시각에서 보자면 고통을 유발하는 편견, 관행, 그리고 그릇된 믿음만이 행복을 방해할 뿐이다. 이러한 장애물을 제거하면, 개인은 아무런 방해도 받지 않고 자신의 궤도를 따라가게 될 것이다.

유토피아적 사회주의자들—무엇보다도 벤담의 영향이 큰 오언—은 이러한 전통적 계몽주의 견해의 계승자들이었다. 그런데도 행복에 관한 그들의 생각은 또한 과거의 견해들과는 상당한 거리가 있었다. 우선, 계몽 이론가들과 그들의 자유주의 계승자들은 행복을 주로 개인적인 면에서 생각했고, 유토피아 이상주의자들은 행복을 논할 수 있는 유일한 범주를 공동체로 간주했다. 이러한 주장에는 확실한 전례들이 있었다. 로버트 오언이 직접 준거했던 플라톤은 『국가』에서 이상적 국가의 모든 구성원들을 도시국가 폴리스를 위한 좀 더 넓은 집단적 선에 예속시키면서, 행복과 정의를 동일시했다. 그 밖의 고전 시대 철학자들도 거의 비슷한 견해들이었다. 가톨릭 전통에서도 이러한 공동 사회주의적 사고는 중요한 근거였다. 루소와 후에 자코뱅 당원들도 각기 나름대로는, 부분적 희생을 치르더라도 전체로서의 사회의 중요성에 대한 사고를 다시 활성화시켰다.

그러나 유토피아적 사회주의자들은 이러한 초기 선례들에서 더 나아가, 행복은 모두에게 확장되어야만 한다고 주장했다. 그들은 단지 어떤 이들에게 개인적 쾌락을 최대화하는 상황을 제공하는 것만으로는 충분하지 않다는 생각을 견지했다. 즉 벤담의 표현대로 '공동체를 구성하는 몇몇 구성원들의 이해' 의 총합이라는 추상적인 공동체를 생각하는 것은 충분치 않았다. 전체는 부분들보다 훨씬 큰 것이었다.[35] 모두가 행복하지 않은 한 누구도 행복할 수가 없다. 소수의 고통이라도 그것은 다수에 대한 질책이었다.

이렇게 완전하게, 전체적으로 확장시킨 행복을 주장함으로써—사회에서 가장 혜택받지 못한 자들을 향한 호소력과 더불어—, 초기 사회주의자들은 강력한 매력을 얻었다. 뿐만 아니라, 그렇게도 많은 사람들이 그처럼 분명하게 끔찍한 고통을 겪는 당대 사회를 신랄하게 비난할 수단도 갖게 되었다. 그것은 또한 자기만의 울타리를 가지고 공동체에 칩거하는 것을 정당화하는 데도 일조했다. 사회 전개의 현 단계에서 볼 때, 전체의 행복은 오직 고립을 통해서만 이루어질 수 있었다. 카베의 신 이카리아 혹은 푸리에의 팔랑크스는 이러한 임시적 오아시스이며, 앞으로 다가올 더 큰 변화의 전위였다.

이러한 폭넓은 변화가 도래한다는 것, 그것도 곧바로 도래한다는 것은 의심할 여지 없이 대체로 유토피아주의자들의 과거관에 의거한 신념이었다. 이 지점에서 유토피아주의자들의 행복에 대한 생각 중 또 한 가지 중요한 면을 볼 수 있는데, 이것이 바로 그들을 선조들과 확연히 구분해준다. 비록 자신만의 시야나 추상적 개념은 없었다 하더라도, 유토피아주의자들은 역사를 목적성 전개, 즉 창조, 파괴 그리고 재탄생의 유기적 전개로 보았다. 이는 헤겔과 매우 유사한 점이다. 유토피아주의자들은 많은 계몽주의 철학자들처럼 과거를 광신과 미신의 어두운 기록으로 보지 않고, 역사를 과정으로 이해했다. 생시몽은 "각 시대는 그만의 특색이 있는 것이다"라고 확언했고, 따라서 각 시대는 그 나름의 입장에서 이해되어야 했다.[36] 과거를 고찰하던 그는 고대 세계 또는 중세 기독교 세계와 같이 상대적으로 문화적인 전체—'유기적 시대'—를 이루었던 시기를 보았고, 또 이어서 '비판적 시대', 즉 당대에는 규범과 신념으로 통했던 것들에 의문을 제기하고 마침내는 새로운 것을 향했던 창조적 파괴의 시대로 넘어간다. 당시—계몽주의와 프랑스 대혁명의 격변이라는 전체를 아우르는—는 바로 그렇게 중대한 시대, 즉 변환의 시대였다. 그리고 새로운 시대, 즉 생시몽의 견해에 따르면 창조와 파괴의 오랜 역사적 주기에 종말을 고할 새로운 유기적 시대가 이미 탄생하고 있었다. 그 최종 단계의 시대는 유기적일 뿐만 아니라 황금의 시대가 될 것이다.

푸리에도 역사를 '조화'의 시기와 '사회적 혼란'의 시기 사이에서 계속 진동하는 것으로 보면서, 비록 아직 많은 사람이 보기는 어렵다 해도, 행복의 새로운 여명이 지평선 위에 떠올랐다는 데 동의했다. 사람들은 '오랜 불행에 젖고 습관의 사슬에 묶여' 아직도 그들이 '궁핍한 삶'을 살도록 운명 지워졌다고 생각했다. "그들이 자신들을 기다리고 있는 행복에 대해 익숙해지기 위해서는 시간이 필요"할 것이다.[37] 그럼에도 새벽은 밝아왔다. 로버트 오언은 모든 유토피아주의자들을 대신해서 임박해오는 '지구상의 파라다이스'에 대해 감상적으로 말했다. "합리적 체계 도입, 인간 특성의 재편, 그리고 지구의 인류를 조화, 평화, 점진적 개선과 행복으로 다스리는 시기가 임박했다. 그리고 그 변화는 인력으로 거역할 수 없는 것이다……."[38] 역사는 인류의 편이었다.

도래하는 여명을 묘사하기 위해 오언이 사용했던 용어—'지구상의 파라다이스'—는 초기 사회주의의 또 한 가지 뚜렷한 특징인 사회주의의 자의식적인 깊은 신앙을 나타낸다. 오언이 자신을 벤담의 자유사상과 반교권적 전통의 계승자로 그리기를 좋아했다는 것은 사실이다. 그러나 오언 자신도 그의 추종자들도, 모두 프로테스탄트 기독교의 성서적 언어를 정기적으로 사용하지 않을 수 없었다. '진실의 제2의 도래' 에 대한 그의 이야기와 『새 도덕 세계의 서*Book of the New Moral World*』가 이를 웅변해준다. 이를 통해서 오언 자신이 볼 때 구신앙의 지지할 수 없는 면들로 여겨진 것을 대체하기 위해 '새로운 종교' —이성, 역사 그리고 온정에 기초한—를 정의하려 했던 그의 노력이 강조되고 있다. 학대받고 힘없는 자들에게 직접 가 닿는 그의 강한 호소력, 도래하는 왕국을 지복천년의 용어로 묘사하자고 주장한 점, 그리고 '움직이는 우주 권력' 에 대한 점진적 이해를 기꺼이 고찰하고자 한 점 등은 좀 더 신실한 기독교 추종자들에게 오언의 '자선의 종교' 를 그리스도의 가르침의 한층 순수한 형태로 이해하도록 만들었다. 이들 중 한 사람인 존 핀치John Finch가 1838년에 '오언 신부' 에게 그의 '새로운 도덕적 세계' 교회의 '주교' 가 되어달라고 요청하는 편지를 썼을 때, 그는 훨씬 광범위하게 퍼져 있던 충동을 대변하고 있었던 것이다.[39]

이러한 충동은 자신의 이론을 기독교 지복천년의 서술 속에 포함시키는 데 능했던 푸리에의 추종자들 사이에서도 나타났다. 푸리에는 전적으로 진심은 아니었다 해도, 자신을 이성의 메시아라고 칭했고, 생의 말년을 향하면서 그러한 경향을 더욱 고무시켰다. 그의 제자들도 그런 충동을 자제하지 않아서, 작고한 스승을 지구에 하나님의 왕국을 도래하도록 만드는 '그리스도에 의해 선택받은 자' 로 신봉했을 정도였다. 미국에 '인류의 교회' 가 세워지고, 교구민들은 푸리에식 기도문을 노래했으며, 예수와 그의 당당한 후계자의 흉상 앞에서 경배했다.[40]

카베와 생시몽의 사고와 실천에서 작용하는 종교적 역동성은 더욱 분명했다. 카베는 자신의 생애에서 마지막 15년을, "예수 그리스도와 기독교의 모든 철학 그리고 모든 사회적 원리는 본질적으로 공동체에 있다"는 분명한 증거가 복음서에 있음을 설명하는 데 바쳤다. 카베의 복음서 해석에 따르자면, 그리스도는 로마와 유대의 귀족들을 공격하고 "노예제 폐지, 인간과 백성의 평등과 우애, 여성 해방, 부와 궁핍의 철폐, 사제 권력의 파괴 그리고 최종적으로 재산의 공동체"를 설파했던 혁명가였다.[41] 카베가 『이카리아 여행』과 1846년의 논문 「참기독교The True Christianity」에서 다시 강조하고 있듯이, "기원의 순수성 면에서 공산주의는 기독교와 같은 것이다."[42]

생시몽은 자신의 교의를 새롭고 개선된 기독교라고 생각했다. 자신의 이력을 통해 서서히 이러한 견해를 진전시키는 그는 마지막 작품인 『새로운 기독교*The New Christianity*』에서 그 정수를 표현한다. 그는 "종교는 가장 가난한 계층의 삶의 조건을 신속히 개선한다는 위대한 목표를 위해 사회를 인도해야 한다"고 촉구했다.[43] 사람들을 형제로서 살게 하고, 인간이 이기적인 독립을 포기하게끔 인도하는 것도 오직 종교만이 할 수 있다. 제자들은 그의 말을 따랐다. 그래서 파리 외곽의 메닐몽탕Ménilmontant에 있는 은둔처에 일종의 수도원을 설립했다. 그들은 스승이 사망하고 나서 한참 뒤까지도 그곳에서 생시몽의 미사곡을 얘기했고, 유럽 전체에 순례자를 파견했으며, 여성 메시아에 대한 이야기를 조사하기 위해 이집트까지 여행을 떠나기도 했다.

이런 색다름은 이들 '종교'가 전통적인 기독교적 의미에서의 정통성과는 거리가 멀다는 사실을 강조한다. 자신들이 기존 교회의 불의와 부조리라고 간주했던 것에 대해 발 빠르게 공격한 그들은, 내세나 그리스도의 신성에 대한 거론은 거의 전폐하면서도, 적당하다고 생각되면 언제고 교의와 경전을 차용했다. 특징적으로 생시몽은 기독교 총체를 하나의 지침인 황금 법칙, 즉 자신의 동료를 자신의 형제처럼 대하라는 숭고한 명령으로 축약했다. 그는 "지상에 존재하는 동안 성취할 수 있는 인류의 최대 행복을 얻기 위해 노력함으로써, 기독교 신앙의 구축에 성공할 수 있게 될 것이다"라고 강조했다.[44] 이것은 탁월한 지상적 윤리였으며, 이들 모든 종교들과 마찬가지로 삶의 종교였다.

그런데도 유토피아적 사회주의자들의 종교적 어휘들은 단지 상궤 이탈이고, 때늦은 기만적 선회이며, 초기 사회주의 자체의 핵심 실험에서 다소 주변적인 것이라고 치부하는 일은 수세대의 평자들이 저질러온 실수를 다시 범하는 꼴이다. 이와는 반대로 종교적 어휘가 이 유토피아적 사조의 중심인데, 왜냐하면 그들이 대체하려 했던 것이 바로 종교—기독교—였기 때문이다. 근자에 한 통찰력 있는 관찰자가 푸리에의 초기 저작물들과 관련한 배경에서 언급했듯이 "'사회주의'는 기독교 교회의 후계자를 발견하려는 시도에서 비롯되었다……."[45] 초기의 유토피아주의자들 모두가 이해했듯이—이 점에서 낭만주의의 한층 폭넓은 문화적 풍조, 그리고 19세기 전반의 종교적 부흥에 기대면서—계몽주의는 채워야 할 빈틈을 열어놓았다. 고전주의 문명에서 기독교로 넘어가는 시대, 즉 또 다른 전환의 위대한 시대와 마찬가지로, "옛것을 대체할 수 있는 종교의 필요성을 (이제) 깨닫기 시작했다."[46] 유토피아적 사회주의자들은 그 필요성을 알았고, 그에 부응하고자 시도했다. 그들은 빵이 대단히 중요하다는 것을 알았지만, 삶에서 빵이 전부는 아니었다.

이 점에서 이러한 운동들이 갖는 힘의 핵심, 그리고 그것들의 뻔한 역설을 보게 된다. 왜냐하면 유토피아주의자들이 제시한 것은 바로 임박한 초월, 지구상의 천국, 인간이 만든 하나님의 왕국이었기 때문이다. 영원한 행복, 이것은 욕망의 최종적 만족, 고통의 결정적 종식,

그리고 하나님을 제외한 모두가 신이 되고, 풍요가 넘쳐흘러 마를 날이 없는 새로운 황금시대를 기대하고 있는 사람들에게 제시된 불가능한 약속이었다.

말할 필요도 없이 바로 이런 모순들이 유토피아적 사회주의에서 '공상가'를 강조했고, 운동의 실패를 초래했다. 그렇지만 완벽한 세상을 꿈꾸었던 모든 몽상가들을 하나로 뭉뚱그려 생각하기 전에, 그 이전과 이후에 사용된 용어의 모순에 대해 생각해보는 것도 가치 있는 일일 것이다. '유토피아적 사회주의'란 표현은 자신들의 '과학적 사회주의'를 '포켓판 신 예루살렘', 즉 그들의 선배들이 예고했던 '새로운 사회적 복음'과 구별하려고 마르크스와 엥겔스가 처음 사용하기 시작했다.[47] 21세기라는 유리한 지점에서 바라봤을 때, 이렇게 생색을 내는 듯한 태도는 우습기 그지없다. 왜냐하면 마르크스와 엥겔스가 꿨던 꿈이 카베, 오언, 푸리에 그리고 생시몽의 꿈보다 덜 공상적으로 보이지는 않기 때문이다. 그러나 또한 역사적 배경을 고려해볼 때, 그 용어가 가지고 있는 모순은 한층 더 흥미롭다. '유토피아'는 알다시피 토마스 모어가 고안해낸 단어로, 16세기 초에 그리스어의 ou(아니다: 부정의 의미) 또는 eu(좋은)가 topos(장소)와 합성된, '아무 데도 없는 곳' 또는 '좋은 곳'을 의미한다. 모어의 문학적 왕국은 당대 인간의 어리석음을 가늠하는 비판적 표준이었다. 그러나 그 용어 자체에서는 그것이 내포하고 있는 공상적 본질이 중요하다. 불완전한 세상에서 완전은 불가능했고, 엄밀히 말하자면 유토피아는 존재할 수가 없었다.

그러나 계몽주의와 프랑스 대혁명의 여파 속에서, 사람들이 현대 사회와 과학의 놀라운 가능성에 대해, 그리고 행복에 대한 그들의 '자연권'에 대해 점차 의식하면서, 유토피아는 새로운 의미를 띠었

⚜ 존 위닝의 원전에 따라 스코틀랜드의 뉴래너크에 세워진 오언의 공장과 모델 공동체의 18세기 초 판화.

다. 그 결과 푸리에, 오언 그리고 생시몽의 저작들은 카베의 『이카리아 여행』처럼 여겨지게 된다. 즉 단지 사고의 실험이나 숙고해볼 만한 모델로서가 아닌, 실행에 옮길 청사진으로 여긴 것이다. 그리고 실제로 그렇게 되었다. 뉴래너크에 있는 오언의 시범 직물 공장은 그의 유토피아적 이론을 실행에 옮기려는 야심찬 시도를 위해 길을 다졌다. 1825년에서 1830년 사이에 약 16개의 시범 공동체가 시작되었는데, 가장 유명한 인디애나 주의 '뉴 하모니(신조화)'는 1825~1827년에 시작되었다. 푸리에의 추종자들도 곧바로 그 뒤를 이었다. 1837년 푸리에의 사망 뒤 15년간 미국에 약 30여 개의 팔랑크스가 설립된 것을 비롯해 루마니아, 프랑스, 러시아, 영국, 브라질 그리고 신세계의 여타 지역에도 팔랑크스의 설립이 이어졌다. 생시몽 추종자들은 파리에 있는 자신들의 수도원 본거지를 제외하고는 어떤 시범 공동체 설립도 시도하지 않았다. 그러나 그들은 꿈의 현실화를 위해 노력하면서, 전세계로 선교사들을 파견하고 자신들의 복음을 전파했다. 카베의 이카리아 사람들은 혼자가 아니었다.

얼마나 덧없건, 얼마나 불완전하건 간에, 19세기에 유토피아의 '아무 데도 없는 곳'은 '어떤 곳'으로 변형되고 있었다. 초기 사회주의자들은 원숙하지는 못했지만 종교, 과학 그리고 과거의 설명을 혼합하면서 미래를 향해 손짓했다. 핵심은 좀 더 나은 세상에 대해 생각하는 게 아니라 그런 세상을 만드는 것이고, 해석을 하는 게 아니라 변화시키는 일이었다. 그들은 포스트-계몽주의의 행복에 대한 꿈을 인류의 가장 초라한 사람에게까지 전파하면서, 곧 다가올 훨씬 더 야심찬 시도를 위한 길을 준비했다.

역사의 수수께끼를 풀며

공산주의 문화에 기념비적인 『소비에트 대백과사전*The Great Soviet Encyclopedia*』의 먼지 쌓인 책장을 넘겨서 처음 떠오르는 주제가 행복은 아니다. 행복은 망치머리 황새Hammerhead Stork와 경질 합금Hard Alloys 사이에서 눈에 띄지도 않게 짓눌려 있다.

> **행복**Happiness: 자신의 존재 조건에 대한 최대의 내면적 만족으로 충만하고, 의미 있는 삶과 자기 삶의 목적 실현에 부응하는 존재 상태에 대한 인간 정신의 의식.

독자는 이어 행복은 '규범적이고 가치 지향적인 개념'으로서, '역사적이며 계층적인 기저'를 갖고 있음을 알게 된다.

도덕의식의 역사에서, 행복은 본유의 인간 권리로 간주되어왔다. 그러나 실제로는 엥겔스가 지적해냈듯이, 계층 간 반목의 사회에서는, 억압받는 계층들의 행복을 위한 투쟁은 항상 지배 계층의 똑같은 투쟁에 무자비하게 그리고 '합법적'으로 희생당해왔다.

백과사전이 선언하듯 '행복에 대한 부르주아적-개인적 해석', 즉 부유한 자의 쾌락 탐구는 가난한 자의 고통이며, 그 탐구는 "사회적 목표와 분리되고, 이기주의로 타락하며 (…) 타인의 이해를 짓밟고 인간의 인격을 도덕적 불구로 만든다." 그 항목은 마르크스를 인용하며 계속 이어진다. "만약 누군가 동물이 되길 원한다면, 그는 당연히 인류의 고통에 등을 돌리고 자신의 처지만 걱정하면 될 것이다." 그러나 진정한 공산주의자들은 인간을 좀 더 높은 가치에서 생각할 것이다. 그들은 "사회를 바꾸고 공산주의 이상을 실현하기 위해서는, 그리고 모든 인류에게 좀 더 나은 미래, 즉 한층 높은 의미로 자신의 삶을 고취하고, 행복이라는 그 심원한 만족이 부여되는 더 나은 미래를 이룩하기 위해서는, 혁명적인 투쟁과 사람들에 대한 성실한 봉사"만이 길이라는 것을 알았다.[48]

위의 인용에서 행복에 관한 언급은 정확하게는 마르크스의 말은 아니다. 그리고 아마도 '행복' 또한 마르크스의 저술을 넘기면서 마음에 떠오르는 첫 번째 주제가 되지는 않을 것이다. 그 투쟁적인 학자이자 활동가는 '가짜' 사회주의자들과 '진정한' 자본주의자들 양쪽 모두의 행복한 환상에 조소를 퍼부으며, 행복이라는 주제에 대해 신랄한 태도를 취할 수도 있을 것이다. 한 퀴즈게임 도중 누군가 행복에 대한 정의를 묻자, 마르크스는 주저하지 않고 영어로 대답했다. "행복이란, 싸우는 것."[49] 이것은 만족한 사람의 답처럼 보이지는 않는다.

칼이 막 19세가 되던 1837년에, 마르크스의 아버지는 아들에게 편지를 쓰면서 그런 걱정을 했던 게 분명하다. "너의 가슴이 너의 머리와 부합하느냐? 네가 이 고난의 세파에서 감수성을 가진 사람에게 필수적 위안이 될 온화한 감정을 가질 여유가 있느냐?" 마르크스 씨는 자기 아들이 "모든 사람에게 다 주어지지는 않는 악령에 의해 고무되고 지배되는 게 분명하다"고 생각했다. 그러나 그는 이 악령이 천상의 종류인지 아니면 파우스트적인 것인지는 알지 못했다. "얘야, 언젠가는―그리고 바로 이것이 나를 가장 고통스럽게 하는 의심이다―진정한 인간적 행복을 받아들이겠느냐……? 언젠가는…… 네 가장 가까운 사람들에게 행복을 전해줄 수 있겠느냐?"[50)]

교양 있는 부르주아였던 마르크스의 아버지는 주로 '가정의 행복'에 대해 염려했는데, 이 점에 관한 한 그의 아들은 꽤 성공적이었다. 마르크스는 첫사랑인 예니와 결혼해 평생을 지내며 (항상 충실했던 것은 아닐지라도) 자식도 여럿 두었다. 그러나 적어도 이론적으로는 이러한 행복을 경시하지 않을 수 없었다. 그는 자신의 저작에서 결혼과 핵가족을 '부르주아 제도'라고 묘사하면서, 그 제도가 주는 쾌락은 착각이며, 그 마지막 날도 얼마 남지 않았다고 했다. 만족의 원천으로서 좀 더 확실한 것은 일이었다.

마르크스는 어렸을 때부터 이러한 명제를 신봉했다. 학생 시절, 마르크스는 라틴어로 「젊은이의 직업 선택에 관한 고찰Reflections of a Young Man on the Choice of a Profession」이라는 에세이를 썼는데, 이를 통해 행복의 결정 요인으로서 일의 신성한 중요성을 강조했다. 그는 '활동 영역'을 선택할 수 있는 것은 "다른 피조물들과 비교했을 때 인간의 크나큰 특권이다. 그러나 그것은 또한 동시에 인간의 일생을 망칠 수도 있고, 그의 모든 계획을 좌절시킬 수도 있으며, 그를 불행하게 할 수도 있다"고 말했다. 인간의 자유는 위험한 선택을 수반했다. 그는 '신'이 의도한 바대로 '보편적 목적'—'인류와 자신을 고귀하게 하는' 목적—을 지키며 살 수도 있고, 아니면 잘못된 선택 때문에 재주나 흥미가 거의 없는 일, 즉 목적 없는 노동에 일생을 바칠 수도 있다. 더 심한 경우 그는 '비난받을 행위'를 해야 하는 일, 또는 자신을 '노예 같은 수단'으로 만드는 일을 선택할 수도 있다. 이 모든 경우에, 마치 "자신의 가슴에서 생명의 피를 빼내서 그것을 인간 혐오와 절망이라는 독과 섞어버리는" 뱀처럼, 가슴에서 자기 경멸이 자라나게 될 것이다.

그러면 젊은 마르크스가 적절한 선택이자 최상의 선택이라고 생각한 것은 무엇일까? 그의 대답은 원대하게도 세계사적이며, 동시에 과거에 깊이 기반하고 있다.

> 역사는 공동의 선을 위해 일함으로써 자신을 고매하게 한 사람들을 위대한 자들이라고 일컫는다. 경험은 가장 많은 사람들을 행복하게 만들었던 이가 가장 행복한 자라며 환호를 보낸다. 종교는 모두가 닮고자 하는 이상적 존재는 인류를 위해 자신을 희생했노라고 우리에게 설교한다. 이럴진대 과연 누가 감히 이런 판단을 무시할 수 있을까?
> 만약 우리가 인생에서 인류를 위해 일할 수 있는 직업을 선택했다면, 어떤 무거운 짐도 우리를 꺾지 못한다. 왜냐하면 그 짐들은 모두를 위한 희생이기 때문이다. 우리는 사소하고, 한정적이고, 이기적인 기쁨을 맛보지는 못하겠지만, 우리의 행복은 수백만 사람들의 것이 되고, 우리의 행동은 조용히 그리고 영원히 살아, 우리의 재 위로 고매한 자들의 뜨거운 눈물이 쏟아져 흐를 것이다.[51)]

슬픔에서인지 아니면 기쁨에서인지는 몰라도, 여하튼 마르크스의 무덤에 눈물이 쏟아졌다는 것은 맞는 말이다. 그러나 많은 사람들에게 더 놀라운 것은, 일찍이 마르크스가 그리스도를 덕행의 귀감이자 '이상적 존재' 로 생각했다는 점이다. 성인이 된 마르크스는 이런 유치한 착각을 얼른 거두어버렸다. 그러나 그는 행복을 구원으로 연결하는 탯줄을 자신의 사고에서 결코 완전히 잘라내지는 않았다. 마르크스는 1844년에 쓴 「헤겔 법철학 비판 서설」에서 "그러므로 종교에 대한 비판은 애초에 슬픈 속세에 대한 비판으로, 그 후광은 종교이다"라는 유명한 말을 한다.[52] 대조적으로 마르크스에 대한 비판은 그의 철학 속에 잔존하는 종교의 자취에 대한 비판이다. 그리고 이것의 후광은 행복이다.

많은 사람들은 여전히 마르크스의 '과학' 과 그가 '인민의 아편' 인 위험한 중독이라고 그렇게도 강력하게 비판했던 것 사이의 관계를 본능적으로 부정한다. 1830년대 후반에 대학에서 무신론자로 '개종' 한 마르크스가 종교에 대해 좋게 얘기할 리는 만무했다. 그리고 그가 선택한 박사 논문의 주제—그리스 철학자들인 데모크리토스와 에피쿠로스에서의 자연 철학에 대한 연구—는 후회 없는 유물론자로서의 이력을 준비하던 사람에게는 무척 이상적이며, 잘 어울려 보인다. 에피쿠로스를 '인간 영혼의 본질적 관계에 대해' 연구하는 사람이자 '그리스 계몽사상의 가장 위대한 대표' 로 묘사하면서, 마르크스는 루크레티우스의 「쾌락의 현자에 바치는 찬사」를 인용했다.

> 모든 사람이 보는 데서 인간의 삶이 납작 엎드리며 비굴해질 때, 하늘 사방에서 인간에게 험악한 얼굴을 찌푸리는 종교의 막중한 중량에 짓눌려 인간의 삶이 땅에 으스러질 때, 그리스의 한 사람이 반항하는 인간의 눈

> 을 뜨고, 꼿꼿이 서서 그 도전에 용감히 맞섰다.
> 신들의 우화도, 하늘에서 치는 천둥의 위협과 번뜩이는 전광석화도 그를 쓰러뜨리지 못했다. (…) 따라서 이번에는 종교가 그의 발밑에 깔려 으스러지고, 그의 승리 덕분에 우리는 하늘 높이 올려진다.[53]

이것이야말로 후에 그의 찬양자들이 존경해 마지않던 마르크스 자신의 영웅적 이미지가 아니던가? 에피쿠로스처럼 군중의 진정한 행복을 준비하기 위해 그들의 두려움을 떨쳐버리면서, 우상을 쓰러뜨렸던 바로 그 사람의 이미지 말이다. 수년 후에 마르크스가 언급했던 유명한 말처럼, "사람들이 착각을 일으키게 하는 행복으로서의 종교를 극복하는 것이 바로 사람들의 진정한 행복을 위해 필요했다."[54]

정확히 이 지점에서, 즉 한때 종교가 점유했던 장場에 '진정한' 행복을 제공하려는 언질에서 거룩한 후광의 암시를 엿볼 수 있다. 그것은 르퀴니오와 자코뱅 대표 사절단의 복음을 연상시키는 언질이었다. 즉 에피쿠로스가 주장했듯, 인류는 '하늘 높이 올려질' 때 그들의 불행을 뒤로 떨쳐버리고 '사람들 사이에서 마치 신들처럼' 살게 될 것이라는 한 줄기 약속이었다.

이 신성한 약속—종교적 구원이라는 흔적의 요소와 더불어—은 1840년대 중후반기에 쓰여진 마르크스의 비판적 저작에서 가장 분명하게 나타난다. 특히 무엇보다도 그의 『1844년 경제학-철학 수고 *Economico-Philosophical Manuscripts of 1844*』와 같은 해에 쓴 「헤겔 법철학 비판 서설」에서 잘 엿볼 수 있다. 이 저작물들에서 마르크스는 헤겔의 급진적 추종자들—스승의 가르침을 좀 더 혁명적인 방향으로 추진하기를 바랐던, 소위 젊거나 좌파적인 헤겔주의자들—의 관심사에 집중하면서, 헤겔이 정신의 자연스런 역사役事로 이해했던 바로 그것을 자신의 명확한 정치적 목표로 삼았다. 그것은 바로 인간 소외의 극복, 그리고 불안한 의식의 치유였다. 마르크스는 당대인들의 소외와 불화 상태를 기술하기 위해 헤겔의 용어를 많이 활용하면서, 헤겔이 이룬 분석을 상당히 확장시켰다.

자기 삶의 활동이 주변과 '곧바로 하나'가 되는 동물들과는 달리, 인간은 그러한 부류가 아니다.[55] 그들은 자연으로부터 소원해지며, 나아가 자연을 낯설고 적대적이며 정복해서 이용하고 복종시켜야 할 대상으로 생각한다. 그들은 자기 자신과 소원해지고, 공동의 정체감, 인류라는 종에 속한다는 자연스런 의식, 즉 마르크스가 말한 '종-존재'라는 원초적 의식을 잃어, 마치 이방인이나 아웃사이더같이 여겨지는 동료 인간들과도 소원해진다. 그리고 인간성을 잃게 만든다고 알려진 활동적 기능—그들의 노동—으로부터도 소원해진다. 이런 소원함에는 다른 형태들도 있는데, 그중에 가장 중요한 것은 신으로부터 소원해지는 것이다. 독일의 철학자 루드비히 포이어바흐Ludwig Feuerbach를 따른 마르크스는 신을 인간의 발명품이라고 여겼다. 인간의 삶을 고갈시키는 추상력을 통해 인간에 의해 발명된 신은, 적대적이고 구상화된 창안물로 인간 위에 군림했다. 그러므로 소외는 인간이 만든 우상에 대한 복종이며 이러한 우상들은 그 외에도 많다.

그러나 마르크스가 중대한 관심을 기울인 것은 무엇보다도 삶의 활동으로부터의 소외—노동의 소외—였다. 왜냐하면 급속히 전개되는 그의 체계에서 인간은 호모 파베르homo faber, 즉 자신이 만드는 것과 행하는 바에 의해서 자신을 정의하는 피조물이기 때문이다. 경제 활동—일—은 모든 것의 열쇠였다. 이는 당대 자본주의 사회의 가난한 자들에게서 가장 뚜렷하게 나타나는 사실이며, 마르크스가 믿기로는 그 사회의 인간 소외는 인류 역사의 어느 단계에서보다 심했다. 엥겔스가 연구한 맨체스터의 비참한 공장들, 파리의 노동자 착취 공장들, 그리고 개발된 세상을 망라하여 인간은 자신이 아무런 소유권이나 통제력도 행사할 수 없으며 아무런 직접적 연관성도 느끼지 못하는 물건을 생산하도록 강요당하고 있었다. 마르크스의 말을 빌리자면, 그들이 노동을 통해 얻은 결실은 '이질적 존재로서, 생산자와는 무관한 권력' 으로서 그들을 대면했다.[56)]

그와 동시에 현대의 생산 활동—강요된 편제와 분업—도 소외의 강력한 원천이었다. 마르크스는 노동자가 자신의 노동에서 "자신을 확인하는 게 아니라 부정한다"며, 노동자는 "기분이 좋지 않고 불행하다고 느끼며, 심신의 에너지를 맘껏 개발하지 못하고 자신의 신체를 상하게 하며, 마음을 황폐화시킨다. 따라서 노동자는 일과 떨어져 있을 때에만 자신을 느끼고, 일을 할 때는 어찌할 바를 모르게 된다. 일을 하지 않을 때는 마음이 편안하고, 일을 할 때는 편치가 않다"라고 했다. 땀의 대상물과 마찬가지로, 노동자의 노동 활동도 "타자에 속한 것이다. 그것은 자기 자신의 상실이다."[57)]

마르크스의 견해로는 소외의 이중적 과정—생산 활동으로부터의 소외 그리고 노동의 생산물로부터의 소외—은 자본주의의 모순을 강화하는 일련의 효과를 작동시키면서 의미심장한 결과를 낳았다. 마르크스는 이렇게 기록하고 있다. "인간이 자기 노동의 생산물로부터, 자기 삶의 활동으로부터, 자신의 종-존재로부터 소외당하는 직접적 결과는 바로 인간의 인간으로부터의 소외이다. 인간이 자신의 노동과 노동의 생산물, 그리고 자신과의 관계에서 맞닥뜨리는 일은 인간이 타자와, 타자의 노동과, 타자의 노동의 대상물과의 관계에서도 마찬가지다." 그리고 마찬가지로 연쇄 반응이 이어진다. 자본주의의 가공할 진실은, 그것이 유발한 소외의 여러 형태가 "인간이 동종에게 갖는 의식조차 변형시켜서" 자신의 동료가 단지 멀고 낯선 사람이 되고, 사적인 목적을 위한 수단이 되는 지경에까지 이른다는 점이다. 한편, 각 개인은 모든 것과의 접촉을 잃고 오로지 자신들의 가장 기본적인 욕구만을 대면하게 된다.[58)]

마르크스가 그러했듯, 애덤 스미스도 이와 유사한 결과를 예견했다는 점도 지적할 만하다. 글래스고의 교수였던 그는 결코 헤겔의 변증법 같은 둘러대기 식의 완곡어법에 독자들을 빠뜨리지는 않았다. 자신의 저서 『국부론』의 중요한 구절에서 그는 자본주의의 가장 뚜렷한 특징인 분업에 대해 솔직하게 설명했다.

> 분업의 과정에서 노동에 의해 사는 사람들 대부분을 대상으로 하는 고용은 단순직이 되었다. 즉 국민의 대다수는 소수의 단순 작업, 종종 하나나 둘 정도의 작업에 국한되어 있다. 그러나 사람들 대부분의 지식은 필연적으로 자신들의 평범한 고용에 의해 형성된다. 단순 작업 몇 가지로 평생을 보내고, 그 작업의 결과 또한 그렇게 단순하거나 아니면 항상 혹은 거의 같은 경우, 그가 지식을 발휘할 기회는 전무하다……. 그렇기 때문에 그는 자연스럽게 지식을 발휘할 능력을 상실하고, 대개는 인간이 추락할 수 있는 한도 내에서 가장 어리석고 무지한 상태가 되어버린다.[59)]

이러한 사람은 '무기력한 마음'과 '손상된' 신체 때문에, 합리적 토론을 나누는 것, 사회생활의 기쁨과 의무에 참여하는 것, 조국의 중요하고 포괄적인 이해관계를 판단하는 것, 그리고 심지어는 자기 조국을 방어하기 위해 무기를 드는 것조차도 불가능하다. 특정 직업에서 그의 명민함은 이렇게 '지적, 사회적, 그리고 무용의 가치'의 값을 치르고서야 얻게 되는 것이다. 이런 상황의 중요성에 대해 조금의 의혹도 두지 않기 위해, 스미스는 이것이 "발전되고 문명화된 모든 사회에서 정부가 어느 정도의 고통을 감내하면서 그것을 예방하지 않는 한, 가난한 노동 계층, 즉 국민의 대다수가 필연적으로 처할 수밖에 없는 상황이다"라고 역설했다.[60]

이는 드라마틱한 결론이었고, 또한 자본주의에 대한 두 분석가가 갈림길에 들어서는 지점이기도 했다. 스미스는 공공 학교제와 민간 교육을 활용해 상업 사회의 원자화 효과에 균형을 잡아야 한다는 신념을 펼친 반면에, 마르크스는 사유 재산의 완전 폐지와 공산주의 제도를 주문했다. 또한, 영원한 개인주의자인 스미스가 형이상학적 딜레마를 해결하기 위해 정부에서 해결책을 구하는 일을 꺼려 했던 반면, 마르크스는 정치를 통해 인간이 완전하게, 온전히 행복해질 수 있다고 믿었다. 마르크스는 루소에 동조하면서, 진정한 해방은 "진실로 인간적인, 사회적 존재로서의 자기 자신에게로 복귀"하는 것이라고 정의했다.[61] 그리고 세계 역사의 균형이라는 수사를 통해 공산주의를 '역사의 수수께끼에 대한 해법'이라고 정의했다.

> 인간과 자연, 인간과 인간 사이의 반목에 대한 결정적인 해결. 그것은 존재와 본질, 대상화와 자기 확인, 자유와 필연, 개인과 종 사이의 갈등에 대한 진정한 해법이다. 그것은 역사의 수수께끼에 대한 해법이며, 자신이 해법임을 그것도 알고 있다.[62]

이렇게 공산주의는 헤겔이 그린 역사에 종말을 고할 것이다. 스핑크스 앞에 최초의 곤혹스런 구경꾼으로 당황하며 서 있던 한참 이전부터, 인간이 자기 자신을 불가사의하게 만들었던 모든 갈등에 해결을 고하고 소외를 극복할 것이다.

· 통찰력 있는 당대인들은 이 약속이 '종교적' 인 확신, 인간의 모순을 철폐한다는 언질, 그리고 진정한('실제의') 인간 행복을 내포하고 있다는 사실을 놓치지 않았다. 아마도 논란의 여지가 있겠지만, 독일의 무정부주의자인 막스 스티르너Max Stirner는 그중에서도 그 점을 가장 잘 인지한 사람일 것이다. 그는 포이어바흐와 그리고 그 밖의 젊은 헤겔주의자들과 함께 마르크스가 기독교의 잔재 위에 '인간 종교'를 구축했다고 비판했다.

> 인간 종교는 단지 기독교라는 종교의 맨 마지막 변형일 뿐이다. (…) 그것은 나로부터 내 본질을 분리시켜 내 위에 얹어놓는다. 그것은 여타의 종교가 신이나 우상에게 하는 것과 똑같은 정도로 '인간' 을 고양시킨다. (…) 그것은 나를 '인간' 밑에 놓고 그 근처에 내 소명을 만들어낸다.[63]

수세기 동안 독실한 신자들이 그리스도의 이름으로 자신들을 희생했던 것과 같은 식으로, 이제 개인들은 '인간' 앞에 무릎을 조아리라는 요구를 받고 있었다. 스티르너의 견해로는, 인류에 봉사하기 위한 책무, 소명의 가정 등은 전적으로 종교적 의무에서 물려받은 의식에서 기원한 것이었다.

이러한 비판의 여파를 예민하게 느꼈던 마르크스는, 1845~1846년에 집필한 『독일 이데올로기 *The German Ideology*』라는 장대한 저서를 통해 이에 대응했다. 그러나 그가 200쪽에 이르는 분량에서 스티르너를 비난했음에도 불구하고, 그의 대답은 대부분 호언장담이었다. 마르크스는 스티르너의 주요 비판이었던 공산주의의 종교적 기원에 대해 답하기보다는, 헤겔적 관념론의 모든 흔적에 대한 자신의 생각을 일소하는 것으로 그 대답을 회피하려 시도했다. 잇따른 관찰자들

구스타프 모로, 「오이디푸스와 스핑크스」, 메트로폴리탄 박물관, 윌리엄 H. 해리먼의 유증, 1920.

에 의해 위대한 이론적 혁신으로 환영받게 될 조치에서, 마르크스는 그 유명한 '역사의 유물론적 개념'을 위해 역사와 인간의 의식을 형성하는 데 필요한 관념의 역할을 저버렸다. 그는 "천상에서 지상으로 하강한 독일 철학과는 매우 대조적으로, 여기서 우리는 지상에서 천상으로 상승한다"라고 자랑스럽게 선언했다.[64] 이후로 모든 관념—모든 도덕성, 법률, 종교, 철학—은 생산이라는 '실제 삶의 과정'에 대한 단순한 반향으로 간주된다. 관념은 전적으로 인간의 '실제' 경제 관계에 의해 좌우되는 '상부구조'일 뿐이다.

이러한 생각이 마르크스주의에 그들의 자랑거리인 '과학적' 호소력을 부여하는 한, 이 교묘한 선회는 엄청나게 성공적이었다. 마르크스와 엥겔스의 『공산당 선언*Communist Manifesto*』의 가장 최근 편집자인 가렛 스테드먼 존스Gareth Stedman Jones가 고찰했던 바와 같이, 그것은 또한 종교적 휴머니즘에서 공산주의로 흐른 '궤적'을 덮어버리는 데에도 성공했다(1840년대 마르크스가 집필했던 중요한 저작물 다수가 그의 사후 오랫동안 출판되지 않았다는 사실로 인해 상당히 힘을 얻었던 움직임).[65] 만약 자본주의의 다가오는 위기와 프롤레타리아의 승리가 의식적인 인간 분투의 결과가 아니라면, 나아가 사상의 영역에서 이루어진 치환의 결과가 아니라면, 공산주의가 종교적인 속임수라는 비난은 거의 불가능했다. 그 공정은 바로 사물의 본질에 새겨져 있었다. 공산주의자들은 '인간'의 이름으로 투쟁하지 않았다. 그들이 그렇게 했던 것은 다른 방도가 없어서, 즉 그럴 수밖에 없었기 때문이다. 이것이 세상 돌아가는 이치였다.

그리고, 그런데도—정확히 이것이 마르크스주의의 천부적 재능이었다—헤겔과 유토피아적 사회주의자들에게서 차용한, 또 그들에 의해 기독교로부터 차용한 목적론적 구조가 움직일 수 없는 역사의 법칙과 변증법적 유물론의 과학적 확실성 아래에 위치하고 있었다. 이 맥락의 맨 뒤에는 역시나 실현에 대한 종교적 약속, 소외의 종식, 인간 자신으로의 회귀, 진정한 인간 행복의 만개와 같은 것들이 있었다. 이러한 형이상학적 약속의 추상성은 혁명의 도래와 더불어 갖게 될 물질적 풍요에 대한 구체적 확증에 의해서만 고양되었다. 진정한 공산주의가 시작되면 모든 형태의 고통이 사라질 것이다.

이처럼 마르크스는 유토피아적 사회주의자들의 감각적 유혹—도래할 사회의 웅장함과 박애에 대한 분명한 호소력을 갖고—과 헤겔의 궁극적 자유에 대한 좀 더 미묘한 종교적 약속과 불행한 의식의 종식을 결합시켰다. 물질적 쾌락과 정신적 실현이라는 양자가 모두—계몽사조와 낭만주의 양자의 최상인—제시되고 있었다. 역사적 법칙을 걸치고 진정 종교에 빚지고 있음을 덮어버리는 유사과학으로 포장한 교리는 실로 강력했다. 게다가 마르크스가 도래할 삶의 본질에 대해 극히 미미한 용어 외에는 어떤 것으로도 설명하기를 거부했기 때문에 더욱 그랬다. 대신 마르크스는 인간이 거주할 새로운 도시의 설립을 보장하는 경제적 법칙을 논증하는 데 전념하면서, 자신의 추종자들에게 이 도시가 내포하고 있는 것, 그리고 그 안에서 부유한 자들이 누리게 될 영광을 스스로 상상하도록 만들었다. 그 윤곽은 불가피하게 아련할 수밖에 없었지만, 현재의 궁핍에서 눈을 돌리게 했고, 그 사이의 공간에 각자 자신들의 사적인 꿈을 그려나가게 했다. 모든 사람들은 단순하고 굳건한 믿음으로, 언젠가, 어떻게든 자신의 꿈이 모두의 이상과 일치하리라고 그려볼 수 있게 되었다.

이 집단적 꿈의 중심에 행복이 놓여 있다는 것은 아무도 의심할 수 없었다. 그것은 그 신념의 반론할 수 없는 요소였다. '공산주의자의 신념 고백' 이라는 적절한 제목을 단 초고에서 엥겔스가 고찰했듯이, "반박할 수 없는 어떤 기본 원리들이 있는데, 이것은 역사적 전개의 총체적 결과로서, 증빙할 필요가 없는 것들이다." "모든 개인들은 행복하기 위해 분투한다"는 것과 "개인의 행복은 모두의 행복과 분리될 수 없다"는 것이 바로 그 원리들이다.[66] 마르크스의 젊은 시절 생각과 이후 『소비에트 대백과사전』의 행복에 대한 정의에 모두 나타났듯이, 이는 집단적 해방에 대한 훨씬 오래전부터의 이해와 깊은 관계가 있는 믿음들이었다. 하나님의 자녀들이 이제는 인간의 자녀들이 되었다. 그리고 전자와 마찬가지로 인간의 자녀들도 현재는 단지 상상만 가능한 것들을 때가 되면 역사가 드러내주리라 확신하면서 참을성 있게 기다리고 있었다.

풀린 수수께끼

발터 벤야민Walter Benjamin은 "상대의 움직임에 대응하며, 체스 게임을 이길 수 있도록 고안된 자동인형에 대한 이야기다"라고 말한다. 독일계 유대인 비평가였던 그는 설명을 이어나간다.

> 터키 식 의상을 입은 인형이 입에 물담뱃대를 물고 커다란 테이블 위에 놓인 장기판 앞에 앉아 있다. 이 테이블은 마치 모든 방향에서 안이 투명하게 들여다보이는 것 같은 착각을 일으키는 유리 구조로 만들어졌다. 그러나 실제로는 전문 체스꾼인 꼽추가 그 안에 들어앉아서, 줄을 이용해 그 인형의 손을 조종하고 있었다.[67]

제대로 말하자면 이 이야기는 그냥 이야기가 아니라 역사적 사실에 대한 보석 같은 것이다. 소위 그 '터키 사람'—오스트리아 흥행사인 볼프강 폰 켐펠렌Wolfgang von Kempelen 남작이 고안해낸 눈부시게 현혹스런 체스 경기 기계—은 1770년에 시작해 유럽을 돌면서 실로 가는 곳마다 황홀감과 경이로움, 그리고 의혹을 불러일으켰다. 그것은 외양상으로는 현대 과학의 기적이었지만 실제로는 정교한 속임수로, 자질구레한 장치와 기술적 정교함이 그 진짜 활력을 덮고 있었다. 대가의 기술을 지닌 난쟁이는 터키 사람의 팔을 움직여 여러 주인을 거치면서 19세기까지 관객들을 매료시켰고, 마리아 테레사Maria Theresa 여왕, 캐서린Catherine 여제, 벤저민 프랭클린 그리고 에드거 앨런 포Edgar Allan Poe 같은 사람들을 당혹시키기도 (그리고 이기기도) 했다.[68]

아마도 발터 벤야민 자신은 사실 이 이야기의 논거를 알았을 것이다. 그러나 이 이야기로 시작하는 그의 에세이는 역사적 진실을 밝히는 것보다 역사적 기만을 밝히는 데 더 큰 관심을 두고 있었다. 『역사철학 테제*Theses on the Philosophy of History*』에서 체스를 두는 자동인형은 벤야민에게 하나의 은유 역할을 하면서, 장막을 걷어내도록 해준다.

이 고안물(체스를 두는 자동인형)의 철학적 짝을 상상해볼 수 있다. '역사적 유물론' 이라 불리는 인형은 항상 이기게 되어 있다. 우리가 아는 바와 같이 오늘날 점점 시들해지고, 또 사라져야만 할 신학의 도움을 얻는다면, 이것은 누구에게든 쉽사리 게임이 될 수 있다.[69]

벤야민은 신학이 바로 역사적 유물론자의 손을 움직이는, 숨어 있는 난쟁이라고 밝혔다.

1940년 나치를 피해 도망갈 때, 그리고 자신의 체포가 임박했다는 오판 때문에 자살하기 몇 개월 전에 집필된 『역사 철학 테제』는 역사적 유물론에 대한 그의 관계를 마지막으로 청산하는 것이었다. 그 관계는 한동안 팽팽했는데, 스탈린의 범죄상에 대한 소문과 발각 때문만이 아니라, 메시아적 유대 신학의 역사적 관념론에 대해 벤야민 스스로가 지속적으로 매료되었기 때문에 더욱 그랬다. 그런 관계가 그를 항상 호기심 많은 마르크스주의자(그의 오랜 친구 게르숌 숄렘Gershom Scholem이 말하듯 '이교도의 영역에서 서성거리는 신학자')로 만들었다면, 그것은 또한 그에게 다른 사람들은 도외시하려 했던 연관들을 인지할 수 있는 통찰력을 주기도 했다.[70] 1939년 나치-스탈린 협정으로 인해 공산주의의 구제 가능성에 대한 그의 신념이 산산조각 나자, 벤야민은 공산주의 상자 속에 숨겨져 있던 꼽추를 거리낌 없이 들춰냈다. 그가 바로 다음 단락에서, 게임에서 그들을 단합시켰던 것에 대한 논의로 들어간 것은 정말 적절했다.

생각해보면 행복에 대해 우리가 갖는 이미지는 우리 자신의 존재의 도정이 우리에게 할당한 그 시대에 의해 철두철미하게 물든다는 것을 알 수 있다. 우리에게 선망을 일으키는 행복은 오로지 우리가 숨 쉬었던 대

찰스 고틀립 드 윈디쉬, '터키인', 1783, 필라델피아 도서관 컴퍼니.

> 기 속에서, 우리가 얘기했을 수도 있었던 사람들 사이에서, 우리에게 헌신했을 수도 있었던 여성들 사이에서만 존재할 뿐이다. 다른 말로 하면, 행복에 대해 우리가 갖고 있는 이미지는 구원의 이미지와 밀접하게 연관되어 있다.[71]

한때 구세주의 도래를 참을성 있게 기다리라고 영혼에 촉구했던, 미래를 향한 선망으로부터의 바로 그 자유가 이제는 당연한 진보의 과정을 맹목적으로 믿도록 군중을 움직이고 있었다. 그러나 '진보'는 그 과정을 지나치는 모든 것을 지워버리고, 그 뒤에 '잔해들만 쌓고 또 쌓아놓는' 태풍이었노라고 벤야민은 확언했다. 현재, 역사적 유물론이 낳은 '터키 사람'과 내기를 한 모든 사람은 지게 되어 있었다. 그리고 미래에 이 같은 내기를 하는 자들도 누구나 모두 죽게 될 것이다.

벤야민은 공산주의의 상자 안을 들춰냈다. 그러나 그가 과연 그 착각에서 완전히 벗어났는지는 확실치 않다. 역사적-유물론의 진보에 대한 지독한 비판에도 불구하고, 그는 아직도 인간은 완전히 구제될 수 있을 것이라는 희망을 내비치면서 수수께끼 같은 에세이를 끝냈다. "매 초마다, 그것을 통해 구세주가 들어올지도 모르는 문이 있었다."[72] 이는 역사적인 진보가 아니라, 묵시의 일종으로서의 정치적 신학 같은 것이었다. 그러나 그렇다 해도 그것은 정치적 신학이었다.

그런데도 벤야민의 에세이는 완전한 폭로라는 상당한 미덕을 지니고 있다. 공산주의의 베일을 걷어내면서 그는 모든 공정을 드러냈다. 즉 역사적 유물론이 은폐시킨 신학의 힘을 행복에 대한 약속으로 이용하고 있음을 보여주었던 것이다. 이 결합은 세상사라는 장기판에서 승리에 승리를 거듭하면서, 그 결과로 산더미 같은 잔해물을 남겼다. 그러나 '우리의 새로운 행복한 삶'이 곧 임박했다는 신념은 여전히 굳건했다. 이 구절은 오웰의 『1984』에 나오는 플렌티Plenty(풍부함, 충분의 의미—옮긴이) 장관이 한 말이다. 그러나 그 말은 소설에서와 같이 실제에서도—아주 엄숙한 확신을 가진 다수의 지식인들에 의해—최근까지 소리를 냈다.

이제는 말 그대로 그 끔찍한 공산주의에 대한 경험들이 개별적인 적용을 통해 잘 알려져 있다. 그러므로 행복이 곧 임박했다는 신념이 그렇게나 오랫동안 그토록 많은 사람들에게 유지될 수 있었다는 것은 주목할 만하다. 그러나 이 믿음—그것이 한 부분을 이루었던 광대한 마르크스 계획과 마찬가지로—이 훨씬 광범위한 포스트-계몽사조 신념의 징후였다는 것을 마음에 새기면, 신념을 곧이곧대로 받아들이는 이러한 경향을 이해하기가 다소 쉬워진다. 마르크스의 중심

우리의 친애하는 스탈린은 인민의 행복!("콘택트-컬쳐," 2000. V. 코레츠키이, 1949)

가정—즉 인간의 노동은 우리 해방의 동인, 인간 변화의 수단이자 장場의 역할을 할 수 있다는—은 마르크스 당대에 주목받았던 것만큼이나 오늘날에도 광범위하게 퍼져 있다. 모든 것에서 행복을 구하라는 계몽사조의 권고가 지니는 위력에 대한 지수로서, 그것은 인간이 자신의 노력으로 행복해질 수 있다는 믿음에 대한 척도이다.

노동—자신의 손으로 힘써 일하는 것—은 계몽사조 이전 수세기 동안 부담으로, 끔찍한 필요로, 아담의 죄에 대한 하나님의 저주로 여겨졌다. 인간의 이마에 흐른 땀은 에덴동산의 저 너머, 엉겅퀴와 가시나무들이 흩어진 황폐한 지구에서 생계를 찾으라는 선고를 영원히 상기시켜주었다. 유럽 사회가 행복한 귀족적 소수라는 행운아들을 손수 일하는 것에서 제외시켰던 것은 나름의 이유가 있어서이다. 정의에 의하면, 특권적 삶이란 노동을 하지 않는 삶이었다. 그리고 죽음

행복의 건설자! 위대한 스탈린에게 영광을!("콘택트-컬쳐," 2000. N. 페트루, K. 이바노프, 1952)

의 행복은 평온한 휴식이며 영원한 안식이었다.

따라서 사람들이 노동을 만족의 원천으로 당연시하면서, 또한 노동이 자신들의 행복을 떠받쳐야 한다고 믿게—기대까지도 하게—된 것은 최근의 매우 주목할 만한 진전이다. 젊은 시절 마르크스가 자신의 목적을 완수할 직업을 선택하기 시작했을 때 그는 여전히 부유층에게 속해 있던 특권을 누리고 있었다. 그러나 그는 산업의 위력이 그 생산성과 가능성을 배가하면서, 이 특권의 외연을 확장시키는 식으로 서서히 일의 성격을 바꾸고 있다는 것을 제대로, 분명히 인식했다. 마르크스는 언젠가는 노동이 젊은 시절부터 자신에게 의미했던 것, 즉 소명 그리고 해방의 원천, 혹은 한층 고매한 목적에 도달하는 수단이 되리라 믿었다.

이러한 희망은 여러 세대의 이상주의자들을 거치며 생존했다. 영국의 사회주의자이자 예술가인 윌리엄 모리스William Morris는 유토피아적 걸작 『어디에도 없는 곳으로부터의 소식*News from Nowhere*』 끝부분에서 다음과 같이 꿈꾸고 있다. "마침내, 그리고 조금씩, 우리는 노동에 기쁨을 느꼈다. 그리고 우리는 그 기쁨을 의식하게 되었고, 그걸 키우고, 또한 우리가 그 충만함을 가질 수 있도록 관리했다. 그러면 모든 게 얻어졌고, 우리는 행복했다. 영원토록 그러하기를!"[73] 인간은 자신의 노동을 통해 행복해진다(Homo faber homo felix est).

마르크스와 그의 추종자들은 이러한 희망을 촉진시키기 위해 노력했다. 그러나 그들이 그것을 발명해낸 것은 아니었다. 우리가 우리 스스로의 노력을 통해 행복해질 수 있다는 믿음은, 소크라테스와 그리스인들이 운명의 손아귀로부터 행복을 빼내려고 시도했던 이후로 서구 전통의 일부가 되어왔다. 그들이 보기에 행복은 생활에서 얻는 정제된 기술의 산물이며, 최소한 부분적으로라도 우리 자신이 만들 수 있는 그 무엇이었다. 그리고 비록 그리스인들과 그 계승자들은 이런 일에 제한을 두었지만—삶에 숙달한 장인들, 보통 사람들보다 자신들의 삶을 잘 구축할 수 있는 '노동자들'의 엘리트 동업 조합에 최고의 인간 목적을 국한시키면서—기독교와 그리고 이어서 계몽사조는 모두에게 그들의 해방을 위해 노동하고, 노동에서 해방을 찾으라고 말하면서, 이런 폐쇄적 가게를 파괴시켜버렸다. 최대 다수의 최대 선을 위해 모든 것에서, 이마의 땀방울에서조차 행복을 구해야 했다.

아마도 이러한 역학이 역사의 흥미로운 모순 중 하나를 설명하는 데 도움이 될 수 있을 것 같다. 우리는 우리 노동의 결실을 만끽해야 할 뿐만 아니라, 노동 그 자체가 우리의 결실이 되어야 한다는 마르크스의 논쟁은 오늘날 자본주의 신념의 중심 교리가 되어 있다. 이러한 이상의 구체적 실현은 분명 아직도 특권층만의 특전이다. 마르크스 자신에게 그러했듯이, 자신의 노동에서 보수 이상을 구한다는 것은 여전히 사치(또는 부담)이다. 그러나 그 이상—자신의 노동에서 만족, 충만 그리고 행복을 찾으려는 희망—은 이제는 널리 퍼져 있다. 공산주의는 신들의 양식을 주겠노라는 약속을 지키지 못했다. 그리고 바로 그 자리에서, 시장은 우리에게 다른 모든 것처럼 우리의 노동을 즐기면서 인내심을 갖고 계속 추구하라고, 또 우리가 하는 것을 즐기면서 속이 텅 빈 우리의 목적을 향해 꾸준히 움직이라고 요청한다.

그러나 만약 소크라테스 이후 그리도 많은 손을 거치며 갈고닦았던 전제가 잘못된 것이었다면? 만약 덕행, 노동 그리고 우리의 모든 노력과 고군분투가 동물로서의 인간을 행복한 피조물로 만드는 데 충분치 않다면? 이는 오랜 비극적 추측이며, 계몽사조 철학자들과 마르크스 추종자들은 숙명론적인 편견이라고 일축해버렸던 것이었다. 사회주의 과학자들은 베버가 "행복에 이르는 길이라고 과학이 찬양했던 순진한 낙천주의"라며 비웃었던 것에 매달리려 했다.[74] 자연과학자와 인문과학자들—동물로서의 인간에 대한 인류학자들—도 마찬가지로 이런 낙천주의의 배제를 꺼렸고, 또한 자신들의 발견에 대한 논리가 고무적이지 않을 때조차도 그러했다.

즐거운 과학

Joyful Science

동물들은 행복할까? 그들은 인간보다 더 행복할까? 인간은 동물인가? 이런 종류의 질문들은 서구의 지적 전통에서 자연스럽게 전개되어왔으며, 그 흔적이 과거로부터 깊이 배어 있다는 것을 알 수 있다. 1,500여 년간 지속적으로 중요한 철학적 질문을 낳게 했던 위대한 동물학자 아리스토텔레스는 인간 역시 동물이지만 아주 특별한 종류의 동물, 즉 정치적 동물이라고 결론지었다. 선천적으로 사회적이며, 영혼의 정교한 구조와 이성의 능력으로 하위 동물들과 구별되는 정치적 동물(politikon zôon) 말이다. 어린이, 선천적 노예들, 그리고 '행복을 함께 나누지 않는' 동물과는 달리, 인간은 한층 높은 선을 획득할 수 있는 능력을 부여받았다.[1)] 우리를 진정 인간답게 하는 것은 바로 행복이다.

그러나 만약 행복—선에 따라 사는 삶—이 인간 존재의 정점이자 진수라면 그것은 또한 '신 같은 삶' 이며, 피조물에 불과한 인간에 어느 정도의 신성을 부과하는 '인간 수준 이상'의 존재라고 아리스토텔레스는 부언했다. 그리고 우리가 보아온 바와 같이 기독교인들은 이 그리스인의 결론을 만족스럽게 수용했다. 그리스도는 자신을 하나님의 양인 희생양에 비유하고, 자신의 양떼들에게 목양자로서 설교했을지 모른다. 또 성 프랜시스는 새들에게 설교를 했을지도 모른다. 그러나 기독교도들은 하나님의 모든 피조물들이 똑같이 축복받지는 않았다는 것을 알았다. 오직 인간만이 하나님의 형상에 따라 만들어졌고, 오직 인간만이 궁극적 지복을 위해 탄생했다. 15세기에 유서 깊은 신학적 전통을 요약했던 피코 델라 미란돌라는 "인간 아래의 동물과 사물들은 그 수준으로 갈 수도, 이끌릴 수도 없다"고 주장했다. 유명한 인문주의자였던 그는 단계를 들어 설명했는데, 무생물조차도 "행복할 수 있는 한도에서 행복하다"는, 즉 스스로 형식상의 완전성을 얻을 정도로 행복하다는 것을 인정했다. 피코는 "좀 더 행복한 것은 식물인데, 그것은 생명체이다. 그리고 더 행복한 것은 동물인데, 그들은 의식을 가지기 때문이다……"라고 첨언했다. 그러나 지구상에서 기어 다니고 움직이는 모든 생물 중에서, 인간이 '가장 행복한 동물'임은 분명했다. 오직 인간만이 하나님에게로 나아갈 수 있는 것이다.[2)]

고전주의와 기독교 평자들 모두, 인간이 짐승을 지배하는 것으로 된 창조의 위계—존재의 위대한 사슬 속의 우월한 고리—에서, 인간에게 특별한 자리를 부여하는 데는 일치하는 견해를 보였다. 그러나 이 행복한 자리—이성과 의지의 자유—를 수여하게 했던 바로 그 능력들이, 인간을 가장 하등한 피조물들조차 알지 못할 정도의 사악한 행위로 유인할 수도 있다는 점 또한 분명하다. 인간들은 자신들을 타락시켰던 뱀처럼 배로 슬슬 미끄러지면서 그 고귀한 재능을 사악한 목적에 활용할 수도 있는데, 그 과정에서 자신을 가장 비참한 존재로 만든다. 이 비천하고 낮은 곳에서 동물의 왕국을 감탄으로, 급기야는 선망의 눈으로 바라본다는 것도 충분히 있을 법한 일이었다.

이처럼 '동물 애호'—동물에 대한 시샘 어린 사랑—라는 주제는 인간 찬가에 대한 대위법으로서 들어왔다.[3] 한 예로 플루타르크의 유명한 1세기의 대화 「동물의 이성에 관하여On the Rationality of Beasts」에서, 로마화된 그리스인은 동물들이 여러 면에서 인간보다 더 행복하다고 주장한다. 대화의 주인공인 말하는 돼지 그릴러스는 당혹스러워하는 오디세우스에게, 동물이 인간들보다 더 용감하고 더 순결하며 더 온화하다고 설명한다. 동물들은 변칙과 과잉, 악행과 그릇된 열정을 물리치면서 분수에 맞게 살고, 대부분은 오로지 '기본적인 욕망과 쾌락' 에만 이끌릴 뿐이다.[4] 신들의 호의가 없다면, 인간은 당연히 불리한 처지가 될 것이다.

수세기 후에, 존 칼뱅도 『기독교 강요*Institutes of the Christian Religion*』를 쓰면서 이 같은 점을 인정하고자 했다. 당대의 식자들 대부분과 마찬가지로 칼뱅도 플루타르크를 알고 있었고, "만약 인간의 삶에서 종교가 제거된다면, 여러 면에서 인간이 짐승보다 더 비참한 지경이 된다"는 그릴러스의 추론을 인정했다. 인간을 우월하게 하는 단 한 가지는 "하나님에 대한 숭배로, 오직 그것을 통해서만 인간은 영원을 갈구한다"고 칼뱅은 판단했다.[5] 몽테뉴Michel de Montaigne는 창조주에 대해서는 그리 많이 언급하지는 않았다. 그럼에도 그 유명한 회의론자는 "어리석은 자만심과 고집에 의해, 인간이 다른 동물보다 앞선 존재가 된다"는 데 동의했다. 변덕, 우유부단, 불확실성, 슬픔, 미신, 야망, 탐욕, 시기 그리고 그 밖의 수많은 '길들일 수 없는 욕구들' 로 피폐해진 인간은 자신의 고상한 이성에 대해 '이상하리만치 과도한 값을 지불' 했다. 몽테뉴는 대담하게도 인간이 '현명해지려면 동물처럼 되는' 것이 더 나을 것이고, 또 그렇게 하면 행복해질 것이라고 말했다.[6]

플루타르크, 칼뱅 그리고 몽테뉴는 강력한 영향력을 발휘했다. 물론 다른 목소리들도 있었지만 대체로 '행복한 짐승' 이라는 이 전통은 인간의 자만심을 반대하고 비하하는 자들의 영역으로 남았다. 17세기 전반에 데카르트가 동물은 '자동 장치' —이성, 감정, 또는 영혼이 없이 움직이는 짐승-기계—라고 했을 때, 그는 이미 수세기 동안 존재해왔던 이견의 틈을 더 넓히기만 했을 뿐이다. 전혀 그럴 의도는 없었지만, 그럼에도 그는 불온한 질문을 자극했다. 만약 인간 또한 감정과 이성을 가진, 그리고 확실히 영혼을 갖지 않은 짐승-기계라면? 이것은 라 메트리가 제기한 불안한 추측이었다. 그리고 그가 비록 동물과 마찬가지로 인간도 정교한 기계라는 주장을 하는 데 누구보다도 급진적이긴 했지만, 그가 던진 질문의 일반적인 경향은 당시 시류와 보조를 같이하는 것이었다. 18세기에는 자연과학과 인류학 양자 모두에서 동물과 인간 사이의 간격이 좁혀졌고, 대부분의 급진적인 사람들은 동물과 인간이 가까워졌다고까지 생각했다.

이런 점에서, 수많은 다른 것들에서와 마찬가지로 계몽 시대는 근본적이고도 급진적인 새로운 사고를 야기하면서 기념비적인 전기를 이루었다. 그런데도 우리가 이미 라 메트리의 경우를 통해 본 바와 같이, 인간을 하나님의 왕국에서 끌어내리려는 시도는 광범위하게 전개된 적의와 엄청난 불안에 맞닥뜨렸다. 우리는 뒷마당의 행복— '돼지처럼 진흙탕에 뒹구는 일' —에 자유롭게 탐닉해야 한다는 라 메트리의 제안은 분노를 일으켰고, 그의 공리주의 계승자들의 일반적인 조언 역시 위협적이었다. 제러미 벤담은 등과 귀를 긁어주면 만족스

행복한 동물들?(stockphoto.com)

러워하며 꿀꿀거리는 '아름다운 돼지' 를 애완동물로 데리고 지내면서 자기 이웃들을 웃겼을지도 모른다.[7] 이웃들은 아마 동물도 인간과 마찬가지로 기쁨과 고통의 감정을 겪는다는 그의 말에 감동했을지 모른다. 벤담은 "문제는 (동물들이) 판단을 할 수 있는가가 아니라 고통을 느낄 수 있는가이다"라고 강조했다.[8] 이런 견해의 '인간다움' 에도 불구하고, 대부분의 사람들에게 인간의 '돼지 행복' 은 여전히 수용하기 어려운 개념이었다. 존 스튜어트 밀이 강조했듯이, 만족한 돼지보다는 불행한 인간이 되는 게 더 나았다.

그러나 만약 그 동물이 돼지가 아니라 원숭이라면, 그리고 그 원숭이가 사람이라면? 이것은 일찍이 1830년대에 찰스 다윈Charles Darwin이 스스로에게 했던 질문이다. 그는 이 불가사의한 질문을 세상에 던졌다. 그는 "개코원숭이를 이해하는 사람은 로크보다도 더 형이상학을 향해 정진할 것이다"라고 1838년에 자신의 개인 메모장에 휘갈겨 썼다.[9] 행복의 장은 그가 제기한 이론으로 인해 완전히 바뀐다. 그리고 생물학의 발전이 철학, 심리학 그리고 인류학의 변화를 촉진함에 따라 여태까지 숨겨졌던 힘들, 즉 본능적 충동, 유전적 특성,

그리고 궁극적으로는 유전자 정보의 영향 등을 얘기하게 되었다. 어떤 이들에게는 상서롭지 못하고, 또 누군가에게는 해방이 될 이러한 힘들이 20세기까지는 인간과 동물 모두에게, 모든 피조물들에게 마치 숙명처럼 그 지배력을 확장하는 것 같았다.

가장 행복한 자의 생존

찰스 다윈이 정식으로 행복에 관한 논문을 저술한 적은 없지만, 고려는 했다는 것을 보여주는 증거들이 있다. 미출간된 초기의 노트 중 하나에서 그 주제에 대한 서너 장의 글이 이어지는 중간쯤에, 다윈은 흥미롭게도 "행복은 무엇인가, 라고 말하면서 토론을 시작하라"고 쓰고 있다.[10] 다윈은 비글호를 타고 5년여에 걸쳐 남미와 태평양을 항해한 뒤, 바로 2년 전인 1836년에 돌아와 항해기를 집필하느라 매우 바쁜 상황이었다. 다음 해에 출간된 『비글호 항해기 *Voyage of the Beagle*』에는 행복에 대한 인용들이 단지 산발적으로만 들어 있을 뿐이다. 따라서 위에 인용한 '토론'—계획한 기사, 공개 강의, 한층 폭넓은 연구의 일부—이 무엇이었는지는 명확하지 않다. 불행하게도 다윈은 결코 이에 대해 말하지 않았고, 또 바로 그 뒤를 잇는 언급에 대해서도 충분히 얘기하지 않고 있다. "우리가 행복한 날들을 돌아볼 때면, 그것은 모두 즐거운 기억들이 있는 날들이 아닌가?"[11] 그의 독자들인 우리는 좀 더 확실한 단서를 찾기 위해 이전 페이지들을 훑어가며 살펴볼 수밖에 없다. 그러면 이런 파편 같은 구절들을 만나게 된다.

행복의 정의: 어느 때 마음을 스쳐지나가는 즐거운 생각들의 수. 이러한 생각에 대한 〈행복〉 즐거움의 정도.[12)]

그리고 몇 페이지 전에는 이런 문장이 있다.

행복이 감각에 거의 좌우되지 않는다는 것을 이보다 더 잘 보여주는 것은 없다. 즉 자신의 삶을 돌아보며, 멋진 정찬을 몇 번이나 즐겼던가를 말하지는 않으리라는 〈작은〉 사실보다 이를 더 잘 보여주는 것은 없다. (…) 그는 그런 장소에서 자신이 얼마나 많은 행복한 날들을 보냈는지를 얘기할 것이다.[13)]

위의 인용문에서, 다윈은 행복은 감각에 근거한다는 것과는 상반되는 생각을 하는 것처럼 보인다. 그러나 조금 후에는 이렇게 말하고 있다.

《아기들의 그것처럼》 단순한 행복이란 어느 주어진 때에, 불쾌한 정신적 감각에 대한 즐거운 정신적 감각의 비율이 큰 경우이다……. 감각이란 다소 즐겁거나, 동시에 불쾌할 수도 있다. 그러므로 행복의 정도는 총체적 행복이다. 고통을 동반한 강력한 행복은 그리 바람직하지 않다. (…) 즐거움이란 대개는 감각을 말한다. (…) 정신적이거나 이상적인 감각이 아니라 인상에 의해 자극되었을 때…….[14)]

이런 파편들을 해독한다는 것은 확실히 어려운 일이다. 그러나 다윈은 행복의 여러 단계를 말하고 있는 듯하다. 즉 순전히 감각의 인상에만 기초한 '단순한' 행복에서부터, 기억이나 상상 같은 정신적, 혹은 이상적 인상을 내포하는 좀 더 복잡한 행복 말이다. 무척 매력적인 호칭이기는 하지만, '총체적 행복' 이란 실제적으로는 한층 단순한 행복이다. 그리고 다윈은 그것은 강도나 종류 양쪽에서 모두, 철학자들의 '좀 더 고매한' 행복에 비해 아주 열등한 것이라고 분명히 말하고 있다.

> 건강한 아이는 총체적으로《좀 더》행복하다. 아마도 잘《조율된》철학자보다……. 그럼에도 철학자는 훨씬 더 강도 있는 행복을 누린다. (…) 같은 사람을 농부에게 비교해볼 때도 그렇다. 즐거운 생각을 가장 많이 떠올리려면, 그에게는 좋은 음식, 고통의 부재 같은 예기치 않은 우발성이 있어야만 한다.
> 이런 생각들은 아주 즐겁다. 좋은 일이 이루어졌다고 양심이 (마음에) 말할 때—《그리고 악의 없는 양심》—사유력의 즐거움…… 상상력의 즐거움…… 이러한 즐거움들은 아주 대단해서, 한번 그걸 맛본 사람은 행복의 실질이, 비록 어느 정도의 고통이 섞여 있더라도 순간의 감각적 만끽이 일상적 행복의 대부분을 차지하는 농부의〈행복〉《즐거움》보다 훨씬 크다고 생각할 것이다. 현명한 사람은 이런 행복을 얻고자 노력할 것이다.[15]

작은 물질적 안락, 고통의 부재, 투명한 양심, 지성의 즐거움 맛보기……. 이런 것이 '철학자' '현명한 자' 의 행복으로, 이는 아마도 다윈도 확실하게 갈망했던 상태였다. 이와 같은 보편적 목표는 아리스토텔레스, 에피쿠로스, 호라티우스, 또는 이 책에서 이제까지 우리가 만났던 다른 모든 사상가들에게도 낯선 것은 아니다. 실제로 다윈은 콜리지, 몽테뉴, 로크, 벤담, 애덤 스미스, 칸트, 그리고 밀에 대해 메모장에 수없이 거론했다. 이것은 그의 엄청난 독서량과 좀 더 폭넓은 전통적 맥락에서 행복에 대한 자신의 사유를 자리매김하고자 했던 그의 욕구를 보여주는 증거라고 볼 수 있다. 같은 시기의 다른 메모장에서 그는 '두 부류의 도덕가들' 이 있다고 말한다. 즉 한편에는 벤담과 밀 같은 도덕관념의 이론가들이 있고, 다른 한편에는 습득된 경험(즐거움과 고통의 미적분학)으로부터 도덕적 현상을 추론해내려는 이론가들이 있다. "한 사람은 우리의 규범이 바로 최대의 행복을 낳는 것이라고 말한다. 다른 사람은 우리는 도덕관념을 소지하고 있다고 말한다. 그러나 내 견해가 〈말하기를〉 양자를 결합시키고《그들이 거의 같다는 것을 보여주라》고 한다."[16]

다른 사람들의 수많은 견해를 진술한 후, 바로 이 지점에서 다윈은 뛰어난 독창성을 드러낸다. '본능적' 인 도덕관념에 대해 말하면서, 그는 "행복에 관한 규범을 판단하려면 먼 앞날을 내다봐야 한다……. 왜냐하면 확실히 그 규범은 한참 전에 우리에게 일반적으로 최선이었던 것의 결과이기 때문이다"라고 분석했다. 그리고 그는 아주 멋지게 덧붙인다. "사회는 도덕관념이 없으면 지속될 수 없다. 마치 벌통이 벌들의 본능 없이는 지속될 수 없는 것과 같다."[17] 다윈은 그가 '본능적 감정' —유전적으로 결정된 감정, 그리고 오랜 경험을 통한 즐거움과 고통—이라고 했던 것뿐만 아니라, 역시 오랜 경험에 의해 갈고 닦은, 잘 발달된 도덕적 본능 또한 가정하고 있는 것이다. 양자 모두 우리의 사회적 상호작용에 직접적으로 영향을 미치며, 또 양자 모두 행복과 밀접한 관계가 있다.

먼 과거를 바라보며, 다윈은 '다른 동물에게 공통적이었던, 그러기에 먼 옛날 (우리의) 선조들에게도 있었던' 어떤 강렬한 열정과 '나쁜 감정' 들은 '의심할 나위 없이 애초에는 필요한' 것이었다고 생각한다.[18] 예를 들면 복수는 한때 정의의 원시적 형태였고, 분노는 우리의 안전을 지켜줬고, 질시는 방탕에 대한 '관습적 점검' 역할을 했다. 그러나 인간이 우선 이러한 강력한 감정을 발달시켜야만 했던 것이 비록 기이한 일은 아니었다 해도(다윈은 "좀 더 낮은 지력을 가졌던 시기에 필요했을지도 모르고, 또 의심할 나위 없이 존속되었다"고 부언한다), 이제 우리는 행복을 위해 이러한 본능을 '점검' 해야만 한다는 것을 경험을 통해 알게 되었다.[19] 다윈은 아주 놀라운 공식화를 통해 "그렇다면 우리의 계보는 우리의 사악한 열정의 원초이다! 개코원숭이의 형상 아래에 있는 악마는 우리의 조부이다!"라고 말한다.[20] 실로 인간은 자기 안의 짐승과 힘들게 싸워야만 할 것처럼 보인다.

그러나 이것은 단지 '먼 옛날' 을 바라봄으로써 열린 전망일 뿐이다. '먼 앞날' 을 응시하면 전망은 훨씬 밝다. 왜냐하면 다윈에게는 우리들이 갖고 있던 좀 더 공격적인 충동이 '서서히 사라지고' 있는 것으로 보였기 때문이다. "이제 문명은 이러한 본능적 열정들을 바꾸고 있다. 이는 우리가 사악하다고 부르는, 불필요한 것들이다." '개의 질시를 아무도 악이라고 부르지는 않는' 반면에, 인간은 이제 열정을 비롯한 그 밖의 격세유전적 감정 전반—인류의 도덕 향상의 증거이고, 그러기에 종의 행복이 진전하는 증거이다—을 적절하게 단죄했다. 하등 짐승, 또 '야만인' 과 구분되는 면에서의 '문명인' 은 "경험으로써 깨닫게 된 부분, 즉 최대의 선을 지향하지 않는 도덕관념의 부분을 바꾸고자 노력"하고 있었다.[21]

여기서 다윈은 낙관주의자라는 것을, 즉 그가 자신이 묘사한 기나긴 '행복한 삶' 을 영위하리라는 걸 나타냈다.[22] 그럼에도 이 균형 잡힌 관찰자는 자신의 분석에 토마스 같은 자들이 불신의 손가락을 찔러댈 만한 결점이 있을 수 있음을 인정했다. 그는 '행복의 규범' 에 대한 자신의 자연주의적인 설명이 '신약의 설명과 일치' 하는지에 대해서는 확실치 않다고 고백했다.[23] 그리고 더 심각하게는, 인간이 자기 계보에 속한 악마를 쉽사리 극복할 수 있을지에 대해서도 전혀 확실치가 않았다. 다윈은 자신이 '자유의지에 대한 보편적 미망' 이라고 명명했던 것에 대한 긴 구절에서, 자신들의 도덕적 힘에 대한 인간의 믿음은 대부분 자기 행동의 진정한 동기를 구별할 수 없는 데서 기인한다고 생각했다. "동기란 원래 대부분 본능적이고 그러기에 이제 그들을 발견하기 위해 이성의 대단한 노력이 필요하다." 이러한 동기들은 그것에 대해 '아주 많이 숙고하는' 사람을 제외하고는 모든 사람들에게 숨겨져 있다.[24] 그 현명한 사람—이 경우, 다윈 자신—조차도 그가 모으고 있는 증거들이 더 제시하게 될지도 모르는 것들과 대면하기를 몹시 싫어했던 것 같다. 즉 자기 안의 짐승의 노예인 인간은 최대의 행복과 최대의 선을 위해 우리의 행동을 자유로이 바꾸기는커녕, 자신을 지배하는 숨은 동기들의 포로가 될지도 모르는 것이다.

다윈은 이러한 개략적 사고들이 활용될 것으로 보였던 행복에 대한 정식 '논의' 를 결코 완성하지 못했다. 또 이렇게 문법에 어긋나는 구문을 적어놓은 메모들에 세심하게 눈을 돌려보려는 생각도 전혀 하지 않았던 것이 분명하다. 그러나 그렇게 함으로써 우리는 그냥 지나쳐버렸을지도 모르는 것들을 볼 수 있게 됐다. 다윈이 행복이라는 주제에 대해 보여주었던 초기의 열렬한 관심, 그리고 하등 동물의 행동과 인간의 행동을 가장 면밀히 비교했던 작품인 『인간의 계보 *The Descent of Man*』에서 나타난 놀라운 일관성 그리고 유사한 모순과 더불어, 그 주제가 다시 재현되고 있는 방식을 볼 수 있게 된 것이다.

그 사이 30여 년이 흘렀고, 이제 다윈은 『종의 기원 *The Origin of*

Species』을 통해 성공한 저자로서, 진화론과 진화론에 수반되는 적응, 변이 그리고 자연 도태의 원리들에 대한 인정받은 대부로서, 생애 최고의 정점에 있었다. 『종의 기원』은 비록 명확하게 드러내지는 않았지만, 진화론에서 인간의 위치가 어디냐에 대한 논쟁의 여지가 많은 의문을 불가피하게 제기했다. 『인간의 계보』는 인간과 하등 동물 사이의 '초기 배아 상태의 발달, 그리고 그 구조와 조직의 수많은 요소'에서의 '매우 근접한 유사성'에 대해 명료하게 주장했다. 모든 종에서와 마찬가지로 인간도 '더 낮은 구조 형태('유인원 같은 조상')에서 계통'을 이어받았고, 실제로 '인간의 그런 낮은 기원의 지울 수 없는 특징이 신체 골격'에 아직도 남아 있다.[25]

이것은 형태론에서와 마찬가지로 감정에도 똑같이 들어맞는 말이다. "하등 동물도 우리들과 똑같은 감정에 의해 자극된다는 사실은 잘 알려져 있으므로, 그에 대해 장황하게 설명해 독자들을 진력나게 할 필요는 없을 것이다"라고 다윈은 말했다.[26] 그런데도 그는 종종 재미있고 진력나지 않게, 동물들이 감정을 표현하는 여러 방법들을 기술했다. 그는 사랑, 선망, 분노, 질투, 호기심, 그리고 적의 같은 감정 표현에 대해 설명했다. 『인간의 계보』, 그리고 온전히 그 주제만 다룬 저서로서 이듬해에 출간된 『인간과 동물의 감정 표현 *The Expression of the Emotions in Man and Animals*』 모두에서 다윈은 심술궂은 원숭이, 겁에 질린 황새, 그리고 성난 벌들의 경우를 기술하고 있다. 그는 "어떤 개와 말들은 성미가 까다로워서 곧잘 부루퉁해진다. 어떤 것들은 온순하다. 그리고 이런 자질들은 확실히 유전적인 것이다"라고 설명했다.[27] 그리고 그는 기쁨과 행복은 인간에게만 있는 감정이 아니라고 주장했다.

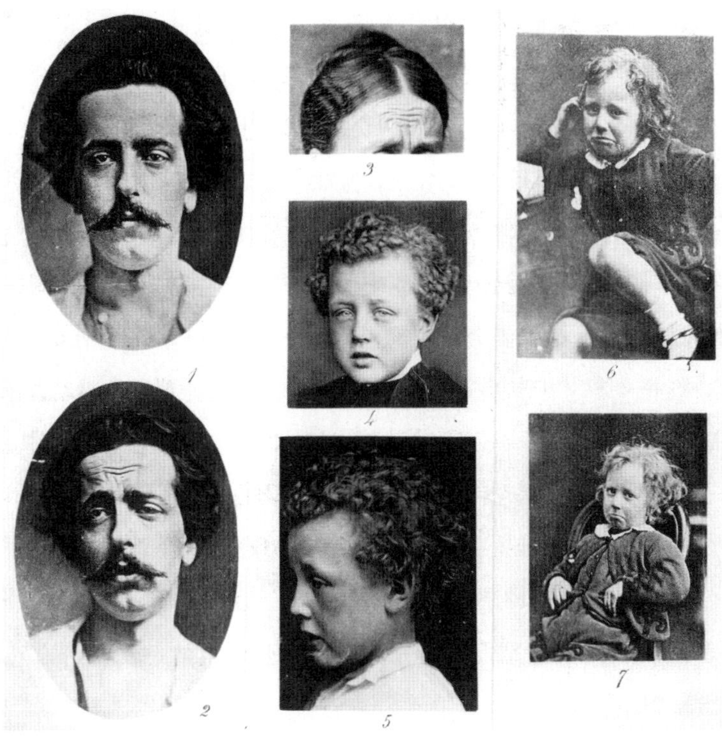

⚜ 다윈의 슬픔에 관한 연구, 『인간과 동물의 감정 표현』, 1872, 바이네케 희귀본 도서관, 예일 대학교.

> 인간과 마찬가지로 하등 동물도 즐거움, 고통, 행복 그리고 비참함을 느낀다. 우리의 아이들처럼 강아지, 고양이, 양 등의 어린 동물들이 뛰어놀 때보다 행복이 더 잘 드러나는 경우는 없다. 많은 강아지들이 그렇듯, 개미들이 서로 뒤쫓으며 물려는 척하는 것을 본 뛰어난 관찰자가 묘사한 바에 따르면 곤충들까지도 같이 논다.[28)]

다윈은 비록 이러한 과정을 지배하는 중요한 메커니즘을 이해하는 데 도움이 됐을 유전학에 관련한 지식을 가지지는 못했다. 그러나 감정과 정서—심술과 온순함—가 유전될 수 있는 특질이라고 본 그의 보편적 식견은 매우 심오한 통찰력을 가진 것이었다. 오늘날 진화론적 심리학이라는 발전 분야에 그가 처음 발을 내디딘 것은 가히 혁명적이었음이 입증된다. 그러나 이것이 과연 인간과 그 밖의 동물들이 즐거움과 고통이라는 외부적 자극에만 반응할 뿐이라는 사실을 말한 것일까? 다윈은 진화의 전개 과정에서 즐거움과 고통이 중요한 역할을 한다는 점을 인정했다. 그렇지만 공리주의 전통에서는 어떤 행동이든 즐거움을 일으키고 고통을 최소화하기만 한다면 유용하다는 신념을 유지했던 반면, 다윈은 "즐거운 상태가 유용한 행동을 야기한다면, 자연 도태는 즐거움을 낳는 것"이라고 주장하면서, 공리주의의 전통적 주장을 번복했다.[29] 그리고 이러한 유용한 행동들—재생산과 생존을 촉진하는 행동들—은 개인에 관해서가 아니라 집단과 관련해 산정되어야 했다. 1838년의 메모에서 거론했던 주제로 다시 돌아가면서, 다윈은 집단 생존에 이롭도록 선택된 '사회적 본능'이라는 개념을 내놓는다.

> 사회에서 느끼는 즐거움은 아마도 부모 또는 자식에게 보이는 애정의 연장일 것이다. 왜냐하면 사회적 본능은 어렸을 때 계발되어 그들의 부모와 더불어 오랫동안 남는 것처럼 보이기 때문이다. 그리고 이러한 확장은 부분적으로는 습관에 의한 것일 수 있지만, 주로 적자생존에 의한 것일지도 모른다. 긴밀한 관계 속에서 사는 게 유리한 동물들에게는, 사회에서 최대의 즐거움을 얻는 객체들이 여러 가지 위험으로부터 가장 잘 도피할 수 있다. 반면 동료들과 잘 어울리지 않고 홀로 사는 동물들은 훨씬 더 많이 소멸할 것이다.[30]

점차, 많은 열등한 짐승들은 자신의 생존뿐만 아니라 자신이 속한 집단의 생존에 따르는 본능을 계발했다. 인간과 마찬가지로 그들도 사회적이고 정치적이기까지 한 피조물이며, 동정, 애정, 충성, 용맹, 그리고 집단의 결속과 존속을 도모하는 다른 많은 특성들을 갖고 있었다. 그들은 사회적인 상호 작용에서 즐거움을 느꼈고, 또한 좀 더 큰 좋은 일을 위해, 고통을 감내할—또는 고통을 가할—줄도 알았다. 다윈은 공동체를 지키기 위해 언제라도 경고 신호를 나타낼 수 있게 준비하면서 자신을 위험에 노출시키는 동물들의 예를 콕 집어내기도 했다. 그는 형제 수벌을 죽이는 일벌, 또는 딸-여왕을 죽이는 여왕벌의 예를 부각시켰는데, 이것은 "공동체를 위해 자신과 가장 가까운 일가를 파괴하는 욕망이었다."[31)]

벌집의 벌들처럼 양육된다면, 유아 살해의 경우에서 볼 수 있듯 인간도 이런 벌들과 유사하게 행동하리라는 것을 다윈은 거의 의심치 않았다. 그러나 좀 더 넓은 시각에서 볼 때 다윈은 낙관적이었다. 왜냐하면 동물의 사회적 본능에서 다윈은 인간이 가진 도덕적 본능의 조짐을 보았기 때문이다. 하나는 바로 다른 것의 확장이었다. 그는, 하나는 자연 도태에 의해 갈고닦인 충동이고 다른 하나는 동정, 애정, 남의 눈에 비친 자신의 이미지에 대한 주목, 그리고 타인의 안녕에 대한 관심 등 좀 더 고매한 인간의 의식이라고 믿었다. 다윈은 이런 도덕적 충동이 다른 것, 즉 좀 더 이기적인 욕망과 종종 갈등을 일으키리라는 것도 충분히 이해했다. 그는 "인간에게 사회적 본능들이 (찬사를 좋아하고 비난을 두려워하는 것도 포함해) 자기 보존, 굶주림, 색정, 복수 등 좀 더 강한 힘을 갖거나 또는 오랜 습성을 통해 더 강한 힘을 획득하게 되었다"는 것은 그다지 이치에 맞지 않는다고 강조했다.[32)] 선망, 미움, 그리고 자기 보존과 관련한 그 밖의 열망에 관해 "다른 사람들을 희생시키면서라도 자신의 욕망을 만족시키려는 게 인간들에게 좀 더 일반적"일 것이다. 그러나 서로 앞을 다투는 자연적 충동 사이의 충돌은 또한 바로 양심을 불러일으키는 것이기도 했다. 1838년의 메모에서 다윈이 암시했고 여기에서 다시 반복되듯이, 인간은 월등한 정신적 능력 때문에 "반성을 피할 수가 없다. 지난 생각과 이미지들이 끊임없이 그리고 분명하게 그의 마음을 지난다."[33] 결국 사회적 충동을 희생시켜 좀 더 강렬한 이기적 충동에 빠진 후에, 인간은 "후회, 회오, 가책 또는 수치를 느끼게 된다……. 따라서 그는 향후에는 다소 다르게 행동하려고 할 것이다. 이것이 바로 양심인데, 양심은 뒤를 돌아보는 동시에 미래의 안내자가 될 것이기 때문이다."[34]

이 경우 다윈은 미래를 바라보며, 1830년대에 기록했던 사적인 생각에서와 같이 낙관적인 경향을 나타내고 있다. "양심에 따라, 인간은 오랜 습관을 통해 이렇게 완전한 자제를 얻게 되고, 그의 욕망과 열정은 마침내 자신의 사회적 공감과 본능 사이에서 갈등 없이 순간적으로 무릎을 꿇을 것이다"라고 생각하며 가끔씩 그는 쾌활해졌다.[35] 다른 구절에서 다윈은 자율적인 도덕적 행위자로서 인간의 승리에 찬 전망에 칸트를 불러들인다.

> 그러나 사랑, 공감 그리고 자율이 습관적으로 강화되고, 논리적 사고력이 명확해짐에 따라서 인간이 동료들의 판단을 제대로 평가하게 되면, 일시적 즐거움이나 고통과는 별도로 일단의 행동 방침에 따라야 한다고 느끼게 될 것이다. 그러면 그는 다음과 같이 선언—어느 야만인이나 교양 없는 인간이 그렇게 생각할 수 있는 게 아니고—할 수 있을 것이다. 나는 내 자신의 행동에 대한 최고의 판관이라고. 그리고 칸트의 말을 빌리면 나는 결코 스스로 인간의 존엄성을 침해하지 않을 것이라고.[36]

이것은 인간의 독립성과 도덕의 힘을 묘사한 멋진 그림이다. 그러나 이전에 그가 '자유의지에 대한 보편적 미망'에 대해 가졌던 우려는 어찌할 것인가? 좀 더 절박하게 말하자면, 그가 새로 그린 인간의 그림에서 행복의 자리는 어떤가? 기억하겠지만 칸트는 도덕적 임무와 개인적 행복 사이의 긴장을 강조했다. 그는 이 둘이 종종 엇박자가 되리라고 믿었다. 다윈도 이런 긴장을 알고 있었다. 그의 용어에 따르자면, 사회적 본능과 개인적 욕망 사이의 긴장이었다. 그는 비록 '충족되지 않은 본능에서 초래되는 불만족한 느낌, 혹은 비참한 느낌'에 관해서는 언급하면서도, 이런 통찰을 의미 있게 상세히 다루지는 않는다. 우리가 뒤에서 보게 되듯, 그것은 지그문트 프로이트에 의해 매우 영향력 있게 다루어진다.

인간의 동물적 속성에서 우리의 행복을 위한 견고한 토대를 발견하기를 바라는 사람들에게 잠재적으로 좀 더 고민스러운 것은, 공리주의 전통에 대한 다윈의 최종 결론이었다. 다윈은 인간과 하등 동물의 정신적 능력을 비교하는 주요 논의 두 장을 요약하면서, 모든 인간 행동의 동인은 즐거움이거나 고통이라는 벤담과 밀의 논쟁을 분명히 인용하고, 또 인정하지 않는다. 다윈은 "그러나 인간은 종종 충동적으로 행동하는 것 같다"며 공박한다.

> 아마도 벌이나 개미가 맹목적으로 본능에 따르는 것과 같은 식으로, 그것은 어떤 즐거움에 대한 의식도 없이 그저 본능이나 오랜 습관에서 나오는 것이다. 극단적으로 위기에 처한 상황을 가정해보자. 화재가 났을 때 어떤 사람이 일고의 주저도 없이 동료를 구하려고 애쓴다면, 그는 거의 즐거움을 느낄 수가 없다……. 후에 자신의 행동을 돌아보면서, 그는 즐거움이나 행복을 좇는 것과는 판이하게 다른 충동적인 힘이 자신 안

> 에 있다는 것을 느낄 것이다. 그리고 이것이 바로 내부에 깊숙이 자리하고 있는 사회적 본능인 것 같다.[37)]

다윈은 우리의 행동이 항상 이기심 또는 즐거움과 고통에 대한 주체적인 계산(최대 행복 원리)에 따라 추진된다는 냉정한 공리주의의 전제로부터 우리를 구하면서, 이런 고찰이 인간을 잘 반영하도록 할 생각이었다. 그리고 논란의 여지는 있지만 실제로 그렇다. 다윈의 표현을 빌리자면, 그것은 "우리 본성의 가장 고매한 부분의 토대를 이기심이라는 기본 원칙 속에 놓는다"는 질책을 일소해버렸다. 그런데도 그는 동물과 인간 모두에게서 사회적 본능이 가진 광의의 '목적'에 대해 논의를 진행해나가면서, 행복에서 멀리 떨어져 어딘가 다른 방향으로 가고 있다.

> 하등 동물의 경우 그들의 사회적 본능에 대해 말할 때, 종의 보편적 행복보다는 보편적 이익을 위해 진전되어왔다고 보는 게 훨씬 더 적절한 것 같다. 보편적 이익이라는 용어는 그들에게 주어진 조건에서 최대 다수의 객체를 원기 왕성하고 건강하게, 그들의 모든 능력이 완전하도록 기른다는 의미로 정의해도 좋을 듯하다. 인간과 하등 동물 모두 거의 유사한 단계를 거쳐 발전되어왔다는 데에는 아무런 의심의 여지가 없으므로, 편리한 대로 양자의 경우 모두 같은 정의를 사용해도 무방하다. 또한 보편적 행복보다는 공동체의 보편적 이익 또는 복리를 도덕성의 기준으로 삼아도 무방할 것이다.[38)]

다윈이 보편적 행복 대신 보편적 이익을 말한 것을 처음 읽으면, 별로 해가 될 것 같아 보이지는 않는다. 그러나 '보편적 이익'이 단지 종의 생존과 같은 것이라고 생각하면, 이익과 행복이 다윈이 믿고자 했던 것처럼 그렇게 서로 긴밀히 연관되어 있는지는 훨씬 불분명해진다. 다윈은 "객체의 복리와 행복은 보통 일치한다"라며, "만족스럽고 행복한 종족이 불만스럽고 불행한 종족보다 훨씬 잘 번성할 것이다"라고 주장했다. 그러나 '번성한다'는 것이 무얼 말하는지 한번 생각해보자. 『종의 기원』에서 다윈은 최대 다수의 객체를 원기 왕성하고 건강하게 기르려는 노력을 '생존 경쟁'과 '삶의 위대한 투쟁'으로 특성화하면서 매우 생생하게 그려냈다. 그는 우리가 통상적으로 "자연의 모습을 기쁜 마음으로 밝게 본다"고 했는데, 그 미소는 기만적인 것이었다. "우리는 주위에서 태평하게 지저귀는 새들이 계속 삶을 파괴하고 있다는 것을 보지 못하거나 잊는다. 또는 이런 새들이나 그들의 알 또는 둥지가 다른 새나 짐승들의 먹이로 얼마나 많이 파괴되는지도 잊는다……." 기아, 역병, 경쟁 그리고 살육 등은 생존 경쟁에 고유한 것들이다.

> 우리는 자연을 바라보면서 주위에 있는 모든 개개의 유기체들이 전력을 다해 그 수를 증가시키려고 고군분투한다는 점을 잊지 말아야 할 필요가 있다. 각 개체는 삶의 어느 시기에는 투쟁으로 삶을 영위해간다. 대량 파멸은 각 세대 동안 또는 간격을 두고 재발되면서 불가피하게 어리거나 노쇠한 층을 휩쓸고 지나간다.[39]

각 세대는 "살기 위해 투쟁해야 하며, 엄청난 파괴의 고통을 겪어야 한다. 이러한 고투를 생각해볼 때, 우리는 믿음을 갖고 우리 자신을 위로해야 한다. 즉 전쟁이 끊이지 않고 항상 일어나지는 않는다는 것, 두려움은 없다는 것, 죽음은 대체적으로 신속하다는 것, 또한 원

기 왕성한 자, 건강한 자 그리고 행복한 자는 생존해서 번성한다는 것"을 알아야 한다.[40]

그러나 최소한 모든 사람이 '가장 행복한 자의 생존'이라는 이미지에 특별히 위안을 얻지는 않을 것이다. 다윈도 이런 점을 잘 알고 있었다. 그는『인간의 계보』의 결론에서, 시간이 지나면 우리의 사회적 본능이 강화되고 상위 충동과 하위 충동 사이의 분투가 덜 심해질 것이며, "선이 승리할 것이다"라면서 과감한 긍정적 색조를 띤다. 그러나 그가 발견한 것들이 이러한 낙관주의를 정당화했는지는 결코 확실하지 않다.[41] 다른 기록에서 그는 "바람이 부는 방향과 마찬가지로 자연 선택이라는 작용에도 어떤 계획이 있는 것 같지는 않다"고 솔직히 인정했다. 만약 이렇다면, 다윈이 화창한 날씨와 부드러운 미풍을 가정했던 것—인류의 행복한 진로에 대한 그의 확신—은 사실보다는 신념에 근거한 것이었다.

명예롭게도 다윈은 생의 말엽에『자서전*Autobiography*』의 주요 부분에서 자신의 종교적 믿음에 대해 적절히 언급하면서, '세상의 보편적인 선한 정돈'을 어떻게 설명할 수 있을까를 정확하게 물을 수도 있을 것이라고 인정했다. 그는, 어떤 필자들은 "세상의 수많은 고통에 매우 큰 충격을 받아서, 세상에 행복이 더 많은지 아니면 비참이 더 많은지 알기 위해 감각 있는 모든 존재를 다 주의 깊게 봐야 하는 것은 아닌지 의심한다"는 것도 알고 있었다. 그러나 다윈은 "비록 증명하기는 매우 어렵겠지만 내 판단으로는 행복이 확실히 승리한다"고 대응했다. 의미심장하게도 그는 그것을 증명하려고 시도하지는 않는다. 대신 우리에게 "결론의 진실을 인정하라"고, 그리고 그것을 떠받칠—즉 '감각을 지닌 모든 존재들은 보편적 규범으로서 행복을 만끽하도록 형성되었다는 믿음'을 떠받칠—수 있는 제반 '고려 사항들'

을 생각해보라고 요구하고 있다.[42)]

다윈은 자연 도태를 촉진시키는 데 즐거움이 하는 역할에 대한 자신의 낯익은 주장들을 이러한 고려 사항들에 포함시킨다. "감각을 지닌 존재들은 즐거운 감각이 그들의 습관적 안내자 역할을 하도록 발달되어왔다." 그리고 그는 비록 즐거움과 고통 모두가 '종에게 가장 유리한 행동을 취하도록' 동물들을 촉발시킬 수 있다고 인정하지만, 그래도 즐거움이 더 강력한 동인이라고 주장한다. "어떤 종류이든 고통이나 괴로움은, 만약 오래 지속되면 우울함을 야기해서 행동력을 저하시킨다……. 한편 즐거운 감각은 우울한 영향 없이도 오랫동안 지속될 수 있다. 오히려 그것은 총체적 체계를 자극해 더욱 행동적으로 만든다."[43)]

고통이든 괴로움이든 극도의 단계에서는 감각을 지닌 모든 존재에게 치명적인 영향을 끼친다는 것은 거의 의심할 여지가 없다. 그러나 좀 더 약한 형태—약간의 허기, 성욕, 근심, 걱정과 같은—에서는 좀 다른 얘기가 된다. 또 즐거운 감각이 오래 지속될 때 행동을 자극한다는 것(멋진 마사지를 생각해보라)도 명백하지 않다. 비록 많은 점에서 다윈에게 빚지고 있지만, 현대의 진화심리학자 다수는 정확히 그 반대의 주장을 펼쳤다. 그들이 '행복의 비극' 또는 '쾌락의 바퀴' 라고 불렀던 것에 의하면, 인간은 자신의 즐거움에 재빨리 적응하려는 부정할 수 없는 경향을 나타내고—지루해지기 위해—, 그리고 나서는 자신의 만족에 대해 걱정하고 불안해 한다. 마약 주사가 필요한 마약 상용자처럼, 우리는 처음같이 서두르지 않을 정도가 되면 다양한 즐거움, 또는 더 큰 즐거움을 원하게 된다. 우리를 새로운 추구로 내닫게 하는 것이 바로 이 갈망—고통의 한 형태—이다.

이러한 조망에 따르면 우리의 삶을 지속시키기 위한 자연 도태에 의해 적응되었던 것이 바로 쾌락의 바퀴—고통스럽게 반복되는 즐거움의 추구—였다. 저명한 인지과학자 스티븐 핑커Steven Pinker가 설명하듯이, "(현대)진화론은 인간의 능력이 지성을 능가하리라는 것을 예보하지만 그렇게 대단한 정도는 아니다."[44] 다른 말로 하면, 비록 자연 도태가 우리의 생존에 기여하는 행동에서 즐거움을 경험하도록 만들었지만, 그것은 우리가 재빨리 그에 적응하고, 그러고 나서는 그것을 조금 더 얻기 위해 고군분투하도록 만들어버렸다. 이런 관점에서는 만족감이 지속되거나 항상 만족스런 상태는 생존에 도움이 되지 않을 것이다. 항상 약간 부족하고, 끊임없이 더 만족을 추구하게 만드는 것이 우리의 이해관계 안에—그리고 우리의 유전자 안에—있다. 약간의 근심은 우리를 위험에 대비해 조심시키고, 약간의 충족되지 않은 욕망은 우리에게 계속 그것을 좇아나가게 한다. 그것들이 우리와 우리 종족의 생존을 지키기 위한 조건이다.

다윈에 대한 이런 다윈적 변용의 통찰력이, 습관적이고 또 되풀이 되는 우리의 즐거움의 '합'이 "거의 의심할 여지 없이, 감각을 지닌 대부분의 존재들에게 비참을 넘어서는 행복을 준다"라는 그의 결론을 스스로 바꾸게 했는지는 물론 확실치 않다. 그러나 다윈 자신의 말에서조차 그 저울이 근소한 차이를 보여주고 있다는 사실은 흥미롭다. 그는 "다수의 존재들이 종종 많은 고통을 겪는다"고 시인하면서 이렇게 부언한다. "이러한 고통은 자연 도태에 대한 믿음과 잘 부합한다. 자연 도태는 그 행위에 있어서 완벽하지는 않지만, 다른 종과의 생존 경쟁에서 각 종이 가능하면 성공을 거둘 수 있도록 이바지한다……. 이 세상에 수많은 고통이 있다는 것은 누구에게서든 논란의 여지가 없다." 그는 이러한 고통이 하나님의 존재와 부합될 수 있다고 보는 견해들에 대해 쟁점을 만들고 있었다. 그는 자연 세계에 대한 자신의 조사 결과는 마음속에 호신론護神論이 들어설 자리를 주지 않았다고 주장했다.

> 어떤 사람들은 (이 세상의 고통을) 인간의 도덕 향상을 위한 것으로 상상하면서 설명하려 했다. 그러나 이 세상의 인구는 다른 모든 감각을 지닌 존재의 수에 비하면 그야말로 아무것도 아니고, 그런 존재들은 종종 도덕의 향상과는 무관하게 엄청난 고통을 겪는다. 우주를 창조할 수 있는 신처럼 강력하고 모든 것을 다 아는 존재는 우리의 한정된 생각으로는 전지전능하다. 그러므로 박애가 유한하다는 가정은 우리의 생각을 배반하는 것이다. 거의 무한한 시간을 거치며 수백만의 하등 동물들이 고통받는 것에 대체 무슨 이득이 있을 수 있다는 것인가? 전지전능한 존재에 반하는 고통에서 비롯된 이 오래된 논쟁은 내게는 아주 강력한 것이다.[45]

자비로운 창조자에 대한 믿음은 이 세상의 무의미한 고통과 양립할 수 없다. 호신론은 지속될 수 없었다.

그러나 다윈이 신에 대한 믿음이 아닌 인간의 행복에 대한 믿음을 어떻게 지속시킬 수 있었을까 하는 의구심이 남는다. 다윈은 세상의 끔찍한 고통은 부지중에 인류의 '도덕 향상'에 기여했고, 그래서 고통보다 행복의 추錘가 계속 증가할 것이라고 주장하면서, 호신론의 일종에 계속 매달렸다. 그는 몇 페이지 뒤에서, "내가 믿는 바와 같이, 앞으로 먼 미래의 인간이 현재의 인간보다는 훨씬 더 완벽한 피조물이 될 것이라고 믿으면, 인간과 감각을 지닌 모든 존재들이 이렇게 오래도록 느리게 진전한 뒤에는 완전히 멸종할 운명에 처할 것이라는 생각은 용납될 수가 없다"고 설파했다. 그렇다. 용납할 수 없다. 그러나 그가 충분히 시인하다시피, 그 생각은 "모든 행성들과 더불어 태양은 어느 날엔가는 생명체가 삶을 영위할 수 없을 정도로 차가워질 것이다"라고 믿는 과학의 총의였다.[46] 뒤를 돌아보면 '거의 끊임없이 고통받는 수백만의 하등 동물들'과 직면하게 되고, 앞을 바라보면 지상에 존재하는 생명체의 완전 괴멸을 직시해야 한다. 그런데도 움츠러들지 않고 미소를 지으며 현재를 살아가기 위해서는 용감한 개인—도전적으로 낙관적인 개인—이 되어야 한다. 다윈은 바로 그런 사람이었다. 많은 현대인들은 그의 강인함을 존경하지 않을 수 없었다. 그러나 훨씬 더 많은 사람들은, 감각의 손익계산서 상에 나타나는 약간의 잉여 즐거움이 인간의 행복을 정당화할 수 있다는 그의 믿음을 공유하기 어려웠다.

이 사람을 보라

목양자가 아니었던 자라투스트라Zarathustra는 외로운 짐승의 친구였다. 그는 양떼를 몹시 싫어했고, 소떼도 미워했다. 그러나 그가 홀로 산꼭대기에서 헤맬 때면 그의 정신은 독수리와 함께 솟아오르고, 비둘기와 함께 부드럽게 땅을 맴돌았다. 뱀들을 겁내지 않았고, 명랑한 사자를 기다리면서 동굴 속에서 살았다. 그리고 그는 단봉낙타처럼 힘든 여행에 단련되고, 무거운 짐을 나를 준비가 되어 있었으며, 정해진 집이 없는 피조물들을 사랑했다. 다시 태어나기 위해서, 그리고 새로이 일어서기 위해 인간은 진화해야 한다. "당신에게 정신의 세 가지 변형에 대해 말합니다. 정신이 어떻게 낙타가 되는지, 그리고 낙타가 어떻게 사자가 되고, 마지막으로 사자가 어떻게 어린이가 되는지."[47]

자라투스트라는 이렇게 말했다. 그리고 이 경우에는 프리드리히 니체가 가상의 예언자를 통해 자신이 늘 생각하고 있던 우화와 진실을 말하고 있었다. 여태까지 말해지고 행해지던 모든 것들에 대해 감히 사자처럼 포효하고자 하는 사람은, 누구든 먼저 자신의 등에 짐을 지고, 마치 노역 짐승처럼 그 무게를 감당하며 운반하고, 힘든 고통을 겪어봐야만 한다. 그런 후에야 비로소 그는 감연히 그 짐을 움켜잡고 앞으로 나아갈 수 있고, 그 하중으로부터 자신이 자유로워질 때, 오직 그때에 이르러서야만 '먹이를 노리는 사자'에서 어린이가 될 수 있다. 이것은 "순수, 망각, 새로운 시작, 놀이, 자력으로 추진되는 바퀴, 최초의 움직임, 신성한 긍정의 답"이다.[48] 이 긍정의 피조물인 행복한 어린이는 인간성을 극복해가면서, 초월을 향해 스스로를 끌어올릴 것이다. 또 다른 은유를 통해 자라투스트라는, 인간은 "동물과 초인 사이에 놓인 밧줄이다"라고 말한다.[49] 그는 밧줄을 따라 더 높은 곳을 향해 춤을 추거나 아니면 산산이 부서지며 깊은 심연 속으로 떨어질 수도 있다.

니체는 감수성이 예민한 은유와 긴장감 있는 표현법을 특히 좋아했다. 때로 이런 것들은 니체에게서 이탈하기도 했다. 그러나 이 경우, 변형의 은유는 틀림없이 확실한 것이었다. 니체는 자신이 무얼 말하고 있는지 잘 알고 있었다. 위대한 화가나 작곡가처럼, 이 예술가-철학자는 서구의 가장 절박한 관심사를 통해, 그리고 그것들에 대해 연구하면서 자신의 등에 서구의 전통이라는 짐을 지고 있었다. 그는 도전적인 사자처럼 자신을 과거와 묶어놓은 줄을 끊어내면서, 그 짐을 차버렸다. 그가 어린아이-또는 치솟아 오르는 초인-로 진화했는지는 의심스럽다. 그러나 분명히 그의 노력은 서구 사유의 풍경을 돌이킬 수 없이 바꾸어버렸다.

루터파 목사의 아들로 태어난 니체는 고대 그리스 철학 교수가 되기 전에는 신학생으로 대학생활을 시작했다. 따라서 그는 고전과 신학 양쪽 모두에서 깊이 있는 교육을 받았으며, 이러한 전통들의 무게와 씨름하면서 행복이라는 말에 길들고 익숙해질 수밖에 없었다. 이 주제는 그의 지적 발전의 매 단계에 함께하면서 연구의 중심이 되었다. 그러나 자주 그러하듯이, 행복에 대한 그의 열정은 심원하고 또 항구적인 슬픔과 긴장을 이루고 있었다. 말년에 하이네의 「로렐라이」에 대한 해석에서 그가 고백하고 있듯이 "사실은 '내가 슬프다' 는 것이고, 문제는 '그게 무엇을 의미하는지 모른다' 는 것이다."[50)]

일찍이 니체는 예술의 구원 가능성에 대한 믿음을 선언했다. 아직 학생이었던 시절, 그는 중고 서점에서 쇼펜하우어의 『의지와 표상으로서의 세계』 한 권을 접하게 되었는데, 이것은 그의 삶에 있어 중대한 사건이었다. 후에 그가 설명하듯이 "모든 젊은 영혼들은 밤낮으로 이 부름('네 자신이 되어라!')을 듣고, 그걸 들을 때 전율한다. 해방에 대한 생각은 모든 영원에서부터 그것에 할당된 행복의 정도를 예감케 하는데, 그 행복은 두려움과 인습의 사슬에 얽매여 있는 한 어떤 방법으로도 성취할 수 없다."[51)] 쇼펜하우어는 니체에게 해방에 대한 갈망을, 원래의 자신이 되고, 자신이 될 수 있는 것이 되고자 하는 갈망을 일깨웠던 것이다. 그는 또한 비판적으로 예술이 자신의 변형을 위한 수단이 될 수 있다는 가능성을 펼치기도 했다.

쇼펜하우어의 사고는 니체의 초기 시각에 형체와 실체를 부여하면서, 또한 니체의 첫 주요 저서인 『비극의 탄생*The Birth of Tragedy*』에 그리스 비극과 삶의 비극적 정신을 알렸다. '가장 미묘하고 가장 깊은 고통에 매우 민감하고' 또한 '존재의 공포와 끔찍함을 잘 알고 있었던' 그 옛날의 그리스인들은, 그들의 감수성에 이끌려 고통 속에 있는 자신들을 보호하고자 강력한 방어 수단을 창안하기에 이르렀다. '자신들 스스로 인간처럼 삶으로써 인간의 삶을 정당화했던' 올림피아 신들의 신전, 판테온은 바로 그런 기제機制 중의 하나로서 안전, 안락 그리고 희망을 제공했다. 그러나 젊은 니체가 더 흥미를 느꼈던 것은 디오니소스 신을 기리면서 그 장관을 바라보는 모든 사람들에게 구원의 형식 그리고 '형이상학적 위안'을 안겨준 그리스의 숭고한 창조물이었다.[52] 교양 있는 그리스인들은 그 고대의 무대 앞에 꼼짝 않고 앉아 있을 때 '존재의 영원한 기쁨'을 맛볼 수 있었다. 단지 한순간이라 해도, '본원적 존재'의 충일함을 경험하면서 자기 자신이 될 수 있었다.[53]

니체의 견해로는 바로 이것이 '진정한 비극'에 대한 치유향香이었다. 그는 그리스인들이 보여준 미와 존재의 강렬한 융합을 완전히 이해하기 위해서는, 베토벤의 「환희의 송가」를 그림으로 변형시켜야 한다고 생각했다. 그러나 그리스 신들의 신전을 다시 창조할 수 없는 것과 마찬가지로, 비극도 원래의 순수함으로 재창조할 수 없었다. 이러한 양보에도 불구하고 한동안 그는 리처드 바그너의 음악에서 고대 신화의 현대적 등가물을 발견했다. 쇼펜하우어가 단언했듯이 그것은 의지의 부단한 포효로부터 잠깐의 휴지를 줄 수 있는, 비극적 예술의 새로운 형태였다. 바그너의 악보에서 니체는 '음악적 무아경'의 순간들을 들었다. 마치 『비극의 탄생』에 나오는 유명한 선언의 진실을 확인하는 것처럼 보이는 '세상의 황홀경의 정점'을 성취하는 순간이었다. 그 선언은 "세상과 존재는 오직 미학적 현상으로서만 영원히 정당화될 수 있다"고 말한다. 그의 상상에서는, 바이로이트에서 바그너의 현대 오페라를 관람하는 '적합하고 열성적인 관람객들'은 고대 그리스인들의 현대판 사람들이었다. 니체는 바이로이트에서는

"행복의 절정에 있고 그들의 전존재가 곧장 행복한 상태로 농축된 것을 느끼는 사람들의 열성, 그들을 더 멀리 더 높이 향하도록 활기차게 하는 그 열성"을 볼 수 있을 것이라는 공상에 잠겼다.[54]

충분히 예상할 수 있다시피 현실은 그리 멋지지가 않았다. 바이로이트 부르주아들의 고루함에 환멸을 느낀 니체는 바그너에게, 그리고 예술이라는 현대 종교를 창안하려 했던 그의 시도에도 역시 환멸을 느끼기 시작했다. 나중에 그는 자신이 초기에 홀딱 빠졌던 그 열중을 인정한다. "내 초기 시절 뒤에는 예수회의 교리가 점잔을 빼는 얼굴로 웃고 있다. 내 말의 뜻은 우리가 의식적인 착각에 매달리고, 그리고 문화의 기초로서 강제로 그 착각들을 결합한다는 것이다."[55] 바그너가 공공연히 인정하려던 것—포스트 계몽주의 시대에 예술의 책무는 '종교의 본질을 구조하는 것'이다—을 이제 니체가 오도되고 혼란스런 것이라며 포기했다.[56] 미학적 구원이라는 낭만주의의 꿈은 '종교의 위안'을 버릴 수 없고, 또 버리기 싫어하는 사람들에게만 타당한 것이었다.[57]

그럼에도 그런 위로를 단념하는 데는—그가 그 사실을 아무리 부정한다 해도—니체에게도 그 나름의 어려움이 있었다. 이런 주장은 아마도 "신은 죽었다"라는 그의 극적인 선언을 기억하거나, 그의 이름을 즉각적으로 『반그리스도*The Antichrist*』 같은 제목과 연계시키는 사람들에게는 아주 놀라운 일일 것이다. 그러나 그의 전기 작가 중 한 사람이 고찰했듯이, 19세기 말에는 신을 죽이는 데 그다지 큰 용기가 필요하지 않았다.[58] 유럽의 과격파들은 200여 년 동안이나 그렇게 하고 있었다. 만약 니체가 그렇게 극단적인 방식으로 신을 죽일 필요성을 느꼈다면, 그것은 오직 그런 극단적인 방법으로써만이 꾸물대는 미련에서 자신을 해방시킬 수 있다는 이유가 어느 정도 작용했기 때문이다. 성직자의 아들로 어렸을 때 '꼬마 목사' 라는 별명을 얻은 것, 그리고 니체가 자신을 '교회 묘지 근처에서 태어난 식물' 이라고 묘사한 것도 모두 나름의 이유가 있었던 것이다.[59] 예술에서 '무아경' 과 '황홀경' 을 성취하고자 했던 그의 노력은 그가 존재를 '정당화' 할 인간을 '초월' 하거나 '극복' 할 필요와도 전적으로 부합했다. 그가 초기에 가졌던 '예수회의 교리' 에 대한 착각을 포기한 뒤에도, 구원이라는 준準종교적 목표는 떠나지 않고 남아 있었다.

이것은 '동물 존재' 로부터 해방을 성취하려던 그의 노력에서 가장 직접적으로 나타난다. 19세기 말과 20세기 초의 수많은 사람들처럼, 니체도 다윈의 이론들 때문에 깊은 고민에 빠졌다.[60] 그 이론들은 기독교의 근본을 파괴하는 것처럼 보일 뿐만 아니라, 인류를 좀 더 높은 단계에 자리매김하려는 어떠한 새로운 시도도 매우 어렵게 만들었다. 『자라투스트라는 이렇게 말했다』에서 예언자는 "인간에게 유인원은 무엇이지? 웃음거리 아니면 고통스런 곤혹"이라며 비웃는다. 그는 "한번 유인원이었으면, 그리고 지금도 그렇다면, 인간은 그 어떤 유인원보다 더 유인원이다"라고 부언한다.[61] 인간이 어떻게 자신의 원시적 태생을 초월할 것인가—그리고 좀 더 고매한 존재에게 합당한 행복을 열망할 것인가—는 니체에게 중대한 문제였다.

쇼펜하우어를 기리는 초기 에세이에서 니체는 '더 이상 동물이 아닌 사람들' 이라곤 오직 철학자, 예술가 그리고 성인聖人들뿐이라고 주장했다.[62] 그는 예술가와 인간을 변화시키는 예술의 능력에 의혹을 가졌다. 그렇다면 나머지 두 경우는? 교육 때문이 아니더라도 실제로 철학자였던 니체는 그 일을 높이 보았다. 그런데도 그는 대다수의 철학자들을 '얼간이' 라고 폄하했고, 인간이 갈구하는 행복을 가져다줄 능력이라는 면에 대해서는 심각한 유예의 태도를 보였다. 그

✤ 빈센트 반 고흐, 「성경이 있는 정물화」, 반 고흐 박물관, 암스테르담.
한때 전도사였던 반 고흐는 이 그림에서 고대와 현대의 경전(성경과 에밀 졸라의 『삶의 기쁨』이라는 소설)을 나란히 배치하고 있다.

는 그리스 비극이 주는 구원의 위안을 처음 파괴시킨 것이 바로 철학이라고 비난했다. 그리고 그 이후로 인간을 잘못된 추구로 이끌어간 것도 철학이었다. 이렇게 덧없는 추구를 일으킨 위대한 창시자—경외심을 일으키게 하고, 끔찍하면서도 숭고한 사람—는 바로 소크라테스였다.

소크라테스에 대한 니체의 견해는 복잡하기로 악명 높지만, 그가 소크라테스를 '서구 문명의 소용돌이요 전환점'이자 중추적 인물로 여겼다는 데는 별로 의심의 여지가 없다.[63] 소크라테스는 '이론적인 인간의 위대한 모범' '이론적 낙관주의자의 전형' 그리고 '혼자서 헬레니즘 세계 전체에 감연히 도전했던 사람'이었다.[64] 소크라테스는 삶의 본래적인 불확실성과 갈등에 대한 비극적 수용을 거부하면서, 어느 정도는 '사유가 존재의 가장 깊은 심연을 간파할 수 있고, 또 그것을 바로잡을 수도 있을 것이라는 착각'에서 출발했던 것이다.[65] 앎이 존재의 '진정한 만병통치약'이라는 게 소크라테스의 믿음이었다. 니체는 이것이야말로 소크라테스의 중심 사유를 활성화시키는 가르침의 한가운데에 있는 '장대한 형이상학적 착각'이라고 생각했다. "선은 앎이다. 모든 죄는 무지에서 비롯된다. 오직 선만이 행복하다." 니체는 이러한 '낙관주의의 세 가지 기본 공식화'가 오직 이성만이 선과 행복에 이르는 열쇠를 쥐고 있다는 근본적인 착오로 인류를 옭아매면서 비극 정신의 죽음을 불러왔다고 주장했다.[66]

그의 사유가 지닌 탁월한 치밀성에도 불구하고, 니체는 이 근본적인 신념을 결코 버리지 않았다. 그의 활동 말기, 즉 1890년에 정신 착란에 빠지기 2년 전에 그는 이 주제로 다시 돌아갔다. 그는 메모에서, '소크라테스의 문제점'은 '이성=선=행복의 균등화'로 요약할 수 있다고 개략적으로 묘사하고 있다. 이것은 고전 철학자들이 결코 빠져나올 수 없었던 '부조리'였다. 소크라테스의 계승자들은 "인간이 원하는 것은 무엇인가?"라고 물었다. 이 질문에 그들은 단지 한 가지 답만을 내놓았다. 그것은 바로 '행복'이다. '만약 인간이 실제로 행복을 성취하지 못한다면' 왜 그런가? 니체는 포스트-소크라테스적 목소리를 이어나간다.

> 왜냐하면 그는 방법에 있어서 서툴기 때문이다. 행복을 얻는 확실한 방법은 무엇인가? 답: 선. 왜 선인가? 왜냐하면 그것은 최고로 이성적이고 또 방법의 선택에서 이성적 행동이 실수를 한다는 것은 있을 수 없기 때문이다. 선이 행복에 이르는 길이라는 것은 이성과 마찬가지이다.[67]

이렇게 근본적인 소크라테스적 오류—이어지는 모든 고전적 사고의 중심이 된다—는 이후로 계속 수용되었다.

바로 이 잘못된 균등화가 이성의 승리를 통해 인간에게 행복을 가져다준다는 주장과 함께 계몽사조의 사고를 활성화시켰다. 18세기에 쾌락에 대한 강조를 덧붙인 것은 이런 곤경을 더욱 악화시키기만 했다. 왜냐하면 니체가 즐겨 반복했듯이, 쾌락은 인간의 진정한 목적이 아니기 때문이다. 그는 벤담의 발자국을 따라 '어설프게' 걷는 자들을 경멸하려는 심산으로, "인간은 쾌락을 찾아 고군분투하지 않는다. 영국인들만이 그럴 뿐이다"라고 빈정댔다. 그러나 그는 '최대 다수의 최대 행복'을 찾으려는 것이 영국에만 국한되지는 않았다는 사실을 잘 알고 있었다. 정반대로, '영국식 행복'—'안락과 유행(그리고 기껏해야 의회의 의석 한 자리)'—에 대한 요구는 널리 퍼져 있었다.[68] 선이라는 미명 뒤에 숨어서 도구적인 이성을 이용하는 이런 종류의 행복은 인간의 동물적 기원을 초월하는 데 거의 도움이 되지 않을 것이다. 기껏해야 그것은 인간을 살찐 돼지로 만들 뿐이다.

니체는 사회주의 전통의 절름발이 후계자들에게도 비슷한 비난을 했다. 즉 모든 걸 평평하게 만들려는, '모두에게 안전하고, 위험도 없고, 안락하고 편안한 삶을 주고, 모든 군중이 머무는 푸른 초원의 행복을 위해 온 힘'을 다 쏟는 '평등주의자들'에게도 비난을 쏟아냈다. 니체는 "그들이 가장 자주 부르는 두 가지 노래와 주의는 '권리 평등'과 '고통받는 모든 이들에 대한 공감'이다. 그리고 그들은 고통 자체를 폐기해야만 할 것으로 여긴다"라고 설파했다.[69] 니체는 이것은 잘못된 생각일 뿐만 아니라, 부질없는 것이라고 느꼈다. 게다가 그 갈망—모든 고통에 공감하고 그것을 영원한 안락과 안식으로 풀려 하는—자체는 서구 문명에 소크라테스를 능가하는 엄청난 파급력을 발휘한 또 한 사람에게 주의를 돌리게 했다. 그 사람은 바로 나사렛의 예수였다.

그리스도에 대한 니체의 견해 역시 그의 소크라테스에 대한 견해만큼이나 복잡했다. 이것은 고행자와 성인에 대해 그가 가진 광의의 이중 의식을 나타내는 시각으로, 철학자와 영웅적 예술가에 대한 그의 상충하는 생각과 그대로 상응하는 것이다. 그러나 의문의 여지가 없었던 것은 그리스도의 영향력에 대한, 또 그리스도의 이름 밑에서 성장한 (얼마나 잘못되었든 간에) 전통에 대한 니체의 평가였다. 이러한 영향력에 대해 니체는 거의 전적으로 부정적으로 생각했다. 그러나 기독교 고행자와 성인의 규율, 자제 그리고 극기에 대한 자신의 크나큰 존경을 결코 저버리지는 않았다.

젊은 시절 니체는 자신이 이미 기독교와 진리 탐구 사이의 양립할 수 없는 갈등이라고 간주한 것에 대해 누이에게 써 보냈던 적이 있다. 그는 "만약 네가 마음의 평화와 행복을 원한다면, 신앙을 가져야 한다. 만약 네가 진리의 사도가 되고자 한다면, 탐구해야만 한다"라고 쓰고 있다. 이러한 모든 것들—행복, 신앙, 진리 그리고 기독교—에 대한 니체의 시각은 그의 사고가 성숙되어감에 따라 상당히 진화한다. 그렇다 하더라도 그는 역사상의 예수가 설파한 상대적으로 순수한 가르침과 그의 후계자들, 특히 바울의 가르침을 구별하기 위해 항상 조심스러워했다. 그는 '그리스도가 삶의 방식을 통해 일소해버렸던' 모든 것들, 즉 교회 구조, 도그마, 신학, 의식儀式, 사제, 교회 등을 다시 웅대하게 일으켜 세웠던 장본인이 바로 사도 바울이라고 비판했다. 행복의 원천으로서의 기독교에 대한 니체의 초기 생각은 여전히 흔들리지 않았다. 정신 착란이 찾아오기 2년 전에 작성한 기독교 역사에 관한 일련의 개략적 메모에서 그는 "불교의 삶의 방식과 마찬가지로, 기독교의 삶의 방식 또한 공상이 아니다. 그것은 행복하고자

하는 수단이다"라고 썼다.[70)]

그것은 명백히 행복의 빈약한 형태였다. 즉 '영국식 행복'이 질적으로 낮고 인위적인 만족의 형태였던 것처럼, 누구보다도 약한 자들을 끌어들이는 또 하나의 음흉한 '군중의 행복'이었다. 물론 기독교의 심리적 매력도 그에 못지않았다. 학대받는 자, 평범한 자 그리고 억압받는 자들에게 기독교는 '하나님의 선택'이라는 작위를 수여했다. 기독교는 현재의 비참과 고통을 '준비, 시험, 단련'으로 변화시키고 또한 '언젠가는 잘 비교 평가해서, 엄청난 금으로, 아니, 행복이라는 이자를 붙여 갚아줄 그 무언가'로 변화시켰다. 니체는 찡그린 얼굴로, 바로 이것이 기독교인들이 '지복'이라고 부르는 것이라고 말했다.[71)] 물론 니체가 생각하기에 그들의 보답은 단지 천사들의 합창 이상일 것이었다. 그는 성 토마스 아퀴나스를 인용하면서, 기독교에서 말하는 천국의 '영원한 지복'은 무엇으로 이루어졌는지 묻는다. "천국에서 축복받은 자들은 저주받은 자들의 고통을 볼 것이고, 그럼으로써 자신들의 행복을 더욱 잘 만끽하게 될 것이다."[72)] 전형적으로 짓궂긴 했지만, 니체가 꼬집은 요점은 아주 심각한 것으로, 그가 찬미했던 하이네의 유명한 문구를 연상시킨다.

> 나는 가장 친절한 기질을 갖고 있다. 내가 필요로 하는 것은 아주 조촐하다. 오두막, 초가지붕, 편안한 침상, 알맞은 음식, 신선한 우유와 버터, 창가에 놓인 꽃, 문가에 선 아름다운 나무 몇 그루. 그리고 만약 자비로운 하나님께서 나의 행복을 완벽하게 해주신다면, 내 적 예닐곱 명 정도를 나무에 매달아 내가 즐거이 바라볼 수 있게 해주실 것이다. 나는 온 마음을 다해, 그들이 죽기 전에 그들과 내 생전에 그들이 내게 자행한 모든 악을 다 용서할 것이다. 그렇다. 우리는 항상 우리의 적을 용서해야

한다. 그러나 그들의 목이 매달릴 때에야 비로소 그렇게 해야 한다.[73)]

후에 니체는, "누군가가 고통을 당하고 있는 걸 보는 것은 기분 좋은 일이다. 누군가를 고통스럽게 하는 것은 더더욱 기분 좋다"라고 비아냥댔다.[74)] 기독교의 심리적인 호소력은 유예된 보상에 대한 차분한 약속뿐만 아니라, 현세의 인간적 원망을 관리하는 방식에도 있었다. 처음을 마지막으로, 마지막을 처음으로 만들려는 기독교의 노력은 또한 무력無力에서 힘을, 약함에서 강함을 창출해내기 위한 시도이기도 하다. 그것은 모두 너무나 성공적이었다. 학대받는 자에게 선善의 왕관을 수여했고, 또 그럼으로써 소위 '선한 자들' 이 '악마적 적들' 에게 도덕적 성공을 거두었다고 의기양양하게 만들었다. 니체는 인생 제반사에서와 마찬가지로, 기독교도 궁극적으로는 권력에 관한 것이라고 믿었다.

니체가 기독교의 극단적 실행자들—고행하는 경기자, 거장, 순교자 그리고 성인들—을 황홀하게, 또한 존경심까지 가지고 봤던 것은 대부분 이런 이유에서였다. 니체는 이렇게 기이하게 훈육된 개인들에게서, 자기 자신과 타인들에 대한 권력 의지의 흥미로운 예를 봤던 것이다. 수단과 목적에 대해 끔찍하게 오도되었지만, 그들은 찬양할 만한 목적—동물적 생존을 초월하기 위해, 자신들을 극복하기 위해, 하나님같이 되기 위해—을 유지하면서 살았다. 엄청난 대가를 치르면서도 그들은 그렇게 했다. 왜냐하면 그들의 노력은 우리의 비참한 동물적 본성과 영원한 정신적 영혼 사이에 숙명적인 경계를 세우면서 끔찍하게 자신을 절단해버려야 했기 때문이다. 상대에게 승리하기 위해 고군분투하는 기독교 경기자들은 인간이 '인간인 것' 에 수치를 느끼게 하는 데 성공했다. 이러한 시련의 결과는 역설적이게도 인간을 동물들보다도 못하게 만들었다. 죄의식에 눌리고 삶 자체에 절망하면서, 그들은 짐승보다 더 비참해졌다.

> (바로 이러한 방법에 의해서) 동물적 '인간' 은 마침내 그의 모든 본능을 수치스러워하도록 배운다. '천사' 가 되어가는 중에…… 인간은 자신의 위장을 뒤엎고 털투성이 혀를 가지며, 동물의 기쁨과 순진함이 역겨울 뿐만 아니라 삶 자체가 혐오스런 것임을 깨닫는다.[75)]

한때 유인원이었던 인간은 그보다 못한 존재가 되어, 이제는 구역질로 고통스러워하며 자신을 증오하고 있다. 초월을 구하기 전에 인간은 먼저 자신을 받아들이는 법부터 배워야만 한다.

스위스의 실스마리아SilsMaria — '해발 1,800미터, 그리고 모든 인간적인 것에 비하면 여전히 한참이나 높은' —인근의 엥가딘Engadine 산맥 북부를 걸으며, 니체는 바로 이 초월의 빛을 보았다. 때는 1881년 8월 6일이었고, 이어 출간된 『이 사람을 보라*Ecce Homo*』—「요한복음」 19장 5절에 나오며, 본디오 빌라도Pontius Pilate 총독이 처음 예수를 보고 한 말의 암시—에서, 니체는 자신의 '계시' 에 대해 계몽적인 묘사를 하고 있다.

> 이 19세기 말에, 융성하던 시대의 시인들이 영감이라고 했던 것이 과연 무엇인지 분명히 알고 있는 사람이 있을까? 만약 없다면 내가 한번 묘사해보겠다……. 계시라는 개념은, 뭔가 형언할 수 없는 확실성과 날카로움으로, 우리의 마음속 깊은 곳까지 흔들고 정신을 혼미하게 하면서, 갑자기 보이고 들리는 것이라는 의미에서 (…) 꾸밈없이 간단히 사실을 묘사한다. 이것이 내가 경험한 영감이다. "내 경험도 그래"라고 내게 말할

수 있는 사람을 찾기 위해서는, 수천 년 전으로나 되돌아가야 할 것이라고 확신한다.[76]

스스로 묘사한 이 '계시'의 실체는 '영겁 회귀'에 대한 니체의 생각이었다. 이 생각이 처음 알려졌을 때에는, 자신에게만큼이나 해석자들에게도 결코 분명하게 와 닿지 않았다. 그걸 설명하고자 니체는 후에 당대의 과학에서 추론할 수 있는 진실이라고 (잘못) 생각한 것에 그 개념의 근거를 두려 했다. 즉 만약 질료와 에너지가 유한하고 시간은 무한하다면, 전자—모든 생명—의 모든 조합은 끊임없는 반복 속에 영겁 회귀할 운명이라는 것이다.

니체는 이 개념에 대해 '가장 심각하게 반대'하는 이유는, 그가 바보 취급하는 어머니와 누이가 영원히 다시 나타날 것이라는 두려운 전망 때문이라고 농담을 하기도 했다. 그러나 그는 이 개념을 매우 진지하게 다루면서 이를 명제가 있는 진실로 수용했다.[77] 행복에 대한 니체의 해석이라는 맥락에서 보면, 우리가 그 개념을 명확하게 이해할 수 있느냐 하는 문제보다는 그 개념이 그가 종교에서, 도덕성에서, 그리고 예술에서 찾고자 고군분투했고, 또 실패했던 것을 그에게 안겨주었다는 사실이 더 중요하다. 그것은 바로 내재적 초월성으로 이르는 길이다. 니체는 우리가 삶의 매순간을 영원히 살아야 할 운명이라면—또는 적어도, 만약 우리가 그렇게 할 가능성에 대해 생각할 준비가 되어 있다면—우리 존재의 모든 면은 우주적 중요성과 보편적 가능성을 잉태하게 되는 것이라고 추론한다. 그는 평범하거나 별로 행복하지 못한 운명을 가진 사람들에게 '끔찍한 생각'이 될 영원한 재현은 그걸 감당할 수 있는 사람들에게는 축하해야 할 이유가 된다고 믿었다.

니체는 자신의 현현을 경험한 지 얼마 되지 않아 어느 친구에게 썼듯이, 그 생각에 '기쁨의 눈물'을 흘리며 울었다.[78] 그리고 행복 속에서 착상되었던 작품을 단지 몇 개월 만에 완성하기에 이른다. 그 작품은 새로운 시대와 새로운 유형의 인간 도래를 선언했다. '예비하는 인간들' — '좀 더 보람된 인간들, 좀 더 행복한 인간들' —에 의해 예고되는 다가올 시대는 다음과 같다.

> 이제까지 인류가 경험하지 못했던 행복을 가져다줄 것이다. 눈물과 웃음이 가득한, 권능과 사랑이 가득한 신 같은 행복, 저녁의 태양처럼, 바닷속으로 그 풍요를 쏟아주면서 마르지 않는 풍요를 계속해서 주는 행복, 가장 가난한 어부조차도 황금 노를 저을 때라야만 비로소 가장 풍요롭다고 느끼는 행복! 이런 신 같은 느낌은 이제 인정人情이라고 불리게 될 것이다.[79]

완전히 구원된, 신 같은 인간에 대한 전망. 이것은 일종의 신앙이라고 니체는 공개적으로 인정했다. 그렇지만 그것은 옛날의 과학 혹은 신을 향한 신앙이 아니라, 삶을 향한 신앙이며, '자신에 대한 신앙'이었다. 그런 과거의 신앙들이 '도덕성, 지식 그리고 행복과의 케케묵은 연관'에 기반하고 있는 데 반해, 인간성에 대한 니체의 신앙은 그가 '즐거운 과학'이라고 부른 것에 바탕을 두고 있다. 즐거운 과학의 발견은 일찍이 전례가 없었던 보상으로 향하는 길을 가리켰다. 그는 그 저서의 재판 서문에서 새로운 신념에 차서 "우리는 새로운 행복을 안다"라고 선언했다.[80] 그는 남은 모든 노력을 이 주장을 확증하는 데 쏟았다.

니체는 그 구절이 지금은 진부해 보이는 것만큼이나 '자신에 대한 신앙'을 개발한다는 것은 엄청나게 도전적인 일인데, 그 이유는 대개 과거의 신앙들이 그 가능성을 계속 흔들었기 때문이라고 주장했다. 인간은 여전히 소크라테스파의 전통과 기독교 전통의 유산으로부터 고통을 겪으며, 거꾸로 그들의 가장 기본적인 본능, 기질 그리고 충동을 훼손했다. 그들은 자신 안에 있는 활력적이고 자연스런 것들을 부정했다. 자기 본위와 이기주의, 관능과 색정, 공격과 권력에의 의지. 이러한 '동물적 충동'은 문명화된 인간에게는 가치 없는 것으로 여겨졌다. 이러한 충동들은 막대하게 누적된 인류의 죄책감과 '인간임을 수치스러워하는 것'에 추가되면서, 부정되거나 눈에 띄지 않게 수정되었다. 니체는 우리가 우리를 경멸하도록 배워왔다고 주장했다. 우리 자신에 대한 신앙을 개발하기 위해서는 이러한 혐오를 버려야 할 것이다. 오직 그럴 때라야만, 자기실현이 자기 부정을 대체할 수 있게 된다.

이 자기실현으로의 길—인간 극복에 있어서 필수 조건—은 역설적이게도 인간이 오랫동안 부정했던 동물적 자신을 받아들이고 재통합하는 데에 있었다. 니체는 가장 영향력 있는 작품 중의 하나인 『도덕의 계보학 *The Genealogy of Morality*』에서 이 "숨겨진 중심에는 가끔 해방이 필요하다"라고 역설했다. 맹수인 '인간'은 자신을 '길들여지고 교화된 가정의 애완동물'로 만들려는 문명에 의해 덫에 걸렸다고 느꼈다. 최대한 건강을 유지하려면 그나마 어슬렁거릴 공간이 필요했다.

이런 점을 강조하기 위해 니체는 의도적으로 선동적이었고 심지어 무모해지기까지 했다. 이후 나치와 여타의 파렴치한 해석자들이 그의 이론들을 전용했다는 점에 비추어볼 때, 보다 격한 그의 글들을 편안하게 읽기는 힘들다. 한때 '모든 파괴에 놀랄 만한 쾌활함과 크나큰 기쁨'을 갖고 폭력과 권력에 빠졌던 '고귀한 종족들'—'야수의 순수한 양심'으로 돌아오는 데 있어, '마치 그저 학생들 같은 장난이라도 쳤던 것처럼, 허세와 정신적 평정 속에서 살해, 방화, 강간과 고문의 끔찍한 연속' 장면을 떠날 수 있는 종족들—에 대해 니체는 말한다.

> 이들 고귀한 종족들의 중심에 블론드 맹수가 있는 걸 볼 수 있는데, 그 장대한 블론드 맹수는 약탈과 승리를 위해 주위를 열심히 어슬렁거리고 있다. 이 숨겨진 중심은 가끔 해방이 필요하기에, 맹수는 다시 밖으로 나와 야성—로마의, 아라비아의, 독일의, 일본의 귀족, 호메로스적 영웅들, 스칸디나비아의 바이킹—으로 회귀해야만 한다. 이러한 필요성에 있어서, 이들은 모두 다 똑같다…….[81)]

니체는 반유대주의자들과 아리안 국가주의자들을 분명히 경멸했지만, 이러한 구절들은 쉽사리 그들을 오도하게 했다. 그러나 문맥상으로 보건대, '블론드 맹수'란 어느 특정한 인종적 이상형을 말하는 게 아니라, 한 문화의 정성스런 절제를 갈가리 찢기 위해 항상 준비되어 있는, 정복하는 모든 국민들 속에 잠복해 있는 '맹수 사자'라는 것을 알 수 있다. 확신에 넘치는 이것은 그들 안에 있는 동물을 자의로 풀어놓을 수 있고, 또 권력에의 의지에 완전히 빠질 수 있는 인간들에게서 생기는 순진한, 그러면서도 또한 끔찍한 원동력이다. 양심의 거리낌을 받지 않는 이러한 사람들은, '자신들의 행복권을 의심'하지 않는다. 그들은 '자신들의 행복을 수치스러워'하지 않는다. 그들은 "행복한 것은 치욕이다. 세상에는 비참한 게 너무도 많다"고 말하지 않는다.[82)] 이들은 죄책감이나 분노를 모르며, 동정이나 후회로 괴로워하지도 않는 피조물들이다. 그들은 자신이 누구이며, 무엇인지에 대해 행복해 한다.

비록 그 어슬렁거리는 짐승을 풀어주는 것이 자기실현에 필요한 과정—우리가 되기 위한 도정의 한 걸음—이기는 하지만, 니체는 결코 이런 해방을 본래 목적으로 여기지 않았다. 사자는 최종 변형에서 새로운 시작, 좀 더 고매한 인간, 인간을 초월하는 인간, 초인으로 진화할, 다시 태어난 아이가 될 것이다. 이런 지고한 단계에 도달하기 위해서는 내부의 짐승이 완전히 융화되어야 할 뿐만 아니라, 그의 원동력을 단순한 폭력에서 그보다 더 높은 무언가로 '승화' 시켜야만 한다. 프로이트에 앞서 니체는 이렇게 분명한 의미에서 그 용어를 사용하고 있으며, 저급한 본능을 좀 더 고매한 목적으로 향하게 돌리고 또 만들 필요가 있다고 강조했다. 잔인성, 공격성, 정복하고 지배하려는 의지 등은 모두 인간의 동물적 본능의 부분이다. 그러나 그것들은 그 자체가 본래 목적은 아니다. 그것들은 좀 더 고귀한 목적으로 사용되어야 한다.

그러면 그것들은 어떤 것을 말하는 걸까? 인간은 변화무쌍한 권력에 대한 의지를 어떤 목적으로 향하게 해야 할까? 베버에게 영향을 미친 한 분석에서, 니체는 자신은 모른다고, 그리고 알 수가 없다고 솔직하게 시인했다. 그는 세상에 이미 지칠 대로 지쳐 고갈된 서구 문명은 이제 이런 물음에 더 이상 확신이 서는 답을 줄 수가 없다고 믿었다. 요지는, 그 답들을 창안해내는 것이고, 이것은 좀 더 고귀한 사람들의 과업이다. 그들은 등에 서구 문명이라는 짐을 지고, 그것을 던져버리고 나서 새로운 과업, 새로운 가치, 그리고 새로운 목적을 수립하면서 자유로이 새로운 시도를 하게 될 것이다. 이 한층 고귀한 사람들, 이들 초인들은 해방으로 향한 길을 인도하며 인류를 정당화할 것이다. 니체는 보레아스, 즉 북풍 너머 행복한 사람들이 살 수 있는 지역의 그리스 신화를 인용하면서, "우리 자신을 대면합시다"라고 소수의 선택된 자들에게 간청한다.

> 우리는 히페르보레오스인Hyperborean이다. 우리가 얼마나 멀리 떨어져 살고 있는지는 우리도 잘 알고 있다. "육로로든 해로로든 히페르보레오스인들에게 이르는 길을 찾지 못할 것이다." 핀다로스는 이미 우리에 관해 알고 있었다. 북극, 얼음, 그리고 죽음 너머 우리의 삶, 우리의 행복. 우리는 행복을 발견해냈고, 수천 년의 미로를 빠져나가는 출구를 발견해냈다. 그 외에 또 누가 그걸 찾아냈나? 어쩌면 현대인인가? 현대인은 "나는 길을 잃었어"라고 한숨을 내뱉는다. 이런 현대성이 바로 우리의 병이다.[83)]

이런 은유적 도약과 시적 약동은 밤에 혼자 읽을 때 사람을 얼마나 기운 넘치게 만들든 간에, 훤한 대낮의 세상에 갖다놓고 보자면 어쩔 수 없이 그를 좌절시키고 만다. 줄타기 곡예를 하는 니체의 광대짓에도 불구하고, 사람들은 동물에서 초인으로 이끄는 줄의 어디에선가 길을 잃었을지도 모른다는 의혹을 갖게 된다. 그가 무언가를 버리고자 했던 것은 매우 분명하고, 행복에 관해서도 의심할 게 거의 없다. 사자는 낙타의 등을 후려쳐서, 그 위의 짐들 대부분을 풍비박산 냈다. 구도자는 이성, 선 혹은 진실을 통해 좀 더 지고한 행복을 구하는 것을 더 이상 기대할 수 없었다. 포기, 유예, 쾌락 혹은 안락을 좇아서는 더더욱 구할 수 없는 것이었다. 니체는 예술적 해방을 통해서만 의지의 속박으로부터 벗어나 잠시나마 덧없는 행복의 순간들을 가질 수 있을 뿐이라는 쇼펜하우어의 믿음과 정반대 방향으로 나아갔다. 그

앙리 마티스, 「삶의 행복」을 위한 스케치, 1905~1906, 샌프란시스코 현대예술박물관. 에리즈 S. 하아스 유증.

는 오직 의지의 실행 속에서만 인간이 행복을 찾을 수 있다고, 그리고 행복은 '승리의 권력 의식' 속에서만 나타난다고 믿었다.[84)]

"깊은 슬픔에 빠진 사람들은 행복해지면 자신을 배반한다. 그들은 질투 때문에, 마치 바스러뜨리고 숨 막히게 할 것처럼 행복을 꽉 끌어안는다. 아아, 그들은 다만 행복이 도망치리라는 것을 너무도 잘 알고 있을 뿐이다"라고 니체는 말한다.[85)] 행복에 대한 니체의 힘찬 찬가에도 절망과 같은 무언가가 있다. 덧없는 것임을 알면서도 그런 것들에 매달리려 하고, 영원하지 않다는 것을 알면서도 그런 것들을 영원하게 만들려 하고, 신을 위한 것을 인간으로서 맛보려고 한 시도들에서 그걸 읽을 수가 있다. 자라투스트라는 "환희는 그 자신을, 영원을, 회귀를 원하고, 모든 것들이 영원히 불변하기를 원한다"고 말한다.[86)] 욕망을 의심한다는 것은 있을 수 없지만, 그 실현에 관해 생각한다면,

과연 신앙의 유예 영역 말고 다른 어디에서 그게 가능할까?

니체가 다시 인간의 자연적 거주지로—두 발 혹은 사지를 굳건히 땅에 딛고—돌아왔을 때, 그는 초인으로서보다는 짐을 진 짐승, 도전적인 사자로서 더 성공적이었다. 확실히 그의 황홀한 통찰력은 많은 사람들을 매료시켰다. 그럼에도 그의 응시는 위를 향할 때가 아니라 아래로 그리고 안으로 집중했을 때 가장 날카로웠다. 그는 동물과 우리의 심리적 유사성을 강조하면서, 인간 정신에는 자신이 경멸적으로 표현한 현대의 '안락에 대한 신봉' 으로 이해될 수 있는 것보다 더 많은 것이 있음을 강력하게 역설했다.[87] 모든 투쟁과 고통에 종지부를 찍으려는 열망은 근대 사회의 '마지막 인간들' 에게 동기를 부여했다. 그들은 18세기 이후 지구상에 번성했다. "마지막 인간들은 '우리가 행복을 발명했다' 고 말하면서 눈을 깜빡거린다. 그들은 따스함이 필요해서, 살기 힘든 그 지역을 떠났다."[88] 그러나 그 따스함과 피조물로서의 안락함 속에 깃든 근대의 이 마지막 인간들은 소인들이고, 히페르보레오스 지역을 황급히 떠난 인간들이었다. 그들은 본질적 진실들, 삶은 투쟁하고 고통을 겪고 갈망하는 것임을, 그리고 인간의 행복은 궁극적으로 이런 고군분투와 밀접한 관계가 있다는 것을 망각해가고 있었다. "당신들처럼 안락하고 호의적인 사람들이 인간의 행복에 대해 아는 게 뭐가 있겠는가. 행복과 불행은 자매, 아니 둘이 같이 성장하거나 아니면 당신네들 경우처럼 같이 작은 채로 머무는 쌍둥이이기도 하지."[89] "인간이 분투하는 것은 쾌락을 위해서가 아니다. 바로 권력을 위해 싸우는 것이다"라고 니체는 거의 같은 조로 어디선가 부연하고 있다.[90] 인간이 이 거북한 진실—정신의 어둡고 때론 차가운 영역으로 과감하게 들어가면서—을 이해하지 않는 한, 그리고 이해할 때까지는, 자신의 내부에 깊숙이 자리한 동기들에 대해 무지의 상태로 머물 것이다. 그리고 진정한 행복을 향한 그들의 궁극적인 잠재력은 절단당한 채로 남을 것이다.

비극적 행복

학생 시절, 지그문트 프로이트는 니체를 수박 겉핥기 식으로 어설프게 읽었고 1900년에 그의 작품집을 한 질 구입했다. 그해는 바로 그 철학자가 사망한 해였고, 또한 프로이트의 『꿈의 해석*Interpretation of Dreams*』이 출간됐던 해이기도 하다. 후에 프로이트는 자기가 니체의 작품집에 결코 빠져든 적이 없다고 주장했다. 그는 니체의 연구를 무시했다고 한 친구에게 말하는데, 그 이유로는 "정신분석학적 통찰과 매우 유사한 것을 그에게서도 찾을 수 있을 것이 분명하기" 때문이라고 했다.[91] 프로이트는 그러나 그것을 어떻게 알았는지에 대해서는 밝히지 않았다. 하지만 실제로 그의 저서의 주요 주제들이 니체의 주제와 상당히 유사하다는 것은 분명하다. 선배와 마찬가지로 프로이트도 인간 행동을 결정하는 데 있어 무의식의 중추적 역할을 인정했으며, 죄책감의 극복이 인간의 중요한 과업이라고 생각했다. 그는 종교를 미래가 없는 환상이라고 간주하면서, 신의 죽음을 괴로움 없이 수용했다. 그리고 우리의 권력욕, 공격성, 우리의 분노와 다중적인 성욕에 불을 밝히려고 하면서, 인간 기질의 어두운 면을 활짝 뜬 눈으로 바라보았다.

니체보다도 더 넓은 범위에서 프로이트는 다윈을 근대 사고의 중추적 인물로 간주했다. 그는 항상 다윈을 '위대한 다윈'이라고 불렀다. 대학에서 생물학과 의학을 공부하게 된 것에도 부분적으로는 그의 영향을 받았다. 프로이트는 자서전에서 "나는 다윈의 이론들에 강렬하게 매료되었다. 왜냐하면 그의 이론들이 세상에 대한 우리의 이해를 획기적으로 진전시킬 수 있다는 희망을 펼쳤기 때문이다"라고 쓰고 있다.[92] 프로이트는 그 같은 이론들의 토대에 기초하면서 획기적인 진전을 이루어냈다. 즉 동물적 인간의 마음을, 신체와 마찬가지로 진화적 발달의 산물로 보았던 것이다. 진화적 발달의 산물은 적응하고, 역동적이고, 본능적인 원동력과 비이성적인 동인, 격세유전의 특징에 의해 지배되었다.

그러나 이러한 면에서 프로이트가 선배들의 중요성을 적절히 인정하고, 그들에게 응당 바쳐야 할 경의를 표한 것이라고 본다면, 행복이라는 주제에 관해서 그는 대단히 도전적인 사자였다. 다윈은 행복의 최대화를 인간이 분투해야 할 목적으로 다루면서 인류의 도덕 향상에 대한 미묘한 믿음에 집착했지만, 프로이트는 이러한 빅토리아 시대적 신심이 거의 없었다. 그는 아주 간결하고 의미심장하게, "인간을 위해 사용될 것이 아닌 한, 누구도 동물의 삶의 목적에 관해 얘기하지는 않는다"고 말했다. 이런 가설은 '인간의 주제넘음'의 유물이며 단지 자만일 뿐이다. "삶의 목적에 대한 물음이 이루 헤아릴 수 없이 제기되어왔고, 또 여태까지 이에 만족할 만한 답도 없었다"는 것을 볼 때, 우리는 모두 '그걸 무시할 권리'가 있다고 프로이트는 결론지었다.[93]

니체와 마찬가지로, 프로이트도 인간 극복이나 인간의 모순을 '극복한다'는 것에 별다른 기대를 하지 않았다. 니체가 평생 그리스 비극 문학에 관심을 가졌다고 하지만, 역설적이게도 프로이트는 그보다 더 단호하게 비극적으로 사고하는 사람이었다. 그가 모든 인간 갈등의 근본으로 여겼던 것을 표현하기 위해, 그리스 비극의 완벽한 영웅—소포클레스의 오이디푸스 왕—의 이름을 사용했다는 것은 결코 우연의 일치가 아니었다. 프로이트는 부모 자식 간의 본래적인 갈등을, 애초부터 우리 모두는 약간의 비극을 소지했음을 보여주는 증거로 생각했다. 그는 "인간은 '행복' 해야만 한다는 의도는 '창조' 의 구상에 들어 있지 않았노라" 고 말하고 싶게 만든다고 했다.[94)]

프로이트의 이러한 단호한 사고—인간 경험의 본래적인 갈등을 인지하고 수용하는—가 오늘날 언제나 적절히 이해되고 있는 것만은 아니다. 아마도 프로이트 자신은 재미와 경멸이 섞인 눈으로 그 전개를 바라보았을 테지만, 다소 비정통적인 그의 계승자들 대부분은 심리학의 보편적 소명을 세속적 구원의 형태라는 훨씬 야심찬 용어로 장려하는 게 적절하다고 봤다. 한 평자가 말했듯이 그들은 '치유의 승리' 라는 제단을 소파로 대체하도록 이끌었다.[95)] 좀 덜 정연한 기준, 그러나 엄격히 프로이트적 관점, 즉 자기 기만이라는 수단으로 고통을 방어하려는 인간의 끈질긴 욕구라는 징후에서, 당대 심리학의 모든 계파들은 환자들에게 '확실한 행복' 을 약속한다.[96)] 그것은 프로이트로서는 결코 전개하려고 생각지도 않았을 약속이다. 활동 초기에, 그는 이 사실을 분명히 했다. 한 여성 환자가 비록 스스로도 자신의 병이 그녀 자신의 특별한 환경과 깊이 연관되어 있음을 알고 있으면서도, 그가 어떻게 자신을 도울 수 있는지 물었을 때, 프로이트는 이렇게 대답했다.

> 당신의 병을 치유하는 일은 나보다는 운명이 훨씬 더 수월하게 잘하리라는 것에는 의심의 여지가 없습니다. 그러나 만약 우리가 당신의 히스테리적 고통을 흔한 불행으로 변화시킬 수 있다면 지금보다 훨씬 나아

질 것이라고 확신할 수 있습니다. 정신 건강을 회복하게 되면, 당신은 불행에 훨씬 잘 대처할 수 있을 겁니다.[97]

이것은 1895년에 조셉 브로이어Josef Breuer와 공저로 출간한 『히스테리 연구 *Studies on Hysteria*』에서 발췌한 대목으로, 이듬해 그가 처음으로 '정신 분석' 이라고 명명한 것의 목표는 실상 상대적으로 보잘것없었다는 유명한 고백이다. 정신 분석은 '흔한' 혹은 '평범한' 불행을 되찾게 하기 위해서, 아무 이유 없이, 혹은 스스로에게 과한 고통—노이로제—을 치유하는 게 목적이다. 항상 자신의 능력에 대해 굳건한 믿음을 가졌던 프로이트였지만, 그는 결코 운명 치료법이나 인간 처지에 대한 구제법을 가졌다고 주장하지는 않았다.

프로이트는 평생 동안 이런 본질적인 조건을 고수했고, 1930년 그의 명저 『문명 속의 불만*Das Unbehagen in der Kultur*』에서 그에 대해 아주 자세하게 논했다. 프로이트는 원래 그 저서의 제목을 '문명 속의 불행Das Unglück in der Kultur' 으로 제안했었는데, 이쪽이 훨씬 더 의미 있어 보인다.[98] 왜냐하면 사실 그 저서의 중심 주제는 행복을 향한 인간의 영원한 탐구에서 오는 좌절감이기 때문이다. 프로이트는 인간 존재의 목적이라는, 자신이 대답할 수 없는 질문이라고 생각한 것은 옆으로 차치했다. 대신 '자신들의 행동으로써, 자신들의 삶의 목적과 의도임을 보여주는 게 무엇인지를 묻는, 덜 야심찬 질문' 에 눈을 돌렸다. 그는 "그들은 삶에 무엇을 요구하고 삶에서 무엇을 성취하기 바랄까?"라고 물었다. "이에 대한 답은 거의 의심의 여지가 없다. 그들은 행복을 찾아 고군분투한다. 그들은 행복해지기를 원하고 또 내내 그렇기를 바란다."[99]

그에게 있어 결정적인 용어를 아주 간명하게 서술하면서, 프로이트는 행복해지려는 노력에는 긍정적인 것과 부정적인 것, 두 가지 측면이 있다는 견지를 밝힌다. "한편에서는 고통과 불쾌감이 없기를 바라고 다른 한편으로는 강렬한 쾌락을 원한다. 좁은 의미에서 볼 때, '행복' 이라는 단어는 오직 후자하고만 관련이 있을 뿐이다." 간단히 말하면, 행복은 쾌감이다. 이것은 프로이트를 직설적인 결론에 이르게 한 정의이다. 그는 '삶의 목적을 결정하는 것은 단지 쾌락 원칙의 프로그램' 일 뿐, 즉 유쾌한 기분을 최대화하려는 노력일 뿐이라고 했다.[100)]

많은 면에서 이런 공식화는 특히 벤담을 연상시킨다. '처음부터 정신 기계 작동을 지배' 하는 인간의 타고난 자질인 쾌락 원칙은 마음의 '제1차 과정' 을 지배하는 원초적이며 요구하는 게 많은 힘이다.[101)] 그러나 프로이트에 따르면, 쾌락 원칙은 '현실 원칙' 과 부합하기 위해 인간에게 미완의 욕망들을 억제하라고 강요하는 '제2차 과정' 과 맞부딪친다. 미숙한 마음이 발전함에 따라, 그것은 즉각적인 만족을 요구하는 것을 조절하라는 압력을 받고, 그럼으로써 외부 환경, 타자들, 그리고 다른 것들(즉 '현실')에게 양보를 하게 된다. 추후에 있을 대가를 위해 현재의 즐김을 미루면서, 쾌락의 최대화와 고통의 최소화에 대한 지속적인 이해관계에서의 혜택과 비용을 저울질하고, 그 여파를 계산하는 법을 배우게 된다.

바로 이 지점에서 벤담과의 유사성이 깨지는 것이다. 프로이트의 견해로는 비록 쾌락과 현실의 두 원칙이 불편한 휴전을 했지만, 이들의 관계는 본질적으로 적대적이다. 쾌락에의 요구는 현실과 영원히 전쟁을 하고 있다. 결코 만족할 줄 모르는 쾌락 원칙은 그것에 제한을 가하려는 모든 것과 싸운다. 그것이 내적인 '제2차 과정' 인지 또는 주위 환경의 외적인 구속인지를 막론하고 말이다. 어떤 경우이든 그것은 쾌락 원칙이 질 수밖에 없는 전투이다. 『문명 속의 불만』에서 프로이트가 설명하듯이, 그 프로그램은 "전 세계와 소우주와 대우주를 망라해 싸우고 있다. 그것이 끝까지 버텨나갈 가능성이라곤 전혀 없다. 우주의 모든 법칙은 그에 어긋나 있다."[102]

내적으로는 우리의 정신적 자질로 인해, 그리고 외적으로는 자연 그 자체로 인해 운명 지워진 행복을 향한 고투는 시작부터 불운한 것이다. 한편 프로이트는 자신보다 앞서 살았던 사람들이 본 것을 지적했다. 그것은 바로 만족할 줄 모르는 인간의 욕망이다. 프로이트는 "엄밀한 의미에서 우리가 행복이라고 부르는 것은, 고도로 불가 판정을 받은 요구가 만족될 때 (아마도 급작스럽게) 오는 것이다"라고 설명했다. "본질적으로, 그것은 우연으로서만 가능하다. 쾌락 원칙에 의해 욕망된 상황이 연장될 때, 그것은 단지 가벼운 만족감을 줄 뿐"이며, 그러고는 점점 작아지면서 사라진다. 갈증이 예정되면 물을 마실 때의 만족도 감소한다. 생일 선물로 받은 장난감에 곧 싫증을 내는 아이들처럼 "우리도 그렇게 만들어졌으므로, 오직 현저한 대비에서만 강렬한 즐거움을 얻을 수 있으며, 사물의 상태에서는 그런 즐거움을 거의 얻을 수가 없다. 우리의 가능성은 이미 제한되어 타고난 것이다."[103]

윤리주의자들의 철학적 결론에 정신병학의 권위를 부여함으로써, 프로이트는 후에 진화론 이론가들이 말하는 '쾌락의 쳇바퀴'(행복의 비극)를 예기했다. 물론 그도 다윈처럼 당시 최신의 이론적 전개에 대해서 별로 알지 못했다. 그럼에도 그는 그것을 수용했을 개연성이 높다. 왜냐하면 프로이트는 다른 시대에, 다른 기질을 갖고 저술했던 사람이기 때문이다. 그는 제1차 세계대전의 엄청난 살육을 목격했고, 파시즘의 첫 시끌벅적한 움직임들이 잔존하던 빅토리아 시대의 낙관주의가 황폐해지는 것을 보았다. 그러나 프로이트는 이러한 직접적인 역사적 맥락과는 별도로, 확고한 증거가 행복의 비극과 일치하는 결론을 이미 정당화하고 있다고 믿었다. 모든 인간의 심리학적 구조 속에 내면적으로 나타나는 이 증거는 존재의 본질을 연구함으로써, 외부적으로 취합될 수도 있는 것이다. 프로이트는 존재의 조건이 쾌락에 대한 우리의 무한한 욕망을 고통에 대한 무한한 가능성과 조화시킨다고 결론지었다.

개념적인 명증성을 위해, 프로이트는 이러한 다양한 가능성들을 일반적 카테고리 셋으로 압축했다. 그는 우리가 아래의 고통으로부터 위협받는다고 주장하고 있다.

> 부패되고 분해될 운명이고, 또 경고의 신호로서 반드시 고통과 걱정을 수반하는 우리 신체로부터의 고통, 압도적이고 무자비한 파괴력으로 우리를 휩쓸 수도 있는 외부 세계로부터의 고통, 그리고 마지막으로는 타자들과 우리의 관계로부터의 고통. 이 마지막 원천으로부터의 고통이 아마 우리에게는 무엇보다도 더욱 고통스러울 것이다. 비록 다른 곳에서 비롯되는 고통에 못지않게 운명적으로 불가피하지만, 우리는 그것을 쓸데없는 부가물로 간주하는 경향이 있다.[104]

이러한 고통의 원천들이 아무리 '운명적으로 불가피하다' 고 해도, 인간이 스스로를 기만하지 못하도록 말리지는 못했다. 프로이트는 사람들이 행복을 추구하기 위해 운명을 속이려는 많은 시도들에 대해 자세히 논하는데, 가장 적극적인 '쾌락주의' 를 필두로 논의를 전개해나간다. 프로이트는 "모든 요구에 대한 무제한의 만족이라는 것은 삶을 영위하는 데 가장 유혹적인 방법이 될 것이다. 그러나 그것은 절제보다는 만끽을 우선시하는 것이고, 곧 스스로 그 대가를 초래하게 될 것이다"라고 인정했다.[105] 고통을 피하는 '가장 노골적이지만 또한 가장 효과적인' 수단—'화학적 수단'—은 유사한 결점에 봉착하게 된다. 그는 이러한 방법이 '흥미롭다'고 고백했으며, 또한 '정신 과정의 중독적인 면'에 대해 적절한 과학적 연구가 이루어지지 않았던 데 유감을 표했다. 그러나 자신이 코카인 실험을 했기에 그 경험에 대해서는 말할 수 있었다. 사용자들이 '현실의 압박에서 떠나 자신만의 세계 속에서 도피처를 찾게' 하는 그 물질은 매력적이면서 위험하고, 잠정적으로는 해로우며, 어떤 상황에서는 훨씬 나은 용도로 쓰일 수 있는 '커다란 에너지'를 쓸데없이 낭비하게도 만들었다. 그는 화학적 수단은 단지 일시적인 편법에 지나지 않는 것이라고 결론지었다.[106]

도피의 또 다른 유사한 형태(그리고 행복을 얻기 위한 또 하나의 전략)는 '자발적인 고립', 즉 '타인들로부터 자신을 경원시키는 것'으로, 은자의 전략이다. 프로이트는 이것으로 '고요한 행복'을 얻을 수 있다고 인정했지만, 그 전략은 패배의 자인임을 분명히 했다. "끔찍한 외부 세계에 대해, 우리는 그것으로부터 멀리 돌아섬으로써 단지 자신을 방어할 수 있을 뿐이다……." 외부 세계에 대해 방어하기 위한 또 하나의 극단적 시도에 대해서도 같은 말을 할 수 있다. 그것은 "동양의 세속적인 현명함이라고 묘사되고, 요가를 통해 실천되는 것처럼, 본능을 사멸시키는 것이다." 프로이트는 성자들이 성취했던 것 같은 극기적 수행을 염두에 두고 있었다. 그러나 이 역시 충분치가 않았다. "만약 그것이 성공한다면, 그 주체는 다른 모든 활동도 역시 포기하게 된다. 그는 자신의 삶을 희생했다. 그리고 또 다른 길을 통해 그는 다시 한 번 고요한 행복을 성취하게 되는 것일 뿐이다."[107] 치유하려던 상태보다도 치료 요법이 더 가혹했다.

프로이트는 또 다른 그리고 더 나은 길은 '인간 공동체의 구성원이 되는 것' 이고 '모든 이의 선을 위해 일하는 것' 이라고 믿었다. 또는 한 발 더 나아가 대담하게 "세상을 재창조하고, 참을 수 없는 것들이 제거되고 그 대신 우리가 소망하는 것들로 대체된 다른 세상을 구축하는 시도"를 해볼 수도 있다. 그러나 프로이트는 결코 유토피아를 믿지는 않았다. 그는 "행복에 이르기 위해 그 길을 택하는 사람은 누구든 간에, 대체로 아무것도 달성하지 못할 것이다. 현실이 그에게는 너무도 강력한 것이다"라고 판단했다. 상상력이나 망상을 통해 세상을 인지하려는 전략들도 이와 유사한 취약점이 있다. 프로이트는 '환상을 통해 얻어지는 만족감의 정점에는 예술작품의 만끽' 이 있다면서, 이것이 유도한 '가벼운 혼수상태' 는 그저 '없어서는 안 될 중요한 필요의 압박으로부터 일시적으로 벗어나는 것' 이상의 아무것도 해줄 수가 없다고 경고했다. 심미적인 접근—'삶의 행복이 주로 미의 만끽에서 추구되는' —은 좀 더 직접적인 형태, 즉 그가 신앙에서 본 것과 같은 많은 단점들의 포로였다. 프로이트는 특유의 경멸조로 인간의 종교를 '대중 망상' 이라고 깎아내리며, "현실을 망상적으로 재편성함으로써 확실한 행복을 얻으려는, 또 고통으로부터 보호받으려는 시도"를 경시했다. 그것은 프로이트가 신경증의 환상 속으로 달아나버리는 것과 같다고 말했던 전략이었다.[108]

프로이트의 견해로는 창조적이고 생산적인 일에 내포되는 건강한 '리비도의 감정 전이' 와 승화를 통해 얻게 되는 쾌락이 훨씬 더 나은 것이었다. 비록 가장 열성적인 노동의 형태라 하더라도 '운명의 화살이 뚫고 들어갈 수 없는 무기' 를 제공해줄 수는 없지만, 프로이트는 '직업적인 활동' —특히 '정신적이고 지적인 일' —이, 특히 자의로 선택되었을 경우에 '특별한 만족의 원천' 이 된다고 칭송했다. 그는 "삶의 영위에서 다른 어떤 기술도 개인을 현실에 그렇게 견고하게 귀속시키지는 못한다"라고 주장했다. 그것은 마르크스가 동의했음직한 신념이었다. 그리고 프로이트는, 일이 행복에 이르는 길로서 충분히 '인간으로부터 칭송' 받지는 못하지만, 당연히 그럴 만한 자격이 있다고 생각했다.[109)]

최종적으로 프로이트는 '사랑을 모든 것의 중심에 두는 삶의 방식, 즉 사랑하고 사랑받는 데서 모든 만족을 구하는 삶'을 제기했다.[110)] 프로이트는 이것이 유아기의 만족에 대한, 또 우리의 가장 '강렬' 하고 '압도적' 인 쾌감—성(생식적)애—즉 '모든 행복의 원형' 에 대한 갈망에 바탕을 둔 것이라는 점에서 '우리 모두에게 아주 자연스런' 전략이 된다고 강조했다.[111)] 니체는 성이야말로 "좀 더 고매한 행복과 지고의 희망에 대한 가장 위대한 비유인 행복"이라고 했다. 프로이트는 자신이 일찍이 빌헬름 플리스Wilhelm Fliess에게 보낸 편지에 "행복이란 아주 오래전 선사 시대의, 또는 아동의 소망"에 대한 "지연된 성취이다"라고 썼던 지혜를 바로 니체의 이 언급에서 찾았는지도 모른다.[112)] 어떻든 간에, 프로이트는 아마도 성애가 "다른 어떤 방법보다, 실질적으로 이 목적(행복의 긍정적 성취)에 더 근접한다"고 용인했다.[113)]

그런데도 프로이트는 "이러한 삶의 방식이 내포한 취약점은 아주 쉽게 드러난다"고 서둘러 부연한다. 그렇지 않다면 "다른 것을 위해 행복에 이르는 이 방법을 포기하고자 하는 사람은 아무도 없을 것이기 때문이다." 우리는 "사랑할 때처럼, 그렇게 고통에 무방비 상태가 되는 경우도 없으며, 또한 사랑하는 대상이나 그 대상의 사랑을 상실했을 때만큼 무력하게 되는 일도 없다." 정신 분석학 에너지의 상당 부분이, 수많은 위협 앞에서도 지속되는 사랑이 보여주는 불굴의 복잡성을 이해하는 데 바쳐졌다. 헌신적인 아버지이자 남편으로서, 프로이트도 사랑이 가져다줄 수 있는 쾌락에 대해 잘 알고 있었다. 그러나 인간 본질을 연구하는 학도로서의 그는, 그 쾌감 또한 단순하지만은 않다는 사실도 잘 알고 있었다. 에로스와 에고, 세상과 우리 자신에 대한 자각적인 이해는 풀릴 수 없이 얽힌 채 연관되어 있고, 사랑과 공격은 멀리 물러나는 법이 거의 없다.[114)]

비록 프로이트가 행복의 역사를 헛된 연구 분야로 여기긴 했지만—"먼 옛날 사람들이 어느 정도로 행복했는지, 또 더 행복하기는 했는지의 여부에 대해, 그리고 그들 문화 양상의 어느 부분이 행복에 작용했는지에 대한 견해를 갖는다는 게" 너무도 어려운 일이라는 판단 하에—그럼에도 행복을 추구하는 전략에 대한 그의 목록은 이 책에서 검토해본 많은 수단과 방법들과 현저하게 일치한다.[115)] 소크라테스와 플라톤이 주장한 에로스의 지적 고투로의 승화, 에피쿠로스와 스토아학파가 제안한 극기적 포기, 아우구스티누스의 희망의 행복, 루소가 찬양한 자신의 축복받은 섬으로의 자발적 은둔, 세상을 다시 만들고자 했던 마르크스의 혁명적 꿈, 낭만파의 사랑의 추구, 쇼펜하우어가 찬사를 보냈던 예술의 환상, 사드와 라 메트리의 쾌락주의, 보들레르와 토마스 드 퀸시가 시도했던 마약에 의한 행복감, 베버, 마르크스 그리고 스미스가 권고했던 노동의 오묘한 미덕. 이 전략들은 모두 이 책에 등장한 것들로, 프로이트처럼 그들 나름의 논쟁을 수반했다.

프로이트는 자신의 목록에 다른 것들도 추가할 수 있었음을 잘 알고 있었다. 그러나 "그 불완전성에도 불구하고" 그는 "쾌락 원칙이 우리에게 떠맡긴, 행복해지기 위한 프로그램은 결코 완수될 수 없다"고 결론을 내렸다. 이 선언은 보기보다는 덜 황량했는데, 왜냐하면 곧바로 프로이트는 "우리는 그 밖의 수단을 통해 그것(행복해지기 위한 프로그램)을 최대한 완수하려는 노력을 결코 포기해서는 안 된다. 실로 우리는 그렇게 할 수 없다"고 부언했기 때문이다.[116)]

프로이트가 보기에 이것이 인간의 곤경이었다. 그러한 처지는 비극적이지만, 또한 좀 더 고차원적인 의미에서도 비극적이다. 그것은 운명의 판결에 수동적으로 복종하기를 거부하는 인간의 영웅적 모습을 강조하는 곤경이었다. 프로이트는 불가피한 우리의 패배에 절망하기는커녕, 그러한 인간의 도전에서 고귀한 무언가를 읽었던 것이다.

'창조'의 계획에 행복이 없었다는 사실이 인간의 행위를 '마비시키는 효과'를 낼지도 모른다는 생각 또한 프로이트는 수용하지 않았다. 만약 행복에 이르는 어떤 방법으로도 "우리가 원하는 모든 것을 획득할 수 없다"는 것이 사실이라면, "인간이 획득할 수 있는 한에서의 행복에 이르게 할 많은 길"이 있다는 것 또한 사실이다. 설사 "그걸 확실하게 해주는 것이 아무것도 없다" 하더라도 말이다.[117)] 바꾸어 말하면 쾌락이 고통보다는 나은 것이며, 그러기에 언제고 가능하면 우리의 온전한 몫을 최대화하기 위해 노력하지 않을 이유가 없다. 우리는 결코 자연을 완전히 정복하지 못할 것이고, 영원히 부패할 우리의 육신은 언제나 "제한된 적응력과 성취력"을 가질 뿐이다. 그러나 프로이트는 "우리가 모든 고통을 다 제거할 수는 없다 해도, 어느 정도는 제거할 수 있고, 또 어느 정도는 완화할 수 있다. 수천 년에 걸친 경험이 우리들에게 그것을 확신시켜주었다"고 주장했다.[118)]

불행의 주요한 세 번째 원천—사회적 고통—에 대한 우리의 대응력에 대해서는 별로 낙관적이지 않다. 프로이트는 문명에 의해 요구되는 에로틱한 그리고 공격적인 충동의 포기는 불가피하게 비싼 대가를 강요하게 될 것이라고 논했다. 다윈은 좀 더 원시적인 인간의 본능들이 어느 정도는 쉽게 사회에 수용될 것으로 보았다. 반면, 프로이트는 우리의 공격적이고 성적인 충동들이 억제되는 것에 대한 대가를 톡톡히 치를 것이라고 생각했다. 그는 "우리의 본능적 자질 중에는 공격성이 강력한 몫을 차지하고 있음을 알 수 있다"고 지적했다. 많은 사람들이 시인하고 싶지 않겠지만, '인간은 인간에게 늑대'(Homo homini lupus)로서, 자신의 이웃을 사랑할 친구로서만이 아니라 이용할 적으로도 여길 수 있는 피조물이다.[119] 조직화된 사회는 타인들에 대한 '자신들의 공격성을 만족시키려는' 욕망을 억제하도록 인간에게 강요할지도 모른다. 그러나 그것은 공격성을 내부로 향하도록 바꾸는 것으로만 가능했다. 니체가 『도덕의 계보학』에서 논했듯이, 그 결과는 불가피한 좌절, 불안 그리고 잘못된 죄책감으로 나타난다. 프로이트는 "문명의 발전에 대한 대가로 우리가 지불하는 것은, 높아지는 죄책감 때문에 오는 행복의 상실이다"라고 역설했다.[120] "문명화된 인간은 행복의 가능성에 대한 몫을 안전에 대한 몫과 교환해버렸다."[121]

그러나 프로이트의 분석이 사회적 고통의 구제 가능성까지 배제하는 것은 아니었다. 그는 한편으로는 "우리의 욕구를 더 잘 충족시킬 이러한 변화를 우리 문명에서 점진적으로 성취하기를 기대할 수 있다"는 전망을 열어놓았다.[122] 그리고 다른 한편에서는 우리의 공격적이고 파괴적인 충동들을 좀 더 건전하고 생산적인 행동으로 승화시키는 것을 배우게 하면서, 정신 분석학을 불안과 죄책감을 다룰 수단으로 보았다. 이 상당히 제한된 범위에, 어느 정도는 쾌락의 원칙이 작동할 여지가 있다. 프로이트가 고찰했듯이, "우리가 가능하다고 인지하는 축소된 의미의 행복이란 개인 리비도의 경제학에 관한 문제이다." 따라서 미각만큼이나 쾌락에의 길도 많은데, 그 각각은 각 개인의 독특한 정신적 구조에 따라 형성된 것이다. 현저하게 에로틱한 개인은 감성적인 관계를 최우선시할 것이고, 자족하는 경향에 빠지기 쉬운 자기 도취자는 내적 정신 작용에서 가장 큰 만족을 찾으려 할 것이다. 이와는 대조적으로, 행동적인 사람은 그 기질에 따라 외부 세계에 대한 집착을 고수할 것이다. 프로이트는 "신중한 사업가가 모든 자본을 한 사업에 고정시키지 않듯이", 우리도 "단 하나의 갈망에서 우리의 모든 만족을 구하지" 않아야 할 것이라고 지적했다. 그는 또한 "모두에게 적용할 수 있는 황금 법칙이란 없다"는 것을 알았다. 그는 "각자 자신이 어떤 특정한 방식으로 구제될 수 있는지를 스스로 찾아야만 한다"고 강조했다.[123]

물론 구제에 대한 언급은 역설적인 것으로, 이는 프리드리히 대왕의 유명한 말에 대한 암시였다. 그는 "나의 국가에서는 모든 사람이 자기 방식에 따라 구제될 수 있다"고 말하면서 자신의 종교적 관용을 자랑스럽게 옹호했다. 그러나 프로이트에게 '구제'는 모두 벗겨져버리고 감각만 남은 '리비도의 경제학'으로 축소되었다. 초월적인 소명, 미덕, 좀 더 고매한 의미, 또는 진리에 대한 어떠한 마지막 연결도 다 사라져버렸다. 일찍이 로크가 우려했던 것처럼, 이제 정말 행복은 단지 바닷 가재나 치즈일 수 있었다.

프로이트는 "아주 오래전에 인간은 자신의 신들에게 자신이 구현시킨 전지전능이라는 이상적 개념을 형성했다. 그는 이런 신들에게는 자신이 원하는 바대로 성취할 수 없는 모든 것, 또는 자신에게 금지된 모든 것이 있다고 생각했다. 그러므로 이러한 신들은 문화적 이상이라고도 말할 수 있을 것이다"라고 고찰했다. 그는 이어서, 그러나 오늘날 인간은 "이 이상의 성취에 매우 근접하게 되어, 스스로 거의 신처럼 되었다"고 설파했다. 프로이트는 그 과정이 아직은 미완이라는 것을 인정했다. 인간이 자신을 진정으로 강력하고 위대하게 만들 테크놀로지라는 '보조 기관'을 덮어쓸 수 있는, '일종의 인공 기관의 신'이 되었다고 말하는 게 더 나을 것이다. 더욱이 인간은 자신의 진전이 "정확히 1930년에 끝나지는 않을 것"이라는 생각에 위로를 얻을 수 있었다. 그해는 바로 프로이트가 집필을 하던 해였다. "미래에는 문명의 이 분야에서 새로우면서 아마도 상상할 수도 없을 정도로 대단한 발전을 이루고, 인간은 더욱더 신을 닮게 될 것이다." 인간은 창조자이면서도 한 가지 중요한 면에서 자신의 이상적 유사성의 이미지를 아직 이루지 못했다. 프로이트는 "우리는 우리의 연구를 위해, 오늘날의 인간은 자신의 신 같은 특성을 행복하게 느끼지 않는다는 사실을 결코 잊지 않을 것이다"라고 경고했다.[124] 신 같은 권능을 갖지만 신 같은 평온은 없는 인간이, 자기 인간성의 마지막 잔존물인 스스로의 불만에 만족하고 지낼 수 있을까? 만약 평생에 걸친 프로이트의 작업이 인간은 그렇게 해야 한다고 말하는 것이라면, 그것은 그렇게 되지 않으리라는 것 역시 암시하는 것이었다.

용감한 신세계

프로이트의 『문명 속의 불만』이 출간된 지 2년 후에, 올더스 헉슬리Aldous Huxley는 매우 다른 종류의 경고를 내놓았다. '다윈의 불독'으로 알려진 토마스 헨리 헉슬리Thomas Henry Huxley의 손자이며, 인간 행복에 대한 본래적 장애에 별로 구애받지 않는 그는, 오히려 과도하게 만족스러운 세상이 어쩌면 인간성을 잃어버리게 만들 미래에 대해 걱정했다. 1932년에 쓰인 걸작 『용감한 신세계*Brave New World*』

의 외로운 주인공은 '불행할 권리'를 선언하기에 이른다.[125] 인간의 진보라는 굴곡진 도정에 저항하려는 그의 부질없는 시도와 헉슬리가 본, 현대 문명의 중심에 잠복해 있으며 보이지 않게 압제적인 행복은 여전히 우리에게 교훈적으로 다가온다.

선진화된 세상 밖의 더러운 보호 구역에서 자라난 주인공 존은 '야만인'이다. 그는 자신이 믿는 것이 '아름다운 인류'가 충만하게 번영할 수 있는 환경이 되리라는 높은 기대를 품고 있었다. 그리고 실로 이 '용감한 신세계'에서, 존은 '요즘은 모두가 행복하다'는 것을 발견한다. '매일의 노동과 오락이라는 굳건한 기반' 위에 구축된 행복은, 어린 나이 때부터 개방적인 성이 조장되고, 물질적 쾌락의 지속적인 소비가 평생 보장되는 사회의 유일한 목적이다. 용감한 신세계의 거주자들은 단지 두 신神만을—'우리의 포드Henry Ford와 우리의 프로이트'—알 뿐인데, 즉 한편에는 대량 생산의 위대한 혁신자가 있고, 다른 한편에는 타자들에 대한 죄책감으로부터 그들을 해방시켜준, 쾌락 원칙의 완전한 승리를 위해 세상을 자유롭게 해준 사람이 있다. 불쾌하거나 고통을 유발시키는 것은 모두 제거되었다. 운동, 인공 음식, 그리고 하이테크 약 덕분에 노년이 사라지고, 젊음은 무한히 연장된다. 연기된 만족감은 거의 근절됐으며, 오이디푸스적 원한과 평생 동안 이어지는 갈등의 영원한 원천인 가족은 자손들의 유전학적 양육과 기분, 욕망 그리고 기대치를 통제하기 위해 구상된 유전학적 검사 시스템으로 대체되었다. 19세기 『인구론*An Essay on the Principle of Population*』의 저자인 맬서스T. R. Malthus의 가르침에 경의를 보내는 시민들은 초간편 산아 제한을 통해 임신을 막고자 정기적으로 '맬서스 식 훈련'을 하고 '맬서스 식 벨트'를 한다. 낙태가 쉬워지면서 짝짓기로 인한 원치 않는 결과들이 줄어들고, 죄의식 없는 성

행위와 적절한 인구 수준이 유지되었다. 마지막으로, 완전히 만족하지 못한 사람들을 위해서는 고도로 정교한 오락 산업이 현란한 효과와 단순한 구성으로 이루어진 감각적인 영화를 제공한다. 또 한편에서는 단점은 모두 뺀 '기독교와 알코올의 모든 장점'을 제공하면서, 얼굴에 계속 미소가 어리도록 만드는 안전하고도 효과적인 기분 전환 마약이 상시 대기하고 있다. 이 용감한 신세계에서는 '지고선으로서의 행복에 대한 신앙'은 의문의 여지가 없다.

즉 까다로운 소수만 빼고는 모두에게 의문의 여지가 없는데, 그 소수 중에 주인공 '새비지Savage(야만인이라는 뜻도 있음—옮긴이)'가 가장 고집스럽다. 그는 원시적인 견해에 집착하면서, 삶에는 좋은 느낌 이상의 무언가가, 즉 지식, 도덕적 개선 그리고 고매한 의식 등에 대한 열망 같은 것들이 있을 것이라고 감히 상상한다. 그는 용감한 신세계의 '세계 감독관'에게 자신의 '불행할 권리'를 설명한다. "나는 안락을 원치 않는다. 나는 신을 원하고, 나는 시를 원하고, 나는 진짜 위험을 원하고, 나는 자유를 원하고, 나는 선함을 원한다. 나는 죄악을 원한다."

새비지는 행복을 위해 지불한 대가가 너무나 크다는 것을 안다. 그래서 이 '벅찬 주인'으로부터 도망치려는 헛된 시도를 감행한다. 그는 야생으로 돌아가 영혼을 정화하기 위해 신에게 기도하고, 육욕을 억제하며, 고립 속에 혼자 살아간다. 그러나 그의 도피는 오래가지 못하는데, 오락 산업에 대한 미디어의 만족할 줄 모르는 호기심이 그를 가만히 놓아두지 않기 때문이다. 그 정점에 있는 사람이 다윈 보나파르트Darwin Bonaparte로, 고릴라 결혼식을 영화로 만들어 유명해진 빅게임 사진작가이다. 그가 이름을 따온 사람들에서 알 수 있듯, 그는 모든 걸 정복하려는 장군의 본능과 우리의 원시 시대 조상들에 대한 호기심이 결합된 인물이다. 다윈은 새비지의 존엄성을 잠시 깨뜨리고, 그를 마치 동물원의 우리 안에 갇힌 동물처럼 취급하며 꼬치꼬치 캐대는 관광객들 무리 앞에 드러내놓는다. 이들 문명화된 구경꾼들은 '마치 유인원에게 하듯' 새비지에게 땅콩을 던지며, 그를 '궁지에 몰린 동물' 처럼, 뒷걸음질 치게 한다. 이렇게 괴롭히는 자들로부터 그가 도망칠 수 있는 유일한 길은 소마Soma(인도산 덩굴식물의 액즙, 인도 신화에서 신들이 마시는 신성한 음료—옮긴이)뿐이다. 그러나 이렇게 화학적으로 유도된 안식의 밤을 지내고 깨어날 때, 그는 '올빼미 같은 야행성' 때문에 느끼는 끔찍한 불빛에 놀라게 된다. 이 동물-인간이 자신의 존엄성을 지킬 유일한 길은 자살이다. 고도로 진화된 자들에 의해 유인원으로 간주되는 새비지는 실상은 사멸해가는 종족, 즉 인간의 최후 잔존자이다.

돌아보면 『용감한 신세계』라는 책이 대공황의 와중에 쓰였다는 것이 놀라울 뿐이다. 그때는 인류 역사에서 가장 피비린내 나는 전쟁을 겪은 해로부터 겨우 14년이 지나고, 그보다 더 끔찍한 공포로 세계를 뒤덮을 대참사가 발발하기 7년 전이었다. 그러나 그 책은 당장의 현실이라는 지평을 넘어, 당대 평자들을 깜짝 놀라게 할 미래를 보고 있다. 결함 사회를 다룬 20세기의 또 다른 걸작인 조지 오웰의 『1984』가 이제는 시대에 뒤졌을 수도 있지만 냉전에 대한 우려를 반영한 뛰어난 작품으로 보이는 데 반해, 『용감한 신세계』는 쾌락 원칙, 즉각적 만족 그리고 젊음의 숭배가 지배하는 소비 사회의 초상으로 충격을 주고 있다. 우리 사회와 마찬가지로 그 속의 시민들도 예술을 희생시키는 대가로 오락을 강조하는 연예 오락 산업으로 기분전환을 한다. 그들은 불쾌함을 '참고 견디는 법을 배우기' 보다는 가능하면 언제라도 제거해버리도록 조장된다. 또한 번영, 성적 만족 그리고 영원한 젊음에 대한 끝없는 매력에 의해 이끌리고 죄책감, 기억 그리고 후회를 없애도록 조절된다. 이것이 바로 니체가 말한 최후의 인간의 행복이다. 그것은 미덕, 초월 그리고 자기 계발에 대한 마지막 집착에서 해방된 행복이며, 마침내는 안락과 좋은 느낌으로만 축소된 행복이다. 이 용감한 신세계에서, 최후의 지고선은 아무런 경쟁자도 없이 절대적 패권을 쥐고 통치한다. 그러나 그것은 허약한 왕으로서 신으로, 인간으로 또는 유인원으로 살아갈 피조물들을 이끌 만한 자격이 없는 왕이다.

『용감한 신세계』에 나온 식대로 동물-인간이 정말 그렇게 무리 지어 살 수 있을까? 헉슬리는 우리의 본성 깊숙이 있는 무언가가 새비지처럼, 영원히 그 이상과 그 너머를 갈망하면서 그런 예상에 고삐를 단다는 것을 알았다. 그럼에도 그걸 아는 것으로부터 아마도 그의 가장 선견지명적인—그리고 근심스럽게 만드는—고찰에 이른다. 부단히 행복을 추구하는 인간은 운명의 마지막 보루, 즉 자신들의 유전적 구조를 위조하면서, 본성 그 자체를 바꾸려 할 것이라는 고찰에 다다르는 것이다.

행복한 결말

Happy Ending

블라디미르: 사실이 아니라 하더라도 그렇다고 말해.

에스트라공: 내가 무얼 말해야 하는데?

블라디미르: 나는 행복하다고 해.

에스트라공: 나는 행복하다.

블라디미르: 나도 그래.

에스트라공: 나도 그래.

블라디미르: 우리는 행복하다.

에스트라공: 우리는 행복하다. (침묵) 이제 우리는 행복한데, 그럼 우리는 무얼 하지?

블라디미르: 고도를 기다려.[1]

이제 우리는 행복한데, 그럼 무얼 하지? 1953년 파리의 조그마한 바빌론 극장에서 사무엘 베케트Samuel Beckett의 주인공 에스트라공이 프랑스어로 처음 이 질문을 던졌을 때, 그것은 틀림없이 이상하게 들렸을 것이다. 독일의 철학자 테오도르 아도르노Theodor Adorno는 한 유명한 (모호하다면 모호할 수 있지만) 비평에서 이미 "아우슈비츠Auschwitz 이후에도 시를 쓴다는 것은 야만적이다"라고 말한 바 있었다.[2] 행복에 관해 얘기한다는 것은 분명히 더더욱 그렇다. 줄잡아 4천만 명이 제2차 세계대전의 학살에서 목숨을 잃었고, 1949년 소련이 최초로 원자폭탄 실험에 성공함으로써, 세계 초강대국들은 이런 정도의 숫자는 아무것도 아닌 것으로 만드는 것 같았다.

그렇다면 베케트는 매개체를 아주 잘 선택한 것인데, 왜냐하면 엄밀히 말해 그가 쓴 것은 시가 아니고 극, 즉 부조리극이기 때문이다. 연극 무대가 세상의 초현실적 광경에 여전히 사로잡히고 있는 한, 그의 '2막짜리 희비극'은 압도적인 절망과의 대면에서도 멈추지 않는, 행복을 향한 끈질긴 추구를 잘 포착하고 있다. 인간은 '돼지'이고 사람들은 '지독히 무지한 유인원들'이라는 결론에도 불구하고, 블라디미르와 에스트라공은 그들을 둘러싸고 있는 해골과 공허 속에서 희망을 지속시키고 있다. 그들의 '엄청난 혼란' 속에 '세상의 눈물은 변함없는 분량'이라는 확신만이 놓여 있을 뿐인데도, 그들은 개의치 않고 구원을 기다리며, 고도를 기다리며 비틀거리고 있다. 그들은 복음의 이야기를, 성스러운 땅의 지도를, 사해를 기억하고 있다. 에스트라공은 "그게 바로 우리가 가야 할 곳, 우리가 신혼여행을 가야 할 곳이라고 얘기하곤 했지. 우리는 수영도 할 거야. 우리는 행복할 거야"라며 생각에 잠긴다. 그리고 잠이 들었을 때, 그는 "내가 행복한 꿈을 꾸고 있어"라고 상기하며 깨어난다. 그것은 '시간을 보내기'에 아주 좋은 활동이었다. 두 방랑자들은 '할 게 아무것도 없다'는 것을 마음 속 깊이 알고 있을 때조차도 비틀거린다. 그리고 그런 비틀거림 속에 삶이 있다.

행복에 관한 이 역사는 고전 시대 연극 무대에서의 비극 전개, 그리고 역사 자체 속의 비극의 전개와 더불어 시작했다. 비극적 영웅은 화해할 수 없는 갈등과 압도적인 불평등 속에서도 명예를 지키기 위해, 불행한 운명은 결코 통제될 수 없다는 것을 알지만 자신의 목적을 추구하기 위해, 계속 고군분투를 멈추지 않는 사람이었다. 헤로도토스는 "인간의 삶이 짧다고는 하지만 아무도 행복하지 않기에, 사느니 죽기를 바란다는 것은 한 번이든 여러 번이든 간에 그의 운명이 아닐 것"이라는 사실을 우리에게 상기시킨다.[3] 비극적 영웅은 자신이 할 수 있는 최선을 다하며 최후의 순간까지 모든 것을 감내하며 지탱해 나간다.

이런 의미에서 베케트의 「고도를 기다리며Waiting for Godot」는 의심할 여지 없이 비극적이며, 실로 그 '비극'은 전례의 고전 시대 비극들보다 한층 더 강렬하다. 왜냐하면 현대판 변형은 고대 비극과는 달리 마지막까지 항상 희망의 빛을 유지했던 관례를 완전히 버려야만 하기 때문이다. 여기에는 최후의 기적 같은 구원을 위해 날개 속에 숨어 기다리고 있는 신이 있을 수 없다. 영웅들을 유괴해 낚아채줄, 불길 속에서 크로이소스를 구해줄, 우리의 운명을 풀어줄, 기계장치 속의 신이 없는 것이다. 블라디미르와 에스트라공은 그들이 "우리를 구해줄 거야"라고 믿는 그 사람의 도착, 신비스러운 고도를 열망하고 있다. 그러나 물론 고도는 결코 나타나지 않는다. 장치 속의 신은 장치 속의 유령이 되었고, 오직 조각, 흔적, 영혼적 존재의 어렴풋한 느낌, 그 왕국이 확실히 이 지상에 존재하는 행복을 향한 덧없는 희망만을 남기면서, 부재를 통해 출몰한다.

신이든, 고도든, 혹은 그 밖의 어느 성스런 유령이 언젠가는 구원해줄 것이라는 희망이 완전히 소멸된 것은 아니었다. 결코 소멸되어서는 안 된다. 그러나 20세기 전반부에 일어난 끔찍한 사건들로 인해 이러한 희망을 지탱하기가 훨씬 힘들어졌다는 것을 부인할 사람은 거의 없을 것이다. 갑자기 나타나 도와주는 기계장치 속의 신에 대한 믿음이 쇠퇴하기 시작함에 따라, 베케트의 주인공들은 본능적으로 그 부족함에 대해 잘 알고 있는 세속적인 행복에 대한 기대에만 매달릴 수밖에 없다. 그들은 행복한 척하지만—"사실이 아니더라도 그렇다고 말해"—그들이 그러는 찰나, 그들은 자신들이 여전히 뭔가 필요하다는 것을 깨닫는다. "이제 우리는 행복한데, 그럼 우리는 무얼 하지?"라며 그들은 의아해 한다. 이 세속적인 목적에 대한 그들의 신앙은, 그 불충분함과 달성 불가능에 대한 모순된 인지로 인해 위태로워진다. 블라디미르와 에스트라공이 설사 행복하다 해도, 우리는 그들이 만족스러워하지 않는 것은 아닌지 생각한다. 그들은 계속 기다릴 것이다. 그들의 비극은 그 옛날 영웅들의 것보다 훨씬 더 비극적이다.

그들이 보여주는 불굴의 인내력에는 이상한 숭고함—아마도 바보의 숭고함—이 깃들어 있다. 그것은 희망이 결핍된 시대에 상응하는 영웅주의의 숭고함이다. 블라디미르와 에스트라공은 삶에서 시를 만들어내는 게 아직 가능할지도 모른다는 것을 우리에게 상기시킨다. 블라디미르는 "지금 낙담하는 게 무슨 소용이 있어?"라고 묻는다. "우리는 백만 년 전에 그걸 생각했어야 해……." 후에 그는 한층 더 큰 신념을 갖고 "지금, 여기에서, 우리가 좋아하든 아니든, 모든 인류는 바로 우리야. 너무 늦기 전에 최선을 다해보자! 잔인한 운명이 우리에게 맡긴 그 몹쓸 종족을 딱 한 번만 멋지게 연기해보자! 넌 어때?"라고 부언한다.

그것은 숭고한 도전이며, 이미 세계의 무대 위에 오른 매우 다른 종류의 비극적 영웅에 의한 도전이었다. 역사적인 배우 프리모 레비 Primo Levi가 바로 그 사람으로, 그는 아우슈비츠 이후에도 시가 가능할 뿐만 아니라, 불가사의하지만 그곳에 있는 동안에조차 그것이 가능했다고 말한다. 바로 그 장소에서 자신의 '무無를 향한 여정'을 묘사하면서, 레비는 숙고한다.

> 조만간 모든 사람은 삶에서 완전한 행복이 실현될 수 없다는 것을 알게 되겠지만, 그 정반대를 생각해보는 극소수의 사람도 있다. 즉 완전한 불행도 역시 이룰 수 없다는 것이다. 이 양 극단의 실현을 막는 장애들은 그 본질이 같다. 그것들은 무한한 것에 반하는 우리 인간의 조건에서 유래한다. 미래에 대해 언제나 불충분하기만 한 우리의 앎은 그것에 역행한다. 그리고 이것은 어떤 경우에는 희망이라고 불리고, 또 다른 경우에는 미래의 불확실성이라고 불린다. 죽음의 확실성은 그것에 역행한다. 그것은 모든 기쁨에 한계를 두지만, 또한 모든 슬픔에도 한계를 둔다. 불가피한 물질적 관심들도 그것에 역행한다. 왜냐하면, 그것들은 모든 지속되는 행복을 망치고, 마찬가지로 자신의 불행에 대한 우리의 주의를 끈질기게 딴 데로 돌리게 하며, 그리고 그들에 대한 우리의 의식을 단속적이게 만듦으로써 그럭저럭 참으며 지탱하도록 하기 때문이다.[4]

믿기 어렵지만 라거Lager(수용소)에서조차도 인간은 여전히 희망을 가질 수 있다. 라거에서조차도, 인간은 죽음이라는 마지막 상황으로부터 여전히 위안을 끌어낼 수 있었다. 라거에서조차도, 인간은 물질적 관심에 열중함으로써 여전히 마음을 딴 데로 돌릴 수 있었다. 그를 살아남게 했던 것은 포기나 추상적 '삶에의 의지'가 아니라, '바로 불편함, 구타, 추위, 갈증'이었다. 각각의 장애는 극복해야 할 장애물이었고, 지금, 여기라는 유한에 자신을 집중케 한 장애물이었다. 동상에 걸린 손가락 때문에 받는 당장의 괴로움 뒤에는 기아의 무딘 진동이, 근질거리는 이의 자극이, 불면의 고통이, 멀리 떨어진 가족에 대한 비탄이, 드러난 상처의 고통이 있을 수도 있다. 그러나 첫 번째 급박함의 원인이 (마치 그게 전부인 양) 제거되는 즉시, 인간은 "또 다른 것이, 그리고 실제로 그 밖의 것들이 계속해서 그 뒤에 늘어서 있다는 것을 알고는 비탄에 차서 경악하게" 될 것이다. 레비가 깨달았듯 "인간의 본성은 슬픔과 고통이 우리의 의식 내에 전체로 합쳐지는 게 아니라, 배분의 균형 원칙에 따라서 덜한 것이 큰 것 뒤에 숨는 것이다. 그것은 신의 섭리이자 수용소에서 우리의 생존 수단이기도 하다."[5] 삶에서 우리가 행복에 대한 끝없는 추구에 이끌리는 것과 유사하게, 우리는 고통의 끝없는 시현에 따라 이끌리며, 심지어 구해지기조차 한다.

이것은 유쾌한 생각은 아니지만, 비참과 기쁨에 대한 우리의 인식이 항상 얼마나 상대적인가를 상기시킨다. 또 다른 영웅, 정신병 의사이자 철학자인 빅터 프랭클Viktor Frankl도 아우슈비츠에서의 경험을 통해 이와 유사한 결론에 이른다. 그는 인간 고통의 크기는 '전적으로 상대적' 이라고 쓰고 있다. 그것은 의식이 있는 마음과 인간 영혼의 방을 채우는 가스처럼 팽창한다. 그러나 그것은 "아주 사소한 것도 가장 큰 기쁨을 유발시킬 수 있다는 것"에서부터 생긴다. 프랭클은 "수용소 생활의 빈약한 즐거움이 일종의 소극적인 행복—쇼펜하우어가 말했던 '고통으로부터의 해방' —을 어떻게 주는가에 대해서" 그리고 "죄수가 자기 존재의 공허함, 처량함, 그리고 영혼의 메마름으로부터 피난처를 찾도록" 도와주는 내적 삶의 강화에 대해서 말한다. 그리고 그는 인간이 만들어낸 그렇게나 많은 추한 것들 속에서 자연의 아름다움에 대해 느낀 감수성에 대해서도 언급한다. 한 번 힐끗 본 산의 모습, 또는 일몰의 장관은 "세상이 얼마나 아름다울 수 있는가"를 숭고하게 상기시켰다. 그리고 어둠 속에서 빛이 비쳤다. 도스토예프스키에게서와 마찬가지로, 프랭클에게 인간은 "그 어떤 것에도 익숙해질 수 있는" 존재였다.[6)] 그것은 정신을 고양시키는 동시에, 괴롭게도 만드는 생각이다.

레비와 프랭클 모두 예외적인 사람이며 세계라는 무대 위의 비극적 영웅들로, 형언할 수 없는 고통 앞에서 그들이 보여준 긍정과 인내는 우리들 대부분에게는 비교는 차치하고, 생각조차 할 수 없는 것이다. 수용소에서 해방된 일 년 후에 출간된 프랭클의 『삶의 의미를 찾아서*Search for Meaning*』와 레비의 『아우슈비츠에서의 생존*Survival at Auschwitz*』 같은 저서를 집필할 능력을 발휘할 수 있는 사람은 일반적인 환경에서도 드물다. 의심할 바 없이 두 사람은 훌륭하지만, 자신들의 경험에서 회복하려는 그들의 능력—끔찍한 운명의 타격으로 인한 고통 뒤에 다시 의미, 시, 그리고 행복을 찾으려는—은 널리 알려진 인간의 성향을 보여주는 것이다. 운명의 난폭함에 대응하는 본유적인 인간의 능력을 강력하게 옹호하는 최근의 수많은 심리학 연구가 그 사실을 재확인해주고 있다. 예를 들면 커다란 좌절을 경험한 후—직장을 잃거나 혹은 이혼을 겪는 등—에 대부분의 사람들은 상대적으로 빠르게, 이전의 자기 마음의 패턴으로 되돌아간다는 것이 연구를 통해 발견되었다. 아주 큰 사고를 당한 사람들을 포함한 대부분의 사람들은, 세 달에서 일 년 사이의 어느 시점에 '정상적'인 자신으로 복귀하게 된다. 훌륭한 여러 연구들이 입증하듯이, 놀랍게도 자동차나 오토바이 사고로 사지가 마비된 사람들까지도 이런 패턴에 부합하는 것 같았다. 어느 심리학자는 다음과 같이 요약한다.

> 일관되고 놀라운 결과는 불행한 사건으로 인한 최악의 감정적 여파가 보통은 일시적이라는 것이다. 커다란 좌절 혹은 부상으로 인한 감정적 후유증은 일 년 또는 그 남짓 지속될 수 있다. 그러나 몇 주내에 본인의 현재 기분은 자신의 마비 여부, 시력의 상실 여부보다는 당일의 일들—배우자와의 언쟁, 업무 실패, 감사 전화 혹은 친한 친구나 자식이 보낸 즐거운 편지—에 더 큰 영향을 받는다.[7]

이는 결코 재난의 불운을 가볍게 여기거나, 누구나 홀로코스트 같은 끔찍한 일에서 완전히 회복될 수 있다고 말하려는 게 아니다. 레비는 자신이 풀려난 지 42년 후에 자살했다. 그리고 그가 아우슈비츠 이후에서처럼 그 전에도 우울증으로 고통받았다는 것은 아마도 중요한 사실이긴 하겠지만, 삶이 처한 상황이 장기적 행복과 아무 관련도 없다고 생각하는 것은 그릇된 일인 듯싶다. 지속된 아동 학대나 여타 포괄적인 심리적 외상의 여파가 오래 지속되는 것에 관해서도 같은 얘기가 가능하다. 가끔은 과거로부터의 도피가 불가능하기도 하다.

그럼에도 전반적으로는 인간의 놀라운 회복력이 증명되고 있다.* 우리는 계속 삶을 영위해야 하는 것 같고, 또 우리에게 무슨 일이 생기건 간에 우리는 대개 그렇게 하고 있다. 그 단어의 어원에도 불구하고, 오랫동안 생각되어왔던 것보다는 행복이—또는 적어도 우리의 보편적 기분이—훨씬 우연에 덜 좌우된다는 것은 분명하다.

위로의 원천 또는 힘으로서, 그런 주장은 우리를 속박에서 벗어나게 해줄 수도 있다. 그러나 베케트의 희곡에 다른 면이 있는 것과 마찬가지로, 그 동일한 데이터에도 또 다른 면이 있다. 어떤 관계의 파

* 이러한 패턴에 예외가 있는데, 바로 우울증이다. 우울증은 마음의 자연스런 기분 '조절' 능력에 장애를 일으켜, 종종 우리를 치료나 약물의 힘으로만 관리될 수 있는 나락으로 빠뜨린다.

국이나 친구의 죽음이 우리 마음의 틀에 장기적으로는 별 관련을 미치지 않는 게 사실이라면, 마찬가지로 행운이라는 은총의 경우에도 역시 그러하리라는 것도 사실이다. 시련 뒤에 자신을 추슬러 일으키는 인간의 능력을 살펴본 그 시험은 또한, 우리가 어떤 규범에서 너무 멀리 올라와 있을 때 다시 지상을 떠돌며 당황하는 경향이 있음을 암시한다. 한 예로, 복권에 당첨된 사람들이나 또는 경마에서 유난히도 운이 좋은 날을 보낸 사람들에 대한 연구에 따르면, 그들에게서 사고의 피해자들에게서 볼 수 있는 것과 똑같은 이미지를 발견하게 된다. 짧은 기간(몇 주 또는 몇 달간) 동안 의기양양하던 그들은 모두 똑같이, 마치 정현正弦 곡선처럼, 즉 기분의 '자동 온도 조절기'의 대략적 '지정 눈금' 주위를 배회하며 이전에 자신이 있던 곳으로 돌아온다.[8] 만약 우리가 100만 달러만 있다면, 혹은 새 직장을 갖기만 한다면—또는 아들이나 딸을 가질 수만 있다면—우리의 삶이 바뀌고 마침내 행복해질 것이라고 믿을 수도 있다. 그렇게 생각만 해도 확실히 기분이 좋다. 그러나 점증하는 연구에 의하면 사실은 그렇지 않다는 것을 알게 된다.[9] 전문 용어에 따르자면, 인간은 '효과 편견', 즉 소망하던 쾌락이 가지는 효과 또는 영향의 왜곡으로부터 고통받는 것처럼 보인다. 기대했던 쾌락에서 초래되는 성취도를, 우리는 놀라우리만치 자주 과장한다거나 혹은 완전히 오판한다는 것이 밝혀지고 있다. 그리고 우리가 아주 현명하고 정확하게 예측한다 하더라도, 우리의 자연스런 경향은 우리가 생각하는 것보다도 훨씬 빠르게, 새로운 쾌락에 적응하도록 되어 있다.

많은 면에서 이것은 '쾌락의 쳇바퀴' 현상을 묘사하는 또 다른 방식에 지나지 않을 뿐이다. 쾌락의 쳇바퀴는 우리가 가진 것에 대해 부단하게 만족하지 못하는 경향이 있음에 주목한 후기 다윈 진화론 심리학자들이 '행복의 비극'이라고 말했던 것이다. 또한 이는 단지, 이 책에서 검토된 수많은 도덕주의자들이 오랫동안 이해해왔던, 만족할 줄 모르는 인간의 탐욕에 대한 인정일 뿐이다. 이 세상의 쾌락에 익숙해지고 또 불만스러워하는 인간의 성향은 인류만큼이나 오래된 현상이다. 우리는 아담과 이브가 낙원에서조차도 만족하지 않았음을 잘 기억할 것이고, 그렇기에 또한 우리의 주변이 어떻든 간에 우리도 그러리라는 것에는 의심의 여지가 없다.

기나긴 역사에 비추어볼 때, 심리학자들이 최근에 새로이 '발견한 사실'들이 그들과 그 선전가들이 주지시키려 했던 것처럼 그렇게 대단한 발견은 아니라는 생각도 아마 해봄 직하다. 그런데도 '쾌락의 쳇바퀴'와 '행복의 비극'에 대한 반추와 마찬가지로, '효과 편견'과 '감정적인 예측'에 대한 연구는 대략 2,500여 년을 아우르며 우리가 임상적 맥락에서 그 리듬을 추적해온 추구의 과정에 경험적 조명을 해준다. 소크라테스가 행복이 좋은 생활의 목표여야 한다고 선언한 그 순간부터, 인간은 끊임없이 그 비결을 찾아나섰다. 그러나 그들의 부단한 노력—그들의 이루 헤아릴 수 없는 실험과 시도—에도 불구하고, 이 탐구는 이제껏 확실한 발견을 이루어내지 못했다. 어느 현대의 재사才士는 만약 행복에 이르는 비결이 있다면, 그 비결은 꼭꼭 숨겨져서 보호되고 있다고 했다. 그것은 너무나 잘 지켜져서, 만약 그것을 아는 사람이 있다 해도 아주 극소수만이 알 것이다.

영원한 추구라는—존재하지 않을지도 모르는 환영을 수세기에 걸쳐 끝없이 찾는—유령은 분명 우리를 으스스하게 만든다. 그 으스스함은 「고도를 기다리며」 공연이 끝나 무대의 커튼이 내려지고 난 뒤에도 무대 위를 떠나지 않고 감도는 부재나 기대의 느낌과 같은 것이다. 그러나 이 광경에 우리가 쉽사리 웃을 수도 있다는 것을 알아야 한다. 베케트의 희곡은 엄밀하게는 비극이 아니라 희비극으로, "이 세상의 눈물은 정량이야"라는 것을 재확인하지만, 또 "웃음도 마찬가지야" 하고 재빨리 안심시키는 작품이다. 그들이 이해하지 못하는 우주에 붙잡혀, 불확실한 상황과 운명에 놓인 블라디미르와 에스트라공은 비극 배우들이자 광대들로, 극이 시작할 때는 구두를 벗으려고 안간힘을 쓰고, 극이 끝날 때는 바지를 올리려고 분투한다. 블라디미르는 정신이 나간 상태에서 바지 앞 단추를 열린 채로 둔 뒤, 매무새를 고쳐야겠다며 아일랜드 광대놀이에서 가능한 모든 진지함을 동원하여 "삶에서 사소한 일이라고 절대로 소홀히 하지 말아"라고 에스트라공에게 말한다. 이들은 인간의 어리석음을 드러내고, 또 자신들을 완전히 드러내놓는 사람들이다. 우리는 그들의 처지를 동정하지만, 또 한편 웃기도 한다. 스스로를 즐겁게 해주려는 그들의 노력—시간 보내기—은 바로 우리들의 모습이기 때문이다.

1961년 뉴욕 시의 체리 레인 극장에서 초연된 베케트의 「행복한 나날들Happy Days」에서는 이와 똑같은 코믹한 광경의 그 무언가가 좀 더 예리한 재치와 더불어 나타나고 있다. 「고도를 기다리며」 초연 이래로, 아우슈비츠 이후 행복의 추구에 대한 어떠한 관심도 오랫동안 시들어버렸다. 베케트가 귀화한 제2의 조국 프랑스는 당시 전후 상실의 시간을 거쳐, '영광의 30년'이라는 경제 성장의 호황을 구가하는 중이었다. 독일과 일본도 그들 나름의 경제적 '기적'을 이루고 있었다. 그리고 미국도 세계에서 가장 부유한 나라로서의 위상을 공고히 하는 경이적인 성장기, 즉 '급속한 발전기'를 만끽하며, 역사에 유례가 없을 정도로 물질적 특권을 누리는 세대—'부머boomer'—를 낳고 있었다. 소비자 경제의 대량 확산은 1960년대 초기에, 쾌락에 이르는 길을 계속 막았던 많은 편견과 심리적 장애에 대한 성공적인 문화 공습이 될 피임약의 발명 그리고 성과 결합하게 된다. 1972년에 이르면, 그해에 바로 같은 제목의 베스트셀러 도서가 주장했듯이, 용기 있게 도전하는 사람은 누구라도 '성의 즐거움'에 탐닉할 수 있게 되었다. 그리고 그 책도 계속해서 수백만 권이 팔려나갔다.

행복한 나날들을 위한 시간과 장소가 무르익었다. 중단되지 않는 좋은 느낌의 이상理想으로서의 행복의 승리와 그 편재성을 그린 초상화 그리고 적중한 시기, 이 두 가지 모두에서 선견지명을 발휘한 베케트도 실망하지는 않았다. 제1막에서 허리까지 오른 흙더미에 묻혀 무대에 등장하는 중년 후반의 주인공 위니는 "나는 기도하곤 했지. 기도하곤 했다고 나는 말하는 거야. 그래, 그랬다고 실토해야 해"라고 고백한다. "지금은 아니야."[10] 그녀는 '맙소사, 아멘……, 영원히' 같은 친숙한 어휘들로 극을 시작하고, 가끔씩은 '축복'과 '자비' 그리고 또 '하루 종일' 그녀를 도와주는 '은혜' 등 자신이 '구식'이라고 표현한 말들에 빠지기도 하는 게 사실이다. 위니는 "누군가가 아직도 나를 쳐다보고 있어"라면서 과감하게 기회를 노린다. 그러나 이러한 위안은 넘쳐나는 생각에 의해 밀려나고 만다. "아, 또 행복한 하루가 될 거야!"

위니는 과거의 '행복한 기억들' 그리고 '다가올 행복한 날'에 대해 곰곰이 생각하고는, 이것은 "내가 상심하거나 야만적 짐승들이 부러워질 때에 위안이 되는 것이다"라고 밝힌다. 제2막(그리고 마지막)에서 흙 언덕은 그녀의 머리만 남기고 몸 전체를 덮어버린다. 그러나 피할 수 없는 운명인 죽음이 점점 더 확실히 자신에게 다가오는 중에도 위니는 반항적인 태도로 낙관을 유지한다. "아무려면 어때, 내가 항상 하는 말이지만, 행복한 날이 되어 있을 건데. 결국 또 하나의 행복한 날 말이야." 그녀는 머리를 빗고, 이를 닦고, 희미해져가는 남편이 멀리서 함께하는 것을 즐거워한다. 아니, 그녀는 "불평을 할 수가 없다." "감사해야 할 것들이 많다." "고통은 없다." 그녀의 지갑 속에 권총이 있다는 것은 이러한 자신감과 상반되는 것이지만—그녀의 마지막 불완전한 대사 속의 침묵이 그렇듯이—, 그렇다고 그녀가 가진 신념의 진정성을 의심하려는 것은 아니다. "아, 이건 행복한 날이야, 이건 또 하나의 행복한 하루가 되어 있을 거야! (휴지.) 결국. (휴지.) 아직까지는."

블라디미르와 에스트라공처럼, 위니도 영웅적이다. 감동적이기도 하고 비극적이기도 한 돈키호테 식의 영웅 말이다. 그러나 그들처럼 그녀도 우스꽝스럽고 부조리하다. 죽음 앞에서 포기하지 않고 행복을 부르짖는 그녀는, 미래 완료 시제로 돌아서면서, 그녀의 입을 떠난 말로 자신의 주장을 한정지어야만 한다. 행복한 날이 되어 있을 것이다. 미래 완료는 결코 존재하지 않는, 결코 존재하지 않을, 그리고 결코 존재하지 않았던 시간이라는 것이 분명하다. 그것은 단지 '되어 있을' 것이다. 미래 완료는, 완전한 미래처럼 오직 신념의 행위로서만 존재한다.

「행복한 나날들」의 광대짓에 즐거워하는 관객은 그 뒤를 이은 「인간 희극comédie humaine」에서도 역시 유머를 읽게 될 것이다. 왜냐하면 이후 서구에서 행복을 추구하는 열광에는 확실히 우스운 그 무언가가 있기 때문이다. 1950년대와 1960년대 초의 외견상의 평온은 1963년 케네디 암살에 이은 혼란과 격변으로 산산이 부서지고, 오로지 쾌락과 좋은 기분으로서의 행복에 대한 추구는 더욱 강렬해졌다. 거의 무명에 가까운 하비 볼Harvey R. Ball이라는 광고인이—이후 장소에 따라서는 십자가와 다윗의 별과 유명세를 겨룰 만큼 유명해지는—현대의 아이콘의 최초 형태를 창안해낸 것도 바로 그해였다. 매사추세츠 주의 워체스터에 있는, 이름도 재미있는 주상호State Mutual 생명보험회사와의 계약에 의해 합병된 한 회사의 불안해 하는 고용인들을 달래려고 '스마일리 페이스smiley face(이하 '스마일리'로 표기함—옮긴이)'를 창안해냈던 볼은 커미션으로 45달러를 받았다. 그는 상표 등록이나 저작권 등 아무것도 등록하지 않았는데, 순수하게 경제적인 시각으로만 보면 그것은 아주 애석한 일이었다. 이 미소 띤 얼굴의 상징물은 확신에 또 확신을 주었다. 1971년 한 해에만, 행복에 관심 있는 5천만 명이나 되는 사람들이 스마일리 배지를 구입했고, 오늘날 그 이미지는 전 세계를 망라해 티셔츠, 문구류, 플라스틱 가방, 열쇠고리, 자동차 범퍼 등을 장식하고 있다.[11] 그리고 그것은 단지 시작일 뿐이었다. 잡지, 할리우드 영화의 결말, 광고판, 텔레비전에서는 마치 권리인 양, 영원히 즐기는 '실제' 사람들의 웃는 얼굴이 유례없을 정도로 넘쳐나고 있었다. 이렇게 끊임없이 즐거운 잔치에 둔감하기란 쉽지 않은 일이다. 어떤 연구에서는, 웃음이라는 신체 행위 자체가 기분을 더 좋게 하는 데 생리학적으로 도움이 된다고까지 시사하기도 했다. 그러나 다소 우울하지만 인위적인 행복의 이미지는 즐겁게 같이 어울릴 만큼 행복하지 않은 사람들이 느끼는 실제의 슬픔, 죄책감, 그리고 부적당한 느낌 등을 강화시킬 뿐이라는 것도 논해질지 모른다. 어느 경우가 됐든 간에, 오늘날 그렇게 하지 않는다고 비난받을 사람은 거의 없다. 우리 중 카메라 앞에서 절대로 미소 짓지 않을 사람이 누가 있을까? 가족 앨범을 한 번 들여다보면 우리의 조부모 세대는 얼굴에 그렇게 빨리 표정을 짓지 않았다는 것을 확인하게 된다. 그리고 이제 막 5세기가 된 모나리자의 미소가 당시로서는 이례적이고 충격적이었다는 것을 생각할 때, 우리가—세상이—얼마나 많이 변화했는가를 짐작할 수 있다.[12] 말하자면 우리가 보여주고

⚜ 하비 볼 스마일리 페이스. (세계 스마일 공사)

싶은 것은 현대의 건강한 치아 이상이라는 것이다.

문화적 열망의 상징인 스마일리는 오늘날까지 인간을 앞으로 추동시켜온 좋은 느낌을 향한 의지를 완벽하게 포착했다. 이 상징을 광고인이 창안해냈다는 것은—거의 선물로 주다시피—더욱 어울린다. 현대 서구 사회에서 영원한 쾌락에 대한 기대를 영속시키는 데 그들만큼 중심적 역할을 하는 사람들은 없기 때문이다. 만약 광고를 꿈을 파는 비즈니스라고 말할 수 있다면 이제 그 꿈은 항상, 모든 곳에서, 모든 것에서, 종종 행복이라는 주제의 변주곡이다. 코크를 마시고 웃어라. '해피 아워'에 빠져보라. '진정한 만족'을 맛보아라. 또는 아루바(카리브 해 남쪽에 위치한 작은 도서 국가—옮긴이)의 국가 브랜딩 캠페인처럼 '행복의 섬', '행복이 살고 있는' 섬에서 주말을 지내라.[13] 소비 자체를 통해 쾌락을 경험하라고 손짓하든, 혹은 우리가 좋은 느낌과 관련짓는 경향이 있는 많은 속성들 중의 하나를 즐기라고 손짓하든 간에, 이 유혹의 손짓은 대체적으로 똑같다. 그것은 여행에의 유혹, 모두가 평온한 곳으로 가라는 유혹, 아름다움으로의 유혹, 호사豪奢로

쌍희雙喜 담배 광고, 홍콩, 1995.

의 유혹, 우리에게 행복한 곳으로 가라는 유혹이다.[14]

우리가 멀리까지 답파해왔다는 것을 누가 부정할 수 있을까? 음식 소비, 주택, 의료, 오락, 여행, 국내 서비스 그리고 수천 개의 다른 카테고리에 대한 지난 100년간의 지수를 검토해보면, 미국인이 세계사 속의 어느 국민보다도 얼마나 물질적으로 풍요하게 살고 있는지 알 수 있다.[15] 우리는 무수한 방법으로 우리를 즐겁게 할 수 있는 수단과 돈을 갖고 있을 뿐만 아니라, 더 오랫동안 그렇게 할 수 있게 됐다. 미국인 남녀의 평균 수명은 1900년에 각각 46.3세와 48.3세였는데, 2000년에는 74.1세와 79.5세로 늘어났다. 유럽연합에서는 2002년에 남녀 수명이 각각 75.5세와 81.6였는데, 20세기가 시작한 이래로 수명이 대략 33년이나 늘어난 것이다.[16] 자신의 운명을 비탄하기 좋아하는 사람이 꼭 알아야 할 것이 있는데, 그것은 바로 그들이 그 어느 때보다도 평균적으로 훨씬 더 오랫동안, 그리고 훨씬 더 편안하게 비탄할 수 있다는 사실이다.

그러나 이 데이터로부터 물질적, 과학적 발전의 직접적 결과 덕분에 서구인들이 점점 더 행복해진다는 결론을 도출한다면, 이는 실수를 범하는 것이다. 미국에서 1950년부터 주의 깊게 진행되어온 조사에 의하면, 자신이 '행복' 하다고 말한 사람들의 숫자는 계속 60%에 머물고 있는 반면에, 자신이 '아주 행복' 하다고 밝힌 사람들의 숫자는 7.5%에서 6%로 떨어졌다. 한편 단극적單極的 우울증의 범위는 급격히 늘어났다. 그리고 이러한 증가의 대부분이 단순히 이전보다 우리가 우울증을 더 잘 진단해내거나 또 기꺼이 발견하려 하기 때문이라 하더라도, 인간의 행복이 꾸준히 늘어간다고 간주하는 것은 성급한 판단이 될 것이다.[17)]

이런 결론은 통계 자료가 없어도 도출된다. 『문명 속의 불만』에서 기술적 그리고 물질적 발전의 결과만으로도 행복을 얻을 수 있다는 가정에 반대하며 경고했던 것은 바로 프로이트였다. 그는 "우리는 묻고 싶다" 라며 말한다.

> 만약 수백 마일 떨어져 살고 있는 내 아이의 목소리를 내가 원하는 만큼 자주 들을 수 있다면, 또는 내 친구가 길고 힘든 여행을 무사히 마쳤다는 것을 그가 목적지에 도착한 후 가능한 한 가장 빨리 알 수 있다면, 기쁨이 실제적으로 증가하고 내 행복감은 확실히 증가하지 않을까? 의학이 영아사망률과 출산 시 임산부의 감염 위험을 엄청나게 감소시키고, 그리고 실로 문명인의 수명을 상당히 연장시킨 것은 아무런 의미가 없는 것인가? (…) 이러한 종류의 혜택으로 추가될 수 있는 건 아주 많다…….[18)]

프로이트는 이들 중 그 어느 것도 당연시하지 않았다. 그러나 그는 행복에 대해서는 다음과 같이 생각했다. "이러한 종류의 만족 대부분은 '손쉽게 얻을 수 있는 즐거움'의 전형을 따르고 있다. 즉, 추운 겨울밤 이불 밖으로 맨발을 꺼냈다가 다시 집어넣을 때 느끼는 그 즐거움 같은 것 말이다." 프로이트는 "만약 거리를 정복하는 철도가 없었더라면" 하고 말을 잇는다.

> 내 아이는 결코 그의 고향을 떠나지 않았고, 나 또한 그 애의 목소리를 듣기 위해 전화가 필요하지도 않았을 것이다. 만약 배로 대양을 건너는 항해 여행이 없었더라면 내 친구는 그 항해선에 승선하지도 않았을 것이고, 나 역시 그에 대한 걱정으로 전보를 보낼 필요도 없었을 것이다.[19]

그리고 기타 등등. 다른 말로 하면, 우리 스스로를 더욱 행복하게 하려고 휴대 전화—편리성과 귀찮음, 즐거움과 고통을 결합하면서 우리를 한 걸음 전진시키고 또한 퇴보시키는 시대 발달의 한 예를 들자면—에 기대서는 안 된다는 얘기다.

이것은 애덤 스미스라면 별로 놀라워하지 않을 결론이다. 우리가 보았듯이 그는 '겉만 번지르르한 싸구려'와 '하찮은 것'들은 그 자체만으로는 결코 우리를 행복하게 할 수 없다는 것을 알고 있었다. 또한 그는 전 세계 국민들의 만족 또는 '주관적 행복'을 측정하려는 의도에서 사회학자들이 지난 수십여 년에 걸쳐 수집해온 데이터에도 별로 놀라지 않았을 것 같다. 이런 유형의 조사는 필연적으로 불완전하지만, 그럼에도 그 결과는 흥미를 끈다. 자신의 개인적 만족도에 답하라는 설문 조사에 기초한, 주관적 행복에 대한 데이터에 따르면 행복과 물질적 유복함 사이에는 어느 정도의 상관관계가 있다. 그러나 서구의 기준에 따라서는 상대적으로 낮은 수준들의 요인에 그치고 만다.

뒷장의 표에서 볼 수 있듯이, 가난한 국가의 국민들은 상대적으로 풍요로운 국가의 국민들보다 주관적인 행복의 수준이 낮다는 것이 일관되게 나타난다. 연평균 국민소득과 평균 행복 지수를 도표 위에 그려보면 처음에는 곡선이 가파르게 상승한다. 그러다가 아주 흥미로운 일이 발생한다. 연평균 국민소득이 1만 달러에서 1만 3,000달러에 이르는 지점 부근에서 수평을 이루는 것이다. 그리고 그 지점 이후부터는 수입의 증가가 오히려 행복의 감소를 낳는 것으로 보인다. 이 분야의 선도적 연구자들 중 한 사람은, "선진 산업 사회에서는 소득 수준과 주관적 행복 사이에 실질적으로 아무런 관련이 없다"고 결론을 내린다.[20]

이 의미심장한 데이터는 사회과학자들에게 한 나라가 중요한 지점을 넘어선 뒤에 각 문화에서 행복의 상승과 하강이 무엇을 말하는가에 관해 숙고해볼 여지를 주었다. 예를 들면 아이슬란드, 덴마크, 스위스 그리고 노르웨이의 평균 행복도가 일본, 독일, 미국 그리고 프랑스보다 일관되게 더 높은 이유는 무엇일까? 소득 분배와 불평등, 사회 복지 사업의 효력, 특정한 종교적 또는 역사적 특성 등이 작용해서 그런 것일까? 또는 다른 사람들이 논했듯이 좀 더 긴밀한 가족 관계, 정치 과정에의 참여도 때문일까? 또는 더 나은 유전자까지도 관계가 있는 걸까? 실제로 가능한 이유들은 끝이 없을 정도이다. 더구나 주관적 행복처럼 복잡한 현상에는 분명히 단일한 하나의 이유만 있는 게 아니라는 점에서 더욱 복잡하다. 그 결과, 사회학자들과 사회 과학자들은 지론에 지론을 거듭해 뒤엎으려 하면서 많은 실험을 했다. 예상하다시피, 그들은 어떤 결론에도 도달하지 못했다. 아마 앞으로도 결코 도달하지 못할 것이다.

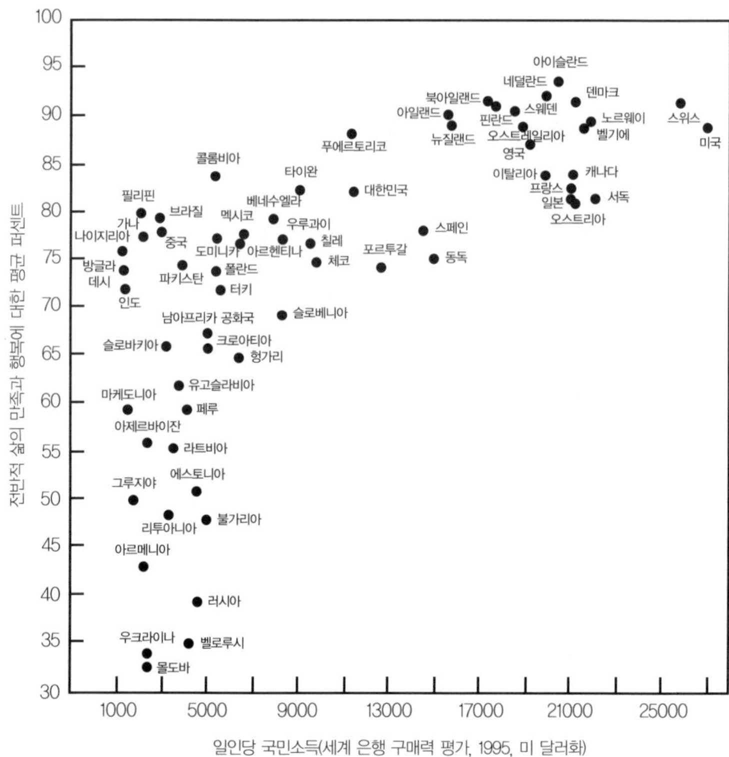

❖ 경제 발전도에 의한 주관적 행복(R=0.70, N=65, p 〈 0.0000).
출처: 세계 가치 조사, 일인당 국민소득 구매력 평가, 세계은행, 세계 개발 보고서, 1997.

그런데도 외관상으로 보이는 그들 간의 상관관계가 행복의 역사에 등장하는 이전 인물들이 주장했던 주제를 얼마나 자주 되풀이하는 경향이 있는지 주목하는 것은 흥미롭다. 비록 그 데이터가 결정적인 것과는 거리가 멀다 하더라도, 주관적 행복과 다양한 형태의 자유 사이의 연관을 시사한다는 사실에서, 그 이전 인물들 중 한 사람인 존 스튜어트 밀은 위안을 얻을지도 모른다.[21] 수세기에 걸쳐 종교적 관찰자들의 견해로 설파됐던, 행복과 신앙 사이의 관련설과 마찬가지로 가족, 친구 그리고 사회적 관계가 행복에 크게 영향을 미친다는 다

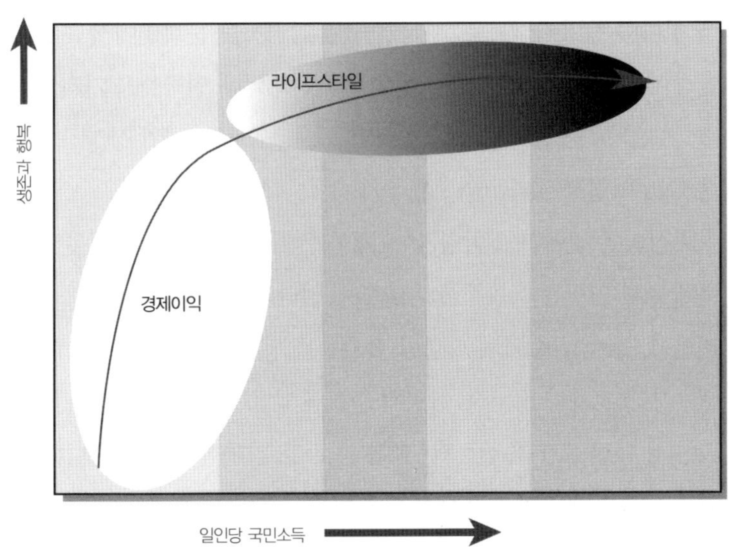

소득의 증가에도 점차 감소하는 행복률, 도표 제공: 로널드 잉글하트.

윈의 주장은 여러 연구에 의해 입증된 것 같다.[22] 역사적으로 프로테스탄트 국가들이 가톨릭 국가들보다 약간 더 높은 주관적 행복도를 보인다는 것을 알면 막스 베버는 깜짝 놀랄지도 모른다. 칼 마르크스는 현재와 이전의 공산주의 사회가 매우 놀라울 정도의 낮은 행복도를 보인다는 점에 분명 수치스러워할 것이다.[23] 그럼에도 스미스, 흄 그리고 다른 많은 사람들과 마찬가지로, 마르크스는 전반적으로 주관적 행복과 일 사이의 강한 상관관계를 보여주는 통계 덕에 자신의 소신이 정당화되었다고 느낄 것이다.[24] 소득 불평등과 더 낮은 주관적 행복도 사이에서 어떤 관계를 찾아내기가 어렵다는 것을 알면, 루소 같은 사람은 분명히 당황할 것이다.[25] 그러나 루소가 태어난 스위스에서 행복, 적극적인 정치에의 관여, 그리고 참여 민주주의 간의 관계를 나타낼 목적으로 실시한 연구를 통해 아마도 그들은 기운을 얻을 것이다.[26] 마지막으로, 행복 추구에 전력하는 문화권에서 최근 우울증이 급격히 상승한 것을 지적하는 듯한 많은 연구들을 가지고 니체, 쇼펜하우어 그리고 프로이트가 무엇을 만들어낼지 상상하는 것은 그리 어렵지 않다.

자신의 느낌이라고 밝힌 것에 대한 분석을 기반으로 한 주관적 행복에 대한 연구는 객관적이라고 할 수 없다. 각자의 원인 요소들을 분리하고, 그것들에 의해 확정될 결과들을 정확히 알아내는 어려움은 애초부터 오차와 정치적, 관념적 불화를 낳을 소지가 다분하다. 벤담의 행복 계산법처럼, 현대의 '행복 연구' 도 정확한 과학이 아니다. 그러므로 특정한 정책의 의제화를 위해서—어느 작가가 그랬듯이, '시장 경제에서 행복의 상실' 을 주장하거나,[27] 혹은 몇몇 정치가들이 좋았던 옛 시절을 버릇처럼 주장하던—비평가들이 대담하고 맹렬한 결론을 뒷받침하는 데 그런 연구들을 이용하려 할 때, 우리는 매우 회의적인 시선을 보내야 한다. 바라건대, 실로 이 책이 명확하기를 바라는 이유에서, 1972년 대선에서 조지 맥거번George McGovern이 '행복의 정치학' 이라고 불렀던 것을 조성하기 위한 모든 인위적인 노력들에 대해 회의적이어야 하며, 적어도 주의해야 하는 것은 당연하다. 왜냐하면 이러한 주장들은 거의 언제나 깊고도 취약한 욕망—인간임에 대한 불만을 치유하려는, 강렬하고 영속적이지만, 종종 잘못 이해된 인간의 갈망—에 호소하기 때문이다. 그 욕망—그리고 그 성취에 대한 믿음—은 고귀한 열망과 위대한 성취의 원천일지도 모른다. 그러나 그것은 또한 끔찍한 고통의 원인이 될 수도 있다.

그렇다고 해서 프로이트가 말한 '평범' 하지 않은 불행을 기꺼이 감내하면서, 좋은 느낌에 간단히 등을 돌려야 한다는 얘기는 아니다. 존 스튜어트 밀은 이 점에 대해 잘 설명했다. 불행은 우리 삶에 고유한 것이고 그러기에 그것과 더불어 사는 법을 배워야 한다는 반대 이론에 대한 대답으로, 그는 "의문의 여지 없이 우리는 행복 없이도 살 수 있다. 인류의 20분의 19 정도는, 게다가 현재 세상에서 가장 문명화된 곳에서조차도 본의 아니게 그렇게 살고 있다. 그리고 자발적으로 그렇게 사는 사람들은 종종 영웅이나 순교자들뿐이다"[28]라고 했다. 그러나 피할 수 있는 고통을 기분 좋게 수용하는 변명으로 이를 활용해야 한다는 것은 그가 보기에는 불합리했다. 계몽사조의 후손으로서 그의 도덕적 명령은, 좀 더 종교적으로 충실한 이전의 인물들이 견지했던 것과 같은 것이었다. 즉 우리는 타인의 고통을 덜어주려고 노력해야만 한다.

밀의 고찰은 19세기 후반에나 오늘날에나 똑같이 적절한 것이다. 그러나 무의미한 고통을 줄이려는 것과 '평범한 불행', 즉 인간에게 고유한 불안과 갈망을 극복하려는 분투에는 중요한 차이가 있다. 이 지점에서 우리는 최근의 문화적 지표 중 몇 가지에 깊은 주의를 기울여야 하고, 또 그 지표들이 불러오는 고통에 대해서도 생각해봐야 한다. 우리는 『달라이 라마의 행복론』이라는 책이 세계적으로 성공을 거둔 것에 모순되는 부분이 없는지 물을 수도 있다. 책의 저자인 달라이 라마는 모든 면에서 지혜롭고 관대한 사람이다. 그러나 부처의 근본적 계시인 '사성제四聖諦'의 첫 번째는, 모든 삶은 고통이라는 것이다. 어찌된 일인지 이것이 잊혔던 것 같다.

달라이 라마에게 공평하게 말하자면, 그의 책은 기독교 복음주의자 빌리 그레이엄Billy Graham이 1990년에 출간한 『행복의 비결*The Secret of Happiness*』, 또 크렘나이저R. L. Kremnizer의 『사다리 오르기: 유대인의 행복에 이르는 비밀 계단*The Ladder Up: Secret Steps to Jewish Happiness*』 혹은 이제는 진정 현대판 신의 제단에서 시중을 들게 된 오래된 종교적 관례들에서 인용할 수 있는 수많은 책들과 마찬가지로 앞뒤가 맞지 않는다. 물론 현재 서구의 출판사에서 정기적으로 쏟아져 나오는 세속적 제목의 홍수와 이들을 비교해보자면, 이들은 분명 차분히 자제하는 편이다. 할 수 있다면 한번 세어볼까? 『행복할 만한 1만 4,000가지』 그리고 『행복한 33가지 순간들』 또는 『행복을 찾기 위한 30일 계획』을 달력에 표시해보시라. 지름길도 있는데, 예를 들어 『행복에 이르는 101가지 방법』, 혹은 먼 길을 원한다면 '새로이 부상하는 과학' 처럼 보이는, 『행복에 이르는 1,000가지 길』을 택할 수도 있다. 아메리카 '제일의 비즈니스 철학가' 와 함께 『부와 행복에 이르는 7가지 전략』을 추가해보거나, 『장수 식품 연구서: 건강, 행복, 그리고 평화에 이르는 보편적 길』에서 행복하기 위한 식사법을 배워볼 수 있다. 풍수지리학을 통해 행복을 찾을 수 있다는 것은 '증명된 사실' 이며 사랑에 의해서는 물론이고 가장 확실하게는 다이어네틱스Dianetics(심리 요법의 일종—옮긴이)의 효력으로도 역시 마찬가지다. 조금 천천히 가고자 하는 사람들에게는 『행복으로 가는 초보』가 있지만, 『무한한 행복, 절대적 행복, 영원한 행복』 그리고 『지속되는 행복』 등도 있다는 것을 기억하시길. 『행복은 선택』인 것 같고, 『10대에게 행복은 선택이다』. 그러나 다시, 『행복은 당신의 운명』 『행복은 당신 안에 산다』 『행복은 비밀이 아니다』 『행복은 심각한 문제다』. 그리고 또한 『건강한 삶』과 『메인Maine의 부엌』, 또 『죽음이 없는 행복』 『성性이 없는 행복』, 또는 『가사의 행복』 등도 있다는 것을 잊지 마시라. 『필수 행복』 『위험한 행복』 『흑인 여성만을 위한 행복』 『게이 행복』도 있다. 그리고 이제는 요리나 성과 같은 낡은 기준에 즐거움을 국한시킬 필요가 없다. 즉 『주스 만드는 즐거움』 『일하지 않는 즐거움』 『이디시어Yiddish의 즐거움』 『체중 감량의 즐거움』, 그리고 당신이 생각해낼 수 있는 거의 모든 즐거움을 경험할 수 있게 됐다. 한마디로, 『당신이 하는 모든 것에서 행복을 찾으라』고 말한다.[29)]

이러한 제목들이 유행한다는 것은 바로 모든 게 잘되고 있지는 않다는 신호이다. 그러나 만약 이런 책들이 약속하고 있는 것들이 모두 실제로 실현된다면 어떤 일이 생길지 한번 상상해보라. 소설가 윌 퍼거슨Will Ferguson이 익살맞은 풍자소설 『해피니스』에서 아주 멋지게 고찰하듯, 우리가 알고 있는 삶이 그 존재를 멈출 것이다. 분명히 아주 많은 사람들이—바텐더에서, 치료사, 할리우드 간부들에 이르기까지—직장을 잃을 것이다. 그러나 그들에게는 다행스럽게도 그런 일이 곧 일어나리라는 위험은 별로 없을 듯싶다.

웃는다는 것은 쉽고, 또 아마도 건강한 것이다. 그러나 농담은 고통 속에서 값을 지불하고서야 오는 것이다. 여전히 신과 짐승 사이의 어딘가에 존재하고 있는 인간이라는 피조물에게 어느 정도 필요한 비용으로서, 현재와 같은 형태의 고통은 갈망을 향한 단순한 불안과 걱정 이상의 것, 항상 인간을 괴롭혔던 '숭고한 불안' 이다. 우리는 계몽시대 이래로 그 짐에 하나를 더 추가했다. 그것은 바로 행복하지 않음의 불행이다. 총괄적으로, 우리는 이전의 그 어느 때보다도 더 많이 소유하고, 행복해지길 바라며 여전히 갈망하고, 행복하지 않을 때는 슬퍼한다. 그리고 어떤 면에서는 바로 이런 고통이 최후의 사치이다. 바로 그런 이유 때문에 그것은 서구의 풍요로운 사회에 널리 퍼져 있으며 또한 심각한 것이다. 행복에 대한 열렬한 추구는 특히 미국적 불행이며, 그리고 어떤 면에서 그것은 의심의 여지 없는 분명한 사실이라고 믿는 게 몇몇 사람들에게는 아마 좀 위로가 될지도 모르겠다. 그러나 행복을 추구하는 추동력은 서구 문화에 넘쳐나고 있으며, 또한

베제트 백〈글로벌 해피니스〉, 2000. 샌프란시스코 현대 예술 박물관.

지구상의 다른 지역에도 급속도로 전파되고 있다.[30)]

이 같은 기분 좋음에 대한 결사적인 갈망—광적이고 필사적인 추구—은 의미의 소멸을, 아니면 의미에 대한 다른 목적들에 대한 믿음을 나타내는 징후는 아닐까? 오래전에 아리스토텔레스는, 인간의 목적은 즐거운 기분풀이나 놀이가 될 수 없다고 결론 내렸다.

> 만약 (삶의) 목적이 놀이이고, 평생에 걸친 우리의 노력과 고통은 (오로지) 자신을 즐겁게 하기 위한 것일 뿐이라면, 이는 참 어처구니없을 것이다. 우리는 여타의 목적을 위해 실제로 모든 것을 선택하지만—행복만 제외하고, 왜냐하면 그것이 바로 목적이기에—(오로지) 놀이를 위해 성실하게 일하고 땀을 흘린다는 것은 어리석고, 지나치게 유치해 보인다. 오히려 우리 자신을 즐겁게 만들어 뭔가 진지한 것을 할 수 있도록 만드는 게 옳은 것 같다.[31)]

아리스토텔레스는, 우리는 휴식도 취하고 새로이 재충전도 해야 하는데—즐거움과 휴식을 취하고, 여흥과 기분 전환을 하는 등—이는 새로운 에너지로 좀 더 많은 쾌락과 기분 좋음이라는 최종 목적을 향해 매진하기 위해서가 아니라, 좀 더 진지한 일에 매진할 수 있도록 우리 자신을 준비시키기 위해서라고 믿었다. 기분 전환의 유용성을 높이 샀던 데이비드 흄조차도 서양 주사위 놀이—또는 골프, 아니면 비아리츠(프랑스 남서부 대서양 연안의 유명 해양 도시—옮긴이)로의 주말여행—가 그 자체로서 목적이 될 수 있다고는 결코 생각하지 않았다. 아리스토텔레스가 믿고, 베케트도 같은 생각이었지만, 그런 삶은 정말 좀 '어처구니없는' 게 아닌가?

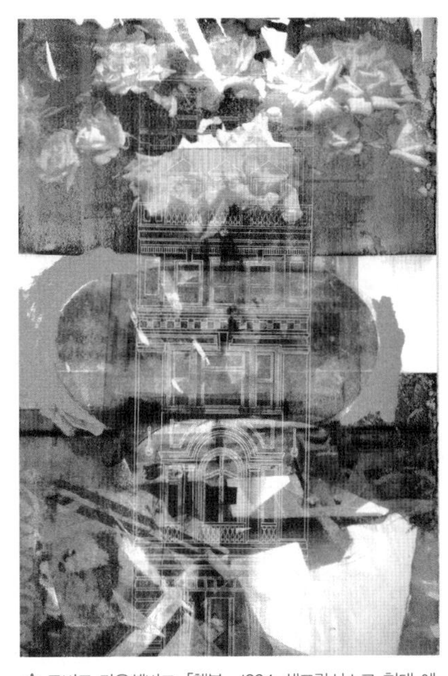

로버트 라우센버그, 「행복」, 1994, 샌프란시스코 현대 예술 박물관.

그럼에도 우리는 달리 행동하기 위해, 미덕 또는 덕행에 따라 살면서 '진지한' 노력에 착수하기 위해, 우선 이 노력이 무엇이어야 하는지를 결정해야 한다. 기분 좋은 것 말고는 장기적인 목적을 세우는 게 힘들다는 것, 그리고 자신들의 삶에 희망, 신념, 목적을 줄 만한 의미 있는 설명을 그려내는 게 힘들다는 것을 아는 현대의 많은 사람들에게 닥친 문제가 바로 그것이다. 이 점에 있어서 비평가 앙드레 콩트 스퐁빌André Comte-Sponville이 관찰했듯이, "철학적 전통에서 그렇게 오랫동안 그토록 중요한 주제였던 행복은 현대 철학자들에게서 거의 완전히 유기되었고, 또는 적어도 20세기 후반을 주도했던 사람들에게서는 그러했다"고 말한다면 이는 얼마나 역설적인가?[32] 언어유희, 해부적 분석, 해체 비평 그리고 해석학에 빠진 전문 철학자들은 그리스인들의 위대한 물음—좋은 삶을 만드는 것은 무엇일까?—을 인기 심리학자, 광고인 그리고 좋은 기분을 소리쳐대는 잡다한 행상인들에게 넘겨버렸다. 수세기 동안, 행복의 구성 요소—의무와 목적, 미덕과 진실—에 관한 논의를 지배했던 주제들을 붙드는 것조차 내켜하지 않는다는 것은, 우리가 추구하는 최종 목적을 세우는 이성의 능력에 대한 확신이 명백히 위기를 맞고 있음을 나타낸다. 어떤 사람들은 종교에서 파생되었든 혹은 그 후계자인 계몽사조에서 파생되었든, 여전히 믿음 속에서 의지처를 찾는다. 그러나 토크빌은 '믿음의 불빛이 희미해져감에 따라' '인간의 꿈의 범위'는 더욱 제한될 것이라고 예견했다. 시민들은 "주로 먼 희망에 기대할 방법을 잃어버리게 되면 자연스럽게 그들의 최소 욕망을 즉시 만족시키려는 방향으로 나아가게 되어 있다."[33] 따라서 쾌락에 조급해 하고, 현대 생활에 크나큰 동력이 되는 기분 좋음을 부단히 뒤쫓으며, 헉슬리가 한때 두려워했던 바로 그런 세상으로 우리를 몰아가는 것이다.

이것은 결코 근거 없는 두려움이 아니다. 행동 유전학자 데이비드 리켄David Lykken과 그의 네덜란드인 동료 아우케 텔레겐Auke Tellegen의 공동 작업으로 1996년에 초간된 작품을 한번 보기로 하자.[34] 이 두 사람은 수십 년간 축적된 데이터에서 일란성과 이란성 쌍둥이 약 3,000명의 장기적 기분, 행동 그리고 성격 특징을 데이터를 분석했다. 이를 통해 그들이 발견한 것은, 일란성 쌍둥이들의 경우—정확한 유전적 자질을 공유하는 쌍둥이—같이 자랐건 아니면 태어나면서 헤어졌든 간에, 그들의 기분 혹은 주관적 행복이 내내 매우 유사했다는 점이다. 이란성 쌍둥이의—유전적 자질이 다른—경우는 그렇지 않았다. 이는 행복의 '지정 눈금'을 세우는 데 환경보다 유전자가 결정적인 요인이 된다는 것을 강하게 시사한다. 당시 리켄과 텔레겐은 감정의 지정 눈금에 대한 유전 가능성 정도가 80%까지 이를 수 있다는 추론을 할 준비가 되어 있었다. 그리고 리켄은 "더 행복해지려는 것은 키를 더 크게 하려는 것과 같다"면서, 한마디로 행복의 추구를 무의미하다고 생각했다.[35] 이후 그는 그 주장을 수정했지만—그리고 재미있게도 기쁨과 만족의 성취에 관한 소위 '안내서'를 쓰기도 했다—행복의 유전 가능성에 대한 그의 평가는 더 커지기만 했다.[36] 그는 "행복의 지정 눈금이 사람들 사이에서 거의 100%에 가까운 편차를 보이는 것은, 유전적 구조의 개인차에서 연유하는 것 같다"고 쓰고 있다.[37] 행복의 유전 가능성에 대해 연구하는 다른 연구자들은 그보다는 조금 낮은 수치를 제시하지만, 그래도 50% 이하로 내려가는 일은 거의 없다. 다윈이 "어떤 개와 말들은 성미가 까다로워서 곧잘 부루퉁해진다. 어떤 것들은 온순하다. 그리고 이런 자질들은 확실히 유전적인 것이다"라고 고찰했듯이, 인간 역시 자신의 유전자 상태에 따라 명랑, 변덕, 우울 또는 기쁨 등을 나타낸다는 견해가 과학자들 사이에서 점차 일반적 견해로 자리 잡아가고 있다.

이 연구는 겨우 시작 단계라는 것을 주지해야 한다. 과학자들은 우리의 DNA 속에서 '행복 표지'를 아직 찾아내지 못했다. 어쩌면 이런 유형의 특정 유전자가 존재하지 않는다는 것은 분명하다. 그 대신 기분의 지정 눈금이라는, 타고난 자질을 결정하는 데 일정한 역할을 하는 유전자는 아마도 수십, 아니 수백 개가 있을 것이다.[38] 게다가 리켄과 행복에 관해 연구하는 그의 동료들이 힘주어 주장하듯이, 행복의 유전 가능성을 수용한다고 해서 우리가 우리 유전자의 운명 앞에 그저 절이나 하고 있어야 한다는 것은 아니다. 환경적 요인과 유전된 특성들의 상호작용은 극도로 복잡한 과정이며, 개개의 행위는 우리가 스스로 세운 범위의 위쪽에 사느냐 혹은 아래쪽에 사느냐에 영향을 미칠 것이라는 게 거의 확실한 것 같다. "진짜 공식은 선천성 대 후천성이 아니라, 오히려 후천성에 의한 선천성이다"라고 리켄은 기술한다. 우리는 그가 '유전의 조타수' 라고 부르는 것에 의해 앞으로 나아가거나 또는 키를 안내하는 일에 노력을 경주할 수도 있다.[39]

행복에 관한 전문적 연구를 업으로 삼는—그리고 그 결과에 대해 집필하는—리켄과 같은 심리학자들은, 그런 방법에 대해 수없이 많은 조언을 갖고 있다. 어떤 것은 놀랍고, 어떤 것은 상식적이고, 어떤 것은 상충되고, 또 어떤 것은 아마도 틀릴 수도 있다. 그들은 우울증 주기, 물질 남용 같은 파괴적 행위, 그리고 지나친 수줍음, 적의 또는 두려움처럼 교정이 가능한 치우침 등의 소용돌이를 지적한다. 동시에 그들은 생산적 활동, 관계 발전 그리고 과거와의 화해 등 잔잔한 바다를 향해 신호를 보낸다. 그들은 세련된 낙관주의의 동기 유발력과 긍정적 사고의 위력을 향해 몸짓을 한다. 그 대부분은 합당한 것이다. 그러나 고군분투의 무익함을 지나치게 강조하는 책들보다 '확실한 행복' 을 약속하는 책들이 변함없이 더 많이 팔려나가는 사실을 지적한다고 해서 꼭 냉소적인 것은 아니다. 데이터에 행복한 얼굴을 씌우려는 이런 종류의 낙관적인 평가는 좀 더 심원하고 불안한 요소를 가려버리기 쉽다. 고대 그리스인들이 그들의 무지의 지혜에서, 신들에게 속한 것으로 여기려 했던 운명, 탄생의 행운, 혹은 사물의 소박한 본질 등이 결국은 우리의 행복을 만드는 가장 큰 결정요소일지 모른다. 리켄과 텔레겐이 요약하듯이 "인간 행복의 개인차는 주로 운의 문제라고 결론짓기에 이르렀다."[40]

그러나 만약 기분이 많은 면에서 운명이고, 우리가 피부로 느끼는 것이 압도적으로 유전자의 기능이라면, 행복의 역사는 그 부단한 노력 속에서 인간이 미리 예정된 운명에 (특히나 그 운명이 완전하지 않다면) 절대로 순순히 순종하지는 않을 것임을 시사한다. 이미 착상 단계에서 일어나는 불공정한 유전자 추첨에 반하는 새로운 모반의 조짐이 있다. 항상 유행과 함께하는 『뉴욕』이라는 잡지의 최근 표지 기사는 "우리는 이제 자가 약물 치료의 황금시대에 진입했다"라고 선언한다. 그 기사는 점점 인기가 상승하고 있는 기분 전환 약품들에 관해 보도하고 있다. 프로작Prozac, 졸로프트Zoloft 그리고 셀렉사Celexa 같은 선택적 세로토닌 재흡수 억제제에서 아티반Ativan, 자낙스Xanax 그리고 클로노핀Klonopin 같은 벤조디아제핀에 이르기까지. 이것은 그 자체로서는 뉴스거리가 아니다. 1952년에 최초의 항정신병제 클로르프로마진이 개발된 이후 진행된 향정신약학의 놀랄 만한 발전은 이미 잘 알려져 왔다.[41] 우리는 '프로작 국가', 프로작 세상에서 살고 있다. 쓸데없이 그리고 전혀 호소할 데도 없이 고통을 겪었던 수백만 명의 사람들에게, 이것은 환영받을 만한 진전이다.

그러나 문제의 그 기사는 다른 현상을 이야기하고 있다. 향정신성 약품이 치료 목적이 아니라 라이프스타일의 향상을 위해 사용된다는 것이다. 그 기사를 쓴 필자는 언변 좋게도 '뇌 스타일링'이라고 언급하면서, "마약이 헤어스타일링 제품 또는 화장품처럼 되어버렸다"라고 쓰고 있다.

> 당신의 침울한 기분과 야릇함이 함부로 다루어서는 안 될, 변치 않는 것이라는 생각을 단념하면, 어떤 마음의 불쾌감이라도 이것 한 번으로, 단 1mg으로 다룰 수 있는 게임이 되어버린다. 그리고 두 귀 사이에 놓인 두뇌에 한번 손질이 시작되면, 고칠—홱 잡아 비틀—곳이 점점 더 많아진다는 게 확연해진다.[42]

『뉴욕』이라는 잡지는 분명 향정신약학의 권위지가 아니다. 그러나 세계의 표준을 세우는 도시에서 발간되는 이 잡지는 현대의 문화적 추이에 대한 바로미터로서, 주목해볼 만한 측정의 표준이다. 그러므로 그 기사의 필자가 "약물 치료와 레크리에이션의 경계가 모호해졌다"며 "우리 자신을 고치는 것과 즐겁게 하는 것의 진정한 차이는 무엇일까?"라는 물음을 제기했을 때, 우리는 이를 주의 깊게 들을 필요가 있다. 그것은 우리에게는 따끔한 질문이기 때문이다.

사실 생명 윤리학에 관한 대통령 자문위원회의 저명한 전문가 패널이 최근 출간한 보고서 「치유를 넘어: 생물 공학과 행복의 추구Beyond Therapy: Biotechnology and the Pursuit of Happiness」에서 고찰하고 있듯이, 기분에 대한 과학의 진전을 '치료 이상' 으로—즉 '약이라는 통상적 영역과 치유의 목적' 이상으로—사용할 수 있는 때가 이미 우리 앞에 당도했다.[43] 이러한 사용이 증가하리라는 것은 명백한데, 왜냐하면 오늘날의 우리를 있게 한 바로 그 힘이 우리를 그곳으로 이끌고 있기 때문이다.

이러한 전개에 대해 우려를 제기한다고 해서, 유전학과 향정신약학 기술의 수많은 인상적 진전에 대해, 러다이트Luddite(19세기 초반의 기계 파괴 운동단—옮긴이) 같은 입장을 취하는 건 아니다. 우울증과 그 밖의 불필요한 정신적 고통을 통제하고 고치는 능력의 발전은, 인간의 고난을 줄이려는 끊임없는 노력에 대한 멋진 가능성을 보여준다. 그런 발전들은 고무되어야 한다. 그럼에도 기분에 관한 기준의 지표가 없고, 또 있을 수도 없다는 분명한 사실은 깊이 고려해볼 만하다. 평범하다고 느낀다는 것은 무엇인지, 쾌락과 고통 사이에서 인간의 '전형적' 평형을 경험하는 것은 무엇인지에 대한 객관적 기준은 없다. 이러한 기준이 없는 상태에서는 좋은 기분을 향한 우리의 부단한 추구가 감정의 평균 지정 눈금을 한층 더 높은 곳으로 계속해서 밀어대면서, '평범한' 행복을 상향 규정하려고 더욱 강력히 압박할 것이라는 예상은 당연하다. 그리고 다른 산업들과 마찬가지로 수요와 공급의 법칙에 따라 지배되는 제약업계가 속한 시장 문화에서는, 향정신의약을 개발하고, 연구하고, 또 판매하는 자들이 바로 이 압력에 부합하고 그 압력을 키운다고 믿을 만한 충분한 이유가 있다. 항우울제와 항불안제를 제조하고 선전하는 수십억 달러의 치열한 경쟁에서는, 치료와 라이프스타일 향상을 구분하는 경계선이 이미 서로 교차하고 있다. 물질적 세계에서 작동하는 시장의 힘이 마음의 시장에서도 움직인다는 것을 알기 위해 꼭 냉소적일 필요는 없다. 행복의 유혹은 기분을 바꾸기 위해 약을 거래하는 것을 편안하게 생각하게 될 것이다. 이미 그렇게 되었다.

행복을 증진하기 위해 우리의 유전자를 실제로 조작할 가망성은 확실히 그보다는 좀 더 멀리 있지만, 그렇게 아주 먼 것은 아니다. 그리고 바로 이 지점에서, 자연의 작업을 개선시키기 위한 위와 유사한 압력이 있을 것이다. 타인의 고통은 단지 겪어내야 하는 것이라고, 다른 사람들은 만들어진 그대로 행복하고, 행복할 것이라고 말할 사람이 누가 있을까? 모든 것에서 행복을 중요시하는 사회에서, 우리는 정말로 다른 사람들은 그들의 유전자 운명의 '희생자' 임에 틀림없다고 판결할 것인가? 현재의 문화적 분위기를 보면 그럴 것 같지는 않다.

그러나 인간이 신처럼 살고자 하는 노력 속에서 이 운명적 발걸음을 내딛기로 결정한다면, 그리고 그렇게 결정할 때, 사람들은 자신의 인간성 중 한 부분을 뒤에 남겨놓고 가야 한다는 점을 알아야 한다. 지난 수천 년간 서구 문화를 이끌어왔던 갈망과 추구—숭고한 불안—로써 판단하기에는, 결코 인간이 알지 못할 그 무엇—그들이 결코 풀지 못할 수수께끼—이 있기 때문이다. 만약 그들이 그저 언젠가 죽을 수밖에 없는 피조물로 남아야만 한다면 말이다. 완전한 행복이라는 성배聖杯가 우리가 남겨두어야 하는 것 중의 하나다. 인간 아들의 옆구리에서 흐른 피가 모인 것이라고 전해지는 그 고귀한 신화적 유물처럼, 해방의 잔이며 우리의 고통을 지탱할 성배도 오직 우리의 마음속에만 존재하는 것인지 모른다. 그 잔을 든다는 것—수수께끼를 푸는 것, 주술을 깨는 것—은 우리 자신의 무언가를 희생하는 것이리라. 어쩌면 우리는 분연히 그렇게 할 기사들은 용감한 지식의 십자군들이라기보다는 오히려 슬픈 얼굴을 한 세르반테스의 기사라는 걸 알게 될지도 모른다. 여정이 끝난 뒤, 도착보다 여로가 더 나았다는 걸 깨닫는 돈키호테 말이다.

| 감사의 말 |

책을 쓰면서 누렸던 기쁨 중의 하나는 우리 모두와 관계되는 주제에 대해 사회 각계각층의 사람들과 대화할 수 있었던 점이다. 외교위원회의 한 외교관이 즐거운 기억으로 남아 있는데, 그는 1950년대에 무개차를 타고 소련을 지났던 것이 자신에게는 완벽한 행복의 순간이었다고 술회했다. 프라하 출신의 젊은 학자는 행복을 양파에 비유했다. 양파는 껍질을 벗겨도 속을 볼 수 없고, 칼로 자르면 매워서 눈물이 난다. 행복은 가정과 친구들이라고 생각하는 이국적 무용수도 있다. 그런가 하면 엉터리 영어를 구사하는 비엔나의 피트니스 강사는 행복을 '멋진 섹스'로 묘사했다. 레슬리 테콜츠는 나와 저녁 식사를 같이 하는 도중 내가 카레를 못 먹는 것을 한탄하자, 메뉴판 뒤에 행복의 역사를 개괄했다. 유쾌한 여인의 유쾌한 어머니 멜리사 에리코는 행복은 "자신에게서 악을 몰아내는 것"이라고 했다. 마지막으로, 35살이라는 젊은 나이에 암으로 죽어가던 나의 친구이자 화가인 세바스티앙 킹은 수수께끼 같은 미소를 지으며, 행복이란 열린 창문이라고 말했다.

그 밖의 많은 분들이—유감스럽게도 여기에 일일이 열거하기에는 너무도 많다—나의 통찰력과 즐거운 기억을 한껏 살찌우며, 그들의 고견을 함께 나누어주었다. 정말 감사드린다. 또한 여러 번 급하게 예일대 강의를 주선해 내게 기운을 북돋고 또한 내 통장도 채워준 존 메리맨, 존 버틀러, 제인 레빈, 프랭크 터너, 그리고 마리아 로사 미노칼에게 감사드린다. 언제나 현명한 조언과 관대한 도움을 아끼지 않은 토니 쥬트와 제르 케슬러 덕택에 나는 뉴욕대의 레마르크 연구소에서 1년여의 체류 기간 내내 행복하게 지냈다. 비엔나의 인간학 연구소의 친절한 분들 덕택에, 9.11사태의 격변 뒤 6개월여를 쾌적하게 지내며 지적 생활을 영위할 수 있었다. 빠스칼 뒤와 그의 아내 안느는 오랜 전통에 빛나는 프랑스-스코틀랜드 식 친절을 베풀어주었다. 그리고 가장 최근에는 플로리다 주립대의 내 동료들 역시 너그러운 남부의 매력을 풍기며 기꺼이 호의를 표해주었다.

쟈닌 페플러는 이 프로젝트를 착수하는 데 커다란 도움을 주었고, 나의 저작권 대리인이자 오랜 친구인 티나 베네트는 모든 면에서 함께 일하는 즐거움이자 경이로움 그 자체였다. 모건 엔트레킨과 스튜어트 프로피트는 신진 작가가 출판에 대해 상상할 수 있는 최대치 이상의 통찰력과 편집에 대한 안목을 제공해주었고, 브랜도 스카이호스는 제작 과정 동안 나와 내 원고를 노련하게 보살펴주었다. 「월스트리트저널」의 에릭 아이히만과 「뉴욕타임스」의 알렉스 스타, 「보스턴글로브」의 제니 슈슬러, 『코레스폰던스』의 알레산드로 스틸, 『디달러스』의 짐 밀러, 그리고 『윌슨쿼털리』의 스티븐 라제펠트 등 이 모든 사람들이 내 아이디어를 펼칠 기회를 제공해주었다. 암스테르담 유대 역사박물관의 피터 부이즈는 17세기와 18세기 네덜란드인들의 행복에 관한 자신의 연구를, 그리고 질 크레이 교수도 르네상스 시대의 행복에 관한 자신의 연구를 친절히 제공해주었다. 예일대의 벤저민 프랭클린 문서 부편집인 케이트 M. 오노는 프랭클린의 행복에 대한 개념을 연구하는 데 내게 많은 힘을 주었을 뿐만 아니라 그 주제에 대한 그녀 자신의 견해도 아낌없이 조언해주었다. 또한 하버드대의 조이스 채플린도 프랭클린의 참된 행복관에 대해 시의적절하면서도 고귀한 조언과 통찰력을 전해주었다. 아메리칸대의 발레리 프렌치도 내 원고의 고대 부분을 고전학자의 시야로 직접 읽어 주는 수고를 아끼지 않았다. 내가 집필하는 동안 여러 단계에 걸쳐 필수적인 연구를 제공해주었던 캐서린 코너 마틴, 아누쉬 테르야니언, 그랜트 카플란, 아만다 프리츠, 조 호란, 그리고 알렉산더 미카베리체에게도 고마운 마음을 금할 길 없다. 그리고 예술품과 예증의 소재를 찾아내기 위한 내 의뢰를 친절하고도 효율적으로 도와줬던 레슬리 존스와 크리스틴 지비스코스를 비롯해 여러 박물관의 큐레이터, 연구자, 문서 보관자들에게도 감사드린다. 원고의 최종 손질은 아름다운 정원이 어우러진, 그야말로 행복을 사색하기에 완벽한 곳이었던 파리 소재 컬럼비아 학자 연구소에서 이루어졌다. 이곳의 미하엘라 바꾸, 다닐 하스-뒤보즈, 그리고 찰스 왈튼이 베풀어준 후의에 감사의 마음을 전한다.

영광스럽게도 나의 친구라고 부를 수 있는 젊은 사학자 삼인방—데이비드 벨, 데이비드 아미티지 그리고 그래함 버넷—도 내 원고를 정독해, 오류가 없도록 (감히 완전히 성공했다고 하기는 망설여지지만) 최선을 다해 도와주었다. 마크 유루겐스마이어와 마크 릴라의 경청과 조언, 경청하고 웃어준 맥스 부트, 또한 제프리 카울리의 경청과 미소 덕택에 많은 것을 배웠다. 제프리 프리드먼과 예시바대의 유럽사 독서 그룹, 그리고 그들과 마찬가지로 자신의 지식을 공유해주고 이 프로젝트의 구성에 힘을 실어준 데이비드 그린버그도 있다.

사적으로는, 존 맥과이어 신부, 나의 대부모인 더글라스와 로즐린 크로울리, 그리고 윌리엄 솜머 박사께 감사한다. 이분들 모두 각자의 역량과 나의 필요에 부응해 후원을 보내주었다. 나의 신·구 가족들—맥마흔가, 매츤가 그리고 버크가—또한 나의 이 지적 탐구에 따스하고 보살핌 어린 보금자리를 제공해주었다. 마지막으로, 나의 소중한 친구들인 마이클 프리드먼과 제임스 영거 그리고 나의 새 아내 커트니. 이들 모두 이 프로젝트는 물론 다른 작업들에서도 항상 나의 굳건한 파트너로서 든든하게 자리를 지켜주었다.

| 옮긴이의 말 |

행복을 찾는 것은 우리의 능력에 달려 있다는 가정. 행복을 찾지 못했을 때 실패했다고 느끼는 것이 바로 그 가정의 증명이라고 생각하는 서구인들. 저자는 여기에서 출발해 서구인들이 어떻게 해서 그런 생각을 갖게 됐는지에 대한 내력을, 즉 시공을 아우르는 특별한 기록이라는 역사를 찾아내고자 한다. 가시적이지도 않고, 그러기에 손에 잡히지도 않는 '행복' 이라는 추상 명사의 내력을 추적해나간다는 것은, 행복을 찾는 것만큼이나 지난하고 절망스러운 작업이었을 것이다. 그러나 행복이라는 단어에 매달리는 게 어디 서구인만의 문제이겠는가.

행복이란 인간에게 과연 무엇이고 어떻게 정의되어왔을까? 그 개념과 용어의 표상은 무엇이었고 무엇인가? 그리고 과거와 현재 사이의 시공 사이에서는 어떤 유사성이 있을까?

책의 서두에 소개된 헤겔의 말, 즉 역사 속에서 행복한 기간이란 결국 백지로 남은 빈 면들일 뿐이라는 말을 되짚어보면, 행복의 내력을 풀어낸다는 것이 여느 역사의 되짚음에 비해 얼마나 막막한지를 가늠할 수 있다. 역사학자인 저자는 전통적인 방법, 즉 시간을 통해 그 내력을 짚어나간다. 그 과정에서 서구의 종교, 철학, 문학, 음악, 미술, 과학 그리고 현대에 이르러서는 심리학과 광고에 이르기까지를 섭렵하며, 행복이라고 여겨졌고 여겨지고 있는 의미를 추적한다. 그리스, 로마, 그리고 서구의 여러 언어권역의 문헌과 자료들을 망라해가면서 행복의 자취를 되짚어보는 저자의 박학다식함과 철저한 사유에 경의를 표하지 않을 수 없다. 또 그런 만큼 나에겐 번역의 어려움이 컸음을 고백한다.

책의 전반부는 고전적, 기독교적 행복의 개념과 이 개념이 점차 세속화되어가는 모습을 그리고, 후반부에서는 이 세속화가 모호해지면서도, 인간에게 여전히 강력한 힘을 발휘하고 있는 오늘날의 현상을 보여준다. 수많은 예증들이 제시되는데, 그 중에서도 가장 역설적인 것은 1691년 피에르 다니엘 위에 주교가 지적한 지구상의 파라다이스가 바로 오늘날의 이라크 부근이라는 점이다. 인류의 행복의 온상이었던 지역에서 벌어지는 오늘날의 현실을 생각하면, 얼굴에서 씁쓸한 미소를 거둘 수가 없다.

행복이란 갈망의 지평선 위에 있는 의지의 신기루이고, '우리 앞을 맴도는 주된 생각' 이며 '키메라' 라고 말한 쇼펜하우어. 호모 파베르(일하는 인간)로서의 현대인들이 떨치기 힘든, 노동의 소외를 언급한 마르크스. 그 외에 수많은 철학자, 종교인, 예술가들이 행복을 정의하고 찾으려 고군분투했고, 드디어는 자신이 아닌 화학 물질에 기대 행복을 만나기에 이른다. 천상에 있던 행복을 차츰 지상으로 끌어내리면서, 이제는 행복의 대체물마저 등장하는 것이다. 그러나 여전히 갈증은 채워지지 않는다. 어쩌면 행복이란 그 신기루를 잡는 일이 아니라 잡으려는 노력 자체에 있는 것은 아닐까, 하고 자문해 본다.

개인적으로 무척 힘든 시간을 감내해야 하는 와중에도 내가 이 작품을 번역을 할 수 있는 기회를 만들어준 친구에게 고마운 마음을 전한다. 적지 않은 분량의 원고를 다시 꼼꼼히 검토하고 역자와 보조를 같이하며 많은 시간을 보냈을 출판사 관계자들에게도 감사한다. 그리고 이른 아침, 깊은 밤 그리고 밝은 날에도 줄곧 내가 작업하는 책상 곁을 떠나지 않으며, 지난한 작업 기간 동안 가끔씩 원초적인 기쁨을 맛보게 해준 애견에게도 함께한 시간의 결과물을 보이고 싶다.

이제는 멸종 위기에 있는 일반 독자들에게 좀 더 가까이 다가가고자 흥미롭게 쓰고자 했다는 저자의 의도가, 역자의 미진한 역량을 통해서나마 국내 독자들에게 잘 전달될 수 있기를 바란다.

천마산 자락에서

2008년 6월, 행복한 햇살이 찬란한 날

| 주 |

머리말

1. G. W. F. Hegel, *Lectures on the Philosophy of World History. Introduction: Reason in History*, Second Draft (1830), trans. H. B. Nisbet (Cambridge: Cambridge University Press, 1975), 78~79.
2. Immanuel Kant, *Grounding for the Metaphysics of Morals*, trans. James W. Ellington (Indianapolis: Hackett, 1981), 27.
3. Sigmund Freud, *Civilization and Its Discontents*, trans. and ed. James Strachey, intro. Peter Gay (New York: W. W. Norton, 1989), 41.
4. William James, *The Varieties of Religious Experience* (New York: Modern Library, 1994), 78.
5. 주관적 행복에 대한 비교 사회학에 관심 있는 독자에게 유용할 만한 참조 자료. Ed Diener and E. M. Suh, *Subjective Well-Being Across Cultures* (Cambridge, Mass.: MIT Press, 2000); Ruut Veenhoven, *World Database of Happiness*, www.eur.nl/fsw/research/happiness; 그리고 Darrin M. McMahon, "Developing Happiness", in *Correspondence: An International Review of Culture and Society* 10 (Winter 2002~2003).
6. 이러한 계획에 관한 통찰력 있는 사유를 찾아 볼 수 있는 참조 자료. Anna Wierzbicka, "Happiness in Cross-linguistic and Cross-cultural Perspective", *Daedalus* 133, no. 2 (Spring 2004).
7. Howard Mumford Jones, *The Pursuit of Happiness* (Ithaca, N.Y.: Cornell University Press, 1953), 63.
8. Thomas Carlyle, *Sartor Resartus*, eds. Kerry McSeeney and Peter Sabor (New York: Oxford University Press, 1991), 145.
9. '캠브리지 학파' 의 기초 선언서 참고 자료. 스키너Quentin Skinner의 고전적 에세이 "Meaning and Understanding in the History of Ideas", *History and Theory* 8 (1969): 3~53.

   감정의 역사에 관한 자료는 Barbara H. Rosenwein, "Worrying about Emotions in History", *American Historical Review* 107 (2002): 821~845, 그리고 Peter N. Stearns with Carol Z. Stearns, "Emotionology: Clarifying the History of Emotions and Emotional Standsrds", *American Historical Review* 90 (1985):

813~816.

10. Roy Porter, *The Creations of the Modern World: The Untold Story of the British Enlightenment* (New York: Norton, 2000), 88에서 인용.

서론

1. 헤로도토스에게서의 모든 인용의 출처: 고故 그린David Grene의 *The History* (Chicago: University of Chicago Press, 1987).
2. 같은 책, 1.33.
3. *Nichomachean Ethics*, trans. Terence Irwin (Indianapolis: Hackett, 1985), 13.44의 아리스토텔레스의 암시를 참조하라.
4. Cornelius de Heer, *Makar, Eudaimon, Olbios, Eutychia: A Study of the Semantic Field Denoting Happiness in Ancient Greek to the End of the Fifth Century B.C.* (Amsterdam: Adolf M. Hakkert, 1969).
5. "Hymn to Apollo", lines 465~466, in the Loeb Classic edition, *Hesiod, Homeric Hymns, Epic Cycle*, trans. Hugh G. Evelyn-White (Cambridge, Mass.: Harvard University Press, 1998), 357.
6. "Hymn to Hermes", lines 249ff., 같은 책, 381.
7. Hesiod, *Works and Days*, line 826, in Gregory R. Crane, ed., *The Perseus Project*, http://www.perseus.tufrs.edu, May 2004.
8. Walter Burkert, *Greek Religion*, trans. John Raffan (Cambridge, Mass.: Harvard University Press, 1985), 180. 일반적으로, the section "Daimon", 179~182 참조.
9. Herodotus, *The History*, 1.32.
10. 같은 책, 1.30.
11. 같은 책, 1.31.
12. 같은 책, 1.32.
13. 같은 책, 1.86. 이 부분에서 나는 그린의 번역을 약간 바꿔서, 첫 인용에서 'blessed' 를 'happy' 로 대체하고 문장을 축약했음. 두 문장 모두에서의 용어는 olbios인데, 그린은 전적으로 'blessed' 로 번역하고 있음. 그러나 내가 지적한 바와 같은 이유에서, 'happy' 라는 용어의 사용은 부적절하지 않음.
14. 같은 책, 1.86과 1.91.
15. Semónides of Amórgos, "The Vanity of Human Wishes", in *Greek Lyrics*, trans. Richmond Lattimore, 2nd edition (Chicago: University of Chicago Press, 1960), 11~12.

16. Homer, *Iliad*, 17.446.
17. William Shakespeare, *The Taming of the Shrew*, act 4, scene 4, 마지막 행들. 화자는 Lucentio임.
18. Jackson Lears, *Something for Nothing: Luck in America* (New York: Viking Press, 2003).
19. Dennis Prager, *Happiness Is a Serious Problem* (New York: HarperCollins, 1998). Chap. 1, "Happiness Is a Moral Obligation" 참조.
20. Aristotle, *Nichomachean Ethics*, 13.37.
21. Burkert, *Greek Religion*, 181에서 인용.
22. Aeschylus, *The Persians*, part 2, strophe 2, trans. Seth Benardete. Charles Freeman, *The Greek Achievement*: The Foundation of the Western World (New York: Penguin, 1999), 244에서 인용.

지고선

1. Oswyn Murray, "Life and Society in Classical Greece", in John Boardman, Jasper Griffin, Oswyn Murray, eds., *The Oxford History of Greece and the Hellenistic World* (Oxford: Oxford University Press, 1988), 244.
2. Donald Kagan, *Pericles of Athens and the Birth of Democracy* (New York: The Free Press, 1991), 3~4.
3. Simon Hornblower, "Greece: The History of the Classical Period", in *The Oxford History of Greece*, 156~157.
4. 페리클레스의 그 유명한 '조사弔辭'가 기록된 자료. Thucydides, *The History of the Peloponnesian War*, trans. Richard Crawley (New York: Dutton, 1950), book 2, chap. 37.
5. 같은 책, book 2, chap. 38.
6. Murray, "Life and Society in Classical Greece", in *The Oxford History of Clasical Greece*, 259.
7. Thucydides, *The History of the Peloponnesian War*, book 2, chap. 41.
8. Augustine, *Concerning the City of God Against the Pagans*, trans. Henry Bettonson (London: Penguin, 1984), book 18, chap. 3, 301.
9. 소크라테스에 관한 정보의 다른 주요 출처는, 그와 동시대인이자 친구였던 Xenophon (c. 430~354 BCE) 의 여러 저작인데, 주로 the *Memorabilia*, the *Symposium*, 그리고 the *Apology*로 이들 작품은 Loeb Classic판 Xenophon의 작

품 volume 4에 수록, 번역되어 있다. 번역은 토드 O. J. Todd의 손을 거쳤다.

10. Plato, *The Euthydemus*, 278 E, 279 A. 여기서 그리스 단어는 eudaimonia가 아니라, en prattein으로 'doing well' 이라는 의미이다. 그러나 문맥상으로 볼 때 그 용어는 eudaimonia와 같은 뜻으로 쓰인다. Julia Annas, Platonic Ethics, *Old and New* (Ithaca, N.Y.: Cornell Univ. Press, 1999), 35~36, esp. note 20.
11. Plato, *The Symposium*, trans. Tom Griffith (Berkeley: University of California Press, 1989), 205 A. 이후 the *Symposium*으로부터의 인용은 그리스어 원전 텍스트와 번역을 함께 실은 Griffith 역저에 주로 의거함. 어떤 경우에는 Benjamin Jowett의 고전적 번역을 원용해 비교하며 수정하고 여기서와 같이 주를 달았음.
12. 한 예로, the *Gorgias*, 472 C와 the *Republic*, 352 D 참조.
13. Walter Burkert, *Greek Religion*, trans. John Raffan (Cambridge, Mass.: Harvard University Press, 1985), 163.
14. 같은 책.
15. Jon D. Mikalson, *Ancient Greek Religion* (Oxford: Blackwell, 2005), 92.
16. Euripides, *The Cyclops*, ed. David Kovacs, lines 170~171, in Gregory R. Crane, ed., *The Perseus Project*, http://www.perseus.tufts.edu, February 2005.
17. Peter Levi, "Greek Drama", in *the Oxford History of Greece*, 199에서 인용.
18. Alcman of Sparta, "Maiden Song", in *Greek Lyrics*, trans. Richard Lattimore, 2nd ed. (Chicago: University of Chicago Press, 1960), 33~34.
19. Euripides, *The Cyclops*, lines 495~502.
20. 심포지움에 관한 최근 논문들의 개요를 찾아 볼 수 있는 참조 자료. Oswyn Murray ed., *Sympotica: A Symposium on the Symposion* (Oxford: Clarendon Press, 1990). James N. Davidson, *Courtesans & Fishcakes: The Consuming Passions of Classical Athens* (New York: St. Martin' s Press, 1998), 특히 43~49.
21. Davidson, *Courtesans & Fishcakes*, 47~48에서 유불루스는 가구를 던지며 토론, 인용되고 있음.
22. 고대 아테네의 창녀와 매춘에 관해서는 Davidson의 *Courtesans & Fishcakes* 참조.
23. Davidson, *Courtesans & Fishcakes*, 312~315 참조. 쾌락에 대한 그리스인들의 철학적 반응에 대해서는 J. C. B. Gosling and C. C. W. Taylor, *The Greeks on Pleasure* (Oxford: Clarendon, 1982) 참조.
24. Xenóphanes of Cólophon, "The Well-Tempered Symposium", in *Greek Lyrics*, 24~25.
25. 같은 책, 25.

26. 심포지움 제도에 관한 플라톤의 (그리고 소크라테스의) 일반적 생각에 대해서는, Manuela Tecusan, "*Logos Sympotikos*: Patterns of the Irrational in Philosophical Drinking: Plato Ouside the Symposium", in Murray, ed., *Sympotica*, 238~260.
27. Plato, *The Protagoras*, 347 D, in Gregory R. Crane, ed., *The Perseus Project*, http://www.perseus.tufts.edu, February 2005.
28. Plato, *Symposium*, 180 D.
29. 같은 책, 186 B, 188 D-E, 189 D.
30. 같은 책, 195 A-B.
31. 같은 책, 186 A-B.
32. 같은 책, 193 C-D.
33. 같은 책, 202 E.
34. 같은 책, 203 D-E.
35. 같은 책, 203 A.
36. 같은 책, 200 E.
37. 같은 책, 202 C.
38. Plato, *The Republic*, trans. G. M. A. Grube and revised by C. D. C. Reeve (Indianapolis: Hackett, 1992), 490 B.
39. Peter gay, *Freud: A Life for Our Time* (New York: Anchor Books, 1989), 149에서 인용. 1920년에 출간된 프로이트의 *Three Essays*에서 인용한 구절.
40. Plato, *Symposium*, 211 C.
41. 같은 책, 211 D. 참조: the *Republic*, 490 B, 그리고 the *Phaedrus*, 249~257.
42. Plato, *Phaedrus*, 256.
43. Plato, *Symposium*, 213 D-216 E, 218 B.
44. Tecusan, "*Logos Sympotikos*", 241.
45. Plato, *Apology*, 36 D.
46. Plato, *Symposium*, 219 C, 221 C-D.
47. Plato, *Republic*, 559 C, 561 A, 562 D.
48. 이는 아나스 Julia Annas의 구절임. 플라톤, 행복, 그리고 신같이 되고자 하는 추구 등에 관해서는 그녀의 저서, *Platonic Ethics*, chap. 3와 일반적 연구인 *The morality of Happiness* (N.Y.: Oxford university Press, 1993) 참조.
49. 플라톤은 *Phaedrus*, 249~250에서 이 딜레마를 부분적으로 시인하는데, 그는 영혼의 변이를 언급함으로써 그걸 밝히려고 시도했음. 그는 모든 영혼은 인간의 형태로 넘어가기 전에 '진정한 존재'를 보았다고 시사함. 그러나 "모든 영혼이 타계의 것들을 쉽사리 기억하는 것은 아니다." 이전 세계의 미광을 간직

하고 있는 오직 극소수만이 선과 동의어인 진정한 행복으로 이르게 될 것이다. 이러한 주의는 3세기에 플라톤의 계승자였던 플로티노스에 의해 상세하게 전개되는데, 그의 네오플라토닉 영성은 여러 사람들, 그 중에서도 특히 아우구스티누스에게 영향을 끼쳤다.

50. *Symposium*, 205 D.

51. Richard Holmes, *Coleridge: Darker Reflections* (London: Flamingo, 1999), 492에서 인용.

52. Aristotle, *Nichomachean Ethics*, trans. Terence Irwin (Indianapolis: Hackett, 1985), 1.1.

53. 같은 책, 1.51.

54. 같은 책, 1.81.

55. Aristotle, *Rhetoric*, 1.5, in *The Basic Works of Aristotle*, ed. Richard McKeon (New York: Random House, 1941).

56. Aristotle, *Nichomachean Ethics*, 1.73.

57. 같은 책, 1.7, 1.73.

58. 같은 책, 1.73.

59. 같은 책, 1.43.

60. 같은 책, 1.81.

61. 정치적 규정이라는 맥락에서 행복에 관한 아리스토텔레스의 논의는, 특히, *Politics* 7.1~7.3. 참조.

62. Aristotle, *Nichomachean Ethics*, 13.41.

63. 같은 책, 13.37~13.43.

64. Jonathan Lear, *Happiness, Death, and the Remainder of Life* (Cambridge, Mass.: Harvard University Press, 2000), 55. 아리스토텔레스와 전반적인 행복에 대한 나의 생각은 이 작품에 힘입은 바가 큼.

65. 한 예외, 즉 키레네파Cyrenaic는 그 척도를 증빙하고 있다. 인간의 삶에 있어서 그 어느 종말도 부정했던 키레네파는 그 창시자인 리비아의 아리스티푸스Aristippus처럼, 오직 순간의 쾌락을 위해 살기로 맹세한다. 이러한 갈망이 오늘날에는 현대적인 것으로 보이는 반면, 고대인들에게 있어서 이는 퇴행적인 것이었다. 즉, 세상의 이치를 밝히고, 그 안에서 우리의 위치를 정의하는 철학의 추구를 고의로 포기하는 것이었다. 행복은 미래의 물결이었고, 키레네파를 예외로, 철학자들은 모두 하나같이 행복 추구에 동참했다.

66. Martha Nussbaum, *The Therapy of Desire: Theory and Practice in Hellenistic Ethics* (Princeton, N.J.: Princeton University Press, 1994) 인용. 이 부분의 논의에서 나는 Nussbaum 교수에 빚지고 있음.

67. 같은 책에서 인용, 14.

68. Diogenes Laertius, *Lives of Eminent Philosophers*, trans. R. D. Hicks, 2 vols. (Cambridge, Mass.: Harvard University Press, 1991; first published 1925), 2:127, 111.

69. Epicurus, "Vatican Sayings", no. 47, in *The Essential Epicurus: Letters, Principal Doctrine, Vatican Sayings, and Fragments*, trans. and ed. Eugene O' Connor (Amherst, N.Y.: Prometheus, 1993), 81.

70. Epicurus, "Letter to Menoeceus", in *The Essential Epicurus*, 63.

71. Laertius, *Lives*, 2:195에서 인용.

72. "On the Happy Life", in *Moral Essays*, trans. John Basore, 3 vols. (Cambridge, Mass.: Harvard University Press, 1992; first published 1932), 2:115.

73. *On the Good Life*, trans. and intro. Michael Grant (London: Penguin, 1971), 58~59, "Tusculum Discussions" 에서 키케로의 토론을 참조.

74. *Webster's New Collegiate Dictionary*에서 'stoic' 과 'epicure' 의 정의를 참조.

75. Epicurus, "Letter to Menoeceus", in *The Essential Epicurus*, 66.

76. Epicurus, "Vatican Sayings", no. 33, in *The Essential Epicurus*, 80.

77. Epicurus, "Ethical Fragment", no. 69, in *The Essential Epicurus*, 99. 사실상 같은 "Vatican Sayings", no. 68도 참조.

78. "Vatican Sayings", no. 4, in *The Essential Epicurus*, 77.

79. Seneca, "On the Happy Life", 129~131.

80. Laertius, *Lives*, 2:217에서 인용.

81. Epictetus, *The Discourses*, ed., Christopher Gill, trans. Robin Hard (London: J. M. Dent, 1995), book 3, chap. 24, 207. 여기의 내 분석은 V. J. McGill, *The Idea of Happiness* (New York: Frederick A. Praeger, 1967), 49~57에 의거함.

82. Epictetus, The Discourses, book 3, chap. 30, 204.

83. Cicero, "Tusculum Discussions", 63.

84. Plato, Symposium, 177 B.

85. Xenophon, *Memorabilia*, book 2, 1.21. 프로디코스의 원본 텍스트는 유실됐지만, 그 내용의 상당 부분이 크세노폰에 의해 기록되었고, 여기 인용의 출처도 그 기록임.

86. 이 부분은 18세기 초 앤서니 애슐리 쿠퍼가 그리스어 원전을 영어로 번역한 텍스트에서 인용. "The Picture of Cebes" 라는 작품은 *Cebes in England: English Translations of the Tablet of Cebes from Three Centuries with Related Materials*, intro. Stephen Orgel (New York and London: Garland Publishing, 1980), 74에 수록되어 있음.

87. 초기 르네상스기 이 작품의 원전 역사에 대해서는, *Cebes' Tablet*, ed. Sandra Sider (New York: Renaissance Society of America, 1979) 참조. 이 작품에 기초한 많은 그림들은, Reinhold Schleier, *Tabula Cebetis* (Berlin: Mann, 1973) 참조.
88. Epicurus, "Letter to Menoeceus", in *The Essential Epicurus*, 68.

영원한 지복

1. Michael Grant and Antonia Mulas, *Eros in Pompeii: The Secret Rooms of the National Museum of Naples* (New York: Bonanza Books, 1982), 109.
2. 이 주제에 관해서 나는 David L. Thurmond, *Felicitas: Public Rites of Human Fecundity in Ancient Rome* (Ph.D. diss., University of North Carolina at Chapel Hill, 1992), 57~58을 참조했다.
3. Plutarch, "Sylla", *Plutarch's Lives*, the Dryden translation, ed. Arthur Hugh Clough, intro. James Atlas, 3 vols. (New York: Modern Library, 2001), 1:636 참조.
4. 펠리키타스 여신에 관해 다음 사전의 'Felicitas' 항목을 참조함. Charles Daremberg and Edmund Saglio, eds. *Dictionnaire des antiquités grecques et romaines*, 5 vols. (Paris: Hachette, 1877), 1:1031~1032; and J. A. North, *Roman Religion* (New York: Oxford University Press, 2000), 32~33.
5. Samuel Ball Platner, *The Topography and Monuments of Ancient Rome*, 2nd rev. ed. (Boston: Allyn & Bacon, 1911), 229~230, 394; Samuel Ball Platner, *A Topographical Dictionary of Ancient Rome* (London: Oxford University Press, 1929), 207; Martin Henig and Anthony King, eds. *Pagan Gods and Shrines of the Roman Empire* (Oxford: Oxbow Books, 1986), 41.
6. Charles Daremberg and Edmund Saglio, eds. *Dictionnaire des antiquités grecques et romaines*, 1:1031. 다양한 로마력 중 어느 것에 의거해 보느냐에 따라 다르지만, 주된 펠리키타스Felicitas 축제일은 10월 9일과 7월 1일이었던 것 같음.
7. Quintus Horatius Flaccus (Horace), Ode III.16 (To Maecenas), in *the Odes of Horace*, bilingual edition, trans. David Ferry (New York: Farrar, Straus and Giroux, 1997), 211.
8. Horace, Satire II.2, in *Satires and Epistles*, trans. and intro. Niall Rudd (New York: Penguin Books, 1987), 89.
9. Horace, Epode II (Beatus ille), in *Horace: The Complete Odes and Epodes*, trans. David West (New York: Oxford University Press, 1987), 4.

10. Horace, Ode II.10 (To Licinius), in *Odes of Horace*, 127.

11. 같은 책.

12. Horace, Ode II.2 (Avarice), in *Odes of Horace*, 107.

13. Horace, Satire II.6, in *Satires and Epistles*, 116.

14. Horace, Ode III.29 (To Maecenas), in *Odes of Horace*, 253. 내가 여기서 참조한 것은 페리 David Ferry 번역본이 아니라 드라이든 Dryden 번역본임.

15. Horace, Satire II.6, in *Satires and Epistles*, 116.

16. Horace, Ode I.31 (A Prayer), in *Odes of Horace*, 83.

17. Horace, Epode XVI (Altera iam territur), in *Complete Odes and Epodes*, 19.

18. Publius Vergilius Maro (Virgil), *Georgics*, book 2, in *Ecologues, Georgics, Aeneid 1-6*, Loeb Classic edition, trans. H. Rushton Faircolough, rev. G. P. Goold (Cambridge, Mass.: Harvard University Press, 1999), 169~171. 그의 4번째 전원시는 황금 시대에 관해 유사하게 풍부한 묘사를 포함하고 있음.

19. Horace, Satire I.1, in *Satires and Epistles*, 39.

20. 같은 책, 43.

21. Augustine, *Concerning the City of God Against the Pagans*, trans. Henry Bettenson, intro. John O' Meara (London: Penguin Classics, 1984), 161~162. 펠리키타스에 대한 경배는 특히 1부, 제4권, 18~25장에서 다뤄짐.

22. 같은 책, 165.

23. E. Salisbury, Perpetua' s Passion: The Death and Memory of a Young Roman Woman (New York: Routledge, 1997) and B. D. Shaw, "The Passion of Perpetua", Past & Present 139 (May 1993): 3~45.

24. 정확히 서기 180년에 12명의 기독교도가 로마 총독의 명으로 참수당했다. 그러나 그들은 경기장에서 처형되지는 않았다. 일반적인 박해에 관해선 다음 자료를 참조하라. W. H. C. Frend, *Martyrdom and Persecution in the Early Church: A Study of a Conflict from the Maccabees to Donatus* (New York: Anchor Books, 1967).

25. The "Martyrdom of Saints Perpetua and Felicitas", in *The Acts of the Christian Martyrs*, trans. and intro. Herbert Musurillo (Oxford: Clarendon Press, 2000), 125~126. 목격자는 페르페투아의 최후에 대한 이야기의 미지의 기록자 혹은 편집자로, 아마도 남성으로 여겨짐. Salisbury, *Perpetua' s Passion*, 70과 B. D. Shaw, "The Passion of Perpetua" 의 특히 20~21 참조.

26. '슬픔의 숭배' 로서의 기독교에 관한 참조. Thomas Carlyle, *Past and Present*, ed. Richard D. Altick (New York: New York University Press, 1965), 155 (chap. 4, "happy"). *Sartor Resartus*에서 칼라일은 그 용어를 조금 다른 맥락에

서 사용하고 있음.

27. 2 Corinthians 6:8~10. 따로 명시하지 않는 한 이후 성서에 대한 참조는 모두 Revised Standard Version of the *Holy Bible* (Oxford: Oxford University Press, 1989) 사용. 다른 공인된 텍스트에 기반한 몇몇 수정의 경우 이를 적시했음.
28. 한 예로 Martha C. Nussbaum, *The Fragility of Goodness: Luck and Ethics in Greek Tragedy and Philosophy* (Cambridge: Cambridge University Press, 1986), 329~333의 논의를 참조.
29. 다음의 "ashré" 항목을 참조. G. Johannes Botterwick and Helmer Ringgren, *Theological Dictionary of the Old Testament*, trans. John T. Willis, rev. ed. (Grand Rapids, Mich.: William B. Eerdmans, 1974), 445~446; and David J. A. Clines, ed. *The Dictionary of Classical Hebrew* (Sheffield, England: Sheffield Academic Press, 1993), 1:436~437.
30. "My foot has held fast to [God' s] steps; I have kept his way and have not turned aside" (Job 23:11) 라고 욥도 유사하게 천명.
31. "ashré", in Botterwick and Ringgren, eds. *Theological Dictionary of the Old Testament*, 446.
32. Michael Walzer, *Exodus and Revolution* (New York: Basic Books, 1985), 118.
33. Walzer, *Exodus and Revolution*, 121~122에서 인용된 the Syriac Book of Baruch에서 인용.
34. "Martyrdom of Saints Perpetua and Felicitas", 107.
35. 참조: Peter Brown, *The Body and Society: Men, Women and Sexual Renunciation in Early Christianity* (New York: Columbia University press, 1988), 76: Frederic J. Baumbartner, *Longing for the End: A History of Millennialism in Western Civilization* (New York: St. Martin' s Press, 1999), 38~39. 성령은 계속 새로운 계시를 신비가들에게 내린다는 믿음 때문에, 서기 200년경에, 몬타누스주의는 이단으로 여겨졌음.
36. Salisbury, *Perpetua' s Passion*, 79~80; and A. J. Droge and James D. Tabor, *A Noble Death: Suicide and martyrdom Among Christians and Jews in Antiquity* (San Francisco: HarperCollins, 1992) 참조.
37. "Martyrdom of Saints Perpetua and Felicitas", 109.
38. 같은 책, 111.
39. 같은 책, 113.
40. 같은 책, 113~115.
41. 그녀와 그녀의 공동체는 위작 Second Book of Esdras, the Shepherd of Hermas, the Apocalypse of Peter, Enoch, 그리고 the Gospel of Thomas 외에

도, the Pentateuch, the letters of Paul, the Book of Revelations 그리고 아마 사도 교부들의 (특히 터툴리안Tertullian의) 작품 일부는 잘 알고 있었을 것이다. 그러나 그들은 아마도 교회 정전의 복음서를 알지는 못했을 것이다. Salisbury, *Perpetua's Passion*, 74, 69, 96, 102 참조.

42. 한 예로, Wayne Meeks, *The First Urban Christian: The Social World of the Apostle Paul* (New Haven, Conn.: Yale University Press, 1983) 참조.
43. "Martyrdom of Saints Perpetua and Felicitas", 111.
44. 같은 책.
45. 같은 책, 119.
46. 같은 책, 112~113.
47. 같은 책, 121.
48. 같은 책, 123.
49. 1 Corinthians 2:9 and 1 Corinthians 13:12. 2번째 인용은 the King James 번역판에서.
50. 행복에 관한 말과 기뻐하라는 권고는 「누가복음」 6:22~23에 거의 정확히 반영되고 있다.
51. "Martyrdom of Saints Perpetua and Felicitas", 123.
52. Augustine, "On the Birthday of the Martyrs Perpetua and Felicity", Sermon 282, in *The Works of Saint Augustine*, ed. John E. Rotelle, part 3, *Sermons*, vol. 8, trans. Edmund Hill (Hyde Park, N.Y.: New City Press, 1994), 81. 이는 페르페투아와 펠리키타스 축일에 아우구스티누스가 했던 현존하는 연설 3개 중 하나이다. 이들 모두 날짜를 밝히고 있지는 않으나 아마도 서기 400년에서 410년 사이로 추정된다.
53. 같은 책.
54. 한 예로, Augustine, *Confessions*, trans, R. S. Pince-Coffin (New York: Penguin, 1987: first published 1961), book 8, chap. 7, 169.
55. Augustine, *Confessions*, 118~119.
56. 같은 책.
57. Augustine, *The Happy Life*, trans. Ludwig Schopp (New York: Cima Publishing, 1948). 아우구스티누스는 젊은 시절인 380년에 또 한 논문 *De pulchro et apto* (On the Beautiful and Fitting) 을 집필했는데, 이는 후에 유실되었다.
58. 같은 책, 57~58, 80~83.
59. Augustine, *Happy Life*, 183. 여기서 번역을 약간 수정했다.
60. Augustine, *Concerning the City of God*, book 14, chap. 28, 593.

61. 같은 책.

62. 같은 책, 863. 아우구스티누스는 book 22, chap. 22, 1065에서 이러한 목록을 만들고자 시도했다.

63. 같은 책, book 14, chap. 23, 571.

64. 같은 책, book 14, chap. 17, 578. 'Peto-man' 에 관한 이야기는 book 14, chap. 25, 588에 나온다.

65. 같은 책, book 19, chap. 4, 852.

66. 같은 책, 855.

67. 한 예로, 같은 책, book 5, chap. 17, 205; book 5, chap 18, 207; book 4, chap 25, 166 참조.

68. 같은 책, book 22, chap. 24, 1075.

69. 같은 책, book 19, chap. 14, 873.

70. Iohannis Scotti Eriugenae, *Periphyseon* (De Devisione Nature), ed. Édouard A. Jeauneau, trans. John J. O' Meara and I. P. Sheldon-Williams, 5 vols. (Dublin: Institute for Advanced Studies, 1995), 4:232~233.

71. Bertrand Russell, *A History of Western Philosophy* (New York: Simon & Schuster, 1972; 1945), 401에서 헤이릭이 인용.

72. 종종 반복되는 이 문구는 C. Warren Hollister, *Medieval Europe: A Short History*, 7th ed. (New York: McGraw-Hill, 1994), 99에서 인용.

73. Eriugena, *Periphyseon*, 4:231.

74. 같은 책.

75. "Verses of John the Irishman to King Charles", John J. O' Meara, *Eriugena* (Oxford: Clarendon Press, 1988), 185에서.

76. O' Meara, *Eriugena*, 34 인용.

77. 같은 책.

78. 같은 책, 39에서 인용. 오메라 O' Meara는 pp.32~55에서 특히 간명하고 설득력 있게 예정설에 관한 논란을 개괄하고 있다. Dermot Moran, *The Philosophy of John Scottus Eriugena: A Study of Idealism in the Middle Age* (Cambridge: Cambridge University Press, 1989), 27~35도 참조.

79. Pseudo-Dionysius, *The Mystical Theology*, in *Pseudo-Dionysius: The Complete Works*, trans. Colm Luibheid and Paul Rorem (New York: Paulist Press, 1987), 135.

80. 이는 17세기 영국의 은자이며 시인이었던 토마스 트러헌의 말로, Isabel Colegate, *A Pelican in the Wilderness: Hermits, Solitaries, and Recluses* (Washington, E. C.: Counterpoints, 2002) 의 권두 인용문이다.

81. Caroline Walker Bynum, *Holy Feast and Holy Fast: The Religious Significance of Food to Medieval Women* (Berkeley: University of California Press, 1987), 36에서 인용.
82. 같은 책, 50에서 인용.
83. 이는 오늘날에도 여전히 사용되는 로마 가톨릭 미사에서 인용된 문구이다.
84. Louis Dupré and James A. Wiseman, eds. *Light from Light: An Anthology of Christian Mysticism*, 2nd ed. (New York: Paulist Press, 2001): and Dom Cuthbert Butler, *Western Mysticism: The Teaching of Augustine, Gregory and Bernard on Contemplation and the Contemplative Life*, 3rd ed. (New York: Barnes and Noble, 1967), 6. 참조.
85. Boethius, *The Consolation of Philosophy*, trans. and intro. P. G. Walsh (New York: Oxford University Press, 1999), 22.
86. 같은 책, 22, 51.
87. 같은 책, 51, 55, 59.
88. 같은 책, 59.
89. 같은 책, 72.
90. 에리우게나 사고에 있어, 이 복잡한 개념에 관한 간명한 설명은, Deirdre Carabine, *John Scottus Eriugena*, Great Medieval Thinkers Series (New York: Oxford University Press, 2000), 95~96, 100~102 참조.
91. "Homily of John Scot, the translator of the Hierarchy of Dionysius" 의 원고 전문은 O' Meara, *Eriugena*, 158~176에 완역, 수록되었으며, 이는 Édouard Jeauneau, *Homélie sur le prologue de Jean* (Paris: Editions du cerf, 1969) 의 상세한 원본에 기초한 것이다. 여기 인용한 구절은 전거의 Homily, section 1과 section 4에서 인용.
92. 같은 책, section 5에서 인용.
93. Homily의 보급에 관해서는, O' Meara, *Eriugena*, 158 참조.
94. Bonaventure, *The Journey of the Mind to God*, trans. Philotheus Boehner, ed. and intro. Stephen F. Brown (Indianapolis: Hackett, 1993), 5.
95. Lesley Smith, "Heavenly Bliss and Earthly Delight", in Stuart McCready, ed. *Discovery of Happiness* (London: MQ Publications, 2001), 132에서 Saint Francis를 언급.
96. 중세의 이 대중적인 소일거리에 관해서는 전거의 Smith, "Heavenly Bliss and Earthly Delight" 의 생생한 묘사를 참조.
97. Herman Pleij, *Dreaming of Cockaigne* (New York: Columbia University Press, 2002) 참조.

98. Thomas Aquinas, *Selected Philosophical Writings*, trans. Timothy McDermott (New York: Oxford University Press, 1993), part 3, "The Ladder of Being", 115~116에서 인용.

99. Boethius, *The Consolation of Philosophy*, 4.

100. 사다리 주제에 관해 참조 자료. Walter Cahn, "Ascending to and Descending from Heaven: Ladder Themes in Early Medieval Art", in *Santie Demoni Nell' Alto Medioevo Occidentale*, 2 vols. (Spoleto: Centro Italiano di Studi Sull' Alto Medioevo, 1989), 2:697~732; and, R. Crabtree, "Ladders and Line of Connection in Anglo-Saxon Religious Art and Literature", *Medieval Literature and Antiquities: Studies in Honour of Basil Cottle*, eds. M. Stoke and T. L. Burton (Cambridge: Cambridge University Press, 1989), 43~53.

101. Dante Alighieri, *The Divine Comedy: The Inferno, The Purgatorio, and the Paradiso*, trans. John Ciardi (New York: New American Library, 2003; 1954), 778. 나는 이 번역을 약간 수정했다.

102. Aquinas, in *Selected Philosophical Writings*, "The Ladder of Being", 115~116.

103. Arthur O. Lovejoy, *The Great Chain of Being: A Study of the History of an Idea* (Cambridge, Mass.: Harvard University Press, 1978; 1936), 59.

104. Brian Davies, *The Thoughts of Thomas Aquinas* (Oxford: Clarendon Press, 1992). 7 참조.

105. Aquinas, *Summa contra Gentiles*, book 3, chap. 48; *Summa Theologiae*, first part of part 2, question 3, in *St. Thomas Aquinas on Politics and Ethics*, trans. and ed. Paul E. Sigmund (New York: W. W. Norton, 1988). 따로 명시하지 않는 한 이후 Summa Contra Gentiles와 Summa Theologiae에 관한 참조는 모두 이 번역판에 의거함.

106. Corinthians에서 여기 인용한 부분은 King James Bible 번역에 의거함.

107. *Summa contra Gentiles*, book 3, chap. 63.

108. 같은 책. Lawrence F. Hundersmarck, "Thomas Aquinas on Beatitude", in Jan Swango Emerson and Hugh Feiss, eds. *Imagining Heaven in the Middle Ages: A Book of Essays* (New York: Garland Publishing, 2000), 165~183. "Perfect Pleasure", the "perfect delight of he senses", in *Summa contra Gentiles*, book 3, chap. 63 참조.

109. 이 주제는 Denis J. M. Bradley, *Aquinas on the Twofold Human Good: Reason and Human Happiness in Aquinas's Moral Science* (Washington, D.C.: Catholic University of America Press, 1997) 에서 심도 있게 다루어지고

있음. 또 다른 참조. George Wieland, "Happiness: The Perfection of Man", in *The Cambridge History of Later medieval Philosophy: From the Rediscovery of Aristotle to the Disintegration of Scholasticism 1100~1600*, eds. Norman Kretzmann, Anthony Kenny, and Jan Pinborg (Cambridge: Cambridge University Press, 1982), 673~686.

110. *Summa contra Gentiles*, book 3, chap. 37.

111. 같은 책, chap. 63.

112. Davis, *The Thought of Thomas Aquinas*, 230에서 인용한 *Summa Theologiae*, 1a, 62, I.

113. *Summa Theologiae*, part 2 (first part), question 5.

114. 같은 책, question 109.

115. 같은 책, question 69.a.2.

116. Deal Hudson, "Imperfect Happiness", in *Happiness and the Limits of Satisfaction* (Lanham, Md.: Rowman & Littlefield, 1996), 151~168 참조.

117. George Wieland, "The Reception and Interpretation of Aristotle' s Ethics", in *The Cambridge History of Later Medieval Philosophy*, 663에 인용.

118. George Duby, *The Age of the Cathedrals: Art and Society 980~1420*, trans. Eleanor Levieux and Barbara Thompson (Chicago: University of Chicago Press, 1981), chap. 7, "Happiness, 1250~1280", 특히 184~186 참조. 단테의 행복이라는 주제에 관해서는, Larry Peterman, "Dante and Happiness: A Political Perspective", *Medievalia et humanistica*, New Series 10 (1981): 81~102 참조.

119. 이후 날짜가 변경됨. 오늘날, 페르페투아와 펠리키타스 축일은 3월 7일, 아퀴나스 축일은 1월 28일로 기림.

120. *Le Guide du Pélerin de Saint-Jacques de Compostelle texte Latin du XII siécle*, trans. and ed. Jeanne Vielliard (Macon: Imprimerie Protat Fréres, 1950).

121. 레오나르에 대한 작가의 언급을 보려면, 나바르 사람들에 대한, 생생하다면 생생하달 수 있는 편견에 가득한, 같은 책, 55~57의 묘사를 참조.

122. 같은 책, 37.

123. Chaucer, *The Canterbury Tales*, "The Knight' s Tale", part 2, "This world nys but a thurghfare ful of wo/ And we been pilgrymes, pasynge to and fro"; "The Nun' s Priest Tale", "For ever eth latter ende of joye is wo/ God woot that worldly joye is soone ago." 유사한 정서가 텍스트 전반에 걸쳐 나타난다.

124. 예를 들어, Jerold C. Frakes, *The Fate of Fortune in the Early Middle Ages:*

The Boethian Tradition (New York: E. J. Brill, 1988) 참조.

천국에서 지상으로

1. Lotario dei Seigni, *De Miseria Condicionis Humane*, ed. Robert E. Lewis (Athens, Ga.: University of Georgia press, 1978), 94. 루이스의 이 편집판에는 라틴어 원전과 영어 번역이 모두 수록되어 있다. 나는 적절하다고 판단될 경우에 영어 번역에 약간의 수정을 가했다.
2. 같은 책, 128, 130.
3. 같은 책, 166.
4. 같은 책, 204.
5. 같은 책, 102. 루크레티우스는 자신의 *De Rerum Natura*에서 유아들에 관해 유사한 관찰을 하고 있다.
6. 같은 책, 124.
7. Jean Delumeau의 *Sin and Fear: The Emergence of a Western Guilt Culture, 13th~18th Centuries*, trans. Eric Nicholson (New York: St. Martin' s press, 1999), 23~24에서 Imitation of Christ에 관한 논의. 그리고 좀 더 일반적으로 르네상스의 음울함에 대한 그의 취급은 part 1에서 "Pessimism and the Macabre in the Renaissance", chaps. 1~5 참조.
8. Seigni, *De Miseria Condicionis Humane*, 92.
9. William G. Craven의 *Giovanni Pico della Mirandola, Symbol of His Age: Modern Interpretations of a Renaissance Philosopher* (Geneva: Droz, 1981) 라는 제목은 이런 점에서 상징하는 바가 있다.
10. Pico della Mirandola, "On the Dignity of Man", trans. Charles Glenn Wallis, in *On the Dignity of Man, ed.* Paul J. W. Miller (Indianapolis: Hackett, 1998), 34.
11. 한 예로, S. Dresden, *Humanism in the Renaissance*, trans. Margaret King (New York: McGraw-Hill, 1968) 참조.
12. Jacob Burckhardt, *The Civilization of the Renaissance in Italy*, trans. S. G. X. Middlemore (Oxford: Phaidon, 1945), 215.
13. 이는 *Civilization of the Renaissance*의 part 4 끝부분, "The Discovery of the World and of Man", 215~216에서 인용되고 있다. 부르크하르트는 이 유명한 구절에 몇몇 선행 문장들을 부연하는데, 피코의 목소리는 겨우 "I have placed thee" 에서 시작되어, 내가 여기서 인용한 부분 뒤까지 이어진다. Burckhardt의 번역 대신 내가 원용한 것은, Paul W. Miller, ed. *On the Dignity of Man*, 4~5의

Charles Glenn Wallis 번역이다.

14. Burckhardt, *Civilization of the Renaissance*, 81.

15. 부르크하르트 스스로가 행복에 관해 언급한 것은 단지 가끔일 뿐이고 또한 다소 일관되지 않은 면이 있다. 그럼에도 널리 영향을 미친 그의 논쟁의 일반적 추력推力은 르네상스의 삶의 회복과 그 안에서의 인간적 가능성에 대해 점증하는 인지를 강조하기 위한 것이었다. 당연히 이후의 수많은 비평가들은 부르크하르트에게서, 행복에 대한 긍정적인 태도가 당대의 한 부분을 이룬다는 견해의 근간을 얻는다. Charles Trinkaus, "The Happy Humanist, a Modern Creation", in *Adversity' s Noblemen: The Italian Humanists on Happiness* (New York: Columbia University Press, 1940) 참조.

16. Peter Burke, "The Myth of the Renaissance", *The Renaissance*, 2nd ed. (New York: St. Martin' s Press, 1997), 1~7 참조.

17. Pico, "On the Dignity of Man", 1~3, 9.

18. 같은 책, 6.

19. 같은 책, 7.

20. 한 예로 Delumeau, *Sin and Fear*, 18~25; and Charles Trinkaus, *In Our Image and Likeness: Humanity and Divinity in Italian Humanist Thought*, 2 vols. (London: Constable & Co., 1970), 1:174, 320 참조.

21. Pico della Mirandola, *Heptaplus*, trans. Douglas Carmichael, in Miller, ed. *On the Dignity of Man*, 125~126.

22. 같은 책, 144. 2 Corinthians 3:5에서 인용. "Not that we are competent of ourselves to claim anything as coming from us; our competence is from God……"

23. Pico, *Heptaplus*, 151~152.

24. 같은 책, 151.

25. 같은 책, 150.

26. 같은 책, 151. 완전한 그리고 불완전한 지복에 대한 피코의 논의는 the Seventh Book of the *Heptaplus*의 첫머리 "Of the Felicity which is Eternal Life" 에서 가장 잘 전개되고 있다.

27. Pico, *Heptaplus*, 149.

28. 같은 책, 153.

29. 아퀴나스에 대한 피코의 관계는 Fernand Roulier, *Jean Pic de la Mirandole* (1463~1494), Humaniste, *Philosophe et Théologien* (Geneva: Slatkine, 1989), 565 참조.

30. Pico, *Heptaplus*, 150.

31. 같은 책, 153.

32. Jill Kraye, "Moral Philosophy", *The Cambridge History of Renaissance Philosophy*, eds. Charles B. Schmitt, Quentin Skinner, Eckhard Kessler, and Jill Kraye (Cambridge: Cambridge University Press, 1991), 306.

33. Roulier, *Jean Pic de la Mirandole*, 57.

34. 이런 각양각색의 대표적 예에 관해서는, Jill Kraye, "From Ancient to Modern Happiness: Petrarch to Descartes", in Stuart McCready, ed. *Discovery of Happiness* (London: MQ Publications, 2001) 참조.

35. Trinkaus, *Adversity' s Noblemen*, 42.

36. Marsilio Ficino, "Quid est foelicitas, quod habet gradus, quod est aeterna", in *The Letters of Marsilio Ficino*, trans. Language Department of the School of Economic Science, London, ed. Paul Oskar Kristeller, 6 vols. (London: Shepheard-Walwyn, 1975), 1:173, 177.

37. Leonardo Bruni, "The Isagogue of Moral Philosophy", in *The Humanism of Leonardo Bruni: Selected Texts*, trans. and intro. Gordon Griffiths, James Hankins, and David Thompson (Binghamton, N.Y.: Renaissance Society of America, 1987), 271.

38. Trinkaus, *Adversity' s Noblemen*, 117~118에서의 *Oratio de foelicitate*에 관한 논의 참조.

39. Trinkaus, *Adversity' s Noblemen*, 87에 살루타티 인용.

40. Trinkaus, *Our Image and Likeness*, 291에 모란디 인용. 모란디는 *De miseria mundi*를 포함한 여러 작품의 저자인 Giaovanni Garzoni에게 응답하고 있음. 같은 책, 271~291에서 폭넓게 논의되고 있다.

41. Kraye, "From Ancient to Modern Happiness", 146.

42. 이 시대의 로마 주화 수집의 열기와 중요성 그리고 특히 풀비오, 비코, 에리지오의 역할에 대해서는, John Cunnally, *Images of the Illustrious: The Numismatic Presence in the Renaissance* (Princeton, N.J.: Princeton University Press, 1999) 참조.

43. Graham Smith, "Bronzino' s *Allegory of Happiness*", *Art Bulletin*, 66, no. 3 (September 1984): 390~398 참조. 앞서의 묘사는 스미스의 우의적 분석에 거의 전적으로 의거한다.

44. Paul Binksi, "The Angel Choir at Lincoln and the Poetics of the Gothic Smile", *Art History 20* (1997): 350~374.

45. Donald Sassoon, *Becoming Mona Lisa: The Making of a Global Icon* (New York: Harcourt, 2001), 19에서 인용.

46. 르네상스기에 갈렌과 히포크라테스가 중심이 된 것에 대해서는, Roy Porter, *The Greatest Benefit to Mankind: A Medical History of Humanity* (New York: W. W. Norton, 1997), 171 참조.

47. 유추를 즐기는 르네상스 공론가들에게, 소위 기질과 원소 간의 일치는 기분 형성에 영향을 주는 환경의 역할에 대한 엄청난 추측을 낳게 했다.

48. Lawrence Babb, *Elizabethan Malady: A Study of Melancholia in English Literature from 1580 to 1642* (East Lansing: Michigan State University Press, 1951), 7, 56~58 참조.

49. 오늘날에는, 문제의 구절 (the Problemata, XXX, 1) 이 거의 확실히 Theophrastus가 쓴 것이라는 것을 안다. Hellmut Flashar, *Melancholie und Melancholiker in den medizinischen Theorien der Antike* (Berlin: De Gruyter, 1966), 60~62 참조.

50. Marsilio Ficino, *The Book of Life* (Liber de Vita), trans. Charles Boer (Woodstock, Conn.: Spring Publications, 1994), 8. 라틴어 원전을 좀 더 직역에 가깝게 이탈리어로 번역한 제목은, "Perché i malinconici sono geniali, e quail malinconici siano cosi̇̀ e quail al contrario." Chap. 5 of *De Vita*, ed. Albano Bioni and Giuliano Pisani (Padova: Edizioni Biblioteca dell' Immagine, 1991), 22 참조.

51. 다음의 신중한 연구를 참조하라. Winfried Schleiner, *Melancholy, Genius, and Utopia in the Renaissance* (Wiesgaden: Otto Harrassowitz, 1991); and Babb, *Elizabethan Malady.*

52. John Hale, *The Civilization of Europe in the Renaissance* (New York: Atheneum, 1994), 463.

53. Robert Burton, *The Anatomy of Melancholy*, ed. And intro. Holbrook Jackson and William H. Gass (New York: New York Review of Books, 2001), 20, 120~121.

54. Colleen McDannell and Bernhard Lang, *Heaven: A History* (New Haven, Conn.: Yale University Press, 2001), 특히, chap. 5, "The Pleasures of Renaissance Paradise."

55. Lorenzo Valla, *De Voluptate, On Pleasure* (후에 *On the True and False Good* 으로 바꿈), trans. A. Kent Hieatt and Maristella Lorch, intro, Maristella de Panizza Lorch (New York: Abaris, 1977), 305.

56. 같은 책, 305, 317.

57. Erasmus, *Praise of Folly*, trans. Betty Radice, intro. A. H. T. Levi (New York: Penguin, 1971), 78. 이 문구는 소포클레스의 희곡 *Ajax*에서 차용한 것이다.

58. Erasmus, the *Enchiridion; or, Handbook of the Militant Christian*, trans. and intro. John P. Dolan (Notre Dame, Ind.: Fides Publishers, 1962), 특히 75~79, "The Crown of Wisdom Is that You Know Yourself." "Saint Socrates" 에 대한 언급은 1522년의 대담 Convivium religiosum에 나옴.

59. 같은 책, 137.

60. Thomas More, *Utopia*, trans. and intro. Paul Turner (New York: Penguin, 1965), 92. 유토피아의 철학자들 사이에서 '주요 논점' 은 '인간 행복의 본질' 이라고 모어는 말하고 있다. 심도 있는 논의는 book 2, 90~98 참조.

61. 1534년 5월 23일, 마르틴 루터가 안할트의 요아킴 왕자에게 보냈으며 Smith, *The Life and Letters of Martin Luther* (Boston: Houghton Mifflin, 1911), 322~333에 인용, 번역되고 있음. 나는 *D. Martin Luther Werke: Kritische Gesamtausgabe*, 69 vols. (Weimar: Hermann Böhlan, 1883), 7:65~67의 원문을 유지하며, 스미스의 번역을 약간 수정했다.

62. Luther, Sermon for the 19th Sunday after Trinity; Matthew 9:1~8, in the *Sermons of Martin Luther*, 5 vols. (Grand Rapids, Mich.: Baker Book House, 1983), 5:198.

63. 고전적 텍스트로 Erik Erikson, *Young Man Luther: A Study in Psychoanalysis and History* (New York: W. W. Norton, 1958).

64. Diarmaid MacCulloch, *The Reformation: A History* (New York: Viking Penguin, 2003), 특히 119~120 참조.

65. Luther, "Preface to the Complete Edition of Luther' s Latin Works" (1545), *Luther' s Works*, eds. Jaroslav Pelikan and Helmut I. Lehman, 55 vols. (Saint Louis: Concordia Publishing, 1955~1986), 34:336~337. 이 번역 부분을, "Vorrede zum ersten Bande der Gesamtausgaben seiner lateinischen Schriften Wittenberg 1545", in *Luthers Werke*, 54:176~187에 기초해, 약간 수정했다.

66. Carter Lindberg, *The European Reformations* (Oxford: Blackwell, 1996), 67~68.

67. Luther, "Preface to the Complete Edition of Luther' s Latin Works" (1545), Luther' s Works, 34:337. 나는 이 번역을 약간 수정했다.

68. Luther, "Vorrede auff die Epistel S. Paul: an die Romer", in *D. Martin Luther: Die grantze Heilige Schrifft 1545 Deudsch auffs new zugerich*, eds. Hans Volz and Heinz Blanke, 3 vols (Munich: Roger & Bernhard, 1972), 2:2254~2268. 손튼 Andrew Thornton 수사가 비텐베르크 프로젝트Project Wittenberg 온라인 사이트, http://www.iclnet.org/pub/resources/text/wittenberg/german.bible/rom-eng.txt에 번역해놓았다.

69. "Freedom of a Christian Man", in *Luther' s Works*, 31:360; and "Preface to the Complete Edition of Luther' s Latin Works", in *Luther' s Works*, 34:337 참조.

70. 제 5계명에 대한 논평, Martin Luther, *The Large Catechism* (1530). *What Does This Mean?: Luther' s Catechism Today*, ed. Phillip E. Person (Minneapolis: Augsburg Publishing House, 1979), 85에 전문이 수록되어 있다.

71. John Calvin, *The Institutes of the Christian Religion*, trans. John Allen, 8th ed., 2 vols. (Grand Rapids, Mich.: William B. Eerdmans, 1949), 1:761 (book 3, chap. 7).

72. Martin Luther, "Commentary on St. Paul' s Epistle to the Galatians", chap. 1, verse 16 (1535), in *The Protestant Reformation*, ed. Hans J. Hillerbrand (New York: Harper & Row, 1968).

73. Charles Taylor, *The Sources of the Self: The Making of Modern MIdentity* (Cambridge, Mass.: Harvard University Press, 1989). 나는 특히 part 3, chap. 13, "God Loveth Adverbs"에 의거했다.

74. 행복에 관한 칼뱅의 생각을 분석한 참조 자료. Heiko A. Oberman, "The Pursuit of Happiness: Calvin Between Humanism and Reformation", in *Humanity and Divinity in Renaissance and Reformation: Essays in Honor of Charles Trinkaus*, eds. John W. O' Malley, Thomas M. Izbicki, and Gerald Christianson (Leiden, The Netherlands: E. J. Brill, 1993), 251~287.

75. Martin Luther, "A Simple Way of Praying" (1535), Delumeau, *Sin and Fear*, 26에서 인용.

76. Luther, The Large Catechism (1530), 제4계명에 대한 논평, in *Luther' s Catechism Today*, 82.

77. 같은 책, 루터의 행복과 가정생활에 대한 포괄적 논의를 참조할 것.

78. Delumeau, *Sin and Fear*, 26에 인용된 Martin Luther, *Commentary on the Epistle to the Galatians*, chap. 3, verse 1.

79. 1534년 6월 12일, 데사우Dessau에 있는 안할트의 요아킴 왕자에게 루터가 보낸 서한으로, Smith, *Life and Letter*, 324에 인용됨. 여기서 나는 스미스의 번역을 약간 수정했다.

80. Delumeau, *Sin and Fear*, 180에 인용된, Martin Luther, Table Talk, 1, number 122.

81. Erikson, *Young Man Luther*, 245에서 인용.

82. 가장 자주 강조되는 것이 바로 프로테스탄트 경험의 이런 면이다. "칼뱅주의와 청교도주의는 절망으로 이끈다"라는 강력한 견해 표명에 관해서는, John Stachniewski, *The Persecutory Imagination: English Puritanism and the*

Literature of Religious Despair (Oxford: Clarendon Press, 1991).

83. Martin Luther, "Sermon for Easter Tuesday" (1524), in *The Sermons of Martin Luther*, trans. John Nicholas Lenker, 8 vols. (Grand Rapids, Mich.: Baker Book House, 1983), 2:305.
84. Calvin, *Institutes*, 1:776 (book 3, chap. 8). 이 번역을 수정했다.
85. Stachniewski, *The Persecutory Imagination*, 27.
86. 여기서 세속적 번영의 증빙으로서 구제의 외양적 징표를 추구한 것과 관련해, 나는 막스 베버의 *Protestant Ethic and the Spirit of Capitalism*에서의 유명한 설명과 비교해 논의코자 한다. 행복에 관한 베버의 견해는 같은 책 chap. 7 이하를 참조.
87. Calvin, *Institutes*, 1:771 (book 3, chap. 8). 이 번역을 수정했다.
88. Schleiner, *Melancholy*, 67에 인용.
89. 이 논의는 Schleiner, *Melancholy*, 74를, 그리고 좀 더 개괄적으로는 56~98을 참조.
90. Christopher Hill, *The World Turned Upside Down: Radical Ideas During the English Revolution* (London: Penguin, 1999; 1972). 힐 교수는 1646년에 출판됐던 "The World Turned Upside Down" 이라는 당대의 발라드에서 제목을 따옴.
91. Hill, *World*, 140~141 인용.
92. Thomas Coleman, *The Christian's Course and Complaint, Both in the Pursuit of Happiness Desired, and for Advantages Slipped in that Pursuit: A Sermon Preached to the Honorable House of Commons on the Monthly Fast Day, August 30, 1643* (London: I. L., 1643), 8.
93. 한 예로 John Greene, *A Briefe Unvailing of God and Man's Glory, in which is 1. A Brief rehearsall of Happinesse in generall; 2. How this Happinesse is manifested by Jesus Christ; 3. The Soules Song of Love* (London: Thomas Faucet, 1641), 1. 참조.
94. Hill, *World*, 339~340 인용. 바로 이 인용구로 인해 고명한 학자 마이클 왈저는 "아마도 행복이란 단지 종교적 환희의 세속화된 변형이리라" 고 지나가듯 말한다. *Exodus and Revolutuon* (New York: Basic Books, 1985), 106~106. 단지 지나가듯 말했다 하더라도, 왈저 교수는 심오한 통찰을 했던 것이다.
95. Thomas Brooks, *Heaven on Earth; or, A Serious Discourse Touching a Well-Grounded Assurance of Men's Everlasting Happiness and Blessedness* (London, 1657), Preface (정확한 페이지는 불명).
96. Robert Crofts, *The Way to Happiness on Earth Concerning Riches, Honour, Conjugall Love, Eating, Drinking* (London, 1641).

97. 추후 서구 정치사상에 있어 한 개념으로서 행복의 중요성을 감안할 때, 영국 내전과 영국 혁명의 맥락에서 행복이라는 용어의 사용에 대한 신중한 연구는 진취적인 전공생들에게 훌륭한 프로젝트가 될 것이다.

98. Richard Holdsworth, *The Peoples Happinesse. A sermon Preached in St. Maries in Cambridge, Upon the 27 of March, being the day of His majesties Happy Inauguration* (Cambridge: Roger Daniel, 1642), 2, 5~6. 홀스워스는 Emmanuel College의 학장이자 캠브리지 대학교 부총장이었음.

99. 이러한 연관에 대한 논쟁은 다음에서 매우 강력하게 나타난다. Richard Ashcraft, *Revolutionary Politics and Locke' s Two Treatises of Government* (Princeton, N.J.: Princeton University Press, 1994).

100. Peter Laslett, Introduction to John Locke, *The Two Treatises of Government*, ed. Peter Laslett (Cambridge: Cambridge University Press, 1988), 75.

101. 행복이라는 주제에 대한 로크의 주요 고찰이 담겨 있는 *Essay Concerning Human Understanding*에 더해, 그의 다른 에세이, 즉 "Pleasure, Pain, and the Passions" (1676), 그리고 두 단편 "Happiness A" (1676) 그리고 "Happiness B" (1678)도 참조해 볼 것. 이들 소품들은 모두 Locke, *Political Essays*, ed. Mark Goldie (Cambridge: Cambridge University Press, 1997) 에 수록되어 있다.

102. 로크와 뉴턴의 관계에 대한 참조. Lisa J. Downing, "Locke' s Newtonianism and Lockean Newtonianism", *Perspectives on Science: Historical, Philosophical, Social 5* (Fall 1997): 285~311; and G. A. Rogers, "Locke' s Essay and Newton' s Principia", *Journal of the History of Ideas 39* (1978): 217~232.

103. John Locke, *An Essay Concerning Human Understanding*, ed. Peter H. Nidditch (Oxford: Clarendon, 1991; first edition 1975), 250~254.

104. 게리 윌스의 간명하고도 뛰어난 분석이 깃든 *Inventing America: Jefferson' s Declaration of Independence* (New York: Vintage Books, 1979), 241~242 참조.

105. Locke, *Essay Concerning Human Understanding*, 258.

106. Edward A. Driscoll, "The Influence of Gassendi on Locke' s Hedonism", *International Philosophical Quarterly* 12 (March 1961)

107. Locke, *Essay Concerning Human Understanding*, 같은 책, 266.

108. 같은 책, 282. 이 구절에서 로크의 고찰은, 블레이즈 파스칼의 팡세Pensées 중 그 유명한 내기 성명서에 대해, 부지중 흥미로운 관계를 나타내고 있다.

109. John Locke, *The Reasonableness of Christianity, as Delivered in the Scriptures*, ed. I. T. Ramsey (Stanford, Calif.: Stanford University Press, 1958), 70.

110. 같은 책.

111. Locke, *Essay Concerning Human Understanding*, 259.

112. 같은 책, 269~270.

113. 같은 책, 268~269.

114. 같은 책, 277.

115. 1668년의 라틴판에서 발췌한 이문들을 수록한 Thomas Hobbes, *Leviathan*, Edwin Curley (Indianapolis: Hackett, 1994), part 1, chap. 11, 57~58, and part 1, chap. 6, 34~35. 선악에 대한 홉스의 언급에 대해서는, part 1, chap. 6, 28~29 참조.

116. Locke, *Essay Concerning Human Understanding*, 262.

117. 같은 책, 263. 254 ("For as much as whilst we are under any uneasiness, we cannot apprehend ourselves happy, or on the way to it.") and 273 참조.

118. John Locke, *Some Thoughts Concerning Education*, eds. Ruth W. Grant and Nathan Tarcov (Indianapolis: Hackett, 1996), 10.

119. Roy Porter, *The Creation of the Modern World: The Untold Story of the British Enlightenment* (New York: W. W. Norton, 2000), 100.

120. Locke, *Two Treatises*, 338 (chap. 8, para. 107). '정치적인 행복'이라는 주제에 관해서는, 에세이 "Civil and Ecclesiastical Power" (1674), in Locke, *Political Essays*, 216~221 참조.

121. John Locke, *A Letter Concerning Toleration*, in *Political Writings of John Locke*, ed. and intro. David Wootton (New York: Mentor Books, 1993), 407.

122. 같은 책, 411.

123. Richard Allestree, *The Art of Contentment* (Oxford, 1675), Preface (페이지 번호 매겨지지 않았음).

124. 같은 책, and 1~2.

125. 같은 책, and 2~3.

126. Ann Thompson, *The Art of Suffering and the Impact of Seventeenth-Century Anti-Providential Thought* (Aldershot, Hampshire: Ashgate Publishing, 2003), 170. 톰슨 교수는 '만족 원칙'과 '만족 기술'이 어떻게 17세기 영국 신학에 광범한 주제로 전개되어 가는지를 보여주면서, 특히 이 재개념화라는 맥락에서 올즈트리의 작품을 논하고 있음.

127. Edmund Calamy, *The Happiness of those who Sleep in Jesus; or, the Benefit that Comes to the Dead Bodies of the Saints Even While They are in the Grave, Sleeping in Jesus*··· (London: J. H. for Nathanael Webb, 1662).

128. John Ray, *A Persuasive to a Holy Life from the Happiness that Attends it Both in this World, and in the World to Come* (London: San Smith, 1700); Thomas

Tryon, *The Way to Health, Long Life and Happiness; or, A Discourse of Temperance*···, 2nd ed. (London: H. C. Baldwin, 1691); *England' s Happiness Improved; or, An Infallible way to get Riches, Encrease Plenty, and Promote Pleasure* (London: Roger Clavill, 1679).

129. Thompson, *The Art of Suffering*, vii.

130. Keith Parson and Pamela Mason, eds. *Shakespeare in Performance* (London: Salamander Books, 1995)

131. 영국적 맥락에서의 이 주제를 철저히 다루고 있는 참조 자료. Maren-Sofie Rostvig, *The Happy Man: Studies in the Metamorphoses of a Classical Ideal*, 2 vols. (Oxford: Basil Blackwell, 1954).

132. Hale, *Civilization of Europe in the Renaissance*, 432 참조.

133. 같은 책, 432에서 인용.

134. 크리스토프 플랑탱의 시 원문 (16세기 중엽).

Le bonheur de ce monde

Avoir une maison commode, propre et belle,
Un jardin tapissé d' espaliers odorans,
Des fruits, d' excellent vin, peu de train, peu d' enfans,
Posséder seul sans bruit une femme fidèle,

N' avoir dettes, amour, ni procès, ni querelle,
Ni de partage à faire avecque ses parens,
Se contenter de peu, n' espérer rien des Grands,
Régler tous ses desseins sur un juste modèle,

Vivire avecque franchise et sans ambition,
S' adonner sans scrupule à la dévotion,
Dompter ses passions, les rendre obéissantes,
Conserver l' esprit libre, et le jugement fort,
Dire son Chapelet en cultivant ses entes,
C' est attendre chez soi bien doucement la mort.

135. Rostvig, *The happy Man*, 324에서 존슨 인용. 영국 시에 대한 논의는 이 저자의 훌륭한 분석에 크게 기대고 있다.

136. 같은 책, 140, 홀 인용.
137. 같은 책, 303, 헤릭 인용.
138. 같은 책, 380, 위철리 인용.

자명한 진실들

1. Jean Delumeau, *History of Paradise: The Garden of Eden in Myth & Tradition*, trans. Matthew O' Connell (Urbana: University of Illinois Press, 1992), 168 인용.
2. 같은 책, 145에 인용.
3. Voltaire, *Le Mondain* (1736). 이 시의 마지막 네 줄은 아래와 같다.

   C' est bien en vain que, par l' orgueil séduits,
   Huet, Calmet, dans leur savante audace,
   Du paradis ont recherché la place:
   Le paradis terrestre est où je suis.

4. Claude-Adrien Helvsétius, *Le Bonheur, poëme allégorique, in Oeuvres complétes d' Helvétius*, 14 vols. (Paris: Chez Didot, 1795), 13:89. 지옥에 대한 믿음의 약화에 관해서는 D. P. Walker, *The Decline of Hell* (Chicago: University of Chicago Press, 1964) 참조.
5. 영국의 오락 정원에 관해서는 Roy Porter, *Enlightenment: Britain and the Creation of the Modern World* (London: Penguin, 2000), 269~270 참조. 팔레 루아얄에 관해서는 Darrin M. McMahon, "The Birthplace of the Revolution: Public Space and Political Community in The Palais-Royal of Louis-Philippe-Joseph d' Orléans", *French History* 10, no. 1 (March 1996) 참조.
6. Pope, *Essay on Man*, Epistle 4.
7. [Abbé Pestré], "Bonheur", *Encyclopédie, ou Dictionnaire raisonné des sciences des arts et des métiers*, Nouvelle impression en facsimilé de la première édition de 1751~1780, 35 vols. (Stuttgart: Friedrich Fromann Verlag, 1966~1967), 2:322. "Chacun n' at-il pas droit d' être heureux, selon que son caprice en décidera?" '행복권' 이라는 문구에 대한 다른 예들은, Anne Robert Jacques Turgot, *Deuxième lettre sur la tolérance* (Paris, 1754), Guillaume Thomas-François Raynal, *Histoire philosophieque et politique des établissements et du commerce des Européens dans les deux Indes*, 10 vols. (Geneva, 1780), 9:232 참조.

8. 이 방대한 문학의 일반적 소개에 대한 참조. Robert Mauzi, *L' idée du bonheur dans la littérature et la pensée françaises au XVIIIe siècle* (Paris: Albin Michel, 1994), and Paul Hazard, *European Thought in the Eighteenth Century: From Montesquieu to Lessing*, trans. J. Lewis May (Cleveland, Ohio: Meridian, 1969; 1946), 14~26.
9. Hazard, *European Thought*, 17.
10. French National Archives, AN F[1C] I 85에 수록된 A. P. Pochet, *Programme d' une Fête Allégorique représentée par le Corps des Nobles Cadets de terre de St. Petersbourg, à l' occasion de la paix de 1775 avec la Cour Ottomane* 참조. 축전은 1778년에 거행.
11. Marquise du Châtelet, *Discours sur le bonheur*, intro. Elizabeth Badinter (Paris: Editions Payot & Rivages, 1997), 32.
12. 특히 여성에게 적용된 행복이라는 문제에 대한 통찰력 있는 숙고에 관한 참조. Cornelia Klinger, "Vom Schwierig-Werden der Frage des Glücks in einer Zeit ohne Sinn und Ziel", *L' Homme: Zeitschrift für Feministische Geschicht swissenschaft* 10, no. 2 (1999): 173~192.
13. William Paley, *Natural Theology* (London: Wilks and Taylor, 1802), 490.
14. [A. J. Durand], *Je veux être heureux. Entretiens familiers sur la religion* (Paris, 1782); Joseph-Aignal Sigaud de la Fond, *L' École du bonheur* (Paris: 1782); Philippe Louis Gérard, *La Théorie du bonheur, ou L' art de se rendre heureux* (Paris, 1801).
15. [Caroline-Stéphanie-Félicité du Crest], *La Religion considérée comme l' unique base du bonheur & de la véritable philosophie* (Paris, 1787).
16. Theodore K. Rabb, *The Struggle for Stability in Early Modern Europe* (New York: Oxford University Press, 1975), 76 참조.
17. Isser Woloch, *Eighteenth-Century Europe: Tradition and Progress, 1715~1789* (New York: W. W. Norton, 1982), 특히 103~109 참조.
18. 한 예로 Neil McKendrick, John Brewer, and J. H. Plumb, *The Birth of a Consumer Society: The Commercialization of 18th-Century England* (Bloomington: Indiana University Press, 1985), or Daniel Roche, *A History of Everyday Things: The Birth of Consumption in France 1600~1800*, trans. Brian Pearce (Cambridge: Cambridge University Press, 2000) 참조.
19. Woloch, *Eighteenth-Century Europe*, 123~130.
20. Emma Rothschild, *Economic Sentiments: Adam Smith, Condorcet, and the Enlightenment* (Cambridge, Mass.: Harvard University Press, 2001), 242에 튀

르고 인용.

21. 1668년의 라틴판에서 발췌한 이문들을 수록한 Thomas Hobbes, *Leviathan*, Edwin Curley (Indianapolis: Hackett, 1994), part 1, chap. 11, 57~58.
22. Porter, *Enlightenment*, 22.
23. Denis Diderot, *Plan d' une université pour le gouvernement de Russie*, in *Oeuvres complètes*, eds. Jules Assézat and Maurice Tourneux, 20 vols. (Paris: Garnier, 1875~1877), 3:477.
24. Peter Gay, *The Enlightenment: An Interpretation* (New York: Knopf, 1966~1969), 특히, vol. 1, *The Rise of Modern Paganism* 참조.
25. Epicurus, "Vatican Sayings", no. 56, in *The Essential Epicurus: Letters, Principal Doctrines, Vatican Sayings, and Fragments*, trans. and ed. Eugene O' Connor (Amherst, N.Y.: Prometheus, 1993), 82.
26. Marquise du Châtelet, *Discours sur le bonheur*, 32~33.
27. 볼테르의 말과 반응이 인용, 논의되고 있는 자료. Bronislaw Baczko, *Job, Mon Ami. Promesses du bonheur et fatalité du mal* (Paris: Gallimard, 1997), 17ff.
28. 비코의 *Scienza Nuova* (The New Science) 는 1725년에 첫 출간되었으나, 그의 작품은 19세기까지, 그와 가까운 집단의 사람들 외에는 거의 알려지지 않았다.
29. Jeremy Bentham, "Preface to the first edition", *A Fragment on Government*, in *A Bentham Reader*, ed. Mary Peter Mack (New York: Pegasus, 1969), 45.
30. Robert Shackleton, "The Greatest Happiness of the Greatest Number: The History of Bentham' s phrase", *Studies on Voltaire and the Eighteenth Century* 90, ed. Theodore Besterman (Oxford: Voltaire Foundation, 1972), 1461~1482; Joachim Hruschka, "The Greatest Happiness Principle and Other Early German Anticipations of Utilitarian Theory", *Utilitas* 3, no. 2 (November 1991): 165~177; and David Blumenfield, "Perfection and Happiness in the Best possible World", in Nicholas Jolley, ed. *The Cambridge Companion to Leibniz* (Cambridge: Cambridge University Press, 1995), 381~410.
31. Garry Willis, *Inventing America: Jefferson' s Declaration of Independence* (New York: Vintage Books, 1978), 150~151.
32. Shackleton, "The greatest Happiness of the Greatest Number", 1466~1467에서 허치슨 인용.
33. Willis, *Inventing America*, 149에 허치슨의 공식화 인용.
34. [Benjamin Stillingfleet], Irenaeus Kranzovius, *Some Thoughts Concerning Happiness… translated from the Original German* (London: Printed for W. Webb, 1738).

35. 같은 책, 5, 11
36. Cesare Beccaria, *On Crimes and Punishment*, trans. and intro. David Young (Indianapolis: Hackett, 1986), 5, 14.
37. 니콜라스-앙투안 블랑제Nicholas-Antoine Boulanger는 *Despotisme orientale* (1755) 에서, 볼테르는 *Essai sur les moeurs* (1756) 에서, 애덤 퍼거슨은, *An Essay on the History of Civil Society* (1767) 에서, 샤스텔르가 생각했던 행복의 역사와 관련된 주제들을 비록 그만큼 분명하게는 아니더라도, 다루었다는 점은 주목할 만하다.
38. François Jean, Marquis de Chastellux, *De la Félicité publique, ou Considérations sur le sort des Hommes dans les différentes époques de l' histoire*, 2 vols. (Amsterdam: Chez Marc-Michel Rey, 1772), 1:9.
39. Chastellux, *De la Félicité publique*, 1:10.
40. Paul Henri Thiry, Baron d' Holbach, *Common Sense, or Natural Ideas Opposed to Supernatural* (1772), in Isaac Kramnick, ed. *The Portable Enlightenment* (New York; Penguin, 1995), 145.
41. 아이러니하게도, 18세기 전환기에 영국의 인구 통계학자인 토마스 맬서스는 인구 과잉이 현대 사회에 주요 위협이 된다고 논했다. 그는 *Essay on the Principle of Population, A View of Its Past and Present Effects on Human Happiness* (London: Royal Economic Society, 1803) 의 2판 제목을 붙이며 이 구와 행복을 연계시켰다.
42. 가장 잘 알려진, David Hume in his "Essay on the Populousness of Ancient Nations" (1742).
43. Helvétius, Le Bonheur, in *Oeuvres*, 13:90.
44. Jeremy Bentham, *Deontology*, 1.4, in *Deontology Together with a Table of the Springs of Action and the Article on Utilitarianism*, ed. Amnon Goldworth (Oxford: Clarendon Press, 1983), 134 and n. 2. 볼테르는 *Philosophical Dictionary of 1764*에 수록된 그의 논문 "Bien, Souverain bien" 에서 같은 소견을 피력했다.
45. Chastellux, *De la Félicité publique*, 2:10 and 2:54.
46. Ross Harrison, *Bentham* (London: Routledge & Kegan Paul, 1983), 38에서 벤담 인용.
47. Abbé Pestré, "Bonheur", 322.
48. Bentham, *A Fragment on Government*, "Preface to the first edition", 51.
49. Bentham, *An Introduction to the Principles of Morals and Legislation*, eds. J. H. Burns and H. L. A. Hart, intro. F. Rosen (Oxford: Clarendon Press, 1996),

11 (Chap. 1, section 1.)

50. 같은 책, 38~41 (chap. 4, sections 1~6).

51. John Dinwiddy, *Bentham* (New York: Oxford University Press, 1989), 50에서 인용. 쾌락의 강도는 계측 불가능하다는 벤담의 실토에 대해서는, James Steintrager, *Bentham* (Ithaca, N.Y.: Cornell University Press, 1977), 30~31 참조.

52. Bentham, *A Table of the Springs of Action*, 87. 벤담이 비록 '행복의 요소에 산술적 계산의 적용' 을 종종 언급했으며 또한 뉴턴을 위대한 본보기로 삼기는 했지만, 그가 정확히 '행복 계산' 이라는 표현을 사용했는지는 확실치 않다. 이 논의와 관련해서는, Harrison, *Bentham*, 138~141 참조.

53. 벤담의 문구의 기원과 남용에 관해서는, Harrison, *Bentham*, 참조.

54. John Locke, *An Essay Concerning Human Understanding*, ed. Peter H. Nidditch (Oxford: Clarendon, 1991; first published 1975), 268~269.

55. Julien Offray de la Mettrie, *Systême d' Épicure* (1750), in *Oeuvres philosophiques*, 2 vols. (Paris: Fayard, 1987). 1:376.

56. Denis Diderot, Essai sur les règnes de Claude et de Néron (1779), in *Oeuvres complètes*, ed. Herbert Dieckmann and Jean Varlot, 25 vols. (Paris: Hermann, 1986), 25:246~248.

57. [Julien Offray de la Mettrie], *Le Petit homme à longue queue* (1751).

58. 이는 또 다른 무신론자이자 물질주의자인 홀바흐 남작의 경구이다. *Systême de la nature, ou des lois du monde physique et du monde moral*, ed. Josiane Boulad-Ayoub, 2 vols. (Paris: Fayard, 1990) 2:339.

59. 라 메트리의 의학 이력과 그것이 그의 사고에 미친 영향에 대해서는, Kathleen Wellman, *La Mettrie: Medicine, Philosophy, and Enlightenment* (Durham, N.C.: Duke University Press, 1992).

60. 계몽 시대 동안 네덜란드 공화국에서의 행복이라는 주제에 대해서는, Peter Buijs, "De mens is tot geluk geschapen. Naar een geschiedenis van het geluk in de republiek ten tijde van de Verlichting", *Tijdschrift voor Geschiedenis* 108, no. 2 (1995): 188~208 참조.

61. Jonathan I. Israel, *Radical Enlightenment: Philosophy and the Making of* Modernity 1650~1750 (New York: Oxford University Press, 2001), 708~709.

62. Julien Offray de la Mettrie, *Man A Machine*, trans. Richard A. Watson and Maya Rybalka (Indianapolis: Hackett, 1994), 36.

63. 같은 책, 32, 65, 50, 41, 75.

64. 같은 책, 59.

65. 같은 책, 29~30.

66. 같은 책, 53.

67. 같은 책, 58.

68. La Mettrie, *L' Anti-Sénèque, ou Discours sur le bonheur*, in *Oeuvres*, 2:263.

69. 같은 책, 2:286.

70. La Mettrie, *Systême de Épicure*, in *Oeuvres*, 1:380. 또한, *L' Art de Jouir* (1751) 도 참조.

71. Giacomo Casanova, *History of My Life*, trans. Willard R. Trask, 12 vols. (Baltimore: Johns Hopkins University Press, 1966), 2:14. 트래스크의 번역을 약간 수정했다.

72. 같은 책, 3:194~195.

73. Donatien-Alphonse-François de Sade, "Dialogue Between a Priest and a Dying Man", in *Justine, Philosophy in the Bedroom, and Other Writings*, trans. and ed. Richard Seaver and Austryn Wainhouse (New York: Grove Weidenfeld, 1965), 174.

74. Sade, *Philosophy in the Bedroom*, 같은 책에서, 185.

75. Charles Taylor, *Sources of the Self: The Making of the Modern Identity* (Cambridge, Mass.: Harvard University Press, 1989), 339의 논의와 좀 더 일반적으로는, 328~340 참조.

76. 나의 논문, "From the Happiness of Virtue to the Virtue of Happiness 400 B.C.~A.D. 1780", *Daedalus* 133, no. 2 (Spring 2004) 에 내 논의를 자세히 전개함.

77. Jean-Jacques Rousseau, *Reveries of a Solitary Walker*, trans. and intro. Peter France (New York: Penguin, 1979), 81~83.

78. 같은 책, 88~89.

79. Philipp Balthasar Sinold von Schütz, *Die glückseligste Insul auf der ganzen Welt, oder Das Land der Zufriedenheit* (Frankfurt, 1728).

80. 루소는 교육에 관한 자신의 저서 *Emile: or, On Education*, intro. And trans. Allan Bloom (New York: Basic Books, 1979) 에서 종종 로빈슨 크루소에 대해 언급한다.

81. 프로스트의 2줄짜리 시, "An Answer"는 Sergio Perosa, *From Island to Portraits: Four Literary Variations* (Amsterdam: IOS Press, 2000), 2에서 인용. 이 작품을 내게 보여준 페로자 교수에게 감사한다.

82. Rousseau, *Reveries*, 88.

83. Rousseau, *Emile*, 447

84. Rousseau, *Political Fragments*, part 6 ("On Public Happiness"), section 3, in *The Collected Writings of Rousseau*, eds. Roger D. Masters and Christopher

Kelly, trans. Judith R. Bush, Roger D. Masters, and Christopher Kelly, 8 vols. (Hanover, N.H.: University Press of New England, 1994), 4:40. 루소의 행복에 대한 일반적 견해에 관한 참조 자료. Stephen G. Slakeve, "Rousseau & the Concept of Happiness", *Journal of the Northeastern Political Science Association* 11 (Fall 1978): 27~45, Ronald Grimsley, "Rousseau and the Problem of Happiness", *Hobbes and Rousseau: A Collection of Critical Essays*, eds. Maurice Cranston and Richard S. Peters (New York: Anchor Books, 1972), 437~461.

85. Rousseau, *Reveries*, 87~88.
86. 같은 책.
87. Rousseau, *Emile*, 442.
88. Rousseau, *First Discourse* (*Discourse on the Arts and Sciences*) in *The Basic Political Writings*, trans. Donald A. Cress, intro. Peter Gay (Indianapolis: Hackett, 1987), 19.
89. Rousseau, *The Second Discourse* (*Discourse on the Origin and Foundations of Inequality Among Men*), in *Basic Political Writings*, 81.
90. Rousseau, *Reveries*, 133.
91. Rousseau, *Lettres morales*, in *Oeuvres complètes*, eds. Bernard Gagnebin and Marcel Raymond, 5 vols. (Paris; Gallimard, 1969), 4:1112 (Letter 6).
92. Blaise Pascal, *Pensées*, ed. Louis Lafuma (Paris: Éditions du Seuil, 1962), 298 (fragment #688).
93. Rousseau, *Emile*, 442.
94. Rousseau, *Emile*, 80~81. 또한, *Political Fragments*, part 6, 40, 그리고 *Second Discourse*, part 1도 참조.
95. 같은 책.
96. Rousseau, *Emile*, 80~81, 446.
97. Rousseau, *On the Social Contract; or, Essay about the Form of the Republic* (소위 Geneva Manuscript라고 불리는 첫 번역본), in *Collected Writings*, 4:77.
98. 같은 책, 82.
99. Rousseau, *On the Social Contract; or, Principles of Political Right*, book 1, chap. 9.
100. Rousseau, *Political Fragments*, in *Collected Writings*, 4:41.
101. 같은 책, 4:43.
102. Rousseau, *Reveries*, 154.
103. 같은 책, 137.

104. James Boswell, *The Life of Samuel Johnson L. L. D.*, ed. Roger Ingpen, 3 vols. (Boston: Charles E. Lauriat, 1925), 2:520, 605.

105. Samuel Johnson, "The Vanity of Human Wishes, the Tenth Satire of Juvenal Imitated", in *The Complete English Poems*, ed. J. D. Fleeman (New Haven, Conn.: Yale University Press, 1971), 83.

106. 같은 책, 89, 92.

107. Samuel Johnson, *The History of Rasselas, Prince of Abissinia*, ed. D. J. Enright (London: Penguin Books, 1985), 47, 45.

108. 같은 책, 65. 행복에 대해 보이는 존슨의 견해의 복잡성에 대해서는, Adam Potkay, *The Passion for Happiness: Samuel Johnson & David Hume* (Ithaca, N.Y.: Cornell University Press, 2000).

109. Johnson, *Rasselas*, 87.

110. Daniel Roche, *France in the Enlightenment*, trans. Arthur Goldhammer (Cambridge, Mass.: Harvard University Press, 1998), 129. 로슈는 그리도 오랜 동안 체념과 인내를 권장했던 작품들의 혁명적인 메시지에 대해 언급한다. "(새 연감은) 보잘 것 없는 이들 조차도 행복하게 할 수 있노라고 사람들에세 말했다. 그러므로 누가 됐든 왜 운명에 순응해야만 한단 말인가?" 같은 책.

111. Walter Pape, "Happy Endings in a world of Misery: A Literary Convention Between Social Constraints and Utopia in Children' s and Adult Literature", *Poetics Today* 13 (Spring 1992): 179~196. 이 작품에 주목하게 해준, 퀸즐랜드대학의 애너벨 템플스미스에게 감사한다.

112. Porter, *Creation of the Modern World*, 204에서 인용.

113. Johnson, *Rasselas*, 116~117.

114. 비록 그 이면의 생각은 오랜 것이나, 이 구절은 영국 시인 토마스 그레이의 말임.

115. Voltaire, "The Story of a Good Brahmin" (1759), in *The Portable Voltaire* (New York: Penguin, 1977), 436~438.

116. Immanuel Kant, *Groundwork for the Metaphysics of Morals*, trans. James W. Ellington (Indianapolis: Hackett, 1981), 8~9.

117. 같은 책, 46.

118. 같은 책.

119. Immanuel Kant, *Critique of Pure Reason* (1781, 1787), unified edition, trans. Werner S. Pluhar, intro. Patricia Kitcher (Indianapolis; Hackett, 1996), 736~737.

120. 같은 책, 742. 일반적으로, "On the Idea of the Highest Good, as a Determining Basis of the Ultimate Basis of Pure Reason" 참조.

현대적 의식

1. "Lequinio, Joseph-Marie", in J. Fr. Michaud' s *Biographie Universelle ancienne et moderne*, nouvelle édition, 45 vols. (Paris, 1854), 24:243 참조.
2. Archive National F17 A1003, plaq. 3, no. 1263, "Du Bonheur", par Lequinio, Représentatif du peuple envoyé dans le Département de la Charente Inférieure; prononcé dans le Temple de la Vérité, ci-devant l' Église catholique de Rochefort, le deuxième décadi de Brumaire, l' an second de la république françaisw, une et indivisible, 1~2.
3. 같은 책, 3~4.
4. 같은 책, 5.
5. 같은 책, 6~8.
6. 같은 책, 18~19.
7. Donald Greer, *The Incidence of the Terror During the French Revolution: A Statistical Interpretation* (Cambridge, Mass.: Harvard University Press, 1935), 140. 그리어는 1793년 11월에서 1794년 2월 사이에, 로슈포르의 혁명 재판소에서 언도된 사형이 40건에 이른다고 봄. 또 다른 참조. Jacques Duguet et al., *La Révolution française à Rochefort*, 1789~1799 (Poitiers: Projects Editions, 1989), 74.
8. "Lequinio, Joseph-Marie", in Michaud, *Biographie Universelle*, 24:243~244.
9. Maximilien Robespierre, "Sur l' inculpation de dictature" (25 Septembre 1792). F. Theuriot, "La conception robespierriste du bonheur", *Annales historiques de la révolution française* 192 (1968): 216에서 인용.
10. *Systême de dénominations topographiques pour les places, rues, quais, etc. de toutes les communes de la République*, par le Citoyen Grégoire (Paris: Imprimerie National, n.d. [pluviôse, year 2]), 14. 또 다른 참조. Branislaw Baczko, "From the Place de la Révolution to the Place du Bonheur: The Imaginary Paris of the Revolution", *Utopia Lights: The Evolution of the Idea of Social Progress*, trans. Judith L. Greenberg (New York: Paragon House, 1989), 280~365.
11. 포세가 보낸 갱신된 서한은 French National Archives, F/1cI/85에서 찾아 볼 수 있다. '공화력 축일' 과 각각의 주제를 제정한, 제2년 화월 18일의 전국 대표자 회의의 포고령은 F/1c1/84에 있다.
12. "Rapport au nom du comité de salut public, sur le mode d' exécution du décret contre les ennemis de la révolution, présenté à la convention

nationale", 13 Ventôse an II (1794. 3. 3), in *Oeuvres complètes de Saint-Just*, ed. Michèle Duval (Paris: Editions Gérard Lebovici, 1984), 715.

13. 혁명가들의 태도와 미학에 미친 고대 문화의 영향에 대해서는, Mona Ozouf, *Festivals and the French Revolution*, trans. Alan Sheridan (Cambridge, Mass.: Harvard University Press, 1988), 5, 52~53, 273~275; H. T. Parker, *The Cult of Antiquity and the French Revolutionaries* (Chicago: University of Chicago Press, 1937); 그리고 린 헌트의 고전, *Politics, Culture, and Class in the French Revolution* (Berkeley: University of California Press, 1984).
14. Saint-Just, "Rapport au nom du comité de salut public sur les factions de l' étranger", 23 Ventôse an II (1794. 3. 13), in *Oeuvres complétes*, 729~730.
15. Lequinio, "Du bonheur", 21~22.
16. 같은 책, 18~19.
17. Émile Durkheim, *The Elementary Forms of Religious Life*, trans. and intro. Karen E. Fields (New York: Free Press, 1995).
18. Mona Ozouf, "The Revolutionary Festival: A transfer of Sacrality", chap. 10 of *Festivals and the French Revolution.*
19. Pascal Bruckner, L' euphorie perpétuelle: Essai sur le devoir de bonheur (Paris: Bernard Grasset, 2000), 55~56에서 체스터턴 인용. 이 독특한 통찰력의 에세이에서, 브뤼크네르는 현대 행복의 기독교적 근원을 시사하고는 있지만 상세하게 전개하고 있지는 않다.
20. Carl Becker, *The Heavenly City of the Eighteenth-Century Philosophers* (New Haven, Conn.: Yale University Press, 1997) 에 나타나는 한층 시사적인 설명 참조.
21. 이는 마르셀 고셰가 강력히 주장한 주제이다. 그의 "Croyances religieuse, croyances Politiques", *Le Débat* 115 (Mai-Août 2001): 3~14, 그리고 좀 더 일반적으로는, *The Disenchantment of the World: A Political History of Religion*, trans. Oscar Burge (Princeton, N.J.: Princeton University Press, 1997) 참조.
22. Bruckner, *L' Euphorie perpétuelle*, 84.
23. Luc Ferry, *L' Homme-Dieu, ou le Sens de la vie* (Paris: Éditions Grasset & Fasquelle, 1996), 32.

증거에 대한 의문

1. Napoleon Bonaparte, *Discours de Napoléon sur les vérites et les sentiments*

qu' il importe le plus d' inculquer aux hommes pour leur bonheur (Paris: Baudouin Frères, 1826), 42~43.

2. Andy Martin, "Napoleon on Happiness", *Raritan* 19, no. 4 (Spring 2000), 96에서 인용.
3. Napoleon, *Discours de Napoléon*.
4. '낭만주의' 의 의미에 대한 독특하게 현명한 논의는 Hugh Honour, *Romanticism* (New York: Harper & Row, 1979), chap. 1, "For Lack of a Better Name" 참조.
5. Martin, "Napoleon on Happiness", 14에서 인용.
6. G. W. F. Hegel, *Lectures on the Philosophy of World History. Introduction: reason in History*, Second Draft (1830), trans. H. B. Nisbet (Cambridge: Cambridge University press, 1975), 85.
7. Peter Quennell, *The Pursuit of Happiness* (Boston: little, brown, 1988), 111에서 인용.
8. 하이네는 이 용어를 *Gemäldeaustellung in Paris* (1831) 에서 처음 사용했고, 그리고 다시 *Geständnisse* (1854) 의 머리말에서 사용했다. 장 폴 리히터는 이 용어를 *Selina oder die Unsterblichkeit* (1827) 에서 쓰고 있다. William Rose, *From Goethe to byron: The Development of "Weltschmerz" in German literature* (London: George Routledge, 1924).
9. 괴테 자신의 행복에 대한 관심은 T. J. Reed, "Goethe and Happiness", in Elizabeth M. Wilkinson, ed. *Goethe Revisited: A Collection of Essays* (New York: Riverrun Press, 1984); 그리고 Julie D. Prandi, "*Dare to be Happy!*" *A Study of Goethe' s Ethics* (Latham, Md.: University of America, 1993) 참조.
10. 한 예로, D. G. Charlton, "Prose Fiction", in vol. 1 of *The French Romantics*, 2 vols. (Cambridge: Cambridge University Press, 1984), 169의 논의 참조. Jean Deprun, *La Philosophie de la inquiétude en France au XVIIIe siècle* (Paris: J. vrin, 1979) 도 시사적이다.
11. Quennell, *Pursuit of Happiness*, 57에서 인용.
12. Anne Vincent Buffault, *The History of Tears: Sensibility and Sentimentality in France*, trans. Teresa Bridgeman (New York: St. Martin' s Press, 1991), 106에서 인용.
13. Eleanor M. Sickels, *The Gloomy Egoist: Moods and Themes of Melancholy from Gray to Keats* (New York: Columbia University Press, 1932), 320에서 인용.
14. 1817년 4월 30일과 3월 3일의 서한. *Poètes du Spleen: Leopardi, Beaudelaire, Pessoa*, ed. Philippe Daros (Paris: Champion, 1997), 61, 66에서 인용.

15. Isaiah Berlin, *The Roots of Romanticism*, ed. Henry Hardy (Princeton, N.J.: Princeton University Press, 1999), 141에서 인용.
16. Marilyn Gaull, *Romanticism: The Human Context* (New York: W. W. Norton, 1988), 199; 그리고 M. H. Abrams, *Natural Supernaturalism: Tradition and Revolution in Romantic Literature* (New York: W. W. Norton, 1971), 328에서 인용.
17. 1817년 11월 22일 키츠가 벤저민 베일리에게, *The Letters of John Keats*, ed. Hyder E. Rollins, 2 vols. (Cambridge, Mass.: Harvard University Press, 1958), 1:186.
18. Wordsworth, "The Prelude", Book 2, lines 448ff.
19. 1816년 9월 8일, 셸리가 로드 바이런에게, Abrams, *Natural Supernaturalism*, 328.
20. Alfred de Musset, *La Confession d' un enfant du siècle*, in *Oeuvres complètes en prose*, eds. Maurice Allem and Paul Courant (Paris: Gaillimard, 1960), 78. 이 자전적인 작품은 1835년에 처음으로 발행되었다.
21. Byron, "Childe Harold' s Pilgrimage", Canto the Third, XXXIV.
22. Andrew Delbanco, *The Real American Dream: A Meditation on Hope* (Cambridge, Mass.: Harvard University Press, 1999), 51에서 에머슨 인용.
23. Friedrich Schiller, *On the Aesthetic Education of Man in a Series of Letters*, trans. and eds. Elizabeth M. Wilkinson and L. A. Willoughby (Oxford: Clarendon, 1967), 33 (Sixth Letter).
24. Heinrich Heine, "The Romantic School", in *The Romantic School and Other Essays*, eds. Jost Hermand and Robert C. Holub (New York: Continuum, 1985), 3.
25. Honour, *Romanticism*, 295에 장 폴 리히터 인용.
26. Thomas Carlyle, *Sartor Resartus* (New York: Oxford University Press, 1991), 147.
27. "Natural Supernaturalism"은 *Sartor Resartus* book 3, chap. 8의 표제어이다. 또한 M. H. 에이브람스의 뛰어난 저작 *Natural Supernaturalism* (New York: W. W. Norton, 1971) 의 제목이기도 하다. 에이브람스의 주요 관심사는 로마 사고에 있어 '계승된 신학적 사고의 세속화' 였다. 알게 되다시피, 이 장에서 나는 그의 해석에 힘입은 바 크다.
28. Heine, "Concerning the History of Religion and Philosophy in Germany", in *The Romantic School and Other Essays*, 134.
29. 워즈워스 이후로 미학적 문화가 '쾌락 원리에 적의를 유지했다' 고 말할 수 있는

점에 대해서는, 라이오넬 트릴링의 한층 신랄한 에세이 "The Fate of Pleasure", in *Beyond Culture: Essays on Literature and Learning* (New York: Viking Press, 1965; 1955) 참조.

30. Sickels, *The Gloomy Egoist*, 321에서 바이런 인용.
31. Abrams, *Natural Supernaturalism*, 443에서 실러 인용.
32. 1819년 4월 21일, 키츠가 조지와 조지애나 키츠에게, *Letters*, 2:102.
33. 같은 책.
34. Abrams, *Natural Supernaturalism*, 276.
35. M. H. Abrams, *The Mirror and the Lamp: Romantic Theory and Critical Tradition* (New York: Oxford University Press, 1953).
36. Abrams, *Natural Supernaturalism*, 238에서 횔덜린 인용.
37. Coleridge, *Philosophical Lectures* 1818~1819, ed. Kathleen Coburn (London: Pilot Press, 1949), Lecture 5, 179.
38. Walt Whitman, "Song of Myself", *Leaves of Grass*.
39. Carlyle, *Sartor Resartus*, 146.
40. Abrams, *Natural Supernaturalism*, 289에서 인용.
41. Honour, *Romanticism*, 73에서 인용.
42. 이상주의적 만민 평등 공동체에 대한 콜리지의 이상에 대해서는, Richard Holmes, *Coleridge: Early Visions* (London: Flamingo, 1989), 특히 59~89 참조.
43. Thomas de Quincey, *Confessions of an English Opium Eater and Other Writings*, ed. Grevel Lindop (New York: Oxford University Press, 1989), 38~39. 이 주제에 대한 일반적인 설명은, Alethea Hayter, *Opium and the Romantic Imagination* (London: Faber, 1968) 참조.
44. Baudelaire, "Le Poème du haschisch", in *Oeuvres complètes*, ed. Claude Pichois, 2 vols. (Paris: Gallimard, 1975), 1:438.
45. Abrams, *Natural Supernaturalism*, 447에 인용된, 셸리가 1819년 10월 13일 또는 15일에 마리아 기스본에게 보낸 서한
46. Abrams, *Natural Supernaturalism*, 434에서 셸리 인용.
47. 실러의 시를 베토벤이 각색한 것에 몇몇 수정을 가한 번역의 출처. Nicholas Cook, *Beethoven: Symphony* No. 9 (Cambridge: Cambridge University Press, 1993), 109.
48. Alessandra Comini, "The Visual Beethoven: Whence, Why, and Whither the Scowl?" in Scott Burnham and Michael P. Steinberg, eds. *Beethoven and His World* (Princeton, N.J.: Princeton University Press, 2000), 309, no. 1에서 스트린드베리 인용. 이어지는 베토벤에 대한 이야기는 코미니 교수에게 힘입은 바

가 크다.

49. Comini, "The Visual Beethoven", 290.

50. Vincent Buffault, *The History of Tears*, 106에서 발랑슈 인용.

51. Comini, "The Visual Beethoven", 288에서 베토벤과 로시니 인용.

52. Ludwig van Beethoven, *Briefwechsel Gesamtausgabe*, ed. Siegard Brandenburg, 7 vols. (Munich: G. Henle Verlag, 1996), 1:123.

53. 같은 책.

54. R. J. Hollingdale, "Introduction" to Arthur Schopenhauer, *Essays and Aphorism*, trans. and ed. R. J. Hollingdale (London: Penguin, 1970), 31에서 인용.

55. Arthur Schopenhauer, *Manuscript Remains*, 4 vols., trans. E. F. J. Payne, ed. Arthur Hübscher (New York: St. Martin' s Press, 1988), 4:119 (*Colera-Buch*, no. 89).

56. Arthur Schopenhauer, *The World as Will and Representation*, trans., E. F. J. Payne, 2 vols. (New York: Dover Publications, 1966), 1:138.

57. 같은 책, 2:573.

58. 같은 책, 1:318.

59. Christopher Janaway, *Schopenhauer: A Very Short Introduction* (New York: Oxford University Press, 2002), 43에서 인용. 세계 유수의 쇼펜하우어 학자들 중의 한 사람이 쓴 이 대가다운, 또 대가답게 간명한 개요를 많이 활용했다.

60. Schopenhauer, *The World as Will and Representation*, 2:209.

61. 같은 책, 2:513~514.

62. 같은 책, 2:573.

63. 같은 책, 2:575.

64. Schopenhauer, *Manuscript Remains*, 4:36 (Cogitata I, no. 52).

65. Schopenhauer, *The World as Will and Representation*, 2:634.

66. 같은 책, 2:584.

67. 같은 책, 2:583~586.

68. 같은 책, 2:580, 444.

69. 같은 책, 2:633.

70. 같은 책, 2:638.

71. 같은 책, 1:411.

72. 같은 책, 2:636.

73. 같은 책, 2:639.

74. 같은 책, 2:508.

75. 같은 책, 1:196.

76. 같은 책, 1:196.
77. 같은 책, 1:257. 대체로, vol. 2, chap. 39, "On the Metaphysics of Music" 참조.
78. 같은 책, 1:264.
79. Carl E. Schorske, *Fin-de-Siècle Vienne: Politics and Culture* (New York: Vintage, 1981), 215~217에서 인용된 바와 같이, 이는 분리파 건물의 건축가 요제프 올브리히, 그리고 또한 저명한 비엔나 건축가 오토 바그너가 한 말들이다.
80. Schorske, *Fin-de-Siècle Vienne*, 254.
81. 뒤이은 인용들의 출처. Gerbert Frodl, *Beethovenfries* (Salzburg: Verlag Galerie Welz, 1997) 에서 구한 전시 카탈로그 14.
82. 스탕달의 이 문구는 그의 *On Love*에서 볼 수 있다. 보들레르는 약간의 생략과 더불어, 자신의 "Beauty, Fashion, and Happiness", *The Painter of Modern Life*에 스탕달을 인용하고 있다.
83. Richard Wagner, *Beethoven*, in *Richard Wagner's Prose Works*, 8 vols., trans. William Ashton Ellis (London: 1897), 5:120.
84. 같은 책, 5:120.
85. 같은 책, 5:86~87, 5:102.

자유주의와 그 불만들

1. *The Path to Riches and Happiness, by the late Doctor Benjamin Franklin* (Dublin: William Watson, n.d. [1800]).
2. 인간의 행복에 대한 신의 소망에 대해서는 특히, 프랭클린의 "Articles of Belief and Acts of Religion" (1728), Benjamin Franklin, *Autobiography and Other Writings*, ed. Russell B. Nye (Boston: Houghton Mifflin, 1949), 163~165 참조.
3. William Temple Franklin, *Memoirs of the Life and Writings of Benjamin Franklin*, 3 vols. (London, 1817~1818), 2:94~95에서 인용.
4. "Queries to be asked the Junto", in Benjamin Franklin, *Writings* (New York: Library of America, 1987), 210~211.
5. *Poor Richard* (1776), *Writings*, 1238 ("Virtue and happiness are mother and daughter") 에서 인용.
6. Benjamin Franklin, *Autobiography*, Norton Critical edition, eds. J. A. Leo Lemay and P. M. Zall (New York: W. W. Norton, 1986), 108 (part 3).
7. Franklin, "Poor Richard Improved, 1755", in *Writings*, 1283. "Content is the Philosopher's stone, that turns all it touches into God" (1758).

8. 'Glittering generality' 는 하워드 멈포드 존스의 *The Pursuit of Happiness* (Ithaca, N.Y.: Cornell University Press, 1953) 의 제1장 제목이다.
9. Garry Wills, *Inventing America: Jefferson' s Declaration of Independence* (New York: Vintage, 179), xiv.
10. 특정적으로 아메리카 '시민 또는 세속의 종교' 의 형성에 대해서는, 맥두걸의 도발적인 새로운 역사, *Freedom Just Around the Corner: A New American History 1585~1828* (New York: HarperCollins, 2004), 특히 321~370 참조.
11. Jan Lewis, "Happiness", in *The Blackwell Encyclopedia of the American Revolution*, eds. Jack P. Green and J. R. Pole (Cambridge, England: Blackwell, 1994), 641. 아메리카에서의 행복의 논의에 대해서는, Ursula M. von Eckardt, *The Pursuit of Happiness in the Democratic Creed: An Analysis of Political Ethics* (New York: Frederick Praeger, 1959) 참조.
12. 토마스 제퍼슨이 1825년 5월 8일 헨리 리에게. 출처는 *The Basic Writings of Thomas Jefferson*, ed. Philip S. Foner (New York: Halcyon House, 1950), 802.
13. 이런 견해의 범위에 관해서는, Lewis, "Happiness", 642~643 참조.
14. Locke, *An Essay Concerning Human Understanding*, ed. Peter H. Nidditch (Oxford: Clarendon Press, 1975), 269.
15. Jones, *Pursuit of Happiness*, 12에서 메이슨 인용. 메이슨의 버지니아 권리 선언 초고 및 그 초고의 독립 선언서와의 관계에 대한 제퍼슨의 정보에 대해서는, Pauline Maier, *American Scripture: Making the Declaration of Independence* (New York: Vintage, 1997), 125~134.
16. 같은 책, 4에 제임스 오티스 인용.
17. 같은 책, 21에 메이슨 인용.
18. 모든 주의 헌법은 온라인에서 무료로 찾아볼 수 있음.
19. Locke, *Essay Concerning Human Understanding*, 268.
20. '추구' 에 대한 내 논의는 Wills, *Inventing America*, 245에서 차용했음.
21. Locke, *Essay Concerning Human Understanding*, 262.
22. Breck, *The Surest Way to Advance a People' s Happiness and Prosperity, as it was delivered in a Sermon at Shrewsbury, a New Plantation, on Wednesday, June 15, 1720* (Boston: S. Kneeland, 1751), 3, 11; Robert Breck, *The Only Method to Promote the Happiness of a People and their Posterity, a Sermon preached before the Honourable the Lieut. Governour, the Council, and Representatives of the Province of the Massachusetts Bay in New England, May 29th 1728* (Boston: B. Green, 1728), 22.
23. Noah Hobart, *Civil Government, the Foundation of Social happiness, A*

Sermon preached before the general Assembly of the Colony of Connecticut, at Hartford, on the Day of Their Anniversary Election, May 10th, 1750 (New London: T. Green, 1751), 3, 6~7, 24~25.

24. Benjamin Lord, *Religion and Government subsisting together in Society, Necessary to their Compleat Happiness and Safety, a Sermon Delivered in the Audience of the General Assembly of the Colony of Connecticut, on their Anniversary Election at Hartford, May 9th, 1751* (New London: Timothy Green, 1752).
25. Samuel Dunbar, *The Presence of God with His People, their Only Safety and Happiness. A Discourse delivered at Boston in the presence of His Excellency the Governour, Thomas Pownall, esq……* (Boston: S. Kneeland, 1760).
26. *True Pleasure, Chearfulness, and Happiness, The Immediate Consequence of Religion fully and concisely proved* (Philadelphia: William and Thomas Bradford, 1767), 12. 이 흥미로운 작품을 쓴 작가는 그리스도가 '즐거움과 환희' 로 휩싸인 결혼 잔치에서, 물을 포도주로 바꾸며 첫 기적을 행했다고 지적한다. 이런 선택은 의미 있는 것으로 보이는데, '이러한 때에 기적을 행하는 겸허한 분' 이 우울하고 멜랑콜리했다고는 상상할 수 없기 때문이다.
27. Jones, *Pursuit of Happiness*, 68에 애덤스 인용. 흥미롭게도 애덤스는 "우리는 종종 우리의 진정한 행복을 착각한다. 그리고 우리에게 약속된 듯한 행복을 만끽했을 때, 우리는 그것이 모두 상상에 불과하며, 기껏해야 한순간 스쳐 지나가는 덧없는 것이라는 사실을 깨닫는다" 고 평한다.
28. 1803년 4월 9일, 제퍼슨이 조셉 프레슬리에게.
29. 1822년 6월 26일, 제퍼슨이 벤저민 워터하우스에게, *Basic Writings*, 774.
30. 버나드 베일린, J. G. A. 포칵, 고든 우드, 그리고 랜스 배닝 포함.
31. 1819년 10월 31, 제퍼슨이 윌리엄 쇼트에게, *Basic Writings*, 764. 제퍼슨은 "에피쿠로스의 진정한 (전가되지 않은) 원리는, 그리스와 로마가 우리에게 남겨준 도덕적 철학의 모든 이성적인 것을 내포한다고 본다" 라고 이어가고 있다.
32. 허치슨의 영향력이 가장 강력하게 나타나는 것은 Wills, *Inventing America*, 특히 149~164, 그리고 240~255에서이다. 뷔르라마끼의 중요성에 관해서는, Morton White, *The Philosophy of the American Revolution* (New York: Oxford University Press, 1978) 참조.
33. Charles Taylor, *Sources of the Self: The Making of Modern Identity* (Cambridge, Mass.: Harvard University Press, 1989), 261에 허치슨 인용.
34. 가장 주목할 만한 것은 게리 윌스이다.
35. *The Wealth of Nations*에 대한 제퍼슨의 찬사에 대해서는, Jerry Z. Muller,

Adam Smith in His Time and Ours (Princeton, N.J.: Princeton University Press, 1993), 15 참조.

36. Michael Ignatieff, *The Needs of Strangers* (New York: Picador, 2001), 87에 흄 인용. 이어서 나오는 부분에서, 나는 대부분 이그나티에프의 분석에 의거하고 있다.

37. David Hume, *A Treatise of Human Nature* (Buffalo, N.Y.: Prometheus Books, 1992), 269 (book 1, section 7).

38. Ignatieff, *Needs of Strangers*, 89에 흄 인용.

39. Hume, "The Sceptic", in *Essays Moral, Political, and Literary*, ed. Eugene F. Miller (Indianapolis: Liberty Classics, 1987), 176.

40. 같은 책.

41. 흄과 스미스에 관한 제퍼슨의 독서에 대해서는, Wills, *Inventing America*, 202 참조.

42. Adam Smith, *Theory of Moral Sentiments*, eds. D. D. Raphael and A. L. Macfie (Indianapolis: Liberty Classics, 1982), 181.

43. 같은 책, 149. 행복에 관한 스미스의 시각에 드러난 날카로운 분석은 내가 의거한 Charles L. Griswold, Jr., *Adam Smith and the Virtues of Enlightenment* (Cambridge: Cambridge University Press, 1999), 특히 217~227 참조.

44. Smith, *Theory of Moral Sentiments*, 185.

45. 같은 책, 183~184.

46. Charles B. Sanford, *The Religious Life of Thomas Jefferson* (Charlottesville; University of Virginia Press, 1984), 36. Franklin, *Poor Richard* (1746), in *Writings*, 1238에 제퍼슨 인용.

47 Adam Smith, *An Inquiry into the Nature and Causes of the Wealth of Nations*, 2 vols. (Indianapolis: Liberty Classics, 1981), 1:341.

48. Hannah Arendt, "The Pursuit of Happiness", in *On Revolution* (New York: Penguin, 1990; 1963), 135.

49. 같은 책, 139.

50. 이 출처 없는 문구는 무수한 웹사이트와 온라인 인용 자료에서 재생산되었다.

51. Jones, *Pursuit of Happiness*, 29~61 참조. 오늘날 논쟁 속의 행복이라는 주제에 관해서는, Brendan I. Koerner, "What' s Your Happiness Worth?", *Legal Affairs*, January-February 2004 참조.

52. Carl L. becker, *The Declaration of Independence: A Study in the History of Political Ideas* (New York: Vintage, 1958), 180~181.

53. Alexis de Tocqueville, *Democracy in America*, 2 vols., trans. George

Lawrence, ed. J.P. Mayer (New York: HarperPerennial, 1988), 2:535~536.
54. 같은 책, 1:242.
55. 같은 책, 1:243.
56. 같은 책, 2:536~537.
57. 같은 책, 2:530.
58. 같은 책, 2:531.
59. 같은 책, 2:536.
60. 같은 책, 2:531.
61. 같은 책, 2:538.
62. 같은 책.
63. 같은 책, 2:536.
64. 같은 책, 2:526~527.
65. 같은 책, 2:528~529.
66. 같은 책, 2:527.
67. 같은 책, 1:296~297.
68. 같은 책, 2:530.
69. 같은 책, 2:543~548.
70. 같은 책, 2:547~548.
71. 같은 책, 2:527.
72. 같은 책, 2:691~692.
73. Benjamin Constant, "The Liberty of the Ancients Compared with that of the Moderns" (1819), in *Political Writings*, trans. and ed. Biancamaria Fontana (Cambridge: Cambridge University Press, 1998), 326.
74. 같은 책, 327.
75. John Stuart Mill, "De Tocqueville on Democracy in America", in *Collected Works*, 33 vols. (Toronto: Toronto University Press, 1963), 18:54~57.
76. John Stuart Mill, "De Tocqueville on Democracy in America(II)," in *Collected Works*, 18:178~198.
77. John Stuart Mill, *Autobiography*, ed. John M. Robson (London: Penguin, 1989), 52.
78. 같은 책, 68.
79. 같은 책, 68, 111.
80. 같은 책, 111~112.
81. 같은 책, 112.
82. 같은 책, 121.

83. 같은 책, 117~118.

84. 유동에 대한 심리 문학을 개척하고 개요한 것은, Mihaly Csikszentmihalyi, *Flow: The Psychology of Optimal Experience* (New York: harper & Row, 1990); 그리고 *Finding Flow: The Psychology of Engagement with Everyday Life* (New York: Basic Books, 1997) 이다.

85. John Stuart Mill, "Bentham", (1838) in *Dissertations and Discussions Political, Philosophical, and Historical, 2 vols.* (New York: Haskell House, 1973; reprint of the 1859 edition), 1:384.

86. Isaiah Berlin, "John Stuart Mill and the Ends of Life", in *Four Essays on Liberty* (New Yiork: Oxford University Press, 1988), 180~181.

87. Mill, *Utilitarianism*, ed. Roger Crisp (New York: Oxford University press, 1998), 57~58.

88. Mill, "Bentham", 385.

89. Mill, *On Liberty*, ed. Elizabeth Rapaport (Indianapolis: Hackett, 1978), 9.

90. 같은 책, 54, 65.

91. Mill, "The Subjection of Women", in *On Liberty and Other Essays*, ed. And intro. John Gray (New York: Oxford University press, 1991),576.

92. Mill, *On Liberty*, 57.

93. 같은 책, 58~60.

94. 같은 책, 64.

95. 같은 책, 71.

96. 대략 5백 5십만 명의 독일인들이 1816년에서 1914년 사이에 미국으로 이민했다. Günter Moltmann, "The Pattern of German Emigration to the United States in the Nineteenth Century", in Frank Trommler and Joseph McVeigh, eds. *America and the Germans: An Assessment of a Three-Hundred-Year History*, 2 vols. (Philadelphia: University of Pennsylvania Press, 1985), 1:14.

97. Wolfgang J. Mommsen, "Max Weber in America", *The American Scholar 69* (Summer 2000): 105에서 인용.

98. Max Weber, *The Protestant Ethic and the Spirit of Capitalism*, trans. Talcott Parsons (New York: Charles Scribner' s Sons, 1976), 53.

99. Franklin, "A Letter to a Royal Academy" (1781), 그리고 "On Choosing a Mistress' (1745) 참조. 두 문서 모두 *Fart Proudly: Writings of Benjamin Franklin You Never Read in School*, ed. Carl Japikse (Columbus, Ohio: Enthea press, 2003) 에서 재가공되었다.

100. Weber, *The Protestant Ethic*, 53.

101. 같은 책, 70.

102. 이 문장의 출처는 피츠제럴드의 시 "Rubáiyat of Omar Khayyám" 의 12연이다.

103. Weber, *The Protestant Ethic*, 181-2.

104. Daniel Bell, *The Cultural Contradictions of Capitalism*, Twentieth Anniversary Edition (New York: Basic Books, 1996), 293 (Afterword: 1996). 이 논평은 베버의 *Protestant Ethic*에 대한 개요와 논의에 이어 전개된다.

105. 같은 책, 237~238.

106. Weber, *The Protestant Ethic*, 181.

107. John Patrick Diggins, *Max Weber: Politics and the Spirit of Tragedy* (New York: Basic Books, 1996), 56, 131에서 인용.

108. Max Weber, "Die deutschen Landarbeiter" (1804) in *Gesamtausgabe*, Abteilung 1, *Schriften und Reden*, Band 4, *Landarbeiterfrage, Nationalstaat und Volkswirtschaftspolitik, Schriften und Reden 1892~1899*, ed. Wolfgang J. Mommsen and Rita Aldenhoof (Tübingen: J. C. B. Mohr/Paul Siebeck, 1993), 339~340

109. 같은 책.

110. Max Weber, "Science as a Vocation", in *From Max Weber: Essays in Sociology*, trans. and ed. H. H. Gerth and C. Wright Mills (New York: Oxford University Press, 1958), 143.

111. 같은 책, 143, 156.

112. Friedrich Engels, *The Condition of the Working Class in England*, ed. And intro. David McLellan (New York: Oxford University Press, 1999), 37.

행복한 세상을 건설하며

1. Thomas Carlyle, *Past and present*, ed. Richard D. Altick (New York: New York University Press, 1965), 157. 이어지는 인용문 모두 book 3, chap. 4, "Happy" 에서 발췌했다.

2. 같은 책, 155.

3. 같은 책, 156.

4. Carlyle, *Past and Present*, "Democracy", 210.

5. 같은 책, 149. 칼라일은 '음산한 과학' 이라는 어휘를 *Past and Present*가 아닌 1849년에 *Frazier' s Magazine*에 처음 실린 "Occasional Discourse on the Negro Question" 에서 사용했다.

6. 같은 책, 148.
7. 같은 책, 139~140.
8. 1844년 1월에 완성된 엥겔스의 비평은, 그해 *Deutsch-Französische Jahrbücher*에 처음으로 실렸다. 모든 인용은 크리스토퍼 업워드의 번역에 의거했다. 번역본은 http://www.marxists.org/archive/marx/works/1844/df-jahrbucher/carlyle.htm에서 볼 수 있다.
9. 같은 책.
10. 같은 책.
11. 같은 책.
12. 같은 책.
13. 같은 책.
14. G. W. F. Hegel, *The Phenomenology of Mind*, trans. J. B. Baillie (New York: Harper Torchbook, 1967), 253.
15. David Simpson, ed. *The Origins of Modern Critical Thought: German Aesthetic and Literary Criticism from Lessing to Hegel* (Cambridge: Cambridge University Press, 1988), 331.
16. Schopenhauer, "Preface to the Second Edition", *The World as Will and Representation*, trans. E. F. J. Payne, 2 vols. (New York: Dover, 1969), 1:xxi.
17. Peter Singer, *Hegel* (New York: Oxford University Press, 1983), vii.
18. Hegel, *Phenomenology of Mind*, 251~252.
19. G. W. F. Hegel, *Lectures on the Philosophy of World History. Introduction: Reason in History*, trans. H. B. Nisbet (Cambridge: Cambridge University Press, 1975), 78~79, 69.
20. G. W. F. Hegel, *The Philosophy of Right*, part 3, section 2, para. 183.
21. 같은 책, para. 191.
22. M. H. Abrams, *Natural Supernaturalism: Tradition and Revolution in Romantic Literature* (New York: W. W. Norton, 1971) 에 헤겔 인용.
23. 같은 책에서 인용.
24. Robert P. Sutton, *Les Icariens: The Utopian Dream in Europe and America* (Chicago: University of Illinois Press, 1994), 50에서 인용.
25. Robert Owen, *The Book of the New Moral World* (1842) (New York: Augustus M. Kelley Publisher, 1970), part 7, 64.
26. Owen, *The Book of the New Moral World*, part 7, 69. 동물에 관한 논의는 part 3, chap. 15, 80~81에 수록되어 있다. 오언의 행복에 대한 일반적 강조는, J. F. C. Harrison, *Quest for the New Moral World: Robert Owen and the Owenites*

in Britain and America (New York: Charles Scribner' s Sons, 1969), 48 참조.

27. Henri de Saint-Simon, "Le Nouveau christianisme", in *Le Nouveau christianisme et les écrits sur la religion*, ed. H. Desroche (Paris: Seuil, 1969), 81.
28. Charles Fourier, *Theory of Social Organization* (1820), 온라인 역사 원전 사이트는 http://www.fordham.edu/halsall/mod/1820fourier.html이다.
29. Charles Fourier, *The Theory of the Four Movements*, ed. Gareth Stedman Jones (Cambridge: Cambridge University Press), 95.
30. Saint-Simon, *Le Nouveau christianisme*, 181.
31. Charles Fourier, "The Vices of Commerce", in *The Utopian Visions of Charles Fourier, Selected Texts on Work, Love, and Passionate Attraction*, trans. and eds. Jonathan Beecher and Richard Bienvenu (Columbia: University of Missouri Press, 1971), 116~118.
32. Jonathan Beecher, *Charles Fourier: The Visionary and His World* (Berkeley: University of California Press, 1986), 197.
33. John Gray, *A Lecture on Human Happiness* (London, 1826), 6.
34. George Orwell, "Can Socialists Be Happy?", *Tribune*, December 20, 1943.
35. James Steintrager, *Bentham* (Ithaca, N.Y.: Cornell University Press, 1977), 30에 벤담 인용.
36. *Le Nouveau christianisme*, 65의 "Quatre opinions sur la religion" (1808) 에서 인용. 생시몽의 역사 이론은 *L' Industrie* (1817) 2권과 *L' Organisateur* (1818)에 상세히 서술됨.
37. *The Utopian Visions of Charles Fourier*, 201에 인용.
38. Owen, *The Book of the New Moral World*, Introduction, xxi, and part 7, chap. 1, 3.
39. Harrison, *Quest for the New Moral World*, 124에 인용.
40. Carl J. Guarneri, *The Utopian Alternative: Fourierism in Nineteenth-Century America* (Ithaca, N.Y.: Cornell University Press, 1991), 279~281의 훌륭한 설명을 참조하라.
41. Christopher H. Johnson, *Utopian Communism in France: Cabet and the Icarians*, 1839~1851 (Ithaca, N.Y.: Cornell University Press, 1974), 94~95.
42. Étienne Cabet, *Voyage en Icarie* (Clifton, N.J.: Augustus M. Kelley Publisher, 1973), 567~568, 574. 이 작품은 1840년에 초간되었다.
43. Saint-Simon, *Le Nouveau christianisme*, 149.
44. Émile Durkheim, *Socialism and Saint-Simon*, trans. Charlotte Sattler, ed. Alvin W. Gouldner (Yellow Springs, Ohio: Antioch Press, 1958), 191에 인용.

45. Gareth Stedman Jones, "Introduction", *The Theory of Four Movements*, ed. Stedman Jones, xxvi.

46. Saint-Simon, "De l' ancienne à la nouvelle révélation", in *Le Nouveau christianisme*, 50. 생시몽은 이 말을 로마 제국의 와해라는 맥락에서 하고 있지만, 그 시대와 자신의 당대 사이의 유사성에 대해 종종 언급했다. 한 예로, 1808년의 *Introduction aux travaux scientifiques du XIXe siècle* 66에 인용된 그의 언급 참조.

47. 이 인용의 출처는 마르크스와 엥겔스의 *Communist Manifesto* (1848) 이다. '과학적 사회주의' 와 '유토피아적 사회주의' 의 차이는, 1880년 *La Revue Social-iste*에 처음 실린 Engels, *Socialism: Utopian and Scientific*에 자세히 설명되어 있다.

48. "Happiness" [25-376-2], *The Great Soviet Encyclopedia*, 3판 번역, 31vols. (New York: Macmillan, 1973~1983), 25:48. '정치적 행복에 대한 공산주의 제도" 에 대해서는, 기타 이오네스쿠가 숙고한 작품 *Politics and the Pursuit of Happiness: An Enquiry into the Involvement of Human Beings in the Politics of Industrial Society* (London: Longman, 1984), 특히 133~148 참조.

49. "Confessions of Marx" (1865), in *The Portable Karl Marx*, ed. Eugene Kamenka (New York: Penguin, 1983), 53.

50. 하인리히 마르크스가 1837년 3월 2일, 아들에게, *The Portable Marx*, 10~11.

51. Marx, "Reflections of a Young Man on the Choice of a Profession", in Karl Marx and Friedrich Engels, *Collected Works*, 49 vols. (Moscow: Progress Publishers, 1975), 1:8~9.

52. "Contribution to the Critique of Hegel' s Philosophy of Right: Introduction" (1844), in *The Portable Marx*, 115.

53. Marx, "Difference Between the Democritean and Epicurean Philosophy of Nature", in Marx and Engels, *Collected Works*, 1:73.

54. "Contribution to the Critique of Hegel' s Philosophy of Right: Introduction", in *The Portable Marx*, 115. 독일어로는, "Die Aufhebung der Religion als des *illusorischen* Glücks des Volkes ist die Forderung seines *wirklichen* Glücks."

55. Marx, "Economico-Philosophical Manuscripts of 1844", first Manuscript, "Alienated Labour", in *The Portable Marx*, 139.

56. 같은 책, 133.

57. 같은 책, 136~137.

58. 같은 책, 140.

59. Adam Smith, *An Inquiry into the Nature and Causes of the Wealth of Nations*,

2 vols. (Indianapolis: Liberty Classics, 1981), 2:781~782.

60. 같은 책, 782.

61. Marx, "Economico-Philosophical manuscripts of 1844", Third Manuscript, "Private Property and Communism", in *The Portable Marx*, 149. '인간 자신'에게로의 회귀 또는 '인도'에 관해서는, 마르크스가 직접 루소를 인용하고 있는 그의 1844년 에세이, "On the Jewish Question" 참조.

62. 같은 책, 150.

63. Gareth Stedman Jones, "How Marx convered his tracks: The hidden link between communism and religion", *Times Literary Supplement* 5175 (June 7, 2002): 14. 이어지는 내 논설은 이 통찰력 있는 작품에 크게 기대고 있다.

64. Marx, "The Materialist Conception of History", vol. 1, The German Ideology (1845~1846), in *The Portable Marx*, 169.

65. Stedman Jones, "How Marx covered his tracks", 14.

66. Friedrich Engels, "Draft of a Communist Confession of Faith" (1847), in Marx and Engels, *Collected Works*, 6:96. 이 짤막한 '고백'은 1961년에야 출판되었다.

67. Walter Benjamin, "Theses on the Philosophy of History", in *Illuminations*, trans. Harry Zohn (New York: Schocken Books, 1968), 253.

68. 포 자신이 터키인 역을 하지는 않았고, 다만 버지니아의 리치몬드에서 그 곡예를 보았을 뿐이다. 자동 조작에 관한 이야기는, Tom Standage, *The Turk: The Life and Times of the Famous Eighteenth-Century Chess-Playing Machine* (New York: Walker & Co., 2002) 참조.

69. Benjamin, "Theses on the Philosophy of History", 253.

70. Mark Lilla, *The Reckless Mind: Intellectuals in Politics* (New York: New York Review of Books, 2001), 84에 게르숌 숄렘 인용.

71. Benjamin, "Theses on the Philosophy of History", 254.

72. 같은 책, 264.

73. William Morris, *News from Nowhere and Selected Writings and Designs*, ed. Asa Briggs (London: Penguin, 1962), 300.

74. Max Weber, "Science as a Vocation", in *From Max Weber: Essays in Sociology*, trans. and eds. H. H. Gerth and C. Wright Mills (New York: Oxford University Press, 1958), 143.

즐거운 과학

1. Aristotle, *Politics*, 1252a 그리고 1280a.
2. 이 인용들의 출처는 다음과 같다. Pico della Mirandola, "Of the Felicity Which Is Eternal Life", the seventh exposition of his *Heptaplus* (1489), trans. Douglas Carmichael, in *On the Dignity of Man* (Indianapolis: Hackett, 1998), 147~153.
3. '동물에 대한 시샘 어린 사랑' 에 대한 정의와 논의는, George Boas, *The Happy Beast in French Thought of the Seventeenth Century* (Baltimore: Johns Hopkins University Press, 1933), 1~63에서 논의되고 있다.
4. Plutarch, "Beasts Are Rational", *Plutarch's Moralia*, trans. Harold Cherniss and William C. Helmbold, 15 vols. (Cambridge, Mass.: Harvard University Press, 1949), 12:517.
5. Calvin, *Institutes of the Christian Religion*, book 1, chap. 3.
6. Montaigne, "Man Is No Better than the Animals" 그리고 "Man's Knowledge Cannot Make Him Happy", *Apology for Raymond Sebond*, in *The Complete Essays of Montaigne*, trans. Donald M. Frame (Stanford, Calif.: Stanford University Press, 1965), 330~367.
7. Roy Porter, Enlightenment: Britain and the Creation of the Modern World (London: Penguin, 2000), 349에 벤담 인용.
8. 같은 책에 인용.
9. Charles Darwin, "Notebook M" (1838) in *Charles Darwin's Notebooks, 1836~1844: Geology, Transmutation of Species, Metaphysical Enquiries*, trans. and ed. Paul H. Barrett et. al. (Ithaca, N.Y.: Cornell University Press, 1987), 539.
10. 같은 책, 550.
11. 같은 책.
12. 같은 책, 548. Note: 〈 〉는 다윈의 삭제 부분, 《 》는 다윈의 첨가 부분.
13. 같은 책, 546.
14. 같은 책, 550.
15. 같은 책, 549.
16. Darwin, "Old and Useless Notes", in *Charles Darwin's Notebooks*, 609. 이 노트에서 인용된 문구들은 모두 '1838년 10월' 로 표기되어 있다.
17. 같은 책.
18. 같은 책.
19. 같은 책.
20. Darwin, "Notebook M", 550.

21. Darwin, "Old and Useless Notes", 609.
22. Charles Darwin, *The Autobiography of Charles Darwin 1809~1882*, ed. Nora Barlow (New York: W. W. Norton, 1969), 68.
23. Darwin, "Notebook M", 549.
24. Darwin, "Old and Useless Notes", 608.
25. Charles Darwin, *The Descent of Man, and Selection in Relation to Sex*, in *The Works of Charles Darwin*, eds. Paul H. Barret and R. B. Freeman, 29. vols. (London: Pickering & Chatto, 1989), 21:114 그리고 22:631, 644. 내가 참조한 것은 1877년 판의 최종 개정판이다.
26. Darwin, *Descent of Man*, in *Works*, 21:73.
27. 같은 책.
28. 같은 책.
29. 이는 로버트 리처드의 공식화로, *Darwin and the Emergence of Evolutionary Theories of Mind and Behavior* (Chicago: University of Chicago Press, 1987), 217~219에 나오는 분석을 철저히 따랐다.
30. Darwin, *Descent of Man*, in *Works*, 21:109.
31. 같은 책, 21:110.
32. 같은 책, 21:116.
33. 같은 책.
34. 같은 책, 21:118.
35. 같은 책, 21:119~120.
36. 같은 책, 21:114.
37. 같은 책, 21: 124~125.
38. 같은 책, 21:125.
39. Charles Darwin, *The Origin of Species by Means of Natural Selection; or, The Preservation of Favoured Races in the Struggle for Life*, ed. J. W. Burrow (London: Penguin, 1968), 116~119.
40. 같은 책, 129.
41. Darwin, *Descent of Man*, in *Works*, 21:129~130.
42. Darwin, *Autobiography*, 88
43. 같은 책, 89.
44. Steven Pinker, *How the Mind Works* (New York: W. W. Norton, 1997), 391. 일반적 개관을 위한 참조 자료: Pinker' s section, "The Happiness Treadmill", 389~393; David M. Buss, "The Evolution of Happiness", *The American Psychologist* 55, no. 1 (January 2000): 15~23; 그리고 J. H. Barkow,

"Happiness in Evolutionary Perspective", in N. L. Segal, G. E. Weisfeld, and C. C. Weisfeld, eds. *Uniting Psychology and Biology: Integrative Perspectives on Human Development* (Washington, D.C.: American Psychological Association, 1997).

45. Darwin, *Autobiography*, 89~90.
46. 같은 책, 92.
47. Friedrich Nietzsche, *Thus Spoke Zarathustra*, trans. Walter Kaufmann (New York: Penguin, 1987), 25.
48. 같은 책, 27.
49. 같은 책, 14.
50. Rüdiger Safranski, *Nietzsche: A Philosophical Biography*, trans. Shelley Frisch (New York: W. W. Norton, 2003), 20.
51. Nietzsche, "Schopenhauer as Educator", *Untimely Meditations*, trans. R. J. Hollingdale (Cambridge: Cambridge University Press, 1983), 127.
52. Nietzsche, *The Birth of Tragedy*, trans. Francis Golffing (New York: Doubleday, 1956), 29~30, 50.
53. 같은 책, 102.
54. 이 단락의 인용들은 모두, Safranski, *Nietzsche*, 103~107에서 취했다.
55. Safranski, *Nietzsche*, 141에 니체 인용.
56. Safranski, *Nietzsche*, 95에 바그너 인용.
57. Nietzsche, *Human All Too Human*, trans. R. J. Hollingdale, intro. Richard Schacht (Cambridge: Cambridge University Press, 1996), 251 ("Assorrted Opinions ans Maxims I", no. 169).
58. Safranski, *Nietzsche*, 307~308 참조.
59. 같은 책, 308.
60. Walter Kaufmann, *Nietzsche: Philosopher, Psychologist, Antichrist*, 4th ed. (Princeton, N.J.: Princeton University Press, 1974), 136~137 참조.
61. Nietzsche, *Zarathustra*, 12.
62. Nietzsche, "Schopenhauer as Educator", 159.
63. Nietzsche, *Birth of Tragedy*, 94.
64. 같은 책, 84, 92, 94.
65. 같은 책, 93.
66. 같은 책, 88.
67. Nietzsche, *The Will to Power*, trans. Walter Kaufmann and R. J. Hollingdale (New York: Vintage, 1968), 236~238. 이 문구의 시기는 '1888년 3월~6월' 로

표기되어 있다.

68. Nietzsche, *Beyond Good and Evil*, 156~157.
69. 같은 책, 54.
70. Nietzsche, *Will to Power*, 98.
71. Nietzsche, *On the Genealogy of Morality*, trans. Carol Diethe, ed. Keith Ansell-Pearson (Cambridge: Cambridge University Press, 1994), 30.
72. *Genealogy of Morality*, 32. 니체는 아퀴나스의 *Summa Theologiae*의 제3부 중 보를 라틴어 원문 그대로 인용했다.
73. Heine, *Gedänke unde Einfallen*, *The Poetry and Prose of Heinrich Heine*, trans. and ed. Frederic Ewen (New York: Citadel Press, 1948), 488에 인용. 원본을 검토한 뒤, 나는 이 번역을 몇 군데 수정했다.
74. Nietzsche, *Genealogy of Morality*, 46.
75. 같은 책, 46~47.
76. Nietzsche, *Ecce Homo, How One Becomes What One Is*, trans. R. J. Hollingdale, intro. Michael Tanner (London: Penguin, 1992), 72 ("Thus Spoke Zarathustra", section 3). 나는 홀링데일의 번역을 몇 군데 수정했다.
77. Nietzsche, *Ecce Homo*, 11 ("Why I Am so Wise", section 3).
78. Safranski, *Nietzsche*, 222 인용.
79. Nietzsche, *The Gay Science*, trans. Walter Kaufmann (New York: Vintage, 1974), 228~229, 268.
80. 같은 책, 37.
81. Nietzsche, *Genealogy of Morality*, 25.
82. 같은 책, 96~97.
83. Nietzsche, *The Antichrist*, para. 1. 여기서 나는 Kaufmann, *Nietzsche*, 385에 인용된 번역을 사용했다.
84. Nietzsche, *Will to Power*, 530 (fragment 1023).
85. Nietzsche, *Beyond Good and Evil*, 224.
86. Nietzsche, *Zarathustra*, 324.
87. Nietzsche, *Gay Science*, 270.
88. Nietzsche, *Zarathustra*, 17.
89. Nietzsche, *Gay Science*, 270.
90. Kaufmann, *Nietzsche*, 262, 니체 인용. 이는 니체가 *Will to Power*에서 반복하는 점이다. 특히, *fragments* 434, 704를 참조.
91. Peter Gay, *Freud: A Life for Our Time* (New York: Anchor Books, 1989), 46n., 프로이트 인용.

92. Frank J. Sulloway, *Freud, Biologist of the Mind: Beyond the Psychoanalytic Legend* (New York: Basic Books, 1979), 13, 프로이트 인용.

93. Sigmund Freud, *Civilization and Its Discontents*, trans. and ed. James Strachey, intro. Peter Gay (New York: W. W. Norton, 1989), 24.

94. 같은 책, 25.

95. 이는 필립 리프의 *The Triumph of the Therapeutic: Uses of Faith After Freud* (New York: Harper & Row, 1966) 에서 제기된 유명한 논쟁이다.

96. 행복은 '긍정의 심리학' 으로 알려진 운동의 목표이다. Martin R. P. Seligman, *Authentic Happiness: Using the New Positive Psychology to Realize Your Potential for Lasting Fulfillment* (New York: Free Press, 2002) 참조.

97. Josef Breuer and Sigmund Freud, *Studies on Hysteria*, trans. and ed. James Strachey (New York: Basic Books, 2000), 305.

98. 프로이트의 애초 제목에 관해서는, Gay, *Freud: A Life for Our Time*, 544 참조.

99. Freud, *Civilization and Its Discontents*, 24~25.

100. 같은 책, 25.

101. 같은 책, 프로이트는 쾌락과 현실의 원리에 대해 1910년에 발표한 논문, "Formulations on the Two Principles of Mental Functioning" 에서 철저하게 설명하고 있다.

102. 같은 책, 25.

103. 같은 책.

104. 같은 책, 26.

105. 같은 책, 26~27.

106. 같은 책, 27~28.

107. 같은 책.

108. 같은 책, 27~32.

109. 같은 책, 29~30, 30, n.5.

110. 같은 책, 32.

111. 같은 책, 33, 56.

112. Nietzsche, *Zarathustra*, 188. 프로이트가 행복에 대해 플리스에게 말한 것에 관해서는, *The Complete Letters of Sigmund Freud to Wilhelm Fliess 1887~1904*, trans. and ed. Jeffrey Moussaieff Masson (Cambridge, Mass.: Belknap Press, 1985), 294, 353의 1898년 1월 16일자 그리고 1899년 5월 28일자 편지를 참조하라.

113. Freud, *Civilization and Its Discontents*, 32.

114. 같은 책, 33.

115. 같은 책, 41.
116. 같은 책, 34.
117. 같은 책, 34~36.
118. 같은 책, 37.
119. 같은 책, 68~69.
120. 같은 책 97.
121. 같은 책, 73.
122. 같은 책, 74.
123. 같은 책, 34~35.
124. 같은 책, 44~45.
125. 모든 인용의 출처: Perennial Classics edition of Aldous Huxley, *Brave New World* (New York: HarperPerennial, 1989).

결론

1. Samuel Beckett, *Waiting for Godot: A Tragicomedy in Two Acts* (New York: Grove Weidenfeld, 1982), 39. 이어지는 희곡에 나오는 모든 인용의 출처는 이 책이다.
2. Martin Jay, *Adorno* (Cambridge, Mass.: Harvard University Press, 1984), 19에서 인용.
3. Herodotus, *The History*, trans. David Grene (Chicago: University of Chicago Press, 1987), 486 (7.46).
4. Primo Levi, *Survival in Auschwitz: The Nazi Assault on Humanity*, trans. Stuart Woolf (New York: Collier Books, 1987), 13.
5. 같은 책, 13. 66.
6. Viktor Franki, *Man's Search for Meaning*, rev. ed. (New York: Washington Square Press, 1984), 36, 58~67.
7. David G. Myers, *The Pursuit of Happiness: Who Is Happy—and Why* (New York: William Morrow and Company, 1992), 48. 마이어스는 스티븐 브라운 Stephen Braun이 *The Science of Happiness: Unlocking the Mysteries of Mood* (New York: John Wiley, 2000), 27~55에서 하듯이, 이 문헌을 개요하고 있다.
8. Martin E. P. Seligman, *Authentic Happiness: Using the New Positive Psychology to Realize Your Potential for Lasting Fulfillment* (New York: Free Press, 2002), 47~48에서 논의된 문헌 참조.

9. 다니엘 길버트, 팀 윌슨 조지 뢰벤슈타인, 그리고 대니얼 카너먼 같은 심리학자, 경제학자들에 의해 개척된 이런 연구에 대한 간명한 개요는, Jon Gertner, "The Futile Pursuit of Happiness", *New York Times Magazine*, September 7, 2003 참조.
10. Samuel Beckett, *Happy Days: A Play in Two Acts* (New York: Grove Press, 1961), 50. 이어지는 모든 인용은 이 책에 근거한다.
11. 하비 볼의 삶에 대한 자세한 내용은 윌리엄 호넌이 2001년 4월 14일자 뉴욕타임스에 쓴 그의 사망 기사 "H. R. Ball, 79, Ad Executive Credited with Smiley Face"에서 취했다.
12. 하나의 아이콘이 된 이미지, 모나리자에 대한 열광은, 도널드 사순의 훌륭한 저작인 *Becoming Mona Lisa: The Making of a Global Icon* (New York: Harcourt, 2001) 참조.
13. 현대 광고에서 행복이 차지하는 중심적 위치에 대해서는, William Leiss, Stephen Kline, and Sut Jhally, *Social Communication in Advertising: Persons, Products, and Images of Well-Being* (New York: Methuen, 1986) 참조.
14. Colin Campbell, *The Romantic Ethic and the Spirit of Modern Consumerism* (London: Basil Blackwell, 1987).
15. 미국의 이러한 통계 수치들은 Stanley Lebergott, *Pursuing Happiness: American Consumers in the Twentieth Century* (Princeton, N.J.: Princeton University Press, 1987)에 간결하게 정리되어 있다.
16. 미국인의 평균 수명에 관한 통계 수치는 National Center for Health Statistics의 웹사이트 http://www.cdc.gov/nchs/에서, 그리고 유럽의 수치는, http://europa.eu.int/comm/eurostat의 2002 Eurostat report에서 취했다.
17. 데이터에 대한 설득력 있는 개요와 분석은, 경제학자 리처드 레이야드가 2003년 3월 London School of Economics의 Lionel Robbins Memorial Lectures에서 했던 "Happiness: Has Social Science a Clue?" 참조.
세 강의 모두 http://www.lse.ac.uk/collections/LSEPublicLecturesAndEvents/events/2003/20030106t1439z001.htm에서 PDF형식으로 볼 수 있다. 덧붙여, Richard Layard, *Happiness: Lessons from a New Science* (New York: Penguin, 1995) 참조. 우울증 증가, 미국인의 행복에 대한 자기 평가와 관련된 자료의 개요는, Gregg Easterbrook, *The Progress Paradox: How Life Gets Better While People Feel Worse* (New York: Randon House, 2003), 163~165 참조.
18. Sigmund Freud, *Civilization and Its Discontents*, trans. and ed. James Strachey, intro. Peter Gay (New York: W. W. Norton, 1989), 40.
19. 같은 책.

20. Ronald Inglehart, "Globalization and Postmodern Values", in *Washington Quarterly* 23 (Winter 2000), 217 참조. 부와 복지에 대한 요약은, Ed Diener and Shigehiro Oishi, "Money and Happiness: Income and Subjective Well-Being Across Nations", in Ed Diener and Eunkook M. Suh, eds. *Culture and Subjective Well-Being* (Cambridge, Mass.: MIT Press, 2000), 185~218 참조.
21. Ruut Veenhoven, "Freedom and Happiness: A Comparative Study in Forty-four Nations in the Early 1990s", in Diener and Suh, eds. *Culture and Subjective Well-Being*, 257.
22. Michael Argyle, *The Psychology of Happiness*, 2nd ed. (London: Routledge, 1987), 71~89, 165~178.
23. Ronald Inglehart and Hans-Dieter Klingemann, "Genes, Culture, Democracy, and Happiness", in Diener and Suh, eds. *Culture and Subjective Well-Being*, 171~175.
24. Argyle, *The Psychology of Happiness*, 89~110.
25. 같은 책, 186. Diener and Oishi, "Money and Happiness: Income and Subjective Well-Being Across Nations", in Diener and Suh, eds. *Culture and Subjective Well-Being*, 205~207.
26. Bruno S. Frey and Alois Stutzer, *Happiness and Economics: How the Economy and Institutions Affect Human Well-Being* (Princeton., N.J.: Princeton University Press, 2001).
27. 해당 서적은, Robert E. Lane, *The Loss of Happiness in Market Democracies* (New Haven, Conn.: Yale University Press, 2000) 이다.
28. John Stuart Mill, *Utilitarianism*, ed. Roger Crisp (New York: Oxford University Press, 1998), 62~63.
29. 이 모든 제목들은 아마존닷컴만 체크해 보면 나오는 것들이다.
30. 서유럽이라는 맥락에서 이와 같은 상황에 대한, 음울하다면 음울하달 수 있는 통찰력 있는 분석은 프랑스 작가 미셸 우엘벡의 소설에서 찾아볼 수 있다. 특히, 그의 초기 시선 중 하나에는 "La poursuite du bonheur" (행복의 추구) 라는 제목이 붙었다. 그는 이 주제를 자신의 소설에서도 반복적으로 다룬다.
31. Aristotle, *Nichomachean Ethics*, trans. Terence Irwin (Indianapolis: Hackett, 1985), 13.23.
32. André Comte-Sponville, *Le Bonheur, désespérément* (Paris: Édition Plenis Feux, 2000), 10.
33. Alexis de Tocqueville, *Democracy in America*, 2vols., trans. George Lawrence, ed. J. P. Mayer (New York: HarperPerennial, 1988), 2:547~548.

34. D. T. Lykken and A. Tellegen, "Happiness Is a Stochastic Phenomenon", *Psychological Science* 7, no. 3 (May 1996): 186~189.

35. 같은 책, 188.

36. 애초의 주장과 철회에 대한 논의는 David Lykken, *Happiness: The Nature and Nurture of Joy and Contentment* (New York: St. Martin' s, 1999), 3~4 참조. 이 작품에는 행복의 유전 가능성에 대한 연구도 상세히 다루고 있다.

37. 같은 책, 58.

38. Baraun, *The Science of Happiness*, 51.

39. Lykken, *Happiness: The Nature and Nurture*, 60.

40. Lykken and Tellegen, "Happiness Is a Stochastic Phenomenon", 189.

41. 이 주제와 관련해서는, 데이비드 힐리의 훌륭한 연구인 *The Anti-Depressant Era* (Cambridge, Mass.: Harvard University Press, 1997) 참조.

42. Ariel Levy, "Pill Culture Pops", *New York*, June 9, 2003.

43. *Beyond Therapy: Biotechnology and the Pursuit of Happiness* (Washington, D. C., October 2003). 이 독창적인 보고서는 http://www.bioethics.gov/reports/beyondtherapy에서 볼 수 있다. 이 자문위원회는 시카고 대학 의학박사이자 윤리학자인 레온 카스가 이끌고 있다.

| 색인 |

ㄱ

ㄴ

ㄷ

ㄹ

ㅁ

ㅂ

ㅅ

ㅇ

ㅈ

ㅊ

ㅋ

ㅌ

ㅍ

ㅎ

행복의 역사

희망과 절망, 쾌락과 은총, 낭만과 비극으로 아로새긴 역사의 이중주
인류의 상상력과 욕망을 지배한 아주 특별한 기록

초판 인쇄 | 2008년 6월 20일
초판 발행 | 2008년 6월 30일

지은이 | 대린 맥마흔
옮긴이 | 윤인숙
펴낸이 | 심만수
펴낸곳 | (주)살림출판사
출판등록 | 1989년 11월 1일 제9-210호

주소 | 413-756 경기도 파주시 교하읍 문발리 파주출판도시 522-2
전화 | 031)955-1350 기획·편집 | 031)955-4667
팩스 | 031)955-1355
이메일 | book@sallimbooks.com
홈페이지 | http://www.sallimbooks.com

ISBN 978-89-522-0925-2 03900

책임편집 · 교정 : 정홍재

값 30,000원